JN398840

hoa
: HEART OF ACCOUNTING

기출유형이 완벽 적용된

재경관리사

3주 완성

편집진행 김준일 · 백한강 · 권민협 | **표지디자인** 김도연 | **본문디자인** 최미림 · 김휘주

Profile

김경동 회계사

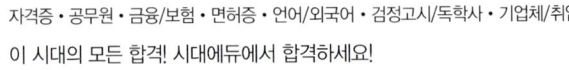

- 한국외국어대학교 졸업
- 한국공인회계사
- 전) 한림회계법인 근무
- 전) 중앙회계법인 근무
- 전) 삼정회계법인 근무

PREFACE

머리말

회계와 세무에 대한 지식을 갖춘 인재에 대한 수요는 커지고 있지만 관련 시험은 부족한 것이 사실이다. 회계와 세무에 대한 지식을 측정하는 시험으로는 회계사 및 세무사가 있지만 이 시험들은 최소 수년간 준비해야 하는 고난이도 시험으로 부담이 크다. 그 외에 세무나 회계적 지식을 동시에 측정하는 시험은 희소하다.

회계 및 세무 지식을 갖춘 인재에 대한 수요가 늘어나고 있지만 관련 지식을 측정하는 시험이 부족한 상황에서 재경관리사 시험은 응시자의 회계 및 세무에 대한 지식을 동시에 측정하는 시험으로 각광받고 있다. 또한 재경관리사 자격은 영구히 자격이 유지되는 시험이라는 점에서 일정 기간이 경과되면 시험을 다시 치러 자격을 재취득해야 하는 일부 시험에 비해 장점이 있다.

재경관리사는 재무회계 · 세무회계 · 원가관리회계 3과목을 과목당 40문제씩 150분간 동시에 치러지고, 절대평가(과목별 70점)로 평가한다.

재경관리사 시험은 전체적인 이론에 대한 지식과 계산 문제에 대한 전반적인 이해가 필요하다. 일부 수험생의 경우 계산 방법 및 빈출되는 부분만 기계적으로 외워 시험을 대비하는 경우가 있는데 시험 범위가 넓고 같은 부분이라도 여러 가지 유형으로 출제되는 재경관리사 시험에서는 상당히 위험한 방법이다. 따라서 시험을 준비하기 위해서는 전체적인 이론에 대한 흐름을 알 수 있도록 공부하면서 관련되는 부분에 대한 문제를 풀어보는 것이 중요하다. 또한 상당히 많은 문제가 이론을 묻고 있는 문제로 출제되고 있으므로 단순한 계산 문제뿐만 아니라 이론과 관련된 문제를 파악하는 것도 중요하다.

해당 도서는 시험 직전 주요 이론을 정리함과 동시에 모의고사 형식의 문제를 풀어볼 수 있는 총정리 대비서로 문제에 대한 해설이 풍부하도록 노력하여 틀린 문제나 어려웠던 문제에 대한 접근 방식 및 관련 이론을 이해할 수 있도록 준비하였다.

저자 김경동 올림

자격시험 안내

응시자격 및 시험과목

종 목	응시자격	시험과목
재경관리사	연령, 학력, 경력 제한 없음	재무회계, 세무회계, 원가관리회계

2026년 시험일정

연 도	회 차		원서접수	시험일자	합격발표
2026	1	재경관리사 122회	2026.01.06 ~ 01.13	01.31 (토)	02.06 (금)
	2	재경관리사 123회	2026.02.26 ~ 03.05	03.28 (토)	04.03 (금)
	3	재경관리사 124회	2026.04.16 ~ 04.23	05.16 (토)	05.22 (금)
	4	재경관리사 125회	2026.05.26 ~ 06.02	06.20 (토)	06.26 (금)
	5	재경관리사 126회	2026.06.30 ~ 07.07	07.25 (토)	07.31 (금)
	6	재경관리사 127회	2026.08.20 ~ 08.27	09.19 (토)	09.29 (화)
	7	재경관리사 128회	2026.10.15 ~ 10.22	11.14 (토)	11.20 (금)
	8	재경관리사 129회	2026.11.24 ~ 12.01	12.19 (토)	12.24 (목)

※ 시행처의 사정에 따라 변경될 수 있으며, 자세한 사항은 삼일회계법인 국가공인자격시험 웹사이트(www.samilexam.com)에서 확인하여 주십시오.

시험준비물

신분증	규정신분증만 가능하며, 미소지 시 시험 응시 불가
필기구	검은색 필기구(연필 제외)만 가능하며, 수정테이프도 지참 가능
계산기	일반계산기만 사용 가능(재무용 · 공학용 · 휴대폰 계산기는 지참 불가)

※ 자세한 사항은 삼일회계법인 국가공인자격시험 웹사이트(www.samilexam.com)에서 확인하여 주십시오.

원서접수 및 응시료

접수기간	각 회별 원서접수 기간 내에 접수
응시료	70,000원
접수방법	삼일회계법인 국가공인자격시험 웹사이트(www.samilexam.com)로 접속하여 접수
유의사항	사진이 업로드되지 않으면 접수가 되지 않으므로 반드시 사진등록을 선행하셔야 하며 고사장은 접수기간 종료 후엔 변경이 불가합니다.

※ 시행처의 사정에 따라 변경될 수 있으며, 자세한 사항은 삼일회계법인 국가공인자격시험 웹사이트(www.samilexam.com)에서 확인하여 주십시오.

시험장소

서울, 부산, 대구, 광주, 인천, 대전, 수원, 청주, 천안 등

합격기준 및 평가방법

시험과목	평가방법	합격기준
재무회계	과목별 40문항(객관식 4지선다형) 150분간 3과목 동시 시행	전 과목 과목별 70점(100점 만점) 이상
세무회계		
원가관리회계		

평가범위

재무회계	
재무회계 일반	재무보고와 국제회계기준
	재무회계 개념체계
	재무제표 표시
	기타공시
재무상태표	자 산
	부 채
	자 본
포괄손익계산서	수 익
	비 용
	기타사항
특수회계	관계기업
	환율변동효과
	파생상품회계
	리스회계
	현금흐름표

세무회계	
세법의 이해	세법에 대한 일반적 이해
국세기본법	국세기본법에 대한 이해
법인세	총 설
	각 사업연도 소득에 대한 법인세
	과세표준과 세액의 계산
소득세	종합소득세의 계산
	퇴직소득세
	원천징수
	양도소득세
부가가치세	부가가치세 개념
	부가가치세의 계산

원가관리회계	
원가회계의 기초	원가회계의 기본개념
	원가회계의 흐름
	원가배분
생산형태에 따른 원가계산방법	개별원가계산
	종합원가계산
원가측정방법	표준원가계산의 기초
	표준원가계산과 차이분석
원가계산의 범위	변동원가계산과 전부원가계산
계획과 통제	원가 · 조업도 · 이익분석
	기업환경의 변화와 새로운 원가관리시스템
의사결정을 위한 원가정보의 활용	단기의사결정을 위한 원가정보의 활용
	장기의사결정을 위한 원가정보의 활용
성과평가	책임회계제도와 성과평가
	분권화와 성과평가
	경제적부가가치(EVA) 분석과 성과평가

hoa 200% 활용법

제4회 핵심 유형 120문제

제1과목 재무회계 40문항

01 다음 중 재무회계와 관리회계에 관한 설명으로 가장 올바르지 않은 것은?

① 재무회계와 관리회계는 국제회계기준을 통해 재무제표를 작성하여 보고한다.
② 재무회계의 재무제표는 일정기간마다 공시해야 하지만 관리회계의 보고서는 필요에 따라 수시로 제공된다.
③ 재무회계의 주된 목적은 정보이용자의 경제적 의사결정에 유용한 정보를 제공하는 것이다.
④ 관리회계와 원가회계의 주된 목적은 경영자와 내부관리자의 기업 내부의 의사결정에 유용한 정보를 제공하는 것이다.

4회분의 모의고사를 최대한 활용하라.

총 4회분의 기출 유형 모의고사를 수록했습니다. 빈출되는 문제만을 엄선해 구성한 데다, 어떤 도서보다 해설이 풍부하고 완성도가 높습니다. 실제 시험을 본다는 마음으로 시간 등을 정확히 계산해 문제를 풀이하시기 바랍니다.

③ 기업업무추진비 시부인계산 구조

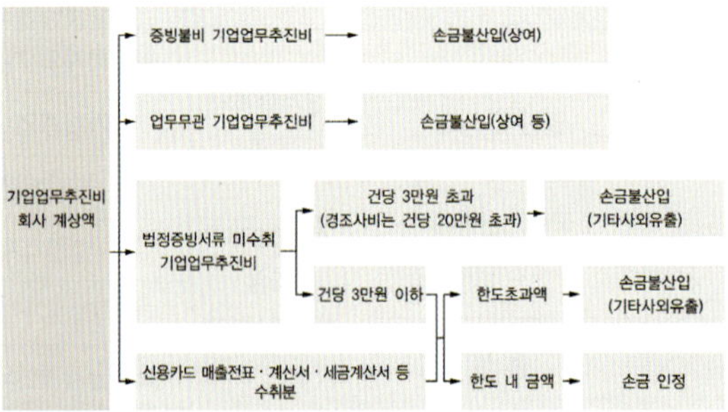

④ 기업업무추진비 한도액 계산

기업업무추진비 한도액 = 일반기업업무추진비 한도액 + 문화기업업무추진비 한도액 + 전통시장기업업무추진비 한도액

초압축 핵심이론, 시험 전 눈에 담아 가라.

시험에 나오는 이론만을 도표형태로 초압축해 한눈에 들어오도록 편집했습니다. 시험 2~3일 전 이론 정리 차원에서 꼭 숙지하시고 시험에 임하시기 바랍니다.

Final Check 시험 직전 OX 마무리

제1과목 재무회계

01 재무회계와 관리회계는 모두 일정한 보고양식이 존재한다. O X

해설

재무회계는 기업 외부의 정보이용자를 위한 회계로 다수의 이해관계자에게 보고하기 위해 통일된 단일의 보고양식이 필요하며 재무제표라는 보고양식을 통해 정보이용자에게 보고한다. 하지만, 관리회계의 경우 기업 내부의 정보이용자를 위한 회계로 각각 기업의 필요에 맞게 보고양식을 만들면 되며 일정한 보고양식은 존재하지 않는다.

02 일반목적 재무보고는 발생주의 회계가 반영되어 기업의 거래 및 사건이 발생할 때 해당 영향을 보여주며, 발생주의를 바탕으로 한 정보는 기업의 과거 및 미래성과를 예측하는데 근거를

Final Check를 통해 마무리하라.

Final Check에는 재경관리사 시험 직전 확인하여야 할 재무회계, 세무회계, 원가관리회계의 핵심내용을 O, X 형식으로 구성하여 수록했습니다. 핵심문장과 충실한 해설을 통해 시험의 마무리를 완벽하게 하시기 바랍니다.

단기합격 핵심전략

구 분	기 간	일 정
이론 정리	1일	초압축 핵심이론(재무회계) 정독
	2일	초압축 핵심이론(세무회계) 정독
	3일	초압축 핵심이론(원가관리회계) 정독
현재 이해도 체크	4일	제1회 재무회계 문제풀이
	5일	제1회 세무회계 문제풀이
	6일	제1회 원가관리회계 문제풀이
오답 정리	7일	제1회 오답 정리
	8일	
취약 부분 이론 정리	9일	취약 부분 이론 정리
	10일	
문제풀이	11일	제2회 재무회계 문제풀이
	12일	제2회 세무회계 문제풀이
	13일	제2회 원가관리회계 문제풀이
오답 정리	14일	제2회 오답 정리
취약 부분 이론 정리	15일	취약 부분 이론 정리
문제풀이	16일	제3회 문제풀이
오답 정리	17일	제3회 오답 정리
취약 부분 이론 정리	18일	취약 부분 이론 정리
문제풀이	19일	제4회 문제풀이
오답 총정리	20일	제4회 오답 및 전체 오답 정리
취약 부분 이론 총정리	21일	전체 취약 부분 이론 정리

※ 3회, 4회는 실제시험과 동일한 시간 안에 풀이하여 주십시오.

※ 취약 부분 이론 정리는 초압축 핵심이론을 따라 적어보는 것이 효과적입니다.

이 책의 차례

※ 2026년 3월 시험까지 기준세법을 기준으로 출제합니다.

PART 1

재경관리사
3주 완성

핵심 유형 문제

지식에 대한 투자가 가장 이윤이 많이 남는 법이다.

- 벤자민 프랭클린 -

제1회 핵심 유형 120문제

제1과목 재무회계 40문항

01 **다음 중 재무정보의 목적적합성과 충실한 표현에 대한 설명으로 틀린 것은?**

① 충실한 표현이 되었다는 것은 재무정보에 대한 서술이 완전하고, 중립적이며, 오류가 없는 것을 말한다.

② 완전한 서술은 충실한 표현을 위해 필요한 속성이며 필요한 기술과 설명을 포함하여 정보이용자가 서술되는 현상을 이해하는데 필요한 모든 정보를 포함하는 것이다.

③ 중립적 서술은 충실한 표현을 위해 필요한 속성으로 재무정보의 선택이나 표시에 편의가 없어야 함을 의미한다.

④ 충실히 표현된 재무정보는 항상 근본적 질적특성인 목적적합성이 충족된다.

02 **다음 중 재무상태표의 작성기준으로 가장 올바르지 않은 것은?**

① 재무상태표에 표시되어야 할 항목의 순서나 형식이 규정되어 있지 않다.

② 모든 기업의 재무상태표는 통일된 보고양식으로 작성되어야 한다.

③ 재무상태표에는 계속기업의 가정이 적용된다.

④ 유동성 순서에 따른 표시방법을 적용할 경우 모든 자산과 부채는 유동성의 순서에 따라 표시한다.

03 다음 중 아래의 포괄손익계산서에 대한 설명으로 가장 올바르지 않은 것은?

포괄손익계산서

㈜시대	20X1년 1월 1일부터 20X1년 12월 31일까지	(단위 : 원)
수 익		xxx
매출원가		(xxx)
매출총이익		xxx
기타수익		xxx
물류원가		(xxx)
관리비		(xxx)
기타비용		(xxx)
법인세차감전순이익		xxx
법인세비용		(xxx)
당기순이익		xxx
기타포괄이익		xxx
총포괄이익		xxx

① 만약 연결재무제표를 작성하여 비지배지분이 있는 경우 당기순손익과 총포괄손익은 비지배지분과 지배기업의 소유주로 구분하여 표시해야 한다.
② 수익과 관련된 항목은 포괄손익계산서에 반드시 표시하여야 할 항목이다.
③ 기타포괄손익은 당기손익으로 인식되지 않은 수익과 비용 항목을 포함한다.
④ 해당 포괄손익계산서는 비용을 성격별로 분류하고 있다.

04 ㈜정민은 해외에서 석유를 수입하여 석유정제업을 영위하는 기업이다. ㈜정민이 20X1년에 매입한 석유에 대한 자료가 다음과 같을 때, ㈜정민의 매출원가는 얼마인가?

- 석유의 매입단가 : 1t = $1,000
- 당기 석유 매입량 : 100t
- 리베이트 : $100
- 수입관세 : 1,000,000원
- 매입은 한 번 발생하였으며 매입시점 환율은 $1 = 1,000원이다.
- 기초 및 기말재고는 존재하지 않으며, 기말시점 환율은 $1 = 1,100원이다.

① 101,000,000원 ② 100,900,000원
③ 100,000,000원 ④ 99,000,000원

05 다음 중 특수관계자 공시에 대한 설명으로 가장 올바른 것은?

① 지배기업과 그 종속기업 사이의 관계에 거래가 없는 경우에는 특수관계에 대한 내용을 공시하지 않아도 된다.

② 하나의 기업이 지배하는 것이 아닌 조인트벤처의 형태나 공동지배력이 있다고 인정되는 경우에는 특수관계가 인정되지 않는다.

③ 종속기업 내 다른 종속기업끼리는 지배관계가 적용되지 않기 때문에 특수관계가 적용되지 않는다.

④ 보고기업에 유의적인 영향력이 있는 개인의 경우 해당 기업에 특수관계가 있는 것으로 본다.

06 다음 중 재고자산 평가에 관한 설명으로 가장 올바른 것은?

① 재고수량결정방법을 계속기록법에서 실지재고조사법으로 변경하면 장부상의 재고수량은 재고수량의 정보에 대한 적시성이 올라가게 된다.

② 물가가 지속적으로 상승하고, 기초수량보다 기말수량이 많은 경우 평균법에서 재고자산을 평가하는 것보다 선입선출법을 사용할 때의 당기순이익이 더 크다.

③ 재고자산의 평가방법에는 개별법, 선입선출법, 후입선출법 및 가중평균법이 있다.

④ 선입선출법에서 감모손실이 없다고 가정할 때 실지재고조사법과 계속기록법에 의한 기말재고자산 금액은 다르게 측정된다.

07 ㈜시대는 공장을 신축하기로 하였으며, 이와 관련하여 20X1년 3월 1일 12,000,000원을 지출하였고, 공장은 20X3년 중에 완공될 예정이다. ㈜시대는 공장신축을 위해서 아래와 같이 특정목적으로 차입을 하였다. ㈜시대가 유형자산 건설과 관련된 금융비용을 자본화하는 경우 20X1년 특정차입금과 관련하여 자본화할 금융비용은 얼마인가?(단, 편의상 월할계산한다)

종 류	차입금액	차입기간	연 이자율	비 고
차입금 A	120,000,000원	20X1.01.31 ~ 20X2.08.31	7%	공장신축을 위한 특정차입금

① 7,000,000원　　② 7,700,000원

③ 7,900,000원　　④ 7,950,000원

08 3년 전 취득한 건물의 당기감가상각비는 100,000원이었다. 정액법으로 상각하며 잔존가치가 100,000원이라고 할 때 건물의 취득원가는 얼마인가?(단, 건물의 내용연수는 10년이다)

① 1,100,000원 ② 1,200,000원
③ 1,300,000원 ④ 1,400,000원

09 ㈜시대는 10억원에 ㈜마포는 20억원에 건물을 매입하였다. ㈜시대는 임대수입을 목적으로 매입하였으며 ㈜마포는 현재 아직 해당 자산을 어떻게 사용할지 정하지 못하였다. 두 건물의 취득 당시 내용연수는 10년, 잔존가치는 없으며 20X1년 말 건물의 공정가치는 각각 8억원, 17억원이다. ㈜시대와 ㈜마포가 선택하고 있는 측정방식이 다음과 같을 경우 해당 자산의 취득으로 인해 ㈜시대와 ㈜마포의 20X1년 당기손익에 미치는 영향은?

구 분	㈜시대	㈜마포
유형자산	원가모형	원가모형
투자부동산	원가모형	공정가치모형
건물 감가상각방법	정액법	정액법

	㈜시대	㈜마포
①	1억원	3억원
②	3억원	1억원
③	3억원	영향 없음
④	1억원	영향 없음

10 다음 중 금융자산의 분류에 대한 설명으로 적절하지 않은 것은?

① 채무상품 중 기타포괄손익-공정가치 측정 금융자산은 원리금의 수취와 매도를 목적으로 취득한 금융자산이다.
② 지분상품의 경우 최초 취득 시 단기매매목적이더라도 기타포괄손익-공정가치 측정 금융자산으로 선택할 수 있다.
③ 채무상품 중 원리금의 수취만 목적으로 하는 경우 상각후원가 측정 금융자산으로 분류해야 한다.
④ 파생상품의 경우 당기손익-공정가치 측정 금융자산으로 분류한다.

11 다음 중 종업원급여에 대한 설명으로 가장 올바르지 않은 것은?

① 확정급여채무의 현재가치는 예측단위적립방식을 사용하여 구할 수 있다.
② 종업원급여는 단기종업원급여, 퇴직급여, 기타장기종업원급여, 해고급여로 나눌 수 있다.
③ 확정급여제도는 기업이 종업원 퇴직 시 약정된 퇴직급여의 지급을 약속한 것으로 회사는 추가적인 납입의무가 존재하지 않는다.
④ 단기종업원급여는 종업원이 관련 근무용역을 제공한 회계기간의 말부터 12개월 이내에 결제될 종업원급여로 해고급여는 제외한다.

12 다음은 자본에 대한 설명이다. 옳은 것끼리 바르게 짝지어진 것은?

> ㉠ 자본은 자산에서 부채를 차감하여 구하는 잔여지분의 성격이다.
> ㉡ K-IFRS에서는 자본의 계정과목에 대한 분류가 명확히 규정되어 있다.
> ㉢ 자기주식은 기업이 보유하고 있으므로 자산으로 인식된다.
> ㉣ 자기주식, 감자차손, 자기주식처분손실 등은 모두 자본조정으로 분류된다.

① ㉠, ㉡ ② ㉠, ㉢
③ ㉠, ㉣ ④ ㉡, ㉣

13 다음 중 무형자산으로 분류할 수 없는 것은?

① A회사는 신규 사업 영역으로 진출하며 신규 진출 영역에 브랜드를 구축 및 보유하고 있던 B회사로부터 상표권을 1,000,000원에 취득하였다.
② C회사는 최근 D회사와 사업결합을 하는 과정에서 D회사가 기존에 연구하던 부문의 연구 개발 활동을 연속하여 진행하게 되었고, 사업결합 이후 1년이 지난 시점에 해당 D회사와의 사업결합에 영향을 받는 부문에서 1,000,000원의 부가가치를 창출하는 것으로 측정됨에 따라 해당 부가가치를 영업권으로 분류하는지 논의하고 있다.
③ E회사는 명품을 판매하는 회사로 최근 와인 사업에 투자를 하면서 F회사의 고객 리스트를 취득하고 고객목록을 획득하기 위해 지출한 비용을 무형자산으로 인식하였다.
④ G회사는 자동차를 제조 및 판매하는 회사로 최근 자율주행차량에 대한 기술을 개발하고 있으며, 해당 기술을 구현하기 위한 시제품과 모형을 설계, 제작하기 위해 발생한 지출에 대하여 개발비로 인식하였다.

14 다음은 금융상품에 대한 설명이다. 금융상품에 대한 설명으로 틀린 것은?

① 복합금융상품은 부채요소와 자본요소를 모두 가지고 있는 금융상품으로 전환사채, 신주인수권부사채, 전환우선주 등이 있다.
② 복합금융상품의 회계처리는 금융부채 부분과 지분상품 부분을 분리하여 인식한다.
③ 금융자산 중 지분상품, 채무상품은 사업모형 변경 시에 재분류가 가능하다.
④ 당기손익-공정가치 측정 금융자산을 상각후원가 측정 금융자산으로 재분류하는 경우 재평가일에 취득한 것처럼 회계처리한다.

15 다음은 ㈜시대의 재무상태표이다.

재무상태표

㈜시대　　20X1년 12월 31일　　(단위 : 원)

현 금	25,000,000	부 채	40,000,000
매출채권	10,000,000	자본금	20,000,000
재고자산	15,000,000	주식발행초과금	10,000,000
유형자산	15,000,000	결손금	(5,000,000)
자산총계	65,000,000	부채와자본총계	65,000,000

㈜시대의 경영자는 누적된 결손금과 관련하여 자본잉여금으로 결손금을 보전하는 것을 고려하고 있다. 다음 중 회사가 자본잉여금의 결손보전을 실시하는 경우에 대한 설명으로 가장 올바른 것은?

① 자본잉여금으로 결손금 보전을 하면 부채비율(부채/자본)이 높아진다.
② 자본잉여금으로 결손금을 보전하는 것과 유상감자를 하는 것의 효과는 동일하다.
③ 감자 후의 자본총계는 25,000,000원으로 자본 감소 전과 자본총계가 동일하다.
④ 주식발행초과금으로 결손금을 보전하는 경우 관련된 자본금 항목도 감소한다.

16 ㈜시대는 최근 현금 3억원과 함께 서울에 있는 창고 건물을 ㈜마포의 부산 건물과 교환하기로 하였다. ㈜시대의 창고 건물에 대한 현재 장부가는 15억원, 공정가치는 18억원이며 ㈜마포의 건물의 장부가는 현재 20억원, 공정가치는 21억원으로 인식되어 있다. 두 회사의 교환에는 상업적 실질이 있다고 할 때 ㈜시대가 교환으로 인식해야 할 자산의 취득가액은 얼마인가?

① 21억원　　② 18억원
③ 15억원　　④ 24억원

17 ㈜원진은 20X1년 1월 1일에 다음과 같은 조건의 회사채를 발행하였다.

- 액면금액 : 20,000,000원
- 액면이자 지급조건 : 매년 말 지급조건
- 발행일 : 20X1년 1월 1일
- 만기일 : 20X3년 12월 31일(3년)
- 액면이자율 : 5%
- 발행일의 시장이자율 : 6%
- 사채의 발행금액 : 19,465,000원

㈜원진이 20X3년 1월 1일에 상기 사채를 조기상환할 경우 상환시점까지 인식한 총 이자비용 및 상환시점의 시장이자율이 7%로 상승한 경우의 사채상환손익을 올바르게 기술한 것은?

	총 이자비용	사채상환손익
①	2,345,874원	사채상환이익
②	2,345,874원	사채상환손실
③	1,167,900원	사채상환이익
④	1,167,900원	사채상환손실

문제편 제1회 제2회 제3회 제4회

18 다음 중 수익인식 기준에 대해서 가장 올바르지 않은 설명은?

① 고객충성제도와 관련하여 판매기업이 직접 보상을 제공하는 경우 보상점수에 배부된 거래가격은 계약부채로 인식하다가 보상을 제공한 때 수익으로 인식한다.

② 고객충성제도와 관련하여 제3자가 보상을 제공하는 경우 중 기업이 자기의 계산으로 대가를 회수하는 경우에는 제3자가 보상에 대한 대가를 받을 권리를 가지게 될 때 수익으로 인식한다.

③ 검수를 조건으로 판매를 하는 경우 재화나 용역이 규약에 부합하는지 객관적으로 판단할 수 있으면 고객인수 절차와 관계없이 수익을 인식한다.

④ 시용판매의 경우 고객이 매입의사를 표시한 시점에 수익을 인식한다.

19 **다음 중 우발부채 및 우발자산에 대한 설명으로 가장 올바르지 않은 것은?**

① 과거사건에 의하여 발생하였으나, 그 의무를 이행하기 위하여 경제적 효익을 갖는 자원이 유출될 가능성이 높지 않은 경우에는 우발부채로 인식한다.

② 우발부채는 금액적으로 중요한 경우 재무제표상 부채로 인식하고, 유형별로 그 성격을 주석에 추가적으로 설명한다.

③ 우발부채의 경우 당해 의무를 이행하기 위하여 자원이 유출될 가능성이 아주 낮은 경우에는 주석기재를 생략할 수 있다.

④ 우발자산은 과거사건에 의해 발생하였으나 기업이 전적으로 통제할 수 없는 하나 이상의 불확실한 미래사건의 발생여부에 의하여서만 그 존재가 확인되는 잠재적 자산을 의미하며 주석에 기재해야 하는 경우가 있다.

20 **다음은 건설계약에 대한 대화이다. 옳지 않는 내용을 이야기하는 사람끼리 짝지어진 것은?**

무열 : 건설계약의 계약수익은 진행률로 수익을 인식하고 진행률은 누적발생계약원가 기준 등으로 측정할 수 있어
원진 : 미성공사보다 진행청구액이 작은 경우 초과청구공사로 부채를 인식해
서연 : 손실이 예상되는 경우 예상되는 손실액을 공사기간 전체에 걸쳐 비용으로 인식해
유진 : 하자보수원가가 예상되는 경우 하자보수원가를 추정하여 비용으로 인식하고 동시에 하자보수충당부채를 인식해야 해

① 무열, 원진　　② 원진, 서연
③ 서연, 유진　　④ 무열, 유진

21 **㈜시대는 20X1년 부채를 차입하지 않고 10억원의 자본을 들여 회사를 설립하였다. ㈜시대의 주식수는 100,000주이며 액면가는 500원이다. 20X1년 회사 설립 후 이익은 20X1년 1억원이 발생하였으며 20X1년 자기주식 10,000주를 1,300원에 취득하였다. 20X2년 도중 가지고 있던 자기주식 10,000주 중 5,000주를 1,500원에 처분하였다고 할 때 ㈜시대의 20X2년의 자본의 크기는 얼마인가?**

① 1,194,500,000원　　② 1,094,500,000원
③ 1,100,000,000원　　④ 1,000,000,000원

22 **지분법은 투자자가 피투자자에 대해 유의적인 영향력을 행사할 수 있는 경우에 적용한다. 다음 중 유의적인 영향력을 행사할 수 있는 경우에 해당하는 것은?(단, ⓐ회사는 투자자, ⓑ회사는 피투자회사임)**

① ⓐ회사는 ⓑ회사의 주식을 20% 이상 보유하고 있으나 계약으로 ⓑ회사에 대한 의결권을 행사할 수 없다.

② ⓐ회사는 ⓑ회사의 의결권 있는 주식 10%를 보유하고 있으나 ⓑ회사의 배당이나 다른 배분 등의 정책결정과정에 참여하고 있다.

③ ⓐ회사는 ⓑ회사의 주식을 30% 보유하고 있으나 모두 우선주이며 의결권은 없다.

④ ⓐ회사는 12개월 이내에 매각할 목적으로 ⓑ회사의 의결권 있는 주식을 18% 취득하여 적극적으로 매수자를 찾고 있는 중이다.

23 **㈜시대는 20X1년에 사업을 개시하였다. 아래의 자료를 이용할 경우 ㈜시대의 20X1년 재무상태표에 계상된 이연법인세자산·부채는 얼마인가?**

- 당기순이익 : 80,000,000원
- 세무조정내역 : 차감할 일시적 차이 4,000,000원
- 평균세율 : 23%(매년 동일할 것으로 예상)
- 차감할 일시적 차이가 사용될 수 있는 과세소득의 발생 가능성이 높다고 예상

① 이연법인세자산 460,000원

② 이연법인세자산 920,000원

③ 이연법인세부채 460,000원

④ 이연법인세부채 920,000원

24 **다음 중 수익에 대한 설명으로 틀린 것은?**

① 수익은 5단계 모형을 모두 적용하여 수익으로 인식할 수 있을 때에만 수익으로 인식한다.

② 고객과의 계약에서 상업적 실질이 있는 경우에만 수익으로 인식할 수 있다.

③ 거래가격을 산정하는 경우 반영대가, 계약에 있는 유의적 금융요소, 고객에게 지급할 대가 등을 고려해야 한다.

④ 수익에 대한 판단기준을 충족하지 못하는데 미리 대가를 받은 경우 계약이 종료될 때 수익으로 인식한다.

25 **다음 중 재고자산에 대한 설명으로 가장 올바르지 않은 것은?**

① 취득 후에 발생하는 보관원가는 재고자산의 취득원가에 포함한다.
② 재고자산은 저가법으로 측정한다.
③ 매입할인, 리베이트 및 기타 유사한 항목은 매입원가를 결정할 때 반영한다.
④ 재고자산의 매입원가는 매입가격에 매입운임, 하역료 및 취득과정에 직접 관련된 기타원가를 가산한 금액이다.

26 **다음은 ㈜시대의 시산표이다. ㈜시대는 최근 미국에서의 비중이 증가하여 거래는 주로 $로 표시하지만, 본사가 한국에 있기 때문에 재무제표의 표시는 원화로 해야 한다. 다음 중 ㈜시대의 20X1년에 대한 설명으로 틀린 것은?(단, 유형자산 및 기타자산은 20X1년 때 취득한 것이다)**

현 금	$100,000	매입채무	$150,000
매출채권	$200,000	차입금	$200,000
유형자산	$130,000	납입자본	$100,000
기타자산	$120,000	잉여금	$50,000
비 용	$150,000	수 익	$200,000

환 율
- 회사 설립 시의 환율 : $1 = ₩1,000
- 20X1년 기말환율 : $1 = ₩1,150
- 20X1년 평균환율 : $1 = ₩1,120

① 수익과 비용은 거래일의 환율을 사용하는 것이 원칙이지만 거래일의 환율을 사용할 수 없는 경우 기중 평균환율을 사용한다.
② 현금, 매출채권, 매입채무, 차입금 등은 20X1년의 기말환율로 환산해주어야 한다.
③ 재무상태표 항목(자산, 부채, 자본)을 표시통화로 환산할 때 적용되는 환율은 $1 = ₩1,150이다.
④ 회사는 표시통화로 환산하면서 발생하는 차이를 기타포괄손익으로 인식한다.

27 다음 중 파생상품과 관련한 위험회피회계에 대해 가장 올바르게 설명한 것은?

① 파생상품은 당해 계약상의 권리와 의무에 따라 자산 또는 부채로 인식하여 재무제표에 계상하여야 한다.

② 공정가치위험회피를 적용하는 경우 위험회피수단에 대한 손익은 기타포괄손익으로 인식한다.

③ 위험회피대상 항목이 당해 거래에 따른 미래현금흐름변동을 상쇄하기 위해 파생상품을 이용하는 경우에는 공정가치위험회피회계를 적용한다.

④ 현금흐름위험회피를 적용하는 경우 위험회피수단에 대한 손익 중 위험회피에 효과적인 부분은 해당 회계연도의 당기손익으로 인식한다.

28 ㈜시대리스는 ㈜종로와 기계장치에 대해서 다음과 같은 리스계약을 체결하였다.

- 리스료총액 : 2,500,000원(매년 말 500,000원씩 5회 후불지급)
- 리스이자율 : 연 8%
- 리스기간 : 5년
- 리스자산의 취득금액은 리스약정일인 20X1년 1월 1일 현재 공정가치와 일치함
- 리스자산의 내용연수는 8년으로 내용연수 종료 시 잔존가치는 없으며, 정액법으로 상각함
- 리스기간 종료시점에 ㈜종로에게 리스자산의 소유권을 무상으로 이전함

※ 연금현가계수(5년, 8%) : 3.9927

㈜시대리스가 리스자산에 대하여 20X1년에 인식할 감가상각비는 얼마인가?(단, 소수점 이하는 반올림한다)

① 0원 ② 399,270원

③ 249,543원 ④ 379,079원

29 ㈜알파는 20X1년 중 증권거래소에 상장된 ㈜베타의 주식 1,000주(전체발행주식의 0.1%)를 1,800,000원에 취득하였다. ㈜알파는 해당 주식을 기타포괄손익으로 측정하는 금융자산으로 취득시점에 분류하였다. ㈜알파가 20X3년 중에 보유 중인 ㈜베타의 주식 30%를 520,000원에 처분한 경우 ㈜알파가 20X3년에 처분손익으로 계상한 금액은?(단, ㈜알파는 해당 주식을 단기매매 목적으로 취득하지 않았다)

구 분	20X1년 말	20X2년 말	20X3년 말
주당 공정가치(시가)	2,000원	1,720원	1,560원

① 이익 20,000원 ② 손실 20,000원

③ 이익 4,000원 ④ 손실 4,000원

30 다음은 금융부채에 대한 설명이다. 올바르게 설명한 것끼리 묶인 것은?

> ㉠ 사채 발생시점의 시장이자율보다 낮은 이자율로 사채가 발생할 경우 액면가격보다 낮은 가격으로 사채를 발행해야 한다.
> ㉡ 사채 발생시점에서 발생하는 사채의 발행비용은 유효이자율에 반영한다.
> ㉢ 유효이자가 표시이자보다 큰 경우 만기로 갈수록 사채의 장부가액은 작아지면서 액면가격에 가까워진다.
> ㉣ 사채를 중도에 상환하는 경우 사채의 상환시점의 시장이자율이 발행시점의 시장이자율보다 큰 경우 사채상환손실이 발생한다.

① ㉠, ㉡ ② ㉠, ㉢
③ ㉡, ㉢ ④ ㉢, ㉣

31 전자제품을 판매하는 ㈜시대는 판매 후 2년간 판매한 제품에서 발생하는 결함을 무상으로 수리해 주는 정책을 채택하고 있다. 과거의 판매경험에 따르면 판매 후 서비스에 따르는 제품보증비용은 매출액의 1%가 발생할 것으로 예상된다. ㈜시대의 20X1년도 매출액이 100억원이고 20X1년 중 발생된 제품보증비용이 0.5억원이다. 20X2년도의 경우 20X1년도 판매한 제품에 대해 발생한 제품보증비용 0.6억원, 매출액 110억원, 20X2년도 판매한 제품에 발생한 제품보증비용 1억원이 발생하였다. 당기가 20X2년도로 가정할 경우 당기에 발생하는 판매보증으로 인한 비용은 얼마인가?

① 1억원 ② 1.2억원
③ 1.6억원 ④ 2.1억원

32 ㈜시대는 ㈜마포가 가지고 있던 공정가치가 각각 4억원, 6억원인 토지와 건물을 일괄하여 10억원에 취득하였다. 해당 건물은 낡아서 취득과 동시에 철거하기로 하였으며 철거하던 도중 철거자재를 4,000만원에 처분하였다. 다음 설명 중 맞는 것은?

① 공정가치가 각각 4 : 6이므로 토지는 4억원, 건물은 6억원으로 인식한다.
② 철거자재 4,000만원은 해당 자산의 취득과 아무 관련이 없으므로 당기비용으로 인식한다.
③ 만약 계획을 바꾸어 일정기간 건물을 사용한 후 철거하고 새로운 건물을 건설한다면 구건물의 장부가액을 새로운 건물의 취득가액에 반영한다.
④ 토지의 취득가액은 9억 6,000만원이다.

33 **다음 중 지분법 회계를 적용하기 위한 요건인 유의적인 영향력을 적용할 수 있는 상황으로 바르게 짝지어진 것은?**

> ㉠ A회사는 B회사 주식 중 30%를 보유하고 있으며, 해당 주식은 모두 의결권을 행사할 수 있다.
> ㉡ A회사는 단기간 여유자금을 운용하기 위해 C회사 주식 15%를 취득하였다. A회사는 C회사의 의사결정기구에 참여하지 않는다.
> ㉢ A회사는 D회사 주식을 10% 보유하고 있으며, D회사 이사회에 과반수가 참여하여 D회사의 재무정책 및 영업정책에 관한 의사결정에 의결권을 행사한다.
> ㉣ A회사는 E회사 주식 총수 중 25%를 취득하고 있으며, 해당 주식의 종류는 상환우선주이다.

① ㉠, ㉡　　② ㉠, ㉢
③ ㉡, ㉣　　④ ㉢, ㉣

34 **다음은 ㈜원진의 20X1년 주당이익 관련 자료이다. 회사는 7월 1일 유상증자를 할 때 공정가치로 유상증자를 하였다.**

• 유통보통주식수 변동내역(주당 액면 1,000원)

구 분	주식수
20X1년 초	40,000주
7월 1일 유상증자 납입	20,000주
9월 1일 자기주식 구입	(1,500)주
20X1년 말	58,500주

• 당기순이익 : 715,000,000원
• 우선주배당금 : 15,000,000원(비누적적 비참가적 우선주)

㈜원진의 20X1년 가중평균유통보통주식수는 얼마인가?(단, 편의상 월할계산을 적용하고 소수점 첫째 자리에서 반올림한다)

① 68,500주　　② 60,000주
③ 49,500주　　④ 70,000주

35 **다음은 부동산 매매를 주업으로 하는 ㈜시대가 보유하고 있는 자산의 내역이다. 투자부동산으로 계정분류되어야 할 금액의 합계액은?**

- 판매를 위하여 보유하고 있는 서울의 건물 : 40억원
- 사내 연수원 건설을 위해 구매하였으나 해당 계획이 무산되어 사용목적을 결정하지 못한 채로 보유하고 있는 제주도의 토지 : 5억원
- 성남의 본사건물 : 30억원
- 직접 소유하고 운용리스로 제공하고 있는 대구의 건물 : 15억원

① 20억원

② 45억원

③ 50억원

④ 90억원

36 **다음 중 운용리스와 금융리스에 대한 설명으로 옳지 않은 것은?**

① 1년 미만의 단기리스인 경우 리스이용자는 사용권자산과 리스부채를 인식하지 않기로 선택할 수 있다.

② 리스기간 3년간 매년 각각 첫해 30,000원, 둘째 해 40,000원, 셋째 해 50,000원을 지급하는 운용리스 계약을 한 경우 해당 운용리스의 리스제공자가 인식해야 하는 첫해 리스료수익은 40,000원이다.

③ 소액 기초자산 리스의 경우라도 리스이용자는 감가상각비를 인식하여야만 한다.

④ 리스는 리스약정일을 기준으로 운용리스나 금융리스로 분류한다.

37 **㈜시대는 현재 새로운 기술을 개발하고 있다. 새로운 기술개발에 필요하여 관련 특허권을 24,000,000원에 8월 31일에 취득하였고, 전체 120,000,000원이 든 기술개발이 10월 30일에 완료되었다. 단, 기술개발에 들어간 자금은 매달 10,000,000원씩 발생하였으며 개발비의 무형자산 인식요건을 충족한 것은 7월 31일이다. 회사는 현재 내용연수 5년, 정액법으로 무형자산을 상각하고 있을 때 당기에 인식해야 할 무형자산 관련 상각비는 얼마인가?**

① 2,600,000원

② 3,600,000원

③ 10,000,000원

④ 0원

38 도소매업을 영위하는 ㈜무혈의 외부감사인이 회계감사과정에서 다음과 같은 사실을 발견하였다. 동 발견사항에 대하여 수정할 경우 ㈜무혈의 수정 후 당기순이익(손실)은 얼마인가?(단, 법인세효과는 고려하지 않는다)

> • ㈜무혈이 제시한 20X1년 당기순이익 : 200,000,000원
>
> 〈외부감사인이 발견한 사항〉
>
> • 매출 관련 사항
>   - ㈜무혈은 20X1년 12월 23일에 ㈜민서에 시용판매를 하였고 ㈜민서는 20X2년 1월 10일 매입의사를 표시하였다.
>   - ㈜무혈은 시용판매에 대하여 상품을 발송한 시점인 20X1년 12월 23일에 매출(4억원)과 이에 대응되는 매출원가를 인식하였다.
>   - ㈜무혈은 매출총이익률이 20%가 되도록 상품판매가격을 결정하였다.
>
> • 기타사항
>   - 외부감사인은 ㈜무혈이 20X1년 12월 복리후생비로 20,000,000원을 지출한 것에 대해 12월, 1월에 나누어 결제하기로 되어 있는데 20X1년 지출액만 비용으로 인식되어 있다는 것을 알게 되었다(단, 현재가치는 무시한다).

① 이익 110,000,000원　　② 이익 200,000,000원
③ 이익 345,000,000원　　④ 손실 350,000,000원

(39) ~ (40) ㈜시대의 20X1년 자료는 다음과 같다.

성과 관련 자료	
매출액	3,000,000원
매출원가	1,800,000원
감가상각비	100,000원
당기순이익	300,000원

자산·부채의 변동 관련 자료	
매출채권의 감소	300,000원
매입채무의 증가	100,000원
선수금의 증가	100,000원

※ 당기순이익에서 법인세비용은 고려하지 않는다.

39 회사의 매출과 관련된 현금흐름은 얼마인가?

① 3,400,000원　　② 3,600,000원
③ 3,800,000원　　④ 4,000,000원

40 회사의 영업활동현금흐름은 얼마인가?

① 800,000원　　② 900,000원
③ 1,000,000원　　④ 1,100,000원

41 다음 중 조세법의 기본 정의에 대한 설명으로 틀린 것은?

> 조세란 ㉠ 국가 또는 지방자치단체가 ㉡ 경비충당을 위한 재정수입을 조달할 목적으로 ㉢ 법률에 규정된 과세요건을 충족한 모든 자에게 ㉣ 직접적 반대급부 없이 부과하는 금전급부

① ㉠에서 지정하고 있는 국가 또는 지방자치단체 이외의 단체는 조세를 부과할 수 없다.
② ㉡은 목적세의 정의를 설명하고 있다.
③ ㉢과 같이 법률에 규정이 있어야 조세를 부과할 수 있다는 원칙을 조세법률주의라고 한다.
④ ㉣과 같이 조세를 납부하더라도 납부한 금액만큼 반대급부가 직접적으로 조세를 부담한 자에게 주어지지 않는 것이 조세의 특성이며 이것을 일반보상성이라 한다.

42 다음 중 국세기본법에 대한 설명으로 틀린 것은?

① 신고서 등을 전자신고의 방식으로 제출할 때는 전송된 때에 신고한 것으로 간주한다.
② 서류의 송달에 대한 효력은 원칙적으로 도달할 때부터 발생한다.
③ 세법에서의 기간의 계산은 초일과 말일 모두를 산입하여 계산한다.
④ 세법상 원래의 신고일이 휴일인 경우 그 다음 날을 기한으로 한다.

43 다음 중 법인세의 납세의무자에 대한 설명으로 틀린 것은?

① 법인세의 납세의무자는 영리를 목적으로 하는지에 따라 영리법인과 비영리법인으로 나눌 수 있다.
② 법인세의 납세의무자는 주로 영업을 하는 곳을 기준으로 외국법인과 내국법인으로 나눌 수 있다.
③ 법인세의 납세의무자 중 국내에 있는 내국법인은 국내·외의 모든 원천에서 발생하는 소득에 대해 법인세 납부의무를 진다.
④ 비영리법인이더라도 수익사업소득의 경우 법인세 납부의무를 진다.

44 ㈜시대는 기부금을 다음과 같이 지출하였다. 모두 한도 내에 들어온다고 가정할 때 기부금 관련 손금불산입액은?

수재의연금	1,700,000원
국방헌금	10,000,000원
문화단체에 대한 기부금	5,000,000원
대표이사의 동창회 기부금	2,000,000원

※ 새마을금고에 시가 20,000,000원의 토지를 12,000,000원에 처분

① 1,000,000원
② 2,000,000원
③ 3,000,000원
④ 4,000,000원

45 당기 초에 ㈜시대는 기계장치를 10,000,000원에 취득하였다. 회사는 세무상 기계장치를 최초 취득하는 것으로 기존에 감가상각방법과 내용연수를 신고하지 않았으며, 기업회계기준에 따라 잔존가치 없이 5년 정액법으로 감가상각하였다. ㈜시대가 감가상각과 관련하여 수행해야 할 세무조정은?(단, 5년 정률법 상각률은 0.451이며, 5년 정액법 상각률은 0.2이다. 기계장치의 기준내용연수는 5년이다)

① 손금산입, 감가상각비, 2,510,000원
② 세무조정 없음
③ 손금불산입, 감가상각비, 2,510,000원, 유보
④ 손금불산입, 감가상각비, 2,000,000원, 유보

46 다음 중 국세기본법상 서류의 송달에 관한 설명으로 가장 옳지 않은 것은?

① 서류는 명의인의 주소・거소・영업소 또는 사무소에 송달하는 것이 원칙이다.
② 서류는 일반적으로 교부・우편・전자송달 또는 공시송달에 의하여 송달한다.
③ 전자송달의 경우 명의인이 승낙한 경우만 송달할 수 있다.
④ 공시송달한 경우 공시한 후 14일이 지나면 효력이 발생하는 것으로 본다.

47 ㈜시대는 채권과 관련하여 다음과 같은 상황이 발생하였다. 다음 중 장부에 계상하지 않는 경우에도 대손으로 세무상 인정받을 수 있는 것은?

㉠ ㈜마포에 대한 매출채권으로 매출채권에 대한 소멸시효가 완성되었다.
㉡ ㈜서울에 대한 매출채권으로 현재 ㈜서울은 파산 상태로 사실상 돈을 받을 수 없을 것으로 예측된다.
㉢ 기존의 거래처였던 ㈜경기에 대한 매출채권으로 ㈜경기의 실적이 좋지 않아 부도 위험이 있어 조기에 회수해 주는 대가로 일부 매출채권을 포기하였다.
㉣ 개인사업자인 김한강에 대한 5월 10일의 채권으로 금액이 16만원의 소액으로 장부에서 누락되었다가 12월 20일 해당 채권을 발견하였다. 김한강과는 오랜 거래관계로 관계 유지를 위해 해당 채권은 회수하지 않기로 결정하였다.
㉤ ㈜시대는 중소기업으로 당기 중 ㈜폐업에 대한 외상매출금의 회수기일이 2년을 초과하였다.
㉥ ㈜회복이 회생계획인가가 결정됨에 따라 ㈜시대가 보유하고 있는 ㈜회복에 대한 미수금은 회수불능상태이다.

① ㉠, ㉥
② ㉠, ㉢
③ ㉡, ㉢
④ ㉣, ㉤

48 다음 중 부가가치세에 대한 설명으로 틀린 것은?

① 부가가치세는 최종 소비자가 세금을 부담하지만 납부는 판매자가 하는 간접세이다.
② 부가가치세의 신고는 예정신고기간, 확정신고기간이 있으며 납세자는 2개 중 하나를 골라 신고하면 된다.
③ 부가가치세의 세율은 10%로 단일세율이다.
④ 우리나라의 부가가치세는 전단계 세액공제법을 통해 매입세액을 공제한다.

49 다음 중 금융소득에 대한 설명으로 옳지 않은 것은?

① 금융소득에는 필요경비가 인정되지 않는다.
② 공익신탁과 관련된 이자소득은 비과세된다.
③ 원천징수되지 않는 금융소득은 무조건 종합과세 대상이다.
④ 일반적인 이자소득이 15,000,000원 있는 사람이 국외 배당소득이 6,000,000원 있는 경우 조건부로 종합과세되는 금융소득은 15,000,000원이므로 분리과세된다.

50 다음 중 영세율과 면세 항목에 대한 설명으로 옳지 않은 것은?

① 생활필수품, 미가공 식료품 등은 모두 면세 항목이다.
② 영세율 적용 사업자는 부가가치세 과세사업자로 분류되지만 면세사업자는 부가가치세 과세사업자가 아니다.
③ 영세율 적용 사업자 및 면세사업자로부터 물품을 매입한 경우 해당 사업자는 매입세액공제를 받을 수 없다.
④ 영세율은 소비지국과세원칙에 따라 주로 수출하는 품목에 적용가능하다.

51 다음 중 특별세액공제에 대한 설명으로 옳지 않은 것은?

① 특별세액공제 중 의료비, 교육비, 기부금에 대한 세액공제는 일반적으로 기본공제 대상자를 대상으로 한다.
② 교육비세액공제는 기본공제 대상자 중 나이가 20세 이상인 경우 적용받을 수 없다.
③ 의료비세액공제에서 장애인이나 본인, 6세 이하 부양가족, 경로자, 건강보험산정특례자, 미숙아, 선천성이상아 의료비 및 난임시술비의 경우 700만원 한도가 적용되지 않는다.
④ 사업자 중 일정 요건을 충족한 경우 의료비・교육비・기부금세액공제를 받을 수 있다.

52 다음은 중소기업이 아닌 ㈜시대의 자료이다. 자료와 관련하여 ㈜시대가 손금불산입해야 하는 기업업무추진비 금액은?

가. ㈜시대는 ㈜마포에 대해 거래관계개선을 위해 1,000,000원의 매출채권을 포기하였고 해당 사실과 관련하여 ㈜시대는 기업업무추진비로 인식하지 않았다.
나. ㈜시대는 접대 명목으로 거래처에 장부가 2,000,000원 상당의 현물을 제공하고 장부가로 기업업무추진비를 인식하였다. 해당 현물은 현재 3,000,000원으로 시장에서 거래되고 있다.
다. 광고선전 목적으로 100명에게 개당 2만원 상당의 접시를 제공하였다.
라. ㈜시대는 기업업무추진비로 지출한 금액 중 500,000원에 해당하는 금액의 증빙을 수취하지 않았다.
※ 상여로 소득처분되는 기업업무추진비를 제외하고 ㈜시대가 계상한 기업업무추진비와 세법상 한도는 일치한다.

① 0원
② 1,000,000원
③ 2,500,000원
④ 3,000,000원

53 ㈜원진은 대표이사의 종친회로부터 1월 1일 건물을 10억원에 매입하였다. 해당 건물의 시가가 5억원이고, 50년간 감가상각을 한다고 가정할 때, 당기에 이루어져야 하는 세무조정으로 적절한 것은?

① 세무조정 없음
② (손금산입) 건물, 3억 5천만원 (△유보)
(손금불산입) 비지정기부금, 3억 5천만원 (기타사외유출)
(손금불산입) 감가상각비, 700만원 (유보)
③ (손금산입) 건물, 3억원 (△유보)
(손금불산입) 비지정기부금, 3억원 (기타사외유출)
④ (손금불산입) 감가상각비, 600만원 (유보)

54 다음 중 법인세의 신고와 납부에 대한 설명으로 적절하지 않은 것은?

① 중간예납은 사업연도 기간이 12개월인 법인으로서 사업연도 개시일로부터 6개월간의 기간을 중간예납기간으로 법인세를 미리 신고 및 납부하는 제도이다.
② 조세포탈 등의 우려가 있는 경우 조세관청은 법인세를 수시부과한다.
③ 법인세의 원천징수 대상 소득은 이자소득과 일부 투자신탁의 이익이다.
④ 중간예납세액은 세수의 조기확보 및 납세자의 조세부담 분산을 목적으로 도입되었다.

55 법인세법상 손익귀속시기를 바르게 연결한 것은?

① 임대료 지급의 계약일이 있는 경우 – 실제 지급일
② 위탁판매손익 – 수탁자의 판매시점
③ 이자수익 – 실제 지급일
④ 용역제공에 의한 손익 – 인도일

56 다음 중 손금에 대한 설명으로 옳지 않은 것은?

① 손금은 원칙적으로 법인의 순자산을 감소시키는 거래로 정의할 수 있다.
② 회사의 임・직원에 대한 상여 및 퇴직금은 모두 손금으로 인정된다.
③ 업무무관경비에 관련된 지출은 원칙적으로 손금불산입 항목이다.
④ 차입금과 관련된 이자는 원칙적으로 손금으로 인정되지만 건설자금이자는 손금불산입된다.

57 다음은 근로소득자 김시대 씨가 8월 회사로부터 수령한 항목이다. 김시대 씨의 8월 근로소득으로 인식되어야 하는 금액은?

급 여	3,000,000원
교육훈련비(업무와 관련되어 있음)	100,000원
식대(단, 회사는 직원들에게 식사를 제공함)	200,000원
경조금(사회적으로 타당한 범위의 금액)	100,000원

① 3,300,000원
② 3,200,000원
③ 3,100,000원
④ 3,000,000원

58 ㈜민서는 다음과 같이 ㈜무혈에게 상품을 판매하였다. 다음 설명 중 맞는 것은?

20X1년 11월 30일 ㈜무혈과 해당 상품의 판매계약을 함
20X1년 12월 11일 ㈜무혈이 해당 상품의 대금을 미리 지급
㈜민서는 해당 대금을 기업회계기준에 따라 선수금으로 인식
20X2년 1월 5일 해당 상품을 ㈜무혈에 인도

① 20X1년 11월 30일에 계약이 체결되었으므로 ㈜민서는 해당 상품에 대한 판매손익을 20X1년 손익으로 인식한다.
② 20X1년 12월 11일에 해당 거래에 대한 대금이 청산되었으므로 ㈜민서는 선수금으로 인식한 해당 대금을 전액 20X1년 수익으로 인식한다.
③ 20X1년에 계약수익을 인식해야 하므로 회계에서는 선수금으로 인식한 지급받은 대금을 오류수정의 회계처리로 판매수익으로 인식하고 세무조정을 통하여 20X1년 수익으로 인식한다.
④ 기업회계기준과 같이 20X2년 수익으로 법인세에서도 인식한다.

59 기타소득에 대한 설명이다. 다음 중 옳은 것끼리 바르게 묶인 것은?

㉠ 김시대 씨는 복권에 당첨되었다. 복권 당첨금액은 3억원으로 모두 종합과세소득으로 소득세를 신고하였다.
㉡ 이서울 씨는 외부에서 강연을 하고 2,000,000원을 수령하였다. 준비하는데 따르는 경비를 집계할 수 없어 1,200,000원을 필요경비로 신고하였다.
㉢ 정마포 씨는 출간한 책에 대한 저작권 1,000,000원을 기타소득으로 신고하였다.
㉣ 김부산 씨는 최근 상대방이 계약을 위반하여 받은 1,000,000원을 기타소득으로 신고하였다.

① ㉠, ㉡
② ㉠, ㉣
③ ㉡, ㉢
④ ㉡, ㉣

60 ㈜시대는 용역을 제공하고 있는 회사로 20X1년 초 ㈜마포와 용역 계약을 체결하였다. 다음 조건으로 계약을 체결한 경우 20X1년 1기에 인식해야 할 ㈜시대의 부가가치세법상 용역 공급가액은 얼마인가?

- 계약금액 : 50,000,000원
- 계약금액은 10,000,000원씩 용역의 완성도가 20%, 40%, 60%, 80%, 100%일 때 각각 지급한다.
- 20X1년 6월 30일 현재 용역은 45%로 제공되었다.

① 50,000,000원
② 10,000,000원
③ 20,000,000원
④ 0원

61 다음 중 익금불산입 항목끼리 바르게 짝지어진 것은?

㉠ 의제배당액
㉡ 간주임대료
㉢ 법인세환급금
㉣ 유형자산 재평가 차액
㉤ 전기에 손금으로 인식한 금액 중 당기에 환입된 금액
㉥ 국세 · 지방세 과오납금의 환급액에 대한 이자

① ㉠, ㉡, ㉢
② ㉡, ㉢, ㉤
③ ㉡, ㉢, ㉥
④ ㉢, ㉣, ㉥

62 ㈜시대의 20X1년 1기의 확정신고기간의 영업과 관련된 자료이다. 예정신고기간에 누락된 부분은 없다고 할 때 ㈜시대의 1기 확정신고의 과세표준은 얼마인가?

- 현금매출액 : 15,000,000원
- 선수금 : 3,000,000원
  ※ 1기 확정신고기간에 세금계산서를 발급하였고 실제 매출은 7월 12일에 발생하였다.
- 신용매출액 : 5,000,000원
  ※ 6월 26일 재화를 인도했으며 인도 후 3개월마다 1,000,000원씩 5회에 걸쳐 지급하므로 아직 지급받은 현금은 없다.

① 15,000,000원
② 18,000,000원
③ 21,000,000원
④ 23,000,000원

63 부가가치세법상 영세율이 적용되지 않은 것은?

① 내국물품을 국외로 반출하는 무역
② 국외에서 행하는 건설용역
③ 국내에서 국내로 하는 항행무역
④ 금지금을 제외한 내국신용장 또는 구매확인서에 의하여 공급하는 재화

64 다음 중 수정신고 · 경정청구 · 기한 후 신고에 대한 설명으로 옳지 않은 것은?

① 수정신고와 경정청구의 경우 신고기한까지 과세표준신고서를 제출한 자는 적용받을 수 있다.
② 수정신고는 해당 국세의 과세표준과 세액이 결정 또는 경정되어 통지되기 전까지 신고할 수 있다.
③ 경정청구의 경우 법정신고기한이 경과한 후 5년 이내에 경정 등을 청구하여야 한다.
④ 기한 후 신고를 하더라도 무신고가산세를 감면받을 수 없다.

65 다음은 ㈜시대의 3기의 자료이다. 세무조정사항은 다음과 같다고 할 때 산출세액은 얼마인가? (단, 2억원 이하인 경우 세율은 9%이다)

회계상 법인세차감전순이익	100,000,000원
기업업무추진비 한도초과	10,000,000원
1기 결손금	5,000,000원
2기 결손금	10,000,000원

① 8,550,000원
② 9,500,000원
③ 9,900,000원
④ 11,250,000원

66 다음 중 퇴직급여충당금과 퇴직연금충당금에 대한 설명으로 옳지 않은 것은?

① 퇴직급여충당금은 결산조정사항이며 퇴직연금충당금은 신고조정사항이다.
② 현재 퇴직급여충당금의 한도를 구할 때 퇴직금추계액은 0%로 인정된다.
③ 퇴직금을 지급하는 경우 비현실적 퇴직의 경우 세무상으로 퇴직급여충당금에서 지급하지 않고 업무무관가지급금으로 처리한다.
④ 직원이 임원으로 취임한 경우는 같은 회사 내에서 승진한 경우이므로 비현실적 퇴직에 해당한다.

67 김시대 씨는 개인임대사업자이다. 20X1년 신규로 임대를 시작한 건물에서 다음과 같은 소득이 발생한 경우 총 수입금액은 얼마인가?

- 20X1년 9월 1일 임대차 계약을 체결하였고 1년 치 임대료 12,000,000원을 9월 30일 수령하였다.
- 해당 임대 계약으로 매달 관리비 100,000원을 받고 있다(단, 실제 발생하는 공공요금은 세입자가 직접 납부한다).

① 4,000,000원
② 4,400,000원
③ 12,000,000원
④ 5,400,000원

68 다음 중 부가가치세법상 간주공급으로 보지 않는 것은?

① 김서울 씨는 최근 사업을 폐업하면서 남은 재화를 가지게 되었다.
② 김부산 씨는 자신이 생산한 재화를 개인적인 용도로 사용하였다.
③ 김대구 씨는 두 개의 사업장을 보유하고 있는데 하나의 사업장에서 판매를 위해 다른 사업장으로 재화를 반출하였다.
④ 김대전 씨는 거래처 확보를 위해 무상으로 거래처에 견본품을 제공하였다.

69 다음 중 소득세에 대한 설명으로 옳지 않은 것은?

① 소득세는 법인세와 함께 국세, 독립세로 구분된다.
② 소득세의 소득은 이자소득, 배당소득, 사업소득, 근로소득, 연금소득, 기타소득, 양도소득, 퇴직소득으로 구분된다.
③ 근로소득만 있는 근로자라 하더라도 연말정산 후, 다음 해 5월에 전체 소득을 신고해야 한다.
④ 소득세는 종합소득, 양도소득, 퇴직소득으로 구분하여 계산한다.

70 다음 중 양도소득에 대한 설명으로 틀린 것은?

① 양도소득세의 과세대상 자산은 부동산뿐만 아니라 지상권, 전세권, 등기된 부동산임차권 등의 권리도 포함한다.
② 미등기양도자산이나 조정대상지역에 다주택을 보유한 경우 여러 가지 불이익을 받는다.
③ 1가구 1주택을 충족하는 경우 양도소득세법상 고가주택에 해당하더라도 비과세된다.
④ 상장주식이라 하더라도 거래소 이외에서 거래되는 경우에는 양도소득세가 과세될 수 있다.

71 ㈜시대는 과세와 면세사업에 공통으로 사용하던 재화를 양도하였다. 양도한 것에 대한 자료가 다음과 같을 때 양도한 재화의 과세표준은 얼마인가?

해당 재화의 공급가액	10,000,000원
해당 과세기간의 총공급가액	110,000,000원
해당 과세기간의 과세 공급가액	55,000,000원
직전 과세기간의 총공급가액	100,000,000원
직전 과세기간의 과세 공급가액	60,000,000원

① 10,000,000원
② 6,000,000원
③ 5,000,000원
④ 4,000,000원

문제편 제1회 제2회 제3회 제4회

72 다음 중 부가가치세의 신고와 납부에 대한 설명으로 옳지 않은 것끼리 묶인 것은?

㉠ 부가가치세는 1기 예정신고, 1기 확정신고, 2기 예정신고, 2기 확정신고로 총 4번 신고한다.
㉡ 부가가치세에 대한 세액은 확정신고기간에만 납부하고 예정신고기간에는 납부하지 않는다.
㉢ 예정신고기간에 누락된 부분은 확정신고기간에 신고한다.
㉣ 대손세액공제는 예정신고기간과 확정신고기간 모두 적용받을 수 있다.
㉤ 공급시기 이후 세금계산서를 발급받았으나, 공급시기가 속하는 과세기간의 확정신고기한 다음 날부터 1년 이내에 세금계산서를 발급받은 것으로서 수정신고·경정청구한 경우 예외적으로 매입세액공제가 가능하다.

① ㉠, ㉡
② ㉡, ㉢, ㉤
③ ㉡, ㉣
④ ㉢, ㉣, ㉤

73 김시대 씨는 현재 다음과 같은 가족구성원과 거주하고 있다. 김시대 씨의 기본공제금액은 얼마인가?

김시대 씨(45세)	근로소득	50,000,000원
배우자(43세)	기타소득	500,000원
아들(21세)	장애인	소득 없음
딸(8세)		소득 없음

① 6,150,000원
② 6,000,000원
③ 3,000,000원
④ 1,500,000원

74 **다음 중 소득세의 종합소득금액의 계산에 대한 내용으로 적절하지 않은 것은?**

① 종합소득금액은 사업소득, 근로소득, 연금소득, 기타소득을 합산하여 계산하며 종합과세되는 금융소득이 있는 경우 종합과세되는 금융소득도 포함한다.

② 사업소득에서 발생한 결손금은 이자소득금액 → 배당소득금액 → 근로소득금액 → 연금소득금액 → 기타소득금액의 순서대로 공제한다.

③ 부동산임대업에서 발생한 결손금은 다른 소득금액에서 공제하지 않고 다음 연도로 이월한다.

④ 다른 소득금액으로 공제하고도 남은 사업소득의 이월결손금은 다음 연도로 이월되며, 발생연도 종료일로부터 15년간 이월된다.

75 **㈜시대는 법인세 산출세액이 13,500,000원, 외국에서 발생한 소득은 40,000,000원이며 외국에서 납부한 법인세는 6,000,000원이다. ㈜시대가 받을 수 있는 외국납부세액공제액은 얼마인가?(단, 법인세 산출세액에 대한 세율은 9%이다)**

① 3,600,000원
② 4,000,000원
③ 6,000,000원
④ 7,000,000원

76 **다음 중 소득세법상 사업소득금액과 법인세법상 각 사업연도소득금액을 비교한 것으로 적절하지 않은 것은?**

① 대표자 급여는 사업소득금액에서는 필요경비 불산입항목이지만, 법인세법상 각 사업연도소득금액에서는 손금항목이다.

② 사업장에서 유가증권처분이익이 발생한 경우 법인세법상 각 사업연도소득금액에서는 익금항목이지만, 소득세법상으로는 사업소득금액에 해당하지 않는다.

③ 개인사업장에서 발생한 이자수익은 각 사업연도소득과 마찬가지로 총수입금액에 포함된다.

④ 소득세법상 개인사업자가 재고자산을 자가사용한 경우 해당 재고자산은 총수입금액으로 산입한다.

77 다음 중 부가가치세 세금계산서의 필요적 기재사항이 아닌 것은?

① 공급자의 등록번호와 성명
② 공급받는 자의 등록번호
③ 작성연월일
④ 공급연월일

78 다음 중 연금소득에 대한 설명으로 옳지 않은 것은?

① 연금소득은 크게 공적연금과 사적연금으로 구분할 수 있으며, 사적연금의 경우 분리과세를 선택할 수 있다.
② 연금소득금액은 연금소득 총수입금액에서 연금소득공제를 차감하여 계산한다.
③ 연금소득은 연금수령시점까지 과세를 이연하는 효과가 있다.
④ 연금소득은 납부할 때 공제받았는지 여부에 관계없이 연금소득으로 지급받은 부분은 모두 과세된다.

79 ㈜시대는 20X1년 12월 26일 취득원가가 160,000,000원인 유가증권을 취득하였고 해당 자산을 단기간 내에 매도할 것으로 예상하고 단기매매금융자산으로 분류하였다. 20X1년 말 해당 유가증권이 140,000,000원으로 하락하여 기업회계기준에 따라 평가손실 20,000,000원을 장부에 계상하였다. ㈜시대가 해당 유가증권에 관하여 필요한 세무조정은?

① 손금불산입, 단기매매금융자산평가손실, 20,000,000원, 유보
② 손금산입, 단기매매금융자산평가손실, 20,000,000원, △유보
③ 손금불산입, 단기매매금융자산평가손실, 40,000,000원, 유보
④ 세무조정 없음

80 다음은 거주자인 정시대 씨의 자료이다. 정시대 씨의 의료비세액공제액은 얼마인가?

정시대 씨 가족 정보 및 의료비 지출

관 계	나 이	소득 정보		의료비 지출	
본 인	55세	총급여액	80,000,000원	내과진료	1,000,000원
배우자	54세	연금소득	10,000,000원	외과수술	4,000,000원
아 들	25세	없 음		의료기구 구입	500,000원
딸	2세	없 음		선천성이상아 의료비	3,000,000원

① 100,000원
② 315,000원
③ 465,000원
④ 1,065,000원

81 다음 중 재무회계와 원가회계에 대한 설명으로 옳지 않은 것은?

① 외부이용자의 경제적 의사결정에 유용한 정보를 제공하기 위한 목적으로 재무회계가 이용된다.
② 관리회계는 경영자 등이 의사결정을 위하여 주로 이용한다.
③ 재무회계와 원가·관리회계는 모두 준거기준으로 한국채택국제회계기준이나 일반기업회계기준을 따른다.
④ 재무회계는 과거정보에 초점을 두고 객관성을 강조하지만 원가·관리회계는 미래정보를 포함하고 목적적합성을 강조한다.

82 A회사는 배를 제조하는 회사로 제품의 특성을 고려하여 □□원가로 원가를 측정하고 있다. □□원가에 대한 설명으로 적절하지 않은 것은?

① 개별원가계산은 다품종 소량생산을 하는 주문생산 방식에 적합하다.
② 신속하고 쉽게 원가를 집계할 수 있다.
③ 제품별로 정확한 원가계산이 가능하다.
④ 개별원가계산을 통해 제품별 효율성 통제 및 예측이 용이해진다.

83 ㈜시대는 두 개의 제조부문 X, Y와 두 개의 보조부문 수선, 전력을 두고 있다. 보조부문의 용역제공은 다음과 같다.

구 분	수 선	전 력	X	Y
수 선	–	25%	30%	45%
전 력	20%	–	30%	50%
원 가	200,000원	250,000원	500,000원	400,000원

회사는 단계배분법을 사용해서 보조부문의 원가를 배분한다고 할 때, X의 제조원가는 얼마인가? (배분순서는 수선부문의 원가를 먼저 배분한다)

① 500,000원
② 600,000원
③ 672,500원
④ 702,500원

84 ㈜시대는 A, B 두 제품을 생산한다. 최근 제품 A의 수익성이 떨어지는 것을 발견하고 원인을 찾기 위해 원인을 분석하였다. 다음 자료를 보고 맞는 것을 고르시오(단, 회사는 그 동안 생산량을 기준으로 기존의 제조간접원가 300,000원을 배부하였다).

구 분	A	B
생산량	10,000개	5,000개
판매가격	1,000원	1,000원
조립활동	100회	200회
염색활동	250회	250회
조립활동원가	300,000원	
염색활동원가	300,000원	

※ 단위당 소요되는 직접노무원가와 직접재료원가는 동일하다.

① A의 제조간접원가가 B의 제조간접원가에 비해 단위당 30원 낮으므로 A의 수익성이 더 높다.
② A의 제조간접원가가 B의 제조간접원가에 비해 단위당 45원 낮으므로 A의 수익성이 더 높다.
③ B의 제조간접원가가 A의 제조간접원가에 비해 단위당 30원 낮으므로 B의 수익성이 더 높다.
④ B의 제조간접원가가 A의 제조간접원가에 비해 단위당 45원 낮으므로 B의 수익성이 더 높다.

85 다음 중 표준원가에 대한 설명으로 적절하지 않은 것은?

① 원재료를 효율적으로 이용하더라도 기존보다 품질이 좋지 않은 원재료를 기존 가격과 유사한 가격으로 구매한 경우 불리한 능률차이가 발생할 수 있다.
② 2분법으로 제조간접원가차이 분석을 하는 경우 조업도차이에는 고정제조간접원가에서 발생한 조업도차이만이 포함된다.
③ 불리한 원가차이가 발생한 상황에서, 표준원가계산의 원가차이를 매출원가조정법을 사용하여 배분하면 비례배분법을 사용하여 배분하는 경우보다 당기순이익이 크게 나타난다.
④ 경영자는 표준원가와 실제원가의 차이 중 중요한 부분에 대해서만 관심을 가지고 개선책을 강구하는 예외에 의한 관리를 할 수 있다.

86 다음은 종합원가계산과 개별원가계산에 대한 설명이다. 옳지 않은 것은?

① 개별원가계산은 제품별로 정확한 원가계산이 가능한 장점이 있다.
② 개별원가계산은 조선소, 자동차 등의 주문 생산에 적합한 방식이다.
③ 종합원가계산은 동일제품을 연속적으로 생산하는 공정에 적합한 방식이다.
④ 개별원가계산은 완성품환산량을 추정하여 기말재고자산을 구한다.

87 다음 중 분권화에 대한 설명으로 옳은 것은?

① 분권화는 의사결정권한이 조직 전반에 걸쳐 위임되어 있는 상태로 의사결정권한이 위임됨에 따라 조직 전체적으로 동기부여가 된다.
② 최고경영자는 분권화로 인해 각 조직의 전략 계획 수립도 고려해야 한다.
③ 분권화를 수행할 경우 일반적으로 기업 전체의 목표와 각 사업부의 목표가 일치한다.
④ 분권화를 통해 각 사업부는 효율적인 업무 분장을 할 수 있게 된다.

88 ㈜시대의 원가자료이다. 다음 중 옳은 것은?

단위당 판매가격	100원
판매수량	10,000개
단위당 변동제조원가	60원
단위당 변동판매관리비	10원
고정제조원가	100,000원
고정판매관리비	50,000원

① 공헌이익률은 40%이다.
② 손익분기점 판매수량은 5,000개이다.
③ 현재 안전한계는 400,000이다.
④ ㈜시대의 영업레버리지도는 3이다.

89 다음 중 순현재가치법(NPV)과 내부수익률법(IRR)을 비교한 것으로 가장 적절하지 않은 것은?

① 내부수익률법에서는 순현재가치가 0이 되도록 하는 수익률을 요구수익률과 비교하여 내부수익률이 요구수익률보다 큰 경우 투자안을 채택한다.
② 순현재가치법과 내부수익률법은 모두 화폐의 시간가치를 고려한다.
③ 순현재가치법에서는 상호배타적인 투자안인 경우 순현재가치가 가장 큰 투자안을 채택한다.
④ 상호배타적이고 투자규모가 다른 투자안이 존재할 경우 순현재가치법과 내부수익률법의 의사결정은 동일하게 나타난다.

90 표준원가계산을 활용하는 ㈜시대의 직접재료원가와 관련한 자료가 다음과 같을 때 ㈜시대의 직접재료원가 능률차이는 얼마인가?

실제 생산량에 허용된 직접재료 표준투입량	3,000kg
직접재료 실제 투입수량	3,100kg
직접재료원가 kg당 표준가격	10원
직접재료원가 kg당 실제가격	11원

① 1,000원(불리)
② 1,000원(유리)
③ 500원(유리)
④ 500원(불리)

문제편
제1회
제2회
제3회
제4회

91 ㈜시대는 활동기준원가계산을 적용하고 있다. 회사는 제품생산을 위해 절삭활동, 조립활동을 수행하고 검사활동을 수행하고 있다. 실제로 발생한 원가는 절삭활동에 40,000,000원 조립활동은 50,000,000원, 검사활동에 30,000,000원이 발생했으며 회사는 갑, 을, 병 세 가지 제품만 생산한다고 할 때 제품 갑의 단위당 원가는 얼마인가?

항 목	갑	을	병
직접재료원가	150,000,000원	225,000,000원	375,000,000원
직접노무원가	100,000,000원	285,000,000원	300,000,000원
절삭활동	500시간	1,500시간	2,000시간
조립활동	1,000시간	1,800시간	2,200시간
검사활동	2,000시간	3,000시간	5,000시간
생산량	10,000개	15,000개	25,000개

① 25,000원
② 27,100원
③ 28,100원
④ 29,000원

92 ㈜시대는 제품 A, B를 생산하고 있다. A와 B를 생산하기 위해 보조부문인 전력부문을 설계하여 운영하고 있다. 제품 A, B 부문이 사용한 전력부문의 사용량과 전력부문의 원가자료가 아래와 같을 때 옳은 것은?(단, 회사는 그 동안 단일배분율 방식을 사용하여 전력부문의 원가를 배분하였다)

구 분	A	B
최대 사용가능시간	200시간	300시간
실제 사용시간	150시간	150시간

구 분	전력부문원가
변동원가	600,000원
고정원가	300,000원

① 만약 회사가 이중배분율을 사용하는 경우 A는 이익이 30,000원만큼 증가한다.
② 만약 회사가 이중배분율을 사용하는 경우 A는 이익이 30,000원만큼 감소한다.
③ 만약 회사가 이중배분율을 사용하는 경우 B는 이익이 40,000원만큼 증가한다.
④ 만약 회사가 이중배분율을 사용하는 경우 B는 이익이 40,000원만큼 감소한다.

93 ㈜시대는 제품 A와 관련하여 다음과 같은 원가가 발생하였다. 다음 설명 중 틀린 것은?

원재료 검사비	30,000원	공손품	30,000원
공급업체 평가	50,000원	재작업	50,000원
제품의 검사	100,000원	반품되는 제품의 원가	100,000원
검사설비 유지	150,000원		

① 원재료 검사는 품질원가 중 통제 활동과 관련이 있다.
② 평가활동은 제품의 검사, 검사설비 유지, 재작업 원가로 볼 수 있다.
③ 통제활동에서 발생하는 원가는 총 330,000원이다.
④ 반품되는 제품의 원가는 외부실패원가로 분류할 수 있다.

94 다음은 변동원가와 전부원가에 대한 설명이다. 옳은 것끼리 바르게 묶인 것은?

㉠ 변동원가계산은 원가회피개념을, 전부원가계산은 원가부착개념을 사용하고 있다.
㉡ 변동원가계산에서는 장기적인 의사결정을 내리는 데 유용하다.
㉢ 변동원가계산에서는 생산량에 관계없이 오직 판매량만이 이익에 영향을 미친다.
㉣ 전부원가계산에서는 경영자가 이익을 늘리기 위해서 생산량에 관계없이 판매에 집중하게 되는 장점이 있다.

① ㉠, ㉡
② ㉠, ㉢
③ ㉠, ㉣
④ ㉢, ㉣

95 다음의 원가자료를 이용하여 초변동원가계산에 따른 영업이익을 구하면 얼마인가?

생산량	20,000개	직접재료원가	2,000,000원
매출액	16,000,000원	직접노무원가	500,000원
판매량	16,000개	변동제조간접원가	2,500,000원
		고정제조간접원가	1,500,000원
		변동판매관리비	400,000원
		고정판매관리비	500,000원

① 9,500,000원
② 9,300,000원
③ 9,100,000원
④ 9,000,000원

96 다음 영업레버리지에 대한 설명 중 옳은 것을 모두 고르시오.

㉠ 공헌이익률이 60%, 매출액이 10,000,000원이고 고정제조간접원가가 2,500,000원, 고정판매관리비가 1,500,000원이면 영업레버리지도는 3이다.
㉡ 영업레버리지가 클수록 매출액의 증가에 따른 영업이익의 증가가 크다.
㉢ 고정설비의 비중이 큰 기업은 영업레버리지가 작고, 고정설비의 비중이 작은 기업은 영업레버리지가 높다.
㉣ 앞으로 판매가 증가할 것으로 예상할 경우 영업레버리지를 높여야 한다.

① ㉠, ㉡, ㉣
② ㉠, ㉡, ㉢
③ ㉠, ㉢, ㉣
④ ㉡, ㉢, ㉣

97 ㈜원가는 가구를 제작하는 회사로 최근 수익성이 악화되고 있는 의자 부문의 폐쇄를 고려 중이다. 아래 원가자료를 바탕으로 다음 설명 중 옳은 것은?

의자의 개당 판매가격	100,000원
의자의 개당 변동원가	60,000원
현재 의자의 수요	2,500개
회피가능 고정원가	1.5억원

① 의자 생산을 중단할 경우 5천만원의 증분손실이 발생한다.
② 의자 생산을 중단할 경우 5천만원의 증분이익이 발생한다.
③ 의자 생산을 중단할 경우 3천만원의 증분손실이 발생한다.
④ 의자 생산을 중단할 경우 3천만원의 증분이익이 발생한다.

98 ㈜정민은 그 동안 외주업체에 배송절차를 일임하고 배송비를 지급하고 있었다. ㈜정민은 그 동안 지급되었던 배송비를 배송하던 물량을 직접 처리하여 절감할 목표를 세우고 차량을 구매하여 사업에 사용하려 하고 있다. 차량은 4년간 사용할 수 있으며, 배송비를 4년간 각각 3,000,000원씩 절감할 수 있을 것으로 예상된다. 차량의 현재 가격은 10,000,000원이며, 회사의 최저필수수익률은 12%이다. 차량 구매에 대한 NPV(순현재가치)는 얼마인가?(이자율 12%의 현가계수는 1년은 0.9, 2년은 0.8, 3년은 0.7, 4년은 0.6으로 가정한다)

① 1,000,000원
② 0원
③ (1,000,000)원
④ 3,000,000원

99 ㈜시대는 모바일 사업부가 있다. 현재 모바일 사업부의 투자수익률(ROI)은 20%로 ㈜시대가 목표로 하는 수익률인 10% 이상을 달성하고 있다. 모바일 사업에 대한 수요가 확대됨에 따라 최근 15%의 투자수익률을 달성할 것으로 예상되는 투자안을 발견하게 되었다. ㈜시대의 사업부는 투자수익률(ROI)로만 성과를 평가받는다고 할 때 다음 중 옳은 것은?

① 사업부의 현재 투자수익률보다 투자안의 투자수익률이 낮으므로 투자안을 기각한다.
② 사업부의 현재 투자수익률보다 낮지만 회사 전체의 목표 투자수익률보다 높으므로 투자안을 채택한다.
③ 투자수익률은 투자규모가 큰 투자안의 경우 높게 측정되는 경향이 있다.
④ 투자수익률은 장기적인 성과까지 함께 고려할 수 있는 장점이 있다.

100 ㈜시대는 표준원가계산을 사용하고 있다. ㈜시대의 원가자료가 다음과 같을 때 소비차이와 조업도차이는 얼마인가?

기준으로 설정된 생산량	1,000단위
표준으로 설정된 제조간접원가	3,000,000원 + 3,600원 × 직접노동시간
제품단위당 표준직접노동시간	1시간
실제 직접노동시간	900시간
실제 생산량	1,100단위
실제 제조간접원가	변동원가 3,300,000원
	고정원가 3,100,000원

	소비차이	조업도차이
①	소비차이 없음	100,000원(불리한 차이)
②	60,000원(불리한 차이)	300,000원(유리한 차이)
③	60,000원(불리한 차이)	100,000원(불리한 차이)
④	360,000원(유리한 차이)	300,000원(유리한 차이)

101 다음 중 잔여이익법에 대해 올바르지 않은 것은?

① 투자규모를 고려하여 사업부의 성과를 비교할 수 있다.
② 투자수익률법에 의해 거부되는 투자안이더라도 잔여이익법상에서는 수락될 수 있다.
③ 투자수익률법상의 단점인 준최적화 현상이 발생하지 않는다.
④ 잔여이익 극대화를 위한 동기부여가 발생할 수 있다.

102 다음 중 책임중심점의 책임범위로 바르게 연결되지 않은 것은?

㉠ 원가중심점 – 통제가능한 원가의 발생에만 책임
㉡ 수익중심점 – 매출액 및 영업외수익에만 책임
㉢ 이익중심점 – 원가와 수익 모두에 대해 책임
㉣ 투자중심점 – 원가, 수익 및 장·단기 투자의사결정에 대해서 책임

① ㉠ ② ㉡
③ ㉢ ④ ㉣

103 다음은 ㈜시대의 자료이다. 아래 자료를 바탕으로 ㈜시대의 손익분기점 판매량을 구하면 얼마인가?

매출액(10,000개)	1,000,000원
변동원가	(600,000)원
공헌이익	400,000원
고정제조간접원가	(100,000)원
고정판매관리비	(50,000)원
영업이익	250,000원

① 3,500개
② 3,750개
③ 4,000개
④ 4,250개

104 다음은 ㈜원진의 재무제표 중 일부 내용이다. 투하자본의 합계액을 구하면 얼마인가?

매출채권	150,000원	매입채무	100,000원
재고자산	100,000원	단기차입금	50,000원
유형자산	1,000,000원	미지급비용	200,000원
투자부동산	500,000원		
무형자산	200,000원		

※ 단, 위 유형자산 금액 중 200,000원은 영업과 관련이 없는 자산이다.

① 1,450,000원
② 950,000원
③ 900,000원
④ 750,000원

105 다음은 과자를 생산하는 ㈜시대의 생산과 관련된 자료이다. ㈜시대의 기말재고의 완성품환산량은 얼마인가?(단, 재료의 경우 공정 초기에 전량 투입되며 가공원가는 공정 전반에 걸쳐 균등하게 발생한다)

기초재고	1,000개(완성도 60%)
당기투입분	10,000개
당기완성품	9,000개

※ 기말재고는 현재 공정의 30%가 진행되었다.

① 600개
② 1,000개
③ 2,000개
④ 2,500개

106 ㈜정민은 볼펜 사업부와 플라스틱제조 사업부를 보유하고 있다. 플라스틱제조 사업부에서 볼펜 사업부로 플라스틱을 납품한다고 할 때 대체가격 결정 시 고려할 요소로 가장 올바르지 않은 것은?

① 각 사업부의 성과를 합리적으로 평가할 수 있는 방법으로 결정되어야 한다.
② 볼펜 사업부와 플라스틱제조 사업부의 부문끼리 자율적으로 의사결정을 하여 대체가격을 결정하도록 하는 것이 바람직하다.
③ 볼펜 사업부와 플라스틱제조 사업부 모두 동기부여가 되도록 대체가격이 결정되어야 한다.
④ 대체가격 결정 시 각 사업부문의 ROI(투자수익률)를 우선적으로 고려해야 한다.

107 ㈜시대는 새로운 투자안을 발견하고 투자안의 투자여부에 대한 의사결정을 하려고 한다. 투자안은 총 10억원이 지출되며 첫해는 5억원, 두 번째 해에는 3억원, 세 번째 해부터 연간 1억원씩 균등하게 향후 10년간 수익이 발생된다고 예상된다. ㈜시대는 유동성을 중시하여 회수기간법으로 투자안을 평가하고 있으며 목표 회수기간은 3.5년일 때 다음 중 옳은 것은?

① 목표회수기간보다 오래 걸리므로 기각한다.
② 목표회수기간보다 짧은 기간에 회수가 가능하므로 투자안을 채택한다.
③ 목표회수기간보다 오래 걸리지만 추후 현금흐름을 고려하여 투자안을 채택한다.
④ 회수기간을 고려할 때는 현재가치를 고려하여 계산한다.

108 다음은 ㈜시대의 원가자료이다. ㈜시대는 선입선출법을 가정하여 종합원가계산을 채택하고 있다. 재료는 공정 초기에 전액 투입되며 가공원가는 공정 전반에 걸쳐 균등하게 발생한다. 재료원가와 가공원가의 완성품환산량 단위당 원가를 구하면 얼마인가?

〈원가자료〉

기초재공품 1,000개(완성도 30%)	당기완성 13,000개
당기투입량 15,000개	기말재공품 3,000개(완성도 40%)

구 분	재료원가	가공원가
기초재공품	15,000,000원	9,000,000원
당기투입	225,000,000원	139,000,000원
합 계	240,000,000원	148,000,000원

	재료원가	가공원가
①	15,000원	15,000원
②	10,000원	10,000원
③	10,000원	15,000원
④	15,000원	10,000원

109 다음 중 활동기준원가계산을 도입한다면 효과가 가장 크게 나타날 수 있는 경우는?

① 재료원가, 노무원가, 제조간접원가 중 제조간접원가가 큰 비중을 차지하며, 직접노무원가를 기준으로 제조간접원가를 배부하는 경우
② 한 가지 제품만 생산하는 기업의 경우
③ 다품종 제품을 생산하고 있지만, 제품별로 발생하는 원가가 명확하게 구분되는 경우
④ 제조과정이 거의 균일하게 발생하여 제품별로 제품 생산의 자원소비가 일정한 경우

110 다음은 ㈜시대의 원가자료이다. ㈜시대의 당기제품제조원가는 얼마인가?

직접재료원가	8,000,000원	기초재공품	3,000,000원
직접노무원가	9,000,000원	기말재공품	2,000,000원
제조간접원가	20,000,000원		

① 36,000,000원　　② 38,000,000원
③ 40,000,000원　　④ 42,000,000원

111 ㈜시대는 도소매업을 영위하였으며, 20X1년 신규로 아동용 완구 제조업에 진출하였다. 완구 제조업 사업부문에 대한 정보는 다음과 같다. 완구 제조업 영업부문에서 예산 대비 실제 시장점유율 차이로 인해 발생하는 차이는?(단, 완구 제조업 영업부문은 매출액에 대해서만 책임진다)

완구 1개당 판매가	1,000원
완구 1개당 변동원가	800원
완구 전체 시장규모	1,000,000개
예산 시장점유율	20%
실제 시장점유율	25%

① 10,000,000원, 유리　　② 10,000,000원, 불리
③ 5,000,000원, 유리　　④ 5,000,000원, 불리

112 다음 원가에 대한 설명 중 맞는 것을 모두 고르시오.

> ㉠ 동일한 재료원가라 하더라도 원가대상에 따라 직접원가로 분류될 수 있고 간접원가로 분류될 수 있다.
> ㉡ 공통원가를 일정한 배분기준에 따라 복수의 원가대상에 합리적으로 대응시키는 과정을 원가의 배분이라 한다.
> ㉢ 공통원가를 배부하는 기준은 인과관계기준, 수혜기준, 부담능력기준 등이 있으며 이 중 가장 이상적인 방식은 부담능력기준이다.
> ㉣ 보조부문원가의 배분방법 중 단계배분법을 사용할 경우 어떤 순서로 배분하든 배분결과는 달라지지 않는다.

① ㉠, ㉡
② ㉠, ㉣
③ ㉡, ㉣
④ ㉢, ㉣

113 ㈜시대 시네마는 영화를 제작하는 회사이다. 이번에 영화를 개봉하면서 다음과 같은 원가와 수익이 발생하였다. ㈜시대 시네마가 이번 영화로 인해 달성한 안전한계는 얼마인가?

판매수익	1,000,000,000원(표는 1장당 10,000원이다)
변동원가	200,000,000원
고정원가	800,000,000원

① 0원
② 100,000,000원
③ 200,000,000원
④ 250,000,000원

114 ㈜시대는 자전거를 만드는 회사이다. ㈜시대는 그 동안 자가제조한 핸들을 자전거에 사용하였는데 최근 ㈜마포에서 자전거 핸들을 개당 15,000원에 공급해주겠다고 제안하였다. 현재 자전거 핸들에 대한 원가자료가 다음과 같을 때 외부구입할 경우 ㈜시대의 이익은 어떻게 변동하는가?

> 〈원가자료〉
> 핸들의 단위당 변동원가 20,000원
> 핸들 제조 부문의 고정원가 200,000,000원(외부구입으로 회피가능고정원가 : 80,000,000원)
> 현재 자전거 수요량 16,000대(1대당 하나의 핸들이 필요하다)
> ※ ㈜마포에서 자전거 핸들을 공급받을 경우 단위당 1,000원의 검사비용이 필요하다.

① 144,000,000원 이익
② 144,000,000원 손실
③ 100,000,000원 이익
④ 100,000,000원 손실

115 ㈜시대는 현재 모바일 사업부와 반도체 사업부를 운영하고 있다. 모바일 사업부는 필요한 반도체를 외부에서 구입하고 있었는데 최근 공급업체와 계약이 만료됨에 따라 내부의 반도체 사업부로부터 부품을 조달할지 검토하고 있다. 두 사업부의 대체가격은 사업부끼리 자율적으로 논의하며 두 사업부의 자료가 다음과 같을 때 모바일 사업부가 제시할 수 있는 최대 대체가격과 반도체 사업부가 받아들일 수 있는 최소 대체가격은?

모바일 사업부		반도체 사업부	
제품 1단위당 가격	100,000원	연간 최대생산능력	100,000개
반도체를 제외한 변동원가	20,000원	반도체의 변동원가	25,000원
고정원가	100,000,000원	연간 반도체 수요	80,000개
현재 시장의 반도체 가격	30,000원	제품에 필요한 반도체	1개
연간 제품의 수요	10,000개		

	최대 대체가격	최소 대체가격
①	30,000원	25,000원
②	30,000원	50,000원
③	80,000원	30,000원
④	80,000원	80,000원

116 다음 중 내부수익률법과 순현재가치법을 비교한 설명으로 옳지 않은 것은?

① 내부수익률법과 순현재가치법 모두 현재가치를 반영하고 있다.
② 내부수익률법과 순현재가치법을 통해 단일 투자안을 평가할 경우 동일한 결과가 도출된다.
③ 내부수익률법은 계산과정이 복잡한 단점이 있다.
④ 순현재가치법은 순현재가치를 계산하는데 주관적인 판단이 개입될 여지가 있다.

117 다음 중 분권화에 대한 설명으로 옳은 것은?

① 분권화를 하는 경우 고객이나 공급업체 등 이해관계자의 요구에 신속하게 대응하지 못하는 단점이 있다.
② 의사결정권한이 위임됨에 따라 종업원의 동기부여가 가능해져 항상 기업 전체의 목표와 일치하도록 종업원이 행동할 수 있다.
③ 사업부 간에 의사소통이 원활하지 않을 경우 동일한 활동을 하여 낭비가 발생할 수 있다.
④ 분권화를 하더라도 최고경영자는 항상 조직 전체의 의사결정에 신경을 써야 한다.

118 ㈜원진은 햄을 판매하는 회사이다. 최근 수제햄에 대한 수요가 증가함에 따라 일부 햄을 추가가공하여 수제햄으로 판매하는 방안을 검토 중이다. 원가자료가 다음과 같을 때 추가가공에 대한 설명으로 적절한 것은?

수제햄제조를 위해 필요한 재고량	15,000kg
수제햄의 시장가격	1kg당 12,000원
추가가공 시 변동원가	1kg당 1,500원
추가가공 시 필요한 설비의 원가	50,000,000원
현재 시장에서 판매되고 있는 일반 햄의 공헌이익	1kg당 6,000원

① 17,500,000원 이익
② 17,500,000원 손실
③ 이익의 변동 없음
④ 15,000,000원 이익

119 ㈜원진은 여러 투자안 중 어떤 투자안에 대해 투자할지 검토 중이다. 복수의 투자안을 선택할 수 없다고 할 때 ㈜원진이 A 투자안을 선택함에 따르는 기회원가는 얼마인가?

투자안	예상 수익 금액
A	15억원
B	12억원
C	10억원
D	9억원

① 15억원
② 12억원
③ 20억원
④ 19억원

120 ㈜유진의 재무자료가 아래와 같을 때 경제적부가가치(EVA)는 얼마인가?

매출액	200억원
매출원가	150억원
판매비와 관리비	20억원
법인세율	20%
투하자본	200억원
세후타인자본비용	8%
자기자본비용	11%
부채비율	200%

① (−)6억원
② 6억원
③ 10억원
④ (−)10억원

제2회 핵심 유형 120문제

제1과목 재무회계

40문항

01 다음 중 재무상태표의 비유동항목으로 분류해야 하는 상황으로 적절한 것은?

① 정상영업주기가 24개월인 경우 18개월 이내에 수익이 실현될 것으로 예상되는 재고자산
② 보고기간 후 12개월 이내에 결제될 것으로 예상되는 매입채무
③ 보고기간 후 12개월 이내에 결제일이 도래하는 장기차입금으로서 보고기간 후 12개월 이상 부채를 차환 또는 연장할 것으로 기대하고 있고, 그러한 재량권을 보유하고 있는 차입금
④ 차입약정을 위반 시 대여자가 즉시 상환을 요구할 수 있는 장기차입금으로서 보고기간 말 이전에 차입약정을 위반한 차입금

02 다음 중 재무정보의 질적특성에 대한 설명으로 옳지 않은 것은?

① 재무정보의 질적특성에는 근본적 질적특성과 보강적 질적특성이 있다.
② 특정 정보가 보강적 질적특성이 극대화되면 근본적 질적특성이 훼손되더라도 정보이용자에게 유용한 정보를 제공할 수 있다.
③ 근본적 질적특성에는 목적적합성과 충실한 표현이 있다.
④ 질적특성 중 중요성은 기업 각각의 특유한 측면의 목적적합성이라 볼 수 있다.

03 다음 중 비유동부채로 분류할 수 있는 것은?

① 보고기간일 현재 기준으로 10개월 후에 결제일이 도래하는 부채
② 정상영업주기가 15개월인 회사에서 보고기간일 현재 기준으로 13개월 후에 결제일이 도래하는 부채
③ 보고기간 말 이전에 장기차입약정을 위반하였을 경우 대여자가 즉시 상환을 요구할 수 있는 채무
④ 보고기간 후 6개월 후에 결제일이 도래하는 부채로 채무자가 부채 결제일을 18개월 연장할 수 있는 권리를 가지고 있는 부채

04 ㈜서울의 1기는 20X1년 1월 1일부터 12월 31일이라 할 때 ㈜서울의 1기 수정을 요하는 보고기간 후 사건에 해당하지 않는 것은?

> ㉠ 1월 초 재고자산이 대부분 보관되어 있던 창고에 화재가 발생하여 재고자산이 전소되었다.
> ㉡ 회사가 가지고 있던 유가증권이 기말시점 이후 유가증권의 가격이 크게 하락하였다.
> ㉢ 12월 말 시점에 유형자산의 손상징후가 발견되었고 손상 정도의 결과가 1월 달에 확정되었다.
> ㉣ 11월에 종업원에게 법적의무가 있는 상여금을 지급하기로 하였고 지급금액을 보고기간 후에 확정하였다.

① ㉠, ㉡　　② ㉠, ㉢
③ ㉡, ㉢　　④ ㉡, ㉣

05 다음은 ㈜시대의 재고자산에 대한 자료이다. 선입선출법과 가중평균법으로 평가할 경우 기말재고는 어떻게 달라지는가?(단, 회사는 실지재고조사법을 사용하며 기말재고의 감모손상이나 평가금액의 하락은 발생하지 않았다. 재고자산의 단가는 소수점 첫째 자리에서 반올림한다)

1월 1일 기초재고	100개 × 1,000원	100,000원
6월 1일 재고매입	1,000개 × 1,200원	1,200,000원
9월 1일 재고매입	1,000개 × 1,100원	1,100,000원
10월 25일 매출	1,900개	

	선입선출법	가중평균법
①	200,000원	228,600원
②	220,000원	228,600원
③	240,000원	220,000원
④	240,000원	220,000원

06 ㈜시대는 10월 15일 1주당 10,000원 하는 마포의 주식 100주를 취득하였다. 기말시점에 해당 주식의 공정가치는 1주당 9,500원으로 감소하였다. 다음 설명 중 틀린 것은?

① ㈜시대는 일반적으로는 해당 주식을 당기손익-공정가치 측정 금융자산으로 분류한다.
② ㈜시대가 해당 주식을 기타포괄손익-공정가치 측정 금융자산, 당기손익-공정가치 측정 금융자산 중 어떤 것으로 분류하더라도 해당 주식의 보유 및 처분에 따른 당기순이익에는 차이가 없다.
③ 기말시점에 1주당 500원의 가치를 줄여주는 회계처리를 수행해야 한다.
④ 취득부대비용이 있는 경우 당기손익-공정가치 측정 금융자산 및 기타포괄손익-공정가치 측정 금융자산의 분류 시 취득시점의 장부가는 달라진다.

07 ㈜무열은 다음과 같은 조건의 사채를 발행하였다. 해당 사채의 발행으로 인식해야 할 사채할인발행차금은 얼마인가?

• 액면금액 : 110,000,000원	• 액면이자 지급조건 : 매년 말 지급조건
• 발행일 : 20X1년 1월 1일	• 만기일 : 20X3년 12월 31일(3년)
• 액면이자율 : 4%	• 발행일의 시장이자율 : 6%
• 이자율 6%, 3년 연금현가계수 : 2.673	• 이자율 6%, 3년 현가계수 : 0.8396

① 5,882,800원
② 5,000,000원
③ 4,400,000원
④ 4,882,800원

08 다음 중 상각후원가 측정 금융자산에 대한 설명으로 옳지 않은 것은?

① 상각후원가 측정 금융자산은 현금흐름이 원리금으로만 구성되어 있고 사업모형이 계약상 현금흐름의 수취인 경우 분류할 수 있다.
② 상각후원가 측정 금융자산은 기말시점에 유효이자율법을 적용하여 상각후원가로 측정한다.
③ 당기손익-공정가치 측정 금융자산을 상각후원가로 재분류하는 경우 최초 취득시점부터 유효이자율을 적용하여 평가한 것으로 소급하여 재분류해야 한다.
④ 기타포괄손익-공정가치 측정 금융자산을 상각후원가로 재분류하는 경우 평가손익을 금융자산과 상계하여 제거한다.

09 다음 중 충당부채에 해당하는 상황끼리 바르게 묶인 것은?

㉠ ㈜A는 쓰레기 매립업을 하고 있으며 일정기간 동안 쓰레기를 매립한 후에는 해당 부지를 복구할 법적인 의무가 있다. 복구의무에 따르는 비용은 신뢰성 있게 추정이 가능하다.
㉡ ㈜B는 최근 고객으로부터 식중독과 관련하여 소송사건에 계류 중이다. 법률전문가는 당기말 현재 소송사건이 패소할 확률이 높으나 손해배상금액을 신뢰성 있게 추정하기는 힘들다고 하였다.
㉢ ㈜C는 제철사업을 하고 있다. 제철사업과 관련하여 용광로에 들어가는 내화벽돌은 3년마다 한 번씩 교체해야 한다.
㉣ ㈜D는 석유 사업을 하고 있다. ㈜D는 지금까지 석유 사업과 관련하여 복구작업을 수행하였으며 이번에도 복구작업을 수행할 것이라는 정당한 기대가 있으며 그 동안의 사례를 통해 복구에 따르는 원가를 신뢰성 있게 추정이 가능하다.

① ㉠, ㉡
② ㉠, ㉢
③ ㉡, ㉢
④ ㉠, ㉣

10 다음 중 무형자산으로 인식될 수 없는 것은?

① 개별적으로 취득한 지적재산권
② 교환으로 취득한 상표권
③ 내부적으로 창출한 영업권
④ 개발비의 요건을 충족한 개발활동에서 발생한 원가

11 20X1년 3월 5일 ㈜시대는 주주총회에서 현금배당 및 주식배당을 결의하였다. 결의한 배당내역 및 배당결의 직전 회사의 상황은 다음과 같다. ㈜시대의 배당 결의 후 20X1년 3월 6일 자본총액은 얼마인가?

회사는 주식배당과 현금배당을 동시에 선언하였다.

- 현금배당(보통주) : 1주당 200원의 배당금 지급
- 현금배당(우선주) : 1주당 100원의 배당금 지급(단, 해당 우선주는 20X3년에 해당 주식을 의무적으로 상환해야 하며, 매년 주당 100원의 배당을 회사의 성과에 관계없이 의무적으로 지급하기로 약정되어 있다)
- 주식배당 : 1주당 1주의 주식 지급(배당선언일 현재 주식의 시가 : 7,500원)
- 배당결의 전 회사의 주식수 : 200,000주(보통주 100,000주, 우선주 100,000주)
- 배당결의 전 회사의 자본총액 : 1,000,000,000원

※ 5월에 현금배당이 주주들에게 지급되었고 주식배당으로 인한 신주도 주주들에게 배정되었다.

① 1,000,000,000원 ② 980,000,000원
③ 970,000,000원 ④ 960,000,000원

12 ㈜시대건설은 20X1년 1월 19일에 마포구와 다리건설 도급공사계약을 체결하였다. 총 계약금액은 1,000,000,000원이며 공사가 완성되는 20X3년 12월 31일까지 건설과 관련된 회계자료는 다음과 같다. ㈜시대건설이 투입된 자원을 기준으로 진행률을 측정하여 수익을 인식한다면 20X1년, 20X2년 공사손익으로 계상할 금액은 얼마인가?

	20X1년	20X2년	20X3년
발생계약원가	300,000,000원	330,000,000원	320,000,000원
추정총계약원가	800,000,000원	900,000,000원	950,000,000원

	20X1년	20X2년
①	75,000,000원	(5,000,000)원
②	75,000,000원	0원
③	50,000,000원	5,000,000원
④	50,000,000원	50,000,000원

13 다음은 ㈜시대의 재고자산에 대한 자료이다. 저가법 평가를 할 경우 ㈜시대의 재고자산 평가에 따르는 비용은 얼마인가?

구 분	기말재고	원 가	순실현가능가치
제 품	4,500개	10,000원	12,000원
원재료 (순실현가능가치 대신 현행원가를 사용)	13,000개	4,000원	3,000원

① 0원
② 9,000,000원
③ 13,000,000원
④ 22,000,000원

14 다음 중 자본의 크기에 영향이 발생하는 것은?

① 결손금을 자본잉여금으로 보전
② 이익잉여금으로 주식배당하여 주주들에게 주식 지급
③ 자기주식 취득
④ 주식 1주를 10주로 분할

15 무형자산의 상각 및 손상에 대한 설명으로 옳지 않은 것은?

① 무형자산의 상각은 유형자산과 마찬가지로 자산의 경제적 효익이 소비되는 형태를 반영해야 한다.
② 내용연수가 비한정인 무형자산의 경우 손상을 시사하는 징후가 있을 때에만 손상검사를 수행한다.
③ 이미 손상을 인식한 영업권에 대한 손상차손환입은 인정되지 않는다.
④ 무형자산을 상각할 때 잔존가치가 있다고 보는 경우를 제외하고 일반적으로 잔존가치는 '0'으로 인식한다.

16 ㈜시대는 유형자산에 대해 재평가모형을 채택하고 있다. 1월 1일에 처분한 건물에 대한 정보가 다음과 같을 때 유형자산 처분에 따른 당기손익에 미치는 영향은 얼마인가?

유형자산의 총장부가액	110,000,000원
감가상각누계액	30,000,000원
재평가잉여금	20,000,000원
처분가액	90,000,000원

① 10,000,000원 이익
② 10,000,000원 손실
③ 30,000,000원 이익
④ 30,000,000원 손실

17 **다음 중 리스에 대한 설명으로 옳지 않은 것은?**

① 리스료는 고정리스료와 변동리스료, 매수선택권의 행사가격, 종료선택권, 잔존가치 보증에 따라 지급이 예상되는 금액을 합한 것으로서 기초자산 사용권과 관련하여 리스기간에 리스이용자가 리스제공자에게 지급하는 금액이다.

② 리스자산에 따르는 위험과 보상이 리스이용자에게 이전된 경우 금융리스로 분류한다.

③ 비리스요소가 포함된 리스계약인 경우 비리스요소를 리스계약에서 분리하여 리스를 인식하여야 한다.

④ 리스제공자의 특수관계자만이 잔존가치를 보증한 경우 리스이용자와 리스제공자의 리스료에는 차이가 발생한다.

18 **다음 중 ㈜시대가 20X1년 인식해야 하는 수익금액은 얼마인가?(단, 반품충당부채와 관련된 회계처리는 고려하지 않는다)**

㉠ ㈜시대는 제품을 ㈜마포와 계약을 맺고 20X1년 12월 28일 ㈜ 마포로 수탁하였다. 해당 수탁 계약에서 ㈜마포가 해당 제품을 통제하지 않았으며 ㈜마포는 해당 제품을 20X2년 1월 5일 3,000,000원에 판매하였다.

㉡ ㈜시대는 자사가 제조한 히터를 1,000,000원에 20X1년 12월 29일 판매 및 인도하였다. 히터의 설치는 20X2년 1월 3일 이루어졌다. 단, 해당 판매 계약은 판매 및 설치를 동시에 하는 계약으로 체결되었다.

㉢ ㈜시대는 상품인 의류 10,000,000원 가량을 20X1년 12월 20일 판매하였고 ㈜시대는 고객이 의류가 마음에 들지 않으면 반품이 가능한 정책을 시행하고 있다. 반품률은 그 동안의 전례에 비추어 10%로 합리적으로 예측이 가능하다.

① 14,000,000원　　② 11,000,000원

③ 13,000,000원　　④ 4,000,000원

19 **다음은 ㈜시대의 자료이다. 20X2년 가중평균유통보통주식수는 몇 주인가?(단, 유통보통주식수 계산 시 월할계산을 가정한다)**

- ㈜시대 주식의 액면가 : 500원
- 20X1년 말 시점의 유통보통주식수 : 10,000주
- 20X2년 3월 31일 유상증자 : 3,000주(발행가액 10,000원, 발행시점의 공정가치 12,000원)

① 10,000주　　② 12,000주

③ 12,350주　　④ 12,500주

20 다음 법인세에 대한 설명 중 틀린 것은?

① 이연법인세자산 · 부채에 대해 현재가치로 평가하지 않는다.
② 이연법인세자산 · 부채는 유동 또는 비유동 항목으로 분류한다.
③ 일정 요건을 충족하는 경우 이연법인세자산과 이연법인세부채를 상계할 수 있다.
④ 이연법인세자산은 매 보고기간 말에 자산성을 검토해야 한다.

21 ㈜원진은 다음과 같은 전환사채를 발행하였다. ㈜원진이 전환사채 발행시점에 인식해야 할 전환권대가는 얼마인가?

- 사채의 액면가 : 10,000,000원
- 사채의 발행가격 : 10,000,000원
- 사채의 기간 : 3년
- 사채의 표시이자율 : 8%
- 사채 발행시점의 시장이자율 : 10%

※ 사채의 3년 10% 현재가치계수 : 0.75
※ 사채의 3년 10% 연금현재가치계수 : 2.49

① 0원
② 500,000원
③ 508,000원
④ 510,000원

22 다음 중 일반목적 재무정보가 제공하는 정보로 가장 맞지 않은 것은?

① 경제적 자원과 청구권
② 경제적 자원 및 청구권의 변동
③ 발생주의 회계가 반영된 재무성과
④ 과거 및 미래 예측 현금흐름이 반영된 재무성과

23 다음은 ㈜원진의 20X1년과 20X2년 말의 이연법인세자산 · 부채 내역이다. ㈜원진이 20X2년에 인식할 법인세비용은 얼마인가?(단, 20X2년 과세소득에 대하여 부담할 법인세액은 150,000원이다)

〈각 회계연도 말 재무상태표상 금액〉

	20X2년 말	20X1년 말	20X0년 말
이연법인세자산	32,000원	–	–
이연법인세부채	–	60,000원	30,000원

① 112,000원
② 70,000원
③ 58,000원
④ 92,000원

24 ㈜원진은 기계제조업체로 20X1년 10월 1일에 미국의 회사와 $4,000의 기계를 선주문 받고 대금은 6개월 후에 받기로 하였다. ㈜원진의 대표이사는 환율변동에 따른 수출대금의 가치감소를 우려하고 있다. 다음 중 ㈜원진의 재무팀장이라면 대표이사에게 환위험을 회피(Hedge)하기 위한 조언으로 가장 옳은 것은?

① $4,000를 6개월간 외화예금으로 가입하도록 권유한다.
② 6개월 후에 만기가 도래하는 $4,000의 채권에 투자하도록 권유한다.
③ 6개월 후에 $4,000를 매도하는 통화선도계약을 체결하도록 권유한다.
④ 6개월 후에 $4,000를 매입하는 통화선도계약을 체결하도록 권유한다.

25 ㈜원진은 ㈜시대리스와 다음과 같은 금융리스 계약을 체결하였다.

- 리스료총액 : 900,000원(매년 말 300,000원씩 3회 후불)
- 리스이자율 : 연 10%
- 리스기간 : 3년
- 리스자산의 취득금액은 리스약정일인 20X1년 1월 1일 현재 공정가치와 일치함
- 리스자산의 내용연수는 3년으로 내용연수 종료 시 잔존가치는 없으며, 정액법으로 상각함

※ 연금현가계수(3년, 10%) : 2.49

㈜원진이 20X1년 해당 리스로 인해 당기순이익에 미치는 영향은 얼마인가?

① 323,700원
② 74,700원
③ 249,000원
④ 300,000원

26 ㈜시대는 가지고 있던 서울의 창고를 ㈜마포가 가지고 있던 경기도의 창고와 교환하였다. 교환과 관련된 자료가 다음과 같을 때 ㈜시대가 인식해야 할, 새롭게 취득하는 창고의 취득원가는 얼마인가?

㈜시대의 서울 창고의 취득원가	100,000,000원
㈜시대의 서울 창고의 감가상각누계액	60,000,000원
㈜시대의 서울 창고의 공정가치	80,000,000원
㈜마포의 경기도 창고의 취득원가	90,000,000원
㈜마포의 경기도 창고의 감가상각누계액	40,000,000원
㈜마포의 경기도 창고의 공정가치	70,000,000원

※ 단, 교환으로 인한 상업적 실질은 없다.

① 40,000,000원
② 50,000,000원
③ 80,000,000원
④ 70,000,000원

27 다음 중 현금흐름표에 대한 설명으로 옳지 않은 것끼리 묶인 것은?

> ㉠ 현금흐름표에서 차입금은 재무활동으로 간주한다.
> ㉡ 현금흐름표는 기업의 현금과 관련된 활동을 영업활동, 재무활동, 투자활동, 운영활동으로 구분한다.
> ㉢ 간접법으로 영업활동현금흐름을 작성하더라도 이자 및 배당금 수취, 이자 지급 및 법인세 납부는 직접법을 적용한 것처럼 별도로 표시해야 한다.
> ㉣ 외화현금흐름도 현금흐름을 표시한 것이기 때문에 구분하지 않고 현금흐름표에 표시한다.

① ㉠, ㉡　② ㉡, ㉢
③ ㉡, ㉣　④ ㉢, ㉣

28 다음은 결산일이 12월 31일인 ㈜원진의 20X1년 말 재무상태표상 자본에 관한 정보이다. 20X1년 말 ㈜원진의 기타포괄손익누계액은 얼마인가?

보통주자본금	100,000,000원
주식발행초과금	50,000,000원
기타포괄손익-공정가치 측정 금융자산평가이익	10,000,000원
자기주식	(20,000,000)원
미처분이익잉여금	13,000,000원
해외사업장환산차이	3,300,000원

① 163,000,000원　② 13,300,000원
③ 26,300,000원　④ 10,000,000원

29 20X1년 1월 1일 ㈜재경은 ㈜관리의 보통주 40%를 1,000,000원에 취득하여 유의적인 영향력을 행사하게 되었으며 취득 당시 ㈜관리의 순자산 장부금액과 공정가치는 1,800,000원으로 동일하였다. 20X1년 초와 20X1년 말 ㈜관리의 자본은 아래와 같으며 당기순이익 이외에 자본의 변동은 없다. 20X1년 말 ㈜재경의 재무상태표에 계상할 ㈜관리의 주식금액은 얼마인가?

구 분	20X1년 초	20X1년 말
자본금	800,000원	800,000원
이익잉여금	1,000,000원	1,600,000원
합 계	1,800,000원	2,400,000원

① 1,600,000원　② 1,000,000원
③ 1,240,000원　④ 1,200,000원

30 ㈜시대는 20X1년 초 기계장치를 1,000,000원에 취득하였다. 기계장치의 내용연수는 10년, 정액법으로 상각하며 잔존가치는 없다고 가정한다. ㈜시대는 20X6년 초 해당 기계의 예상 소비형태가 변경되었다고 판단하여 해당 자산의 상각방법을 연수합계법으로 바꾸고 잔존내용연수를 4년으로 변경하였다. 잔존가치는 여전히 동일하다고 할 때 20X6년의 해당 기계장치의 감가상각비는 얼마인가?

① 100,000원　　② 160,000원
③ 200,000원　　④ 240,000원

31 다음 중 퇴직급여에 대한 설명으로 가장 올바르지 않은 것은?

① 퇴직급여는 확정기여제도와 확정급여제도 등의 방법이 있다.
② 확정기여제도란 기업이 기금에 출연하기로 약정한 금액을 납부하고, 기금의 책임하에 종업원에게 급여를 지급하는 퇴직급여제도이다.
③ 퇴직급여제도에서는 기금에 사외적립자산을 출연하는데 이때 사외적립자산은 공정가치로 측정한다.
④ 확정급여제도란 보험수리적위험과 기금에 대한 투자위험을 종업원이 부담하는 퇴직급여제도를 의미한다.

32 ㈜성진은 20X1년 1월 1일에 기술이사인 종업원에게 다음과 같은 조건의 주가차액보상권 30,000개를 부여하였다. 이 경우 20X1년과 20X2년 계상할 주식보상비용은 각각 얼마인가?

- 기본조건 : 20X3년 12월 31일까지 의무적으로 근무할 것
- 행사가능기간 : 20X4년 1월 1일 ~ 20X6년 12월 31일
- ㈜성진의 주가차액보상권의 공정가치 정보
  - 20X1년 12월 31일　　11,000원/개
  - 20X2년 12월 31일　　9,000원/개
  - 20X3년 12월 31일　　10,200원/개

	20X1년	20X2년
①	110,000,000원	180,000,000원
②	110,000,000원	70,000,000원
③	110,000,000원	110,000,000원
④	330,000,000원	270,000,000원

33 ㈜시대의 14기 자본과 관련된 주요사항이 다음과 같을 때, 14기 결산 후 ㈜시대의 자본총액으로 알맞은 것은?

- ㈜시대는 14기 당기순이익으로 14,000,000원을 기록하였다.
- ㈜시대는 최근 사업 확장을 위한 자금 마련을 위해 유상증자 10,000주(발행가격 : 13,000원)를 실시하였다.
- ㈜시대는 14기 도중 주식배당을 실시하였다(유상증자 전). 기존 주주에게 1주당 1주를 배당하였으며 액면가로 배당하였다(액면가 : 1,000원, 시장가격 12,000원).
- ㈜시대는 14기 도중 유가증권을 10,000원에 1,000주를 취득하였다. ㈜시대는 해당 주식을 기타포괄손익-공정가치 측정 금융자산으로 분류하였고, 14기 말 해당 주식의 공정가치는 12,500원이다.

자본변동표

제14기 20X2년 1월 1일부터 20X2년 12월 31일까지

㈜시대　　제13기 20X1년 1월 1일부터 20X1년 12월 31일까지　　(단위 : 원)

구 분	자본금	자본잉여금	기타포괄손익	이익잉여금	합 계
20X1년 말	100,000,000	200,000,000	–	86,000,000	386,000,000
유상증자	xxx	xxx	xxx	xxx	xxx
주식배당	xxx	xxx	xxx	xxx	xxx
이익잉여금	xxx	xxx	xxx	xxx	xxx
기타포괄손익	xxx	xxx	xxx	xxx	xxx
20X2년 말	xxx	xxx	xxx	xxx	xxx

① 500,000,000원　　② 532,500,000원

③ 550,000,000원　　④ 632,500,000원

34 김시대 회계사는 ㈜분식의 20X1 회계연도(20X1년 1월 1일 ~ 20X1년 12월 31일) 감사과정에서 다음과 같은 사실을 발견하였다. 동 발견사항에 대하여 기업회계기준에 의거하여 수정할 경우 ㈜분식의 수정 후 20X1년 법인세비용차감전순이익은 얼마인가?

㉠ 회사가 제시한 20X1년 법인세비용차감전순이익 : 350,000,000원
㉡ 지적사항
- ㈜분식이 사용하고 있던 투자부동산의 공정가치가 감소되었지만 해당 회계처리를 반영하지 않음(㈜분식은 공정가치로 투자부동산을 평가함)

20X1년 말 투자부동산 장부가액	100,000,000원
20X1년 말 투자부동산 공정가치	95,000,000원

- 당기손익-공정가치 측정 금융자산을 취득하면서 취득부대비용 1,000,000원을 취득원가에 가산하였고 해당 유가증권은 20X1년 말 아직 판매하지 않았다(기말 평가손익은 고려하지 않음).
- 상품권을 50,000,000원 판매하면서 상품권의 판매를 전액 수익으로 인식하였고 20X1년 도중 상품권을 통한 매출은 29,000,000원 발생하였다.

① 300,000,000원　② 323,000,000원
③ 345,000,000원　④ 350,000,000원

35 ㈜시대는 20X1년 사업결합을 하며 영업권 4,300,000원이 발생하였다. 20X1년 말 영업권의 손상이 발생하여 4,000,000원으로 가치가 하락하였다. 20X2년에는 해당 영업권의 손상을 일으켰던 요인이 해소되어 3,000,000원만큼의 영업권의 가치가 복구되었다. ㈜시대는 무형자산을 5년 정액법으로 상각한다고 할 때 20X2년 인식해야 할 영업권 관련 손익은 얼마인가?

① 0원　② 800,000원
③ 830,000원　④ 860,000원

36 다음 중 종업원급여에 대한 설명으로 옳지 않은 것은?

① 단기종업원급여는 할인되지 않은 금액으로 인식한다.
② 단기종업원급여도 역시 필요에 따라 보험수리적 손익으로 인식할 필요가 있다.
③ 단기유급휴가 중 누적 유급휴가는 차기로 이월이 가능하므로 가득여부에 관계없이 부채로 인식해야 한다.
④ 단기유급휴가 중 비누적 유급휴가는 차기로 이월이 불가능하며 당기에 사용하지 않을 경우 소멸된다.

37 다음 중 투자부동산으로 분류되는 것은?

① 임대수익이나 시세차익을 얻기 위하여 금융리스한 부동산
② 부동산 소유자가 이용자에게 유의적인 부수용역을 제공하는 경우 해당 부동산
③ 임대업을 주영업으로 하는 회사의 본사 건물
④ 제3자를 위하여 건설 또는 개발 중인 부동산

38 화폐성 항목이란 보유하는 화폐단위들과 확정되었거나 결정가능한 단위수량으로 회수하거나 지급하는 자산, 부채를 말한다. 다음 중 화폐성 항목은 무엇인가?

① 매출채권
② 투자부동산
③ 재고자산
④ 선수금

39 다음은 ㈜시대의 현금흐름에 대한 정보이다. ㈜시대의 영업현금흐름이 10,000,000원이라고 할 때 당기순이익은 얼마인가?

감가상각비	500,000원
재고자산의 감소	300,000원
매출채권의 증가	1,000,000원
매입채무의 감소	800,000원

① 10,000,000원
② 10,800,000원
③ 11,000,000원
④ 11,800,000원

40 ㈜시대는 다음과 같은 투자활동을 하였다. ㈜시대의 투자활동현금흐름은 얼마인가?

유형자산 취득	50,000,000원
감가상각비 발생	800,000원
처분된 유형자산의 취득원가	5,000,000원
처분된 유형자산의 감가상각누계액	4,000,000원
유형자산의 처분이익	500,000원

① 50,000,000원
② (50,000,000)원
③ 48,500,000원
④ (48,500,000)원

41 다음 중 조세의 분류 기준과 그에 해당하는 설명으로 틀린 것은?

①

국 세	국가가 부과
지방세	지방자치단체가 부과

②

보통세	세수의 용도가 특정되지 않음
목적세	세수의 용도가 특정됨

③

직접세	조세를 부담하는 자에게 직접적으로 반대 급부가 주어짐
간접세	조세를 부담하는 자에게 간접적으로만 혜택이 주어짐

④

인 세	납세의무자의 인적 사항이 반영
물 세	과세물건(세금부과의 대상)에 초점

42 다음 중 국세기본법에서 정하는 특수관계인에 대한 설명으로 옳지 않은 것은?

① 어느 일방을 기준으로 특수관계에 해당하면 상호 간은 특수관계에 해당한다.
② 본인이 개인인 경우 4촌 이내의 혈족은 특수관계인에 해당한다.
③ 임원・사용인 및 해당 임직원과 생계를 같이하는 친족들 모두 특수관계인에 해당한다.
④ 법인의 경우 그의 특수관계인을 통하여 지배적인 영향력을 행사하고 있는 경우에는 실질적인 영향력이 없다고 볼 수 있기 때문에 특수관계로 보지 않는다.

43 다음 중 법인세에 대한 설명으로 옳은 것끼리 묶인 것은?

> ㉠ 법인세의 종류는 크게 각 사업연도소득에 대한 법인세, 청산소득에 대한 법인세, 토지 등 양도소득에 대한 법인세, 미환류소득에 대한 법인세 등이 있다.
> ㉡ 법인의 사업연도는 일률적으로 매해 1월 1일부터 12월 31일로 강제된다.
> ㉢ 법인의 사업연도는 원칙적으로 1년을 초과할 수 없다.
> ㉣ 투자・상생협력촉진세제는 당기소득에서 투자, 임금 증가, 상생에 관한 부분 중 전액을 차감한 금액을 대상으로 한다.

① ㉠, ㉡　　② ㉠, ㉢
③ ㉡, ㉣　　④ ㉢, ㉣

44 다음 중 결산조정사항과 신고조정사항에 대한 설명으로 틀린 것은?

① 신고조정사항은 결산서에 수익 및 비용으로 계상하지 않은 경우 반드시 세무조정이 필요한 항목이다.
② 결산조정사항은 결산서에 수익이나 비용으로 계상하지 않으면 법인세에 반영할 수 없다.
③ 결산조정사항에는 대손상각비, 감가상각비 등이 있다.
④ 결산조정사항은 결산서에 계상한 사업연도에 반영되므로 귀속시기를 선택할 수 있다.

45 다음 중 부가가치세법상 재화의 공급시기에 대한 설명으로 틀린 것은?

① 장기할부판매와 완성도기준지급은 대가의 각 부분을 받기로 할 때를 공급시기로 한다.
② 수출하는 재화의 경우 공급시기는 선적일이지만 내국신용장에 의해 공급하는 경우 인도일을 공급시기로 한다.
③ 재화의 경우 이동이 필요한지 여부에 관계없이 인도일을 공급시기로 한다.
④ 계속적 공급의 경우 원칙은 대가의 각 부분을 받기로 한 때이지만 재화의 인도나 이용 가능하게 되는 날이 빠른 경우 해당 일을 인도일로 한다.

46 다음 중 용역의 공급에 대한 설명으로 틀린 것은?

① 제조가공업자가 주요자재를 전혀 부담하지 않고 가공만 하여 주는 것은 용역의 공급에 해당한다.
② 일반적으로 역무가 제공되거나, 재화, 시설물 또는 권리가 사용되는 때, 즉 용역이 완료되었을 때를 용역의 공급시기로 한다.
③ 완성도기준지급조건부, 중간지급조건부, 장기할부 또는 기타 조건부 용역공급은 재화의 공급시기와 마찬가지로 대가의 각 부분을 받기로 할 때를 용역의 공급시기로 한다.
④ 부동산 임대용역의 경우 용역이 완료되었을 때 비로소 가득된다고 할 수 있기 때문에 과세기간에 관계없이 제공하는 임대가 종료하는 때를 공급시기로 한다.

47 다음 중 소득세에 관한 대화 중 올바르지 않은 대화를 한 사람끼리 짝지어진 것은?

서연 : 종교인도 기타소득이나 근로소득, 퇴직소득이 발생할 수 있어
무열 : 기타소득에서도 분리과세를 선택할 수 있어
민서 : 일부 이자소득에 대해서는 필요경비를 인정해줘
유진 : 공적연금소득에 대해서는 종합과세와 분리과세 중 선택하여 납부할 수 있어

① 서연, 무열
② 무열, 민서
③ 무열, 유진
④ 민서, 유진

48 다음 자료를 보고 ㈜시대에 근무하고 있는 최무열 씨의 20X1년도 총급여액을 계산하면 얼마인가?

연간 지급되는 급여액 내역

내 역	금 액
급 여	30,000,000원 (야간근로수당 3,000,000원 포함)
상여금	6,000,000원
자가운전보조금 (150,000원 × 12월)	1,800,000원
식사대 (200,000원 × 12월, 회사는 직원들 식사를 제공)	2,400,000원

※ 최무열 씨는 생산직 근로자로 월정액 급여는 220만원이며 작년의 총급여액은 30,000,000원이었다.
※ ㈜시대는 최무열 씨에게 20만원에 해당하는 경조금을 지출하였다. 해당 금액은 사회적으로 타당한 금액이다.

① 30,000,000원 ② 36,000,000원
③ 37,200,000원 ④ 38,400,000원

49 다음은 김민서 씨의 20X1년 소득자료이다. 20X2년 5월 말까지 신고해야 할 종합소득금액은 얼마인가?

㉠ 사업소득금액 80,000,000원
㉡ 양도소득금액 50,000,000원
㉢ 기타소득금액 10,000,000원
※ 기타소득금액은 전액 외부강연료로 발생하였으며, 해당 외부강연을 위해 지출한 물품구매비 7,000,000원에 대한 증빙을 수취하였다.
㉣ 연금소득금액 2,000,000원
㉤ 이자소득금액 5,000,000원
※ 해당 이자소득은 모두 원천징수되었다.

① 83,000,000원 ② 84,000,000원
③ 85,000,000원 ④ 86,000,000원

50 연매출 5억원 가량의 일반음식점업을 하고 있는 김원진 씨의 20X1년 확정신고 시 매출세액에서 공제할 수 있는 매입세액은 얼마인가?(단, 의제매입세액 한도는 고려하지 않으며 개인사업자가 운영하는 일반음식점업의 경우 의제매입세액 공제율은 8/108을 적용한다)

세금계산서를 수령한 사업과 관련한 매입가액	20,000,000원(부가가치세 제외)
세금계산서 수령분 중 사업과 관련 없는 매입액	2,000,000원(부가가치세 제외)
영업을 위해 구입한 농산물(면세 항목)	3,240,000원
세금계산서 미수취분 매입가액	4,400,000원(부가가치세 포함)

① 2,000,000원 ② 2,240,000원
③ 2,250,000원 ④ 2,500,000원

51 ㈜시대는 20X1년 개업하였다. ㈜시대는 20X1년 8월 16일 설립등기를 하였으며 과세기간을 매년 3월 1일부터 2월 28일까지로 신고했을 때 ㈜시대의 1기 사업연도에 대한 법인세 과세표준확정신고기한은 언제인가?

① 20X2년 2월 28일
② 20X2년 5월 31일
③ 20X1년 12월 31일
④ 20X2년 3월 1일

52 다음은 ㈜시대의 외국납부세액과 관련된 자료이다. ㈜시대의 외국납부세액 공제액을 구하면 얼마인가?

과세표준	150,000,000원
법인세산출세액	13,500,000원
과세표준 중 국외원천소득	50,000,000원
외국에서 납부한 세액	4,000,000원

① 4,000,000원 ② 4,500,000원
③ 5,000,000원 ④ 6,000,000원

53 다음 중 부당행위계산부인규정의 적용대상이 아닌 것은?

① ㈜특수는 대표이사에게 정당한 이유 없이 토지를 시가보다 높게 매입하였다.
② ㈜특수는 소액주주인 임원에게 업무상 사택을 무료로 제공하였다.
③ ㈜특수는 최근 주주에게 토지를 시가보다 더 낮은 가액으로 매각하였다.
④ ㈜특수는 최근 대표이사에게 무수익자산을 적정한 가격에 매입하였다.

54 ㈜김시대 씨는 최근 보유하고 있던 미등기된 토지를 양도하였다. 토지 및 처분에 대한 정보가 다음과 같을 때 ㈜김시대 씨의 토지 처분 관련 양도소득 과세표준은 얼마인가?

토지의 취득가액	200,000,000원
토지의 처분가액	300,000,000원
토지의 보유기간	15년
토지의 보유기간 15년의 장기보유특별공제율	30%

※ ㈜김시대 씨는 해당 과세기간 동안 다른 자산을 양도하지 않았다.

① 67,500,000원 ② 70,000,000원
③ 100,000,000원 ④ 300,000,000원

55 다음 중 부가가치세의 납세의무자에 대한 설명으로 옳은 것은?

① 사업목적이 영리인 경우에만 부가가치세법상 사업자가 될 수 있다.
② 부가가치세의 납세의무를 지는 과세사업자는 일반과세자로만 구성되며 간이과세자는 면세사업자와 동일하게 취급된다.
③ 면세사업자의 경우에도 수령한 세금계산서를 제출할 경우 부가가치세 매입세액을 공제받을 수 있다.
④ 재화를 수입하는 경우 사업자 여부에 관계없이 모두 납세의무를 부담한다.

(56) ~ (57) 다음의 자료는 ㈜시대의 대손충당금과 관련된 자료이다.

대손충당금 장부상 기초잔액	30,000,000원
당기설정액	20,000,000원
당기사용액	37,000,000원
대손충당금 장부상 기말잔액	13,000,000원
기초잔액 중 손금불산입액	13,000,000원
※ 손금불산입된 대손금액 중 ㈜부실에 대한 채권 5,000,000원이 당기에 소멸시효가 도래하였다.	
세무상 기말대손충당금 중 설정대상 채권금액	3,500,000,000원
당기대손실적률	1.2%

56

㈜부실에 대한 채권의 소멸시효 도래로 인하여 당기에 ㈜시대가 수행해야 하는 세무조정으로 옳은 것은?

① 손금산입, 대손채권의 소멸시효 완성, 5,000,000원(△유보)
② 세무조정 없음
③ 손금불산입, 대손채권의 소멸시효 완성, 5,000,000원(유보)
④ 손금불산입, 대손채권의 소멸시효 완성, 5,000,000원(유보)

57

㈜시대의 대손충당금의 한도금액은 얼마인가?

① 42,000,000원
② 35,000,000원
③ 45,000,000원
④ 15,000,000원

58

김시대 씨는 근로소득자이다. 당기에 다음과 같은 교육비가 발생하였을 때 교육비세액공제액은 얼마인가?(단, 특별세액공제의 한도는 고려하지 않는다)

본인(50세)의 대학원 학비	4,000,000원
배우자(47세, 근로소득금액 30,000,000원이 있음)의 대학 등록금	3,000,000원
아들(23세, 소득금액 없음)의 대학교 학비	4,000,000원
딸(15세, 소득금액 없음)의 학원비	1,000,000원

① 800,000원
② 1,200,000원
③ 1,600,000원
④ 2,000,000원

59 국세기본법에서는 우회거래를 한 경우 법률적인 형식이 아닌 실제로 거래된 모습을 토대로 조세를 부과한다. 이와 관련한 국세부과 원칙으로 가장 옳은 것은?

① 실질과세의 원칙
② 신의성실의 원칙
③ 조세감면의 사후관리
④ 근거과세의 원칙

60 김시대 씨는 면세사업인 농산물의 판매와 과세사업인 음식 판매를 동시에 하고 있으며 사업을 더 원활히 수행하기 위해 컴퓨터를 20X1년 10월 30일에 11,000,000원(부가가치세 포함)에 매입하였다. 공급가액에 대한 정보가 다음과 같을 때 컴퓨터 매입과 관련해 공제가 되는 매입세액은 얼마인가?

구 분	20X1년 1기	20X1년 2기
면세공급가액	100,000,000원	150,000,000원
과세공급가액	150,000,000원	150,000,000원

① 400,000원
② 450,000원
③ 500,000원
④ 600,000원

61 ㈜시대의 감가상각에 대한 자료는 다음과 같다. 해당 자료를 바탕으로 ㈜시대에 필요한 감가상각비 관련 세무조정으로 옳은 것은?

구 분	기초상각부인액	당기감가상각비장부계상액	당기감가상각범위액
건 물	0원	6,000,000원	6,000,000원
차량운반구	0원	2,500,000원	3,000,000원
기계장치	100,000원	4,000,000원	3,000,000원
비 품	200,000원	1,000,000원	1,500,000원

※ 단, 회사는 회계기준이 개정됨에 따라 운용리스로 임차하고 있던 사무실에 대한 자산을 인식하였지만, 결산상 누락으로 해당 자산에 대한 감가상각비를 인식하지 않았다.

① 세무조정 없음
② 손금불산입, 감가상각비 한도초과액, 1,000,000원(유보)
③ 손금불산입, 감가상각비 한도초과액, 1,000,000원(유보)
손금산입, 전기 감가상각비 한도초과액 손금산입, 200,000원(△유보)
④ 손금산입, 전기 감가상각비 한도초과액 손금산입, 200,000원(△유보)

62 다음 중 법인세의 감가상각비에 대한 설명으로 옳지 않은 것은?

① 감가상각비는 결산조정사항으로 장부에 비용으로 계상된 감가상각비만 비용으로 인정받을 수 있다.
② 만약 감가상각방법을 신고하지 않은 경우 기업회계기준과 맞게 장부상 적용한 감가상각방법을 사용하여 감가상각범위액을 구한다.
③ 법인세법상 감가상각자산의 잔존가치는 인정하지 않지만 예외적으로 정률법의 경우 취득가액의 5%로 인식한다.
④ 자산에 대한 수선비가 발생한 경우 자본적 지출의 경우 취득원가에 가산하지만 수익적 지출은 당기비용으로 인식한다.

63 다음 중 법인세법상 자산과 부채의 평가방법에 대한 설명으로 적절한 것끼리 바르게 짝지어진 것은?

> ㉠ 재고자산은 재무회계와 마찬가지로 저가법으로 평가해야 한다.
> ㉡ 재고자산이 파손된 경우 평가손실을 손금으로 인식할 수 있다.
> ㉢ 유가증권의 평가방법을 신고하지 않은 경우 선입선출법을 적용한다.
> ㉣ 유가증권의 평가방법을 바꾸기 위해서는 적용하고자 하는 사업연도 종료일 이전 6개월이 되는 날까지 신고해야 한다.
> ㉤ 채권은 개별법, 총평균법, 이동평균법을 적용하여 평가할 수 있다.

① ㄴ, ㄷ
② ㄱ, ㄷ
③ ㄴ, ㅁ
④ ㄹ, ㅁ

64 납세자의 권리구제방법으로 적절하지 않은 것은?

① 이의신청은 처분이 있기 전 90일 이내에 세무서나 지방국세청에 신청할 수 있다.
② 과세전적부심사는 세무조사결과통지서를 받은 날로부터 30일 이내에 신청해야 한다.
③ 심사청구는 국세청에 제기하는 사후적권리구제제도이다.
④ 행정소송은 심사청구·심판청구 결과통지를 받은 날로부터 90일 이내에 신청해야 한다.

65 ㈜다망해는 20X2년 9월 26일 사업을 폐지하였다. 폐업 당시의 ㈜다망해의 재산이 다음과 같을 때 부가가치세 과세표준은 얼마인가?

자산종류	취득일	취득원가	시 가
토 지	20X1년 8월 17일	100,000,000원	110,000,000원
건 물	20X1년 8월 17일	300,000,000원	320,000,000원
기계장치	20X1년 11월 17일	50,000,000원	30,000,000원
재고자산(상품)	20X2년 3월 18일	200,000,000원	180,000,000원

① 475,000,000원
② 500,000,000원
③ 530,000,000원
④ 640,000,000원

66 다음 중 세금계산서와 관련된 설명으로 틀린 것은?

① 재료를 매입하면서 세금계산서를 발급받지 않은 경우 부가가치세법상 매입세액공제를 받을 수 없다.
② 택시운송, 소매업 등 일부 업종의 경우 세금계산서 발급의무가 면제된다.
③ 필요적 기재사항 중 일부가 기재되지 않은 경우 세금계산서는 인정되지만 추가적인 자료를 제출해야 한다.
④ 영세율이 적용되는 경우 세금계산서를 발급하지 않아도 된다.

67 다음 중 신용카드 등 소득공제에 대한 설명으로 옳지 않은 것은?

① 신용카드 등 소득공제는 조세특례제한법상의 공제로 신용카드 사용분, 현금영수증, 직불・선불카드, 전통시장, 대중교통 사용분, 일정 요건을 충족한 도서구매, 신문구독, 문화공연 및 박물관, 미술관과 관련된 금액 등을 지출하는 경우 공제받을 수 있다.
② 신용카드 사용분, 현금영수증, 직불・선불카드, 전통시장, 대중교통 사용분, 일정 요건을 충족한 도서구매, 신문구독, 문화공연 및 박물관, 미술관과 관련된 금액에 대한 공제율은 모두 동일하다.
③ 신용카드 등 소득공제는 총급여액이 7천만원 이하인 경우 연간 300만원 한도로 공제가능하다.
④ 한도초과액이 발생한 경우 전통시장, 대중교통, 일정 요건을 충족한 도서구매, 신문구독, 문화공연 및 박물관, 미술관과 관련된 금액에 대해 추가공제를 받을 수 있다.

68 ㈜시대는 업무무관자산에 대한 지출이 7월 1일부터 15,000,000원 가량 발생하여 184일 가량 영향을 미쳤다. ㈜시대의 차입금 적수는 7,500,000,000원이고 지급이자에 대한 정보가 다음과 같을 때 ㈜시대의 손금불산입되는 지급이자는 얼마인가?

- ㈜시대는 건설하고 있던 건물과 관련하여 발생한 건설자금이자 15,000,000원을 당기비용으로 처리하였다.
- ㈜시대의 지급이자는 건설자금이자를 포함하여 35,000,000원이 발생하였다.

① 해당 없음
② 7,360,000원
③ 15,000,000원
④ 22,360,000원

69 다음은 ㈜시대의 퇴직연금에 대한 자료이다. ㈜시대가 퇴직연금과 관련하여 수행해야 하는 세무조정으로 올바른 것은?

- ㈜시대는 퇴직연금과 관련하여 확정급여형을 선택하고 있다.
- ㈜시대의 당기 말 퇴직연금운용자산의 잔액은 120,000,000원이다.
- ㈜시대의 퇴직급여추계액은 250,000,000원이며 전기 말 장부상 인식한 퇴직연금충당금은 130,000,000원이며 손금불산입된 금액 20,000,000원이 있다.
- 당기에 인식한 퇴직연금충당금 계상액은 20,000,000원이다.

① 손금불산입, 퇴직연금충당금 한도초과, 10,000,000원(유보)
② 손금산입, 퇴직연금충당금 부족액, 10,000,000원(△유보)
③ 손금불산입, 퇴직연금충당금 한도초과, 20,000,000원(유보)
④ 손금산입, 퇴직연금충당금 부족액, 10,000,000원(△유보)

70 다음 중 양도소득과 관련한 소득세를 납부하지 않아도 되는 사람은?

원진 : 나는 원래 상장된 회사의 대주주였는데 이번에 돈이 좀 필요해서 주식을 다 매도했어
준서 : 나는 이번에 가지고 있던 3개 집 중에서 하나가 집값이 많이 올라서 그 하나를 팔게 되었어
도현 : 나는 이번에 가지고 있던 농지를 다른 농지와 교환하면서 소득이 조금 발생하게 되었어
민서 : 나는 더 이상 골프를 치기가 싫어서 이번에 가지고 있던 골프회원권을 다른 사람에게 매매하였어

① 원 진
② 준 서
③ 도 현
④ 민 서

71 **다음 중 소득세법상 다음 해 5월까지 반드시 종합소득금액을 신고해야 하는 경우는?**

① 소유한 주식과 관련하여 배당소득 10,000,000원이 있는 경우
② 해외에서 원천징수가 되지 않은 이자소득 5,000,000원이 있는 경우
③ 복권당첨소득 200,000,000원이 있는 경우
④ 퇴직소득금액 50,000,000원이 있는 경우

72 **다음 중 손금불산입되는 금액은 얼마인가?**

> ㉠ 회사는 저가법으로 재고자산을 평가하기로 신고하였으며 재고자산의 손상이 발생하여 평가손실 10,000,000원을 장부에 계상하였다.
> ㉡ 회사는 당기에 불법으로 쓰레기를 버리다 적발되어 벌금으로 5,000,000원을 납부하였고 해당 벌금을 비용으로 장부에 계상하였다.
> ㉢ 회사는 최근 사택을 지으며 회사의 대주주에게 사택을 무상으로 제공하였다. 사택의 유지관리비는 10,000,000원이 발생하였으며 회사는 해당 항목을 비용으로 장부에 계상하였다.
> ㉣ 회사는 최근 대주주의 아들을 채용하였으며 해당 직원에게 100,000,000원을 임금으로 제공하였다. 해당 직급의 일반적인 급여는 40,000,000원이다.

① 125,000,000원　　② 75,000,000원
③ 25,000,000원　　④ 15,000,000원

73 **다음 중 소득세법상 사업소득에 대한 설명으로 틀린 것은?**

① 대표자에 대한 인건비는 법인세와 마찬가지로 필요경비로 인정된다.
② 대표자가 사업체의 자금을 인출하더라도 가지급금 등의 규제를 받지 않는다.
③ 재고자산 등을 대표자 및 사업체가 사용한 경우 사업소득의 총수입금액에 산입한다.
④ 소득세법상 사업소득은 소득세법상 열거된 것만 소득으로 인정받을 수 있다.

74 다음은 부가가치세법상 과세사업자로 분류되는 ㈜원진에 대한 1기 예정신고기간의 거래 관련 자료이다. 1기 예정신고기간의 ㈜원진의 과세표준은 얼마인가?

- ㈜원진의 총매출액(1월 1일 ~ 3월 31일) : 500,000,000원
- ㈜원진은 매출과 관련하여 30,000,000원의 매출할인을 해주었다.
- ㈜원진은 물품을 배송하던 중 회사의 착오로 5,000,000원 가량의 물건이 파손된 채 배송이 된 것을 발견하였다.
- ㈜원진의 대손 채권과 관련하여 10,000,000원이 부가가치세법상 대손요건을 충족하였다.

① 455,000,000원
② 460,000,000원
③ 465,000,000원
④ 480,000,000원

75 다음 세금계산서 발급 사례 중 가산세가 부과되는 경우는?

① 10월 16일 공급시기가 도래하는 거래에 대해 10월 13일 대가를 받고 세금계산서를 발급한 경우
② 3월 10일 공급시기가 도래하는 거래에 대해 3월 7일 세금계산서를 발급하고 3월 11일 대가를 받은 경우
③ 7월 1일 공급시기가 도래하는 거래에 대해 7월 1일 대가를 받으며 세금계산서를 발급한 경우
④ 5월 31일 공급시기가 도래하는 거래에 대해 6월 18일 세금계산서를 발급한 경우

76 다음 중 법인세법상 기부금에 대한 설명으로 옳지 않은 것은?

① 세무상 인정되는 기부금의 종류에는 특례기부금과 일반기부금이 있다.
② 특례기부금에는 국방헌금, 국가 및 지방자치단체에 대한 기부금이 있으며, 이월결손금이 있는 경우 기준소득금액의 80% 한도로 기준소득금액에서 차감 후 특례기부금 한도를 계산한다.
③ 기부금에 대한 세무상 인식은 발생주의로 인식한다.
④ 일반기부금이 인정되는 특수관계에 있는 단체에 현물 기부를 한 경우 기부금에 대한 평가는 시가와 장부가 중 큰 금액으로 인식된다.

77 다음은 ㈜시대의 당기 세무조정과 관련된 자료이다. 기타사외유출로 인식해야 하는 금액은 얼마인가?

㉠ 감가상각비 한도초과액	500,000원
㉡ 비실명 채권의 이자 중 원천징수된 부분	1,000,000원
㉢ 기업업무추진비 한도초과액	1,000,000원
㉣ 유형자산 평가손실	2,000,000원
㉤ 벌금에 대한 지출	100,000원

① 2,100,000원
② 2,600,000원
③ 4,100,000원
④ 4,600,000원

78 김시대 씨는 당기에 종합소득신고를 하였다. 신고 관련 자료가 다음과 같을 때 근로소득세액공제액은 얼마인가?

근로소득금액	2,500,000원
기타소득금액	7,500,000원
사업소득금액	40,000,000원
종합소득공제	10,000,000원
산출세액	4,500,000원

근로소득세액공제 식은 다음과 같다.

근로소득에 대한 종합소득산출세액	공제액
130만원 이하	근로소득에 대한 종합소득산출세액의 55%
130만원 초과	71만 5천원 + 130만원을 초과하는 금액의 30%

① 123,500원
② 123,750원
③ 124,000원
④ 125,000원

79 김원진 씨는 간이과세를 적용받는 사업을 하고 있다. 20X1년 상반기에 공급대가(부가가치세 포함) 50,000,000원의 매출이 발생하였다. 김원진 씨가 하는 업종의 부가가치율이 40%라고 할 때 20X1년 1기 김원진 씨의 납부세액은 얼마인가?(단, 김원진 씨는 부동산임대업 및 과세유흥업을 영위하지 않음)

① 2,000,000원
② 2,500,000원
③ 3,000,000원
④ 5,000,000원

80 다음 중 법인세법상 익금에 대한 설명으로 틀린 것은?

① 원칙적으로 법인의 순자산을 증가시키는 거래는 자본거래를 제외하고 모두 익금에 해당한다.
② 의제배당은 회계상으로는 이익이 아니지만 배당한 것으로 의제하여 세법상 익금으로 과세한다.
③ 이전에 이미 세무상으로 익금으로 인식한 항목이 회계상 당기에 인식되었다면 과거에 한 익금을 취소하고 당기에 익금으로 인식한다.
④ 부가가치세 매출세액은 익금불산입으로 세무상 인식한다.

제3과목 원가관리회계 40문항

81 다음은 ㈜시대의 20X1년 5기의 제조원가명세서 중 일부 항목에 대한 자료이다. 가공원가는 얼마인가?

직접재료원가	1,000,000원
직접노무원가	1,500,000원
제조간접원가	3,500,000원

① 1,000,000원
② 2,500,000원
③ 4,500,000원
④ 5,000,000원

82 ㈜시대는 의자와 책상을 제조하는 회사이다. 두 가지 제조부문을 보조하기 위해 절삭, 염색의 두 보조부문을 운영한다고 할 때 의자 부문의 원가는 얼마인가?(단, 회사는 보조부문의 원가를 절삭부터 먼저 배분하는 단계배분법을 사용한다)

구 분	절 삭	염 색	의 자	책 상
발생한 원가	1,000,000원	1,500,000원	3,500,000원	5,000,000원
사용 비율				
절 삭	-	20%	30%	50%
염 색	30%	-	35%	35%

① 3,500,000원
② 4,000,000원
③ 4,650,000원
④ 5,000,000원

83 다음 표준원가의 한계에 대한 설명 중 틀린 것끼리 묶인 것은?

㉠ 표준원가의 경우 계산의 기초가 되는 합리적인 표준을 선정하기 어렵다.
㉡ 예외에 의한 관리의 경우 예외에 대한 기준을 설정할 때 주관이 개입될 문제점이 있다.
㉢ 직원이 불리한 차이만 강조할 경우 동기부여가 아닌 역효과가 날 수 있다.
㉣ 비계량 정보에만 집중할 수 있는 한계점이 있다.

① ㉠, ㉡
② ㉠, ㉢
③ ㉡, ㉢
④ ㉢, ㉣

84 ㈜시대는 섬유를 만드는 회사로 활동기준원가계산에 의해 원가를 계산하고 있다. 당기에 생산된 섬유 1단위에는 염색통 4개, 압축기계 3시간이 소요되며 활동의 소비에 대한 정보는 다음과 같다. 섬유의 단위당 직접재료원가가 10,000원이며 다른 모든 원가는 가공원가로 분류되는 경우 섬유의 단위당 제조원가는 얼마인가?

활 동	원가동인	가공원가
압 축	압축기계 사용시간	2,500원
염 색	염색통 사용수	1,000원
불량품 검사	제조된 섬유 제품수	500원

① 10,000원
② 15,000원
③ 20,000원
④ 22,000원

85 다음 중 활동기준원가의 도입배경이 아닌 것은?

① 직접노무원가의 비중 감소
② 기존의 전통적인 제조간접원가 배분방식에서 발생하는 원가왜곡
③ 자동화와 관련된 설비의 비중 감소
④ 정보수집기술의 발달로 정확한 원가집계 가능

문제편
제1회
제2회
제3회
제4회

86 ㈜시대는 보조부문 a, b를 가지고 있다. ㈜시대의 제조 관련 자료가 다음과 같을 때 보조부문의 원가 중 제품 A에 배분되는 원가는?(단, ㈜시대는 공장전체 제조간접원가 배부율을 사용하며 직접노동시간을 기준으로 제조간접원가를 배분한다)

〈보조부문〉

구 분	a	b
제조간접원가	1,000,000원	1,500,000원
직접노동시간	1,000시간	250시간

〈제품 A〉

구 분	a	b
직접노무원가	400,000원	300,000원
직접노동시간	200시간	100시간

① 1,000,000원　　② 1,300,000원
③ 1,500,000원　　④ 1,800,000원

87 다음 중 종합원가계산에 대한 설명으로 옳지 않은 것은?

① 단일종류의 제품을 연속적으로 대량 생산하는 업종에 적합한 원가계산방법이다.
② 공정별로 성과평가가 이루어지므로 책임대상이 명확해지는 장점이 있다.
③ 기말재공품의 완성도 측정에 주관이 개입되는 한계점이 있다.
④ 종합원가계산을 위해서는 먼저 물량의 흐름을 파악해야 하며 물량의 흐름을 파악할 때 공정의 완성도를 고려하여 완성품환산량을 계산해야 한다.

88 다음 중 변동원가와 초변동원가를 비교한 것으로 옳지 않은 것은?

① 변동원가계산에서는 생산량이 이익에 영향을 미치지 않지만 초변동원가계산은 생산량이 이익에 영향을 미친다.
② 변동원가계산에서는 생산량이 이익에 영향을 미치지 않기 때문에 경영자가 판매에만 집중하지만 초변동원가계산에서는 경영자가 생산량을 증가시킬 유인을 가지게 된다.
③ 초변동원가계산에서는 잠재적인 시장의 요구를 충족시켜 줄 수 없는 한계가 있다.
④ 변동원가계산과 초변동원가계산 모두 장기적인 의사결정에는 적합하지 않은 한계가 있다.

89 다음 중 표준원가계산의 종류에 대한 설명으로 틀린 것은?

① 표준원가계산의 종류에는 이상적 표준, 정상적 표준, 현실적 표준이 있다.
② 이상적 표준을 사용하는 경우 최적의 조건하에서 달성할 수 있는 이상적인 목표를 설정하기 때문에 동기부여에 가장 효과적이다.
③ 표준원가계산을 채택하는 경우 질적인 예외사항을 무시할 가능성이 있다.
④ 표준원가계산을 채택하는 경우 근로자가 불리한 예외사항을 숨기려고 하는 문제점이 발생할 수 있다.

90 다음 중 원가회계에 대한 설명으로 틀린 것은?

① 제조간접원가는 직접재료비 또는 직접노무비에 해당하지 않는 원가를 집계한 것이므로 간접적으로 사용된 재료나 직접 배분할 수 없는 노무원가를 포함한다.
② 매출원가는 당기에 판매된 제품의 제조원가를 뜻하며 팔리지 않은 부분은 재고자산으로 자산으로 인식된다.
③ 당기제품제조원가는 당기에 완성되어 제품으로 대체된 제조원가를 말하는 것으로 당기에 발생한 직접원가 및 간접원가를 더하여 계산한다.
④ 당기제품제조원가와 기초제품 금액을 더하고 기말제품금액을 차감하면 매출원가를 구할 수 있다.

91 ㈜시대의 원가자료가 다음과 같을 때 당기제품제조원가는 얼마인가?(단, 제조간접원가는 직접노무원가의 1.5배만큼 비례적으로 발생한다)

기초재공품	20,000원	직접원가	45,000원
기말재공품	10,000원	가공원가	60,000원

① 91,000원 ② 60,000원
③ 70,000원 ④ 72,000원

92 ㈜시대는 두 개의 제조부문 A, B와 두 개의 보조부문 수선, 전력을 두고 있다. 보조부문의 용역제공은 다음과 같다. 회사는 상호배분법을 사용한다고 할 때, A의 제조원가는 얼마인가?

구 분	수 선	전 력	A	B
수 선	–	10%	45%	45%
전 력	20%	–	40%	40%
원 가	68,000원	150,000원	300,000원	250,000원

① 409,000원
② 450,000원
③ 368,000원
④ 400,000원

93 다음은 ㈜시대의 원가계산을 위한 자료이다. 회사는 현재 a, b의 두 가지 작업만을 진행 중이며 전기에 착수한 a는 완성되었고 당기에 착수한 b는 진행 중이다. 회사는 직접노무원가를 기준으로 당기제조간접원가를 배부하며 당기제조간접원가는 4,000,000원이다. 회사의 당기제품제조원가는 얼마인가?

구 분	a(당기투입분)	b(당기투입분)
기초재공품(a)	300,000원	–
직접재료원가	1,000,000원	1,500,000원
직접노무원가	2,000,000원	3,000,000원
직접노동시간	200시간	300시간

① 4,700,000원
② 4,800,000원
③ 4,900,000원
④ 5,000,000원

94 ㈜시대과자는 과자를 만드는 회사로 종합원가계산을 통해 제품원가를 계산한다. 원재료는 공정 시작시점에서 전량 투입되며, 가공원가는 공정 전반에 걸쳐 균등하게 발생한다고 가정한다. 당기완성품원가는 얼마인가?(단, 원가흐름은 선입선출법을 가정한다)

〈원가자료〉

기초재공품 3,000개(완성도 30%)	당기완성품 11,000개
당기착수량 10,000개	기말재공품 2,000개(완성도 40%)

구 분	재료비	가공비
기초재공품원가	90,000원	180,000원
당기발생원가	300,000원	1,090,000원
합 계	390,000원	1,270,000원

① 1,580,000원
② 1,310,000원
③ 1,520,000원
④ 1,500,000원

95 다음 자료를 이용하여 변동제조간접원가 소비차이를 구하면 얼마인가?

변동제조간접원가 실제 발생액	2,000,000원
실제 투입시간에 허용된 단위당 표준변동제조간접원가	500원
실제 투입시간	4,500시간
실제 조업도에 허용된 표준변동제조원가	2,500,000원

① 250,000원(불리)
② 250,000원(유리)
③ 200,000원(유리)
④ 200,000원(불리)

96 영화 제작사인 ㈜원진은 새로운 영화를 제작하기로 결정하였고 제작 관련 정보는 다음과 같다. 새로운 영화 제작 시 해당 영화의 손익분기점 관객수는 몇 명인가?

- 1인 영화 티켓가격 : 10,000원
- 관객 1인 입장 시 관련 비용 : 4,000원
  ※ 단, 관객이 100만명을 초과하는 경우 관객 1인당 1,000원의 추가비용(흥행보수)이 발생한다.
- 예상 영화 제작비용 : 12,000,000,000원

① 1,000,000명
② 1,200,000명
③ 2,000,000명
④ 2,200,000명

97 다음 자료를 이용하여 전부원가계산에 따른 영업이익을 구하면 얼마인가?

생산량	10,000개	직접재료원가	1,000,000원
매출액	8,000,000원	직접노무원가	2,500,000원
판매량	8,000개	변동제조간접원가	1,500,000원
		고정제조간접원가	1,000,000원
		변동판매관리비	400,000원
		고정판매관리비	500,000원

① 2,500,000원
② 2,300,000원
③ 2,100,000원
④ 1,900,000원

98 ㈜정민은 20X1년에 창업한 회사로 1년간 A제품 500개를 선주문 받아 창업하였다. A제품을 만드는데는 1개당 10원의 변동원가가 필요하며, 고정원가는 60,000원이 발생하였다. ㈜정민은 A제품을 600개 생산했으며 선주문 받은 500건만 판매하였고 이외의 판매한 건은 존재하지 않는다. 전부원가계산방법 대신 변동원가계산방법을 적용하는 경우 ㈜정민의 20X1년 당기인식원가는 얼마나 차이가 발생하는가?

① 10,000원 증가
② 변동 없음
③ 10,000원 감소
④ 5,000원 증가

99 다음 중 CVP분석에 대한 설명으로 틀린 것은?

① CVP분석은 조업도의 변화에 따라 이익이 어떻게 변화하는지 분석하는 것이다.
② CVP분석에서는 모든 원가를 고정원가와 변동원가로 구분할 수 있다고 가정한다.
③ CVP분석에서는 생산량과 판매량이 같아 제품의 재고자산이 없는 경우뿐만 아니라 생산량과 판매량이 같지 않아 재고자산이 발생하는 경우도 분석한다.
④ CVP분석에서는 원가에 미치는 요소는 조업도뿐이라고 가정한다.

100 다음 중 수명주기원가계산과 활동기준경영관리에 대한 설명으로 틀린 것은?

① 제품 또는 서비스의 수명주기 매 단계마다 발생하는 수익과 비용에 대한 집계를 가능하게 하여 프로젝트 전체에 대한 이해가 향상된다.
② 활동기준경영관리는 활동기준원가계산(ABC)가 제공하는 정보를 기업의 의사결정을 위해 활용하는 관리기법이다.
③ 프로젝트와 관련하여 언제 어떤 가치사슬단계에서 원가가 발생하는지 파악이 가능하게 되어 서로 다른 가치사슬단계에서 원가발생의 상호관계 파악이 가능해진다.
④ 제조 이후 단계에서 대부분의 제품원가가 결정되기 때문에 수명주기원가의 관리가 중요해지고 있다.

101 ㈜정민생명은 새로운 자동차 보험상품을 출시하였다. 해당 상품의 구조는 다음과 같다. 이 경우 ㈜정민생명의 새로운 자동차 보험의 원가구조와 가장 유사한 형태의 그래프는 무엇인가?

> • 보험료 : 자동차 사용 km당 100원, 기본요금 없음
> • 계약 기간 : 2년
> ※ 갱신 시마다 보험료의 변동이 발생할 수 있음

①
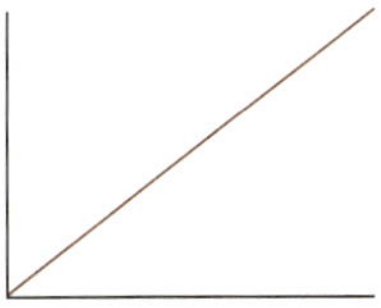

②
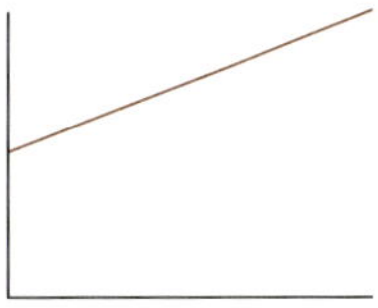

③
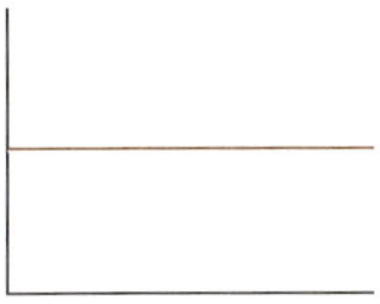

④
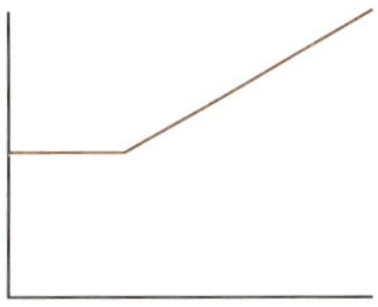

102 다음 중 자본예산 설정에 대한 설명으로 적절하지 않은 것은?

① 감가상각비는 추후 재투자를 고려하여 자본예산 설정 시 반영해야 하며, 감가상각비 절세효과도 역시 고려한다.
② 순현금흐름 고려 시 세금도 현금지출이므로 세후기준으로 추정해야 한다.
③ 자금조달에 필요한 이자비용은 고려하지 않는다.
④ 관련수익과 관련비용만 고려하는 것을 원칙으로 한다.

103 다음 중 책임회계에 대한 설명으로 옳지 않은 것은?

① 책임회계제도란 책임중심점별로 계획과 실적을 추정, 통제하고 책임중심점에 대한 성과평가와 조직의 영업성과 향상을 목적으로 하는 회계제도이다.
② 책임회계제도에서는 관리자에게 권한과 책임이 부여되므로 사업부의 동기부여에 유용하다.
③ 책임회계제도에서는 관리자의 신속한 의사결정 및 대응이 가능해진다.
④ 책임회계제도를 적용하기 위해서는 표준원가시스템에 따라 원가시스템이 구축되어 있어야 한다.

104 다음 중 투자수익률과 잔여이익에 대한 설명으로 틀린 것은?

① 투자수익률은 매출액이익률과 자산회전율로 구분하여 분석할 수 있다.
② 투자수익률의 경우 사업부의 투자수익률보다 낮은 투자안의 경우 준최적화 현상이 나타날 수 있는 문제점이 있다.
③ 잔여이익은 투자중심점과 회사전체의 이익을 동시에 고려하여 준최적화 현상이 발생하지 않는다.
④ 잔여이익의 경우 수익성을 고려하여 규모가 다른 투자안을 비교하는 경우에도 유용하다.

105 ㈜시대의 기초제품재고는 2,000개, 기말제품재고는 3,000개이다. 생산량은 10,000개이며 매기 제품 단위당 고정제조원가는 동일하다. ㈜시대의 변동원가계산을 바탕으로 작성한 손익계산서가 아래와 같을 때 전부원가계산에서의 영업이익은 얼마인가?

매출액	360,000,000원
매출원가(변동원가)	180,000,000원
변동판매관리비	30,000,000원
공헌이익	150,000,000원
고정제조원가	100,000,000원
고정판매관리비	30,000,000원
영업이익	20,000,000원

① 0원
② 20,000,000원
③ 30,000,000원
④ 40,000,000원

106 ㈜유진은 컴퓨터 사업부를 운용하고 있다. 최근 ㈜유진의 경영자는 과거 운영하였다가 중단한 반도체 사업부를 운영할 것을 다시 검토하고 있다. ㈜유진의 원가 및 시장 자료가 다음과 같을 때 ㈜유진이 반도체 사업부를 운영하는 것이 기업 전체의 이익이 되는 반도체 1단위당 변동원가를 다음 중 고르면?

컴퓨터 사업부	컴퓨터 1대당 공헌이익	500,000원
	시장의 현재 반도체 공급 가격	100,000원
반도체 사업부	예상 변동원가	XXX원

※ 단, 반도체 사업부는 생산을 재개할 경우 컴퓨터 사업부와 반도체 자체 시장 수요를 동시에 충족시킬 수 있는 정도의 설비를 갖추고 있다.

① 95,000원
② 105,000원
③ 110,000원
④ 120,000원

107 ㈜민서는 기업 전체의 성과를 경제적부가가치(EVA)로 평가한다. 영업이익이 10억원, 법인세가 1억원, 투하자본 150억원, 가중평균자본비용이 7%일 때 ㈜민서의 경제적부가가치(EVA)는 얼마인가?

① 1.5억원　　② (1.5)억원
③ 2억원　　④ (2)억원

108 현재 ㈜서연은 투자기간 3년의 다음 자료에 대한 투자안에 투자할지를 고려하고 있다. 설명 중 옳은 것은?

투자금액	1,000,000원
매 영업기간의 현금흐름	450,000원
초기 추가적인 순운전자본투자(투자기간 종료 시 회수)	100,000원

※ 투자안의 잔존가치는 없다.
※ 3년 현재가치계수 : 0.75, 3년 연금의 현재가치계수 : 2.48

① 91,000원의 순현재가치의 증가가 발생하므로 채택한다.
② 91,000원의 순현재가치의 감소가 발생하므로 기각한다.
③ 투자안으로부터 발생하는 순현재가치의 변동은 없다.
④ 100,000원의 순현재가치의 증가가 발생하므로 채택한다.

109 ㈜원진의 정무열 씨는 A사업부의 본부장이다. ㈜원진은 투자수익률(ROI)로 성과평가를 수행한다. 자료가 다음과 같을 때 새로운 투자안에 대해 정무열씨가 택할 대안으로 옳은 것은?

〈A사업부〉

영업이익	10억원
영업자산	100억원

〈새로운 투자안〉

예상영업이익	8억원
투자해야 하는 영업자산	100억원

※ 현재 ㈜원진의 목표투자수익률은 7%이다.

① 예상영업이익이 8억원 발생하므로 투자안을 채택한다.
② 투자안을 채택하더라도 A사업부의 투자수익률의 변동은 없다.
③ 사업부의 투자수익률이 감소하므로 투자안을 기각한다.
④ 투자안의 투자수익률이 8%로 기업 전체의 투자수익률보다 높으므로 채택한다.

110 다음은 ㈜시대의 원가자료이다. ㈜시대의 기말재공품원가는 얼마인가?

㈜시대의 기초재공품원가	1,400,000원
㈜시대의 기초원가	5,000,000원
㈜시대의 제조간접원가	3,000,000원
㈜시대의 당기제품제조원가	7,800,000원

① 1,600,000원
② 1,800,000원
③ 2,000,000원
④ 2,200,000원

111 ㈜시대의 양극재사업부가 이차전지사업부에게 양극재를 공급하는 것과 관련하여 옳은 설명을 모두 고른 것은?

㉠ 양극재사업부의 입장만 고려할 경우 최소대체가격을 초과하는 단가로 공급이 이루어져야 하며, 양극재의 시장가격이 이차전지 사업부가 제시하는 가격보다 높은 경우 시장에 양극재를 공급하는 선택을 한다.
㉡ 이차전지사업부의 입장만 고려할 경우 최대대체가격 미만의 단가로 공급이 이루어져야 하며, 시장에서 양극재를 조달하는 것이 저렴할 경우 시장에서 양극재를 조달한다.
㉢ 회사 전체 입장에서는 양극재 사업부의 최소대체가격, 이차전지 사업부의 최대대체가격 사이에서 공급이 이루어질 수 있다면 회사 전체 이익이 발생한다.
㉣ 각 사업부의 자율성에 의사결정을 맡길 경우 일반적으로 전체 기업 목표와 일치하는 것을 볼 수 있다.

① ㉠
② ㉡, ㉢
③ ㉠, ㉡, ㉢
④ ㉢, ㉣

112 ㈜시대는 표준원가계산을 사용하고 있다. 당기 중 재료원가와 관련하여 다음과 같은 결과가 나왔다고 할 때 실제 재료의 kg당 매입가격은 얼마인가?

직접재료원가 실제 사용량	10,000kg
직접재료원가 표준가격	1,000원/kg
직접재료원가 가격차이	1,000,000원 유리

① 800원
② 900원
③ 1,000원
④ 1,100원

113 다음 중 분권화와 성과평가에 대한 설명으로 옳지 않은 것은?

① 성과평가는 기업 전체의 목표와 일치하도록 기준을 설정해야 한다.
② 사업부 경영자의 경우 자신이 책임지는 부분에 대해 성과평가를 받아야 하기 때문에 영업이익으로 성과평가를 받아야 한다.
③ 공통고정원가는 사업부별로 추적이 힘들기 때문에 공통으로 관리해야 한다.
④ 성과평가는 필요할 때에 바로 평가가 제공될 수 있도록 적시성이 만족되어야 한다.

114 ㈜원진은 두 가지 투자안 중에서 한 가지를 선택해야 한다. 두 가지 투자안을 모두 선택할 수 없으며 ㈜원진은 수익성지수법으로 투자안을 평가한다. 투자안에 대한 자료가 다음과 같을 경우 설명으로 옳은 것은?

A투자안	현금유입액의 현재가치	115억원
	예상 투자액	100억원
B투자안	현금유입액의 현재가치	220억원
	예상 투자액	200억원

① A투자안의 수익성지수가 1.1로 B투자안의 수익성지수보다 높으므로 A투자안을 채택한다.
② A투자안의 수익성지수가 1.15로 B투자안의 수익성지수보다 높으므로 A투자안을 채택한다.
③ B투자안의 수익성지수가 1.1로 A투자안의 수익성지수보다 높으므로 B투자안을 채택한다.
④ B투자안의 수익성지수가 1.15로 A투자안의 수익성지수보다 높으므로 B투자안을 채택한다.

115 다음 중 균형성과표의 관점과 그에 대한 적절한 성과평가지표끼리 바르게 짝지은 것은?

> ㉠ 고객관점 – 고객만족도, 시장점유율, 고객유지율
> ㉡ 내부프로세스관점 – 불량률, 납기준수율, 인당 교육시간
> ㉢ 학습과 성장관점 – 이직률, 반품률, 직원만족도
> ㉣ 재무적관점 – 총자산수익률(ROA), EPS 등 수익지표

① ㉠, ㉡
② ㉢, ㉣
③ ㉡, ㉢
④ ㉠, ㉣

116 ㈜원진의 원가자료는 다음과 같다. ㈜원진의 제조간접원가는 얼마인가?

기초원가	2,400,000원
가공원가	3,000,000원

※ ㈜원진은 재료로 kg당 1,000원하는 재료를 1,000kg 사용하였다.

① 1,400,000원
② 1,600,000원
③ 2,000,000원
④ 3,000,000원

117 다음 용어에 대한 설명으로 바르게 연결된 것은?

> ㉠ 당기에 완성된 제품의 제조원가를 의미한다.
> ㉡ 당기에 판매된 제품의 제조원가를 의미한다.
> ㉢ 당기에 제조과정에서 발생한 모든 제조원가로 기초원가와 제조간접원가로 구성된다.

	㉠	㉡	㉢
①	당기제품제조원가	매출원가	당기총제조원가
②	매출원가	당기제품제조원가	당기총제조원가
③	당기총제조원가	매출원가	당기제품제조원가
④	매출원가	당기총제조원가	당기제품제조원가

118 ㈜시대는 잉크 사업부와 프린터 사업부를 운영하고 있다. 최근 잉크 사업부가 영업손실을 기록함에 따라 잉크 사업부 폐지를 검토하고 있다. 원가자료가 다음과 같을 때 잉크 사업부를 폐지하는 경우 증분손익은?

잉크 사업부 영업손실(공통원가배부 후)	10억원
잉크 사업부 공헌이익	10억원
공통원가배부액(사업부 폐지에 영향을 받지 않음)	20억원
사업부 폐지 시 회피가능 고정원가	15억원

※ 잉크 사업부를 폐지하는 경우 잉크와 프린터의 세트 판매를 할 수 없음에 따라 프린터 사업부의 공헌이익이 10억원 감소할 것으로 예상된다.

① 5억원 이익 ② 5억원 손실
③ 10억원 이익 ④ 10억원 손실

119 ㈜서연은 볼펜을 제조하는 회사이다. 그동안 ㈜서연은 검정색 볼펜만 생산했는데 최근 색소를 섞어 추가 가공하여 여러 가지 색깔의 볼펜을 생산할지 검토 중이다. 다음 자료를 보고 추가 가공할 경우의 ㈜서연의 이익에 미치는 영향을 고르면?

검정색 볼펜 1자루당 판매가격	100원
검정색 볼펜 1자루당 변동원가	50원
여러 가지 색깔의 볼펜 1자루당 판매가격	150원
1자루당 추가되는 색소량	5g
g단위당 색소의 가격	5원

※ 현재 ㈜서연은 100,000자루의 볼펜을 생산 및 판매하고 있으며 여러 가지 색깔의 볼펜을 생산하기 위해서는 5,000,000원을 투자하여 추가 가공 설비를 만들어야 한다. 설비투자 후 미래기간의 수익은 고려하지 않는다.

① 2,500,000원 이익 ② 2,500,000원 손실
③ 2,000,000원 이익 ④ 2,000,000원 손실

120 ㈜원진은 최근 유리병 사업에 투자를 고려하고 있다. 유리병 사업을 하기 위해서는 100,000,000원을 들여 설비투자를 하여야 한다. 유리병 1개의 시장가격은 500원, 단위당 변동매출원가는 200원, 단위당 변동판매관리비 100원, 고정판매관리비가 20,000,000원이라고 할 때 총 800,000개를 판매하였다면 안전한계는 얼마인가?

① 100,000,000원 ② 120,000,000원
③ 200,000,000원 ④ 300,000,000원

제3회 핵심 유형 120문제

제1과목 재무회계

40문항

01 A회사는 한국에 본사를 둔 기업으로 미국에 위치한 B회사를 자회사로 두고 있다. A회사가 보유하고 있는 해외자회사는 B회사만 존재한다고 가정할 때 아래 내용을 바탕으로 20X2년 A회사가 재무제표에 인식한 해외사업환산손익은 얼마인가?

- 해당 회사는 20X1년 1월 1일 설립되었으며 20X1년 1월 1일 환율은 $1 = ₩1,000이다.
- 20X2년의 회사의 시산표 요약

자산 : $1,000	부채 : $700
	수익 : $600
비용 : $500	납입자본 : $100 이익잉여금(당기순이익 제외) : $100

- 회사는 실무적인 이유에 의해 해외사업에 대한 환산 시 B회사의 수익과 비용을 해당 기간의 평균환율로 환산한다.
- 환 율
  - 20X1년 1월 1일 : $1 = ₩1,000
  - 20X1년 평균환율 : $1 = ₩1,050
  - 20X2년 기말환율 : $1 = ₩1,200
  - 20X2년 평균환율 : $1 = ₩1,100

① 45,000원 손실
② 45,000원 이익
③ 손익 없음
④ 90,000원 이익

02 다음 중 유형자산의 취득원가에 포함되는 요소만 바르게 짝지은 것은?

㉠ 설치장소 준비를 위한 지출
㉡ 최초의 운송 및 취급 관련 원가
㉢ 보유 중인 건물에 대하여 부과되는 재산세
㉣ 유형자산 취득에 수반되는 국·공채 매입이 있는 경우 유가증권의 취득가액과 현재가치의 차액
㉤ 새로운 시설을 개설하는데 소요되는 원가

① ㉠, ㉡
② ㉠, ㉡, ㉢
③ ㉠, ㉡, ㉣
④ ㉠, ㉡, ㉢, ㉣, ㉤

03 ㈜서울은 20X1년에 다음과 같이 ㈜마포의 채무상품을 취득하면서 보유하고 있다. 해당 채무상품은 원리금의 현금흐름만 발생하며, ㈜서울은 해당 금융자산을 통해 원리금 수취 및 매도 이외의 목적을 통해 기업가치를 증대할 목적을 가지고 있다. 이 채무상품과 관련하여 ㈜서울의 20X1년과 20X2년 재무상태표에 계상할 평가손익은 얼마인가?

- 20X1년 5월 1일 ㈜마포의 채무상품 1,000개 취득 (취득원가 5,000원/주)
- 20X1년 말 ㈜마포의 채무상품에 대한 공정가치 : 5,200원/주
- 20X2년 말 ㈜마포의 채무상품에 대한 공정가치 : 4,900원/주

	20X1년	20X2년
① 평가이익(손실)	100,000원	100,000원
② 평가이익(손실)	200,000원	100,000원
③ 평가이익(손실)	0원	0원
④ 평가이익(손실)	200,000원	(300,000)원

04 충당부채의 회계처리에 대한 설명으로 가장 올바르지 않은 것은?

① 충당부채란 과거 사건이나 거래의 결과에 의한 현재의무로서, 지출의 시기 또는 금액이 불확실하지만 그 의무를 이행하기 위하여 자원이 유출될 가능성이 높고 또한 금액을 신뢰성 있게 추정할 수 있는 의무를 의미한다.

② 과거사건에 의해 발생한 현재의무이지만, 그 의무를 이행하기 위하여 경제적 효익을 갖는 자원이 유출될 가능성이 높지가 않은 경우 우발부채로 분류한다.

③ 손실부담계약을 체결하고 있는 경우에는 관련된 현재의무를 충당부채로 인식하지 않는다.

④ 충당부채로 인식하는 금액은 현재의무의 이행에 소요되는 지출에 대한 보고기간 말 현재의 최선의 추정치여야 한다.

05 다음 중 금융부채에 해당하는 것은 무엇인가?

① ㈜철수가 발행한 전환사채에 부여되어 있는 전환권

② ㈜영희가 보유하고 있는 다른 기업의 지분상품

③ ㈜훈이가 발행한 발행자가 상환여부를 결정할 수 있는 우선주

④ ㈜신구가 발행한 의무상환우선주(8% 배당을 의무적으로 지급하는 비참가적우선주)

문제편
제1회
제2회
제3회
제4회

06 ㈜원진은 다음과 같이 20X1년에 ㈜유진의 채무상품(무이표채)을 취득하고 현금흐름의 특성과 사업모형에 따라 기타포괄손익으로 공정가치를 측정하는 금융자산으로 분류하였다가 20X3년에 일부 처분하였다.

- 20X1년 7월 1일 ㈜유진의 채무상품 1,000주를 취득(취득원가 : 6,000원/주)
- 20X1년 말 ㈜유진 채무상품의 공정가치 : 6,500원/주
- 20X2년 말 ㈜유진 채무상품의 공정가치 : 5,500원/주
- 20X3년 7월 25일 ㈜유진 채무상품 500주 처분(처분금액 : 5,300원/주)

해당 사건이 ㈜원진의 20X1년과 20X2년도의 재무제표에 미치는 영향을 가장 올바르게 표시한 것은?

	항 목	20X1년	20X2년
①	기타포괄손익누계액	영향 없음	영향 없음
②	이익잉여금	영향 없음	1,000,000원 감소
③	기타포괄손익누계액	500,000원 증가	1,000,000원 감소
④	이익잉여금	영향 없음	500,000원 감소

07 ㈜시대는 20X1년 리스사 A와 차량 운용리스 계약을 체결하였다. ㈜시대가 다음의 리스거래로 인하여 20X1년 포괄손익계산서에 비용으로 인식할 금액은 얼마인가?

- 리스기간 : 20X1년 1월 1일 ~ 20X2년 12월 31일
- 차량의 내용연수 : 5년(잔존가치 없음)
- 리스료의 지급방법 : 연간 12,000,000원(연말 지급)
- 차량의 20X1년 1월 1일 현재 공정가치 : 50,000,000원
- ㈜시대의 차량 감가상각방법 : 정액법
- 리스제공자의 이자율 : 10%
- 2년, 10%의 연금현가 : 1.73

※ 해당 리스는 단기리스 및 기초자산이 소액인 리스에 해당하지 않는다.

① 12,000,000원　　② 12,456,000원
③ 22,456,000원　　④ 24,000,000원

08 ㈜시대건설은 20X1년 1월 5일에 서울시와 교량건설 도급공사계약을 체결하였다. 총 계약금액은 500,000,000원이며 공사가 완성되는 20X3년 12월 31일까지 건설과 관련된 회계자료는 다음과 같다. ㈜시대건설이 투입 자원을 기준으로 진행률을 측정하여 진행기준으로 수익을 인식한다면 20X1년, 20X2년 및 20X3년 공사이익으로 계상할 금액은 얼마인가?

	20X1년	20X2년	20X3년
당해 연도 발생계약원가	60,000,000원	120,000,000원	180,000,000원
추정 총계약원가	300,000,000원	360,000,000원	360,000,000원
공사대금청구액(연도별)	140,000,000원	160,000,000원	200,000,000원

	20X1년	20X2년	20X3년
①	40,000,000원	20,000,000원	80,000,000원
②	40,000,000원	30,000,000원	70,000,000원
③	60,000,000원	30,000,000원	50,000,000원
④	60,000,000원	50,000,000원	30,000,000원

09 ㈜시대는 20X1년 1월 1일에 임원인 정원진에게 다음과 같은 조건의 현금결제형주가차액보상권 100,000개를 부여하였다. 20X1년 ㈜시대가 포괄손익계산서에 계상해야 하는 당기 보상비용은 얼마인가?

- 행사조건 : 20X3년 12월 31일까지 3년간 근무해야 행사가 가능하다.
- 행사가능기간 : 20X4년부터 2년간 행사할 수 있다.
- 20X1년 말 추정한 주가차액보상권의 공정가치 : 24,000원/개

① 8억원
② 9억원
③ 10억원
④ 11억원

10 다음은 ㈜시대의 법인세비용 관련 자료이다. 20X2년 손익계산서에 계상할 법인세비용은 얼마인가?

- 20X2년 말 미지급법인세는 2,000,000원이다.
- 20X1년 말 세법상 인정되는 감가상각비는 500,000원인 반면 회사의 회계상 감가상각비는 800,000원이다. 해당 차이는 회사의 내용연수인 5년에 걸쳐 상각된다.
- 20X2년 말 유가증권 평가이익 200,000원이 발생하였으며 해당 평가손익은 세법상 인정되는 평가손익이 아니다.
- 이외의 세무조정 사항은 존재하지 않는다.

① 2,000,000원 ② 2,260,000원
③ 2,560,000원 ④ 2,800,000원

11 다음 중 무형자산에 대한 설명으로 옳지 않은 것은?

① 무형자산의 식별가능성은 분리가 가능하거나 계약상 권리나 법적인 권리가 있다는 것을 의미한다.
② 생산 전 시제품과 모형을 설계, 제작하기 위한 지출은 무형자산으로 분류할 수 있다.
③ 여러가지 대체안을 탐색하기 위한 지출은 무형자산으로 분류할 수 있다.
④ 무형자산으로 인식되기 위해서는 물리적인 형체는 없지만 식별가능해야는 요건을 충족해야 한다.

12 다음 중 리스에 관한 설명으로 가장 올바르지 않은 것은?

① 리스이용자만이 중요한 변경 없이 사용할 수 있는 특수한 성격의 리스자산에 해당하는 경우 일반적으로 금융리스로 분류한다.
② 리스료란 리스이용자가 리스자산의 사용에 대한 대가로서 리스제공자에게 지급하여야 할 금액을 말한다.
③ 리스이용자의 회계처리는 일반적으로 금융리스와 운용리스의 차이가 없다.
④ 리스이용자에게 리스를 종료할 권리가 있더라도 일반적으로 리스 종료 시 비용이 발생하므로 리스이용자가 리스를 종료할 권리를 행사하지 않기 때문에 리스료에는 종료할 권리는 고려하지 않는다.

13 다음 중 기능통화와 표시통화에 대한 설명으로 가장 올바르지 않은 것은?

① 표시통화란 재무제표를 표시할 때 사용하는 통화로 기능통화와 다를 수 있다.
② 기능통화란 기업이 법인세를 납부하는 국가의 통화이다.
③ 기업의 표시통화와 기능통화가 다른 경우에는 경영성과와 재무상태를 표시통화로 환산하여 재무제표에 보고한다.
④ 기능통화로 외화거래를 최초로 인식하는 경우에 거래일의 외화와 기능통화상의 현물환율을 외화금액에 적용하여 기록한다.

14 다음 중 20X2년도의 ㈜원진의 기계장치 A의 감가상각에 대한 설명으로 가장 올바르지 않은 것은?

① ㈜원진은 적어도 매 회계연도 말에 감가상각방법을 재검토하고 자산에 내재된 미래 경제적 효익의 소비형태에 유의적인 변동이 있는 경우 감가상각방법을 변경한다.
② 감가상각방법 변경을 위해 ㈜원진은 비교 표시되는 전기 재무제표를 재작성해야 한다.
③ ㈜원진은 기계장치 A의 내용연수 및 감가상각방법 변경에 대하여 회계추정의 변경으로 처리해야 한다.
④ ㈜원진은 자산의 미래 경제적 효익이 소비되는 형태를 반영하여 감가상각방법을 결정해야 한다.

15 ㈜원진은 본사 사옥으로 사용하기 위해 토지와 건물을 일괄 구매하였다. 다음 설명 중 적절하지 않은 것은?

① 토지와 건물을 모두 사용할 경우 취득원가는 개별자산의 공정가치 비율로 안분해야 한다.
② 토지만 사용할 목적인 경우 구입대가 모두를 토지의 취득원가로 처리해야 한다.
③ 토지만 사용할 목적인 경우 기존건물 철거비용은 기타비용으로 처리해야 한다.
④ 토지만 사용할 목적인 경우 기존건물 철거로 인한 폐자재 처분수입은 토지의 취득원가에서 차감한다.

16 다음 수익인식사례에 대한 설명 중 틀린 설명으로만 묶인 것은?

ㄱ. ㈜무혈은 ㈜유진의 세탁기를 중개하여 매출하고 있으며 ㈜유진으로부터 수령한 중개수수료만을 수익으로 인식한다.
ㄴ. ㈜민서백화점은 상품권을 할인판매하고 있으며 상품권 판매시점에 상품권 액면가액을 선수금(부채)으로 인식한다.
ㄷ. ㈜원진홈쇼핑은 고객에게 상품을 일정기간 사용한 후 구매를 확정하는 정책을 사용하고 있으며 고객에게 상품을 인도한 시점에 수익으로 인식한다.
ㄹ. ㈜도현컴퓨터는 컴퓨터를 장기할부판매하면서 컴퓨터를 인도하는 시점에 수익으로 인식한다.

① ㄱ, ㄴ
② ㄴ, ㄷ
③ ㄱ, ㄹ
④ ㄷ, ㄹ

17 **지난 2년간 재고자산의 매입가격이 계속적으로 상승했다고 가정했을 때, 기말재고의 평가에 있어서 선입선출법을 적용했을 경우와 평균법을 적용했을 경우에 관한 설명으로 가장 올바르지 않은 것은?**

① 선입선출법과 평균법 모두 원가흐름에 대해 가정을 하는 것으로 개별법을 적용할 수 없는 경우 사용한다.
② 평균법 중 이동평균법을 적용할 때 기말재고금액이 보다 낮게 평가된다.
③ 선입선출법을 적용할 때 기말재고자산이 보다 높게 평가된다.
④ 선입선출법을 적용할 때 매출총이익이 보다 높게 평가된다.

18 **다음 중 국제회계기준의 특징으로 볼 수 없는 것은?**

① 국제회계기준에서는 자산과 부채의 평가를 역사적 원가에 기초한 측정에서 공정가치 측정으로 대폭 그 방향을 전환하고 있다.
② 국제회계기준은 각국의 협업을 통해 기준을 제정한다.
③ 원칙중심의 회계기준으로 구체적인 회계처리 방법을 제시하고 있다.
④ 국제회계기준은 연결재무제표를 주 재무제표로 작성하고 공시하고 있다.

19 **재무정보의 근본적 질적특성인 충실한 표현과 관련된 설명으로 틀린 것은?**

① 충실한 표현을 위해 필요한 속성은 서술이 완전해야 하며 중립적이어야 하며 오류가 없어야 한다.
② 충실히 표현된 자산은 항상 근본적 질적특성이 모두 충족된다.
③ 중립적 서술은 재무정보의 선택이나 표시에 편의가 없는 것을 의미한다.
④ 완전한 서술은 필요한 기술과 설명을 포함하여 정보이용자가 서술되는 현상을 이해하는데 필요한 모든 정보를 포함하는 것으로 정보이용자의 의사결정에 필요 없는 사소한 정보까지 포함할 필요는 없다.

(20) ~ (21) ㈜시대의 퇴직급여에 대한 자료이다.

기초확정급여채무	1,000,000,000원
당기근무원가	55,000,000원
이자원가	10,000,000원
사외적립자산 기대수익	9,000,000원
재측정손익(기타포괄손익)	(5,000,000)원
사외적립자산 기말잔액	900,000,000원

※ 당기에 인식해야 하는 과거 근무원가는 존재하지 않는다.

20 ㈜시대의 퇴직급여로 계상되어야 하는 금액은 얼마인가?

① 10,000,000원
② 55,000,000원
③ 60,000,000원
④ 65,000,000원

21 기말의 확정급여채무가 1,100,000,000원이라고 할 때, ㈜시대의 기말에 인식해야 하는 순확정급여부채는 얼마인가?

① 100,000,000원
② 200,000,000원
③ 300,000,000원
④ 400,000,000원

22 회사의 회계담당자 4명이 모여 회계정책 및 추정에 관한 변경에 대해 이야기를 나누고 있다. 회계추정 및 변경에 대해 잘못 이야기하고 있는 사람은 누구인가?

무열 : 우리 회사는 이번에 기말재고자산금액의 평가방식을 선입선출법에서 평균법으로 바꾸려고 했어. 그런데 변경에 대한 누적효과를 실무적으로 결정할 수 없어서 변경할 수 없었어

민서 : 우리 회사는 최근에 거래하고 있는 업체들의 사업 영역이 부진해서 신용위험이 증가했다고 파악하고 예상신용손실을 반영해서 매출채권의 손실충당금의 추정을 변경했어. 당기의 손실충당금에 대한 추정만 변경하니까 전기에 비해 손실충당금이 재무제표에 더 많이 인식됐어

서연 : 우리 회사는 최근에 유형자산의 공정가치가 역사적 원가보다 크게 변동됨에 따라 원가모형에서 재평가모형으로 정책을 변경했어. 재평가모형으로 적용하면서 소급해서 비교 표시되는 전기재무제표를 재작성했어

유진 : 우리 회사는 기계장치의 감가상각방법을 정액법에서 정률법으로 변경하면서 회계정책의 변경인지 추정의 변경인지 구분이 어려워 회계추정의 변경으로 회계처리했어

① 무 열
② 민 서
③ 서 연
④ 유 진

23 다음은 런닝화를 수입 · 판매하는 ㈜유진의 당기 말 현재 상품의 재고현황이다.

런닝화

장부수량	850개
장부금액	6,800,000원
실사수량	800개
실사수량에 따른 기말재고자산금액	6,400,000원

㈜유진은 상품재고를 다음 연도로 이월하여 정상가격으로 판매하기가 곤란하다고 판단하였다. 상품의 순실현가능가치 6,300,000원일 때 ㈜유진이 이 상품에 대한 재고자산평가손실로 인식할 금액은 얼마인가?

① 0원
② 100,000원
③ 300,000원
④ 400,000원

24 ㈜시대는 기계장치를 20X1년도 초에 취득하였다. 해당 기계장치에 대한 정보가 다음과 같을 때, 20X4년의 해당 기계장치의 감가상각비는 얼마인가?

- 기계장치 취득가액 : 12,000,000원
- 해당 기계장치는 내용연수 6년, 잔존가치 0으로 정액법으로 상각함
- 20X3년 말 해당 기계장치에 손상차손을 인식하였음
  - 해당 기계장치의 손상 인식시점의 사용가치 : 4,000,000원
  - 해당 기계장치의 손상 인식시점의 순공정가치 : 3,000,000원
- 20X4년부터 해당 기계장치의 예상 소비형태가 변경되어 연수합계법으로 감가상각법을 변경하였다(잔존가치는 0으로 동일함).

① 1,000,000원
② 1,500,000원
③ 2,000,000원
④ 3,000,000원

25 다음 중 금융자산의 손상에 대한 설명으로 옳지 않은 것은?

① 금융자산의 손상을 측정하기 위해서 기대신용손실모형을 적용한다.
② 금융자산의 기대신용위험이 유의적이지 않은 경우에는 보고기간 말 12개월 이내의 기대신용손실 금액에 해당하는 금액으로 손실충당금을 측정한다.
③ 금융자산의 신용위험이 유의적으로 증가한 경우에는 금융자산을 인식하는 전체 기간에 걸쳐 예상되는 신용손실을 반영하여 손실충당금을 계상한다.
④ 취득시점부터 신용이 손상된 경우 최초로 취득했다고 가정하고 기대신용손실을 인식한다.

26 ㈜원진은 20X1년 1월 1일에 액면금액 25,000,000원의 사채를 25,437,900원에 발행하였다. 다음 중 ㈜원진이 만기까지 매년 인식해야 할 유효이자율법에 의한 이자비용의 변화를 그래프로 나타낸 것으로 가장 올바른 것은?

①
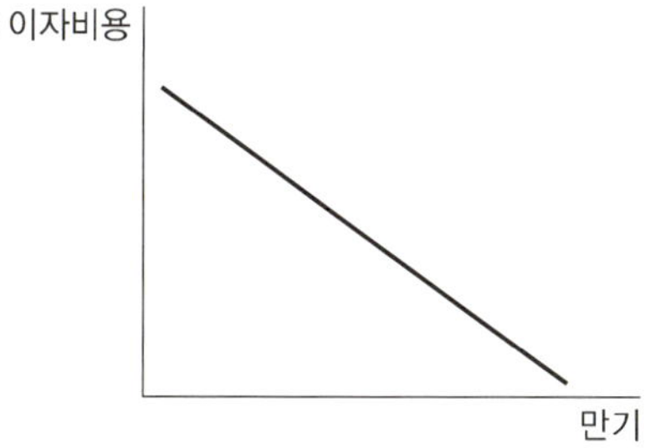

②
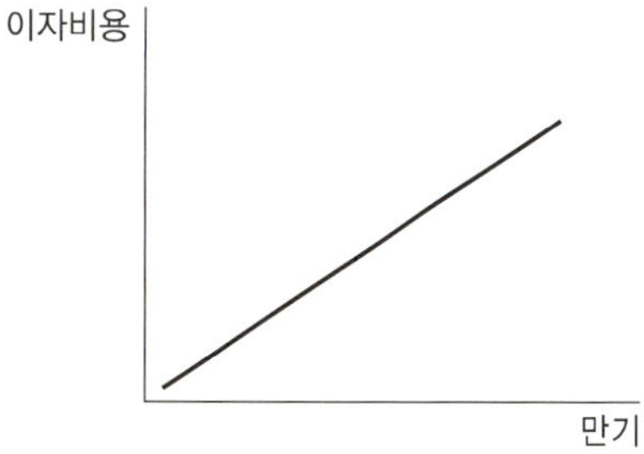

③
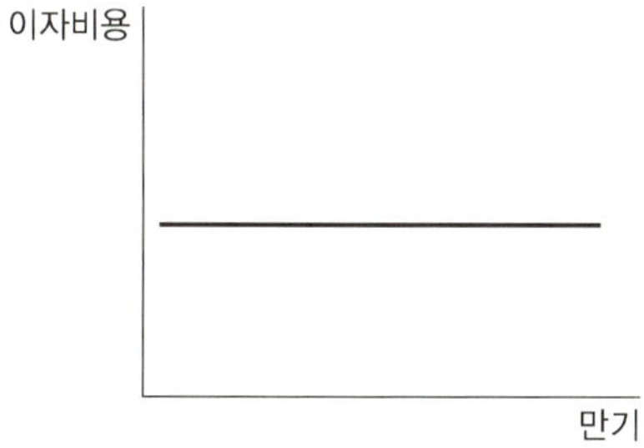

④
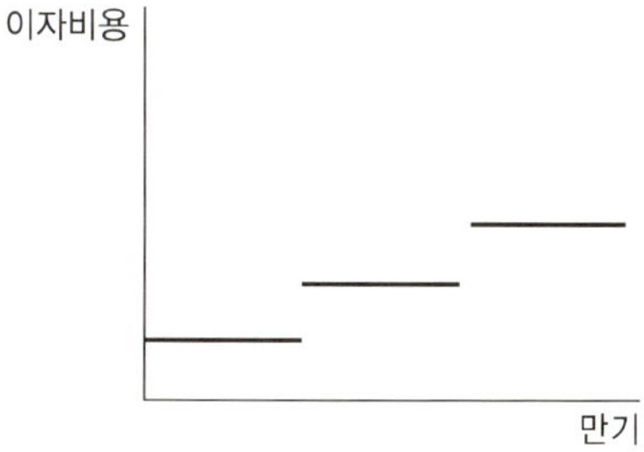

27 ㈜시대는 영업활동에 사용하던 건물(부속토지 포함)을 20X7년 12월 31일에 매각처분하였다. 동 건물과 관련한 사항은 다음과 같다.

㉠	건물의 취득원가	2,000,000원
	취득일	20X4년 1월 1일
	내용연수	10년
	잔존가치	없 음
	감가상각방법	정액법
㉡	부속토지의 취득원가	2,000,000원
㉢	처분금액(건물 및 부속토지)	3,100,000원

상기 토지 · 건물과 관련하여 20X7년도에 ㈜시대에서 인식할 유형자산처분손실은 얼마인가?(단, ㈜시대는 최초 인식시점 이후 유형자산을 원가모형으로 회계처리하고 있음)

① 100,000원　　② 300,000원
③ 350,000원　　④ 900,000원

28 다음 중 파생상품에 대한 회계처리로 국제회계기준과 일치하지 않는 것은?

① 위험회피수단으로 지정되지 않고 투자목적 등으로 보유하고 있는 파생상품의 평가손익은 기타포괄손익으로 인식한다.
② 파생상품은 아직 발생하지 않은 사건이라 하더라도 계약을 맺은 경우 해당계약에 따라 발생된 권리와 의무를 자산, 부채로 인식하여 재무제표에 계상한다.
③ 위험회피대상 항목은 공정가치변동위험 또는 미래현금흐름변동위험에 노출된 자산, 부채, 확정계약 또는 미래에 예상되는 거래를 말한다.
④ 투기목적의 파생상품은 공정가액으로 평가하고 평가손익을 포괄손익계산서에 인식해야 한다.

(29) ~ (30) 다음은 ㈜시대의 20X1 회계연도(20X1년 1월 1일 ~ 20X1년 12월 31일) 당기순이익과 자본금 변동사항에 대한 자료이다.

㉠ 당기순이익 1,040,000,000원
㉡ 자본금 변동사항(액면 5,000원)

	보통주자본금	
• 기초의 자본	100,000주	1,000,000,000원
• 기중의 자본 관련 거래		
–7월 1일 유상증자(10%)	10,000주	100,000,000원
–9월 30일 자기주식구입	(4,000)주	(40,000,000)원

※ 유통보통주식수 계산 시 월할계산을 가정한다.
※ 7월 1일 유상증자는 공정가치 이하 유상증자가 아니다.

㉢ 20X1년도 발생한 현금배당
우선주배당금 : 80,000,000원

㉣ ㈜시대는 20X0년도에 전환사채 500,000,000원을 발행하였다. 전환은 20X3년부터 보통주로 전환할 수 있으며 보통주로 전환하는 경우 총 100,000주를 발행할 수 있다. 해당 전환사채로 인해 20X1년 40,000,000원의 이자비용이 발생하였다.

29 ㈜시대의 20X1년도 가중평균유통보통주식수는 몇 주인가?

① 106,000주 ② 104,000주
③ 100,000주 ④ 96,000주

30 ㈜시대의 20X1년도 희석주당순이익은 얼마인가?(단, 가중평균유통보통주식수는 100,000주이며, 법인세율은 없다고 가정한다)

① 9,600원 ② 4,800원
③ 5,000원 ④ 10,000원

31 **다음은 자본거래가 각 자본 항목에 미치는 영향을 나타내고 있다. 이 중 가장 올바르지 않은 것은?**

	자본금	이익잉여금	총자본
① 주식병합	불 변	불 변	불 변
② 주식배당	증 가	감 소	증 가
③ 주식분할	불 변	불 변	불 변
④ 유상증자	증 가	불 변	증 가

32 **㈜시대의 20X1 회계연도(20X1년 1월 1일 ~ 20X1년 12월 31일) 중 발생한 수출실적이 다음과 같을 경우 20X1년 말 재무상태표상 매출채권으로 인식되는 금액은?(단, 기능통화는 원화이다)**

• 수출액 및 대금회수일

수출일	수출액	대금회수일
20X1년 10월 10일	$50,000	20X2년 1월 12일

• 일자별환율

일 자	20X1년 10월 10일	20X1년 12월 31일	20X2년 1월 12일
환 율	1,250원/$	1,200원/$	1,230원/$

• 기타정보
상기 수출대금은 대금회수일에 이상 없이 모두 회수되었으며, 상기 수출과 관련된 매출채권 이외의 채권·채무는 없다.

① 57,000,000원
② 60,000,000원
③ 61,500,000원
④ 62,500,000원

33 **㈜시대는 신제품 개발 프로젝트와 관련하여 당기 중 10억원을 지출하였고 동 지출 중 4억원은 생산 전의 모형을 설계 및 제작하는데 소요되었고 6억원은 새로운 기술과 관련된 공구 등을 설계하는데 소요되었다. 다음 중 이에 대한 회계처리로 가장 올바른 것은?**

① 발생한 10억원 중 무형자산인식기준을 충족하는 것은 무형자산으로 인식하고, 무형자산인식기준을 충족하지 못하는 것은 발생시점에 비용으로 인식한다.
② 무형자산 인식기준의 충족여부와 관계없이 신제품 프로젝트와 관련하여 발생한 10억원은 전액 현금지출시점에 비용으로 인식한다.
③ 무형자산 인식기준의 충족여부와 관계없이 새로운 기술과 관련된 공구 등을 설계하는데 소요된 6억원은 무형자산으로 인식한다.
④ 무형자산 인식기준의 충족여부와 관계없이 생산 전 모형을 설계 및 제작하는데 소요된 6억원은 전액 발생시점에 비용으로 인식한다.

34 지분법 회계처리에 대한 설명으로 가장 올바르지 않은 것은?

① 관계기업에 관련된 영업권의 상각은 허용되지 않는다.
② 피투자자로부터 배당금 수취 시 투자수익을 즉시 인식하므로 투자주식 계정이 증가한다.
③ 피투자자의 기타포괄손익변동액 중 투자자의 지분은 투자자의 기타포괄손익으로 인식한다.
④ 피투자자의 당기순손익 중 투자자의 지분은 투자자의 당기순손익으로 인식한다.

35 ㈜백두는 20X2년 9월 1일에 미국에 제품 $1,000,000를 수출하고 수출대금은 3개월 후인 20X2년 11월 30일에 받기로 하였다. ㈜백두의 대표이사는 환율하락에 따른 수출대금의 가치감소를 우려하여 20X1년 11월 30일에 결제일이 도래하는 통화선도계약 $1,000,000을 이용하여 환위험을 회피(Hedging)하려고 한다. 통화선도의 약정환율이 850원/$이고 일자별 환율이 다음과 같을 경우 환위험회피를 위한 통화선도의 거래형태(Position)와 매출채권 및 통화선도 관련 손익을 바르게 설명한 것은?

일 자	환 율
20X2년 9월 1일	900원/$
20X2년 11월 30일	800원/$

	통화선도	외환차손익	통화선도거래손익
①	매도계약(Short Position)	이익 100,000,000원	손실 50,000,000원
②	매도계약(Short Position)	손실 100,000,000원	이익 50,000,000원
③	매입계약(Long Position)	이익 100,000,000원	손실 50,000,000원
④	매입계약(Long Position)	손실 100,000,000원	이익 50,000,000원

36 다음은 ㈜시대가 사세확장을 위해 각 회사별로 투자한 내역이다. 지분법 적용 대상을 모두 고른 것은?

> ㈜미진 : 지분 15% 투자를 집행하였으며, 투자조건상 ㈜시대는 이사를 파견하여 이사회를 통해 재무정책과 영업정책에 관여할 수 있다.
> ㈜무열 : ㈜고시와 함께 조인트벤처로 설립한 회사로, ㈜시대와 ㈜고시가 각각 지분율 40%와 60%를 보유하고 있다.
> ㈜원진 : 지분 25%에 대한 투자를 집행하였다.
> ㈜민서 : 지분 18%에 대한 투자를 집행하였다.

① ㈜미진　　② ㈜미진, ㈜무열
③ ㈜원진, ㈜민서　　④ ㈜미진, ㈜무열, ㈜원진

37 ㈜서연이 보유 중인 원가모형을 적용하고 있는 기계장치의 손상징후를 발견하였다. 20X1년 말과 20X2년 말의 내역은 아래와 같다.

- 20X1년 말
  - 20X1년 1월 1일에 200,000원을 주고 취득한 기계장치의 기말 장부가는 150,000원이다.
  - 해당 기계장치에서 얻을 것으로 예상되는 미래 현금흐름의 현재가치는 100,000원이고, 동 기계장치를 매각할 경우 매각대가는 110,000원, 처분부대원가는 15,000원이다.
- 20X2년 말
  - 동 기계장치의 회수가능액이 150,000원으로 회복하였다(만약, 손상을 인식하지 않았을 경우 장부가는 120,000원이다).

다음 설명 중 적절하지 않은 것은?

① 20X1년 말 해당 기계장치의 사용가치는 100,000원이다.
② 20X1년 말 해당 기계장치의 순공정가치는 95,000원이며 회수가능액은 100,000원이다.
③ 20X1년 말 해당 기계장치의 손상을 인식해야 하며, 손상차손 금액은 50,000원이다.
④ 20X2년 말 해당 기계장치에 대한 손상차손 환입을 인식해야 하며, 환입한도액은 150,000원이다.

38 ㈜시대와 ㈜마포는 20X1년 초에 임대수익 및 시세차익 등을 목적으로 각각 건물 1동씩을 40억원에 매입하였다. 두 건물의 취득 당시 내용연수는 20년, 잔존가치는 없으며 20X1년 말 건물의 공정가치는 36억원으로 동일하다. ㈜시대와 ㈜마포가 선택하고 있는 측정방식은 다음과 같다.

구 분	㈜시대	㈜마포
유형자산 평가방법	원가모형	원가모형
투자부동산 평가방법	원가모형	공정가치모형
감가상각방법	정액법	정액법

다음 중 상기 건물의 취득과 보유가 20X1년 말 ㈜시대와 ㈜마포의 당기손익에 미치는 영향에 대한 설명으로 가장 올바른 것은?(단, 손상사유는 발생하지 않은 것으로 가정한다)

① ㈜시대가 ㈜마포보다 당기이익이 2억원 더 많이 계상된다.
② ㈜시대가 ㈜마포보다 당기이익이 2억원 더 적게 계상된다.
③ ㈜시대가 ㈜마포보다 당기이익이 4억원 더 많이 계상된다.
④ ㈜시대와 ㈜마포의 당기손익에 미치는 영향은 동일하다.

39 ㈜시대의 매입 활동 관련 자료는 다음과 같다.

• 재무상태표 관련 자료

구 분	20X1년 12월 31일	20X2년 12월 31일
재고자산(상품)	150,000원	40,000원
매입채무	80,000원	95,000원

• 당기포괄손익계산서상 매출원가 : 300,000원

㈜시대의 모든 매입은 외상으로 이루어진다고 할 때, 20X2년 중 ㈜시대가 매입처에 지급한 현금은 얼마인가?

① 150,000원
② 170,000원
③ 175,000원
④ 190,000원

40 ㈜종로의 20X1년 법인세비용차감전순이익은 6,000,000원이다. 아래 자료를 이용하여 ㈜종로의 20X1년 영업활동현금흐름을 구하면 얼마인가?(단, 법인세납부액은 영업활동현금흐름에 해당하지 않는다)

유형자산처분손실	250,000원
재고자산의 감소	300,000원
감가상각비	100,000원
장기차입금의 증가	2,000,000원
유상증자	3,500,000원
매입채무의 증가	250,000원

① 7,900,000원
② 7,000,000원
③ 6,900,000원
④ 7,150,000원

41 다음 중 조세의 특징으로 옳지 않은 것은?

① 조세의 과세 주체는 국가 및 지방자치단체가 있다.
② 조세는 일반적으로 법률에 규정된 요건을 충족한 자들에게만 과세할 수 있지만 제한적인 경우 법률에 규정이 없더라도 조세를 과세할 수 있다.
③ 조세는 경비를 충당하여 국방, 복지 등 간접적인 해택을 제공하기 위하여 조세 의무를 부담한 자에게 직접적 반대급부 없이 과세요건을 충족한 모든 자에게 부과한다.
④ 세금은 금전으로 납부하는 것이 원칙이다.

42 다음은 신의성실의 원칙에 대한 설명이다. 옳지 않은 것은?

> 신의성실의 원칙이 구체적으로 적용되기 위한 요건은 우선 ㉠ <u>납세자의 신뢰의 대상이 되는 과세관청의 공적 견해표시가 있어야 한다</u>. ㉡ <u>납세자가 그 견해표시를 믿고, 그 신뢰를 기초로 어떤 행동을 하였는데</u> ㉢ <u>과세관청이 당초의 견해표시에 반하는 적법한 행정처분을 한 경우 적용된다</u>. 이때, ㉣ <u>납세자는 손실이 발생하지 않더라도 신의성실의 원칙을 이유로 과세관청의 처분을 취소시킬 수 있다</u>.

① ㉠ ② ㉡
③ ㉢ ④ ㉣

43 다음 중 국세기본법에 대한 설명으로 옳지 않은 것은?

① 세법을 해석·적용할 때에는 납세자의 재산권이 부당하게 침해되지 않도록 해야 한다.
② 국세납부 의무가 성립된 거래에 대해서는 새로운 세법에 따라 소급하여 과세하지 않는다.
③ 세무공무원의 재량은 과세의 형평과 해당 세법으로 한계가 정해진다.
④ 소급과세의 금지 규정은 납세자에게 유리한 규정의 변화라고 하더라도 인정되지 않는다.

44 20X7년 5기(20X7년 1월 1일 ~ 20X7년 12월 31일)인 ㈜시대의 지난 5년간의 각 사업연도 소득금액은 다음과 같다. ㈜시대가 인식해야 할 20X7년의 과세표준은 얼마인가?

1기	(1,000,000)원
2기	4,000,000원
3기	(1,000,000)원
4기	(1,000,000)원
5기	4,000,000원

※ 단, ㈜시대는 설립부터 지금까지 비과세소득 및 소득공제 항목은 발생하지 않았다.

① 4,000,000원
② 3,000,000원
③ 2,000,000원
④ 1,000,000원

45 다음 중 법인세법상 기업업무추진비로 보지 않는 경우는?

① ㈜원진이 사용인이 조직한 단체(법인)에 지출한 복리시설비
② ㈜무열이 거래처와의 관계 개선을 위해 약정을 맺어 매출채권을 포기한 금액
③ ㈜민서가 자사의 제품을 접대 항목으로 제출하고 발생한 부가가치세액
④ ㈜서연이 광고를 위해 한 사람당 2만원에 해당하는 물품을 지출한 경우의 해당 가액

46 ㈜시대는 기계장치를 20X1년 1월 4일에 취득하여 당기 말(20X2년) 현재 보유 중이다. 기계의 감가상각비에 대한 자료가 다음과 같을 때 당기(20X2년 1월 1일 ~ 20X2년 12월 31일) 해당 기계장치에 대한 세무조정으로 올바른 것은?

• 기계장치의 취득가액	200,000,000원
• 전기 말 감가상각누계액	90,200,000원
• 당기 장부에 계상한 감가상각비	90,200,000원

※ ㈜시대는 기계장치에 대한 감가상각방법과 내용연수를 신고하지 않았으며 기계장치에 대한 기준내용연수는 5년이다.

※ 상각률
- 5년 정액법 : 0.2
- 5년 정률법 : 0.451

① 손금불산입, 기계장치 감가상각비, 40,680,200원(유보)
② 손금산입, 기계장치 감가상각비 손금산입, 40,680,200원(△유보)
③ 세무조정 없음
④ 손금불산입, 기계장치 감가상각비, 90,200,000원(유보)

47 다음 중 평가손실을 계상한 경우 손금으로 인정되지 않는 경우는?

① 저가법으로 재고자산의 평가방법을 신고하지 않은 법인이 판매가격 하락에 따라 기업회계기준에 따라 저가법 기준으로 평가하고 차액을 평가손실로 계상한 경우
② 보유하고 있던 재고자산의 파손이 발생하여 평가차손을 계상한 경우
③ 고정자산이 법령에 의해 수용됨에 따라 평가차손을 계상한 경우
④ 고정자산이 천재지변·화재 등에 따라 손상이 발생하여 평가차손을 계상한 경우

48 김시대 씨는 근로소득자이다. 김시대 씨의 근로소득에 대한 자료가 다음과 같을 때 근로소득세액공제액은 얼마인가?(단, 근로소득세액공제 한도는 고려하지 않는다)

• 종합소득금액	50,000,000원(근로소득금액 40,000,000원)
• 종합소득공제	15,000,000원
• 종합소득세율	
– 과세표준	
1,400만원 초과 ~ 5,000만원 이하	84만원 + 1,400만원 초과금액의 15%
• 근로소득세액공제 계산	
– 130만원 이하	산출세액의 55%
– 130만원 초과	71만 5천원 + 130만원을 초과하는 금액의 30%

① 275,000원
② 1,000,000원
③ 1,125,800원
④ 1,282,600원

49 다음 중 원천징수에 대한 설명으로 옳지 않은 것은?

① 원천징수는 원천징수의무자가 소득 또는 수입금액을 지급할 때 납세의무자가 내야 할 세금을 미리 징수하여 세무서에 납부하는 것을 말한다.
② 소득세에서는 원천징수를 원천징수로 납세의무가 종결되는 완납적 원천징수와 원천징수를 하더라도 확정신고 시 다시 정산해야 하는 예납적 원천징수로 나누고 있다.
③ 원천징수를 통해 탈세를 방지하고 징세 비용을 절약하는 효과가 있다.
④ 원천징수의무자는 조세를 원천징수한 경우 징수일이 속하는 달의 다음 달 25일까지 원천징수한 세액을 납부해야 한다.

50 ㈜시대의 2기 예정신고기간(7월 1일 ~ 9월 30일)에 대한 자료가 다음과 같을 때 예정신고기간의 부가가치세 과세표준은 얼마인가?

> • 7월 ~ 9월 매출 : 30,000,000원
> • 3월 10일 재화를 1,000,000원에 판매하였다. 해당 재화는 3개월마다 200,000원씩 5차례에 걸쳐 받기로 하였다.
> • 8월 19일 ㈜시대는 용역을 2,000,000원에 제공하였다. 해당 용역은 12월 16일 완료되었다.

① 30,000,000원
② 30,200,000원
③ 31,000,000원
④ 33,000,000원

51 다음 소득처분에 대한 설명 중 맞는 것끼리 바르게 짝지어진 것은?

> ㉠ 임대보증금에 대한 간주임대료, 기업업무추진비의 한도초과, 업무무관자산 차입금이자 등은 모두 기타사외유출로 소득처분된다.
> ㉡ 주주인 임원에게 법인의 자산이 유출된 경우에는 배당으로 처리한다.
> ㉢ 유보 항목은 자본금과 적립금조정명세서(을)표를 통해 사후관리한다.
> ㉣ 기타 항목은 세무조정의 효과가 법인에 남아있어 회계상 자본과 세무상 자본의 차이를 발생시키는 소득처분이다.

① ㉠, ㉡
② ㉠, ㉢
③ ㉡, ㉣
④ ㉢, ㉣

52 다음 중 소득세법상 과세기간과 납세의무자에 대한 설명으로 틀린 것은?

① 거주자가 폐업을 하는 경우 1월 1일부터 폐업일까지를 과세기간으로 사업소득을 납부해야 한다.
② 소득세법상의 과세기간은 1월 1일부터 12월 31일까지를 과세기간으로 한다.
③ 납세의무자로서 거주자의 의미는 국내에 주소를 두거나 절반 이상의 거소를 둔 개인을 의미한다.
④ 납세의무자 중 거주자는 국내외 모든 소득에 소득세가 과세된다.

53 김시대 씨는 근로소득자이다. 회사에서 수령한 급여 및 혜택이 다음과 같을 때 비과세되는 금액은 얼마인가?

급 여	30,000,000원
상여금	10,000,000원
식대(200,000원 × 12월)	2,400,000원
※ 김시대 씨는 회사에서 현물식사를 대접받지 않았다.	
자가운전보조금(250,000원 × 12월)	3,000,000원
교육훈련비	2,000,000원
※ 업무능력 향상을 위하여 회사에서 연수를 받게 하였다.	

① 0원
② 2,400,000원
③ 4,800,000원
④ 6,800,000원

54 ㈜시대(과세기간 : 1월 1일 ~ 12월 31일)는 후입선출법으로 재고자산을 평가해오다가 기업회계기준에 따라 총평균법으로 재고자산 평가방법을 20X1년부터 변경하기로 하고 20X1년 11월 30일에 변경신고서를 제출하였다. 다음 자료를 통해 20X1년과 20X2년의 재고자산 평가액을 구한 것으로 옳은 것은?(단, 회사는 20X1년과 20X2년 모두 총평균법으로 법인세법상 재고자산을 평가하였다)

기말재고자산 평가액

구 분	20X1년	20X2년
선입선출법	100,000,000원	120,000,000원
후입선출법	110,000,000원	100,000,000원
총평균법	90,000,000원	105,000,000원

	20X1년	20X2년
①	110,000,000원	100,000,000원
②	110,000,000원	105,000,000원
③	90,000,000원	105,000,000원
④	100,000,000원	120,000,000원

55 ㈜시대는 법인세를 최대한 늦게 지출하기 위해 수익을 최대한 늦게 인식하려 하는 건설회사이다. ㈜시대의 공사내역이 다음과 같을 경우 20X1년 수익으로 인식해야 하는 수익금액은?(단, ㈜시대는 공사건설의 경우 진행기준으로 회계처리하며 중소기업이다)

공사내용	공사기간	계약금액	진행률
아파트 공사	20X1년 6월 30일 ~ 20X3년 6월 30일	100억원	25%
도량 공사	20X1년 9월 30일 ~ 20X2년 3월 30일	10억원	50%

① 25억원
② 30억원
③ 35억원
④ 40억원

56 부가가치세법상 공급시기에 대한 설명으로 잘못된 것은?

① 이동이 필요한 재화 공급의 경우 인도일을 기준으로 공급시기가 정해진다.
② 수출하는 재화의 경우 해당 국가로 하역된 날을 기준으로 공급시기가 정해진다.
③ 1년 미만의 단기 할부판매의 경우 일반적인 재화의 공급과 마찬가지로 인도일을 기준으로 공급시기가 정해진다.
④ 전력・가스 등을 계속적으로 공급하는 경우 대가의 각 부분을 받기로 할 때를 공급시기로 한다.

57 김시대 씨는 겸용주택의 임대를 하고 있다. 다음 자료를 바탕으로 김시대 씨의 부가가치세법상 과세되는 건물과 토지의 면적을 구하면 얼마인가?(단, A와 B주택 모두 도시계획구역 내에 있다)

구 분	A주택	B주택
주택 면적(m^2)	100	80
기타 건물 면적(m^2)	80	100
부수토지(m^2)	540	540

	건물(m^2)	토지(m^2)
①	100	300
②	100	540
③	180	540
④	360	1,080

58 다음 중 법인세법상 손금 항목으로 인식되는 항목은?

① 비상근임원인 김서연 씨에게 지급한 보수 중 부당행위계산에 해당하는 금액
② ㈜오염이 무단으로 배출한 환경오염 물질에 대한 관련 과태료
③ ㈜시대가 지출한 법인세
④ 소액주주인 임원이 사용하는 사택에 대한 유지비

59 다음 중 연금소득에 대한 설명으로 옳지 않은 것은?

① 연금소득은 크게 공적연금과 사적연금으로 구분된다.
② 연금소득공제는 900만원까지 공제가 가능하다.
③ 연금소득은 연금수령시점까지 과세 이연되는 효과가 있다.
④ 공적연금과 사적연금은 모두 일정 금액 내에서만 소득 공제가 가능하다.

60 다음 중 소득세법상 사업소득과 법인세법의 각 사업연도 소득에 대한 설명으로 옳은 것은?

① 소득세법상 사업소득과 법인세법상의 소득은 모두 이익을 사업을 운영하면서 발생하는 모든 이익으로 정의한다.
② 법인사업자와 개인사업자 모두 출자자의 자금인출은 불허된다.
③ 법인세에서는 대표자 인건비를 손금으로 처리할 수 있지만 사업소득에서는 불가능하다.
④ 법인사업자와 개인사업자 모두 임직원에 대해 퇴직급여충당금을 적립할 수 있다.

61 ㈜시대가 당기(1월 1일 ~ 12월 31일)에 지출한 기업업무추진비 관련 항목은 다음과 같다.

- ㈜시대는 ㈜원진의 매출채권 1,000,000원을 거래처와의 관계개선을 위해 약정을 맺어 포기하였으며 해당 거래를 대손 항목으로 처리하였다.
- ㈜시대가 계상한 기업업무추진비는 총 15,000,000원이며 이 중 2,300,000원은 증빙이 없다(300,000원은 건당 20,000원 지출 15건으로 증빙을 수취하지 못함).
- ㈜시대의 매출은 70억원이며 중소기업이 아니다.

※ 수입금액이 100억원 이하인 경우 적용률은 0.3%이다.

㈜시대의 손금불산입되는 기업업무추진비 관련 비용은 얼마인가?

① 2,000,000원 ② 2,300,000원
③ 15,000,000원 ④ 20,000,000원

62 ㈜민수는 시가 10억원인 토지를 대표이사에게 5억원에 매각하였다. 해당 토지의 장부가액이 3억원인 경우, 토지 매각과 관련한 세무조정으로 적절한 것은?

① (익금산입) 5억원 (상여)
② (익금산입) 5억원 (기타사외유출)
③ (익금불산입) 2억원 (△유보)
④ (익금산입) 7억원 (기타사외유출)

63 다음은 ㈜원진의 20X2년 1기 확정신고기간의 매출과 관련된 자료이다. 부가가치세법상 ㈜원진의 1기 확정신고기간의 매출세액은 얼마인가?

일반 매출액(부가가치세 제외)	300,000,000원
영세율 매출액	100,000,000원
신용카드 매출액	150,000,000원

※ 20X1년 8월에 ㈜부실에 판매한 물품의 공급대가 22,000,000원 상당의 어음이 11월에 부도처리 되었다.

① 30,000,000원 ② 40,000,000원
③ 43,000,000원 ④ 45,000,000원

64 김시대 씨에 대한 자료가 다음과 같은 경우 인적공제 금액은 얼마인가?

구 분	나 이	수 입	비 고
김시대(본인)	55세	근로소득 : 50,000,000원	대학원 등록금 : 10,000,000원
부 인	50세	이자소득(원천징수됨) : 5,000,000원	야간 대학교 등록금 : 10,000,000원
아 들	24세	없 음	장애인, 대학교 등록금 : 3,000,000원
딸	18세	없 음	학비 : 1,000,000원

※ 교육비에 대한 지출은 모두 세액공제 요건을 충족한다.

① 3,000,000원 ② 4,500,000원
③ 6,000,000원 ④ 8,000,000원

65 다음 중 법인세법상 과세표준에 대한 설명으로 적절하지 않은 것은?

① 법인세법상 공제대상이 되는 이월결손금이란 각 사업연도 개시일 전 15년 이내에 개시한 사업연도에서 발생한 결손금을 의미한다.
② 비과세소득은 발생한 연도의 차기까지 이월하여 적용할 수 있다.
③ 각 사업연도소득금액이 산출되면, 이월결손금, 비과세소득, 소득공제를 차감하여 과세표준을 산출한다.
④ 결손금은 각 사업연도의 익금총액보다 손금총액이 큰 경우 동차액을 의미한다.

66 다음은 ㈜민서의 대손과 관련된 자료이다. ㈜민서는 최대한 대손을 일찍 반영하려 한다고 할 때 법인세법상 적용할 수 있는 대손금은 얼마인가?(단, 1,000원의 비망가액은 무시한다)

> ㉠ ㈜서연에 매출한 매출채권 100,000,000원의 매출채권이 소멸시효가 완성되었다.
> ㉡ ㈜무열에 아직 회수하지 못한 매출채권 40,000,000원이 있는데 최근 ㈜무열이 폐업했다는 소식을 듣게 되었고 회수하지 못할 것으로 보인다.
> ㉢ ㈜유진에 아직 회수하지 못한 매출채권 30,000,000원이 있는데 9개월 전 ㈜유진에 부도가 발생하였다.
> ㉣ ㈜원진에 대한 매출채권 16,000,000원은 ㈜원진과의 관계 개선을 위해 약정을 맺고 포기하였다.

① 100,000,000원
② 170,000,000원
③ 186,000,000원
④ 0원

67 ㈜시대는 퇴직급여충당금도 같이 사용하고 있다. ㈜시대의 퇴직급여충당금에 대한 정보가 다음과 같을 때 필요한 세무조정은 어떤 것인가?

> • 퇴직급여 지급대상이 되는 임·직원에게 지급한 급여 총액 : 1,000,000,000원
> • 당기의 퇴직급여추계액은 1,400,000,000원이다.
> • ㈜시대의 퇴직금전환금은 없으며 전기 퇴직급여충당금은 100,000,000원이 있다.
> • 전기 퇴직급여충당금 중 50,000,000원은 손금불산입되었다.
> • 당기에 퇴직급여계상액은 20,000,000원이다.

① 손금산입, 퇴직급여계상액 손금산입, 20,000,000원(△유보)
② 손금불산입, 퇴직급여계상액 한도초과, 20,000,000(유보)
③ 손금산입, 퇴직급여계상액 손금산입, 10,000,000원(△유보)
④ 손금불산입, 퇴직급여계상액 한도초과, 10,000,000원(유보)

68 다음 중 부가가치세법상 면세 항목이 아닌 것은?

① 토마토와 같은 미가공농산물
② 미용목적 성형수술
③ 주택의 임대
④ 버스 운송용역

69 다음 중 부가가치세법상 영세율에 대해 틀리게 이야기하고 있는 사람은 누구인가?

무열 : 영세율은 소비지국과세원칙에 따라 시행되고 있어
원진 : 영세율은 세율이 0%이기 때문에 면세사업자와 마찬가지로 부가가치세법상 과세사업자가 아니야
서연 : 주로 수출재화나 국외제공용역에 영세율이 부과되고 있어
유진 : 국내에서 하는 거래에도 신용장을 통해 하는 경우 영세율이 적용될 수 있어

① 무 열
② 원 진
③ 서 연
④ 유 진

70 다음은 ㈜시대의 기부금에 대한 자료이다. ㈜시대의 당기에 지출한 특례기부금과 일반기부금에 대해 필요한 세무조정은 무엇인가?

• 당기순이익	100,000,000원
• 기부금을 제외한 세무조정사항	
– 손금불산입, 감가상각비 한도초과	30,000,000원(유보)
• 기부금지출	
– 국방헌금	20,000,000원
– 절에 기부한 기부금	10,000,000원
– 육성회비	5,000,000원

※ 단, 전기에 기부금을 많이 지급함에 따라 지급한 기부금 중 국방헌금 10,000,000원과 종교기부금 5,000,000원이 공제되지 않고 이월되었다.

① 손금불산입, 일반기부금 한도초과 1,500,000원
② 손금불산입, 일반기부금 한도초과 3,000,000원
③ 손금불산입, 일반기부금 한도초과 5,000,000원
④ 세무조정 없음

71 다음 중 국세기본법의 수정신고와 경정청구 및 기한 후 신고에 대한 설명으로 옳지 않은 것은?

① 수정신고의 경우 해당 국세의 과세표준과 세액이 결정 또는 경정되어 통지되기 전까지 수정신고가 가능하다.
② 경정청구의 경우 일반적으로 법정신고기한 경과 후부터 5년 이내까지 경정청구를 할 수 있다.
③ 수정신고와 경정청구, 기한 후 신고의 경우 법정신고기한 이후에 하는 세금신고와 관련한 절차이므로 무신고가산세가 부과된다.
④ 기한 후 신고는 세무서장이 결정하여 통지하기 전까지 아직 신고되지 않은 부분에 대해 신고하여야 한다.

72 ㈜시대는 통조림 사업과 생선 판매를 동시에 하고 있는 부가가치세법상 겸영사업자이다. ㈜시대는 20X1년 2기 두 사업에 공통적으로 사용하던 트럭을 20,000,000원(부가가치세 제외)에 매각하였다. ㈜시대의 공급가액에 대한 정보가 다음과 같을 때 ㈜시대가 트럭의 매각과 관련된 납부할 부가가치세 과세표준은 얼마인가?

20X1년 1기		20X1년 2기	
통조림 공급가액	110,000,000원	통조림 공급가액	120,000,000원
생선 판매가액	110,000,000원	생선 판매가액	80,000,000원

① 80,000,000원
② 100,000,000원
③ 110,000,000원
④ 120,000,000원

73 ㈜폐업은 20X3년 2기 폐업하게 되었다. 폐업할 때 남아있던 재화 및 자산이 다음과 같다고 할 때 ㈜폐업이 20X3년 인식할 폐업과 관련된 부가가치세법상 과세표준은 얼마인가?

구 분	매입가	시 가
제 품	80,000,000원	100,000,000원
건물(20X1년 1기에 매입)	300,000,000원	500,000,000원
차량운반구(20X2년 2기에 매입)	100,000,000원	120,000,000원

① 300,000,000원
② 325,000,000원
③ 350,000,000원
④ 375,000,000원

74 ㈜원진의 이자비용에 대한 자료는 다음과 같다. ㈜원진의 세법상 당기손금으로 인식되는 이자비용은 얼마인가?

- 장부상 인식한 이자비용 : 30,000,000원
- 이자비용에는 채권자 불분명 사채이자 10,000,000원이 포함되어 있다.
- 당기 중 A 건물을 건설하며 필요한 자금을 조달하기 위해 차입한 자금에서 발생한 이자비용은 3,000,000원이며 해당 비용은 모두 당기 이자비용에 포함되어 있다.

① 30,000,000원
② 20,000,000원
③ 17,000,000원
④ 13,000,000원

75 다음 중 소득세법상 금융소득에 대한 설명으로 옳은 것은?

① 보험기간에 관계없이 저축성보험의 보험차익은 이자소득으로 과세된다.
② 금융소득의 경우 필요경비는 인정되지 않는다.
③ 의제배당은 법인세와 달리 배당소득으로 인정되지 않는다.
④ 무기명주식의 이익배당의 경우 해당 사업연도의 결산확정일을 기준으로 배당소득이 인식된다.

76 김무열 씨의 퇴직과 관련된 자료가 다음과 같을 때 퇴직소득의 과세표준은 얼마인가?

김무열 씨는 11년 7개월 근무하였으며 퇴직금으로 1억원을 수령하였다.

근속연수공제

근속연수	공제액
5년 이하	100만원 × 근속연수
5년 초과 ~ 10년 이하	500만원 + 200만원 × (근속연수 − 5년)
10년 초과 ~ 20년 이하	1,500만원 + 250만원 × (근속연수 − 10년)

환산급여에 따른 차등공제액

환산급여	차등공제액
800만원 초과 ~ 7,000만원 이하	800만원 + 800만원 초과분의 60%
7,000만원 초과 ~ 1억원 이하	4,520만원 + 7,000만원 초과분의 55%

① 2,930만원
② 3,030만원
③ 3,100만원
④ 3,200만원

77 다음 중 법인세법상 익금 항목이 아닌 것으로 바르게 묶은 것은?

㉠ 자기주식처분이익
㉡ 자산수증이익 중 이월결손금 보전에 충당된 금액
㉢ 일반적인 유형자산의 평가차익
㉣ 특수관계인인 개인으로부터 저가로 매입한 유가증권의 시가와의 차액

① ㉠, ㉡
② ㉡, ㉢
③ ㉡, ㉣
④ ㉢, ㉣

78 **다음 중 부가가치세법상 세금계산서 발급이 면제되는 경우는 어떤 것인가?**

① 판매를 하기 위해 다른 사업장에 재화를 반출
② 임대료
③ 수출하는 재화
④ 도매업

79 **다음 중 부가가치세법상 재화의 수입에 대한 설명으로 옳지 않은 것은?**

① 외국으로부터 우리나라에 들어온 물품으로 사업자가 아닌 경우에도 수입을 하는 경우에는 부가가치세의 과세대상이 된다.
② 수출신고가 수리된 물품으로서 선적이 완료되었던 물품을 다시 반입하는 경우에는 수입으로 인정된다.
③ 재화의 수입과 관련된 부가가치세는 세관장이 징수한다.
④ 수출신고를 하고 선적되지 않은 것을 보세구역으로 다시 반입하더라도 보세구역의 특성상 수입으로 인정된다.

80 **다음은 정원진 씨의 소득세법상 기타소득 관련 자료이다. 정원진 씨가 종합소득금액으로 신고해야 하는 기타소득금액은 얼마인가?(단, 필요경비에 대한 증빙은 무시한다)**

㉠ 복권당첨 금액	100,000,000원
㉡ 고용관계 없는 대학교에서 강연을 하고 받은 강연료	10,000,000원
㉢ 정원진 씨와 특수관계가 있는 법인에서 법인세법상 기타소득으로 정원진 씨에게 처분된 금액	30,000,000원
㉣ 광업권의 대여로 받은 금액	5,000,000원
㉤ 계약의 위약으로 받게 된 위약금	3,000,000원

① 36,000,000원
② 39,000,000원
③ 48,000,000원
④ 148,000,000원

81 다음 중 제조원가에 포함될 수 있는 항목은?

① 원재료 매입 과정에서 발생하는 검사비용
② 직매장을 처분하면서 발생하는 유형자산처분손실
③ 기업 본사 건물에 대한 감가상각비
④ 영업부사원에 대한 급여

82 ㈜시대의 원가자료는 다음과 같다. ㈜시대의 고정제조간접원가는 얼마인가?

판매가격	3,000원	손익분기점 판매량	10,000개
단위당 변동제조원가	1,500원	고정판매관리비	3,000,000원
단위당 변동판매관리비	500원		

① 7,000,000원 ② 8,000,000원
③ 9,000,000원 ④ 10,000,000원

83 책임중심점과 그에 대한 설명으로 올바르지 않은 것은?

㉠ 원가중심점 : 통제가능한 원가에 대해서만 책임
㉡ 수익중심점 : 통제가능한 매출액에 대해서만 책임
㉢ 이익중심점 : 원가와 수익 모두에 책임
㉣ 투자중심점 : 단기적인 원가, 수익이 아닌 장기적인 투자에만 책임

① ㉠ ② ㉡
③ ㉢ ④ ㉣

84 **다음은 종합원가계산과 개별원가계산을 비교한 것이다. 옳지 않은 것은?**

① 종합원가계산에서는 연속적으로 동일한 생산이 이루어지므로 생산이 완전히 종료될 때에만 생산량을 파악할 수 있다.

② 개별원가계산은 대량 생산하는 제품보다는 조선업, 건설업 등 개별 제품마다 공정이 다른 업종의 원가계산에 적합하다.

③ 개별원가계산과 종합원가계산 모두 재료원가와 가공원가로 원가를 구분한다.

④ 종합원가계산에서는 완성품환산량의 문제로 인해 제품과 재공품의 원가계산이 중요하다.

85 **다음 중 원가의 분류방법과 그 내용이 바르게 연결되지 않은 것은?**

① 추적가능성에 따른 분류 – 직접원가, 간접원가

② 의사결정 관련성에 따른 분류 – 관련원가, 매몰원가

③ 수익과의 대응관계에 따른 분류 – 제품원가, 기회원가

④ 원가행태에 따른 분류 – 변동원가, 고정원가

86 **변동제조간접원가에 대한 자료가 다음과 같을 때 변동제조간접원가의 표준배부율은 얼마인가?**

실제 변동제조간접원가 발생액	30,000,000원
실제 노동시간	6,000시간
변동제조간접비 소비차이	3,000,000원(불리한 차이)

① 3,000원 ② 4,000원

③ 4,500원 ④ 5,000원

87 **㈜시대는 당기에는 판매량이 변동이 없지만 다음 연도 판매량이 대폭 증가할 것으로 예상하여 예상수요에 맞추어 생산량을 당기에 대폭 늘이게 되었다. 이와 같은 상황에서 전부원가계산, 변동원가계산, 초변동원가계산의 이익에 대한 설명으로 틀린 것은?**

① 전부원가계산에서의 이익은 증가한다.

② 변동원가계산에서의 이익은 생산량에 영향을 받지 않으므로 영향을 받지 않는다.

③ 초변동원가계산에서의 이익은 직접재료를 제외한 원가를 기간비용으로 인식하므로 생산량이 증가하더라도 이익에 영향을 받지 않는다.

④ 판매량은 일정하며 생산량만 증가할 경우 전부원가계산에서의 이익의 양이 가장 크다.

88 다음은 활동기준원가계산을 사용하는 ㈜시대의 제조에 관한 자료이다. 제품단위 수준에 필요한 활동은 재료처리, 조립, 염색이 필요하며 재료처리활동의 원가 중 300,000원은 고정원가이며 나머지는 모두 변동원가이다. ㈜시대의 제품 단위당 변동원가는 얼마인가?

작업활동	원가동인	연간 필요원가동인수	가공원가총액
재료처리	부품수	6,000개	900,000원
조 립	직접작업시간	7,200시간	1,440,000원
염 색	제품단위	6,000개	1,200,000원

① 540원　　② 500원
③ 1,000원　　④ 800원

89 다음 중 품질원가에 대한 예로 맞는 것을 모두 고르면?

> ㉠ 예방원가 – 품질교육, 공정엔지니어링 설계
> ㉡ 평가원가 – 공급업체 평가, 검사설비 유지
> ㉢ 내부실패원가 – 재작업, 재검사, 작업중단
> ㉣ 외부실패원가 – 공손품, 교환원가, 보증수리원가

① ㉠, ㉡　　② ㉠, ㉢
③ ㉠, ㉣　　④ ㉡, ㉣

90 다음 중 균형성과표에 대한 설명으로 옳은 것은?

① 균형성과표에 의한 관리는 재무적관점만 성과평가로 고려되는 한계가 있다.
② 균형성과표는 단기적인 성과에만 집중한다.
③ 균형성과표에는 재무적관점, 고객관점, 내부프로세스관점, 학습과 성장관점이 있으며 이 중 궁극적으로는 재무적관점에 초점을 두어야 한다.
④ 정형화된 측정수단을 제공하여 성과평가가 단순해지는 장점이 있다.

91 다음 중 표준원가에 대한 설명으로 가장 옳지 않은 것은?

① 고정제조간접원가는 조업도와 관계없이 일정하게 발생하며 원가통제 목적상 기존에 세운 예산과 실제 고정제조간접원가 발생액을 비교하여 예산차이를 관리한다.

② 직접노무원가의 능률차이는 표준 설정 때와 다른 품질의 원재료를 구입하는 것으로부터 발생할 수 있다.

③ 직접노무원가의 임률차이에는 숙련된 노동자와 비숙련 노동자의 기술 수준의 차이에 의해서도 발생한다.

④ 노동의 비능률적인 사용으로 인한 차이는 직접노무원가에는 반영되지만 변동제조간접원가에는 직접적으로 추적하기 힘들기 때문에 반영되지 않는다.

92 ㈜시대는 두 개의 제조부문 X, Y와 두 개의 보조부문 수선, 전력을 두고 있다. 보조부문의 용역제공은 다음과 같다. 회사는 직접배분법을 사용해서 보조부문의 원가를 배분한다고 할 때, X의 제조원가는 얼마인가?

구 분	수 선	전 력	X	Y
수 선	–	25%	30%	45%
전 력	20%	–	30%	50%
원 가	200,000원	250,000원	500,000원	400,000원

① 650,000원　　② 673,750원

③ 675,000원　　④ 700,000원

93 다음은 ㈜시대의 20X1년 제조원가와 관련된 자료이다. 재공품을 고려하지 않을 경우 회사의 재고자산은 얼마인가?

기초직접재료	30,000원
기말직접재료 재고자산의 증가(기초잔액 대비)	50,000원
기초제품	60,000원
재료매입액	200,000원
직접노무원가	250,000원
매출원가	580,000원

※ 제조간접원가 배부액은 직접노무원가의 80% 수준이다.

① 160,000원　　② 80,000원

③ 50,000원　　④ 200,000원

94 다음은 ㈜시대가 생산하고 있는 제품 A에서 발생한 원가 및 비용이다. 수명주기원가를 적용한다고 할 때 계산에서 관련 있는 원가는 얼마인가?

설계 및 시제품 생산	1,000,000원
제조원가	8,000,000원
판매 및 유통원가	4,000,000원
판매 후 A/S 원가	2,500,000원
불량품	1,500,000원

① 8,000,000원
② 12,000,000원
③ 13,000,000원
④ 17,000,000원

95 ㈜민서는 과자를 생산하는 회사로 종합원가를 이용하여 원가계산을 수행한다. 다음 자료를 바탕으로 ㈜민서의 가공원가에 대한 완성품환산량 단위당 원가를 구하면 얼마인가?

〈물량흐름〉

기초재공품(40% 완성)	800개
당기투입분	10,000개
기말재공품(80% 완성)	500개

※ 재료는 공정 초반에 모두 투입되며 가공원가는 공정 전반에 걸쳐 골고루 발생한다.

〈원가자료〉

재료원가

기초재공품	재료원가	16,000원
	가공원가	64,000원
당기투입분	재료원가	200,000원
	가공원가	364,000원

※ 회사는 평균법을 사용하여 종합원가계산을 하고 있다.

① 20원
② 30원
③ 40원
④ 50원

96 ㈜시대는 경제적부가가치(EVA)를 통해 투자안의 성과평가를 하고 있다. 현재 경제적부가가치(EVA)가 12,000,000원이라고 할 때 다음 자료를 바탕으로 가중평균 자본비용을 구하면 얼마인가?

㈜시대의 순운전자본	80,000,000원
㈜시대의 순고정자산	120,000,000원
㈜시대의 세후영업이익	20,000,000원

① 4%
② 5%
③ 6%
④ 7%

97 다음 중 순현재가치법(NPV)에 대한 설명으로 옳지 않은 것은?

① 순현재가치법을 통해 복수의 투자안에 대한 수익률을 비교할 수 있다.
② 순현재가치법은 가치가산의 논리가 적용될 수 있다.
③ 순현재가치법은 자의적 판단이 개입되지 않고 순현재가치법으로 도출한 결론은 기업가치 극대화라는 기업 운영의 궁극적인 목표와 일치한다.
④ 독립적 투자안인 경우 순현재가치가 0보다 크면 투자안을 채택한다.

98 표준원가를 사용하고 있는 ㈜시대의 고정제조간접원가의 조업도차이는 얼마인가?

고정제조간접원가예산	8,000,000원
실제 고정제조간접원가예산	7,000,000원
기준조업도	400개
실제 조업도	500개

① 유리한 차이, 2,000,000원
② 불리한 차이, 2,000,000원
③ 유리한 차이, 1,000,000원
④ 불리한 차이, 1,000,000원

99 ㈜시대는 표준원가를 사용하고 있다. 직접재료원가에 대한 자료가 다음과 같다고 할 때 직접재료원가를 구매시점에서 분리하는 것과 사용시점에서 분리하는 것의 가격차이 금액은 얼마인가?

실제 매입액	200개 × 40 = 8,000원
실제 사용액	160개 × 40 = 6,400원
표준가격	42원

① 60원
② 80원
③ 100원
④ 120원

100 ㈜시대는 회계적이익률법으로 투자의사결정을 하고 있다. 투자의사결정을 고민하고 있는 A투자안에 대한 예측 회계자료가 다음과 같을 때 다음 중 옳지 않은 것은?

예상되는 기초투자액	10,000,000원
투자안 종료시점의 잔존가치	6,000,000원
예상되는 연평균순이익	1,000,000원
㈜시대의 목표투자수익률	10%

① 회계적이익률이 7.5%이므로 목표투자수익률보다 낮아 투자안을 기각한다.
② 회계적이익률이 10%이므로 목표투자수익률보다 낮아 투자안을 기각한다.
③ 회계적이익률이 12.5%이므로 목표투자수익률보다 높아 투자안을 채택한다.
④ 회계적이익률이 15%이므로 목표투자수익률보다 높아 투자안을 채택한다.

101 ㈜시대예술은 뮤지컬을 기획하는 회사로 최근 새로운 뮤지컬 공연을 기획하였다. 예상 원가 및 자료는 다음과 같으며 이번 공연을 통해 ㈜시대예술이 목표로 하고 있는 이익은 10,000,000원일 때, 목표이익을 달성하기 위해 최소로 필요한 관객 수는?

티켓 단가	10,000원
티켓당 변동매출원가	1,500원
티켓당 변동판매및관리비	1,500원
공연 광고비	3,000,000원
공연장 대관료	10,000,000원
기타 고정원가	5,000,000원

① 2,000명
② 3,000명
③ 4,000명
④ 5,000명

102 다음 중 대체가격에 대한 설명으로 틀린 것은?

① 공급사업부의 최소대체가격과 구매사업부의 최대대체가격을 이용하여 대체 시 기업 전체의 이익이 발생하는 구간을 찾을 수 있다.
② 시장가격기준으로 하는 경우 가장 객관적으로 대체가 이루어 질 수 있다.
③ 원가기준으로 하는 경우 공급사업부는 실제원가를 기준으로 대체가 이루어지기 때문에 원가 절감의 동기부여가 발생할 수 있다.
④ 협상을 통해 대체가격을 설정할 경우 갈등을 가장 줄일 수 있지만 협상이 오래 걸리고 협상력에 따라 성과가 달라진다는 단점이 있다.

103 **다음 중 활동기준원가계산에 필요한 단계가 아닌 것은?**

① 활동분석
② 원가의 집계
③ 활동별 원가동인의 결정
④ 변동제조간접원가와 고정제조간접원가의 구분

104 **㈜시대는 오토바이를 제조하고 있다. 지금까지 외부에서 모터를 공급받았는데 최근 외부구입처로부터 불량이 자주 발생하여 부품을 자가제조할지 고민하고 있다. 과거 모터를 자가제조를 한 상태로 따라서 대대적인 설비투자는 필요하지 않다고 할 때 모터에 대한 자료가 다음과 같을 때 ㈜시대가 선택할 의사결정으로 올바른 것은?**

- 모터의 외부 단가 : 100,000원
- 외부구입의 경우 불량이 자주 발생하여 최근 검사를 강화하기로 하였고 개당 5,000원의 검사비용이 추가로 발생한다.
- 모터의 자가제조 시 변동원가 : 80,000원/개
- 모터의 자가제조 시 발생하는 고정원가 : 10,000,000원
- 필요모터수량 : 2,000개

① 자가제조를 하는 경우 20,000,000원의 이익이 발생하므로 자가제조를 한다.
② 자가제조를 하는 경우 40,000,000원의 이익이 발생하므로 자가제조를 한다.
③ 자가제조를 하는 경우 20,000,000원의 손실이 발생하므로 계속 외부에서 구입한다.
④ 자가제조를 하는 경우 40,000,000원의 손실이 발생하므로 계속 외부에서 구입한다.

105 **㈜시대출판은 최근 출판한 책이 베스트셀러가 됨에 따라 양장본으로도 출시할지를 검토 중이다. 양장본에 대한 정보가 다음과 같을 때 ㈜시대출판의 의사결정으로 올바른 것은?**

- 양장본 추가가공 시 발생 비용 : 1,000원/권
- 양장본을 판매하는 경우 홍보를 위해 30,000,000원의 추가비용이 발생한다.
- 양장본 추가가공 시 판매가격 증가 : 3,000원/권
- 출판한 책은 십만부가 팔릴 것으로 예상되고 있다.

① 양장본으로 출판하는 경우 170,000,000원의 이익이 발생하므로 양장본으로 출판한다.
② 양장본으로 출판하는 경우 100,000,000원의 이익이 발생하므로 양장본으로 출판한다.
③ 양장본으로 출판하는 경우 170,000,000원의 손실이 발생하므로 양장본으로 출판하지 않는다.
④ 양장본으로 출판하더라도 추가적인 이익이나 손실은 발생하지 않는다.

106 **영업레버리지도에 대한 설명으로 가장 올바르지 않은 것은?**

① 영업레버리지는 고정원가로 인하여 매출액의 변화율보다 영업이익의 변화율이 더 커지는 현상을 말한다.

② 일반적으로 설비투자가 많아 고정제조간접비가 많이 발생하는 제조업의 경우 영업레버리지도가 낮게 나타난다.

③ 영업레버리지도가 클수록 매출액 1단위가 변동할 때 영업이익의 변화가 커진다.

④ 공헌이익을 영업이익으로 나누는 방식으로 영업레버리지도를 구할 수 있다.

107 **다음 중 CVP(원가-조업도-이익분석)의 기본가정이 아닌 경우를 모두 고른 것은?**

㉠ 수익과 원가형태는 관련 범위 내에서 선형으로 나타난다.
㉡ 단위당 판매가격과 단위당 변동원가는 일정하게 나타나는 것으로 가정한다.
㉢ 먼 미래에 발생하는 생산 및 판매를 고려하는 경우 현재가치를 고려해야 한다.
㉣ 기말재고와 기초재고를 항상 고려해야 한다.

① ㉠, ㉡ ② ㉠, ㉢
③ ㉡, ㉢ ④ ㉢, ㉣

108 **㈜원진은 제지업과 신문사를 동시에 경영하고 있다. 최근 펄프가격이 상승함에 따라 제지 사업부에서 신문사로 종이를 대체할지 논의 중이다. 사업부별 정보가 다음과 같을 때 두 사업부 모두 수긍할 수 있는 대체가격은?**

〈제지 사업부〉

시장판매가격	1장당 10원
변동제조원가	1장당 6원

※ 현재 외부에 공급하고 있는 제지는 1,000,000장으로 신문 사업부에 대체하기 위해서는 추가적으로 2,000,000원의 설비 가동이 필요하다.

〈신문사〉

신문 1부당 공헌이익	1부당 1,500원
1부당 필요한 종이 수	100장
현재 신문 구독 수	10,000부

※ 제지 사업은 공통적으로 장당 10원에 종이를 판매하고 있다.

① 장당 7원 ② 장당 9원
③ 장당 11원 ④ 장당 13원

109 ㈜서연은 최근 운영하고 있던 A제품의 손실이 누적되어 폐쇄할지 고려하고 있다. A사업부의 정보가 다음과 같을 때 ㈜서연의 의사결정으로 맞는 것은?

A제품의 공헌이익	10원
A제품의 매출수량	100,000개
A제품과 관련된 고정제조간접원가	2,000,000원

※ 고정제조간접원가는 A제품을 폐쇄할 경우 80%는 회수할 수 있다.
※ A제품과 묶음으로 판매하던 B제품은 A제품을 폐쇄할 경우 총 500,000원의 이익 감소가 발생할 것으로 예측되고 있다.

① A제품을 폐쇄하는 경우 100,000원의 이익이 발생하므로 A제품을 폐쇄한다.
② A제품을 폐쇄하는 경우 100,000원의 손실이 발생하므로 계속 운영한다.
③ A제품을 폐쇄하는 경우 200,000원의 이익이 발생하므로 A제품을 폐쇄한다.
④ A제품을 폐쇄하는 경우 200,000원의 손실이 발생하므로 계속 운영한다.

110 ㈜시대는 투자안에 대해 고민하고 있다. 3년간 지속될 투자안에 대한 정보가 다음과 같을 때 순현재가치(NPV)는 얼마인가?(단, 자본비용은 10%로 계산한다)

매년 예상되는 현금유입액	8,000,000원
투자안에 대한 투자금액	18,000,000원
3년, 10% 현가계수	0.75
3년, 10% 연금현가계수	2.48

① 1,680,000원
② 1,760,000원
③ 1,840,000원
④ 1,920,000원

111 ㈜정민은 A 사업부문과 B 사업부문을 운영하고 있으며 A 사업부문에 사용하기 위해 차량운반구를 취득(내용연수 5년, 정액법 상각)하여 6달간 사용하다가, A 사업부문을 폐지하고 B 사업부문만 운영할지 논의 중이다. 사업부문 폐지 논의 시 해당 차량운반구의 관련원가는?

① 차량운반구의 취득원가, 차량운반구 처분 시 처분가액
② 차량운반구의 장부가액, 차량운반구 추정잔존가치
③ 차량운반구의 처분가액, B 사업부문에 사용 시 사용가치
④ 차량운반구 추정잔존가치, B 사업부문에 사용 시 사용가치

(112) ~ (113) 다음은 당기에 사업을 개시한 ㈜시대의 손익계산서 중 일부이다.

매출액	3,000,000원
매출원가	(2,500,000)원
매출총이익	500,000원
판매및관리비	(300,000)원
영업이익	200,000원

• 판매개수 : 10,000개
• 고정제조간접원가 500,000원이 매출원가에 포함되어 있다(발생한 고정제조간접원가는 600,000원으로 기말제품재고로 고정제조간접원가가 100,000원이 계상되어 있다).

112 ㈜시대의 영업외손익 및 법인세비용을 고려하지 않는다고 할 때 전부원가계산에서의 이익은 얼마인가?

① 100,000원
② 200,000원
③ 300,000원
④ 400,000원

113 ㈜시대의 영업외손익 및 법인세비용을 고려하지 않는다고 할 때 변동원가계산에서의 이익은 얼마인가?

① 100,000원
② 200,000원
③ 300,000원
④ 400,000원

114 ㈜시대의 매출액은 50,000,000원이며 비용을 고려한 손익분기점 매출액은 30,000,000원이다. 안전한계율을 구하면 얼마인가?

① 30%
② 40%
③ 50%
④ 60%

115 다음 중 화폐의 시간가치를 고려하여 의사결정하지 않는 경우는?

① 원진 : 우리 회사는 유동성을 중요하게 생각해서 회수기간법으로 투자의사결정을 해
② 민서 : 우리 회사는 A와 B투자안 중 수익성지수법으로 평가한 결과 A투자안의 수익성이 더 높아서 A투자안에 투자했어
③ 서연 : 우리 회사는 내부수익률법으로 계산한 결과 C투자안을 투자하지 않기로 했어
④ 무열 : 우리 회사가 이번에 찾은 투자안을 순현재가치법으로 평가한 결과 회사에 엄청난 가치가 유입될 것으로 평가되었어

116 ㈜무열은 표준원가를 사용하고 있다. 기초에 표준을 설정하고 생산하고 있던 도중 재료 공급처의 부도가 발생하여 어쩔 수 없이 재료 공급처를 바꾸게 되었다. 원래의 재료 공급처의 품질이 우수하여 같은 재료 단가를 사용하더라도 과거의 재료가 능률이 더 좋다고 할 때 예상되는 표준원가 차이로 알맞게 고른 것은?

㉠ 유리한 재료원가 가격차이	㉤ 유리한 노무원가 가격차이
㉡ 유리한 재료원가 능률차이	㉥ 유리한 노무원가 능률차이
㉢ 불리한 재료원가 가격차이	㉦ 불리한 노무원가 가격차이
㉣ 불리한 재료원가 능률차이	㉧ 불리한 노무원가 능률차이

① ㉠, ㉤
② ㉡, ㉥
③ ㉢, ㉦
④ ㉣, ㉧

117 ㈜민서는 인형을 만드는 회사이다. 당기의 제조 현황이 다음과 같을 때 기말제품 인형은 몇 개인가?

㈜민서의 제조현황
- 기초에 아직 완성되지 않은 인형 : 400개
- 기초에 완성되었지만 아직 판매되지 않은 인형 : 300개
- 당기 새로 만들기 시작한 인형 : 3,200개
- 당기 판매분 : 3,300개
- 기말에 아직 완성되지 않은 인형 : 500개

① 100개
② 200개
③ 300개
④ 400개

118 벤처회사인 ㈜원진이 성장기에 들어옴에 따라 손익분기점에 해당하는 매출을 정확히 달성하였다. 다음 설명 중 옳지 않은 것은?

① ㈜원진의 공헌이익은 고정원가와 일치한다.
② ㈜원진의 매출액이 손익분기점에서 더 증가하는 경우 회사는 이익이 발생한다.
③ 손익분기점 매출액은 고정원가를 공헌이익률로 나누어 계산할 수 있다.
④ ㈜원진의 변동원가는 증가하였지만 고정원가가 감소하는 경우, 손익분기점에서의 매출액은 감소한다.

119 ㈜정민의 정보는 다음과 같다. ㈜정민의 20X2년의 영업이익은 얼마가 될 것으로 예상되는가?

- ㈜정민의 20X1년 영업이익 : 1,000,000원
- ㈜정민의 영업레버리지도 : 5
- ㈜정민의 20X1년과 20X2년의 단위당 판매가격 및 단위당 변동원가, 총고정원가는 동일하다고 가정함
- ㈜정민의 20X2년 판매량은 전해에 비해 10% 증가하였음

① 1,000,000원　　② 1,100,000원
③ 2,000,000원　　④ 1,500,000원

120 ㈜정민은 잔여이익으로 투자안에 대한 성과평가를 하고 있다. 이번에 ㈜정민은 A투자안에 투자하게 되었고 투자안에 대한 정보는 다음과 같다. A투자안에 대한 잔여이익은 얼마인가?

A투자안의 영업이익	130,000,000원
A투자안에 투입된 영업자산	800,000,000원

※ ㈜정민은 각각의 투자안에 대해 적어도 15%의 수익률을 얻기를 바라고 있다.

① 0원　　② 10,000,000원
③ 20,000,000원　　④ 30,000,000원

제4회 핵심 유형 120문제

제1과목 재무회계 40문항

01 다음 중 재무회계와 관리회계에 관한 설명으로 가장 올바르지 않은 것은?

① 재무회계와 관리회계는 국제회계기준을 통해 재무제표를 작성하여 보고한다.
② 재무회계의 재무제표는 일정기간마다 공시해야 하지만 관리회계의 보고서는 필요에 따라 수시로 제공된다.
③ 재무회계의 주된 목적은 정보이용자의 경제적 의사결정에 유용한 정보를 제공하는 것이다.
④ 관리회계와 원가회계의 주된 목적은 경영자와 내부관리자의 기업 내부의 의사결정에 유용한 정보를 제공하는 것이다.

02 다음 중 재무보고를 위한 개념체계와 질적특성에 관한 설명으로 옳지 않은 것은?

① 충실한 표현이 되기 위해서는 서술이 완전하고, 중립적이며, 오류가 없어야 한다.
② 한국채택국제회계기준에서는 계속기업의 가정을 유일한 가정으로 삼고 있다.
③ 오류가 없다는 것은 보고정보를 생산하는데 사용되는 절차의 선택과 적용 시 절차상 오류가 없음을 의미하며, 모든 면에서 완벽하게 정확하다는 것을 의미한다.
④ 특정 정보가 정보이용자의 의사결정에 영향을 끼친다면 그 정보는 중요한 것이다.

03 다음 중 종업원급여에 대한 설명으로 가장 올바르지 않은 것은?

① 확정급여채무의 현재가치란 종업원이 당기와 과거기간에 근무용역을 제공하여 발생한 채무를 기업이 결제하는데 필요한 예상미래지급액의 현재가치(사외적립자산 차감 전)를 의미한다.
② 종업원급여는 단기종업원급여, 퇴직급여, 기타장기종업원급여, 해고급여의 네 가지 범주로 나눌 수 있다.
③ 확정급여제도는 기업이 종업원이 퇴직 시 약정된 퇴직급여의 지급을 약속한 것으로 그 운용과 관련된 위험을 종업원이 부담한다.
④ 단기종업원급여는 종업원이 관련 근무용역을 제공한 회계기간의 말부터 12개월 이내에 결제될 종업원급여로 해고급여는 포함되지 않는다.

04 ㈜원진은 20X1년 1월 1일에 종업원 100명에게 다음과 같은 조건의 주식결제형 주식선택권 1명당 1,000개를 부여하였다. 이 경우 20X1년과 20X2년에 인식할 주식보상비용은 각각 얼마인가?

㉠ 기본조건 : 3년간 의무적으로 근무해야 행사할 수 있음
㉡ 행사가능기간 : 20X3년 후 3년간 행사할 수 있음
㉢ ㈜원진의 주가는 다음과 같다.

권리부여일의 주식가치	20,000원
20X1년 12월 31일 예측되는 1주당 주식가치	21,000원
20X2년 12월 31일 예측되는 1주당 주식가치	18,000원
20X3년 12월 31일 예측되는 1주당 주식가치	21,200원

㉣ 추정권리상실비율

20X1년 12월 31일 예측되는 추정권리상실비율	10%
20X2년 12월 31일 예측되는 추정권리상실비율	10%
20X3년 12월 31일 예측되는 추정권리상실비율	9%

㉤ 행사가격은 1주당 10,000원에 행사할 수 있다.

	20X1년	20X2년
①	600,000,000원	300,000,000원
②	600,000,000원	600,000,000원
③	300,000,000원	600,000,000원
④	300,000,000원	300,000,000원

05 다음은 ㈜유진의 20X1년과 20X2년 말의 이연법인세자산 · 부채의 내역이다. ㈜원진이 20X2년에 인식할 법인세비용은 얼마인가?

〈각 회계연도 말 재무상태표상 금액〉

- 이연법인세자산의 변동 : 10,000원 감소
- 이연법인세부채의 변동 : 30,000원 증가
- 20X2년의 법인세비용차감전순이익 : 1,000,000원
- 20X2년도에 적용되는 법인세율 : 10%

※ 20X2년도에는 일시적 차이 및 영구적 차이는 발생하지 않았다.

① 60,000원　② 90,000원
③ 110,000원　④ 140,000원

06 다음 중 회계변경에 대한 설명으로 가장 올바르지 않은 것은?

① 회계정책의 변경은 재무제표의 작성과 보고에 적용하던 회계처리방법을 다른 회계처리방법으로 바꾸는 것을 말한다.

② 재고자산의 진부화 여부에 대한 판단추정치를 변경하는 것은 회계정책의 변경에 해당한다.

③ 회계변경이 회계정책의 변경인지 회계추정의 변경인지 구분하는 것이 어려운 경우에는 이를 회계추정의 변경으로 본다.

④ 회계정책의 변경의 경우 당기 기초시점에 과거기간 전체에 대하여 새로운 회계정책의 누적효과를 파악할 수 없는 경우, 실무적으로 적용할 수 있는 가장 이른 날부터 새로운 회계정책을 적용한다.

07 ㈜시대는 20X1년 초 영업활동에 사용할 목적으로 취득원가 30억원의 토지를 매입하여 재평가모형을 적용하고 있다. 20X1년 말 해당토지의 공정가치는 27억원으로 추정되어 3억원의 당기손실을 인식하였다. 20X2년 말 토지의 공정가치는 36억원으로 추정된다. 20X2년 말 ㈜시대의 토지에 관한 회계처리로 가장 옳은 것은?

①	(차) 토 지	9억원	(대) 토지재평가이익(손익 항목)	3억원
			재평가잉여금(자본 항목)	6억원
②	(차) 토 지	6억원	(대) 토지재평가이익(손익 항목)	6억원
③	(차) 토 지	9억원	(대) 재평가잉여금(자본 항목)	9억원
④	(차) 토 지	9억원	(대) 토지재평가이익(손익 항목)	9억원

08 다음 중 금융자산 취득과 관련하여 적절하지 않은 상황은?

> 무열 : 나는 A회사의 재무담당자로 (가)회사의 지분증권 100주를 취득하기로 결정하고 취득가액 1,000,000원, 거래원가 100,000원을 지출하였어. 해당 (가)회사의 지분증권은 당기손익-공정가치 측정 금융자산으로 분류하고 취득가액은 1,100,000원으로 기재하였어
>
> 유진 : 나는 B회사의 재무담당자로 (나)회사의 채무증권 100주를 취득하였어. 해당 증권은 계약상 현금흐름수취목적으로 상각후원가 측정 금융자산으로 전액 분류하였어
>
> 민서 : 나는 C회사의 재무담당자로 (다)회사의 지분증권 100주를 취득하면서 단기매매 목적으로 취득한 것이 아니라서 기타포괄손익-공정가치 측정 금융자산으로 지정하였어
>
> 서연 : 나는 D회사의 재무담당자로 (라)회사의 지분증권 100주를 취득하면서 전체를 상각후원가 측정 금융자산으로 해당 (라)회사의 지분을 분류하였어

① 무열, 유진　　② 유진, 민서

③ 무열, 서연　　④ 민서, 서연

09 다음은 ㈜시대가 20X1년 12월 1일에 취득하여 20X1년 현재 사용 중인 기계장치들에 대한 내용이다. 20X1년 말 사용 중인 기계장치들에 대하여 자산손상을 시사하는 징후가 존재하였다. 아래와 같은 사실이 추정되는 경우 ㈜시대가 20X1년 말에 유형자산 손상차손으로 인식하여야 할 금액은?

구 분	기계장치 A	기계장치 B
20X1년 말 장부금액	400,000,000원	45,000,000원
20X1년 말 처분 시 예상 순공정가치	310,000,000원	30,000,000원
계속 사용할 경우의 사용가치	300,000,000원	35,000,000원

① 0원
② 100,000,000원
③ 10,000,000원
④ 90,000,000원

10 ㈜시대는 사용 중이던 차량운반구를 ㈜마포가 사용하던 기계장치와 교환하였다. 이 교환과 관련하여 ㈜시대는 공정가치의 차액 300,000원을 현금으로 지급하였다. 이 경우 ㈜시대가 인식해야 할 처분손익은 얼마인가?(단, 해당 교환거래는 상업적 실질이 있다고 가정함)

	차량운반구	기계장치
취득원가	4,000,000원	5,000,000원
감가상각누계액	2,000,000원	2,500,000원
공정가치	2,700,000원	3,000,000원

① 유형자산처분이익 500,000원
② 유형자산처분이익 700,000원
③ 유형자산처분손실 500,000원
④ 유형자산처분손실 700,000원

11 다음 중 12월 말 결산법인인 ㈜시대의 3분기 중간재무보고서를 비교표시하는 대상으로 적절하지 않은 것은?

① 재무상태표 : 당 회계연도 9월 30일 현재와 직전 회계연도 12월 31일 현재의 재무상태표와 비교표시
② 포괄손익계산서 : 당 회계연도 7월 1일부터 9월 30일까지의 중간기간과 1월 1일부터 9월 30일까지의 누적기간을 대상으로 작성하고 직전 회계연도의 동일기간을 대상으로 작성한 포괄손익계산서와 비교표시
③ 자본변동표 : 당 회계연도 7월 1일부터 9월 30일까지의 중간기간과 1월 1일부터 9월 30일까지의 누적기간을 대상으로 작성하고 직전 회계연도의 동일 기간을 대상으로 작성한 자본변동표와 비교표시
④ 현금흐름표 : 당 회계연도 1월 1일부터 9월 30일까지의 누적기간을 대상으로 작성하고 직전 회계연도의 동일 기간을 대상으로 작성한 현금흐름표와 비교표시

12 ㈜정민은 창업연도부터 개별법으로 재고자산을 평가해왔으나, 회사의 규모가 커지고 판매상품의 종류가 많아짐에 따라 재고자산 평가방법을 선입선출법으로 변경하고자 한다. 재고자산 평가방법을 선입선출법으로 변경할 경우 ㈜정민의 기말재고자산 금액은 얼마인가?

	수 량	단 가	금 액
전기이월	2,500개	2,600원	6,500,000원
5월 5일 구입	2,500개	2,700원	6,750,000원
9월 8일 판매	4,600개		
11월 14일 구입	1,500개	2,800원	4,200,000원
기 말	1,900개		

① 4,800,000원
② 5,280,000원
③ 5,300,000원
④ 5,500,000원

문제편

제1회

제2회

제3회

제4회

13 ㈜시대의 재무상태표에 유형자산으로 표시되는 기계장치의 취득원가는 얼마인가?

기계장치의 취득과 관련하여 발생한 비용	금 액
취득금액	800,000,000원
경영진이 의도하는 방식으로 기계장치를 가동하는데 필요한 장소와 상태에 이르게 하는데 직접 관련되는 원가	9,000,000원
취득세	26,000,000원
직원교육훈련비	15,000,000원
합 계	850,000,000원

① 835,000,000원
② 800,000,000원
③ 826,000,000원
④ 809,000,000원

14 12월 말 결산법인인 ㈜시대는 20X1년 4월 1일 비품을 $200에 구입하였으며, 그 결제일은 20X2년 3월 31일이다. 이에 관련된 각 시점의 환율은 다음과 같다. 동 거래와 관련하여 20X1년과 20X2년의 당기순이익에 미치는 영향으로 가장 옳은 것은?(단, 기능통화는 원화이다)

구입 시의 환율	$1 = 1,000원
기말현재 환율	$1 = 1,100원
결제일의 환율	$1 = 1,050원

	20X1년	20X2년
①	당기순이익 10,000원 감소	당기순이익 10,000원 증가
②	당기순이익 10,000원 증가	당기순이익 10,000원 감소
③	당기순이익 20,000원 감소	당기순이익 10,000원 증가
④	당기순이익 20,000원 증가	당기순이익 10,000원 감소

15 다음 중 충당부채에 대한 설명으로 가장 올바르지 않은 것은?

① 충당부채는 과거사건이나 거래의 결과에 의한 현재의무로서 지출의 시기 또는 금액이 불확실하지만 그 의무를 이행하기 위하여 자원이 유출될 가능성이 높고 또한 금액을 신뢰성 있게 추정할 수 있는 의무를 말한다.

② 충당부채의 대표적 유형에는 복구충당부채와 반품충당부채가 있다.

③ 충당부채를 설정하는 의무에는 명시적인 법규 또는 계약의무에 의제의무도 포함된다.

④ 충당부채의 일부를 제3자가 변제할 것이 거의 확실시 되는 경우 변제금액을 제외한 잔액에 대해서만 충당부채를 인식한다.

16 다음은 ㈜시대의 제1기 말(20X1년 12월 31일) 현재의 주요 재무정보이다. ㈜시대는 제1기에 증자 및 배당이 없었다. ㈜시대의 20X1년 당기순이익은 1,500,000,000원이고, 주당 액면가액은 5,000원일 때 20X1년 말 현재 자본에 대한 설명으로 다음 중 가장 옳지 않은 것은?

자본금	5,000,000,000원
주식발행초과금	3,500,000,000원
⋮	⋮
자본총계	10,000,000,000원

① ㈜시대의 법정자본금은 5,000,000,000원이다.

② ㈜시대의 발행주식수는 1,000,000주이다.

③ ㈜시대의 기말이익잉여금은 1,500,000,000원이다.

④ ㈜시대의 주식발행가액은 주당 10,000원이었다.

17 다음 중 거래 형태에 따른 수익인식에 관한 설명으로 가장 올바르지 않은 것은?

① 구매자가 판매계약에 명시된 사유에 따라 구매를 취소할 권리가 있고, 반품액을 합리적으로 예상할 수 없는 경우에는 수익을 인식하지 아니한다.
② 기간에 걸쳐 이행하는 수행의무는 기간에 걸쳐 진행률에 따라 수익을 인식한다.
③ 시용판매는 고객이 매입의사를 표시한 시점에 수익을 인식한다.
④ 위탁매출은 수탁자가 중개수수료를 수익으로 인식하는 경우 상품을 수탁자에게 발송한 시점에 위탁자는 수익을 인식한다.

문제편 제1회 제2회 제3회 제4회

18 ㈜시대건설은 ㈜마포와 20X1년 5월 1일, 총계약금액 170,000,000원의 다음과 같은 공장신축공사계약을 체결하였다. 회사가 누적발생원가를 기준으로 진행기준으로 수익을 인식한다면 ㈜시대건설의 20X2년 공사손익은 얼마인가?

	20X1년	20X2년
당기 발생계약원가	60,000,000원	72,000,000원
추정 총계약원가	150,000,000원	165,000,000원
공사대금청구액(연도별)	50,000,000원	80,000,000원

① 손실 4,000,000원　② 손실 5,000,000원
③ 이익 8,000,000원　④ 이익 9,000,000원

19 다음 중 파생상품에 대한 설명으로 적절하지 않은 것은?

① 파생상품으로 분류되기 위해서는 기초변수가 존재하고, 최초로 계약할 때 순투자금액이 필요하지 않거나 적게 필요하며, 미래에 결제되는 것을 조건으로 한다.
② 위험회피회계를 적용하기 위해서는 일정한 요건을 충족해야 한다.
③ 매매목적으로 체결한 파생상품의 평가손익은 당기손익으로 처리해야 한다.
④ 공정가치위험회피 목적으로 체결한 파생상품의 평가손익 중 위험회피에 효과적인 부분은 기타포괄손익누계액으로 처리한다.

20 **다음 중 법인세회계에 대한 설명으로 옳지 않은 것은?**

① 이연법인세부채는 실현될 것으로 기대되는 기간에 관계없이 비유동부채로만 계상한다.
② 이연법인세자산은 실현될 것으로 기대되는 기간에 따라 유동자산과 비유동자산으로 구분하여 계상한다.
③ 차감할 일시적 차이에 대응할 수 있는 미래 과세이익의 발생가능성이 높은 경우에만 이연법인세자산을 인식할 수 있다.
④ 이연법인세자산·부채를 측정할 때 해당 일시적 차이가 소멸될 것으로 기대되는 기간의 평균세율을 적용하여 측정한다.

21 **다음 중 변경사항을 회계추정의 변경으로 분류해야 하는 것이 아닌 것은?**

① 유형자산 감가상각방법의 변경
② 매출채권에 대한 대손상각률의 변경
③ 건물의 감가상각 내용연수의 변경
④ 차량운반구의 평가모형을 원가모형에서 재평가모형으로 변경

22 **다음은 ㈜시대의 20X1 회계연도(20X1년 1월 1일 ~ 20X1년 12월 31일) 당기순이익과 자본금 변동사항에 대한 자료이다. 이를 이용하여 ㈜시대의 20X1년도 기본주당순이익을 구하면 얼마인가?(단, 소수점 첫째 자리에서 반올림한다)**

㉠ 당기순이익 500,000,000원

㉡ 자본금 변동사항(주당 액면금액은 5,000원이다)

	보통주자본금		우선주자본금	
기초	100,000주	500,000,000원	20,000주	100,000,000원
기중			기중 변동사항 없음	
4월 1일 유상증자(20%)	20,000주	100,000,000원(공정가치 이상으로 발행됨)		
7월 1일 무상증자(10%)	12,000주	60,000,000원		

※ 유통보통주식수 계산 시 월할계산을 가정한다.

㉢ 20X1 회계연도 이익에 대한 배당(현금배당)

보통주 10%
우선주 20%

① 3,794원 ② 3,825원
③ 3,984원 ④ 4,000원

23 ㈜시대는 20X1년 1월 1일에 ㈜서울의 보통주 30%를 4,500,000원에 취득하였고 그 결과 ㈜서울에 유의적인 영향력을 행사할 수 있게 되었다. ㈜서울에 대한 재무정보 및 기타 관련 정보가 다음과 같을 경우 ㈜시대의 지분법적용투자주식과 관련하여 20X1년도 ㈜시대의 포괄손익계산서에 미치는 영향으로 가장 올바른 것은?

20X1년 1월 1일 현재 순자산장부금액	10,000,000원
20X1년 당기순이익	2,000,000원

※ ㈜서울의 순자산장부금액과 순자산공정가치는 일치함
※ 20X1년 동안 양 회사 간 내부거래는 없었음

① 지분법손실 300,000원
② 지분법손실 350,000원
③ 지분법이익 400,000원
④ 지분법이익 600,000원

24 ㈜원진은 다음과 같은 조건으로 ㈜시대리스와 금융리스 계약을 체결하여 기계 장치를 생산에 이용하고 있다. 이 경우 당해 리스계약과 관련하여 20X1년 ㈜원진의 포괄손익계산서에 미치는 영향은?(단, 소수점 이하는 반올림한다)

• 리스기간 : 20X1년 1월 1일 ~ 20X3년 12월 31일(3년)
• 리스자산의 취득금액 : 773,129,096원(공정가치와 일치함)
• 리스료 : 매년 말에 300,000,000원씩 3회에 걸쳐 지급
• 리스 내재이자율 : 8%
• 리스자산의 내용연수 : 5년(잔존가치 없음)
※ ㈜원진은 모든 유형자산에 대해 정액법을 적용하여 감가상각비를 인식하고 있음
※ 리스기간 종료 후 당해 리스자산은 ㈜원진에 무상으로 소유권이 이전

	지급리스료	이자비용	감가상각비
①	300,000,000원	0원	154,625,819원
②	238,149,672원	0원	154,625,819원
③	0원	61,850,328원	154,625,819원
④	0원	61,850,328원	257,709,699원

25 다음 중 현금흐름표 작성과 관련하여 가장 올바른 설명으로만 짝지어진 것은?

a. 외화로 표시된 현금및현금성자산의 환율변동효과는 영업활동, 투자활동, 재무활동현금흐름과 구분하여 표시한다.
b. 법인세로 인한 현금흐름은 반드시 영업활동으로 인한 현금흐름으로 분류해야 한다.
c. 이자와 배당금의 수취에 따른 현금흐름은 영업활동, 재무활동, 투자활동 중 선택하여 분류할 수 있다.
d. 단기매매 목적으로 보유하는 유가증권은 취득과 판매에 따른 현금흐름은 투자활동으로 분류한다.

① a ② a, b
③ a, c ④ b, d

26 다음 중 재무보고의 목적에 대한 설명으로 타당하지 않은 것은?

① 재무보고의 목적은 정보이용자가 합리적인 의사결정을 하는데 유용한 정보를 제공하여야 한다.
② 기업의 정보 중 재무상태, 경영성과, 현금흐름 및 자본변동에 관한 정보를 제공하여야 한다.
③ 경영자의 수탁책임의 이행 등은 정보이용자의 의사결정에 영향을 미치지 않으므로 수탁책임의 이행에 관한 정보를 제공할 필요는 없다.
④ 투자 또는 자금대여 등으로부터 받게 될 미래현금의 크기, 시기 및 불확실성을 평가하는데 유용한 정보를 제공하여야 한다.

27 ㈜시대의 재고자산과 관련하여 20X1년 포괄손익계산서에 비용으로 계상될 금액은 얼마인가?(단, 기말재고자산 장부수량과 실사수량은 일치한다)

20X1년 판매가능상품(= 기초재고자산 + 당기매입액)	450,000원
20X1년 기말재고자산 장부금액(재고자산평가손실 차감 전)	130,000원
기말재고자산의 예상판매가격	150,000원
기말재고자산의 예상판매비용	60,000원

① 320,000원 ② 340,000원
③ 360,000원 ④ 380,000원

28 ㈜시대는 공장을 신축하기로 하였으며, 이와 관련하여 20X1년 1월 1일 12,000,000원을 지출하였고, 공장은 20X3년 중에 완공될 예정이다. ㈜시대는 공장신축을 위해서 아래와 같이 특정목적으로 차입을 하였다. ㈜시대가 유형자산 건설과 관련된 금융비용을 자본화하는 경우 20X1년 특정차입금과 관련하여 자본화할 금융비용은 얼마인가?(단, 편의상 월할계산한다고 가정함)

종 류	차입금액	차입기간	연 이자율	비 고
차입금 A	12,000,000원	20X1.02.01 ~ 20X2.06.30	7%	공장신축을 위한 특정차입금

① 770,000원
② 885,000원
③ 990,000원
④ 995,000원

29 내용연수 7년의 건물을 정액법으로 감가상각한 결과 제3차연도의 감가상각비는 120,000원이었다. 잔존가치가 6,000원이라고 할 때 건물의 취득원가는 얼마인가?(단, 유형자산 평가방법은 원가모형을 적용하여 평가한다)

① 740,000원
② 746,000원
③ 840,000원
④ 846,000원

30 다음은 ㈜무열의 20X7년 중 연구 및 개발활동으로 지출한 내역이다.

연구활동 관련 지출	100,000원
개발활동 관련 지출	120,000원

※ 개발활동에 소요된 120,000원 중 30,000원은 20X7년 4월 1일부터 20X7년 9월 30일까지 지출되었으며 나머지 90,000원은 10월 1일부터 12월 31일까지 지출되었다. 회사는 10월 1일부터 지출한 부분부터 개발비로 인식할 수 있는 자산성의 요건을 갖출 수 있게 되었다.

㈜무열은 관련 연구 및 개발활동에 도움을 주기 위해 20X7년 10월 31일 특허권을 취득하였다. 특허권의 취득과 관련하여 직접적으로 지출한 비용은 6,000원이다. ㈜무열은 모든 무형자산에 대해 5년간 정액법으로 상각한다. 20X7년 기말에 ㈜무열의 재무상태표에 보고되어야 할 무형자산은 얼마인가?(단, ㈜무열이 가지고 있는 무형자산은 개발비와 특허권 밖에 없으며 재평가모형은 고려하지 않는다)

	개발비	특허권
①	114,000원	5,800원
②	85,500원	91,500원
③	85,500원	5,800원
④	0원	120,000원

31 다음 중 투자부동산으로 분류되는 것은?

① 금융리스로 제공한 부동산
② 정상적인 영업과정에서 판매하기 위한 부동산이나 정상적인 영업과정에서 판매를 하기 위해서 건설 또는 개발 중인 부동산
③ 장래 사용목적을 결정하지 못한 채로 보유하고 있는 토지
④ 부동산 소유자가 부동산의 사용자에게 유의적인 용역을 제공하는 부동산

32 다음 중 수익인식 5단계에 포함되지 않는 것은?

① 고객과의 계약 식별
② 별도의 수행의무 식별
③ 거래가격 산정
④ 각 수행의무에 관련 비용 대응

33 보유자가 확정수량의 발행자의 보통주로 전환할 수 있는 전환사채는 (가)에 속한다. 전환사채의 발행금액이 3,000,000원이고 전환사채의 발행요건과 동일한 요건으로 발행하되 전환권이 부여되지 않은 사채의 가치가 2,500,000원인 경우, 전환사채의 발행금액 중 2,500,000원은 (나)로, 전환권가치인 500,000원은 (다)로 분리하여 표시한다. 다음 중 (가), (나), (다)에 들어갈 가장 올바른 용어들로 짝지어진 것은?

	(가)	(나)	(다)
①	금융보증계약	지분상품(자본)	금융부채
②	금융보증계약	금융부채	지분상품(자본)
③	복합금융상품	지분상품(자본)	금융부채
④	복합금융상품	금융부채	지분상품(자본)

34 **20X1년 초 사업을 개시한 ㈜거성은 제품판매 후 발생한 결함을 2년간 무상으로 수리해주고 있으며, 보증비용은 매출액의 5%로 추정된다. 20X1년 말 결산 시 회계처리로 옳은 것은?**

> 가. 20X1년 매출액 : 50억원
> 나. 20X1년 중 당기 매출분에 대해 2억원의 제품보증비가 발생함

① 회계처리 없음

② (차)	제품보증비	0.5억원	(대)	제품보증충당부채	0.5억원
③ (차)	제품보증비	1.5억원	(대)	제품보증충당부채	1.5억원
④ (차)	제품보증비	3.5억원	(대)	제품보증충당부채	3.5억원

35 **다음 중 자기주식의 회계처리에 대한 설명으로 적절하지 않은 것은?**

① 자기주식을 취득하는 경우 취득원가를 자본에서 차감하는 형식으로 기재한다.
② 자기주식을 보유하고 있는 동안 주가가 변동하는 경우 자기주식에 대한 평가손익을 인식하여 자본잉여금으로 반영한다.
③ 자기주식을 소각하는 경우 자기주식 취득원가와 액면금액의 차액을 감자차손 또는 감자차익으로 반영한다.
④ 자기주식처분에 따른 손실에 대한 자기주식처분이익 상계 후 잔액은 결손금 처리순서에 준하여 처리한다.

36 **다음 중 처분 시에 당기손익으로 재분류조정되는 기타포괄손익으로 알맞게 분류한 것은?**

> ㉠ 유형자산의 재평가잉여금
> ㉡ 기타포괄손익-공정가치로 측정하는 금융자산으로 분류되는 것을 선택한 지분상품
> ㉢ 해외사업장을 운영하면서 발생하는 해외사업장 환산차익
> ㉣ 현금흐름위험회피회계 중 위험회피에 효과적인 부분

① ㉠, ㉡ ② ㉠, ㉢
③ ㉡, ㉢ ④ ㉢, ㉣

문제편 제1회 제2회 제3회 제4회

37 다음 중 주식기준 보상거래와 관련된 설명으로 가장 올바르지 않은 것은?

> ㉠ 지분상품의 공정가치는 부여일 현재로 측정하고 이후의 기간에 공정가치가 변동되는 경우 변동분을 반영하여 다시 측정한다.
> ㉡ 현금결제형 주식기준보상거래는 기업이 재화나 용역을 제공받는 대가로 지분상품의 가격에 기초한 금액만큼 현금이나 그 밖의 자산을 지급해야 하는 부채를 부담하는 것이다.
> ㉢ 주식결제형 주식기준보상거래는 기업이 재화나 용역을 제공받는 대가로 자신의 지분상품을 부여하는 것이다.
> ㉣ 현금결제선택권이 있는 경우 상대방이 결제방식으로 현금(또는 그 밖의 자산) 지급이나 기업의 지분상품 발행 중 선택할 수 있는 것으로 상대방이 선택할 때까지 해당 주식기준 보상거래를 인식하지 않는다.

① ㉠, ㉡
② ㉠, ㉢
③ ㉠, ㉣
④ ㉡, ㉣

38 ㈜시대는 20X1년 1월 1일에 ㈜마포의 발행주식 총수의 40%를 4,000원에 취득하였으며, ㈜마포의 주식은 지분법으로 회계처리하였다. 주식취득일 현재 ㈜마포의 자산·부채의 장부금액은 공정가치와 동일하고 20X1년 초와 20X1년 말 ㈜마포의 순자산장부금액은 아래와 같은 경우, ㈜시대의 20X1년 말 재무상태표에 계상될 ㈜마포의 관계기업투자주식(지분법적용투자주식) 장부금액은 얼마인가?(단, 20X1년 중 이익잉여금의 처분은 없었다)

구 분	20X1년 1월 1일	20X1년 12월 31일
자본금	5,000원	5,000원
기타포괄손익	-	5,000원*주)
이익잉여금	5,000원	20,000원
순자산장부금액	10,000원	30,000원

*주) 20X1년 중 ㈜마포는 보유하고 있는 토지의 공정가치를 반영하여 재평가이익 5,000원을 인식하였다.

① 11,000원
② 11,800원
③ 12,000원
④ 13,000원

39 ㈜시대는 제조업을 영위하고 있으며 모든 매출은 외상으로 이루어진다. 다음 자료를 이용하여 20X1년 매출로부터의 현금유입액을 계산하면?

• 재무상태표

구 분	20X1년 초	20X1년 말
매출채권	10,000원	20,000원
대손충당금	(300)원	(470)원

• 손익계산서(20X1년 1월 1일 ~ 20X1년 12월 31일)

– 총매출액 560,000원

– 매출에누리 600원

① 460,000원 ② 469,570원

③ 510,000원 ④ 549,570원

40 다음 자료를 이용하여 영업활동으로 인한 현금흐름을 구하시오.

당기순이익	2,500,000원	선급비용의 증가	200,000원
유형자산처분손실	450,000원	재고자산의 감소	100,000원
감가상각비	300,000원	매입채무의 증가	350,000원

① 2,500,000원 ② 2,250,000원

③ 3,500,000원 ④ 3,510,000원

41 다음 중 조세의 분류 기준에 대한 설명으로 틀린 것은?

① 국세는 국가가 과세권자로서 부과하는 조세로 법인세, 소득세 등이 속한다.
② 조세의 사용용도에 따라 조세는 보통세와 목적세로 나뉘며, 조세의 사용용도가 특정된 일부 조세를 제외하고 일반적으로는 보통세로 분류된다.
③ 간접세는 조세부담이 납세의무자에게 전가될 것으로 예상되는 조세로 부가세, 개별소비세, 주세 등이 있다.
④ 납세의무자의 인적사항이 고려되는지 여부에 따라 인세와 물세로 구분된다.

42 다음 중 국세부과의 원칙에 대한 설명으로 옳지 않은 것은?

① 실질과세원칙이란 법적 형식이나 외관보다 실질에 따라 과세요건사실을 인정해야 한다는 원칙이다.
② 실질과세원칙은 부담능력에 따른 과세를 실현하고자 하는 것으로 조세평등주의를 보다 구체화한 것이다.
③ 신의성실원칙이란 세무공무원이 그 의무를 이행하는데 있어 성실하게 하여야 한다는 원칙으로 납세자의 경우 적용되지 않는다.
④ 근거과세의 원칙이란 장부 등 직접적인 자료를 통해 납세의무를 확정해야 한다는 원칙이다.

43 다음 중 국세기본법에 대한 설명으로 옳지 않은 것은?

① 납세자의 권리구제 방법으로 사용되는 과세전적부심사의 경우 고지서 발송 전후 모두 신청가능하다.
② 후발적 사유에 의한 경정청구의 경우 후발적 사유를 안 날부터 3개월 이내에 신고하여야 한다.
③ 심사청구 · 심판청구 · 행정소송의 경우 모두 납부고지서로 처분받은 후에 할 수 있는 권리구제 방법이다.
④ 소멸시효의 중단 사유가 발생한 경우 소멸시효를 다시 기산하지만, 소멸시효의 중지 사유가 발생한 경우에는 잔여소멸시효만 경과하면 시효는 완성된다.

44 다음 중 법인의 사업연도에 대한 설명으로 틀린 것은?

① 사업연도는 원칙적으로 1년을 초과할 수 없다.
② 법인이 정한 사업연도를 바탕으로 각 사업연도 소득에 대한 법인세의 납부기한이 정해진다.
③ 법인세의 사업연도를 변경하려고 하는 경우 직전 사업연도의 종료일까지 신고해야 한다.
④ 신설법인인 경우 사업연도는 설립등기일로부터 시작한다.

45 다음 중 법인세법상 익금에 대한 설명으로 맞는 것은?

① 자본거래로 인한 법인의 순자산의 증가는 익금 항목에 해당한다.
② 부가가치세 매출세액은 익금불산입 항목으로 분류한다.
③ 자산수증이익과 채무면제이익은 항상 익금에 해당한다.
④ 특수관계인인 법인으로부터 저가로 매입한 유가증권의 시가와의 차액은 익금에 해당한다.

46 다음 중 법인세법상 손금 항목으로 인정되지 않는 것으로만 묶은 것은?

㉠ 고정자산의 수익적 지출과 관련된 수선비 ㉡ 법인의 법규 위반에 따른 벌금 ㉢ 보유하고 있는 주식의 공정가치 하락에 따르는 손상 ㉣ 양도한 자산의 장부가액

① ㉠, ㉡
② ㉠, ㉣
③ ㉡, ㉢
④ ㉢, ㉣

47 다음 중 비용을 실제 법인세의 손금으로 인식해야 하는 금액보다 적게 인식했을 경우 세무조정이 필요한 항목은?

① 대손충당금
② 감가상각비
③ 기업업무추진비
④ 퇴직급여충당금

48 유보 항목 및 자본금과 적립금조정명세서(을)표에 대한 설명으로 옳지 않은 것은?

① 자본금과 적립금조정명세서(을)표에서는 유보와 기타로 소득처분된 항목을 관리한다.
② 과거 유보로 소득처분된 항목이 당기에 해당 유보가 추인되었다면 당기에 자본금과 적립금조정명세서에 나타나는 잔액은 존재하지 않는다.
③ 당기 유보로 인식한 금액이 있는 경우 자본금과 적립금조정명세서(을)표에 항목과 금액을 기입한다.
④ 감가상각비가 한도초과로 손금불산입되는 경우 자본금과 적립금조정명세서(을)표에 기입하여야 한다.

49 정원진 씨에 대한 금융소득 내역이 다음과 같을 때, 종합과세되는 금융소득금액은 얼마인가?

은행예금에서 발생한 이자수익	10,000,000원
8년 만기 저축성 보험 보험차익	1,000,000원
외국의 법인으로부터 받은 배당소득	1,000,000원(원천징수되지 않음)
비실명금융소득	5,000,000원
의제배당액	5,000,000원

※ Gross-up은 10%로 적용한다.

① 1,000,000원
② 17,000,000원
③ 18,000,000원
④ 22,000,000원

50 다음 중 부가가치세법상의 과세 거래에 해당하지 않는 것은?

① 주요 자재를 전혀 부담하지 않고 가공계약에 의해 가공만 하여 인도
② 수입품을 해외에서 수입하는 경우
③ 토지 및 건물을 함께 매각하는 경우
④ 인·허가된 학원을 통해 영어 교육을 제공하는 경우

51 ㈜시대는 전기회사로 ㈜원진과 전기를 공급하는 계약을 맺었다. 3년간 전기를 공급하기로 하였고, 대가는 다음과 같이 지불된다고 할 때 20X1년 1기 확정신고기간에 신고해야 할 ㈜원진에 대한 용역 매출 관련 부가가치세 과세표준은?

항 목	날 짜	금 액
계약일	20X1년 3월 1일	5,000,000원
1차 대가 지급일	20X1년 3월 10일	10,000,000원
2차 대가 지급일	20X1년 8월 10일	10,000,000원
3차 대가 지급일	20X2년 8월 10일	10,000,000원
4차 대가 지급일	20X3년 9월 10일	10,000,000원

① 0원
② 5,000,000원
③ 25,000,000원
④ 45,000,000원

52 다음 자료를 보고 개인사업자 김원진 씨의 20X1년 종합소득으로 과세되는 사업소득금액을 계산하면 얼마인가?

당기순이익	100,000,000원
손익계산서에 포함된 항목은 다음과 같다.	
김원진 씨에 대한 급여	50,000,000원
사업 관련 과태료	1,000,000원

※ 김원진 씨는 당기에 사업 자금 중 10,000,000원을 임의로 인출하였다.
※ 김원진 씨는 당기에 자신의 가정에 사용하기 위해 3,000,000원에 상당하는 상품을 사용하였다.

① 100,000,000원
② 150,000,000원
③ 154,000,000원
④ 164,000,000원

53 다음 자료에 의하여 근로소득자인 김원진 씨의 교육비세액공제가 가능한 교육비 지출액은 얼마인가?

본인의 대학원 학비	8,000,000원	
부인의 영어 학원 수강료	1,000,000원	부인은 49세로 소득은 없다.
아들의 대학교 등록금	3,000,000원	아들은 24세로 근로소득 10,000,000원이 있다.
딸의 수학 학원 수강료	3,000,000원	딸은 21세이다.

① 8,000,000원
② 9,000,000원
③ 12,000,000원
④ 15,000,000원

54 다음 중 부가가치세법상 사업자에 대한 설명으로 잘못된 것은?

① 부가가치세의 납세의무를 지는 과세사업자는 일반과세자와 간이과세자로 구분된다.
② 사업자란 사업목적이 영리성에 관계없이 사업상 독립적으로 재화 또는 용역을 공급하는 자를 의미한다.
③ 면세사업자는 부가가치세법상 사업자등록, 세금계산서 발급, 과세표준 신고 등의 사업자가 부담하는 의무를 부담하지 않는다.
④ 면세사업자는 부가가치세법상 의무를 부담하지는 않지만 세금계산서를 발급받은 경우 매입세액은 공제받을 수 있다.

55 다음 중 부가가치세법상 재화의 공급에 해당하지 않은 것은?

① 사업자가 개인적으로 매입세액이 불공제된 재화를 사용하는 경우
② 폐업 시 아직 남아있는 재화가 있는 경우
③ 경매에 의해 재화를 인도한 경우
④ 교환 거래에 의해 재화를 교환한 경우

56 부동산임대업을 영위하는 사업자인 ㈜원진의 20X1년 제2기 예정신고기간의 부가가치세 과세표준은 얼마인가?

건물의 임대료 선급액	건물에 대한 임대료는 임대개시일인 20X1년 7월 1일에 1년(12개월)에 대한 임대료 12,000,000원을 수령하였다.
건물의 임대보증금	100,000,000원
9월 30일 정기예금이자율	3%
임대기간	20X1년 7월 1일 ~ 20X2년 7월 1일(20X1년은 윤년이 아니다)

① 756,164원
② 3,000,000원
③ 3,756,164원
④ 12,756,164원

57 김원진 씨의 20X1년 소득자료는 다음과 같다. 이에 의하여 20X1년 5월에 신고해야 할 종합소득금액을 구하면 얼마인가?

근로소득금액	30,000,000원	
사업소득금액	20,000,000원	
기타소득금액	10,000,000원	복권으로 인해 얻은 수입
양도소득금액	3,000,000원	
이자소득금액	10,000,000원	공익신탁의 이익

① 50,000,000원
② 53,000,000원
③ 63,000,000원
④ 73,000,000원

58 다음 중 법인세법상 이월결손금에 대해 잘못 설명한 것은?

① 결손금으로 그 후 사업연도에 손금으로 산입되지 않았거나 과세표준계산상 공제되지 않은 것을 이월결손금이라 한다.
② 당기로부터 15년 이내의 결손금은 이월결손금으로 과세표준계산 시 공제받을 수 있다.
③ 기부금의 손금산입한도를 계산할 때는 기준소득금액에서 이월결손금을 차감하여 계산한다.
④ 부동산 임대사업에서 발생한 결손금은 부동산 임대사업 관련 소득에서만 공제할 수 있다.

59 다음 중 부가가치세법에 대한 설명으로 잘못된 것은?

① 간이과세자로부터 재화를 공급받는 경우 세금계산서를 통해 매입세액공제를 받을 수 있다.
② 간이과세자는 원칙적으로 세금계산서를 발급할 수 없다.
③ 소매업이나 택시운송 등 특정 업종은 세금계산서 발급의무가 면제된다.
④ 간이과세자 중 신규사업자이거나 직전 연도 공급대가 합계액이 4,800만원 미만인 자는 재화를 공급할 때 영수증을 발급하는 것을 원칙으로 한다.

60 다음 중 원천징수의 세율에 대한 설명으로 옳지 않은 것은?

① 근로소득과 연금소득의 경우 간이세액표에 따라 원천징수한다.
② 이자소득 및 배당소득의 경우 모든 원천징수 세율은 14%로 적용된다.
③ 사업소득의 경우 일반적으로는 원천징수의무가 존재하지 않지만 특정사업소득의 경우 원천징수의무가 존재한다.
④ 퇴직소득의 경우 퇴직소득금액을 기준으로 산출한 퇴직소득산출세액을 원천징수하며 해당 원천징수로 납세의무는 종결된다.

61 다음의 자료를 바탕으로 근로소득자인 김시대 씨의 20X1년도 근로소득금액을 구하면 얼마인가?

급 여	40,000,000원	
상여금	10,000,000원	
법인세법상 상여로 처분된 금액	20,000,000원	20X1년 근로소득에 해당하나 20X8년에 소득처분되었다.
식사대(200,000원 × 12월)	2,400,000원	회사는 현물 식사를 제공하고 있다.
숙직료	500,000원	실비보상적인 성격이다.
판공비	1,000,000원	업무와의 연관성이 불분명하다.

※ 회사가 부담한 김시대 씨의 고용보험료 회사부담분은 1,000,000원이다.

① 53,400,000원　　② 72,200,000원
③ 73,200,000원　　④ 73,400,000원

62 다음 중 법인세법상 부당행위계산부인규정이 적용되지 않는 경우는?

이무열 : 원진의 대주주로 ㈜원진은 이무열 씨에게 건물을 무상으로 임대해 주고 있다.
김유진 : ㈜원진의 대표이사로 최근 ㈜원진에게 가지고 있던 토지를 시가보다 10% 비싸게 판매하였다.
이서연 : ㈜원진의 임원(지분율 0.1%)으로 사택을 무료로 제공받고 있다(1%는 대주주에 해당하지 않는다).
김예빈 : ㈜원진의 대표이사의 가족으로서 최근 ㈜원진에 사업과 관련이 없고 수익을 기대할 수 없는 무수익 자산을 시가를 받고 양도하였다.

① 이무열　　② 김유진
③ 이서연　　④ 김예빈

63 20X1년 1월 1일에 ㈜민서는 차량운반구를 10,000,000원에 취득하였다. 회사는 해당 차량운반구에 대한 감가상각방법 및 내용연수를 신고하지 않았고, 2년간 회계기준에 따라 적합하다고 판단되는 정액법에 따라 내용연수 5년으로 상각하고 있었다. 잔존가치는 없으며 기준내용연수는 5년이라 가정할 때 20X2년에 필요한 ㈜민서의 세무조정은?(단, 5년 정액법 상각률은 0.2, 5년 정률법 상각률은 0.451로 계산한다)

① 세무조정 없음
② 손금불산입, 1,608,000원, 감가상각비 한도초과액(유보)
③ 손금불산입, 2,510,000원, 감가상각비 한도초과액(유보)
④ 손금산입, 2,510,000원, 전기감가상각비 한도초과손금산입(△유보)

64 ㈜원진의 해당 사업연도 기부금 지출액이 다음과 같을 때 추가로 손금불산입되는 금액은 얼마인가?

- ㈜원진의 기부금 지출내역
  - 국방헌금 : 20,000,000원
  - 문화단체에 지급한 기부금 : 10,000,000원
  - 새마을금고에 토지(시가 : 30,000,000원)를 15,000,000원에 양도하였다.
- ㈜원진의 기준소득에 대한 자료
  - 기준소득금액 : 60,000,000원(비지정기부금에 대한 세무조정이 반영된 금액이다)

① 0원 ② 4,000,000원
③ 6,000,000원 ④ 10,000,000원

65 다음 중 법인세법상 기업업무추진비에 대한 설명으로 옳지 않은 것은?

① 3만원을 넘지 않는 영수증을 수취한 기업업무추진비는 손금불산입 대상이 아니다.
② 문화기업업무추진비는 일반기업업무추진비 한도액의 20% 범위 내에서 기업업무추진비로 추가하여 손금인정이 된다.
③ 증빙 없는 기업업무추진비의 경우라도 1만원을 넘지 않는 경우 손금불산입하지 않는다.
④ 신용카드매출전표・계산서・세금계산서 등은 적격한 증빙으로써 기업업무추진비 한도를 초과하지 않는 한 손금불산입되지 않는다.

66 다음 중 소득세법상 연금소득에 대한 설명으로 올바른 것은?

① 연금소득은 일반적으로 다른 소득과 달리 간이세액표에 따라 원천징수되어 분리과세된 후 납세의무는 종결된다.

② 연금소득은 연금계좌에 납부할 때 소득공제되며 수령할 때 과세되는 형태로 납부할 때 소득공제되지 않은 경우에는 연금소득으로 과세되지 않는다.

③ 연금소득은 한도 없이 전액 공제 가능하다.

④ 연금소득의 경우 사업소득의 결손금공제를 할 때 공제대상이 되지 않는다.

(67) ~ (68) 다음은 김시대 씨의 가족 사항이다.

구 분	소 득	비 고
본인(여성, 70세)	근로소득 25,000,000원	–
배우자(남성, 71세)	근로소득 4,000,000원	간이세액표에 의해 근로소득공제 3,000,000원 이상됨
큰아들(남성, 33세)	소득 없음	장애인
둘째 아들(남성, 28세)	소득 없음	–
딸(여성, 15세)	이자소득 1,000,000원	원천징수됨

67 김시대 씨의 기본공제 대상자는 몇 명인가?

① 2명　　② 3명

③ 4명　　④ 5명

68 김시대 씨 가족의 추가공제금액은 얼마인가?

① 0원　　② 200만원

③ 400만원　　④ 450만원

69 ㈜시대는 ㈜부도에 과거 물품을 판매하고 어음을 수취하였고 해당 어음과 관련된 부가가치세는 정상적으로 신고 및 납부되었다고 한다. ㈜부도의 어음이 상법상 소멸시효가 20X1년 2월 1일 완성되었다고 할 때 해당 어음의 부가가치세법상 대손세액공제가 가능한 시기는 20X1년 중 언제인가?

① 1기 예정신고기간
② 1기 확정신고기간
③ 2기 예정신고기간
④ 해당 사항 없음

70 다음 중 준비금에 대한 설명으로 적절하지 않은 것은?

① 준비금은 해당 금액을 손금산입하여 조세의 납부를 영구적으로 감면해 주는 조세지원제도이다.
② 보험업을 영위하는 법인에 대한 책임준비금은 법인세법상 준비금이다.
③ 신용회복목적회사의 손실보전준비금은 조세특례제한법상 준비금이다.
④ 법인세법상 준비금은 결산조정사항이나, 고유목적사업준비금은 잉여금처분에 의한 신고조정이 가능하다.

71 제조업을 영위하는 ㈜원진의 1기 부가가치세 예정신고(20X1년 1월 1일 ~ 20X1년 3월 31일)기간의 매입에 관련된 자료이다. 1기 예정신고기간에 공제되어야 할 부가가치세법상 매입세액을 계산하면 얼마인가?(단, 의제매입세액 공제율은 2/102를 적용하며 의제매입세액 한도는 고려하지 않는다)

매입내역	매입가액(부가가치세 포함)	비 고
차량운반구 구입	110,000,000원	세금계산서 수취
원재료 구입	55,000,000원	세금계산서 수취
수산물 구입	102,000,000원	영수증 수취, 과세사업에 이용하였다.
소모품 구입	550,000원	세금계산서 등을 수취하지 않았다.

① 15,000,000원
② 17,000,000원
③ 17,500,000원
④ 18,500,000원

72 ㈜원진의 부가가치세 관련된 다음 자료를 이용하여 ㈜원진의 1기 확정신고기간의 부가가치세 과세표준을 구하면 얼마인가?

- 총 매출액 320,000,000원(특수관계인 매출 포함), 매출할인 20,000,000원이 발생하였다.
- 거래처 사장의 행방불명으로 인해 회수할 수 없는 어음 : 11,000,000원(부가가치세 포함)
- 1,000,000원 상당의 재화가 매출되어 배송되던 중 ㈜원진의 과오로 파손되었다.
- 특수관계인에게 20,000,000원의 매출이 발생하였는데 해당 매출과 관련된 재화의 시가는 40,000,000원이다.

① 299,000,000원
② 309,000,000원
③ 319,000,000원
④ 329,000,000원

73 다음 중 국세기본법상 세법적용의 원칙으로 틀린 것은?

① 거래가 성립한 후에는 새로운 세법에 따라 소급하여 과세하지 않지만, 납세자에게 유리한 소급효의 경우에는 인정한다.
② 세무공무원이 재량으로 직무를 수행할 때에는 세무공무원의 과세의 형평과 해당 세법의 목적에 비추어 적당하다고 인정되는 한계를 엄수해야 한다.
③ 세법에 특별한 규정이 있더라도 과세표준을 조사·결정할 때 적용되는 기업회계의 기준이나 관행을 따라 납세자가 세무상 처리한 경우 기업회계에 따라 처리한 것을 존중해야 한다.
④ 세법을 적용할 때에는 납세자의 재산권이 부당하게 침해되지 않도록 하여야 한다.

74 다음 중 손금항목이 아닌 것은?

① 판매한 상품 또는 제품에 대한 재료비와 부대비용
② 자산의 임차료
③ 차입금 이자
④ 잉여금의 처분을 손비로 계산한 금액

75 **단기매매금융자산의 취득원가는 220,000,000원이고 결산 시 공정가치는 200,000,000원이었다. 단기매매금융자산평가손실을 계상했다면 세무조정으로 올바른 것은?**

① 손금산입, 단기매매금융자산평가손실, 20,000,000원(△유보)
② 손금불산입, 단기매매금융자산평가손실, 20,000,000원(유보)
③ 익금산입, 단기매매금융자산평가이익, 20,000,000원(유보)
④ 익금불산입, 단기매매금융자산평가손실, 20,000,000원(△유보)

76 **㈜시대는 지금까지 건물을 취득한 적이 없었다. 당기 초에 건물에 대해 취득하였다고 할 때 감가상각방법을 신고하지 않았다면 적용되는 감가상각방법 및 내용연수로 적합한 것은?(단, 건물의 기준내용연수는 40년이다)**

① 40년 정액법
② 40년 정률법
③ 20년 정액법
④ 20년 정률법

77 **다음 자료를 이용하여 ㈜시대의 지급이자와 관련하여 손금불산입되는 금액을 구하면 얼마인가?**

- ㈜시대의 장부 계상 지급이자 : 100,000,000원
- ㈜시대는 당기에 채권자가 불분명한 사채의 이자 11,000,000원이 있으며 해당 사채이자와 관련하여 1,000,000원은 별도로 원천징수되었다.
- ㈜시대는 당기에 건물을 건설하고 있으며 해당 건물과 관련된 차입금에서 지급이자가 4,000,000원이 발생하였다.
- ㈜시대는 업무와 무관한 골동품을 취득하는데 250,000,000원을 사용하였으며 해당 자산의 적수는 56,000,000,000원, 지급이자는 25,000,000원이다. ㈜시대의 세무조정이 완료된 차입금에 대한 적수는 100,000,000,000원으로 가정한다.

① 15,000,000원
② 22,000,000원
③ 30,000,000원
④ 36,000,000원

78 다음 중 법인세법상 준비금에 대한 설명으로 옳지 않은 것은?

① 준비금의 종류에는 법인세법상 준비금과 조세특례제한법에서 인정되는 준비금이 있다.
② 법인세법상 준비금의 손금산입이란 조세정책적 목적에서 조세의 납부를 일정기간 유예하는 조세 지원제도이다.
③ 조세특례제한법상 준비금은 결산조정사항이지만 법인세법상 준비금은 신고조정사항이다.
④ 법인세법상 준비금의 손금산입은 법인세와 관련된 조세의 이연효과를 발생시킨다.

79 김시대 씨는 얼마 전 5년간 보유한 다음과 같은 건물을 양도하였다. 양도소득금액은 얼마인가?

	실지거래가액	개별공시지가
양도가액	15억원	14억원
취득가액	10억원	8억원

※ 김시대 씨는 건물의 양도에 관한 거래비용과 관련하여 수수료 5,000,000원을 지출하였다.
※ 해당 건물은 미등기된 건물이다.
※ 보유기간 5년의 장기보유특별공제는 10%를 적용한다.

① 500,000,000원
② 495,000,000원
③ 490,000,000원
④ 420,750,000원

80 다음 중 부가가치세에 대한 설명으로 옳지 않은 것은?

① 주사업장 총괄납부의 경우 사업자가 신청해서 할 수 있으며 주된 사업장에서 다른 사업장의 부가가치세를 총괄하여 납부하는 절차만을 수행한다.
② 사업자 단위로 등록한 경우 주된 사업장에서 다른 사업장의 부가가치세를 총괄하여 신고 및 납부할 수 있다.
③ 주사업장 총괄납부로 부가가치세를 적용하기로 신청한 경우라도 제조장으로 등록된 사업장에서 직매장으로 등록된 사업장으로 재화를 반출하는 경우 재화의 공급에 해당하므로 신고 및 부가가치세를 납부하여야 한다.
④ 법인이나 개인이 여러 사업장을 가지고 있는 경우 사업장의 수만큼 사업자 등록을 하는 것이 원칙이다.

81 **다음 중 원가에 대한 설명으로 틀린 것은?**

① 원가대상이란 직접적인 대응이나 간접적인 원가배분방법에 의한 원가측정을 통하여 원가가 집계되는 활동이나 항목을 의미한다.
② 간접원가는 원가집합에 집계되고 일정한 배분기준에 따라 원가대상에 배분된다.
③ 원가는 정상적인 경제활동에서 소비된 가치만을 포함하고 비정상적인 상황에서 발생한 가치의 감소분은 포함하지 않는다.
④ 제조에 사용된 원가는 모두 생산이 완료되면 바로 비용으로 재무제표에 계상된다.

82 **다음 중 활동기준원가계산에 대한 설명으로 틀린 것은?**

① 활동기준원가계산은 투입자원을 제품이나 서비스로 소비하면서 소비한 활동별로 원가를 계산하는 방법이다.
② 과거에는 제품별로 추적이 불가능하던 제조간접원가도 활동기준원가계산에서는 개별제품에 추적이 가능한 직접원가로 인식되어져 원가계산이 과거보다 명확해진다.
③ 활동기준원가계산은 전통적 원가계산에 비해 많은 비용이 든다.
④ 직접노무원가의 비중이 감소하게 됨에 따라 활동기준원가계산의 중요성은 감소하고 있다.

83 **㈜시대과자는 과자를 만드는 회사로 종합원가계산을 통해 제품원가를 계산한다. 원재료는 공정 시작시점에서 전량 투입되며, 가공원가는 공정 전반에 걸쳐 균등하게 발생한다고 가정한다. 당기 완성품원가는 얼마인가?(단, 원가흐름은 평균법을 가정하고 소수점 첫째 자리에서 반올림한다)**

〈원가 자료〉

기초재공품 3,000개(완성도 30%) 당기완성품 11,000개
당기착수량 10,000개 기말재공품 2,000개(완성도 40%)

구 분	재료비	가공비
기초재공품원가	90,000원	180,000원
당기발생원가	300,000원	1,090,000원
합 계	390,000원	1,270,000원

① 1,580,000원 ② 1,520,000원
③ 1,513,600원 ④ 1,500,000원

문제편 제1회 제2회 제3회 제4회

84 다음 중 표준원가와 관련된 설명으로 틀린 것은?

① 실제원가계산의 경우 가격의 변동, 작업능률의 변화 등에 따라 실제원가가 변하게 되나 표준원가계산을 활용하게 되면 미리 설정한 표준으로 계산하기 때문에 문제점을 해결할 수 있다.
② 표준원가계산에서는 중요한 차이에만 초점을 맞추는 예외에 의한 관리가 가능해진다.
③ 표준원가계산을 사용하는 경우 상황이 변화하더라도 표준을 유지해줘야 한다.
④ 표준원가는 사전에 적정원가를 산정해야 하나 합리적인 표준원가를 산정하는 것이 어렵고 시간과 비용이 많이 소모된다.

85 다음 중 관련 범위 내에서 변동원가와 고정원가에 대한 설명으로 옳지 않은 것은?

① 관련 범위 내에서는 생산량이 증가함에 따라 변동원가도 증가한다.
② 관련 범위 내에서 생산량이 증가하더라도 단위당 변동원가와 고정원가는 일정하다.
③ 관련 범위 내에서는 생산량이 증가하더라도 고정원가는 일정하다.
④ 특정 관련 범위 내에서는 원가가 일정하여 고정원가의 행태를 띠지만 관련 범위를 벗어나면 일정액이 증가 또는 감소하는 경우를 준고정원가라고 한다.

86 다음 중 전부원가계산, 변동원가계산, 초변동원가계산에 대해 올바르게 이야기하는 사람은 누구인가?

무열 : 전부원가계산에서도 표준원가를 사용할 수 있어
원진 : 기말재고 없이 모두 판매한다고 해도, 전부원가계산과 변동원가계산의 당기 비용은 다르게 계산돼
유진 : 변동원가계산에서는 변동제조간접원가만 기간비용으로 인식해
서은 : 초변동원가계산에서는 생산량을 많이 만들어 재고가 누적되면 영업이익이 낮게 계산되어 재고를 많이 가질수록 실적이 악화되는 걸로 계산이 돼

① 무열, 원진
② 원진, 유진
③ 유진, 서은
④ 무열, 서은

87 ㈜시대의 기초제품재고는 1,000개이다. 초변동원가계산하에서의 이익이 1,500,000원이라면 변동원가계산과 전부원가계산에서의 이익은 얼마인가?(단, 단위당 판매가격과 단위당 제조원가는 매기 일정하다)

생산량	10,000개
판매량	9,500개
제품 단위당 고정제조간접원가	100원
제품 단위당 직접노무원가	130원
제품 단위당 변동제조간접원가	65원

	변동원가계산	전부원가계산
①	1,597,500원	1,597,500원
②	1,500,000원	1,500,000원
③	1,597,500원	1,647,500원
④	1,600,000원	1,647,500원

88 다음 중 대체가격 결정방법에 대한 설명으로 가장 옳지 않은 것은?

① 재화나 용역에 대한 시장이 존재한다고 하면 시장가격기준은 가장 객관적이다.
② 원가기준은 공급사업부가 원가통제를 수행하도록 동기부여를 하지 못한다.
③ 원가기준을 따를 경우 모든 이익은 수요사업부가 차지하게 된다.
④ 유휴생산시설이 존재하지 않는다면 공급사업부의 최대대체가격은 대체에 따르는 단위당 증분지출원가가 된다.

89 ㈜시대는 개별원가계산을 채택하고 있으며 당기 중 발생한 제조간접원가는 통상적으로 직접노무원가의 120%이다. 작업별 원가가 다음과 같을 때 작업 111과 작업 120의 제조간접원가의 합은 얼마인가?

구 분	작업 111	작업 120
직접노무원가	80,000원	?
제조간접원가	?	120,000원

① 200,000원
② 250,000원
③ 216,000원
④ 240,000원

90 다음 중 원가배부에 대한 설명으로 가장 적절한 설명은?

① 부문별로 제조간접원가를 배부하는 경우 보조부문의 제조간접원가 배분방법에 의해 전체 제조간접원가 배부율은 영향을 받지 않는다.
② 공장 전체에서 발생하는 원가를 대상으로 제조간접원가 배부율을 적용하는 경우 보조부문제조간접원가에 의해 제조간접원가 배부율은 영향을 받지 않는다.
③ 단계배분법에서는 보조부문의 제조간접원가 배분순서와 관계없이 배분 후의 제조간접원가 배분은 일정하게 계산된다.
④ 단일배부율법은 원가의 행태를 고려하여 원가를 배부하는 방법이다.

91 ㈜시대의 공장에는 두 개의 제조부문 X, Y가 있다. 다음 자료는 8월의 자료이다.

구 분	X부문	Y부문	합 계
제조간접원가	300,000원	600,000원	900,000원
직접노동시간	2,000시간	1,000시간	3,000시간

111작업의 원가자료는 다음과 같으며 111작업은 당기에 착수하여 완성되어 판매되었다.

구 분	X부문	Y부문	합 계
직접재료원가	80,000원	80,000원	160,000원
직접노무원가	40,000원	150,000원	190,000원
직접노동시간	200시간	150시간	350시간

회사는 직접노동시간을 기준으로 제조간접원가를 배부하고 있다고 할 때 공장전체 제조간접원가 배부율과 부문별 제조간접원가배부율을 사용할 경우 각각의 111작업의 제조원가를 계산하면 얼마인가?

	공장전체	부문별
①	455,000원	470,000원
②	400,000원	350,000원
③	350,000원	400,000원
④	490,000원	455,000원

92 당기 중에 실제로 발생한 총원가 및 제조지시서 #120의 제조에 실제로 발생한 원가는 아래와 같다. 제조간접원가는 직접노무원가를 기준으로 배부된다고 하면 제조지시서 #120에 배부되는 당기제조원가는 얼마인가?

구 분	총원가	사용량	제조지시서 #120	사용량
직접재료원가	300,000원	10,000kg	60,000원	2,000kg
직접노무원가	200,000원	2,000시간	40,000원	400시간
제조간접원가	500,000원	배부기준에 따름		

① 300,000원
② 250,000원
③ 200,000원
④ 150,000원

93 다음 중 CVP분석의 가정 및 한계에 대한 설명으로 틀린 것은?

① 생산량과 판매량은 일정하다고 가정하므로 재고자산에 대해 고려하지 않아도 된다.
② 모든 원가는 변동원가와 고정원가 및 준고정원가, 준변동원가 등 4가지로 나눌 수 있다고 가정하고 있다.
③ 화폐의 시간가치를 배제하기 때문에 장기적인 모델에는 적합하지 않다.
④ 수익과 원가의 형태는 선형이고, 원가에 미치는 요소는 조업도뿐이라고 가정하므로 조업도 이외의 원가에 미치는 요소는 무시된다.

94 다음 중 표준원가계산에서 차이를 배부하는 방법에 대한 설명으로 적절하지 않은 것은?

① 매출원가조정법은 발생한 모든 원가차이를 매출원가에서 조정하는 방법이다.
② 매출원가조정법에 의할 경우 재공품과 제품계정은 모두 표준원가로 기록된다.
③ 기타손익법은 모든 원가차이를 기타손익으로 분류하는 방법이다.
④ 가장 실제원가계산과 근사치로 나오는 방법은 총원가비례배분법이다.

95 ㈜원진의 제조원가명세서가 다음과 같을 때 ㉠, ㉡에 들어갈 금액은 얼마인가?

제조원가명세서

㈜원진　　20X1.1.1 ~ 20X1.12.31　　(단위 : 원)

원재료		18,000,000
기초원재료 재고	1,000,000	
당기매입액	20,000,000	
기말원재료 재고	3,000,000	
노무원가		30,000,000
제조경비		10,000,000
당기총제조원가		㉠
기초재공품		6,000,000
기말재공품		4,000,000
당기제품제조원가		㉡

	㉠	㉡
①	48,000,000원	68,000,000원
②	48,000,000원	60,000,000원
③	58,000,000원	68,000,000원
④	58,000,000원	60,000,000원

96 당기에 영업을 시작한 ㈜민서의 원가자료가 다음과 같을 때 변동원가계산에 의한 회사의 기말재고자산금액과 영업이익은 얼마인가?(단, 재공품은 고려하지 않는다)

당기완성품	10,000개
당기판매량	8,000개
매출액	50,000,000원
변동매출원가	32,000,000원
변동판매관리비	4,000,000원
고정제조간접원가	5,000,000원
고정판매관리비	4,000,000원

	영업이익	기말재고자산금액
①	5,000,000원	8,000,000원
②	5,000,000원	10,000,000원
③	8,000,000원	8,000,000원
④	8,000,000원	10,000,000원

97 **다음 중 대체가격 결정에 대한 설명으로 틀린 것은?**

① 구매사업부는 대체가격을 최종완제품의 판매가격에서 추가가공원가를 차감한 금액 이상으로 설정하지 않으려 한다.
② 유휴생산시설이 존재하지 않는 경우 공급사업부의 대체에 따른 기회비용 역시 고려하여 대체가격을 설정해야 한다.
③ 공급사업부에서는 항상 최소대체가격으로 해당 공급되는 부품의 시장에서 판매되는 가격을 고려한다.
④ 공급사업부의 최소대체가격이 구매사업부의 최대대체가격보다 적은 경우 기업 전체의 입장에서는 대체하는 것이 이익이다.

98 **㈜시대는 다음과 같은 두 개의 투자안 중 어떤 것에 투자할지 고려하고 있다. ㈜시대는 수익성지수법으로 투자안에 대한 의사결정을 한다고 할 때 다음 중 옳은 것은?**

구 분	A투자안	B투자안
연간 현금유입액의 현재가치	1,100억원	450억원
필요한 투자금액	1,000억원	400억원

① 상호배타적 투자안일 경우 A에 투자한다.
② 상호배타적 투자안일 경우 B에 투자한다.
③ 독립적 투자안일 경우 수익성이 0이므로 두 투자안 모두에 투자한다.
④ 독립적 투자안일 경우 수익성이 0이므로 두 투자안 모두에 투자하지 않는다.

99 **다음 중 책임회계에 근거하여 성과평가를 하였을 경우에 대한 설명으로 가장 옳은 것은?**

① 예산과 실적 간의 차이가 발생한 경우 책임회계에 의해 성과평가를 한다면 통제유무에 관계없이 해당되는 책임중심점이 모두 차이를 책임지므로 책임중심점이 해당 성과에 책임감을 가지게 할 수 있다.
② 책임중심점이 통제가능한 원가와 통제불가능한 원가로 나누는 실익이 존재하지 않는다.
③ 성과평가를 할 경우 해당 책임중심점의 성과가 가장 우선적으로 고려되어야 한다.
④ 권한을 위임받은 항목에 대해 책임중심점은 통제권을 행사할 수 있어야 올바른 성과평가가 가능하다.

100 다음 중 품질원가에 대한 설명으로 틀리게 말한 사람은?

무열 : 당기에 회사에서 공급업체에 대한 평가를 강화하면서 평가원가가 많이 발생하게 되었어
민서 : 당기에 회사 제품 중에서 불량품이 많이 발생해서 다음 해에는 불량품 검사를 많이 할 거야. 그래서 평가원가가 많이 나올 거 같아
서연 : 당기부터는 회사 제품을 만드는 과정에서 공손이 발생하면 재작업하기로 결정했어. 그래서 내부실패원가가 많이 발생하였어
유진 : 우리 회사는 당기에 불량을 찾아내지 못하고 불량품이 고객에 전달되는 바람에 외부실패원가가 많이 발생하였어

① 무 열 ② 민 서
③ 서 연 ④ 유 진

101 ㈜원진은 1년 전 배달 서비스를 위해 차량운반구를 10,000,000원에 구입하였다. 최근 배달을 대행해주는 업체에서 매달 200,000원에 배달을 대행해주겠다고 제의하였다. 배달 대행을 하는 경우 따로 대행업체에 맞게 포장규격을 바꿔야 하므로 1,000,000원의 비용이 발생하게 된다. 차량운반구를 현재 6,000,000원에 판매할 수 있다고 할 때, 해당 배달 제의에 관련이 없는 원가는 무엇인가?

① 차량운반구 구입가격 10,000,000원
② 대행 시 매달 지불해야 하는 대행료 200,000원
③ 포장규격 변경에 따르는 비용 1,000,000원
④ 차량운반구의 현재 판매가격 6,000,000원

102 ㈜시대는 의류사업부, 출판사업부, 식료품사업부의 3가지 사업부가 있다. 최근 회사는 수익성이 없는 경우 규모를 축소하려 하고 있으며 세 가지 사업부 중 손실이 발생한 의류사업부를 폐지하려 하고 있다. 의류사업부를 폐지한다면 회사의 수익자료가 다음과 같고 다음 해에도 모든 조건이 동일하게 발생한다고 할 때 회사의 이익은 어떻게 변하게 되는가?

의류사업부 매출액	10억원
의류사업부 변동매출원가	5억원
의류사업부에 배분된 공통원가배부액	7억원(의류사업부를 폐지할 경우 2억원 회수가능)
의류사업부에 배분된 공통 광고비	3억원(의류사업부를 폐지할 경우 광고비 0.5억원 감소)

① 2.5억원 이익 ② 2.5억원 손실
③ 2억원 이익 ④ 2억원 손실

103 ㈜민서는 신규거래처로부터 제품 1,000개를 단위당 3,000원에 구입하겠다는 특별주문을 받았다. 위 주문을 수락하는 경우 변동판매관리비가 100원 대신 단위당 300원이 발생하게 된다. 회사의 연간 최대생산능력은 1,000개로 특별주문을 수락하는 경우 특별주문 이외의 생산은 불가능하다. 현재 회사의 단위당 수익 및 원가자료가 다음과 같을 때 옳은 것은?

단위당 직접재료원가	500원
단위당 가공원가	1,000원
단위당 변동판매관리비	100원
단위당 판매가격	2,500원
고정판매관리비	200,000원

① 외부주문을 수락할 경우 300,000원의 이익이 추가로 발생하므로 수락한다.
② 외부주문을 수락할 경우 100,000원의 이익이 추가로 발생하므로 수락한다.
③ 외부주문을 수락할 경우 300,000원의 손실이 추가로 발생하므로 기각한다.
④ 외부주문을 수락할 경우 100,000원의 손실이 추가로 발생하므로 기각한다.

104 ㈜원진은 신제품을 생산하기 위해 새로운 기계장치를 도입할 것을 고려하고 있다. 고려 중인 기계의 취득원가는 2,000,000원으로 내용연수는 3년이며 잔존가치는 200,000원이다. 회사는 기계장치를 정액법으로 상각하고 있으며 예상되는 세전영업이익은 매년 800,000원이다. 법인세율이 20%일 때, ㈜원진이 해당 기계장치를 취득함으로써 발생하는 순현재가치는 얼마인가?(단, 3년 연금현가계수는 2.48, 3년 현가계수는 0.75를 사용한다)

① 34,800원　② 0원
③ (30,000)원　④ (34,800)원

105 현재 목표이익률을 평균 15%로 설정하고 있는 ㈜서연은 투자기간 4년의 신규 투자안 A에 투자할지를 고려 중이다. 해당 투자안의 경우 초기에 8,000,000원의 투자액이 소요되며 잔존가치는 없다고 예상된다. 신규 투자안에서 예상되는 세후영업이익이 다음과 같고 평균투자액을 기준으로 투자액을 계산한다고 할 때 회계적이익률법에 의한 회사의 결정으로 옳은 것은?

연 도	신규 투자안의 예상 세후영업이익
1년	1,500,000원
2년	1,000,000원
3년	0원
4년	500,000원

① A투자안의 회계적이익률이 17%로 목표이익률 15%보다 높으므로 채택한다.
② A투자안의 회계적이익률이 18.75%로 목표이익률 15%보다 높으므로 채택한다.
③ A투자안의 회계적이익률이 14%로 목표이익률 15%보다 낮으므로 기각한다.
④ A투자안의 회계적이익률이 14.75%로 목표이익률 15%보다 낮으므로 기각한다.

106 ㈜원진은 선박을 제조하는 회사로 직접재료원가를 기준으로 제조간접원가를 예정배부하고 있다. 연간 예정제조간접원가는 5,000,000원으로, 연간 직접재료사용량은 10,000톤으로 예상하고 있으나 실제로는 8,000톤이 직접재료원가로 사용되었다. 실제제조간접원가가 5,000,000원이 발생한 경우 페리선의 예정배부와 실제배부의 제조간접원가 차이는 얼마인가?

구 분	크루즈선	페리선
예상직접재료사용량	5,000t	5,000t
실제직접재료사용량	5,000t	3,000t

① 차이 없음
② 800,000원
③ 1,000,000원
④ 1,500,000원

107 ㈜무열은 종합원가계산을 채택하여 제품원가를 계산하고 있다. 전기에 비해 원재료의 단가가 상승한 경우 재고자산에 대한 설명으로 바르게 묶인 것은?(단, 재료는 공정 초기에 전량 투입된다)

㉠ 선입선출법을 적용하는 경우 평균법을 적용할 때보다 제품 계정 금액이 감소한다.
㉡ 선입선출법을 적용하는 경우 평균법을 적용할 때보다 제품 계정 금액이 증가한다.
㉢ 선입선출법을 적용하는 경우 평균법을 적용할 때보다 기말재공품 계정 금액이 감소한다.
㉣ 선입선출법을 적용하는 경우 평균법을 적용할 때보다 기말재공품 계정 금액이 증가한다.

① ㉠, ㉢
② ㉠, ㉣
③ ㉡, ㉢
④ ㉡, ㉣

108 ㈜원진은 표준원가계산을 이용하여 원가계산을 한다고 할 때 원가자료는 다음과 같다. 이 경우 ㈜원진의 직접재료원가 가격차이는 얼마인가?

직접재료원가의 실제가격	100원/kg
직접재료원가의 표준가	95원/kg
실제 발생한 직접재료원가 사용량	1,000kg
실제 생산량에 허용된 직접재료 표준투입량	900kg
실제 발생한 직접노무원가	150,000원

※ 직접노무와 관련하여 실제 발생한 노동시간은 1,500시간이다.
※ 직접노무와 관련하여 임률은 설정한 표준과 동일하게 발생하였다.
※ 생산량에 허용된 표준노동시간은 1,600시간이다.

① 불리한 차이 5,000원
② 유리한 차이 5,000원
③ 불리한 차이 10,000원
④ 유리한 차이 10,000원

109 다음 중 직접노무원가 능률차이의 계산식을 올바르게 나타낸 것은?

① (실제작업시간 − 표준작업시간) × 표준임률
② (실제작업시간 − 표준작업시간) × 실제임률
③ 실제작업시간 × (표준임률 − 실제임률)
④ 표준작업시간 × (실제임률 − 표준임률)

110 다음 중 계산식이 적절하지 않은 것은?

① 공헌이익 = 매출액 − 고정원가
② 공헌이익률 = 총공헌이익 ÷ 총매출액
③ 손익분기점 판매량 = 고정원가 ÷ 단위당 공헌이익
④ 손익분기점 매출액 = 고정원가 ÷ 공헌이익률

111 ㈜원진은 제품 10,000개를 판매하여 매출액의 10% 이익을 목표로 하고 있다. 고정원가가 5,000,000원, 고정판매관리비가 2,500,000원, 공헌이익률이 25%라고 할 때 ㈜원진은 제품 단위당 판매가격을 얼마로 책정하여야 하는가?

① 4,000원
② 5,000원
③ 6,000원
④ 7,000원

112 표준원가계산에서 발생하는 원가차이를 배분하는 방법에 대한 설명으로 틀린 것은?

① 표준원가계산에서 발생하는 모든 원가차이를 기타손익(영업외손익)으로 조정하는 방법이 존재한다.
② 매출원가, 기말제품, 기말재공품 중 해당 원가 요소의 금액 비율별로 원가차이를 배분할 경우 가장 실제원가계산의 근사치로 조정된다.
③ 원가차이를 배분하는 목적은 외부공표용 재무제표를 작성하기 위함이다.
④ 기말재고자산의 비중이 매출원가의 비중과 크게 차이가 없는 경우 매출원가조정법을 적용한다.

113 다음 중 활동기준원가계산에 대한 설명으로 틀린 것은?

① 활동기준원가계산은 기업의 여러 가지 활동들을 원가대상으로 설정하고 원가를 집계하여 해당 원가대상이 소비한 활동별로 집계한 원가를 배부하는 방법이다.
② 활동기준원가계산에서는 원가를 집계하여 소비한 활동별로 배분하기 때문에 인과관계가 강해진다.
③ 활동기준원가계산에서는 원가집계를 위한 정보 기술의 발전이 선행되어야 한다.
④ 최근 직접노무원가의 비중이 증가함에 따라 활동기준원가의 필요성은 증대하게 되었다.

114 ㈜원진은 무인설비시설에 의해 제품을 생산하고 있으며 활동기준원가계산에 의해 원가를 계산하고 있다. 당기에 제품을 생산하면서 제품 1단위당 염색약 2통, 4시간의 기계 가공시간이 필요하다고 할 때 제품의 단위당 가공원가는 얼마인가?

제조 관련 활동	원가동인	단위당 가공원가
도 색	염색약의 수	200원/통
조 립	기계시간	1,000원/시간
포 장	제품 수	2,000원/개

① 4,400원 ② 6,400원
③ 8,400원 ④ 10,400원

115 ㈜시대는 A, B사업부로 구성되어 있는데 B사업부는 A사업부에서 생산되는 핵심부품을 추가 가공하여 완제품을 생산 및 7,000원에 판매하고 있다. A사업부에서는 핵심부품 단위당 변동제조원가가 2,000원이 발생하며 현재 핵심부품을 시장가격보다 1,000원 비싼 시장에 4,000원에 판매할 수 있다. B사업부에서는 해당 부품을 추가가공하는데 드는 원가가 2,000원이며 외부에서 매입할 경우 단위당 3,000원에 조달이 가능하다고 할 때 B사업부의 최대대체가격은 얼마인가?(단, A사업부는 B사업부에 대체함으로써 발생하는 판매기회 상실은 없다)

① 2,000원 ② 3,000원
③ 4,000원 ④ 5,000원

116 다음 중 책임회계제도에 대한 설명으로 옳지 않은 것은?

① 책임중심점은 크게 원가중심점, 수익중심점, 이익중심점, 투자중심점으로 구분할 수 있다.
② 책임회계제도가 원활히 수행되기 위해서는 책임소재가 명확해야 하고, 권한을 위임받은 항목에 대해 책임중심점은 통제권을 행사할 수 있어야 하며, 예산 자료가 존재하여야 한다.
③ 책임회계제도를 수행할 경우 책임 소재가 명확해지므로 관리자가 원가와 수익의 관리를 효율적으로 수행할 수 있는 장점이 있다.
④ 책임회계제도를 수행하기 위해서는 예산이 수립되어야 하며, 변동예산은 특정조업도를 기준으로 사전에 수립되는 예산으로 추후 조정되어 재작성된다.

117 다음 중 균형성과표의 관점과 핵심 지표에 대한 예로 옳지 않은 것은?

① 재무적 관점 : 총자산수익률
② 고객관점 : 시장점유율
③ 내부프로세스관점 : 직원만족도
④ 학습과 성장 관점 : 이직률

118 다음 자료를 이용하여 ㈜시대의 경제적부가가치를 구하면 얼마인가?

세후순영업이익	20,000,000원
투하자본	160,000,000원
세후타인자본비용	7%
자기자본비용	13%

※ 현재 ㈜시대의 재무구조에서는 부채와 자기자본의 비중이 동일하다.

① 4,000,000원
② 5,000,000원
③ 6,000,000원
④ 7,000,000원

119 **다음 중 분권화에 대한 설명으로 가장 옳지 않은 것은?**

① 분권화될 경우 각 사업부의 성과를 최우선시 하는 준최적화 현상이 발생할 수 있다.
② 사업부에 재량권이 부여되므로 동기부여가 가능하다.
③ 사업부의 책임하에 자원을 소비하므로 중복을 줄이고 효율적으로 자원 소모가 가능하다.
④ 사업부에서 고객의 요구에 신속하게 대응할 수 있는 장점이 있다.

120 **현재 ㈜부실은 회사가 위기에 처해있다. 기업이 언제 무너질지 모르는 상황에서 새로운 투자안을 통해 자구책을 찾아보려 하고 있다. 회사가 무너질 수 있기 때문에 장기적인 이익보다는 유동성에 초점을 맞추어 투자안을 평가한다고 할 때 다음 중 어떤 투자모형으로 투자안을 평가하는 것이 바람직한가?**

① 회수기간법
② 순현재가치법
③ 수익성지수법
④ 회계적이익률법

PART 2

재경관리사
3주 완성

정답 및 해설

교육은 우리 자신의 무지를 점차 발견해 가는 과정이다.

- 윌 듀란트 -

제1회 정답 및 해설

| 재무회계 |

01	④	02	②	03	④	04	②	05	④	06	②	07	①	08	①	09	①	10	②
11	③	12	③	13	②	14	③	15	③	16	①	17	①	18	②	19	②	20	②
21	②	22	②	23	②	24	④	25	①	26	③	27	①	28	①	29	③	30	①
31	②	32	④	33	②	34	③	35	①	36	③	37	①	38	①	39	①	40	②

01

④ 충실한 표현과 목적적합성은 별개의 개념으로 충실히 표현되었더라도 목적적합성을 충족하지 않을 수 있다. 목적적합성을 충족하기 위해서는 정보이용자의 의사결정에 차이가 날 수 있도록 정보에 예측가치와 확인가치가 있어야 한다.

- 완전한 서술 : 필요한 기술과 설명을 포함하여 정보이용자가 서술되는 현상을 이해하는데 필요한 모든 정보를 포함하는 것
- 중립적 서술 : 재무정보의 선택이나 표시에 편의가 없어야 함
- 오류가 없음 : 현상의 기술에 오류나 누락이 없고, 보고 정보를 생산하는데 절차상 오류가 없는 것. 오류가 없다고 해서 모든 면에서 완벽하게 정확하다는 것을 의미하는 것은 아님

02

② K-IFRS에서는 기업마다 재무상태표의 양식 및 재무상태표에 포함될 항목을 재량적으로 결정하는 것이 가능하다. 따라서 모든 기업의 재무상태표에 통일성은 요구되지 않는다.

① 기업회계기준에서는 재무상태표에 표시될 항목을 대분류 수준에서만 예시하고 있으며, 항목의 순서나 형식이 규정되어 있지 않다.

④ K-IFRS에서는 유동성 항목과 비유동성 항목의 구분을 강제하지 않으며 다음 세 가지 방법을 모두 인정하고 있다.

> ㉠ 유동성·비유동성 구분법
> ㉡ 유동성 순서에 따른 표시방법
> ㉢ ㉠과 ㉡의 혼합법

단, 유동성 순서에 따른 표시방법이 신뢰성 있고 더욱 목적적합한 경우를 제외하고 원칙적으로 유동성·비유동성 구분법을 선택해야 한다.

03

④ 성격별 분류란 당기손익에 포함된 비용을 그 성격별로 통합하여 표시하는 방법이다(예 감가상각비, 종업원급여와 광고비). 해당 포괄손익계산서는 매출원가를 다른 비용과 분리하여 공시하므로 기능별 분류로 공시한 것이다.

① K-IFRS에서는 연결재무제표가 주 재무제표이므로 투자기업의 재무상태 및 성과도 같이 공시해야 한다. 투자기업을 연결할 때 투자기업에 대한 지분이 100%가 되지 않을 때 모기업이 아닌 다른 투자자가 있다는 것이고 이들을 비지배지분이라 부른다. 연결재무제표를 공시할 때 이런 비지배지분에 대한 부분을 따로 구분하여 표시하는 것이 원칙이다.

② K-IFRS에서는 재무제표에 대한 표시를 할 때 구체적인 세부지침을 두지 않고 큰 원칙과 방법론만 제시하고 있다.

04 재고자산의 취득원가에 대해 묻고 있는 문제이다. 환율은 매출원가, 즉 수익·비용 항목에 적용하는 것이므로, 해당 발생시점의 환율인 $1 = 1,000원을 적용한다.

외부구입을 하는 경우 취득원가는 다음과 같이 구한다.

> 상품의 매입원가 = 매입가격 + 매입 관련 직접원가(수입관세, 제세금, 매입운임, 하역료, 직접 관련된 기타원가) − 매입할인, 리베이트 등

∴ 석유의 취득원가 = (100t × $1,000 × 1,000원) + 1,000,000원 − ($100 × 1,000원) = 100,900,000원

05 ④ 보고기업에 유의적인 영향력이 있는 개인은 기업의 재무정책과 영업정책에 영향을 미칠 수 있기 때문에 특수관계자에 해당한다.

① 지배기업과 종속기업의 관계는 거래의 유무에 관계없이 항상 공시를 해야 하는 자료이다.

② 조인트벤처 혹은 공동지배력이 있는 기업의 경우에도 특수관계가 있다고 본다.

③ 종속기업과 지배기업의 경우 하나의 연결실체로 표현되기 때문에 해당 연결실체 내에 존재하는 종속기업끼리는 특수관계가 존재한다고 본다.

06 ② 물가가 상승하는 경우 기초재고자산 단위당 가액보다 기중에 취득한 재고자산의 단위당 가액이 계속 더 커진다. 이 상황에서 총평균법에서는 기초재고자산과 기중 매입분을 평균하여 단위당 원가를 산출하는 반면, 선입선출법은 상대적으로 단위당 가액이 작은 기초재고자산부터 먼저 판매되거나 소비된다고 가정하므로 총평균법보다 매출원가가 작아져 당기순이익이 커지게 된다.

> ▸ 물가상승 시 선입선출법과 가중평균법에 의한 기말재고자산, 매출원가 및 당기순이익 비교
>
> ㉠ 기말재고자산 평가액 : 선입선출법 > 가중평균법
> ㉡ 매출원가 : 선입선출법 < 가중평균법
> ㉢ 당기순이익 : 선입선출법 > 가중평균법

① 계속기록법하에서 장부상 재고수량을 언제나 살펴볼 수 있어 적시에 재고수량에 관한 정보를 파악하는 것이 가능하지만 실지재고조사법의 경우 기말시점에만 실사를 통해 재고자산 수량을 파악한다.

③ 재고자산 단위원가 결정방법에서 후입선출법은 사용되지 않는다.

④ 감모손실이 없다고 가정하면 실지재고조사법과 계속기록법에 의한 기말재고자산 금액은 동일하다.

07 차입원가 자본화 중 특정차입금 관련 자본비용은 일반차입금 관련 자본비용과 달리 실제 이자비용에 대한 한도의 영향을 받지 않는다. 따라서 특정차입금 관련 자본비용은 한도를 신경쓰지 않고 계산해주면 된다. 단, 특정차입금은 1월 말에 차입한 반면 공장의 신축은 3월 초에 시작했으므로 3월 초부터 월수를 고려해야 한다.

• 20X1년 자본화 기간 : 20X1년 3월 1일 ~ 20X1년 12월 31일

• 특정차입금 = 120,000,000(차입금 A) × $\frac{10}{12}$ = 100,000,000

∴ 특정차입금 관련 자본화할 금융비용 = 100,000,000 × 7% = 7,000,000

만약, 문제에서 일반차입금도 같이 있다면 적격자산 지출액을 구하고, 특정차입금 평균지출액을 빼준 다음 자본화 이자율을 곱해 일반차입금 관련 자본비용도 구해주면 된다.

08 • 정액법의 매 회계기간의 감가상각비 = (취득원가 − 잔존가액) ÷ 내용연수

100,000 = (취득원가 − 100,000) ÷ 10

∴ 취득원가 = 1,100,000

09 해당 문제를 풀기 위해서는 먼저 투자부동산으로 분류되는 유형을 이해하고 있어야 하며 투자부동산의 공정가치모형은 감가상각을 하지 않는다는 것을 기억하고 있어야 한다. 먼저 투자부동산으로 분류되는지 살펴보면 현재 ㈜시대는 임대수입을 목적으로 매입하였으므로 투자부동산으로 분류해야 하며 ㈜마포는 아직 사용처를 정하지 못하고 있으므로 두 회사 모두 해당 건물을 투자부동산으로 분류해야 한다.

- ㈜시대의 투자부동산 후속측정 : 투자부동산을 원가모형으로 인식하므로 자산에 대한 감가상각비를 인식

  ∴ ㈜시대의 투자부동산 감가상각비 = 10억원 $\times \frac{1}{10}$ = 1억원 감가상각비 발생

- ㈜마포의 투자부동산 후속측정 : 투자부동산을 공정가치모형으로 인식하므로 감가상각을 하지 않고 자산의 공정가치 변동에 대한 평가손익을 인식
- ㈜마포의 투자부동산 공정가치 변동 : 20억원 → 17억원

  ∴ ㈜마포의 투자부동산 평가손익 : 3억원 손실

10 ② 지분상품의 경우 최초 취득 시 단기매매목적이 아닌 경우에만 기타포괄손익-공정가치 측정 금융자산으로 선택할 수 있다.

①, ③ 채무상품 중 원리금의 수취만 목적으로 하는 경우 상각후원가 측정 금융자산으로 분류해야 하며, 원리금의 수취와 더불어 매도까지 고려할 경우 기타포괄손익-공정가치 측정 금융자산으로 분류해야 하며, 이외는 당기손익-공정가치 측정 금융자산으로 분류해야 한다.

11 종업원급여에 관해서는 확정급여제도와 확정기여제도의 차이점을 정확히 이해하는 것이 중요하다.

③ 확정급여제도에 의한 퇴직급여 관련 기금의 보험수리적 위험과 투자위험은 기업이 부담하며 종업원은 확정된 퇴직급여를 지급받는다. 투자위험은 기업이 부담하기 때문에 기업은 만약 사외적립자산이 부족하게 되는 경우 추가적인 납입의무를 부담한다.

확정급여제도와 확정기여제도의 비교

구 분	확정급여제도	확정기여제도
기여금 불입액	변동 가능	확 정
보험수리적 위험 및 투자위험	기업이 부담	종업원이 부담
기업의 추가납입의무	발생 가능	없 음
퇴직금액	확 정	변동 가능

12 ㉠ 자본은 특별히 정의되어 있지 않고 자산에서 부채를 차감하여 구할 수 있다.

㉡ K-IFRS에서는 자본은 '자산에서 부채를 차감하여 구한다'라고만 되어있을 뿐 특별한 규정은 존재하지 않는다.

㉢ 자기주식은 기업이 재취득한 자신의 주식으로서 자본의 차감계정으로 인식된다.

㉣ 자기주식, 감자차손, 자기주식처분손실 등은 모두 자본조정으로 분류될 수 있다.

13 무형자산으로 정의될 수 있는 것을 묻고 있는 문제이다. 내부에서 창출한 영업권은 무형자산으로 인식할 수 없고 발생한 비용을 모두 당기비용으로 인식해야 한다. 영업권의 경우 외부에서 취득한 영업권의 경우만 인정된다.

② 사업결합을 하는 과정에서는 영업권으로 인식할 수 있는 부가가치가 존재하지 않으므로 사업결합으로 인한 영업권이 아니다. 사업결합 이후 일정 기간 기간이 지난 후 생성된 부가가치의 경우 내부적으로 창출된 영업권으로 볼 수 있으므로 해당 부가가치는 무형자산으로 인식할 수 없다.

③ 고객 목록의 경우 내부에서 창출한 경우에는 자산성이 있다고 볼 수 없지만 외부에서 취득한 고객 목록의 경우 무형자산으로 인식할 수 있다.

④ 시제품과 모형을 설계, 제작하기 위한 지출은 개발비의 인식요건을 충족하므로 해당 지출은 개발비로 인식하여 무형자산으로 인식할 수 있다.

▸ **개발단계에 속하는 활동의 예**

㉠ 생산 전 또는 사용 전의 시제품과 모형을 설계, 제작 및 시험하는 활동
㉡ 새로운 기술과 관련된 공구, 금형, 주형 등을 설계하는 활동
㉢ 상업적 생산목적이 아닌 소규모의 시험공장을 설계, 건설 및 가동하는 활동
㉣ 새롭거나 개선된 재료, 장치, 제품, 공정, 시스템 및 용역 등에 대하여 최종적으로 선정된 안을 설계, 제작 및 시험하는 활동

14 ③ 금융자산 중 지분상품은 사업모형에 관계없이 취득 후 보유기간 동안 재분류조정이 되지 않는다. 지분상품은 계약상 현금흐름이 원리금 이외의 특성을 지니므로 원칙적으로 당기손익-공정가치 측정 금융자산으로 분류한다. 단, 최초 취득 시 단기매매 목적이 아닌 경우 기타포괄손익-공정가치 측정 금융자산으로도 선택이 가능하다(추후 재분류 변경 불가).

② 복합금융상품 중 금융부채 부분은 일반사채처럼 유효이자율법을 적용하여 최초의 장부가로 인식하고, 지분상품 부분은 복합금융상품의 발행금액에서 금융부채 부분을 차감하여 계산한다. 예를 들어, 전환사채 발행 시 일반사채에 해당하는 부채 부분을 먼저 계산하고 발행가에서 부채 부분을 차감한 전환권대가 부분을 자본으로 인식한다.

④ 당기손익-공정가치 측정 금융자산을 상각후원가 측정 금융자산이나 기타포괄손익-공정가치 측정 금융자산으로 재분류하는 경우 재평가일에 취득한 것처럼 재분류일의 공정가치를 새로운 금융자산의 금액으로 회계처리한다.

15 ③ 자본잉여금으로 결손보전을 하더라도 자본총계는 동일하다. 결손을 보전하는 것은 단순히 자본잉여금 등을 결손금에 보전하는 것으로 분류가 변경되는 것일 뿐 자본의 실질적인 변화는 없다.

① 결손보전을 하더라도 부채와 자본총액은 변동이 없으므로 부채비율에는 변함이 없다.

② 자본잉여금의 결손보전의 경우 실제 자원이 기업에서 유출되지 않고 기업의 순자산 총액은 동일하지만 유상감자를 하는 경우 기업의 자원이 실질적으로 유출되므로 회사의 순자산이 실질적으로 감소하는 효과가 있다.

주식발행초과금을 모두 무상감자에 사용할 경우의 회계처리

(차) 주식발행초과금	5,000,000	(대) 결손금	5,000,000

16 교환 문제에 있어 가장 중요한 것은 두 자산을 교환하는 것이 상업적 실질이 있는지에 대한 여부이다. 두 자산의 교환에는 상업적 실질이 있다고 했으므로 공정가치로 해당 교환을 측정한다. ㈜마포의 공정가치가 ㈜시대의 공정가치보다 더 신뢰성이 있다는 언급은 없으므로 ㈜시대의 유형자산에 대한 공정가치로 교환하는 자산의 취득가를 인식한다. 그리고 현금 3억원까지 ㈜마포에 제공하였으므로 ㈜시대가 교환의 대가로 제공한 측정가능한 자산의 공정가치는 건물의 공정가치 18억원 + 현금 3억원 = 21억원이다.

▸ **상업적 실질이 있는 경우**

㉠ 취득한 자산과 제공한 자산의 현금흐름의 구성(위험, 유출시기, 금액)이 다름
㉡ 기업특유가치가 교환으로 변동하며 그 차이가 유의적

17 1. 이자비용

20X1년과 20X2년의 이자비용은 다음과 같다.

• 20X1년 이자비용 = 19,465,000원 × 6% = 1,167,900원

• 20X1년 말 사채 장부가액 = 19,465,000원 + {1,167,900원 − (20,000,000원 × 5%)} = 19,632,900원

• 20X2년 이자비용 = 19,632,900원 × 6% = 1,177,974원

∴ 상환시점까지 인식한 총 이자비용 = 1,167,900원 + 1,177,974원 = 2,345,874원

2. 사채상환손익

사채의 상환은 재취득, 즉 시장에서 다시 매입한다고 가정하는데, 발행 당시의 시장이자율과 비교하여, 만약 사채의 조기상환시점에 시장이자율이 상승한다면, 상환시점의 유통되고 있는 사채의 장부금액은 더 크게 할인이 되어 있을 것이다. 따라서, 시장이자율이 상승한다면 사채의 장부가액보다 더 적은 금액을 주고도 사채를 재취득하는 것이 가능하여 사채상환이익이 발생한다.

18 고객충성제도와 관련하여 제3자가 보상을 제공하는 경우 기업이 자기의 계산으로 대가를 회수하거나 기업이 제3자를 대신하여 대가를 회수할 수 있는데, 각각의 수익에 대한 측정 및 인식시점은 다음과 같다.

• 기업이 자기의 계산으로 대가를 회수하는 경우
  - 측정 : 보상점수에 배분되는 총 대가를 수익으로 측정
  - 인식 : 보상과 관련하여 의무를 이행한 때 수익으로 인식

• 기업이 제3자를 대신하여 대가를 회수하는 경우
  - 측정 : 보상점수에 배분되는 대가와 제3자에게 제공할 금액의 차액을 수익으로 측정
  - 인식 : 제3자가 보상을 제공할 의무를 지고 그것에 대한 대가를 받을 권리를 가지게 될 때 수익으로 인식

19 ② 우발부채는 금액적으로 중요하더라도 재무상태표에 인식하는 것이 아니고, 해당 우발부채로 인한 자원유출가능성이 아주 낮은 경우를 제외하고 주석에 기재한다.

우발부채의 인식요건

금액추정가능성 / 자원유출가능성	신뢰성 있게 추정가능	추정불가능
가능성이 높음	충당부채 인식	우발부채로 주석 공시
가능성이 어느 정도 있음	우발부채로 주석 공시	
가능성이 아주 낮음	공시하지 않음	공시하지 않음

우발자산의 인식요건

금액추정가능성 / 경제적 효익의 유입가능성	신뢰성 있게 추정가능	추정불가능
가능성이 높음	우발자산으로 주석 공시	우발자산으로 주석 공시
가능성이 어느 정도 있음	공시하지 않음	공시하지 않음

20 원진 : 미성공사보다 진행청구액이 작은 경우, 미청구공사로 자산으로 인식한다.
서연 : 손실이 예상되는 경우 예상되는 손실액을 당기에 즉시 비용으로 인식해야 한다.
무열 : 건설계약의 계약수익은 진행률로 측정할 수 있으며, 진행률은 누적발생계약원가 기준, 수행한 공사의 측량, 계약 공사의 물리적 완성 비율 등으로 측정할 수 있다.
유진 : 하자보수원가가 예상되는 경우 하자보수원가를 추정하여 비용으로 인식하고 동시에 하자보수충당부채를 인식해야 하며, 하자보수가 예상되는 회계연도부터 진행률에 따라 미성공사로 대체하면서 계약원가로 대체해야 한다.

21
- ㈜시대의 회사설립 시의 자본 : 1,000,000,000원
- ㈜시대의 20X1년 이익 : 100,000,000원
- ㈜시대의 자기주식 취득 = 10,000주 × 1,300원 = 13,000,000원
- 20X1년의 자본 = 1,100,000,000원 − 13,000,000원 = 1,087,000,000원
- 20X2년 도중 자기주식 처분 = 5,000주 × 1,500원 = 7,500,000원

∴ 20X2년의 자본 = 1,087,000,000원 + 7,500,000원 = 1,094,500,000원

22 ② 배당이나 다른 배분에 관한 의사결정에 참여하는 것을 포함하여 정책결정에 참여하는 경우 지분율이 20% 미만일지라도 통상적으로 유의적인 영향력*주)이 있다고 본다.
*주) 유의적인 영향력이란 투자자가 피투자자의 재무정책과 영업정책에 관한 의사결정에 참여할 수 있는 능력을 말하며 한국채택국제회계기준에서는 지분율기준 또는 실질영향력기준을 만족하는 경우 투자자는 피투자자에 대한 유의적인 영향력을 행사할 수 있다고 본다.

23 법인세회계에 대한 문제이다. 법인세회계의 계산문제의 경우 일시적 차이에 대해 정확히 파악하는 것이 중요하다. 일시적 차이와 미래 일시적 차이에 적용될 세율만 고려하면 문제를 풀 수 있다.
- 일시적 차이 : 차감할 일시적 차이 → 이연법인세자산 발생
- 일시적 차이가 적용될 평균세율 : 23%

∴ 이연법인세자산 = 4,000,000 × 23% = 920,000

24 수익에 대한 인식요건을 묻고 있는 문제이다. 수익의 인식요건은 5단계 모형을 적용하며 해당 5단계를 모두 충족하는 경우에만 수익으로 인식할 수 있다.
④ 수익에 대한 판단기준을 충족하지 못하는데 미리 대가를 받은 경우 계약이 종료하더라도 고객으로부터 받은 대가가 환불되지 않을 때까지는 수익으로 인식할 수 없다.
② 고객과의 계약 기준은 계약 당사자들의 계약에 대한 승인과 의무에 대한 확약, 계약 당사자들의 이전할 재화나 용역과 관련된 권리의 식별, 이전할 재화나 용역의 지급조건에 대한 식별, 상업적 실질이 있으며, 대가의 회수가능성이 높은 경우에만 고객과의 계약기준을 충족했다고 할 수 있다.

25 ① 취득 후에 발생하는 보관원가 및 제조원가 중 비정상적으로 낭비된 부분, 판매원가는 재고자산의 취득원가에 포함되지 않으며 모두 당기비용 처리한다.
② 재고자산은 취득원가와 순실현가능가치를 비교하여 저가법으로 평가해야 한다.
③, ④ 매입원가 = 매입가격 + 매입 관련 직접원가(수입관세, 제세금, 매입운임, 하역료, 직접 관련된 기타원가) − 매입할인, 리베이트

26 ③ 재무상태표(비교표시하는 재무상태표 포함)의 자산과 부채는 해당 보고기간 말의 마감환율로 환산하여 $1 = ₩1,150이 적용되는 반면 순자산의 경우 해당 자본의 거래일의 환율을 따르므로 $1 = ₩1,000원의 환율이 적용된다.
① 수익과 비용은 원칙은 거래일의 환율을 사용하는 것이 맞다. 하지만 일반적으로는 회사의 발생한 모든 수익과 비용을 거래일로 확인하여 모든 거래일의 환율로 환산하는 것이 현실적으로 어려운 경우가 많으므로 거래일의 환율을 사용하는 것이 어려운 경우 기중의 평균환율을 사용할 수 있다.
② 자산과 부채의 경우 표시통화로 환산할 때 기말마감환율을 사용하는 것이 적절하다.
④ 표시통화로 환산하면서 발생하는 차변과 대변의 차이는 해외사업장환산차액이라는 기타포괄손익 항목으로 인식한다.

27 ① 파생상품 등이 발생시키는 권리 또는 의무가 자산 또는 부채의 정의에 부합하므로 재무제표에 자산 또는 부채로 인식되어야 한다.
② 공정가치위험회피를 적용하는 경우 위험회피수단에 대한 손익은 당기손익으로 인식한다.
③ 미래현금흐름변동을 회피하기 위해 파생상품을 이용하는 경우 현금흐름위험회피회계를 적용한다.
④ 현금흐름위험회피를 적용하는 경우 위험회피수단에 대한 손익 중 위험회피에 효과적인 부분은 해당 회계연도의 기타포괄손익으로 인식하고, 위험회피에 효과적이지 않은 부분은 해당 회계연도의 당기손익으로 인식한다.

28 리스기간 종료시점에 ㈜종로에게 해당 리스자산의 소유권을 이전하기로 하였으므로 해당 리스는 금융리스로 분류할 수 있다. 따라서, ㈜시대리스는 해당 리스자산을 장부에 인식하지 않으므로 감가상각을 하지 않는다.

29 ㈜알파는 ㈜베타의 주식 0.1%를 취득하고 있으므로 지분율을 토대로 판단할 때는 유의적인 영향력을 미치고 있다고 할 수 없다. 또한 지분증권의 경우 현금흐름 특성이 금융자산의 원리금으로 구성될 수 없으므로 원칙은 당기손익으로 측정하는 것이 원칙이지만 단기매매 항목이 아닌 경우 최초 취득시점에 기타포괄손익으로 공정가치를 측정하는 것으로 선택하는 경우에 한하여 기타포괄손익–공정가치 측정 금융자산으로 분류할 수 있다. 최초 취득시점에 기타포괄손익으로 공정가치를 측정하도록 선택한 지분상품의 경우 처분시점에 재분류조정을 하지 않는다.

- 20X1년 말 금융자산의 공정가치 = 2,000 × 1,000 = 2,000,000
- 20X2년 말 금융자산의 공정가치 = 1,720 × 1,000 = 1,720,000

1주당 기타포괄손익–공정가치 측정 금융자산 평가손익	20X1년 말	20X2년 말
	200원	(80)원

- 처분한 금융자산의 장부가치 = 1,720 × 1,000 × 30% = 516,000

∴ 처분손익 = 520,000 − 516,000 = 4,000원 이익

위에서 언급한 대로 기타포괄손익으로 공정가치를 측정하도록 선택된 지분상품의 처분 시에는 재분류조정을 하지 않으므로 처분 시에는 4,000원의 이익이 발생한다.

※ 참고 : 만약 해당 지분 상품이 원리금으로만 현금흐름이 발생하고 현금흐름의 수취 및 매도의 사업모형을 충족하여 기타포괄손익으로 공정가치를 측정하는 채무상품으로서 재분류조정이 발생한다면
- 재분류조정 = (80) × 1,000원 × 30% = (24,000)
- 재분류조정을 반영한 처분손익 = 4,000 + (24,000) = (20,000)

30 ㉠ 사채를 발행시점의 시장이자율보다 낮은 이자율로 발행하는 경우 시장의 사채의 투자자에게 시장이자율과 표시이자율의 차이만큼 보전해줘야 사채에 투자가 발생할 수 있다. 따라서 액면가격보다 낮은 가격으로 사채를 발행해야 하며 이것을 할인발행이라 한다.
㉡ 사채의 발행시점에 발생하는 사채발행비는 일반적으로 유효이자율에 반영하여 사채발행비가 없는 경우보다 유효이자율이 커지게 된다.
㉢ 유효이자가 표시이자보다 큰 경우 할인발행이 된다. 따라서 만기로 갈수록 사채의 장부가액은 커지면서 액면가에 가까워진다.
㉣ 사채를 중도에 상환하는 경우 재취득을 가정하면 된다. 상환시점의 시장이자율이 발행시점의 시장이자율보다 큰 경우 현재 유통되고 있는 사채의 시장가격은 발행시점의 시장이자율을 반영한 것보다 더 큰 할인이 일어나 있으므로 재취득할 때엔 장부가보다 더 적은 금액으로 재취득할 수 있다. 따라서 사채상환이익이 발생하게 된다.

31
- 20X1년 매출액 대비 예상되는 제품보증비용 = 100억원 × 1% = 1억원
- 20X1년 발생한 제품보증비용 : 0.5억원
- 매출액에 대비하여 인식한 제품보증충당부채가 1억원이고 당기에 발생한 제품보증비용은 0.5억원이므로 제품보증충당부채를 인식하며 계상한 제품보증비 1억원만 비용으로 인식한다.
- 20X2년 발생한 20X1년 판매한 제품의 제품보증비용 : 0.6억원
- 매출 발생시점 인식한 제품보증비용이 1억원인 반면 20X1년과 20X2년 발생한 제품보증비용을 합하면 1.1억원이고 20X1년에 매출액 대비 충당부채로 1억원을 인식하였으므로 차액분 0.1억원을 20X2년도에 인식한다. 또한 20X2년에 발생한 매출액이 110억원이고 이에 따라 예상되는 제품보증비용은 110억원 × 1% = 1.1억원이다.

∴ 20X2년 인식한 제품보증비용 = 0.1억원 + 1.1억원 = 1.2억원

32
④ 토지와 건물을 일괄취득하지만 건물은 취득과 동시에 철거하기로 하였으므로 실제로 사용하는 것은 토지밖에 없다. 따라서 토지의 취득가액으로만 10억원을 인식한다. 단, 취득하면서 발생하는 철거 관련 부대수익은 토지의 취득원가에서 차감해야 하기 때문에 토지의 취득가액은 9억 6,000만원이 된다.

③ 만약 일정기간 건물을 사용한 후 철거하고 새로운 건물을 건설한다고 하면 구건물이 새로운 건물의 건설에 직접적으로 관련이 없기 때문에 구건물의 남은 장부가액은 모두 당기비용으로 인식해야 한다.

33
유의적인 영향력에 대해 묻고 있는 문제이다. 유의적인 영향력을 행사할 수 있는 요건은 지분율기준 또는 실질영향력기준을 충족하는 것이다.
- 지분율기준 : 직간접적으로 피투자자의 의결권의 20% 이상을 소유
- 실질영향력기준 : 피투자자회사 의결권의 20% 미만을 소유하더라도 실질적으로 영향을 미치는 경우
- 실질영향력기준의 예
  - 피투자자의 이사회나 이에 준하는 의사결정기구 참여
  - 배당이나 다른 배분에 관한 의사결정에 참여하는 것을 포함하여 정책결정과정에 참여
  - 투자자와 피투자자의 사이에 중요한 거래관계가 있음
  - 경영진의 상호교류
  - 필수적 기술정보의 제공

ⓛ 지분을 15%를 보유하고 있어 지분율기준을 충족시키지 못하며, C회사의 영업정책과 재무정책의 정책의사결정과정에 적극적으로 참여하고 있지도 않으므로 실질영향력기준도 충족하지 못한다.

ⓔ 주식 총수 중 25%를 보유하고 있지만, 해당 주식은 모두 상환우선주로 의결권이 없는 주식으로 분류할 수 있으므로 지분율기준을 충족하지 못한다.

34
여기서 주의할 점은 가중평균유통보통주식수를 고려할 때 자기주식을 차감해주어야 한다는 것이다. 자기주식은 회사에서 보유하고 있는 자본으로 현재 유통되고 있지 않기 때문에 가중평균유통보통주식수에서 차감해주어야 한다.

- 가중평균유통보통주식수 = $40,000 + 20,000 \times \frac{6}{12} - 1,500 \times \frac{4}{12} = 49,500$

35
투자부동산 계정분류

투자부동산에 해당되는 경우	• 장기 시세차익을 얻기 위하여 보유하고 있는 토지 • 장래 사용목적을 결정하지 못한 채로 보유하고 있는 토지 • 직접 소유(or 금융리스)하고 운용리스로 제공하고 있는 건물 • 리스제공자가 운용리스로 제공하기 위하여 보유하고 있는 미사용 건물 • 투자부동산으로 사용하기 위하여 건설 또는 개발 중인 부동산
투자부동산에 해당되지 않는 경우	• 정상적인 영업과정에서 판매하기 위한 부동산이나 판매하기 위해 건설 또는 개발 중인 부동산 • 제3자를 위하여 건설 또는 개발 중인 부동산 • 자가사용부동산 • 금융리스로 제공한 부동산

∴ 투자부동산 금액 = 사용목적을 결정하지 못한 제주도의 토지 5억원 + 직접 소유하고 운용리스로 제공하고 있는 대구의 건물 15억원 = 20억원

36 단기리스나 소액 기초자산 리스에 대해 리스이용자는 사용권자산과 리스부채를 인식하지 않기로 선택할 수 있으며, 사용권자산과 리스부채를 인식하지 않기로 선택한 경우에 리스이용자는 해당 리스에 관련되는 리스료를 리스기간에 걸쳐 정액기준 또는 리스이용자의 효익의 형태를 더 잘 나타내는 다른 체계적인 기준에 따라 비용으로 인식한다.

③ 소액 기초자산 리스의 경우 리스이용자는 사용권자산과 리스부채를 인식하지 않기로 선택할 수 있으므로 감가상각비도 인식하지 않을 수 있다.

② 운용리스로 분류되는 경우 리스료가 매년 동일한 금액으로 수취되지 않더라도 리스료수익은 리스기간에 걸쳐 매년 정액기준으로 인식한다. [4,000원 = (30,000원 + 40,000원 + 50,000원) ÷ 3년]

37 현재 회사는 2개의 무형자산을 보유 중이다. 개발비와 특허권인데 각각 나누어서 접근해야 한다.

1. 특허권의 상각

특허권은 8월 31일 취득하였으므로 실제로 상각을 해야 하는 기간은 1년 중 4달이다. 특허권도 무형자산의 내용연수인 5년을 적용하여 상각액을 계산해보면

$$24,000,000 \times \frac{4}{12} \times 0.2(5\text{년, 정액법의 상각률}) = 1,600,000$$

2. 개발비의 상각

개발비는 매달 10,000,000씩 발생하였는데 개발비의 요건을 충족한 것이 7월 31일이므로 7월 31일부터 10월 말까지의 3개월의 기간 동안 발생한 비용을 개발비로 자산화해야 한다. 그리고 10월 말에 개발하는 자산이 완료되었으므로 해당 자산은 10월 말부터 상각을 시작하여 2개월간 상각해야 한다.

$$10,000,000 \times 3 \times \frac{2}{12} \times 0.2(5\text{년, 정액법의 상각률}) = 1,000,000$$

∴ ㈜시대의 상각비 : 2,600,000

38 해당 사항은 모두 20X1년 재무제표 감사과정에서 발견된 것이므로 해당 회계처리를 직접 취소하여 오류를 수정한다.

- **매출 관련 사항**

㈜민서와 관련된 시용판매는 해당 상품을 ㈜민서가 시용판매에 대한 매입의사표시를 할 때 인식하므로 해당 시용판매와 관련된 매출과 매출원가는 모두 20X2년에 인식되어야 한다. 따라서 20X1년에 인식한 해당 거래와 관련된 매출과 매출원가를 취소해야 한다. 여기서 매출원가는 매출총이익률 자료를 통해 도출해낼 수 있다.

㈜무혈의 매출원가 구하기(㈜무혈의 매출총이익률은 20%)

- 매출액 − 매출원가 = 매출액 × 20%
- 매출액 × (1 − 20%) = 매출원가
- 매출액 × 80% = 매출원가

∴ ㈜무혈의 매출원가 = 400,000,000 × 80% = 320,000,000

∴ ㈜무혈의 취소되는 매출총이익 = 400,000,000 − 320,000,000 = 80,000,000

- 매출취소 관련 회계처리

(차) 매 출	400,000,000	(대) 매출채권	400,000,000
(차) 재고자산	320,000,000	(대) 매출원가	320,000,000

- **기타사항**

해당 지출액은 발생주의에 의해 20X1년에 전액 비용으로 인식되어야 하는데 20X1년에 절반만 인식되어 있으므로 20X2년의 나머지 절반 비용 계상을 취소하고 20X1년의 비용으로 전액 계상해야 함

- 20X1년에 더 계상되는 비용 : 10,000,000

∴ ㈜무혈의 오류 수정 후 당기순이익 = 200,000,000 − 80,000,000 − 10,000,000 = 110,000,000

39 매출과 관련된 현금흐름은 직접법을 사용해야 한다. 직접법의 경우 관련된 항목을 찾아내는 것이 중요하다. 그리고 자산 항목이 증가하는 경우는 현금흐름의 감소, 부채 항목이 증가하는 경우는 현금흐름의 증가라는 것을 유념해야 한다.

- 매출과 관련된 현금흐름 = 매출액 ± 매출채권의 변동 ± 선수금의 변동
- 매출액 발생 : 3,000,000
- 매출채권의 감소 : +300,000
- 선수금의 증가 : +100,000

∴ 매출과 관련된 현금흐름 = 3,000,000 + 100,000 + 300,000 = 3,400,000

40 간접법을 이용하여 영업현금흐름을 구하는 문제이다. 간접법의 경우 당기순이익부터 시작하여 현금의 유・출입과 관련이 없는 수익과 비용을 배제하고 자산과 부채의 변동을 반영해주는 방식으로 진행하면 된다.

- 영업현금흐름 = 300,000(당기순이익) + 100,000(감가상각비) + 300,000(매출채권, 자산의 감소) + 100,000(매입채무, 부채의 증가) + 100,000(선수금, 부채의 증가) = 900,000

세무회계

41	②	42	③	43	②	44	④	45	②	46	②	47	①	48	②	49	④	50	③
51	②	52	③	53	②	54	①	55	②	56	②	57	②	58	④	59	④	60	③
61	④	62	②	63	③	64	④	65	①	66	④	67	②	68	④	69	③	70	③
71	②	72	③	73	②	74	②	75	①	76	③	77	④	78	④	79	①	80	④

41 ② ㉡은 조세의 과세 목적에 대한 설명으로 목적세의 개념이 아니다. 목적세란 세수의 용도가 특정되어져 있는지 여부에 따른 조세의 분류 기준 중 하나로 걷은 조세를 쓰는 용도가 이미 정해진 조세의 의미한다.

① 법률에서 조세의 과세권자를 국가 및 지방자치단체로 규정되어 있기 때문에 국가 및 지방자치단체 이외의 단체는 조세를 부과할 수 없다.

④ ㉣과 같이 조세를 납부하는 경우 국방, 복지 등 간접적인 혜택은 기대할 수 있지만 조세를 부담한만큼 직접적인 반대급부를 기대할 수는 없으며 이것을 일반보상성이라 한다.

42 국세기본법의 개념에 대해 묻고 있는 문제이다. 조세총론과 함께 국세기본법은 뒤에 나오게 될 법인세와 소득세, 부가가치세의 기본 개념이 되는 법으로 자주 읽어 문제가 나왔을 때 구분할 수 있을 정도로 숙지하고 있어야 한다.

③ 세법에서의 기간의 계산은 초일은 산입하지 않고(초일불산입 원칙) 말일은 산입하여 계산한다.

①, ② 서류의 송달에 대한 효력은 원칙적으로 도달주의에 의하나 전자송달의 경우 국세정보통신망(홈페이지)에 입력된 때에 신고된 것으로 본다.

④ 세법에서 규정하는 신고・신청・청구, 그 밖의 서류의 제출・통지・납부 또는 징수에 관한 기한이 공휴일 및 대체공휴일, 토요일 및 일요일이거나 근로자의 날인 경우 다음 날을 기한으로 한다.

43 ② 법인세의 납세지에 대한 기준은 법인의 본점, 주사무소의 위치가 국내에 있는 내국법인, 국외에 있는 경우 외국법인으로 분류한다. 주로 영업을 하는 장소로 구분하는 것이 아니다.

①, ④ 법인세의 납세의무자는 영리를 추구하는지에 따라 영리법인과 비영리법인으로 나눌 수 있으며 비영리법인이라 하더라도 고유사업목적이 아닌 수익사업소득에 대해서는 납세의무를 진다.

48 ② 부가가치세의 신고는 1기 예정신고, 1기 확정신고, 2기 예정신고, 2기 확정신고 등 총 4번 수행한다. 부가가치세의 기간은 크게 1기(1월 1일 ~ 6월 30일)와 2기(7월 1일 ~ 12월 31일)로 나뉘며 각각의 신고기간은 분기가 끝나고 다음 달 25일 이내에 신고한다.

예 1기 예정신고기간 : 첫 분기가 끝나고 다음 달 25일까지인 4월 25일

예정신고기간에는 해당 기간(1기 : 1월 1일 ~ 3월 31일, 2기 : 7월 1일 ~ 9월 30일)에 해당하는 세액을 신고 납부하며 확정신고기간은 나머지 기간에 대한 신고와 예정신고에서 누락된 부분을 신고하게 되어 있다. 따라서 예정신고와 확정신고 중 골라서 신고하는 것이 아니라 예정신고와 확정신고를 모두 수행해야 한다.

① 부가가치세는 납세자와 담세자가 다른 간접세이다. 즉, 소비자는 물건의 10%가 부가된 부가가치세를 판매자에게 지급하며 판매자는 해당 부가가치세를 모아 납부하는 의무를 가지고 있다.

49 ④ 일반적인 이자소득은 조건부 종합과세이다. 국외 배당소득은 원천징수가 되지 않는 금융소득으로 무조건 종합과세 대상으로 조건부 종합과세 금융소득과 무조건 종합과세 금융소득을 합한 금액이 21,000,000원으로 기준인 20,000,000원을 초과한다. 따라서 해당 사례에서 금융소득은 종합과세되어야 한다.

종합과세되는 금융소득의 판단

무조건 + 조건부 > 2,000만원	무조건 종합과세 + 조건부 종합과세 모두 종합과세
무조건 + 조건부 ≦ 2,000만원	무조건 종합과세는 종합과세, 조건부 종합과세는 분리과세

① 금융소득에는 필요경비가 인정되지 않는다. 대신 배당소득에 Gross-up 금액을 가산한다. 즉, 종합과세되는 금융소득 금액은 이자소득 + 배당소득 + Gross-up 금액(Gross-up 대상 배당소득 × 10%)으로 결정된다.

50 ③ 영세율과 면세는 모두 표면적으로는 부가가치세를 부담하지 않으므로 혼동할 수 있다. 하지만 영세율은 부가가치세 과세사업자로서 다만 세율이 0%로 적용받는 사업자로 영세율 사업자에게 공급받는 경우 부가가치세 매입세액공제를 받을 수 있다. 하지만 면세사업자는 부가가치세 과세사업자가 아니기 때문에 면세사업자에게 공급받는 경우에는 부가가치세 매입세액공제를 받을 수 없다.

④ 영세율의 기본 논리는 소비지국과세원칙이다. 따라서 소비하는 국가, 즉 수출하는 국가에서 부가가치세 부분이 과세되고 우리나라에서는 부가가치세 부담을 덜기 위해 영세율을 적용하고 있다.

51 세액공제, 소득공제부분은 방대하지만 시험에 자주 출제되는 부분으로 기본적인 개념이나 적용받는 대상자, 한도부분까지 정확히 숙지하고 있어야 한다.

② 교육비세액공제의 경우 기본공제 대상자 중 나이의 제한을 받지 않는다.

④ 조세특례제한법상 성실사업자 및 성실신고확인대상사업자로서 성실신고확인서를 제출한 경우 의료비, 교육비, 기부금 세액공제를 받을 수 있다.

52 기업업무추진비 항목에 관한 문제이다.

가. 거래관계개선을 위해 매출채권을 포기하는 것은 기업업무추진비로 본다. 따라서 해당 1,000,000원은 기업업무추진비로 인식한다.

나. 현물기업업무추진비는 해당 현물의 시가로 인식하므로, 1,000,000원을 기업업무추진비로 추가 인식해야 한다.

다. 광고선전 목적으로 특정인에게 연간 5만원(개당 3만원) 초과의 물품을 제공한 경우에는 기업업무추진비로 인식된다. 따라서 개당 2만원 상당의 현물(접시)을 제공한 다의 경우에는 광고선전비로 분류된다.

라. 500,000원은 증빙이 없으므로 한도와 상관없이 손금불산입해야 한다.

※ 기존의 기업업무추진비 계상액과 한도가 일치하므로 가, 나를 추가로 인식해야 하는 기업업무추진비에 대한 손금불산입의 세무조정을 수행해야 하며 증빙이 없는 기업업무추진비는 한도와 상관없이 손금불산입해야 한다.

∴ 손금불산입되어야 하는 기업업무추진비는 총 2,500,000원이다.

53 해당 문제는 의제 기부금 및 감가상각에 대한 회계처리를 묻는 문제이다. 대표이사의 종친회는 회사와 특수관계에 있다고 볼 수는 없으므로, 비지정기부금 단체에 해당한다고 보고 문제를 풀어야 한다.

- 해당 건물의 정상가액이 시가 5억원의 130%인 6억 5,000만원이므로, 정상가액 이상분인 3억 5,000만원은 건물의 장부가액이 아닌 비지정기부금으로 인식하므로 다음과 같이 세무조정이 이루져야 한다.
  (손금산입) 건물, 3억 5,000만원, (△유보)
  (손금불산입) 비지정기부금, 3억 5,000만원, 기타사외유출
- 감가상각비도 10억원이 아닌 6억 5,000만원을 기준으로 이루어져야 하므로, 10억원을 50년으로 감가상각한 2,000만원이 아닌, 6억 5,000만원을 50년으로 감가상각한 1,300만원이 되어야 하므로 그 차액인 700만원에 대해 다음과 같이 세무조정이 이루어져야 한다.
  (손금불산입) 감가상각비, 700만원, 유보

54 ① 중간예납은 사업연도 기간이 6개월을 초과하는 법인으로서 사업연도 개시일로부터 6개월간의 기간을 중간예납기간으로 법인세를 미리 신고 및 납부하는 제도이다.

55 손익귀속시기에 대해 묻는 문제이다. 이런 유형의 문제는 빈출되는 부분이므로 적어도 본 책에 언급한 손익귀속시기에 대해서는 정확히 인지하고 있어야 한다.

② 위탁판매손익의 경우 기업회계기준과 마찬가지로 수탁자의 판매시점에 판매손익을 인식한다.
① 임대료의 경우 계약일이 있으면 계약상 지급일로 인식하고 계약일 등이 없는 경우 실제 지급일로 수익을 인식한다.
③ 법인세법상 이자수익은 소득세법상 수익시기를 따른다.
④ 용역제공 등에 의한 손익은 진행률을 기준으로 인식한다. 예외적으로 중소기업인 법인이 수행하는 계약기간이 1년 미만인 건설 등의 제공으로 인한 손익은 인도기준으로 손익을 인식할 수 있다.

56 ② 회사의 직원에 대한 급여, 상여 및 퇴직금은 모두 손금으로 인정된다. 하지만 임원에 대한 급여, 상여, 퇴직금 중 일부 항목이나 한도를 초과하는 금액은 손금불산입된다.
③ 업무무관경비는 법인의 순자산을 감소시키는 거래이지만 회사의 업무와 관련이 없기 때문에 손금불산입한다.
④ 차입금에 대한 이자 중 채권자 불분명 사채이자, 비실명 채권·증권이자, 건설자금이자 등은 예외적으로 손금불산입된다. 그 중 건설자금이자는 유보로 소득처분되어 해당 고정자산이 감가상각될 때 손금으로 인정된다.

57 비과세되는 근로소득의 구분에 대해 묻고 있는 문제이다. 근로소득에 대한 계산은 빈출되는 부분이므로 비과세되는 소득과 그 범위를 기억하고 있어야 한다.

과세되는 근로소득 = 급여 3,000,000원 + 식대 200,000원(회사가 근로자들에게 식사를 대접하고 있으므로 식대로 제공받는 금액은 전액 과세됨) = 3,200,000원

58 제품과 상품의 판매손익은 회계기준상의 손익귀속시기와 같은 인도일에 인식한다. 따라서 기업회계기준에서 인식하는 데로 20X2년 인도일에 판매손익을 인식한다. 기업회계기준과 일치하여 판매손익을 인식한 경우 세무조정은 발생하지 않는다.

59 ㉠ 복권당첨소득은 무조건 분리과세대상이다. 3억원 이하이므로 20%의 금액을 기타소득세로 분리과세한 후 납세의무는 종결된다.
㉡ 외부에서 강연을 하는 경우 필요경비에 관한 증빙이 없더라도 60%까지 필요경비로 인정받을 수 있다. 따라서 2,000,000원의 60%인 1,200,000원을 필요경비로 신고할 수 있다.
㉢ 저작권의 경우 본인인 경우에는 사업소득으로 간주된다. 본인이 아닌 사람이 저작권으로 소득이 생긴 경우에 기타소득으로 분류한다.
㉣ 위약금, 배상금의 명목으로 수령한 금액은 모두 기타소득으로 분류한다.

60 재화와 용역의 공급시기에 대한 문제이다. 용역의 공급시기 중 완성도 기준 지급으로 대가를 지급받기로 하였으므로 대가의 각 부분을 받기로 한 때 매출을 인식할 수 있다. 완성도에 대한 조건을 살펴보면 40%까지 달성될 경우 20,000,000원을 받기로 하였으므로 20X1년 1기에 인식해야 할 용역의 공급가액은 20,000,000원이다.

용역의 공급시기

구 분		공급시기
일반적		역무가 제공되거나, 재화, 시설물 또는 권리가 사용되는 때
통상적 용역 공급		역무의 제공이 완료되는 때
완성도기준지급조건부, 중간지급조건부, 장기할부 또는 기타 조건부 용역공급		대가의 각 부분을 받기로 한 때(단, 완성도기준지급조건부, 중간지급조건부의 경우 완료일 이후 받기로 한 대가의 부분은 완료일)
부동산 임대용역	단일과세기간	용역 제공 종료일
	2 이상 과세기간	예정신고기간 또는 과세기간 종료일
	간주임대료	예정신고기간 또는 과세기간 종료일
기타의 경우		역무 제공이 완료되고 공급가액이 확정되는 때

61 환급금을 익금과 익금불산입 항목으로 구분하는 가장 기본적인 기준은 납부할 때 해당 항목이 손금으로 인정되었는지 여부가 중요하다. 해당 항목이 손금으로 인정되는 경우 해당 항목의 환급금도 익금으로 인정되지만 해당 항목이 손금불산입 항목이라면 다시 환급되더라도 해당 항목은 익금불산입 항목으로 구분해야 한다.

㉢ 법인세는 손금불산입 항목이므로 해당 항목이 환급될 때에도 익금으로 볼 수 없다.

㉣ 유형자산의 재평가 차액은 일반적으로 익금불산입 항목이다.

㉤ 해당 항목은 전기에 손금으로 인정되었기 때문에 환급받는 경우에도 익금으로 분류한다.

62 부가가치세 과세표준과 관련된 문제이다. 부가가치세 과세표준과 관련된 문제를 풀기 위해서는 재화와 용역의 공급시기에 대해 정확히 정리하는 것이 필요하다.

확정신고기간의 과세표준

- 현금매출액 : 15,000,000원
- 선수금 : 선수금은 부가가치세법이 아닌 다른 법이나 회계기준에서는 매출로 인식할 수 없다. 하지만 부가가치세법에서는 대가를 받고 세금계산서를 발급하는 경우 선수금과 관련된 매출의 공급시기를 세금계산서 발급일로 보고 있으므로 세금계산서를 발급한 1기 확정신고기간의 매출로 인식되어야 한다.
- 신용매출액 : 3개월마다 5회에 걸쳐 대가를 지불하기로 하였으므로 장기할부요건을 충족한다. 따라서 장기할부판매로 보고 문제를 풀면 1기 확정신고기간에는 대가를 받기로 한 부분이 없다. 따라서 1기 확정신고기간에 인식해야 할 과세표준은 없다.

∴ 확정신고기간의 과세표준 = 15,000,000원 + 3,000,000원 = 18,000,000원

63 국내에서 국내로의 항행은 과세이다. 국내에서 국외, 국외에서 국외 항행은 영세로 비과세이다.

64 ④ 기한 후 신고를 통해 신고기한이 지난 후라도 세금을 신고하도록 하여 납세자는 미신고가산세를 일정비율 줄일 수 있다. 따라서 기한이 지난 후라도 미신고가산세의 감면을 통해 조세에 관한 사항을 신고하도록 유도하는 것이다.

① 수정신고와 경정청구의 경우 신고기한까지 정당하게 과세표준신고서를 제출한 자와 기한후과세표준신고서를 제출한 자가 사용할 수 있는 방법이다.

② 수정신고는 과세표준과 세액이 결정 또는 경정되어 통지되기 전에 신청할 수 있으며, 당초 신고에 따라 확정된 과세표준과 세액을 증액하여 확정하는 절차이다. 경정청구는 과세표준과 세액이 결정 또는 경정된 후 신청할 수 있다.

③ 경정청구의 경우 법정신고기한이 경과한 후 5년 이내, 후발적 사유에 의한 경정청구의 경우 후발적 사유를 안 날부터 3개월 이내에 신고하여야 한다.

65 각 사업연도 개시일 전 15년 이내에 개시한 사업연도에 발생한 결손금의 경우 이월결손금으로서 각 사업연도소득금액의 80%를 한도로 공제할 수 있다. 해당 문제의 결손금은 15년 이내에 발생한 결손금(사업연도가 3기)이므로 모두 공제 적용 대상이 된다.

- 각 사업연도소득금액 = 100,000,000원 + 10,000,000원(기업업무추진비 한도초과 세무조정) = 110,000,000원
- 이월결손금 공제 한도 = 각 사업연도소득금액 110,000,000원 × 80% = 88,000,000원
- 이월결손금 공제액 = Min(공제한도 88,000,000원, 1기 결손금 10,000,000원 + 2기 결손금 5,000,000원) = 15,000,000원(이월결손금 공제 한도 내에 포함되므로 전액 공제 가능)
- 과세표준 = 각 사업연도소득금액 110,000,000원 − 이월결손금 공제액 15,000,000원 = 95,000,000원

∴ 산출세액 = 95,000,000원 × 9% = 8,550,000원

66 ④ 직원이 임원으로 취임한 경우에는 직원이 퇴사를 한 후 임원으로 취임한 것으로 보기 때문에 현실적 퇴직에 해당한다.

현실적 퇴직	현실적 퇴직이 아닌 경우
• 사용인이 임원으로 취임 • 사용인에게 중간정산하여 퇴직급여 지급 • 임원에 대한 급여를 연봉제로 전환 • 임원에게 지급 규정에 따라 퇴직금을 중간정산	• 임원이 연임 • 대주주 변동 등의 사유로 사용인에게 퇴직급여를 지급 • 중간정산하기로 하였으나 실제로 지급하지 않음

① 퇴직급여충당금은 결산조정사항으로 계상액이 한도액보다 부족한 경우 세무조정이 발생하지 않는다. 하지만 퇴직연금충당금은 신고조정사항으로 계상액이 한도액보다 부족한 경우 부족분을 손금산입해야 한다.
② 퇴직급여충당금 한도액을 계산할 때 퇴직금추계액은 0%의 비중을 곱한다.
③ 현실적 퇴직의 경우에는 퇴직급여충당금에서 먼저 지급하는 것으로 본다.

67 먼저 받은 임대수입의 경우 회계의 발생기준처럼 생각하면 된다. 1년 중 실제 임대를 제공한 것은 4개월이므로 4개월에 대한 부분만 수입으로 생각해야 한다.

- 임대수입 = 12,000,000원 × $\frac{4}{12}$ = 4,000,000원(9월 ~ 12월 분)

관리비도 역시 수입으로 인정되므로 관리비 4개월 분도 총수입금액에 포함하여야 한다.

- 관리비 수입 = 100,000 × 4 = 400,000원

∴ 총수입금액에 포함되어야 할 금액 = 4,000,000원 + 400,000원 = 4,400,000원

68 ④ 사업상 증여는 원칙적으로 간주공급에 해당한다. 하지만 무상으로 제공하는 견본품의 경우 간주공급으로 보지 않는 예외에 속한다.

간주공급의 사례	설 명
자가공급	사업자가 자기사업과 관련하여 생산하거나 취득한 재화(매입세액이 공제된 재화 및 수출에 해당하여 영세율로 매입한 재화)를 자기의 사업을 위해 직접 사용・소비하는 것
개인적 공급	• 사업과 관련하여 생산 또는 취득한 재화(매입세액이 공제된 재화 및 수출에 해당하여 영세율로 매입한 재화)를 본인・사용인이 개인적으로 사용하는 것 • 개인적 공급이 아닌 경우 − 매입세액불공제 재화 예 작업복・작업모・직장체육비・직장연예비・1인당 연간 10만원 이내의 경조사와 관련된 재화
사업상 증여	• 사업자가 자기사업과 관련하여 생산하거나 취득한 재화(매입세액이 공제된 재화 및 수출에 해당하여 영세율로 매입한 재화)를 고객이나 불특정 다수인에게 증여하는 것 • 사업상 증여가 아닌 경우 − 매입세액불공제 재화 − 주된 거래에 증여되는 재화의 대가가 포함 − 견본품(무상인 경우)
폐업 시 잔존재화	폐업할 때 남은 재화

69 ③ 근로소득만 있는 근로자의 경우 연말정산으로 소득세의 신고의무가 종결된다. 만약 근로소득 이외의 다른 종합소득에 포함되는 소득이 있는 경우에는 합산하여 다음 해 5월에 신고해야 한다.

④ 소득세는 이자, 배당, 근로, 사업, 연금, 기타 등의 종합소득과 분류과세에 속하는 양도와 퇴직소득으로 구성된다.

70 ③ 1가구 1주택의 경우 양도소득세가 비과세된다. 하지만 양도소득에서 규정하는 고가주택에 해당할 경우 1가구 1주택에 해당할 지라도 양도소득세가 과세된다.

② 미등기양도자산은 장기보유특별공제, 양도소득기본공제를 적용받을 수 없으며 세율에서도 높은 세율을 적용받는다. 마찬가지로 조정대상지역에 다주택을 보유한 경우 장기보유특별공제를 적용받을 수 없으며 세율에서도 높은 세율을 적용받는다.

④ 상장주식의 양도는 원칙적으로 비과세 항목이다. 하지만 대주주가 상장주식을 양도하는 경우나 장외에서 거래되는 경우에는 양도소득세가 과세된다(단, 대주주 외의 자가 장외(K-OTC)에서 양도하는 중소・중견기업 주식은 과세대상에서 제외).

71 면세와 과세에 공통으로 사용하던 재화를 공급하는 경우의 과세표준을 구하는 문제이다. 부가가치세법은 기본적으로 면세 부분에 대해서는 과세하지 않는다는 것을 기억하고 있어야 한다.

$$\text{공통사용재화를 공급하는 경우의 과세표준} = \text{공급가액} \times \frac{\text{직전 과세기간 과세공급가액}}{\text{직전 과세기간 총공급가액}}$$

$$\therefore \text{㈜시대의 공통사용재화 공급과세표준} = 10{,}000{,}000\text{원} \times \frac{60{,}000{,}000\text{원}}{100{,}000{,}000\text{원}} = 6{,}000{,}000\text{원}$$

72 ㉠ 부가가치세는 매년 1기와 2기로 나뉘며 기간 중에는 분기별로 예정신고, 확정신고로 구분한다. 따라서 부가가치세는 1기 예정신고(1월 1일 ~ 3월 31일), 1기 확정신고(4월 1일 ~ 6월 30일), 2기 예정신고(7월 1일 ~ 9월 30일), 2기 확정신고(10월 1일 ~ 12월 31일)로 구분된다.

㉡ 부가가치세에 대한 세액은 예정신고기간, 확정신고기간 모두 세액을 신고하면서 동시에 세액을 납부한다.

㉢ 예정신고기간에 누락한 부분, 가산세 등은 모두 확정신고기간에 신고・납부해야 한다.

㉣ 대손세액공제는 확정신고기간에만 적용받을 수 있다.

㉤ 공급시기 이후 세금계산서를 발급받았으나 실제 공급시기가 속하는 과세기간의 확정신고기한 다음 날부터 1년 이내에 발급받은 것으로서 수정신고・경정청구하거나, 거래사실을 확인하여 결정・경정하는 경우 예외적으로 매입세액공제가 가능하다.

73 인적공제에 대한 내용을 묻고 있다. 기본공제 대상자에 대한 요건은 종합소득공제 전체에 중요하므로 정확히 숙지하는 것이 중요하다.

기본공제 대상자

① 본인 : 본인은 항상 기본공제 대상자이다.

② 배우자 : 종합소득금액이 100만원 이하(기타소득 500,000원)이므로 기본공제 대상자가 될 수 있다.

③ 아들 : 20세 초과로 원래는 기본공제 대상자에 해당하지 않으나, 장애인에 해당하므로 나이의 제한 없이 기본공제 대상자가 될 수 있다.

④ 딸 : 20세 이하이므로 기본공제 대상자가 될 수 있다.

• 기본공제금액은 1인당 150만원이므로 150만원에 4명을 곱하면 된다.

∴ 김시대 씨의 기본공제 금액 = 150만원 × 4명 = 600만원

74 ② 사업소득에서 발생한 결손금은 근로소득금액 → 연금소득금액 → 기타소득금액 → 이자소득금액 → 배당소득금액의 순서대로 공제한다.

④ 다른 소득금액으로 공제하고도 남은 이월결손금은 다음 연도로 이월되며, 발생연도 종료일로부터 15년 이내에 종료하는 과세기간의 소득금액을 계산할 때 먼저 발생한 과세기간의 이월결손금부터 다음의 순서대로 공제한다.

- 사업소득의 이월결손금 공제 : 사업소득금액 → 근로소득금액 → 연금소득금액 → 기타소득금액 → 이자소득금액 → 배당소득금액의 순서대로 공제한다.
- 부동산임대업의 이월결손금 공제 : 부동산임대소득에서만 공제

75 법인세의 외국납부세액공제에 대한 문제이다. 먼저 세율이 9%라고 하였으므로 이 점을 이용하여 과세표준을 구할 수 있다.

- 과세표준 × 9% = 13,500,000원

∴ 과세표준 : 150,000,000원

▸ **외국납부세액공제액 구하는 방법**

$$외국납부세액공제액 = Min(외국납부법인세,\ 법인세산출세액 \times \frac{과세표준\ 중\ 국외원천소득}{과세표준})$$

외국납부세액공제액 : Min(a, b)

a. 외국에 납부한 법인세 : 6,000,000원

b. $13{,}500{,}000원 \times \frac{40{,}000{,}000원}{150{,}000{,}000원} = 3{,}600{,}000원$

∴ ㈜시대가 적용받을 수 있는 외국납부세액공제액은 3,600,000원이다.

76 ③ 개인사업장에서 발생한 이자소득의 경우 사업소득으로 보지 않으며, 사업주의 이자소득으로 분류된다.

④ 법인세법상 재고자산의 자가소비 규정은 없으나 소득세상으로 재고자산의 자가소비는 총수입금액에 산입해야 한다.

77 세금계산서의 필요적 기재사항에 대해 묻고 있다. 공급연월일의 경우 임의적 기재사항으로 필요적 기재사항이 아니다.

필요적 기재사항	임의적 기재사항
공급자 등록번호, 성명 또는 명칭 공급받는 자의 등록번호 공급가액과 부가가치세액 작성연월일	공급하는 자의 주소 공급받는 자의 상호, 성명, 주소 공급품목, 단가와 수량 공급연월일 거래의 종류

78 ④ 연금소득의 경우 납부 시에 소득공제를 받은 경우에만 연금을 받았을 때 과세된다. 즉, 납부 당시에 소득공제를 받지 못한 부분은 연금을 받더라도 비과세된다.

③ 연금소득의 경우 납부하면 해당 이자 및 기타 수익으로 해당 연금에 대한 수익이 발생한다. 이러한 수익을 발생할 때 과세하지 않고 연금을 수령할 때 나누어 과세하므로 연금소득의 경우 과세의 이연 효과가 있다.

② 연금소득금액은 연금소득 총수입금액에서 연금소득공제를 빼서 구하며 연금소득공제의 한도금액은 900만원이다.

79 법인세법상 유가증권에 대한 평가는 총평균법 또는 이동평균법을 따르며 평가손실은 인정되지 않는다. 따라서 회계기준상 인식한 평가손실을 취소하는 세무조정이 필요하다.

단기매매금융자산의 경우 평가손실을 당기손익에 반영하므로 당기손실로 인식한 부분만 다시 취소하면 되며 소득처분은 회계와 세무상 순자산의 차이를 발생시켜야 하므로 유보로 한다(회계상 순자산은 평가손실이 반영된 순자산이지만 세무상 순자산은 평가손실이 반영되지 않은 순자산).

∴ 세무조정은 손금불산입, 단기매매금융자산평가손실, 20,000,000원, 유보

※ 해당 세무조정은 단기매매금융자산이 팔릴 때 반대의 세무조정(△유보)을 통해서 추인된다.

80 의료비세액공제의 경우 기본공제 대상자를 대상으로 하는데 나이와 소득에 대한 제한이 없다는 것이 특징이다. 따라서 본인, 배우자, 자녀 모두 의료비세액공제 대상자가 될 수 있다. 공제대상 의료비 중 본인과 6세 이하 부양가족, 경로자(65세 이상), 장애인, 미숙아, 선천성이상아의 의료비 및 난임시술비는 한도 없이 공제를 적용받을 수 있다.

- 일반의료비
  - 일반의료비 금액 = 배우자 4,000,000원 + 아들 500,000원 = 4,500,000원
  - 일반의료비세액공제 대상 금액 = Min[일반의료비 4,500,000원 − 총급여액 80,000,000원 × 3%, 700만원] = 2,100,000원
  - 일반의료비세액공제액 = 2,100,000원 × 15% = 315,000원
- 특정의료비
  - 본인의료비세액공제액 = 본인 1,000,000원 × 15% = 150,000원
  - 선천성이상아 의료비세액공제액 = 딸 3,000,000원 × 20% = 600,000원

∴ 정시대 씨의 의료비세액공제액 = 315,000원 + 150,000원 + 600,000원 = 1,065,000원

| 원가관리회계 |

81	③	82	②	83	③	84	②	85	③	86	④	87	①	88	②	89	④	90	①
91	②	92	①	93	②	94	②	95	④	96	①	97	②	98	③	99	①	100	②
101	①	102	②	103	②	104	②	105	①	106	④	107	①	108	④	109	①	110	②
111	①	112	①	113	①	114	①	115	①	116	④	117	③	118	①	119	②	120	②

81 원가 및 관리회계와 재무회계를 비교하는 문제이다. 원가 및 관리회계는 기본적으로 기업 외부의 정보이용자를 위한 회계인 재무회계와 달리 내부관리자나 경영자의 의사결정을 위한 회계라는 것을 명심하고 있어야 한다. 내부관리자나 경영자의 의사결정을 위한 회계이므로 기업 내부의 일정한 사람들에게 상황에 맞게 작성해야 하므로 재무회계와 달리 일정한 보고 양식이 없으며 수시로 보고서를 제공한다는 사실을 기억하고 있어야 한다.

③ 재무회계는 한국채택국제회계기준이나 일반기업회계기준을 따르지만 원가·관리회계는 적용되는 일정한 기준이 없고 필요한 특수목적을 달성하기 위해 상황에 맞게 보고서를 작성한다.

82 배 등의 다품종 소량생산을 하는 업종의 경우 주로 개별원가계산을 통해 원가를 계산하므로 개별원가계산의 이론에 관한 문제이다. 주문생산, 다품종 소량생산에 적합한 개별원가계산과 소품종 대량생산에 적합한 종합원가계산의 차이점을 중심으로 공부하는 것이 중요하다.

② 개별원가계산은 제품 1단위별로 원가를 집계해야 하므로 정확한 원가계산이 가능한 반면 복잡하고 시간과 비용이 오래 걸리는 단점이 있다.

④ 개별원가계산은 제품별로 원가를 계산하므로 제품별로 효율성을 확인 및 통제할 수 있고 자료를 통해 제품별로 예측이 용이해진다.

83 문제에서 수선부문의 원가를 먼저 배분한다고 하였으므로

1. 수선부문 배분
   - 전 력 = 200,000 × 25% = 50,000
   - X부문 = 200,000 × 30% = 60,000
   - Y부문 = 200,000 × 45% = 90,000
2. 전력부문의 배분
   - X부문 = $(250{,}000 + 50{,}000) \times \frac{30\%}{30\% + 50\%} = 112{,}500$
   - Y부문 = $(250{,}000 + 50{,}000) \times \frac{50\%}{30\% + 50\%} = 187{,}500$

∴ X의 원가 = 60,000 + 112,500 + 500,000 = 672,500

84 A, B 두제품의 판매가격 및 직접원가는 동일하다. 따라서 제조간접원가의 배분에 따라 수익성을 분석할 수 있다.

- 조립활동 1회당 원가 = 300,000 ÷ (100회 + 200회) = 1,000
- 염색활동 1회당 원가 = 300,000 ÷ (250회 + 250회) = 600

A의 단위당 제조간접원가

- A에 배부되는 조립활동 원가 총액 = 1,000 × 100회 = 100,000
- A에 배부되는 염색활동 원가 총액 = 600 × 250회 = 150,000
- A의 단위당 제조간접원가 = 250,000 ÷ 10,000 = 25

B의 단위당 제조간접원가

- B에 배부되는 조립활동 원가 총액 = 1,000 × 200회 = 200,000
- B에 배부되는 염색활동 원가 총액 = 600 × 250회 = 150,000
- B의 단위당 제조간접원가 = 350,000 ÷ 5,000 = 70

85 ③ 표준원가계산에서 원가차이를 매출원가조정법을 사용하여 배분하면, 불리한 원가차이는 매출원가에 가산하고 유리한 원가차이는 매출원가에서 차감하므로, 불리한 가차이가 발생한 상황에서 비례배분법을 사용하는 경우보다 당기순이익이 작게 나타난다.

② 2분법에 의한 제조간접원가차이는 예산차이와 조업도차이로 구분되며, 조업도차이는 고정제조간접원가 조업도차이만이 포함된다.

④ 일반적으로 표준은 원가발생의 기대치를 표현하는 것이기 때문에 경영자는 표준원가와 실제원가의 차이 중 중요한 부분에 대해서만 관심을 가지고 개선책을 강구하는 예외에 의한 관리를 할 수 있다.

86 개별원가계산과 종합원가계산에 대한 비교를 묻는 문제이다. 개별원가계산과 종합원가계산은 두 가지 방식의 계산문제뿐만 아니라 두 가지 방법의 특징 및 장・단점을 비교하는 것도 정확히 숙지하는 것이 필요하다.

④ 개별원가계산은 각각 생산되고 있는 제품이 다른 공정이므로 완성품환산량을 추정할 필요가 없다. 미완성작업이라는 계정으로 기말시점에 재공품으로 남아있는 제품의 원가를 구한다. 종합원가계산에서는 동일한 제품을 연속적으로 생산하기 때문에 기말재고자산의 정확한 단가를 산정하기 어렵기 때문에 완성품환산량이라는 개념을 통해 기말재고자산을 파악한다.

①, ②, ③ 개별원가계산은 제품별로 정확한 원가계산이 가능한 다품종 소량생산에 적합하며 종합원가계산은 동일제품을 연속적으로 생산하는 소품종 대량생산에 적합하다.

구 분	개별원가계산	종합원가계산
생산형태	주문형생산형태	시장생산형태
생산특징	제품별 명확한 구분	동일제품의 연속생산
원가계산단위	작업, 제품 또는 프로젝트	공 정
원가계산표	작업원가표	제조원가보고서(생산보고서)
기말재공품	미완성작업에 집계된 원가	완성품환산량에 의한 추정

87 ① 분권화를 통해 회사의 각 조직은 의사결정권한을 위임받게 되며, 의사결정권한을 통해 동기부여가 발생할 수 있다.
② 분권화를 통해 최고경영자는 조직전체와 관련한 의사결정 및 전략 계획 수립에 집중할 수 있다.
③ 분권화를 수행할 경우 회사 전체의 목표와 각 사업부(조직)의 목표가 불일치하는 준최적화 현상이 나타날 수 있다.
④ 분권화를 수행할 경우 각 조직간 의사결정이 발생하므로, 동일한 활동을 통한 업무의 중복이 나타날 수 있다.

88
- ㈜시대의 공헌이익 = 매출액 − 변동원가
  10,000 × (100 − 60 − 10) = 300,000
- ㈜시대의 공헌이익률 = 공헌이익 ÷ 매출액
  300,000 ÷ (10,000 × 100) = 30%(①)
- ㈜시대의 손익분기점 = 고정원가 ÷ 단위당 공헌이익
- 고정원가 = 100,000(고정제조간접원가) + 50,000(고정판매관리비) = 150,000
- 단위당 공헌이익 = 100 − 60 − 10 = 30
- 손익분기점 : 이익을 0으로 만드는 매출액
- ㈜시대의 손익분기점 판매량 = 150,000 ÷ 30 = 5,000개(②)
- 안전한계 : 손익분기점 매출액을 초과하는 금액
- 손익분기점 매출액 = 5,000 × 100 = 500,000
- ㈜시대의 안전한계 매출액 = 10,000 × 100 − 500,000 = 500,000(③)
- 영업레버리지도 : 기업의 영업비용 중에서 고정영업비를 부담하는 정도
  영업이익변화율 ÷ 매출액변화율 = 공헌이익 ÷ 영업이익
- ㈜시대의 영업레버리지도 = 300,000 ÷ [10,000 × (100 − 60 − 10) − 150,000] = 2(④)

89 순현재가치법(NPV)과 내부수익률법(IRR)을 비교하는 문제이다. 순현재가치법과 내부수익률법은 화폐의 시간가치를 고려하며, 자의적 판단이 개입하지 않는 장점을 공통점으로 가지고 있다.
④ 상호배타적이고 투자규모가 다른 투자안일 경우 순현재가치법은 투자규모를 반영하여 순현재가치가 가장 큰 투자안을 채택하지만, 내부수익률법에서는 투자규모를 고려하지 않고 내부수익률만 비교하여 내부수익률이 가장 큰 투자안을 채택한다. 따라서 상호배타적이고 투자규모가 다른 투자안의 경우 순현재가치법과 내부수익률법에서의 의사결정은 달라질 수 있다.

90 표준원가계산 문제의 경우 표준원가 틀을 사용하여 문제를 풀 수 있어야 한다.

실제 발생액	실제 투입량 × 표준가격	허용된 표준투입량 × 표준가격
AQ × AP 3,100 × 11	AQ × SP 3,100 × 10	SQ × SP 3,000 × 10

가격차이	능률차이

∴ 능률차이 = 실제 투입량 × 표준가격 − 허용된 표준투입량 × 표준가격
= (3,100 − 3,000) × 10 = 1,000(불리한 차이)

유리한 차이와 불리한 차이가 잘 이해가지 않는 경우 기업 입장에서 생각해보면 된다. 허용된 가격이나 투입량보다 더 투입한 경우 기업 입장에서는 표준으로 설정한 예상치보다 원가가 더 소모된 것이므로 불리한 차이이다. 반대로 허용된 가격이나 투입량보다 덜 투입한 경우 기업 입장에서는 표준으로 설정한 예상치보다 원가가 덜 소모된 것이므로 유리한 차이로 구분할 수 있다.

91 활동기준원가에서 각각의 제품이 활동별로 소비한 만큼 원가를 계산하여 제품의 단위당 원가를 구하는 문제이다. 활동별로 단위당 원가를 계산하여 제품별로 원가를 계산해준다.

1. 제품 갑의 단위당 필요한 활동
   - 절삭활동 = 500시간 ÷ 10,000개 = 0.05시간(제품단위당)
   - 조립활동 = 1,000시간 ÷ 10,000개 = 0.1시간(제품단위당)
   - 검사활동 = 2,000시간 ÷ 10,000개 = 0.2시간(제품단위당)
2. 활동별 시간당 원가계산
   - 시간당 절삭활동의 원가 = 40,000,000 ÷ (500시간 + 1,500시간 + 2,000시간) = 10,000(시간당)
   - 시간당 조립활동의 원가 = 50,000,000 ÷ (1,000시간 + 1,800시간 + 2,200시간) = 10,000(시간당)
   - 시간당 검사활동의 원가 = 30,000,000 ÷ (2,000시간 + 3,000시간 + 5,000시간) = 3,000(시간당)
3. 단위당 원가계산
   - 단위당 직접재료원가 = 150,000,000 ÷ 10,000 = 15,000
   - 단위당 직접노무원가 = 100,000,000 ÷ 10,000 = 10,000
   - 단위당 절삭활동원가 = 10,000 × 0.05시간 = 500
   - 단위당 조립활동원가 = 10,000 × 0.1시간 = 1,000
   - 단위당 검사활동원가 = 3,000 × 0.2시간 = 600

∴ 제품 갑의 단위당 원가 : 27,100

92 보조부문의 원가를 배부하는 방식인 단일배분율법과 이중배분율법을 구하여 비교하는 문제이다.

1. 단일배분율
   - 전력부문의 총원가 = 600,000 + 300,000 = 900,000
   - 시간당 전력부문의 원가 = 900,000 ÷ (150시간 + 150시간) = 3,000
   - A부문에 배분되는 전력부문의 원가 = 3,000 × 150시간 = 450,000
   - B부문에 배분되는 전력부문의 원가 = 3,000 × 150시간 = 450,000
2. 이중배분율

   (1) 변동원가배분
   - 시간당 전력부문의 변동원가 = 600,000 ÷ (150시간 + 150시간) = 2,000
   - A부문에 배분되는 전력부문의 변동원가 = 2,000 × 150 = 300,000
   - B부문에 배분되는 전력부문의 변동원가 = 2,000 × 150 = 300,000

   (2) 고정원가배분

   고정원가는 이중배분율법에서는 최대사용가능시간, 즉 최초 설비가 설계되었을 때를 기준으로 계산해야 한다.
   - 시간당 전력부문의 고정원가 = 300,000 ÷ (200시간 + 300시간) = 600
   - A부문에 배분되는 전력부문의 고정원가 = 600 × 200 = 120,000
   - B부문에 배분되는 전력부문의 고정원가 = 600 × 300 = 180,000

   (3) 이중배분율법에서의 제품에 배분되어야 하는 전력부문의 원가
   - A : 300,000 + 120,000 = 420,000
   - B : 300,000 + 180,000 = 480,000

따라서 A는 기존의 단일배분율보다 제조원가가 30,000원만큼 덜 인식되어 이익이 그만큼 증가하며(450,000 → 420,000), B는 기존의 단일배분율보다 제조원가가 30,000원만큼 증가하여 이익이 그만큼 감소한다(450,000 → 480,000).

93 ② 통제활동 중 평가활동은 제품의 품질에 문제가 있는지 검사하고 평가하는 활동과 관련이 있는 활동이다. 따라서 제품의 검사, 검사하는 설비의 유지 및 관리 등의 비용은 모두 평가원가로 분류할 수 있지만 재작업의 경우 공손이 발생한 제품을 다시 재작업하면서 발생하는 원가이므로 이미 통제활동을 넘어서 실패한 원가로 분류한다. 아직 고객에게 인도되지 않았으므로 내부실패원가로 분류한다.

통제원가	예방원가	불량품 생산 예방 목적 예 품질교육, 공정 엔지니어링, 공급업체 평가 등
	평가원가	불량품 적발 목적 예 원재료나 제품의 검사, 검사설비 유지, 현장 및 라인 검사 등
실패원가	내부실패원가	불량품이 고객에게 인도되기 전에 발견되면서 발생하는 원가 예 공손품, 작업폐물, 재작업, 재검사, 작업중단 등
	외부실패원가	불량품이 고객에게 인도된 후 발견되면서 발생하는 원가 예 고객지원, 보증수리, 교환, 반품, 판매기회 상실 등

94 ㉠ 변동원가계산은 고정원가를 기간비용으로 처리하는 원가회피개념을, 전부원가계산은 제품과 관련하여 발생하는 고정원가를 제품의 매출원가에 포함시키는 원가부착개념을 사용한다.

㉡ 변동원가계산에서는 고정원가를 당기비용으로 처리하기 때문에 장기적인 의사결정에는 적합하지 않은 단점이 있다.

㉢ 변동원가계산에서는 고정원가를 당기비용으로 처리하기 때문에 생산량을 늘리더라도 재고자산화되는 고정원가가 발생하지 않는다. 따라서 생산량이 이익에 영향을 미치기 못하기 때문에 변동원가계산으로 성과를 평가받으면 경영자는 판매에 집중하는 장점이 발생한다.

㉣ 전부원가계산에서는 고정원가를 제품의 원가에 포함하기 때문에 생산량을 늘릴수록 재고자산화되는 고정원가가 증가하여 이익이 증가하게 된다. 따라서 전부원가계산으로 평가하게 되는 경우 경영자는 생산량을 늘려 이익을 늘릴 유인이 발생하게 된다.

95 초변동원가계산의 경우 직접재료원가 이외의 비용은 모두 기간비용으로 처리하므로 생산량이 증가할 경우 이익이 감소하게 된다.

• 단위당 판매가격 = 16,000,000 ÷ 16,000 = 1,000
• 단위당 직접재료원가 = 2,000,000 ÷ 20,000 = 100

매출액	16,000,000	1,000 × 16,000개
직접재료원가	(1,600,000)	100 × 16,000개
재료처리량공헌이익	14,400,000	
운영비용	(5,400,000)	직접재료원가를 제외한 총비용
영업이익	9,000,000	

96 ㉠ 영업레버리지는 공헌이익을 영업이익으로 나누어 구할 수 있다.
- 공헌이익 = 매출액 × 공헌이익률 = 10,000,000 × 60% = 6,000,000
- 영업이익 = 공헌이익 − 고정원가 = 6,000,000 − (2,500,000 + 1,500,000) = 2,000,000
- 영업레버리지도 = 6,000,000 ÷ 2,000,000 = 3

㉡ 영업레버리지도의 효과는 매출액의 변화에 따른 이익의 변화로 설명할 수 있다. 영업레버리지가 높을수록 매출액의 증가에 따라 영업이익도 함께 증가한다.

㉢ 고정설비가 많을수록 고정제조간접원가가 증가하게 된다. 따라서 고정원가가 증가하게 되므로 고정설비의 비중이 클수록 영업레버리지도는 증가하게 된다.

㉣ 앞으로 판매가 증가할 것으로 예상하는 경우 영업레버리지를 높여야 매출액의 변화에 따른 이익의 변화가 커지게 된다.

97 라인의 폐쇄 여부에 대한 의사결정을 묻는 문제이다. 폐쇄를 할 경우의 증분손익을 구하여 폐쇄에 대한 의사결정을 할 수 있다.

폐쇄할 경우 증분수익

• 회피가능 고정원가 : 1.5억원

폐쇄할 경우 증분비용

• 포기해야 하는 의자의 공헌이익 : 1억원

라인을 폐쇄하는 경우 5천만원의 증분이익이 발생하므로 의자 제조를 중단하는 의사결정을 해야 한다.

98 NPV를 계산할 수 있는지에 대해 묻고 있는 문제이다. NPV는 현재가치를 고려하여 현금유입분과 현금유출 금액을 비교하여 독립적 투자안의 경우 순현재가치가 0보다 크다면 투자안을 채택하게 된다.

차량은 4년간 사용할 수 있고 각각 3,000,000원씩 절감할 수 있으므로 차량 구매로 인한 부가가치의 현재가치는 다음과 같다.

• 3,000,000원 × (0.9 + 0.8 + 0.7 + 0.6) = 9,000,000원

• 차량의 현재 가격 : 10,000,000원

∴ NPV = 9,000,000원(예상되는 현금유입분) − 10,000,000원(예상되는 현금유출분) = (1,000,000)원

※ ㈜정민은 차량 구매에 대한 NPV가 0보다 작으므로 해당 투자를 기각할 것이다.

99 ① 투자수익률(ROI)의 특징에 관한 문제이다. 해당 상황처럼 투자수익률로 성과평가를 할 경우 기업 전체의 목표 투자수익률보다 높지만 사업부의 투자수익률보다 낮아 투자안을 기각하는 준최적화 상황이 발생하는 문제점이 있다.

③ 수익률로 평가하기 때문에 투자규모에 영향을 받지 않는다. 투자규모에 영향을 받는 것은 잔여이익, 경제적부가가치 등이 투자규모에 영향을 받을 수 있다.

④ 투자수익률은 당기의 영업이익만 고려하기 때문에 단기적인 성과에 초점을 맞춘다.

100 소비차이는 변동제조간접원가에서 차이가 발생하고 조업도차이는 고정제조간접원가에서 발생한다.

1. 변동제조간접원가의 원가차이

실제 발생액	실제 조업도 × 표준배부율	허용된 표준투입량 × 표준배부율
3,300,000	AH × SP 900 × 3,600	SQ × SP 1,100 × 1 × 3,600
소비차이	능률차이	

• 소비차이 = 3,300,000 − 900 × 3,600 = 60,000(불리한 차이)

2. 고정제조간접원가의 조업도차이

실제 발생액	고정제조간접원가 예산	고정제조간접원가배부액
3,100,000	3,000,000	SQ × SP*주) 1,100 × 1 × 3,000
예산차이	조업도차이	

*주) 표준고정제조간접원가 단위당 배부액 = 3,000,000 ÷ 1,000 = 3,000

• 조업도차이 = 3,000,000 − 1,100(실제 조업도) × 1(표준으로 허용된 시간) × 3,000(표준고정제조간접원가 단위당 배부액) = (300,000)(유리한 차이)

∴ 소비차이 : 60,000원(불리한 차이), 조업도차이 : 300,000원(유리한 차이)

101 잔여이익법의 개념에 대해 묻고 있다. 잔여이익은 투자중심점의 성과평가를 위해 등장한 개념으로 잔여이익의 의의는 투자중심점의 영업자산으로부터 확보해야 할 최소필수수익을 초과하는 영업이익을 의미한다. 잔여이익을 계산하는 방법은 다음과 같다.

잔여이익 = 투자중심점의 영업이익 – 투자중심점의 영업자산 × 최저필수수익률

잔여이익법을 사용하는 경우 기업 전체의 목표와 책임중심점의 목표가 일치한다. 즉, 투자중심점과 회사 전체의 잔여이익이 동시에 극대화되는 것을 목표로하여 투자수익률법상의 단점인 준최적화현상이 발생하지 않는다. 하지만 투자규모가 다른 사업부의 성과를 서로 비교할 수 없다는 단점이 존재한다.

※ 경제적부가가치(EVA)에서는 투하자본을 고려한다.

① 잔여이익법상에서는 투자규모를 고려하지 않고 투자중심점의 성과를 평가한다는 단점이 있다.

② 투자수익률법상에서는 준최적화현상(책임중심점의 기존 ROI보다 낮은 투자안을 기업 전체의 목표수익률보다 높더라도 책임중심점의 성과를 위해 기각)에 의해 기각되는 투자안이더라도 잔여이익법상에서는 기업 전체의 최소필수수익률만 초과하는 경우 수락될 수 있다.

102 책임중심점의 책임의 범위에 대해 묻는 문제이다. 이 중 수익중심점은 영업과 관련된 매출액에 대해서만 책임을 진다. 영업과 관련 없는 영업외수익 등에 대해서는 책임을 지지 않는다.

책임중심점에는 원가중심점, 수익중심점, 이익중심점, 투자중심점 등 4가지가 있다.

- 원가중심점 : 발생한 원가에 대해서만 책임을 지며 공장장 등이 책임을 지는 범위로 적합하다.
- 수익중심점 : 발생한 매출액 등에 대해서만 책임을 지는 것으로 영업사원, 판매소장 등이 책임을 지는 범위로 적합하다.
- 이익중심점 : 발생한 원가와 수익 모두를 책임져 이익을 관리하는 범위이다.
- 투자중심점 : 이익뿐만 아니라 투자의사결정까지 하는 것으로 주로 기업 전체나 독립된 사업부가 책임을 지는 범위이다.

103 공헌이익으로 손익분기점 판매량을 구하는 문제이다. 먼저 개당 공헌이익을 구하는 것부터 시작한다.

- 전체 공헌이익 = 1,000,000 – 600,000 = 400,000
- 개당 공헌이익 = 400,000 ÷ 10,000 = 40
- 고정원가 = 고정제조간접원가 + 고정판매관리비 = 100,000 + 50,000 = 150,000

∴ 손익분기점 판매량 = 150,000 ÷ 40 = 3,750개

104 투하자본은 영업 관련 총자산에서 영업 관련 유동부채를 차감하여 계산한다.

∴ 투하자본 = (매출채권 150,000원 + 재고자산 100,000원 + 유형자산 800,000원 + 무형자산 200,000원) – (매입채무 100,000원 + 미지급비용 200,000원) = 950,000원

105 종합원가계산의 완성품환산량을 구하는 문제이다. 이 문제를 풀기 위해서는 먼저 기말재고의 수량을 구해야 한다.

- 기초재고 + 당기투입 = 당기완성 + 기말재고
- 기말재고 = 기초재고 + 당기투입 – 당기완성 = (1,000 + 10,000 – 9,000) = 2,000개

기말재고는 현재 30%만큼 완성되었다고 하였으므로

∴ 기말재고의 완성품환산량 = 2,000개 × 30% = 600개

106 대체가격의 개념에 대해 묻고 있는 문제이다. 대체가격은 사업부나 기업 내부에서 서로 주고받는 재화나 용역의 이전거래에서 재화나 용역에 부여하는 가격이다. 대체가격 결정 시 고려해야 할 기준은 다음과 같다.

목표일치성 기준	일부 사업부의 의사결정이 전체 기업의 목표와 일치
성과평가 기준	각 사업부의 성과를 공정하게 평가할 수 있도록 대체가격을 결정
자율성 기준	대체가격을 결정할 때에는 각 사업부의 책임자가 자율적으로 의사결정해야 한다.

④ 대체가격 결정 시 각 사업부문의 ROI(투자수익률)를 우선적으로 고려한다고 하면, 준최적화 현상이 발생하여 일부 사업부의 의사결정이 전체 기업의 목표와 일치해야 하는 목표일치성 기준이 적용되지 않을 수 있다.

107 회수기간법에 대한 문제이다. 회수기간법은 투자안을 회수하는 기간을 고려하여 목표회수기간과 비교하여 목표회수기간보다 짧은 시간에 투자안의 투자금액을 회수할 것으로 예측되면 채택, 목표회수기간보다 긴 시간이 걸릴 것 같으면 기각한다. 회수기간을 고려할 때 화폐의 현재가치는 고려하지 않는다.

문제에서는 10억원의 투자안이라고 했으므로 회수하는 데는 총 4년이 걸린다(첫해 5억원, 두 번째 해 3억원, 세 번째해와 네 번째 해 1억원). 따라서 목표회수기간인 3.5년보다 더 오래 걸리므로 투자안을 기각한다.

108 종합원가계산에서는 완성품환산량을 고려하는 것이 중요하다. 문제에서는 선입선출법을 가정하고 있으므로 기초원가는 모두 완성되었다고 가정하고 당기투입량을 당기완성품과 기말재공품재고자산으로 나눈다.

• 재료원가 : 재료원가는 공정초기에 모두 투입되므로 당기투입분이 모두 100% 완성되었다고 본다.

∴ 재료원가 완성품환산량 단위당 원가 = 225,000,000 ÷ 15,000개 = 15,000

• 가공원가 : 가공원가는 공정 전반에 걸쳐 골고루 발생한다고 보므로 기초재공품재고 중 아직 완성되지 않은 부분, 당기투입분 중 완성된 부분, 기말재고의 완성도를 고려하여 단위당 원가를 계산한다.

• 당기투입량 중 당기완성된 부분 = 13,000개(당기완성량) − 1,000개(기초재고) = 12,000개

• 가공원가의 완성품환산량 = 1,000개(기초재고) × (100% − 30%) + 12,000(당기투입량 중 당기완성된 부분) + 3,000개(기말재고) × 40% = 13,900개

∴ 가공원가 완성품환산량 단위당 원가 = 139,000,000 ÷ 13,900개 = 10,000

109 활동기준원가계산을 도입하는 배경에 대해 묻고 있다. 활동기준원가가 도입되기 전에는 제조간접원가를 한 두 개의 원가집합(직접노무원가 등)을 통해 원가를 배부함으로써, 원가를 정확히 파악하지 못해 원가의 왜곡이 발생하였지만, 활동기준원가가 도입됨으로써 원가를 활동별로 배부함으로써 원가의 왜곡을 방지한다.

① 제조간접원가의 비중이 크고 한 가지(직접노무원가)의 원가집합을 기준으로 원가를 배부하는 경우 실제로 원가가 발생하는 활동별로 원가를 배부하는 활동기준원가를 적용할 때와 비교하여 원가의 왜곡이 발생할 수 있다. 따라서, 제조간접원가의 비중이 크고 단일의 원가집합을 사용하는 경우 활동기준원가계산을 도입할 때 원가를 더 정확하게 계산할 수 있다.

②, ③, ④ 한 가지 제품만 생산하는 경우나, 제품별로 발생하는 원가가 구분되는 경우, 제품 생산의 자원소비가 일정한 경우는 원가왜곡이 발생할 유인이 없으므로 ①에 비해 활동기준원가계산 도입에 크게 영향을 받지 않는다.

110 원가의 흐름에 대해 묻고 있는 문제이다. 원가의 흐름은 원가회계의 기초가 되는 부분으로 용어와 함께 계산 방법을 정확히 숙지하는 것이 중요하다.

> 당기제품제조원가
> = 기초재공품원가 + 당기총제조원가(직접재료원가 + 직접노무원가 + 제조간접원가) − 기말재공품원가

∴ ㈜시대의 당기제품제조원가
= 3,000,000원 + (8,000,000원 + 9,000,000원 + 20,000,000원) − 2,000,000원 = 38,000,000원

111 완구 제조업 영업부문은 매출액에 대해서만 책임지므로, 수익중심점으로 분류할 수 있다. 1개당 공헌이익은 200원이며, 전체 시장규모의 예산 시장점유율 20%, 대비 실제 시장점유율은 25%로 5%의 유리한 차이가 발생한다.

> 시장점유율차이 = (실제 시장점유율 − 예산 시장점유율) × 실제 시장규모 × 예산평균공헌이익

∴ 시장점유율차이 = (25% − 20%) × 1,000,000개 × (1,000원 − 800원) = 10,000,000원 (유리)

112 ㉠ 동일한 재료라 할지라도 제품에 직접추적이 가능한 경우 직접원가로, 추적할 수 없는 경우에는 간접원가로 분류한다.

㉢ 공통원가를 배부하는 기준은 인과관계 · 수혜 · 부담능력 · 공정성과 공평성 기준 등이 있으며 그 중 가장 이상적인 방식은 인과관계기준이다. 인과관계기준은 원가배분대상에 제공된 서비스나 활동량에 비례하여 공통원가를 배분하는 방식이다.

㉣ 단계배분법은 정해진 배분순서에 따라 보조부문원가를 후순위의 보조부문과 제조부문에 배분하는 방법으로 단계배분법을 사용하는 경우 배부순서에 따라 결과가 달라진다.

113 안전한계를 구하는 문제이다. 먼저 안전한계의 정의를 살펴보면 매출액 중 손익분기점 매출액을 초과하는 금액이다. 따라서 먼저 손익분기점 매출액을 구한 후 안전한계를 구하는 순서로 문제를 풀면 된다.

손익분기점

- 입장 관객 수 = 1,000,000,000 ÷ 10,000 = 100,000명
- 관객 1인당 변동원가 = 200,000,000 ÷ 100,000 = 2,000
- 관객 1인당 공헌이익 = 10,000 − 2,000 = 8,000
- 손익분기점 입장 관객 = 800,000,000 ÷ 8,000 = 100,000명
- 손익분기점일 때 매출액 = 100,000명 × 10,000 = 1,000,000,000

∴ 안전한계 = 1,000,000,000(실제 매출액) − 1,000,000,000(손익분기점 매출액) = 0

114 부품의 자가제조 또는 외부구입에 대한 의사결정을 묻고 있는 문제이다. 해당 문제도 다른 단기의사결정에 대한 문제처럼 증분기준으로 접근해야 한다.

증분수익

- 기존 핸들의 변동원가 = 20,000 × 16,000개 = 320,000,000
- 회피가능고정원가 : 80,000,000
- 증분수익 총액 = 320,000,000 + 80,000,000 = 400,000,000

증분비용

- 외부구입가격 = 15,000 × 16,000개 = 240,000,000
- 외부구입에 따른 검사비용 = 1,000 × 16,000개 = 16,000,000
- 증분비용 총액 = 240,000,000 + 16,000,000 = 256,000,000

∴ 증분이익 = 400,000,000(증분수익) − 256,000,000(증분비용) = 144,000,000

115 대체가격에 대해 묻는 문제는 각 사업부의 입장에서 손실이 발생하지 않도록 계산하는 것이 중요하다.

1. 모바일 사업부

   모바일 사업부는 반도체를 외부에서 30,000원으로 조달할 수 있다. 따라서 최대 대체가격은

   - 최대 대체가격 = Min(외부구입가격, 반도체를 제외한 공헌이익)
     = Min(30,000원, 100,000원 − 20,000원) = 30,000원

2. 반도체 사업부

   반도체 사업부는 현재 20,000개의 생산능력의 여유가 있으므로 모바일 사업부의 주문을 충분히 받을 여력이 있다. 따라서 최소 대체가격은 모바일 사업부의 주문에 따르는 변동원가만 고려하면 된다.

   - 최소 대체가격 : 25,000원

∴ 현재 최소 대체가격이 25,000원, 최대 대체가격이 30,000원이므로 기업 전체적으로는 대체하는 것이 대체가격에 상관없이 제품 하나당 5,000원의 이익이 발생하므로 대체를 하는 것이 이득이다.

116 순현재가치와 내부수익률법을 비교하는 문제이다. 투자안에 대한 의사결정 중 두 가지를 비교하는 부분은 중요한 부분이므로 두 가지 방법의 공통점과 차이점을 함께 학습하는 것이 중요하다.

④ 순현재가치법은 계산방법이 연간 순현금유입액의 현재가치와 현금유출액의 현재가치를 비교하는 방법이다. 현금흐름을 기본자료로 사용하기 때문에 자의적인 요소가 제거되어 객관적인 결과가 도출된다는 장점이 있다.

순현재가치법과 내부수익률법 비교

구 분	순현재가치법	내부수익률법
공통점	• 화폐의 시간가치 고려 • 단일투자안을 평가할 경우 동일한 결과 나옴 • 현금흐름을 기준으로 하므로 주관적인 요소가 배제	
차이점	• 금액으로 계산하므로 가치가산이 가능 • 결과가 항상 일정함 • 현금흐름의 현재가치만 고려하므로 계산이 간단	• 수익률로 계산하기 때문에 복수의 투자안을 합한 가치가산 계산이 불가능 • 일정한 상황에서 내부수익률이 여러 개 나올 수 있음 • 시행착오법을 사용하여 계산이 복잡함

117 ③ 분권화를 하는 경우 각각의 조직 부문이 의사결정을 하는 권한이 생기게 됨에 따라 서로가 책임지는 부분에만 집중하여 의사소통이 원활히 되지 않을 위험이 있다. 이 경우 동일한 활동에 투자된 것을 모르고 투자가 중복돼 낭비가 발생할 수 있다.

① 분권화를 한다면 고객을 전담하는 부서나 업체를 관리하는 부서에서 자체적으로 의사결정이 가능하므로 신속한 대응이 이뤄진다.

② 분권화를 하는 경우 조직 부문이 각각 책임지는 부분에만 집중하게 되어 기업 전체의 목표와 일치하지 않는 준최적화 현상이 발생할 수 있다.

④ 분권화를 하는 경우 경영자는 기업 전체의 의사결정에만 집중할 수 있다는 장점이 있다.

118 추가가공에 대한 의사결정에 대해 묻고 있는 문제이다. 추가가공에 대한 문제도 마찬가지로 증분손익을 통해 의사결정을 하는 것이 필요하다.

증분수익

12,000 × 15,000kg = 180,000,000원

증분비용

• 추가가공 시 변동비용 = 1,500 × 15,000kg = 22,500,000원
• 일반햄으로 판매할 때의 공헌이익 = 15,000kg × 6,000원 = 90,000,000원
• 수제햄 가공을 위한 필요 설비의 원가 : 50,000,000원

∴ 추가가공하여 수제햄을 생산할 경우 증분이익이 17,500,000원 발생하므로 추가가공해야 한다.

119 기회원가의 뜻은 포기한 대안 중 최선의 대안으로부터 달성가능했던 최대이익이다. 복수투자는 불가능하다고 하였으므로 A를 투자하는 경우 다른 투자안에 투자할 수 없다. 이러한 점은 다른 투자안에 투자하더라도 마찬가지이다. 따라서 A에 투자하는 경우 다른 투자안에 투자할 수 없고 다른 투자안 중 가장 이익이 많이 날 것으로 예상되는 것은 B 투자안의 12억원이므로 기회원가는 12억원이다.

120 경제적부가가치의 계산에 대해 묻는 문제이다.

가중평균자본비용 계산

- 부채비율 $= \frac{\text{부 채}}{\text{자기자본}} = 2$

※ 부채비율이 2이므로 부채는 $\frac{2}{3}$의 비중을 자기자본은 $\frac{1}{3}$의 비중으로 자본비용을 계산한다.

- 가중평균자본비용 = 8%(세후타인자본비용) $\times \frac{2}{3}$ + 11%(자기자본비용) $\times \frac{1}{3}$ = 9%

EVA계산

- 세후영업이익 = (200억원 − 150억원 − 20억원) × (100% − 20%) = 24억원
- 자본비용 = 투하자본 × 가중평균자본비용 = 200억원 × 9% = 18억원

∴ ㈜유진의 EVA = 24억원 − 18억원 = 6억원

제2회 정답 및 해설

| 재무회계 |

01	③	02	②	03	④	04	①	05	②	06	②	07	①	08	③	09	④	10	③
11	②	12	①	13	①	14	③	15	②	16	①	17	④	18	②	19	③	20	②
21	③	22	④	23	③	24	③	25	①	26	①	27	③	28	②	29	③	30	③
31	④	32	②	33	②	34	②	35	①	36	②	37	①	38	①	39	③	40	④

01

보고기간 후 12개월 이내에 결제일이 도래하는 장기금융부채의 분류

분 류	내 용
유동부채	보고일 현재 기준으로 12개월 이내에 결제일이 도래하는 경우
비유동부채	보고기간 후 12개월 이상 부채를 차환 또는 연장할 것으로 기대하고 있으며, 그러한 재량권이 있는 경우

차입약정을 위반 시 대여자가 즉시 상환을 요구할 수 있는 장기금융부채의 분류

분 류	내 용
유동부채	보고기간 말 이전에 위반한 경우
비유동부채	보고기간 말 이전에 12개월 이상 유예기간을 주고 동 기간 내에 위반사항을 해소할 수 있는 경우

02

재무제표의 질적특성에 대해 묻고 있는 문제이다. 재무제표의 질적특성은 빈출되는 부분이므로 근본적 질적특성과 보강적 질적특성으로 나누어 정확히 숙지하는 것이 필요하다.

② 보강적 질적특성이 극대화되더라도 근본적 질적특성이 훼손된다고 하면 정보이용자에게 유용한 정보를 제공할 수 없다. 근본적 질적특성은 말 그대로 근본적으로 가지고 있어야 하는 속성이며 보강적 질적특성은 말 그대로 근본적 질적특성을 보강하고 있는 특성이기 때문이다.

④ 중요성은 기업 특유의 목적적합성이라 할 수 있다. 예를 들어 매출 및 자산 규모가 조 단위인 기업에서 억 단위의 금액은 그 자체가 중요한 성질이 아니라면 금액적으로 중요하지 않기 때문에 정보이용자에게 유용한 정보가 되지 않을 수 있지만 120억원 정도 있는 기업의 경우 억 단위의 회계상 거래는 금액적으로 중요해서 목적적합하고 유용한 정보가 될 수 있기 때문이다.

03

④ 보고기간 후 12개월 이상 부채의 결제를 연기할 수 있는 권리를 보유한 부채는 비유동부채로 분류한다.

▸ 유동부채로 분류하는 조건

㉠ 정상영업주기 내에 결제될 것으로 예상
㉡ 단기매매 목적으로 보유
㉢ 보고기간 후 12개월 이내에 결제될 것으로 예상
㉣ 보고기간 후 12개월 이상 부채의 결제를 연기할 수 있는 무조건의 권리를 가지고 있지 않음

04 보고기간 후 사건은 해당 사건의 직접적인 원인이 보고기간 말 시점에 존재했었는지 파악하는 것이 중요하다. 보고기간 말 시점에 해당 사건의 직접적인 원인이 존재하는 경우에만 보고기간 후 사건을 재무제표에 반영하여 수정한다.

㉠ 화재의 경우 발생한 것이 1월 시점에 발생하였으므로 보고기간 말 시점에 직접적인 원인이 없으므로 수정을 할 수 없다.

㉡ 회사가 가지고 있는 유가증권의 하락은 기말시점에 하락의 직접적인 원인을 대응시키기 힘들다. 유가증권 하락의 경우 원인이 복합적으로 작용하고 직접적인 인과관계를 찾기 어렵기 때문에 재무제표를 수정할 수 없다.

㉢ 유형자산의 손상징후가 이미 보고기간 말 존재하였고 보고기간 말에 단지 손상의 정도를 확정했을 뿐이므로 재무제표의 수정을 필요로 한다.

㉣ 11월 시점이므로 보고기간 전에 지급의무가 발생하였고 단지 금액의 확정이 보고기간 이후에 확정되었기 때문에 재무제표의 수정을 필요로 한다.

05 재고자산의 원가흐름의 가정에 대해 묻고 있다. 실지재고조사법이므로 기말시점에 기말의 재고를 실제로 확인하는 방법을 사용하므로 평균법의 경우 기말시점에 한 번만 기말재고자산의 단가를 구해주면 된다. 선입선출법과 가중평균법의 차이와 계산법은 재고자산의 기본적인 부분이므로 정확히 숙지하는 것이 필요하다.

㉠ 기말재고수량 = 판매가능수량(기초재고수량 + 매입) − 매출수량을 이용하여 기말재고자산의 수량을 먼저 구한다.
100개 + 1,000개 + 1,000개 − 1,900개 = 200개(기말재고수량)

㉡ 방법별로 재고자산의 단가를 구해준다.

- 선입선출법 : 판매가능수량 2,100개 중에서 1,900개가 판매되었는데 선입선출법의 가정에 따라 1,900개의 구성을 기초수량 100개, 6월 1일 재고 매입분 1,000개, 9월 1일 재고 매입분 800개로 구성되어 있다고 본다. 따라서 기말시점에 남은 재고는 9월 1일 재고 매입분 중 200개가 남게 되므로 선입선출법하에서 기말재고자산은
200개 × 1,100 = 220,000원
- 가중평균법 : 실지재고조사법이므로 기말시점에 기초재고자산과 기중 매입분을 가중평균하여 단가를 산정한다.
재고자산의 단가 = (100,000원 + 1,200,000원 + 1,100,000원) ÷ 2,100개(판매가능수량) = 1,143
현재 기말재고는 200개가 남아있으므로
200개 × 1,143 = 228,600원

06 금융자산의 성격에 대해 묻고 있는 문제이다. 특히 해당 자산은 금융자산 중 지분상품으로 현금흐름이 원리금으로 구성되지 않는 지분상품 자체의 특성상 상각후원가 측정 금융자산으로는 분류할 수 없다는 것과 기타포괄손익-공정가치 측정 금융자산으로 분류되기 위해서는 최초 취득시점에 선택할 수 있다는 것(단기매매 항목은 제외)을 염두에 두고 문제를 풀어야 한다.

② ㈜시대가 해당 주식에 대한 공정가치를 당기손익으로 측정하든 기타포괄손익으로 측정하든 공정가치로 평가된다는 점은 변함이 없다. 하지만 기타포괄손익으로 해당 주식을 평가하는 경우 기말시점의 공정가치 평가로 인한 공정가치와 장부가의 차이는 모두 기타포괄손익으로 평가하지만 당기손익으로 평가하는 경우 해당 주식에 대한 평가로 인한 공정가치와 장부가의 차이는 당기손익으로 평가한다. 한편, 처분시점의 처분손익은 모두 당기손익이 되고 기타포괄손익으로 분류하는 경우 재분류조정을 하지 않으므로 처분손익은 일치한다.

① 최초 취득시점에 단기매매 항목이 아니며 해당 금융자산에 대한 공정가치를 기타포괄손익으로 측정하기로 결정한 경우에만 기타포괄손익-공정가치 측정 금융자산으로 분류할 수 있다.

④ 취득부대비용이 있는 경우 당기손익-공정가치 측정 금융자산은 해당 취득부대비용을 취득시점에 비용으로 처리하지만 기타포괄손익-공정가치 측정 금융자산은 해당 취득부대비용을 취득원가에 가산한다.

07 사채할인발행차금의 계산 : 만약 발행시점의 시장이자율이 액면이자율보다 높은 경우 사채는 할인발행되게 된다. 사채할인발행차금은 액면가와 발행가를 비교하여 구한다.

발행시점의 사채의 장부가

• 액면가 부분 = 액면금액 × (3년, 6%의 현가계수)
= 110,000,000원 × 0.8396
= 92,356,000원

• 이자 부분 = 매년 지급해야 하는 약정이자 × (3년, 6%의 연금현가계수)
= 110,000,000원 × 4% × 2.673
= 11,761,200원

∴ 발행시점의 사채의 장부가 = 92,356,000원 + 11,761,200원
= 104,117,200원

∴ 사채할인발행차금 = 사채의 액면가 − 사채의 발행가
= 110,000,000원 − 104,117,200원
= 5,882,800원

08 상각후원가 측정 금융자산에 대해 묻고 있는 문제이다. 금융자산의 분류 및 각 금융자산의 후속측정, 재분류는 정확히 아는 것이 필요하다.

③ 당기손익–공정가치 측정 금융자산을 상각후원가로 재분류하는 경우 재분류시점의 공정가치가 새로운 상각후원가 측정 금융자산의 장부가가 된다.

④ 기타포괄손익–공정가치 측정 금융자산을 상각후원가로 재분류하는 경우 평가손익을 금융자산과 상계하여 제거한다. 또한 최초 취득시점부터 상각후원가로 취득한 것처럼 회계처리해야 한다.

09 충당부채의 의의를 통해 충당부채 여부를 파악해보도록 한다.

▸ **충당부채의 의의**

① 지출의 시기나 금액이 불확실한 부채
② 과거사건에 의해서 발생한 현재의무(법적의무 또는 의제의무)로서 지출의 시기나 금액이 불확실한 부채
③ 재무상태표에 부채로 인식

㉠ ㈜A는 쓰레기 매립에 따른 복구의무를 질 가능성이 확실하며 해당 복구비용을 합리적으로 추정이 가능하다고 하였으므로 복구충당부채로 분류하여야 한다.

㉡ ㈜B에 대한 소송사건은 현재 손해배상을 할 확률이 높으나 금액을 신뢰성 있게 추정하기 어렵기 때문에 우발부채에 해당한다. 따라서 해당 자산을 우발부채로 주석에 공시한다.

㉢ 유형자산의 주기적 교체에 따르는 비용은 유형자산으로 분류한다. 해당 유형자산은 내용연수 동안 감가상각해야 하며 해당 유형자산을 교체하는 경우에는 기존의 장부가액을 교체시점에 제거하고 교체에 따르는 새로운 원가를 다시 유형자산으로 인식해야 한다.

㉣ ㈜D는 복구작업을 수행하리라는 정당한 기대로 인해 의제의무가 발생하였고 해당 복구원가를 신뢰성 있게 추정이 가능하므로 충당부채로 분류해야 한다.

금액추정가능성 / 자원유출가능성	신뢰성 있게 추정가능	추정불가능
가능성이 높음	충당부채 인식	우발부채로 주석 공시
가능성이 어느 정도 있음	우발부채로 주석 공시	
가능성이 아주 낮음	공시하지 않음	공시하지 않음

10 무형자산으로 분류될 수 있는 항목에 대한 문제이다. 무형자산으로 인식되기 위해서는 식별가능성과 통제가능성을 고려해야 한다. 식별가능성은 분리될 수 있거나 계약상 권리 또는 기타 법적 권리로부터 발생하는 것을 의미하며 통제권은 제3자가 접근하지 못하고 기업이 독점적으로 사용할 수 있어야 한다.

③ 내부적으로 창출한 영업권은 분리하기가 쉽지 않고 계약상 권리 또는 법적 권리로부터 보호받는 것이 아니기 때문에 무형자산으로 인식할 수 없다.

④ 개발비의 인식요건을 충족한 경우 해당 개발활동에서 지출한 원가는 무형자산으로 인식한다.

11 현금배당 및 주식배당이 자본 총액에 미치는 영향을 묻고 있는 문제이다. 먼저 배당이 자본에 영향을 미치는 인식시점을 고려해야 하는데 배당은 결의시점에 회계적으로 인식하게 된다. 따라서 지급시점에 관계없이 배당 관련 효과를 결의시점에 자본으로 인식해야 한다. 배당별로 자본에 미치는 영향을 분석하면 현금배당이 발생할 때 주주들에게 실제로 돈을 지급하기 때문에 자산의 유출이 발생하면서 자본이 감소하게 된다. 하지만 주식배당이 발생하는 경우 자본 항목 중 이익잉여금을 납입자본으로 분류만 변경하여 신주를 발행하여 지급하는 것으로 자본총액은 변화하지 않는다.

따라서 문제에서 요구하는 사항인 배당이 자본총액에 미치는 영향을 분석하기 위해서는 현금배당액만 계산해서 자본총액에서 차감해주면 된다. 또한 해당 문제에서 상환우선주는 의무적으로 20X3년에 상환하며 매년 성과에 관계없이 의무적으로 주당 100원의 배당을 지급하기로 약정되어 있다. 따라서 형식은 자본을 구성하는 우선주 지분에 해당하지만 회계적인 실질은 매년 이자를 지급하고 만기에 원금을 상환하는 부채에 가까우므로 부채로 최초 인식 때부터 분류되어 있어 해당 문제에서는 고려하지 않는다.

• 현금배당액 = 100,000주 × 200원 = 20,000,000원

∴ 현금배당 후 자본총액 = 1,000,000,000원 − 20,000,000원 = 980,000,000원

12 건설공사의 손익을 계산하는 문제이다. 해당 문제는 투입된 자원을 기준으로 진행률을 측정하므로 투입법을 기준으로 진행률을 산정한다. 건설 도중에 계산한 결과 일정 기간은 손실이 날 수 있지만 전체 기간 동안 손실이 발생하지 않으면 즉시 손실로 인식하지 않는다. 하지만 예상 총원가가 전체 수익 이상으로 예측되어 공사 전체가 손실이 발생할 것으로 예상되는 경우 손실 발생 부분을 즉시 비용으로 인식해야 한다.

• 20X1년 ㈜시대건설의 공사손익 $= (1{,}000{,}000{,}000 - 800{,}000{,}000) \times \dfrac{300{,}000{,}000}{800{,}000{,}000} = 75{,}000{,}000$원

※ 20X2년의 경우에도 전체 예상원가가 900,000,000원이 예상되므로 전체 공사의 입장에서 보면 이익이 발생한다. 따라서 해당 기간에만 손실을 인식한다.

• 20X2년 ㈜시대건설의 공사손익 $= (1{,}000{,}000{,}000 - 900{,}000{,}000) \times \dfrac{(300{,}000{,}000 + 330{,}000{,}000)}{900{,}000{,}000} - 75{,}000{,}000$

$= (5{,}000{,}000)$원

13 제품 및 원재료에 대한 재고자산의 저가법 평가에 대한 문제이다. 여기서 주의할 점은 원재료의 경우 현행 대체원가로 순실현가능가치를 평가한다는 것과 제품이 원가 이상으로 팔릴 것으로 예상되는 경우 원재료의 저가법 평가를 하지 않는다는 것이다.

현재 제품의 원가보다 순실현가능가치(판매를 통해 실질적으로 실현될 수 있는 금액)가 더 크므로 제품이 원가 이상으로 팔릴 것임을 알 수 있다. 따라서 제품에서도 저가법에 따른 평가손실이 발생하지 않으며 원재료도 제품이 원가 이상으로 판매되므로 저가법에 따른 평가손실을 인식하지 않는다. 따라서 저가법 평가에 따른 평가 손실은 0원이다.

14 자본과 관련된 거래의 자본총액에 영향을 미치는 것을 구분하는 문제이다. 무상감자, 주식의 분할 및 병합, 주식 배당 등은 모두 자본의 총액에는 영향을 미치지 못하므로 기억하고 있어야 한다.

③ 자기주식을 취득하는 경우 자본의 차감계정으로 자기주식이 인식되기 때문에 총 자본의 감소가 발생한다.

15 ② 내용연수가 비한정인 무형자산, 아직 사용할 수 없는 무형자산, 영업권의 경우 손상징후가 없더라도 손상검사를 수행해야 한다. 단, 일반적인 무형자산의 경우 매 보고기간 말마다 자산손상을 시사하는 징후가 있는지 검토하고, 징후가 있는 경우에만 회수가능액을 추정하고 손상이 발생한 경우 손상을 인식한다.

16 유형자산의 처분손익과 재평가잉여금의 재분류조정에 대해 묻고 있는 문제이다. 유형자산의 경우 재평가잉여금을 재분류조정하지 않으므로 해당 재평가잉여금을 고려하지 않고 처분손익을 구해야 한다.

따라서 재분류조정을 하지 않고 처분손익을 구해보면

- 총장부가액 − 감가상각누계액 = 유형자산의 장부가액

㈜시대의 유형자산의 장부가액 = 110,000,000원 − 30,000,000원 = 80,000,000원

- 처분가액 : 90,000,000원

∴ 처분손익 = 90,000,000원 − 80,000,000원 = 10,000,000원

17 ④ 리스제공자의 특수관계자가 잔존가치를 보증한 경우 리스제공자는 해당 특수관계자의 보증을 리스료에 포함하지 않는다. 따라서 리스제공자와 리스이용자의 리스료는 차이가 발생하지 않는다.

- 리스이용자의 리스료
  = 고정리스료 + 변동리스료 + 매수선택권의 행사가격 + 종료선택권 + 잔존가치보증에 따라 리스이용자가 지급할 것으로 예상되는 금액

- 리스제공자의 리스료
  = 고정리스료 + 변동리스료 + 매수선택권의 행사가격 + 종료선택권 + 리스이용자, 리스이용자의 특수관계자, 리스이용자와 특수관계에 있지 않은 제3자가 제공하는 잔존가치보증

② 리스자산에 따르는 위험과 보상이 리스이용자에게 이전된 경우 금융리스로 분류한다. 금융리스로 분류되는 예는 다음과 같다.

구 분	내 용
소유권이전약정기준	리스기간 종료시점 이전에 기초자산의 소유권이 리스이용자에게 이전되는 리스
염가매수선택권의 약정기준	리스이용자가 선택권을 행사할 수 있는 시점의 공정가치보다 충분히 낮을 것으로 예상되는 가격으로 기초자산을 매수할 수 있는 선택권을 가지고 있으며, 그 선택권을 행사할 것이 리스약정일 현재 거의 확실한 경우
리스기간기준	기초자산의 소유권이 이전되지는 않더라도 리스기간이 기초자산의 경제적 내용연수의 상당 부분을 차지하는 경우
공정가치회수기준	리스약정일 현재 리스료의 현재가치가 적어도 기초자산 공정가치의 대부분에 해당하는 경우
범용성 없는 자산	기초자산이 특수하여 해당 리스이용자만이 주요한 변경 없이 사용할 수 있는 경우

③ 비리스요소가 포함된 리스계약인 경우 비리스요소를 리스계약에서 분리하여 리스를 인식해야 한다. 리스요소와 비리스요소를 분리할 때 리스이용자는 리스요소의 상대적 개별가격과 비리스요소의 통합 개별가격에 기초하여 계약 대가를 각 리스요소에 배분하여 분리한다. 별도 리스요소로 구분되기 위해서는 리스이용자가 기초자산 그 자체를 사용하여 효익을 얻거나 리스이용자가 쉽게 구할 수 있는 다른 자원을 함께 사용하여 효익을 얻을 수 있고 해당 기초자산은 그 계약의 다른 기초자산에 대한 의존도나 다른 기초자산과의 상호관련성이 매우 높지는 않을 때 별도의 리스요소로 구분할 수 있다.

18 여러 가지 사례별 수익의 인식시점에 대해 묻고 있다. 적어도 본 도서에 포함된 사례별 수익인식시점만큼은 정확히 숙지하는 것이 중요하다.

㉠ 위탁매출의 경우 수탁자가 해당 수탁자가 제품을 통제하는 경우 위탁자는 수탁시점에 매출로 인식하고 해당 제품을 판매할 때는 수탁자의 매출로 인식하지만 해당 제품을 통제하지 않는 경우에는 수탁자의 매출로 인식하지 않고 판매시점에 위탁자의 매출로 인식하며 수탁자는 단지 중계수수료만 수익으로 인식한다. ㈜마포는 해당 자산에 대한 통제를 하지 않으므로 수탁에 따른 매출은 위탁자인 ㈜시대가 인식하며 20X2년 외부의 제3자에게 판매되었으므로 해당 제품의 매출은 20X2년의 매출로 인식되어야 한다.

㉡ 설치 및 검사조건부 판매의 경우 설치 용역이 유의적으로 구별할 수 있는지 확인해야 한다. 유의적으로 구별할 수 있는 경우 재화의 판매 수익과 용역 수익을 별도로 구별해야 하지만 유의적으로 구별할 수 없는 경우에는 하나의 수행의무로 보아 재화의 통제가 이전되는 시점에 전체를 수익으로 인식한다.

㈜시대는 해당 히터의 설치를 설치까지 하는 조건으로 판매하였으므로 재화의 판매와 용역의 제공을 통합하여 재화의 판매시점에 수익으로 인식해야 한다. 따라서 해당 히터의 매출은 20X1년의 매출로 인식한다.

㉢ 반품조건부 판매의 경우 반품으로 기업이 권리를 갖지 못할 것으로 예상되는 부분이 있는 경우 해당 부분은 환불부채로 인식하고, 반품으로 회수할 자산은 회수 비용을 차감한 금액으로 반품자산으로 인식한다. 만약, 반품으로 기업이 권리를 갖지 못할 것으로 예상되는 부분을 합리적으로 예측할 수 없는 경우 반품권이 소멸될 때까지 수익으로 인식할 수 없다.

㈜시대의 의류 상품 판매는 합리적으로 반품률이 예측되므로 권리를 갖지 못할 것으로 예상되는 반품되는 부분 10%는 부채로 인식하고 의류 판매에 대해서는 20X1년의 수익으로 인식한다.

∴ ㈜시대가 인식해야 할 20X1년 수익

= ㉡ 설치 및 검사조건부판매 1,000,000원 + ㉢ 의류의 판매 10,000,000원 = 11,000,000원

19 공정가치 미만으로 유상증자된 경우 주당이익의 가중평균유통보통주식수를 구하는 문제이다. 공정가치 미만으로 유상증자된 경우 공정가치 유상증자 주식분과 무상증자 주식분으로 구분하여 계산한다.

- ㈜시대가 유상증자로 납입된 자본 = 3,000주 × 10,000원 = 30,000,000원
- ㈜시대가 공정가치로 유상증자했다고 가정하면 발행했어야 하는 주식수 = 30,000,000원 ÷ 12,000원 = 2,500주
- ㈜시대의 유상증자 중 주당이익 계산 시 무상증자로 보는 부분의 구분 = 3,000주(유상증자 전체 주식수) − 2,500주(공정가치로 발행되었을 때 발행되었어야 할 주식수) = 500주
- 무상증자 중 기존의 주식분 = $500주 \times \dfrac{10,000주}{(10,000주 + 2,500주)} = 400주$
- 무상증자 중 유상증자 주식분 = $500주 \times \dfrac{2,500주}{(10,000주 + 2,500주)} = 100주$

유상증자는 3월 말에 발생하였으므로 3월 말부터 12월까지 가중평균하여 주식수를 계산한다.

∴ ㈜시대의 가중평균유통보통주식수 = $(10,000주 + 400주) \times \dfrac{12}{12} + (2,500주 + 100주) \times \dfrac{9}{12} = 12,350$

20 ② 이연법인세자산·부채는 비유동 항목으로만 분류한다.

③ 다음의 요건을 모두 충족하는 경우 이연법인세자산과 이연법인세부채를 상계할 수 있다.

- 상계할 수 있는 권리가 있음
- 동일한 과세당국이 동일한 과세대상기업에 법인세를 부과하는 경우

④ 이연법인세자산은 최초 인식 시 차감할 일시적 차이가 사용될 수 있는 과세소득의 발생가능성이 높은 경우에만 이연법인세자산으로 인식하며 매 보고기간 말에 이연법인세자산이 자산성을 충족하는지 검토하여야 한다.

21 전환사채의 발행시점의 계산과정에 대해 묻고 있는 문제이다. 전환사채의 경우 부채부분과 자본부분이 섞여 있다.

- 자본부분(전환권대가) = 발행가 − 부채부분
- 부채부분 : 일반사채로 계산하였을 때의 발행가

전환사채의 자본부분을 구하기 위해서는 먼저 부채부분을 구해야 하므로 일반사채로 발행했다고 가정하고 문제를 풀어본다.

- 일반사채로 발행되었다고 가정했을 때의 발행가격
  = 10,000,000원 × 0.75 + 10,000,000원 × 8% × 2.49 = 9,492,000원

∴ 전환권대가 = 10,000,000원(발행가) − 9,492,000원(부채부분) = 508,000원

22 재무정보는 과거 정보를 제공하므로 과거의 현금흐름을 반영하여 재무성과를 보고한다. 따라서 미래 예측 현금흐름은 재무성과에 반영되지 않는다. 다만, 과거 정보를 바탕으로 기업의 미래 순현금유입 창출 능력을 평가할 수 있다.

일반목적재무보고가 제공하는 정보
㉠ 경제적 자원과 청구권
㉡ 경제적 자원 및 청구권의 변동
㉢ 발생주의 회계가 반영된 재무성과
㉣ 과거 현금흐름이 반영된 재무성과
㉤ 재무성과에 기인하지 않는 경제적 자원 및 청구권의 변동

23
- 법인세비용 = 당기법인세액 + 이연법인세자산 · 부채의 변동
  - 당기법인세액 : 150,000원
  - 이연법인세자산의 증가 : 32,000원
  - 이연법인세부채의 감소 : 60,000원

∴ 당기법인세비용 = 150,000원 − 32,000원 − 60,000원 = 58,000원

24 ㈜원진의 대표이사는 현재 6개월 후에 받게 되는 수출대금의 환율 변동에 대해 걱정하고 있다. 따라서 해당 제품의 수출대금 환위험을 상쇄할 수 있도록 해당 시점에 받게 되는 $4,000로 지금 생각하고 있는 $4,000 만큼의 가치로 해당 $를 매도하는 계약을 맺어두면 해당 수출대금의 환위험을 회피(Hedge)할 수 있다. 따라서 6개월 후에 $4,000를 매도하는 통화선도계약을 체결하는 것이 유리하다.

25 금융리스계약의 리스이용자가 인식할 비용에 대해 묻고 있는 문제다. 금융리스이용자의 경우 리스계약으로 인해 발생하는 비용은 금융리스부채에서 발생하는 이자비용과 금융리스자산으로부터 발생하는 감가상각비가 있다.

금융리스부채의 이자비용 구하기

- 금융리스부채의 현재가치 = 300,000원 × 2.49 = 747,000원
- 금융리스부채의 이자비용 = 747,000원 × 10% = 74,700원

금융리스자산의 감가상각비 구하기

- 금융리스자산의 현재가치 = 300,000원 × 2.49 = 747,000원(일반적으로 금융리스계약을 체결하면서 리스이용자가 부담하는 리스개설원가가 없는 경우 금융리스부채와 금융리스자산의 장부가액은 동일하다)
- 금융리스자산의 감가상각비 = 747,000원 ÷ 3년 = 249,000원

∴ 리스계약 관련 비용 = 74,700원 + 249,000원 = 323,700원

26 상업적 실질이 없는 경우의 유형자산의 교환으로 인한 취득원가에 대해 묻고 있다. 상업적 실질이 없는 경우 유형자산의 교환으로 인해 취득하는 자산의 취득원가는 제공하는 자산의 장부가로 인식한다.

∴ 취득한 유형자산의 취득원가 = 기존 서울 창고의 장부가액 = 100,000,000원 − 60,000,000원 = 40,000,000원

유형자산의 교환으로 인한 취득원가

상업적 실질이 있는 경우	제공한 자산의 공정가치(취득한 자산의 공정가치가 더 명백한 경우 취득한 자산의 공정가치) + 현금지급액 − 현금 수령액
상업적 실질이 없는 경우	제공한 자산의 장부가액

▸ **유형자산 교환의 상업적 실질**

㉠ 취득한 자산과 제공한 자산의 현금흐름의 구성(위험, 유출시기, 금액)이 다름

㉡ 기업특유가치가 교환으로 변동하며 그 차이가 유의적

27 ㉡ 현금흐름표에서 현금흐름은 영업활동, 투자활동, 재무활동으로 구분한다.

㉣ 외화현금흐름과 관련하여 환율변동에 따른 미실현손익은 현금흐름표에 보고해야 하며 영업, 투자 및 재무활동현금흐름과 구분하여 별도로 현금흐름표에 표시해야 한다.

㉠ 재무활동에 대한 정의는 기업의 납입자본과 차입금의 크기 및 구성내용에 변동을 가져오는 활동이므로 현금흐름표에서 차입금과 관련된 활동은 일반적으로 재무활동으로 본다.

28 해당 자본 항목 중 기타포괄손익 항목은 기타포괄손익-공정가치 측정 금융자산평가이익과 해외사업장환산차이가 있다.

∴ 10,000,000 + 3,300,000 = 13,300,000

기타포괄손익 항목
① 재평가잉여금
② 기타포괄손익-공정가치 측정 금융자산평가이익
③ 보험수리적손익
④ 해외사업장환산차이
⑤ 현금흐름위험회피회계의 위험회피수단 손익 중 위험회피에 효과적인 부분

29

- ㈜관리 주식의 취득가액 : 1,000,000원
- 20X1년에 발생한 ㈜관리의 당기순이익 중 ㈜재경의 몫
  600,000원 × 40% = 240,000원
- 20X1년 말 ㈜재경이 인식할 ㈜관리 주식의 장부가액
  1,000,000원 + 240,000원 = 1,240,000원

30 감가상각방법과 내용연수에 대한 변경이므로 회계추정의 변경에 대한 문제이다. 회계추정의 변경은 전진법으로 인식한다.

- 20X6년 초 기계장치의 장부가액 = $(1,000,000 - 0) - 1,000,000 \times \frac{5년}{10년} = 500,000원$
- 내용연수 4년 연수합계법의 첫해 상각률 = $\frac{4년}{4년 + 3년 + 2년 + 1년} = 0.4$

∴ 20X6년 감가상각비 = (500,000 − 0) × 0.4 = 200,000원

31 ④ 확정급여제도에서는 보험수리적위험과 기금의 투자위험을 기업이 부담하며, 따라서 기금이 모든 종업원급여를 지급할 수 있을 정도로 충분한 자산을 보유하지 못하는 경우 기업이 추가적으로 기여금을 납부해야 하는 의무가 발생하게 된다.

② 확정기여제도에서는 기금의 책임하에 종업원에게 퇴직급여를 지급하므로 기업에 추가적인 지급의무는 없다.

확정기여제도와 확정급여제도의 비교

구 분	확정급여제도	확정기여제도
기여금 불입액	변동 가능	확 정
보험수리적 위험 및 투자위험	기업이 부담	종업원이 부담
기업의 추가납입의무	발생 가능	없 음
퇴직금액	확 정	변동 가능

32 주가차액보상권이므로 현금결제형 주가차액보상권으로 보아야 한다. 따라서 부채가 결제될 때까지 매 보고기간 말과 결제일에 부채의 공정가치를 재측정하고, 공정가치 변동액은 당기손익으로 인식한다.

• 20X1년 주식보상비용 = $30,000 \times 11,000 \times \frac{1}{3} = 110,000,000$

• 20X2년 주식보상비용 = $30,000 \times 9,000 \times \frac{2}{3} - 110,000,000 = 70,000,000$

33 자본총액에 대해 묻고 있는 문제이다. 따라서 해당 문제를 풀기 위해서는 자본에 영향을 미치는 사건과 영향을 미치지 않는 사건으로 구분해야 한다.

• 유상증자, 이익잉여금, 기타포괄손익 : 자본에 영향, 주식배당 : 자본에 영향 없음

1. 유상증자가 자본에 미치는 영향 = 10,000주 × 13,000원 = 130,000,000원
2. 이익잉여금의 증가(당기순이익)가 자본에 미치는 영향 : 14,000,000원
3. 기타포괄손익(기타포괄손익-공정가치 측정 금융자산평가손익) 변동 = (12,500원 − 10,000원) × 1,000주 = 2,500,000원

   → 자본에 미치는 영향 총액 = 130,000,000원 + 14,000,000원 + 2,500,000원 = 146,500,000원

∴ 14기 기말 자본총액 = 386,000,000원 + 146,500,000원 = 532,500,000원

※ 참고 : **주식배당의 영향**

- 현재 회사가 발행한(유상증자 전) 주식수 = 100,000,000원(자본금) ÷ 1,000원(액면가) = 100,000주
- 액면가로 배당하였으므로 주식배당 계상액 = 100,000주 × 1,000원 = 100,000,000원
- 이익잉여금의 감소 : 100,000,000원
- 자본금의 증가 : 100,000,000원

34 추가적으로 당기손익에 반영해야 되는 사항

1. 투자부동산의 공정가치 하락

   투자부동산을 공정가치로 평가할 경우 해당 자산을 감가상각하는 대신 공정가치의 변동분을 당기손익으로 인식해 주어야 한다.

   • 투자부동산 관련 당기손익에 미치는 영향 = 95,000,000원(공정가치) − 100,000,000원(기존의 장부가) = (5,000,000)원

2. 당기손익-공정가치 측정 금융자산은 취득부대비용을 당기비용으로 인식해야 한다.

   • 당기손익-공정가치 측정 금융자산 관련 당기손익에 미치는 영향 : (1,000,000)원

3. 상품권의 판매는 상품권 판매시점에 부채로 인식하고 해당 상품권을 통해 용역이나 재화가 판매될 때 수익으로 인식해야 한다. 따라서 상품권 매출액 50,000,000원 중 당기 해당 상품권으로 매출이 발생한 29,000,000원만 수익으로 인식해야 한다. 따라서 50,000,000원 중 나머지 21,000,000원은 이연수익(부채)으로 인식해야 하며 수익을 취소하는 회계처리를 해야 한다.

   • 상품권 관련 당기손익에 미치는 영향 : (21,000,000)원

∴ ㈜분식의 오류수정 후 법인세비용차감전순이익

= 350,000,000원 − 5,000,000원 − 1,000,000원 − 21,000,000원 = 323,000,000원

35 영업권은 상각을 하지 않는 대신 매년 손상검사를 수행하여 영업권의 손상이 발생하면 손상을 인식해 준다. 20X2년은 영업권의 손상이 발생하지 않았으므로 영업권과 관련하여 인식할 영업권 관련 비용은 없다.
또한 사업결합으로 인해 취득한 영업권은 한 번 손상을 인식한 후 다시 해당 영업권의 가치가 회복할지라도 이미 사업결합이 완료된 후에 발생한 내부창출영업권으로 볼 수 있으므로 해당 영업권의 환입은 허용되지 않는다. 따라서 당기에 영업권 관련 인식할 수익과 비용은 존재하지 않는다.

무형자산의 손상

일반적인 자산의 손상	매 보고기간 말마다 자산손상을 시사하는 징후가 있는지 검토하고 징후가 있는 경우에만 회수가능액을 추정하고 손상이 발생한 경우 손상을 인식	
예 외	• 내용연수가 비한정인 무형자산 • 아직 사용할 수 없는 무형자산 • 영업권	• 예외 항목의 손상검사 – 매년 손상징후가 없더라도 손상검사 수행 – 매년 같은 시기에 손상검사를 실시 – 영업권은 손상이 발생한 경우 손상차손환입은 인정하지 않음

36 ② 단기종업원급여는 현재가치로 할인하지 않으며 발생할 때 제조원가가 되지 않는 이상 당기비용으로 인식해야 한다. 해당 종업원이 특정시점에 수령할 금액을 감안하는 보험수리적 손익은 단기종업원급여에는 적용하지 않는다.
③, ④ 단기유급휴가 중 누적 유급휴가는 사용하지 않은 부분은 이월되므로 사용하지 않은 분에 대하여 부채로 인식해야 한다. 하지만 비누적 유급휴가는 누적되지 않고 소멸되므로 당기에 사용하지 않은 부분은 차기에 인식하지 않는다.

37 ① 임대수익이나 시세차익을 얻기 위해 금융리스한 부동산의 경우 투자부동산으로 분류한다. 특히 금융리스의 경우 법적인 형식은 리스이지만 실질은 리스이용자가 해당 자산을 사용하는 것이므로 금융리스한 부동산도 투자부동산이 될 수 있다는 것에 유의해야 한다.
② 부동산 소유자의 부수용역은 유의적인 것과 경미한 것에 따라 분류가 나뉜다. 부수용역이 유의적인 경우 해당 부동산은 자가사용 부동산으로 인식하여 유형자산으로 분류하며, 이러한 예는 호텔의 서비스 제공을 들 수 있다. 부수용역이 경미한 경우 해당 부동산은 투자부동산으로 분류하며, 예로는 건물을 사용하는 입주민들에게 경비 및 청소용역을 제공하는 것을 들 수 있다.
③ 임대업을 주영업으로 하더라도 본사 건물의 경우 자신이 사용하기 위해 보유하고 있다고 할 수 있으므로 유형자산으로 분류한다.
④ 제3자를 위하여 건설 또는 개발 중인 부동산의 경우 재고자산으로 인식해야 한다.

38 화폐성 항목과 비화폐성 항목의 분류는 환율변동효과에서 중요한 부분이다. 화폐성 항목의 경우 매기간 말 환율로 환산해줘야 하지만 비화폐성 항목의 경우 역사적 원가로 환산을 해주지 않거나 공정가치가 변동될 때만 환산을 해준다.
① 매출채권은 결정가능한 가액으로 매출에 대한 대가를 회수하는 것이므로 화폐성 항목의 정의를 충족한다.

39 영업현금흐름으로부터 거꾸로 당기순이익을 찾는 문제이다. 해당 문제는 간접법에서 영업현금흐름을 구하는 방식으로 역산해서 답을 찾는 것이 간편하다.
• 당기순이익 ± 영업현금흐름과 무관한 수익·비용 ± 영업 관련 자산·부채의 변동 = 영업현금흐름
당기순이익 + 감가상각비 500,000원 + 재고자산의 감소 300,000원 – 매출채권의 증가 1,000,000원 – 매입채무의 감소 800,000원 = 영업현금흐름 10,000,000원
∴ 당기순이익 : 11,000,000원

40 투자활동현금흐름을 구하는 문제이다. 투자활동과 관련하여 발생한 현금흐름을 정리하면 된다.

1. 유형자산 취득 : (50,000,000)원
2. 유형자산 처분
   - 유형자산의 장부가액 = 5,000,000원 − 4,000,000원 = 1,000,000원
   - 유형자산의 처분이익 = 500,000원
   - 유형자산의 처분가액 = 1,500,000원

∴ 투자활동현금흐름 = 현금유입 − 현금유출 = 1,500,000원(유형자산 처분) − 50,000,000원(유형자산 취득) = (48,500,000)원

| 세무회계 |

41	③	42	④	43	②	44	②	45	③	46	④	47	④	48	④	49	③	50	②
51	②	52	①	53	②	54	③	55	④	56	①	57	①	58	②	59	①	60	③
61	③	62	②	63	③	64	①	65	①	66	③	67	②	68	④	69	①	70	③
71	②	72	②	73	①	74	③	75	④	76	③	77	①	78	②	79	①	80	③

41 ③ 직접세와 간접세의 분류는 조세부담이 전가되었는지 여부에 따른 분류로 납세의무자와 세금을 부담하는 자(담세자)가 일치하면 직접세, 일치하지 않으면 간접세로 분류한다. 직접세는 대표적으로 법인세, 소득세 등이 있으며 간접세는 대표적으로 부가가치세가 있다. 따라서 조세를 부담하는 자에게 반대급부가 어떻게 돌아가는지에 따른 분류로 설명하는 것은 틀린 설명이다.

④ 납세의무자의 인적사항이 반영되는 것을 인세라고 하며 대표적으로는 소득세, 법인세 등이 있다. 인세가 적용되는 것은 각종 세액공제, 기본공제 등에서 확인할 수 있다. 반대로, 납세의무자의 인적사항 대신 과세물건에 대한 사항을 중점적으로 초점을 두는 것은 물세라고 하며 대표적으로 부가가치세, 재산세 등이 있다.

42 ④ 개인 또는 법인이 직접 혹은 그 특수관계인을 통하여 법인의 경영에 영향력을 행사한다면 지배적인 영향력을 행사하고 있다고 보고, 그 법인과 본인(개인 또는 법인)은 특수관계에 있는 것으로 본다.

② 본인이 개인인 경우 4촌 이내의 혈족, 3촌 이내의 인척은 특수관계가 있는 것으로 본다.

③ 법인의 임원과 사용인 모두 법인의 특수관계인에 속하며, 해당 임원과 사용인과 생계를 같이하는 친족까지 특수관계인에 속한다.

43 법인세에 대한 전체적인 설명이다. 특히 사업연도에 대한 부분은 법인세와 관련하여 계속 나오는 부분이므로 정확히 숙지하는 것이 필요하다.

㉠ 법인세의 종류는 1과세기간 동안의 소득에 대해 부과되는 각 사업연도소득, 법인이 해산하는 경우 발생하는 청산소득, 법인이 가지고 있는 주택·비사업용 토지 등을 양도하면서 발생하는 양도소득, 투자 및 배당 등을 하지 않고 있는 미환류소득에 대해 부과되는 미환류소득에 대한 법인세로 나눌 수 있다.

㉡ 법인의 사업연도는 법인의 정관이나 법령에 규정이 있는 경우 그 사업연도를 따르고 그러한 규정이 없는 경우 1월 1일부터 12월 31일까지를 사업연도로 한다.

㉣ 투자·상생협력촉진세제는 다음 중 하나를 선택하여 적용한다.

a. [당기소득 × 70% − (투자 + 임금 증가 + 상생)] × 20%

b. [당기소득 × 15% − (임금 증가 + 상생)] × 20%

44 결산조정사항과 신고조정사항에 대한 내용이다. 결산조정사항과 신고조정에 대한 내용은 두 방법을 단순히 비교하는 것뿐만 아니라 앞으로 배우게 될 손금 항목의 성격도 결정하게 되므로 두 조정사항 방법을 정확히 이해하는 것이 필요하다.

② 결산조정사항은 비용 항목을 대상으로 한다. 따라서 수익 항목은 결산조정사항이 아니며 수익 항목은 모두 신고조정사항이다. 결산조정사항의 비용 항목은 결산서에 계상함으로서 손금으로 산입된다.

③ 결산조정사항은 유·무형자산상각비, 퇴직급여충당금, 법인세법상 준비금 중 일부 항목, 재고자산·고정자산의 평가차손, 대손금 중 일부로 구성되어 있다.

45 ③ 재화의 경우 부가가치세법상 원칙은 인도일을 기준으로 하지만, 이동이 필요없는 부동산, 무체물의 경우 이용가능하게 된 날을 공급시기로 한다.

① 장기할부판매, 완성도기준지급, 중간지급 조건부 판매, 계속적 공급은 대가의 각 부분을 받기로 한 때를 공급시기로 한다. 단, 완성도기준지급, 중간지급 조건부 판매, 계속적 공급의 경우 인도일이나 이용가능하게 된 날이 더 빠른 경우 해당 일을 인도일로 한다.

46 ④ 부동산 임대용역의 경우 부동산 임대용역이 장기이거나 간주임대료가 있는 경우 예정신고기간이나 과세기간이 종료할 때를 공급시기로 본다.

용역의 공급시기

구 분	내 용	공급시기
일반적		역무가 제공되거나, 재화, 시설물 또는 권리가 사용되는 때
통상적 용역공급		역무의 제공이 완료되는 때
완성도기준지급조건부, 중간지급조건부, 장기할부 또는 기타 조건부 용역공급		대가의 각 부분을 받기로 한 때(단, 완성도기준지급조건부, 중간지급조건부의 경우 완료일 이후 받기로 한 대가의 부분은 완료일)
부동산 임대용역	단일과세기간	용역 제공 종료일
	2 이상 과세기간	예정신고기간 또는 과세기간 종료일
	간주임대료	예정신고기간 또는 과세기간 종료일

① 제조가공업자가 주요 자재를 부담하는 경우 해당 거래는 재화의 공급이 된다.

47
- 민서 : 금융소득(이자, 배당)에 대해서는 필요경비를 인정하지 않는다.
- 유진 : 공적연금소득에 대해서는 무조건 종합과세의 방법으로 과세가 이루어진다. 사적연금소득의 경우 종합과세와 분리과세 중 선택할 수 있다.
- 무열 : 기타소득금액의 합계액이 300만원 미만이거나, 계약금이 대체된 위약금, 배상금 등에 대해서는 분리과세를 선택할 수 있다.

48 비과세 소득의 범위에 대해 묻고 있는 문제이다. 하나씩 차례대로 살펴보면 된다.

1. 급여 및 상여금 : 모두 총급여액에 포함된다.
2. 자가운전보조금 : 자가운전보조금은 매월 20만원까지 비과세에 해당하므로 해당 자가운전보조금은 모두 비과세에 해당한다.
3. 식사대 : 식사대의 경우 매달 20만원까지는 비과세이다. 하지만 해당 문제에서는 현물 식사도 제공받고 있다고 했으므로 전액 과세요건을 충족한다.
4. 경조금 : 사회적으로 타당한 경조금의 경우 비과세의 요건을 충족한다. 따라서 해당 경조금 200,000원은 모두 비과세 된다.
5. 야간근로수당 : 야간근로수당에 대한 비과세를 적용받기 위해서는 월정액 급여가 210만원 이하여야 하고 총급여액은 직전 과세기간 3,000만원 이하여야 한다. 최무열 씨의 경우 직전 과세기간의 총급여액은 3,000만원으로 기준에 충족하지만 월정액 급여가 220만원이므로 야간근로수당 적용대상이 되지 않는다.

∴ 과세되는 최무열 씨의 총급여액 = 30,000,000원 + 6,000,000원 + 2,400,000원 = 38,400,000원

49 종합소득금액을 구하는 문제이다. 종합소득금액을 구하기 위해서는 각 소득의 대략적인 특징에 대해 알고 있는 것이 중요하다. 소득금액별로 종합과세가 되는지 확인해 보도록 한다.

㉠ 사업소득금액 80,000,000원 : 종합소득금액에 포함된다.

㉡ 양도소득금액 50,000,000원 : 양도소득금액은 분류과세로 종합소득금액에 포함되지 않는다.

㉢ 기타소득금액 10,000,000원 : 외부강연료를 받은 경우 기타소득에 포함되며 증빙이 없더라도 총수입금액의 60%를 비용으로 인정해준다. 필요경비를 증명할 수 있는 경우 Max[총수입금액의 60%, 필요경비로 증명한 금액]을 필요경비로 인정해준다. 따라서 ㉢은 증빙된 7,000,000원을 필요경비로 인정하여 3,000,000원만 종합소득금액에 포함된다.

㉣ 연금소득금액 2,000,000원 : 종합소득금액에 포함된다.

㉤ 이자소득금액 5,000,000원 : 해당 금융소득금액은 20,000,000원 미만이며 원천징수가 된 이자소득이므로 분리과세로 과세의무를 종결하므로 종합소득금액에 포함되지 않는다.

∴ 종합소득금액 = 사업소득금액 80,000,000원 + 기타소득금액 3,000,000원 + 연금소득금액 2,000,000원 = 85,000,000원

50 해당 문제는 매입세액 공제에 대한 문제를 묻고 있다. 문제에서 매입세액은 크게 세금계산서 수취분 매입세액, 의제매입세액이 있으며 세금계산서를 수취하지 않은 매입세액은 공제되지 않는다.

1. 세금계산서 수취분 매입세액 공제액 : 20,000,000원 × $\frac{10}{100}$ = 2,000,000원

매입세액불공제되는 대상
• 매입처별 세금계산서합계표 미제출 또는 부실·허위기재 • 세금계산서 미수령 또는 부실·허위기재 • 사업과 직접 관련이 없는 지출 • 비영업용 소형승용차의 구입과 유지 및 임차

2. 의제매입세액 : 현재 김원진 씨는 개인사업자이며 연매출 4억원 초과의 음식점업을 하고 있으므로 면세 농산물에 대한 의제매입세액은 8/108의 비율로 공제한다.

• 의제매입세액 공제액 = 3,240,000원 × $\frac{8}{108}$ = 240,000원

∴ 매입세액 공제액 = 2,000,000원(세금계산서 수취분) + 240,000원(의제매입세액) = 2,240,000원

<table>
<tr><td>의제매입세액공제를 할 수 있는 경우</td><td>부가가치세 과세사업자가 면세되는 농·축·수·임산물을 구입하여 제조·가공한 재화·용역이 부가가치세 과세대상에 해당하는 경우</td></tr>
<tr><td>의제매입세액의 의의</td><td>• 면세의 중복효과 해소</td></tr>
<tr><td>의제매입세액 공제액 계산</td><td>• 면세로 구입한 매입가액 × 일정비율*주)
*주) 일정비율
<table>
<tr><th colspan="3">구 분</th><th>공제율</th></tr>
<tr><td rowspan="3">음식점업</td><td rowspan="2">개인사업자</td><td>연매출 4억원 이하</td><td>9/109</td></tr>
<tr><td>연매출 4억원 초과</td><td>8/108</td></tr>
<tr><td colspan="2">법인사업자</td><td>6/106</td></tr>
<tr><td colspan="3">과세유흥업</td><td>2/102</td></tr>
<tr><td colspan="3">제조업(개인, 중소기업)</td><td>4/104</td></tr>
<tr><td colspan="3">기 타</td><td>2/102</td></tr>
</table></td></tr>
</table>

51 법인세과세기간에 대해 묻는 문제이다. 법인세과세표준은 사업연도 종료일이 속하는 달의 말일부터 3개월 이내에 신고해야 한다. 따라서 사업연도 종료일인 20X2년 2월 28일에서 3개월을 더한 20X2년 5월 31일까지 신고해야 한다.

※ 참고 : ㈜시대는 신설법인이므로 1기의 사업연도는 설립등기일인 8월 16일부터 시작해야 한다.

구 분	1기	2기
사업연도	20X1년 8월 16일 ~ 20X2년 2월 28일	20X2년 3월 1일 ~ 20X3년 2월 28일
과세표준 신고기한	20X2년 5월 31일	20X3년 5월 31일

52 법인세 외국납부세액의 공제액을 계산하는 문제이다.

• 외국납부세액공제액 = Min(외국납부법인세, 법인세산출세액 $\times \frac{\text{과세표준 중 국외원천소득}}{\text{과세표준}}$)

• ㈜시대의 외국납부세액공제액 = Min(4,000,000원, 13,500,000원 $\times \frac{50,000,000\text{원}}{150,000,000\text{원}}$) = 4,000,000원

∴ ㈜시대의 외국납부세액 공제액은 4,000,000원이다.

53 부당행위계산부인에 대한 문제이다. 부당행위계산부인은 사례를 일일이 다 기억할 수 없으므로 기본적으로 특수관계인과의 거래에서 정상적인 조건에서 벗어난 거래가 일어나거나 특수관계로 인해 거래가 생긴 것으로 보이는 부분을 구분할 수 있으면 된다.

② 원칙은 금전 기타 자산 또는 용역을 무상 또는 시가보다 낮은 임대료로 빌리는 경우 부당행위계산부인이 적용되나 소액주주인 임원과 비출자 임원에게 사택을 무료로 제공하는 경우는 부당행위계산부인이 적용되지 않는다.

54 양도소득의 과세표준을 구하는 문제이다. 문제에서 주의해야 할 점은 해당 토지가 미등기양도자산이었다는 점이다. 해당 자산이 미등기양도자산이므로 양도소득기본공제와 장기보유특별공제는 적용할 수 없다. 따라서 해당 토지의 양도소득 과세표준은 다음과 같다.

토지의 처분가액		300,000,000원
토지의 취득가액	(−)	200,000,000원
양도소득 과세표준		100,000,000원

55 ④ 재화를 수입하는 경우에는 사업자 여부에 관계없이 모두 납세의무를 부담한다. 참고로 일반적인 경우에는 과세사업자만 납세의무를 부담한다.

① 사업목적이 영리목적의 유무에 상관없이 사업상 독립적으로 재화 또는 용역을 공급하는 자는 사업자로 분류한다.

② 부가가치세의 납세의무를 지는 사업자는 과세사업자라고 하며 과세사업자는 일반과세자와 간이과세자로 구분된다.

③ 면세사업자의 경우 부가가치세 납세의무가 면제되지만 반대로 매입세액을 공제받을 수도 없다.

56 소멸시효가 완성된 매출채권의 세무조정을 묻고 있다. ㈜시대는 미리 해당 채권을 대손처리하였지만 대손 요건을 충족하지 못하였으므로 손금불산입으로 남아있다가 당기에 신고조정사항인 채권의 소멸시효가 완성되었으므로 당기에 과거 손금불산입한 부분을 △유보로 추인해주는 세무조정을 해줘야 한다. 따라서 필요한 세무조정은 다음과 같다.

손금산입, 5,000,000원(△유보)

57 대손충당금한도금액을 계산하는 문제이다. 채권의 세법상 대손요건과 함께 대손충당금 한도를 구하는 방법에 대해서는 정확히 숙지하는 것이 필요하다. 대손충당금 한도는 다음과 같이 구한다.

대손충당금한도액	대손충당금 설정대상채권 장부가액 × 설정률
대손충당금 설정률	Max(a, b) a. 1% b. 대손실적률 = $\frac{\text{해당 사업연도 중 대손금}}{\text{직전 사업연도 말 대손충당금 설정대상 채권 금액}}$

- ㈜시대의 설정대상채권 : 3,500,000,000원
- ㈜시대의 설정대상채권 설정률 = Max(1%, 대손실적률 1.2%) = 1.2%

∴ ㈜시대의 대손충당금 한도액 = 3,500,000,000원 × 1.2% = 42,000,000원

58 특별세액공제 중 교육비세액공제의 요건에 대해 묻고 있는 문제이다. 특별세액공제의 항목에 대해서는 요건과 공제금액 및 공제율을 정확히 숙지하고 있어야 한다. 교육비세액공제의 경우 기본공제 대상자를 기준으로 하고 나이의 제한을 받지 않는다. 교육비세액공제의 금액은 다음과 같이 구한다.

교육비세액공제대상	한 도	공제율
대학원(본인만 해당)	전 액	지출액의 15%
대학생	연 900만원	
초·중·고등학생	연 300만원	
유치원·영유아·취학 전 아동		

1. 교육비세액공제대상
   ① 본인의 대학원 학비 4,000,000원 : 전액 인정
   ② 배우자의 대학교 학비 3,000,000원 : 배우자는 근로소득 30,000,000원이 있으므로 소득을 고려해 볼 때 교육비세액공제가 가능한 기본공제 대상자에 해당하지 않는다. 따라서 배우자의 학비는 공제될 수 없다.
   ③ 아들의 대학교 학비 4,000,000원 : 한도(9,000,000원) 내에 있으므로 전액 인정. 교육비세액공제 대상자의 경우 나이는 고려하지 않으므로 소득만 고려하면 된다.
   ④ 딸의 학원비 1,000,000원 : 학원비는 교육비세액공제대상이 아니므로 공제될 수 없다.

∴ 교육비세액공제대상 = 4,000,000원(본인 대학원 학비) + 4,000,000원(아들의 대학교 학비) = 8,000,000원

2. 교육비세액공제액
   8,000,000원 × 15% = 1,200,000원

59 ① 실질과세의 원칙이란 법적 형식이나 외관에 관계없이 실질에 따라 세법을 해석하고 과세요건을 인정해야 한다는 원칙이다. 국세기본법에서는 실질과세의 원칙으로 귀속에 관한 실질과세와 거래내용에 관한 실질과세를 규정하고 있는데 우회거래의 경우 실제의 거래 형식과 거래의 외관이 다른 경우이다. 따라서, 실질과세의 원칙에 따라 우회거래가 발생하면 거래의 외관이 아닌 실제 거래에 따라 조세를 부과해야 한다.

60 김시대 씨는 면세사업인 농산물의 판매와 과세사업인 음식물의 판매를 동시에 하고 있으므로 겸영사업자로 매입하는 물품에 대해서는 공통매입세액을 계산해야 한다. 부가가치세는 비율을 사용하는 부분이 상당히 많기 때문에 학습을 하며 나오는 비율에 대해 정확히 암기하고 있는 것이 중요하다.

공통매입세액의 안분계산 방법

- 면세사업 관련 매입세액(불공제분) = 공통매입세액 $\times \dfrac{\text{당해 과세기간 면세공급가액}}{\text{총공급가액}}$
- 매입한 컴퓨터의 매입세액 = 11,000,000원 $\times \dfrac{10}{110}$ = 1,000,000원
- 김시대 씨의 매입세액 불공제분

 = 1,000,000원 $\times \dfrac{150{,}000{,}000\text{원}}{150{,}000{,}000\text{원} + 150{,}000{,}000\text{원}}$ = 500,000원

∴ 김시대 씨의 공제 가능한 매입세액 = 1,000,000원 − 500,000원 = 500,000원

61 감가상각의 결산조정사항과 과거 감가상각비 한도초과분을 추후에 어떻게 처리하는지를 묻고 있는 문제이다. 유형자산 하나하나씩 차근히 살펴보면서 문제를 풀어야 한다. 단, 여기서 운용리스를 임차함으로 생겨난 자산의 감가상각비는 회계상 감가상각비이며, 세무상 인정하지 않으므로 해당 자산에 대한 감가상각비를 인식하지 아니한 회사의 회계처리에 추가적인 세무조정은 하지 않는다.

1. 건물 감가상각비
   - 한도초과액 = 6,000,000원(당기감가상각장부계상액) − 6,000,000원(당기감가상각범위액) = 0원
   - 기초상각부인된 금액 : 없음

   ※ 기초상각부인액이 없어 당기에 추인할 유보금액도 존재하지 않으므로 세무조정이 필요하지 않다.

   ∴ 세무조정 필요없음
2. 차량운반구 감가상각비
   - 한도초과액 = 2,500,000원(당기감가상각장부계상액) − 3,000,000원(당기감가상각범위액) = (500,000)원
   - 기초상각부인된 금액 : 없음

   ※ 기초상각부인액이 없어 당기에 추인할 유보금액도 존재하지 않으므로 세무조정이 필요하지 않다.

   ∴ 세무조정 필요없음
3. 기계장치 감가상각비
   - 한도초과액 = 4,000,000원(당기감가상각장부계상액) − 3,000,000원(당기감가상각범위액) = 1,000,000원

   ∴ 세무조정 : 손금불산입, 감가상각비 한도초과액, 1,000,000원(유보)

   ※ 당기에 기계장치의 감가상각비와 관련해서는 이미 상각범위액을 초과하여 감가상각비를 인식하여 한도초과분을 손금불산입하는 세무조정을 해야 하므로 기초의 상각부인액은 손금으로 추인할 수 없다. 따라서 기초의 상각부인액은 고려하지 않는다.
4. 비품 감가상각비
   - 한도초과액 = 1,000,000원(당기감가상각장부계상액) − 1,500,000원(당기감가상각범위액) = (500,000)원
   - 기초상각부인액 : 200,000원

   ※ 당기에 비품의 감가상각비 계상액은 감가상각범위액 내로 들어오므로 당기 감가상각비에 대한 세무조정은 필요하지 않다. 하지만 기초에 있던 상각부인액은 당기에 시인부족액이 발생하였으므로 추인해주는 세무조정이 필요하다. 감가상각장부계상액보다 감가상각범위액이 500,000원 더 크므로 기초상각부인액 200,000원을 전액 추인할 수 있다.

   ∴ 세무조정 : 손금산입, 전기 감가상각비 한도초과액 200,000원(△유보)

62 ② 감가상각방법을 신고하지 않은 경우 법인세법상 지정된 방법으로 감가상각범위액을 구해야 한다.

유형자산의 감가상각방법

구 분	선택 가능 상각방법	무신고 시 상각방법
건축물	정액법	정액법
광업용 자산	정액법, 정률법, 생산량비례법	생산량비례법
기타 유형자산	정액법, 정률법	정률법

무형자산의 감가상각방법

구 분	선택 가능 상각방법	무신고 시 상각방법
개발비	정액법(20년 이내)	정액법(5년)
사용수익기부자산가액	정액법(사용수익기간)	정액법(사용수익기간)
광업권	정액법 · 생산량비례법	생산량비례법
기타 무형자산	정액법	정액법

① 감가상각비는 대표적인 결산조정사항이므로 장부상 비용으로 계상한 경우만 세무상 비용으로 인정받을 수 있다.
④ 자산에 대한 수선비가 발생한 경우 2가지로 자본적 지출과 수익적 지출로 나눈다. 자본적 지출은 고정자산 내용연수를 증가시키거나 자산의 가치를 증가시키는 수선비로 취득원가에 가산하고 감가상각을 통하여 비용으로 인식하지만 수익적 지출은 고정자산의 현재 상태를 유지하기 위해 지출하는 수선비로 당기비용으로 바로 인식한다.

63 ㉠ 재고자산의 평가는 일반적으로 원가법을 적용하며, 저가법으로 재고자산 평가방법을 신고한 경우에만 저가법을 적용한다.
㉡ 재고자산이 파손, 부패된 경우 평가손실을 손금으로 인식할 수 있다.
㉢ 유가증권의 평가방법을 신고하지 않은 경우 총평균법을 적용한다.
㉣ 유가증권의 평가방법을 바꾸기 위해서는 적용하고자 하는 사업연도 종료일 이전 3개월이 되는 날까지 신고해야 한다.

64 ① 이의신청은 처분이 있음을 안 날부터 90일 이내에 세무서나 지방국세청에 신청할 수 있다.
② 과세전적부심사는 세무조사결과통지 또는 과세예고통지를 받은 경우 통지를 받은 날로부터 30일 이내에 통지를 한 세무서장이나 지방국세청장에게 청구할 수 있다.
③ 심사청구는 국세청에 제기하고 심판청구는 조세심판원에 제기하는 사후적권리구제제도이다.
④ 행정소송은 심사청구 혹은 심판청구를 거친 후 결과통지를 받은 날로부터 90일 이내에 신청할 수 있다.

65 폐업 시 잔존재화의 과세표준에 대해 묻고 있는 문제이다. 폐업 시 잔존재화의 경우 원칙은 시가를 기준으로 하지만 감가상각자산의 경우 부가가치세법상 상각한 후의 원가를 기준으로 한다는 것을 알고 있어야 한다. 자산 각각의 부가가치세법상 과세표준을 확인해보도록 한다.

1. 토지 : 토지는 면세 항목이므로 과세표준이 존재하지 않는다.
2. 건물 : 부가가치세법상 과세 항목이면서 감가상각자산이므로 상각후 원가를 기준으로 과세표준을 설정한다. 취득일이 20X1년 2기 과세기간이고 폐업일이 20X2년 2기 과세기간이므로 2과세기간이 지났다고 볼 수 있다.
   - 건물의 부가가치세법상 과세표준 = 300,000,000원 × (1 − 5% × 2과세기간) = 270,000,000원
3. 기계장치 : 부가가치세법상 과세 항목이면서 감가상각자산이므로 상각후원가를 기준으로 과세표준을 설정한다. 건물과 마찬가지로 취득일이 20X1년 2기 과세기간이고 폐업일이 20X2년 2기 과세기간이므로 2과세기간이 지났다고 볼 수 있다.
   - 기계장치의 부가가치세법상 과세표준 = 50,000,000원 × (1 − 25% × 2과세기간) = 25,000,000원
4. 재고자산 : 재고자산은 폐업 당시의 시가가 과세표준이 된다. 따라서 재고자산의 과세표준은 시가인 180,000,000원이다.

∴ ㈜다망해의 폐업 시 잔존재화의 과세표준
= 270,000,000원 + 25,000,000원 + 180,000,000원 = 475,000,000원

66 ③ 필요적 기재사항 중 일부가 기재되지 않은 경우 세금계산서로 인정되지 않는다. 따라서 추후 누락된 정보를 기재하여 다시 제출한다고 하더라도 다시 제출한 때를 세금계산서를 발행된 때로 보아 세금계산서 관련 가산세를 납부하여야 한다.

▸ 세금계산서 발급의무가 면제되는 업종 및 항목

① 택시운송, 노점, 행상, 무인판매기를 이용한 재화의 공급
② 소매업 또는 목욕·이발·미용업
③ 자가공급·개인적공급·사업상 증여·폐업 시 잔존재화(판매목적사업장 반출은 세금계산서 발급)
④ 영세율적용대상
　㉠ 수출하는 재화
　㉡ 국외에서 제공하는 용역, 외국항행 용역
⑤ 간주임대료
⑥ 신용카드매출전표 등을 발급하는 경우

67 신용카드 등 소득공제에 대한 문제는 계산문제까지는 아니더라도 어느 정도 개념은 파악하고 있어야 한다.

② 신용카드 사용분은 15%, 현금영수증, 직불·선불카드 사용분은 30%, 도서구매, 신문구독, 문화공연 및 박물관, 미술관 관련 금액은 30%, 대중교통, 전통시장 사용분은 40%로 공제율이 모두 다르다.
③ 신용카드 등 소득공제는 총급여액이 7천만원 이하인 경우 300만원, 7천만원 초과인 경우 250만원 한도로 공제가능하다.
④ 전통시장, 대중교통, 총급여 7천만원 이하의 자가 도서구매, 신문구독, 문화공연 및 박물관, 미술관에 지출한 금액의 한도초과액에 대해 연간 300만원까지 추가공제가 가능하다.

신용카드 등 소득공제의 공제한도와 추가공제

공제한도	• 총급여액이 7천만원 이하인 경우 : 300만원 • 총급여액이 7천만원 초과인 경우 : 250만원
추가공제	한도초과금액이 있는 경우 다음의 금액만큼 추가로 공제한다. • 총급여액이 7천만원 이하인 경우 : Min[한도초과액, Min(300만원, 전통시장·대중교통 사용분 × 40% + 도서·신문·공연비·박물관·미술관·영화관람료 사용분 × 30%)] • 총급여액이 7천만원 초과인 경우 : Min[한도초과액, Min(200만원, 전통시장·대중교통 사용분 × 40%)]

68 법인세의 지급이자 손금불산입에 대한 문제이다. 법인세의 지급이자 손금불산입에 대한 항목은 다음과 같다.

적용순서	구 분	세무조정
1	채권자 불분명 사채이자	관련 원천징수된 부분 : 손금불산입(기타사외유출) 잔액 : 손금불산입(대표자 상여)
2	비실명 채권·증권이자	
3	건설자금이자	건설중인자산 : 손금불산입(유보) 완성자산 : 즉시상각의제
4	업무무관자산 등 관련 이자	손금불산입(기타사외유출)

여기서 손금불산입되는 지급이자는 건설자금이자와 업무무관자산의 관련 이자가 발생한다.
• 건설자금이자 : 건설 중인 건물과 관련되어 지급이자가 발생하였으므로 해당 건설자금이자를 손금불산입하고 유보로 처리한다.
　손금불산입, 건설자금이자, 15,000,000원(유보)

• 업무무관자산 관련 이자

업무무관자산과 관련하여 발생한 관련 이자를 구하는 공식은 다음과 같다.

$$\text{업무무관자산 관련 이자 손금불산입액} = \text{지급이자} \times \frac{\text{업무무관자산 적수} + \text{업무무관가지급금 적수}}{\text{차입금 적수}}$$

여기서 지급이자는 세무상 지급이자이므로 건설자금이자로 손금불산입된 15,000,000원을 회계상 지급이자에서 차감하고 구한다.

$$\text{㈜시대의 업무무관자산 관련 이자} = (35{,}000{,}000\text{원} - 15{,}000{,}000\text{원}) \times \frac{15{,}000{,}000\text{원} \times 184\text{일}}{7{,}500{,}000{,}000\text{원}}$$

$$= 7{,}360{,}000\text{원}$$

손금불산입, 업무무관자산 관련 이자, 7,360,000원(기타사외유출)

∴ ㈜시대의 손금불산입되는 지급이자 = 15,000,000원(건설자금이자) + 7,360,000원(업무무관자산 관련 이자)
= 22,360,000원

69 퇴직연금충당금의 계산과 관련된 문제이다. 먼저 퇴직연금충당금은 신고조정사항이라는 것을 숙지하고 한도에 대한 내용을 알고 있어야 한다.

확정급여형 퇴직연금충당금의 계산

한도액	Min(a, b) − 세법상 퇴직연금충당금 이월잔액 a. 퇴직급여추계액 − 세무상 퇴직급여충당금 기말잔액 b. 퇴직연금운용자산 당기 말 잔액	
세무조정	구 분	세무조정
	퇴직연금충당금 계상액 > 한도액	한도초과액 손금불산입(유보)
	퇴직연금충당금 계상액 < 한도액	한도부족분 손금산입(△유보, 신고조정사항)

㈜시대의 퇴직연금충당금 한도

• Min(a, b) − 세법상 퇴직연금충당금 이월잔액

a. 퇴직급여추계액 250,000,000원 − (장부상 퇴직연금충당금 130,000,000원 − 전기 손금불산입된 퇴직연금충당금 20,000,000원) = 140,000,000원

b. 퇴직연금운용자산 120,000,000원

• ㈜시대의 퇴직연금충당금 한도 = 120,000,000원 − (장부상 퇴직연금충당금 130,000,000원 − 전기 손금불산입된 퇴직연금충당금 20,000,000원) = 10,000,000원

• 당기 인식한 퇴직연금충당금 : 20,000,000원

• 10,000,000원(퇴직연금충당금 한도) − 20,000,000원(당기 인식분) = 10,000,000원(한도초과)

∴ 필요한 세무조정 : 손금불산입, 퇴직연금충당금 한도초과, 10,000,000원(유보)

70 양도소득이 과세되는 양도는 어떤 것인지 묻고 있는 문제이다. 양도소득에 대해서는 특히 비과세되는 양도소득은 어떤 것인지 정확히 아는 것이 중요하다.

원진 : 상장주식의 매도는 원래 비과세지만 대주주 거래분과 장외거래분(일부 소액주주 관련 장외거래 제외)은 양도소득세가 과세된다. 여기서 대주주란 해당 법인의 주식을 시가총액 50억원 이상 보유하거나 해당 법인 주식합계액의 1%(코스닥 2%, 코넥스 4%) 이상을 보유한 주주를 말한다.

준서 : 1가구 1주택을 충족하는 경우 비과세가 되지만 준서는 집을 3채를 가지고 있으므로 비과세 대상이 아니다. 따라서 양도소득이 과세된다.

도현 : 농지의 교환 및 분합으로 인해 발생하는 소득은 비과세가 된다.

민서 : 특정시설물에 대한 이용권을 매매하는 것은 양도소득으로 과세된다. 따라서 골프회원권을 판매하는 것도 양도소득으로 과세된다.

▸ 비과세되는 양도 항목

㉠ 파산선고의 처분으로 인한 소득
㉡ 농지의 교환·분합에 의한 소득
㉢ 1세대 1주택(고가주택 제외)과 그 부수토지의 양도소득
㉣ 대주주 외의 자가 금융투자협회가 운영하는 비상장법인 주식 거래시장(K-OTC)를 통해 양도하는 중소·중견기업 주식

71 종합과세가 되는 항목을 찾는 문제이다. 소득세의 경우 전체적으로 어떤 게 종합과세가 되고 분리과세가 되는지 정확히 파악하는 것이 중요하다.

② 원천징수가 되지 않은 금융소득은 무조건 종합과세 대상이다. 따라서 해당 이자소득은 무조건 종합과세를 해야 하며 따라서 다음 해 5월까지 종합소득금액에 포함시켜 신고해야 한다.

① 일반적인 배당소득은 조건부 종합과세 대상이다. 금액이 10,000,000원으로 20,000,000원을 초과하지 않으므로 분리과세 후 과세의무를 종결한다.

③ 복권당첨소득의 경우 기타소득으로 무조건 분리과세해야 하는 대상이다.

④ 퇴직소득금액의 경우 분류과세 대상으로 양도소득처럼 종합소득금액에 포함하지 않고 별도로 구분된다. 따라서 퇴직소득금액은 퇴직소득과 관련하여 대부분 원천징수로 납세의무가 종결되며 종합소득금액에 합쳐서 신고하지 않는다.

72 손금불산입되는 항목을 묻고 있는 문제이다. 하나씩 손금불산입되는지 여부를 살펴보도록 한다.

㉠ 재고자산의 저가법 평가에 따른 손실은 저가법을 사용하기로 신고한 경우만 인정해주는데 해당 회사는 저가법으로 재고자산을 평가하기로 신고하였으므로 정당한 세법상 비용계상으로 볼 수 있다.

㉡ 벌금이나 과태료 등은 모두 비용으로 계상하더라도 모두 손금불산입 항목이다. 따라서 5,000,000원 전액을 손금불산입해야 한다.

㉢ 특수관계인에게 사택을 제공하고 관련 경비가 발생한 것은 모두 손금불산입한다. 따라서 특수관계인에 포함되는 대주주에 사택을 무상 제공하면서 발생하는 비용인 10,000,000원 모두 손금불산입되어야 한다.

㉣ 대주주의 아들을 채용한 경우 일반적인 경우보다 더 지급한 인건비는 모두 손금불산입 항목이다. 따라서 급여 100,000,000원 중 평균적으로 받아야 하는 급여인 40,000,000원을 초과하여 지급한 60,000,000원을 손금불산입해야 한다.

∴ 손금불산입 항목 = 5,000,000원 + 10,000,000원 + 60,000,000원 = 75,000,000원

73 ① 대표자에 대한 인건비는 법인세법상으로는 대표자와 법인은 엄연히 다른 실체로 고용관계로 보는 만큼 손금에 산입하지만 소득세법상 사업소득에서는 대표자에 대한 인건비는 고용관계에 있다고 보기 어려우므로 필요경비로 인정받을 수 없다.

④ 소득세법상 사업소득은 소득세법상 열거된 것만 소득으로 인정받을 수 있으며 이것을 '열거주의 방식을 따르고 있다'고 한다. 예를 들어 유형자산을 처분한 경우 법인세법상에는 법인의 이익으로 인정받지만 소득세법상에는 해당 항목이 열거되어 있지 않으므로 소득으로 인식하지 않는다.

소득세의 사업소득과 법인세의 차이

구 분	법인세	소득세의 사업소득
과세소득	포괄주의(모든 소득에 과세)	열거주의(경상적·계속적인 것만 과세)
과세방법	소득의 종류를 나누지 않음	이자, 배당, 기타 등 8개로 나누어서 과세
비용처리의 차이	• 대표자 인건비를 손금으로 인정 • 출자자의 자금인출 불가능 • 재고자산의 자가소비 규정 없음 • 모든 임직원 퇴직급여충당금 설정가능	• 대표자 인건비는 필요경비에 불포함 • 출자자의 자금인출 가능 • 재고자산의 자가소비는 총수입금액에 산입 • 개인사업 대표자 퇴직급여충당금 설정불가

74 부가가치세법상 예정신고기간의 과세표준을 구하는 것을 묻고 있는 문제이다. 여기서 주의해야 할 점은 매출할인 및 공급자의 귀책으로 훼손 및 파손된 매출 가액은 과세표준에 포함되지 않는다는 점과 대손세액공제의 경우 확정신고기간에만 적용된다는 점을 기억해야 한다.

- ㈜원진의 1기 예정신고기간 과세표준 = 500,000,000원(총매출액) − 30,000,000원(매출할인) − 5,000,000원(파손된 물품에 대한 매출액) = 465,000,000원

75 공급시기와 세금계산서의 관계에 대해 묻고 있는 문제이다. 공급시기가 도래한 후에 세금계산서를 발급한 경우에는 공급자에게 가산세가 부과된다.

공급시기 후에 세금계산서를 발급하는 ④의 거래에 가산세가 부과된다.

① 공급 전 세금계산서 발급

구 분	공급시기
공급시기 도래 전 대가를 받고 세금계산서 발급(대가를 먼저 받고 공급시기가 되기 전의 다른 과세기간에 세금계산서를 발급하는 경우도 포함)	발급일
공급시기 도래 전 세금계산서를 발급하고 7일 이내 대가 지급	발급일
공급시기 도래 전 세금계산서를 발급하고 7일 경과 후 대가를 지급받은 경우 다음의 조건들을 만족시킬 때 • 대금청구시기와 지급시기 사이 30일 이내 • 계약서에 대금청구시기와 지급시기 별도기재	발급일
세금계산서 발급 후 동일 과세기간 이내에 대가를 받는 경우(단, 조기환급을 받기 위해서는 30일 이내에 대가를 지급받아야 함)	발급일

② 공급 후 세금계산서 발급

<table>
<tr><th>구 분</th><th>공급하는 경우</th><th>공급받는 경우</th></tr>
<tr><td>공급·작성일자가 같은 과세기간</td><td rowspan="2">가산세</td><td>매입세액공제 가능
가산세 있음</td></tr>
<tr><td>공급·작성일자가 다른 과세기간</td><td>매입세액공제 불가
가산세 없음</td></tr>
</table>

76 ③ 기부금에 대한 세무상 평가는 현금주의에 의한다. 즉 현금이 지출된 시기에 기부금을 인식하는 것으로 기부에 대한 약속이나 계약에 의해서는 기부금에 대한 세무상 지출을 인식할 수 없다.

② 특례기부금에는 국방헌금, 국가 및 지방자치단체에 대한 기부 등이 있으며 '(기준소득금액 − 이월결손금) × 50%'까지 인정된다. 여기서 기준소득금액이란 '차가감소득금액(특례·우리사주조합·일반기부금 한도계산을 제외한 모든 세무조정 완료 후 금액) + 특례기부금 + 우리사주조합기부금 + 일반기부금'을 의미하며, 이월결손금은 기준소득금액의 80% 한도로 차감한다.

④ 현물로 특례기부금이 인정되는 단체와 특수관계가 없는 일반기부금이 인정되는 단체에 기부한 경우에 기부금의 평가는 장부가로 이루어지지만 특수관계가 있는 일반기부금이 인정되는 단체나 비지정기부금인 경우 기부금의 평가는 장부가와 시가 중 큰 금액으로 이루어진다.

기부금의 손금산입한도

구 분	손금산입한도
특례기부금	(기준소득금액 − 이월결손금) × 50%
우리사주조합기부금	(기준소득금액 − 이월결손금 − 특례기부금 손금산입액) × 30%
일반기부금	(기준소득금액 − 이월결손금 − 특례·우리사주조합기부금 손금산입액) × 10%

77 기타사외유출 항목을 고르는 문제이다. 기타사외유출 항목을 외우는 것도 좋은 방법이지만 사외유출 항목의 정의를 기억하면서 문제를 푸는 것도 하나의 방법이다.

기타사외유출은 말 그대로 상여, 배당이 아닌 다른 항목으로 기업 외부로 나갔다고 보는 경우로 주로 귀속자가 불분명할 때 기타사외유출을 사용한다.

㉠ 감가상각비 한도초과액은 유보 항목으로 세무상 순자산과 장부상 순자산이 달라서 발생한다.

㉡ 비실명 채권증권이자 지급액은 대표자 상여로 소득처분되지만 비실명 채권증권이자 관련 원천징수액은 기타사외유출로 소득처분된다.

㉢ 기업업무추진비 한도초과액은 기타사외유출 항목이다.

㉣ 유형자산평가손실은 감가상각비 한도초과액과 마찬가지로 세무상 순자산과 장부상 순자산이 달라서 발생하므로 유보 항목으로 처리한다.

㉤ 벌금에 대한 지출은 역시 귀속자가 명확히 누구라고 밝히기가 어렵기 때문에 기타사외유출로 소득처분한다.

∴ 기타사외유출 = ㉡ 1,000,000원 + ㉢ 1,000,000원 + ㉤ 100,000원 = 2,100,000원

78 근로소득세액공제액을 묻고 있는 문제이다. 이런 문제에는 주로 식이 주어지므로 식에 대입하여 문제를 풀면 된다.

• 근로소득에 대한 종합소득산출세액 = 4,500,000원(산출세액) $\times \dfrac{2,500,000\text{원(근로소득금액)}}{2,500,000\text{원} + 7,500,000\text{원} + 40,000,000\text{원}}$

= 225,000원

• 근로소득에 대한 종합소득산출세액이 225,000원으로 1,300,000원보다 작다. 따라서 근로소득에 대한 종합소득산출세액에 55%를 곱해주면 된다.

∴ 225,000원(근로소득에 대한 종합소득산출세액) × 55% = 123,750원

79 간이과세에 대한 간단한 계산을 묻고 있는 문제이다. 간이과세에 대해서는 간단한 계산문제와 간이과세의 적용요건에 대해서는 정확히 기억하고 있어야 한다. 간이과세의 납부세액은 다음과 같이 구한다.

간이과세의 납부세액 = 공급대가(부가가치세 포함) × 업종별 부가가치율 × 10%

∴ 김원진 씨의 간이과세 납부세액 = 50,000,000원 × 40% × 10% = 2,000,000원

80 ③ 이월익금(이전에 이미 익금으로 인식된 금액)의 경우 익금불산입으로 처리한다.

① 익금의 정의는 자본 또는 출자의 납입 및 익금불산입 항목으로 규정된 것을 제외하고 법인의 순자산을 증가시키는 항목이다.

② 의제배당은 실제로 배당이 발생하지는 않았지만 주주의 이익이 발생했다고 보는 사건이 발생했을 때 배당한 것으로 의제하여 익금으로 과세하는 익금 항목이다. 의제배당에는 잉여금의 자본전입으로 인한 의제배당과 자본 감소·해산·합병 및 분할 등으로 인한 의제배당이 있다.

| 원가관리회계 |

81	④	82	③	83	④	84	④	85	③	86	②	87	④	88	②	89	②	90	③
91	①	92	①	93	③	94	③	95	②	96	④	97	②	98	①	99	③	100	④
101	①	102	①	103	④	104	④	105	③	106	①	107	②	108	①	109	③	110	①
111	③	112	②	113	②	114	②	115	④	116	②	117	①	118	②	119	②	120	①

81 가공원가 = 직접노무원가 + 제조간접원가
∴ 직접노무원가 1,500,000원 + 제조간접원가 3,500,000원 = 5,000,000원

82 보조부문 원가를 단계배분법으로 배분하는 방법을 묻고 있는 문제이다. 순서는 언급한 대로 절삭 → 염색 순서이다.

1. 절삭의 원가배분(1,000,000원)

구 분	절 삭	염 색	의 자	책 상
배분 전 원가	1,000,000원	1,500,000원	3,500,000원	5,000,000원
절삭원가 비율	–	20%	30%	50%
절삭원가 배분	(1,000,000)원	200,000원	300,000원	500,000원
배분 후 원가	–	1,700,000원	3,800,000원	5,500,000원

2. 염색의 원가배분(1,500,000원 + 절삭 부문에서 배분받은 원가 200,000원)

구 분	염 색	의 자	책 상
배분 전 원가	1,700,000원	3,800,000원	5,500,000원
염색원가 비율	–	35% ÷ (35% + 35%)	35% ÷ (35% + 35%)
염색원가 배분	(1,700,000)원	850,000원	850,000원
배분 후 원가	–	4,650,000원	6,350,000원

83 ㉠ 표준원가의 경우 계산의 기초가 되는 표준을 설정해야 한다. 하지만, 아직 결과가 나오지 않은 시점에 표준이 설정되므로 미래의 예측변수들을 고려한 합리적인 표준을 설정하기 어려운 한계가 있다.
㉡ 예외에 의한 관리의 방법은 예외적으로 관리해야 하는 기준을 설정하고 설정한 예외를 벗어나는 부분만 관리하는 것이다. 따라서 예외에 의한 관리는 먼저 예외를 설정하는 것이 필요한데 여기서 주관이 개입될 문제점이 있다.
㉢ 표준원가의 경우 종업원이 성과가 좋기 위해서는 유리한 차이가 발생해야 한다. 따라서 표준원가에서 성과평가를 받을 경우 종업원이 유리한 차이에만 집중하여 오히려 역효과가 날 수 있다.
㉣ 표준원가의 경우 계량적인 정보에만 집중한다. 따라서 원재료의 품질 등 비계량적인 정보는 반영하지 못하는 한계가 있다.

84 활동기준원가에 대한 계산을 하는 문제이다. 섬유 1단위당 소모하는 원가는 원재료원가, 염색통과 관련된 원가, 압축기계사용원가, 제품검사원가 등이 있다.
1. 원재료원가 : 10,000원
2. 염색통 관련 원가 = 4통 × 1,000원 = 4,000원
제품 1단위당 염색통 사용량 : 4통
염색통 1통당 원가 : 1,000원

3. 압축기계사용원가 = 3시간 × 2,500원 = 7,500원
   제품 1단위당 압축기계사용량 : 3시간
   시간당 압축기계사용원가 : 2,500원
4. 불량품검사원가
   제품 1단위당 검사원가 : 500원

∴ 섬유 1단위당 원가 = 10,000원 + 4,000원 + 7,500원 + 500원 = 22,000원

85 활동기준원가는 계산 문제뿐만 아니라 활동기준원가의 도입배경에 대해서도 정확히 알고 있어야 한다.

③ 활동기준원가는 자동화 설비가 도입됨에 따라 직접노무원가의 비중이 감소하고 제조간접원가의 비중이 늘어나 직접노무원가를 원가동인으로 원가를 배분하는 전통적인 제조간접원가 배분방식에서는 원가의 왜곡이 발생하게 되었다.

활동기준원가계산의 도입배경
• 제조간접원가의 증가, 직접노무원가의 증가에 따른 전통적 배부기준의 원가왜곡 • 정보수집기술의 발달로 원가의 정확한 집계가능 • 원가개념의 확대 : 수명주기원가, 기타원가 등의 중요성 증대

86 보조부문원가를 단일배분율에 의해 배분하는 문제이다.

1. 배분율 구하기
   제조간접원가 합계 = 1,000,000원 + 1,500,000원
   배분율 = 2,500,000원 ÷ (1,000시간 + 250시간) = 2,000/시간당
2. 제품 A의 원가 구하기
   직접노무원가 = 400,000원(a) + 300,000원(b) = 700,000원
   제조간접원가 배분 = 2,000/시간당 × (200시간 + 100시간) = 600,000원

∴ 제품 A의 원가 = 700,000원 + 600,000원 = 1,300,000원

87 5단계의 종합원가계산방법을 정확히 암기할 필요는 없지만 종합원가계산하는 문제를 자주 풀어보며 각 단계에 해당하는 원가계산순서와 이론을 연상할 수 있어야 한다.

④ 종합원가계산을 위해서 필요한 1단계는 물량의 흐름을 파악하는 것이다. 물량의 흐름을 파악한다는 것은 기초재공품재고수량 + 당기투입량 = 당기완성량 + 기말재공품재고수량을 확인하는 것으로 완성품환산량을 물량의 흐름을 파악하는 단계에서는 고려할 필요가 없다.

① 종합원가계산에서는 소품종대량생산에 적합한 원가계산 방법이다.

종합원가계산의 장점	• 시간 및 비용이 절약 • 공정별로 성과평가가 이루어지므로 책임대상이 명확
종합원가계산의 단점	• 상세한 원가정보가 도출되지 않음 • 원가계산기간의 종료시점까지 제품원가를 알 수 없음 • 기말재공품의 완성도 측정에 주관이 개입됨 • 원가계산의 결과가 부정확함

88 ② 변동원가계산에서는 고정원가를 제외한 나머지 가공원가는 제품의 원가로 산정되기 때문에 생산량이 증가하더라도 모두 발생하는 변동원가가 모두 재고자산화되므로 생산량이 이익에 영향을 미치지 않는다. 하지만 초변동원가계산에서는 판매량이 일정한데 생산량을 증가시키게 되면 당기비용으로 처리되는 가공원가가 증가하여 이익이 감소하게 된다. 따라서 초변동원가계산에서는 경영자가 생산량을 줄일 유인이 발생하게 된다.

③ 초변동원가계산에서는 경영자가 생산량을 증가시킬수록 이익이 감소하기 때문에 재고자산을 줄일 유인이 발생하게 된다. 따라서 초변동원가계산으로 원가계산 시 추후 수요가 증가할 경우 효과적으로 대응하기가 어렵다는 단점이 발생하게 된다.

④ 초변동원가계산과 변동원가계산은 모두 설비와 관련된 고정제조간접원가를 기간비용으로 처리하여 제품의 원가에 고정제조간접원가가 반영되지 않는다. 따라서 경영자는 제품의 판매가를 산정할 때 설비에 대한 원가를 반영하지 않을 확률이 높아지게 되고 따라서 고정설비자산의 투자액을 회수해야 하는 장기적인 의사결정에는 적합하지 않다.

89 ② 이상적 표준은 모든 조건이 최적의 조건인 경우에 달성할 수 있는 표준이다. 따라서 현실에서는 최적의 조건보다 못한 조건이 주어지기 때문에 항상 불리한 차이가 발생할 수밖에 없으며 따라서 종업원은 차이를 좋게 하려는 유인이 없어지게 되어 동기부여에 부정적인 측면을 가져오게 된다.

구 분	내 용
이상적 표준	• 최선의 조건하에서만 달성할 수 있는 원가 • 정상적 기계고장, 정상감손, 근로자의 휴식시간 등을 전혀 반영하지 않음 • 현실적 표준을 설정하기 위한 출발점 • 차이분석 시 언제나 불리한 차이가 발생하여 동기부여에 역효과 발생 • 실제원가와 큰 차이가 나타나 외부결산목적으로 부적합함
정상적 표준	• 정상 조업수준이나 능률을 반영해서 설정한 표준 • 경제상황이 안정된 경우 현실적 표준과 흡사해짐
현실적 표준	• 실제 제조활동에서 노력할 경우 달성가능한 표준원가 • 예상되는 기계고장, 휴식시간 등을 반영한 표준 • 원가계산 및 관리회계 목적으로 가장 유용한 표준

③ 표준원가계산은 차이금액에 초점을 두게 되어 중요한 부분에 대해서만 관심을 가지는 예외에 의한 관리를 하기 때문에 질적인 측면을 고려하지 못할 한계점이 존재한다.

90 ③ 당기제품제조원가는 당기에 제품으로 대체된 제조원가를 의미하므로 공정에 남아있는 재공품도 고려해야 한다. 지문에 나와있는 설명은 당기제조원가를 의미한다.

> 당기제품제조원가 = 기초재공품 + 당기제조원가(기초원가 + 제조간접원가) − 기말재공품

① 대표적으로 공장장의 월급이나 공장 전체의 감가상각비, 공장건물에 대한 화재보험료 등을 제조간접원가로 들 수 있다.
② 당기에 팔리지 않은 부분은 재고자산으로 자산화되며 판매될 때 매출원가로 비용 인식한다.

91 제조간접원가와 직접노무원가 구하기

• 제조간접원가 + 직접노무원가 = 가공원가
• 1.5X + X = 60,000
※ 문제에서 제조간접원가는 직접노무원가의 1.5배 발생함을 전제함
∴ 직접노무원가 : 24,000, 제조간접원가 : 36,000

당기제품제조원가 구하기

• 직접원가 = 직접재료원가 + 직접노무원가
• 45,000 = Y + 24,000
∴ 직접재료원가 : 21,000

> 당기제품제조원가
> = 기초재공품 + 당기총제조원가(직접재료원가 + 직접노무원가 + 제조간접원가) − 기말재공품

∴ 당기제품제조원가 = 20,000 + 21,000 + 24,000 + 36,000 − 10,000 = 91,000

92 상호배분법의 경우 방정식을 사용하여 문제를 풀어야 한다.

수선부문원가 : a, 전력부문원가 : b
• a = 68,000 + 0.2b
5a − 340,000 = 150,000 + 0.1a
4.9a = 490,000
a = 100,000

• b = 150,000 + 0.1a
b = 150,000 + 0.1 × 100,000 = 160,000
∴ A의 제조원가 = 100,000 × 45% + 160,000 × 40% + 300,000 = 409,000

93 이 문제에서는 2가지 제품만 생산했고 당기에 완성된 품목은 a이므로 a의 제조원가를 구해주면 당기제품제조원가를 구할 수 있다.
• 당기제품제조원가 = 기초재공품 + 당기제조원가 − 기말재공품
기초재공품(a) : 300,000
• 당기제조원가 = 직접재료원가 + 직접노무원가 + 제조간접원가
제조간접원가의 배부율 = 4,000,000 ÷ (2,000,000 + 3,000,000) = 0.8(직접노무원가 1원당)
a의 제조간접원가 = 2,000,000 × 0.8 = 1,600,000
∴ 당기 ㈜시대의 제품제조원가 = 300,000 + 1,000,000 + 2,000,000 + 1,600,000 = 4,900,000

94 선입선출법을 사용하는 종합원가계산에 대해 묻는 문제이다. 따라서 기초재고는 모두 완성되었다고 가정하고 당기투입분을 완성품과 기말재고금액으로 배분해야 한다.
1. 물량흐름과 완성품환산량 계산
물량흐름 = 기초재고 + 당기투입량 = 당기완성 + 기말재고

완성품환산량의 계산

구 분	재료비	가공비
기초재고완성품환산량	3,000 × 100% = 3,000	3,000 × 30% = 900
당기완성(당기투입분)	8,000 × 100% = 8,000	3,000 × 70% + 8,000 × 100% = 10,100
기말재고완성품환산량	2,000 × 100% = 2,000	2,000 × 40% = 800

2. 단가의 계산
선입선출법을 가정하고 있으므로 당기투입 부분의 완성된 부분과 기말재고를 이용하여 단가를 계산한다.
• 재료비 = 300,000 ÷ (8,000 + 2,000) = 30
• 가공비 = 1,090,000 ÷ (10,100 + 800) = 100
3. 당기완성품원가계산
선입선출법을 가정하므로 기초재고의 원가는 모두 완성품의 원가 배분한다.
• 당기완성품원가 = 기초재고의 원가(90,000 + 180,000) + 당기투입 중 완성된 부분(8,000 × 30 + 10,100 × 100) = 1,520,000

95 변동제조간접원가 소비차이는 변동제조간접원가 실제 발생액과 실제 조업도 × 표준배부율의 차이로 구할 수 있다.

실제 발생액	실제 조업도 × 표준배부율	허용된 표준조업도 × 표준배부율
AH × AP 2,000,000	AH × SP 4,500 × 500	SH × SP 2,500,000

소비차이 | 능률차이

∴ 2,000,000 − 2,250,000 = (250,000)(유리한 차이)

96 손익분기점을 묻는 문제로 제작비용을 모두 충당하는 관객수를 아래와 같이 계산할 수 있다.
• 관객 100만명인 경우 공헌이익 = 1,000,000명 × (10,000원 − 4,000원) = 6,000,000,000원
• (손익분기점 관객수 − 1,000,000명) × (10,000원 − 4,000원 − 1,000원) + 6,000,000,000원 = 12,000,000,000원
∴ 손익분기점 관객수 = 2,200,000명

97 전부원가계산에서의 영업이익을 묻고 있는 문제이다. 전부원가계산은 고정제조간접원가를 제품의 원가에 배분하는 방법이므로 일반적으로 알고 있는 이익을 구하는 방식으로 영업이익을 구할 수 있다.

- 단위당 제조원가 = (1,000,000 + 2,500,000 + 1,500,000 + 1,000,000) ÷ 10,000 = 600
- 단위당 판매가격 = 8,000,000 ÷ 8,000 = 1,000
- 단위당 변동판매관리비 = 400,000 ÷ 8,000 = 50
- 전부원가계산에서의 영업이익

매출액	8,000,000	1,000 × 8,000
매출원가	(4,800,000)	600 × 8,000
매출총이익	3,200,000	
변동판매관리비	(400,000)	50 × 8,000
고정판매관리비	(500,000)	
영업이익	2,300,000	

98 전부원가계산방법 및 변동원가계산방법을 묻고 있는 문제이다. 전부원가계산과 변동원가계산상 가장 큰 차이점은 고정제조간접원가에서 발생한다. 전부원가계산상 고정제조간접원가는 단위당 고정제조간접원가를 구하여 매출된 수량 부분만 매출원가를 구성하고 나머지는 기말재고원가를 구성하는 반면 변동원가계산에서는 고정제조간접원가가 기간원가를 구성하여 당기에 모두 비용으로 인식된다. 따라서 차이는 기말재고원가만큼 전부원가계산과 변동원가계산에서 차이가 발생한다.

[전부원가계산]
- 단위당 고정제조간접원가 : 60,000 ÷ 600개 = 100원
- 매출원가에 포함되는 고정제조간접원가 : 100원 × 500개 = 50,000원

[변동원가계산]
- 당기인식 고정제조간접원가 : 60,000원

∴ 변동원가계산를 적용하는 경우 당기인식원가는 10,000원(= 60,000원 − 50,000원) 증가한다.

99 CVP분석의 의의와 가정에 대해 묻는 문제이다. 특히, CVP분석의 가정은 한계점과 함께 학습하는 것이 좋다.

③ CVP분석에서는 생산량과 판매량이 같다고 가정한다. 즉, 기초재고와 기말재고는 일정하다고 보고 재고자산에 따르는 이익에 대한 영향을 무시한다.

① CVP분석은 원가·조업도·이익 분석으로 조업도의 변화에 따르는 이익의 변화를 분석한다.

CVP분석의 가정
㉠ 모든 원가는 변동원가와 고정원가로 분류할 수 있다고 가정
㉡ 수익과 원가의 형태는 선형이라고 가정
㉢ 생산량과 판매량은 일정함
㉣ 복수제품으로 판매하는 경우 매출배합은 일정함
㉤ 화폐의 시간가치는 반영하지 않음(현재가치 계산하지 않음)
㉥ 원가에 미치는 요소는 조업도 밖에 없다고 가정

100 ④ 제품원가는 대부분 제조 이전 단계. 즉, 설계단계에서 결정된다. 따라서 설계단계에서 전체 제품의 원가절감을 위한 노력을 해야 하며 따라서 제품 및 서비스의 전 기간에 걸친 원가를 분석하는 수명주기원가계산의 중요성은 증가하고 있다.

①, ③ 수명주기원가계산에서는 전체 수명주기 동안의 수익과 비용을 집계하여 서로 다른 가치사슬 단계를 합친 프로젝트 전체에 대한 이해가 향상되게 된다. 예를 들어 과거에는 설계단계에서 원가를 필요한 자원보다 적게 지출하여 수명주기 전체의 원가가 상승하게 되었다면 설계 단계의 가치사슬은 원가가 절감되었다고 평가받고 설계 이후 단계의 가치사슬단계에서는 비효율이 발생했다고 봤지만 수명주기원가계산에서는 설계 단계에서 필요한 자원보다 적게 지출해서 전체 수명주기의 원가는 상승했다는 것을 파악할 수 있고 따라서 전체 수명주기 동안의 원가를 감소시킬 수 있다.

101 원가구조에 대해 묻고 있는 문제이다. km당 100원의 보험료가 부과되며, 기본요금은 없다고 하였으므로, 순수변동원가로 구성되어 있음을 알 수 있다. 따라서 기본요금이 없는 순수변동원가의 모습을 나타내는 ①번이 가장 유사한 형태를 나타내는 것으로 볼 수 있다.

② 기본요금이 존재하는 준변동원가로 분류할 수 있다.

④ 일정구간까지는 기본요금만 부과되며, 일정구간을 벗어나는 경우 변동원가가 추가되는 준변동원가로 분류할 수 있다.

102 자본예산(장기의사결정) 설정 시 필요한 기본원칙에 대해 묻고 있는 문제이다. 순현금흐름(투자안의 총 현금유입 – 투자안의 총 현금유출)이 0보다 큰 경우 투자안을 채택한다.

순현금흐름 추정 시 기본원칙은 다음과 같다.

증분기준	관련수익과 관련원가만 고려
감가상각비	• 감가상각비는 비현금유출이므로 고려하지 않음 • 감가상각비 절세 효과만 고려
세후기준	세금도 현금유출이므로 세후기준으로 반영하기 위해 관련 세금을 차감
이자비용	자금조달에 필요한 금융비용의 이자비용은 고려하지 않음
인플레이션	• 해당 현금흐름이 명목현금흐름인 경우 : 명목할인율로 할인 • 해당 현금흐름이 실질현금흐름인 경우 : 실질할인율로 할인

103 ④ 책임회계제도는 책임중심점별로 권한과 책임을 부여하여 관리하게 하는 제도이다. 책임회계제도는 책임중심점의 성과평가를 위한 것이므로 표준원가 등 모든 원가관리 기법을 적용하여 평가할 수 있다.

책임회계제도의 장점
• 관리자의 신속한 의사결정 및 대응이 가능해짐 • 책임중심점에 권한과 책임이 위임됨에 따라 책임중심점의 동기부여 가능 • 관리기법을 적용하여 성과평가가 가능해짐 • 책임의 소재가 명확해지므로 관리자가 원가와 수익의 관리를 효율적으로 수행 • 성과차이분석을 통해 예외에 의한 관리가 가능

104 투자수익률과 잔여이익에 대해 묻고 있는 문제이다. 투자수익률과 잔여이익은 계산방법과 더불어 특징에 대해서도 정확히 숙지하는 것이 필요하다.

④ 잔여이익의 경우 수익성이 고려되지 않는다. 따라서 규모가 더 큰 투자안의 경우 잔여이익이 더 크게 나오는 경향이 있기 때문에 규모가 다른 투자안을 직접 비교하기에는 적합하지 않다는 한계가 있다.

① 투자수익률 = 영업이익 ÷ 영업자산
= (영업이익/매출액) ÷ (매출액/영업자산)
= 매출액이익률 × 자산회전율

② 투자수익률의 경우 사업부는 기존의 투자수익률보다 낮은 수익률의 투자안의 경우 기업 전체의 목표투자수익률보다 높더라도 자기 사업부의 투자수익률이 떨어지기 때문에 기각하는 준최적화 현상이 나타날 수 있다.

105 변동원가계산의 손익계산서를 토대로 전부원가계산의 이익을 구하는 문제이다. 전부원가계산에서의 이익을 처음부터 구하는 방법보다 변동원가계산에서의 이익에서 조정하여 전부원가계산을 구하는 방법이 더 효율적이다.

1. 단위당 고정원가 = 100,000,000 ÷ 10,000(생산량) = 10,000
2. 변동원가에서 전부원가로 이익 조정

변동원가계산에서의 영업이익	20,000,000	
기초제품재고의 고정원가	(20,000,000)	2,000개 × 10,000
기말제품재고의 고정원가	30,000,000	3,000개 × 10,000
전부원가계산에서의 영업이익	30,000,000	

106 대체가격 중 기업 전체의 이익이 되는 구간의 범위를 묻고 있는 문제이다. 기업 전체의 이익은 공급사업부의 최소대체가격 이상, 수요사업부의 대체가격 이하인 경우 최대대체가격 − 최소대체가격 만큼 기업 전체의 이익이 발생한다.

- 수요사업부의 최대대체가격 = Min(제품의 단위당 공헌이익, 반도체의 시장에서 공급할 수 있는 가격) = Min(500,000원, 100,000원) = 100,000원
- 공급사업부의 최소대체가격 : 시장에 대한 공급과 수요사업부에 대한 공급을 동시에 충족시킬 수 있다고 보고 있으므로 최소대체가격은 단위당 변동원가가 된다.
- 기업 전체가 이익이 발생하는 구간

∴ 100,000원보다 적은 금액의 최소대체가격으로 변동원가가 산정되어야 하므로 변동원가가 95,000원일 때 이익이 발생한다.

107 경제적부가가치를 간단히 묻고 있는 문제이다. 경제적부가가치는 빈출되는 부분이므로 계산과정과 이론을 정확히 알고 있어야 한다.

> 경제적부가가치 계산 = 세후영업이익 − 자본비용
> = 세후영업이익 − 투하자본 × 가중평균자본비용

∴ ㈜민서의 경제적부가가치(EVA) = (10억원 − 1억원)(세후영업이익) − 150억원(투하자본) × 7%(가중평균자본비용)
= (1.5)억원

108 투자안의 순현재가치에 대해 묻고 있는 문제이다. 현재가치를 반영한 현금유입과 현금유출로 나누어 계산한 후 결과를 도출하면 된다.

- 순현금유입 = 450,000원(매년 발생하는 현금흐름) × 2.48 + 100,000원(초기 투자하는 운전자본의 회수) × 0.75 = 1,191,000원
- 순현금유출 = 1,000,000원 + 100,000원(순운전자본 추가 투입) = 1,100,000원

∴ 투자안의 순현재가치 = 1,191,000원 − 1,100,000원 = 91,000원

109 투자수익률의 계산과 준최적화에 대해 묻는 문제이다. 현재 사업부의 투자수익률과 예상 투자수익률을 합한 사업부의 예상 투자수익률을 비교하여 투자안의 기각과 채택여부를 결정한다.

- 현재 A사업부의 투자수익률 = 10억원(영업이익) ÷ 100억원(영업자산) = 10%
- 투자안을 반영할 경우 A사업부의 투자수익률 = (10억원 + 8억원) ÷ (100억원 + 100억원) = 9%

∴ 투자안을 채택할 경우 A사업부의 정무열씨는 사업부의 투자수익률이 10%에서 9%로 감소하므로 투자안 자체의 투자수익률 8%(8억원/100억원)가 ㈜원진 기업 전체의 목표투자수익률 7%를 초과하더라도 기각하게 된다(준최적화 발생).

110 원가의 흐름에 대해 묻고 있는 문제이다. 기초원가는 직접재료원가와 직접노무원가로 구성되어 있으므로 기초원가와 제조간접원가를 합하여 당기총제조원가가 된다.

- 당기총제조원가 = 직접재료원가 + 직접노무원가 + 제조간접원가
- ㈜시대의 당기총제조원가 = 5,000,000원 + 3,000,000원 = 8,000,000원
- 기초재공품 + 당기총제조원가 = 당기제품제조원가 + 기말재공품원가
- 기말재공품원가 = 기초재공품 + 당기총제조원가 − 당기제품제조원가

∴ 1,400,000원(기초재공품원가) + 8,000,000원(당기총제조원가) − 7,800,000원(당기제품제조원가) = 1,600,000원(기말재공품원가)

111 ㉣ 대체가격을 결정할 때 고려할 기준은 목표일치성 기준, 성과평가기준, 자율성 기준을 고려해야 하며, 특히 각 사업부의 의사결정이 기업 전체의 목표에 부합하는 의사결정과 다를 수 있으므로 목표일치성 기준을 유의해야 한다.

㉠ 공급사업부는 최소대체가격을 초과하는 단가로 공급하고자하며, 사업부의 성과만 고려할 경우 단가를 최대로 하여 공급하는 의사결정을 수행한다.

㉡ 구매사업부는 최대대체가격 미만의 단가로 조달하고자하며, 사업부의 성과만 고려할 경우 단가를 최소로 하여 조달하는 의사결정을 수행한다.

㉢ 회사 전체에서는 공급사업부 최소대체가격, 구매사업부의 최대대체가격 사이에서 단가가 결정된다면 최적대체가격 구간에서 단가가 결정되어 회사 전체의 이익이 발생한다.

112 직접재료원가의 가격차이를 이용하여 실제가격을 구하는 문제이다.

실제 발생액	실제 투입량 × 표준가격
AQ × AP 10,000kg × ??	AQ × SP 10,000kg × 1,000원

가격차이(1,000,000원 유리)

표준가격으로 구한 직접재료원가는 10,000,000원이다. 여기서 유리한 차이 1,000,000원을 반영하면 실제 발생액은 9,000,000원이다. 따라서 실제 재료원가의 kg당 단가를 구해보면

9,000,000원 = 실제 kg당 재료원가 × 10,000kg(실제 사용량)

∴ 실제 kg당 재료원가 = 900원

113 ② 사업부 경영자의 경우 자신이 책임지는 부분에 대해 성과평가를 받는 것이 가장 적합하다. 하지만 영업이익으로 성과평가를 할 경우 기업 단위에서 결정한 대규모 투자 설비에 대한 고정원가가 반영되어 성과가 왜곡될 수 있다. 따라서 사업부 경영자의 경우 공헌이익에서 통제가능한 고정원가를 차감한 것으로 성과평가를 하는 것이 가장 적합하다.

③ 공통고정원가의 경우 사업부별로 추적이 힘들기 때문에 기업 전체의 입장에서 관리해야 한다. 공통고정원가를 나누어 사업부별로 배분할 경우 사업부의 성과가 왜곡될 수 있다.

114 수익성지수법의 복수의 투자안에 대한 의사결정을 묻는 문제이다. 투자안이 복수일 경우 수익성지수가 가장 높은 투자안에 투자한다.

• A투자안의 수익성지수 = 115억원 ÷ 100억원 = 1.15

• B투자안의 수익성지수 = 220억원 ÷ 200억원 = 1.1

∴ 따라서 A투자안을 채택한다.

※ 수익성지수법은 문제에서처럼 수익성으로 투자안을 평가하므로 투자안의 규모를 고려하지 못하는 단점이 있다.

115 균형성과표는 재무적, 비재무적, 과거부터 미래의 성과까지 동시에 고려하여 전력과 성과를 균형적으로 관리하는 기법으로 크게 고객 관점, 내부프로세스관점, 학습과 성장관점, 재무적관점 4가지로 성과를 평가한다. 균형성과표의 4가지 관점의 특성 및 주요 지표는 다음과 같다.

구 분	특 성	주요지표
재무적관점	• 더 높은 이익률을 달성하기 위한 장기적인 목표 • 모든 지표들은 궁극적으로 재무성과와 연계 되어야 함 • 주주가치 극대화와 직결	총자산수익률(ROA), EPS 등 수익지표
고객관점	기업들은 고객가치 극대화의 관점에서 고객과 관련된 척도를 개선하기 위해 노력해야 한다는 관점	시장점유율, 고객유지율, 고객만족도 등
내부프로세스 관점	고객가치를 창출하는데 필요한 경쟁우위확보를 위해 노력하는 관점	불량률, 반품률, 납기준수율 등
학습과 성장관점	프로세스 최적화를 위한 직원과 조직의 역량을 강화하기 위해 노력하는 관점	이직률, 직원만족도, 인당 교육시간 등

116 기초원가와 가공원가에 대한 구분을 묻는 문제이다. 기초원가는 직접원가(재료, 노무)로 구성되어 있고 가공원가는 직접노무원가와 제조간접원가로 구성되어 있다. 문제에서 재료원가에 대한 단서가 주어졌으므로 직접재료원가를 이용하여 직접노무원가를 계산하고 직접노무원가를 바탕으로 제조간접원가를 도출하면 된다.

- 직접재료원가 = 1,000kg × 1,000원 = 1,000,000원
- 직접노무원가 = 2,400,000원(기초원가) − 1,000,000원 = 1,400,000원

∴ 제조간접원가 = 3,000,000원(가공원가) − 1,400,000원(직접노무원가) = 1,600,000원

117 당기제품제조원가, 매출원가, 당기총제조원가에 대한 설명을 묻는 문제이다. 3가지에 대해서는 구하는 방법과 용어의 의미를 정확히 숙지하는 것이 필요하다.

118 사업부 폐지에 대한 의사결정에 대한 문제이다. 이 문제의 경우 관련 원가를 파악하는 것이 중요하다.

- 사업부 폐지로 인한 증분이익 : 15억원
  - 회수할 수 있는 고정원가 : 15억원
- 사업부 폐지로 발생하는 증분손실 : 20억원
  - 포기해야 하는 잉크 사업부의 공헌이익 : 10억원
  - 프린터 사업부의 공헌이익 감소 : 10억원

∴ 증분이익 15억원 − 증분손실 20억원 = 5억원 손실

119 추가가공에 대한 의사결정을 묻는 문제이다. 추가가공에 대한 의사결정은 관련 원가를 이용하여 증분기준으로 문제를 푸는 것이 가장 적합하다.

- 추가가공할 경우 증분수익(색깔을 추가함으로써 추가적으로 얻을 수 있는 수익) = 100,000자루 × (150원 − 100원) = 5,000,000원
- 추가가공할 경우 증분손실 = 2,500,000원 + 5,000,000원 = 7,500,000원
- 변동원가 발생(색소) = 100,000자루 × 5g × 5원 = 2,500,000원
- 추가적인 설비투자 : 5,000,000원
- 추가가공할 경우 증분손익 = 5,000,000원 − 7,500,000원 = (2,500,000)원

120 안전한계는 매출액에서 손익분기점 매출액을 차감하여 계산한다. 먼저 손익분기점을 구하면, 손익분기점은 이익이 0이 되는 매출 시점으로 손익분기점 판매량은 고정원가(FC)를 단위당 공헌이익(P − VC)으로 나누어 구한다.

- 유리병의 공헌이익 = 500원(단위당 시장가격) − 200원(단위당 변동매출원가) − 100원(단위당 변동판매관리비)
  = 200원/개
- 유리병사업의 고정원가 = 100,000,000원(설비투자) + 20,000,000원(고정판매관리비) = 120,000,000원
- 손익분기점 판매량 = 120,000,000원 ÷ 200원 = 600,000개
- 현재 800,000개를 판매하였으므로 현재 매출액은 400,000,000원(= 800,000개 × 500원)이며 손익분기점 매출액은 300,000,000원(= 600,000개 × 500원)이다.

∴ 안전한계 = 400,000,000원 − 300,000,000원 = 100,000,000원

제3회 정답 및 해설

재무회계

01	②	02	③	03	③	04	③	05	④	06	③	07	②	08	②	09	①	10	②
11	③	12	④	13	②	14	②	15	③	16	②	17	②	18	③	19	②	20	④
21	②	22	①	23	②	24	③	25	④	26	①	27	①	28	①	29	②	30	③
31	②	32	②	33	①	34	②	35	②	36	④	37	④	38	①	39	③	40	③

01 해외사업환산에 대해 묻고 있는 문제이다. 해외사업환산 시 자산과 부채는 해당 기말환율로 환산하며, 자본의 경우 해당 거래일의 환율로, 수익과 비용은 거래일의 환율로 환산하지만, 실무적으로 평균환율을 사용할 수 있다.

- 자산의 환산 = $1,000 × ₩1,200(기말환율) = 1,200,000원
- 부채의 환산 = $700 × ₩1,200(기말환율) = 840,000원
- 납입자본의 환산 = $100 × ₩1,000(해당 시점의 환율) = 100,000원
- 20X1년의 이익잉여금 환산 = $100 × ₩1,050(20X1년 평균환율) = 105,000원
- 20X2년의 손익 환산 = ($600 − $500) × ₩1,100(20X2년 평균환율) = 110,000원

∴ 해외사업환산손익 = 1,200,000 − 840,000 − (100,000 + 105,000 + 110,000) = 45,000원(이익)

02 ㉢ 보유 중인 건물에 대해 부과되는 재산세는 건물을 사용가능한 상태에 이르게 하는데 필요한 지출로 볼 수 없기 때문에 당기비용으로 인식한다.

㉤ 새로운 시설을 개설하는데 소요되는 원가는 유형자산의 취득과 직접적인 관련은 없다고 볼 수 있으므로 해당 지출은 유형자산의 취득원가로 볼 수 없다.

유형자산의 원가구성 항목

① 관세 및 환급불가능한 취득 관련 세금을 가산하고 매입할인과 리베이트 등을 차감한 구입가격

② 경영진이 의도하는 방식으로 자산을 가동하는데 필요한 장소와 상태에 이르게 하는데 직접 관련되는 원가

- ㉠ 유형자산의 매입 또는 건설과 직접적으로 관련되어 발생한 종업원급여
- ㉡ 설치장소 준비 원가
- ㉢ 최초의 운송 및 취급 관련 원가
- ㉣ 설치원가 및 조립원가
- ㉤ 유형자산이 정상적으로 작동되는지 여부를 시험하는 과정에서 발생하는 원가
- ㉥ 전문가에게 지급하는 수수료

③ 자산을 해체·제거하거나 복구하는데 들 것으로 최초에 추정한 비용

03 금융자산 중 채무상품의 금융자산 분류를 위해서는 현금흐름의 특성과 사업모형을 확인해야 한다.

〈금융자산 분류〉

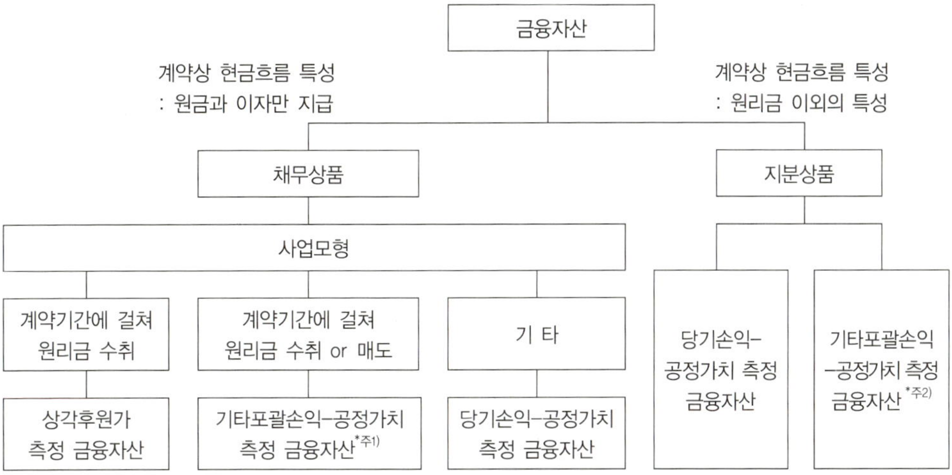

*주1) 회계불일치 해소 등의 목정으로 당기손익-공정가치 측정 금융자산으로 선택 가능

*주2) 최초 취득 시 단기매매 목적이 아닌 경우 선택 가능

해당 금융자산은 사업모형이 원리금 수취 및 매도의 목적 이외의 목적을 가지고 있으므로 당기손익-공정가치 측정 금융자산으로 분류해야 한다. 따라서 해당 금융자산을 기타포괄손익으로 측정하지 않으므로 재무상태표에 인식할 관련 평가손익 항목은 '0'이다.

04 충당부채의 정의에 대해 묻고 있는 문제이다. 우발부채, 우발자산과 비교하면서 충당부채의 정의에 대해 알아놓는 것이 중요하다.

③ 손실부담계약을 체결하고 있는 경우 법적 의무를 발생시키는 계약이 체결되어 의무가 발생하고, 의무를 이행하기 위해 경제적 효익을 갖는 자원이 유출될 가능성이 높으므로 해당 손실부담계약의 최선의 추정치로 충당부채를 인식해야 한다.

충당부채, 우발부채의 인식

금액추정가능성 / 자원유출가능성	신뢰성 있게 추정가능	추정불가능
가능성이 높음	충당부채 인식	우발부채로 주석 공시
가능성이 어느 정도 있음	우발부채로 주석 공시	
가능성이 아주 낮음	공시하지 않음	공시하지 않음

05 ④ 금융부채의 정의는 거래상대방에게 금융자산을 인도하기로 하는 계약상의 의무가 있어야 한다. 해당 문항 가운데 실질적으로 거래상대방에게 금융자산을 지급하기로 하는 계약은 8%의 배당(현금)을 의무적으로 지급하기로 하는 의무상환우선주이다.

① 전환사채는 일반사채의 특성과 옵션의 성격이 있는 전환권이 부여된 복합금융상품이다. 이 중 전환권에 대한 부분은 옵션이 부여된 자본의 성격으로 분류하여야 한다.

③ 우선주의 발행자가 보유자에게 미래의 시점에 확정되거나 확정가능한 금액을 의무적으로 상환해야 하는 경우 금융부채로 분류할 수 있다.

06 기타포괄손익-공정가치 측정 금융자산의 기말공정가치의 변동은 모두 기타포괄손익으로 인식한다. 따라서 해당증권을 처분 전인 20X1년과 20X2년의 경우 공정가치의 변동으로 인한 차이금액은 기타포괄손익으로 인식한다. 또한 해당 금융자산은 채무상품으로 채무상품에서 발생하는 기타포괄손익-공정가치 측정 금융자산은 처분할 때 재분류조정을 하기 때문에 20X3년 일부 금액을 처분할 때 처분손익을 인식하면서 처분하는 부분에 대한 기타포괄손익을 당기손익으로 재분류한다.

- 20X1년 말 기타포괄손익의 증가 = (6,500원 − 6,000원) × 1,000주 = 500,000원
- 20X2년 말 기타포괄손익의 감소 = (5,500원 − 6,500원) × 1,000주 = (1,000,000)원

07 해당 리스는 조건상 단기리스 및 기초자산이 소액인 리스에 해당하지 않으므로 리스이용자의 경우 금융리스와 운용리스 모두 금융리스의 형식(리스부채와 리스자산 인식)으로 회계처리한다.
따라서 리스이용자는 리스부채와 리스자산을 인식해야 하며 리스부채와 리스자산 인식액은 리스제공자에게 지급하는 리스료(리스료 + 고정리스료 + 변동리스료 + 매수선택권의 행사가격 + 종료선택권 + 리스이용자의 특수관계자가 제공하는 지급보증 + 제3자가 제공하는 지급보증)로 인식한다.
해당 문제에서는 고정리스료만 제시되어 있으므로 해당 고정리스료(매년 지급하기로 약정한 금액)의 현재가치를 인식하면 된다.
해당 문제에서는 비용으로 인식해야 하는 금액을 묻고 있으며 리스이용자가 비용으로 인식해야 하는 금액은 리스부채에서 발생하는 이자비용과 리스자산에서 발생하는 감가상각비가 있다. 리스의 이자비용은 리스제공자의 이자율 10%를 이용하여 계산하며 감가상각비는 해당 리스의 계약기간이 연장될 것이 불확실하므로 자산의 내용연수와 계약기간 중 짧은 기간인 2년을 상각연수로 인식한다.

- 리스 자산과 리스 부채의 인식액 = 12,000,000원 × 1.73 = 20,760,000원
- 리스부채 이자비용 = 20,760,000원 × 10% = 2,076,000원
- 리스자산 감가상각비 = (20,760,000원 − 0원) ÷ 2년 = 10,380,000원

∴ 20X1년 비용으로 인식할 금액 = 2,076,000원 + 10,380,000원 = 12,456,000원

08 건설계약의 경우, 매회 나오는 문제로 다른 회에서 말한 것과 마찬가지로 항상 계산문제를 정확히 풀 수 있어야 한다.

- ㈜시대건설의 20X1년 공사이익 = $(500,000,000 - 300,000,000) \times \frac{60,000,000}{300,000,000}$
  $= 40,000,000$
- ㈜시대건설의 20X2년 공사이익 = $(500,000,000 - 360,000,000) \times \frac{180,000,000}{360,000,000} - 40,000,000$
  $= 30,000,000$
- ㈜시대건설의 20X3년 공사이익 = $(500,000,000 - 360,000,000) \times \frac{360,000,000}{360,000,000} - 70,000,000$
  $= 70,000,000$

09 현금결제형 주식기준보상거래의 경우, 제공받는 재화나 용역과 그 대가로 부담하는 부채를 부채의 공정가치로 측정한다. 즉, 부채가 결제될 때까지 매 보고기간 말과 결제일에 부채의 공정가치 재측정하여 부채의 공정가치로 매 기말 부채의 공정가치를 측정하고 부채의 공정가치 변동분은 당기손익으로 처리한다.

∴ 20X1년 말 현금결제형 주가차액보상권의 당기 보상비용 = $24,000 \times \frac{1}{3} \times 100,000 = 800,000,000$

▸ ㈜시대의 해당 현금결제형 주식기준보상거래의 20X1년 말 회계처리

(차) 주식보상비용(비용)	800,000,000	(대) 장기미지급비용(부채)	800,000,000

10 법인세비용은 당기법인세비용과 이연법인세자산·부채의 변동으로 이루어져 있다. 따라서 20X2년의 법인세비용을 구하기 위해서는 전체 법인세비용에서 이연법인세자산의 변동분을 차감하여 구하여야 한다.

- 이연법인세자산 : 20X1년에 인식한 감가상각비 한도초과액은 손금불산입 사항으로 유보 항목이다. 따라서 미래에 감가상각비가 상각되며 손금산입의 형태로 법인세로 계산되는 과세소득을 줄여줄 수 있는 항목이므로 이연법인세자산으로 인식한다. 20X2년도의 경우 20X1년에 인식한 감가상각비를 1년 치 상각한 시점이므로 이연법인세자산으로 인식되는 잔액 및 변동액은 아래와 같다.
  - 당기 잔액 = 300,000 × (5년 − 1년) ÷ 5년 = 240,000
  - 당기 변동액 = 300,000 × 1년 ÷ 5년 = 60,000
- 이연법인세부채 : 20X2년에 세법상 인정되지 않는 평가이익 200,000원이 발생하였으므로 해당 항목은 당기에는 익금불산입으로 소득을 줄여주지만, 미래에 평가손익이 실현될 때 소득의 증가로 세무상 인식하므로 이연법인세부채로 인식한다. 따라서 당기 이연법인세부채로 인식되는 잔액 및 변동액은 200,000원이다.

∴ 20X2년 법인세비용 = 미지급법인세 ± 이연법인세자산·부채 증가분 = 20X2년 말 현재 미지급법인세 2,000,000 − (20X2년 말 현재 이연법인세자산 잔액 240,000 − 20X1년 말 현재 이연법인세자산 잔액 300,000) + 20X2년 말 현재 이연법인세부채 잔액 200,000 = 2,260,000

11 ③ 여러가지 대체안을 탐색하기 위한 지출은 무형자산으로 분류할 수 없다.

▸ **개발단계에 속하는 활동의 예**

㉠ 생산 전 또는 사용 전의 시제품과 모형을 설계, 제작 및 시험하는 활동
㉡ 새로운 기술과 관련된 공구, 금형, 주형 등을 설계하는 활동
㉢ 상업적 생산목적이 아닌 소규모의 시험공장을 설계, 건설 및 가동하는 활동
㉣ 새롭거나 개선된 재료, 장치, 제품, 공정, 시스템 및 용역 등에 대하여 최종적으로 선정된 안을 설계 제작 및 시험하는 활동

12 리스의 경우 금융리스와 운용리스에 대한 분류에 대한 문제가 많이 출제된다. 리스의 분류에 대해서는 위험과 보상의 이전 여부가 중요 관건이므로 위험과 보상이 리스이용자에게 이전되었는지 확인해야 한다.

④ 종료 시 비용이 발생하더라도 리스기간이 리스이용자의 종료선택권 행사를 반영하는 경우 그 리스를 종료하기 위해 부담하는 금액을 리스료에 포함한다.

② 리스료란 리스이용자가 리스자산의 사용에 대한 대가로서 리스제공자에게 지급하여야 할 금액을 말한다.

③ 리스이용자의 회계처리는 운용리스 중 단기 리스 및 기초자산이 소액인 리스를 제외하고 금융리스와 운용리스의 차이가 없다.

13 ② 기능통화란 영업활동이 이루어지는 주된 경제 환경의 통화를 의미하며, 기업의 법인세를 내는 국가와 영업활동이 이루어지는 주된 경제 환경의 통화와는 관련이 없다.

①, ③ 기업의 기능통화와 표시통화가 다를 경우 보고를 위해 표시통화로 환산해야 하며 환산을 하며 발생하는 차이는 기타포괄손익으로 인식한다.

14 감가상각방법의 변경은 지금까지 사용해오던 회계적 추정치의 방법을 변경하는 것이므로 회계추정의 변경이다. 따라서 감가상각방법의 변경이 발생한 경우 전기 재무제표를 재작성하지 않고 전진적으로 적용한다.

①, ④ 미래 경제적 효익이 소비되는 형태는 감가상각방법을 최초로 적용할 때 뿐만 아니라 후속기간에도 확인하여 소비되는 기간에도 확인하여 만약 변경되는 경우 감가상각방법을 변경해야 한다.

③ 감가상각과 관련된 것은 모두 추정에 대한 내용이므로 감가상각과 관련된 변경은 모두 회계추정의 변경으로 회계처리 한다.

15 ③ 토지만 사용할 목적인 경우 건물철거비용은 토지의 취득원가에 가산해야 하며 철거과정에서 폐자재 등의 순매각금액이 발생할 경우 토지의 취득원가에서 차감해야 한다.

16 ㄴ. 상품권은 판매시점에 할인액을 반영한 순현금유입액을 선수금(부채)으로 인식한다.
ㄷ. 시용판매의 경우 고객이 매입의사를 표시한 시점에서 수익을 인식한다. 따라서, 구매를 확정할 때 수익을 인식하여야 한다.
ㄱ. 수탁자가 제품을 통제하지 않고 중개용역만 제공하는 경우 중개수수료만 수탁자 수익으로 인식한다. 위탁자로부터 제품을 구입하여 고객에게 직접 판매하는 경우 수탁자가 제품을 통제하는 것으로 인식하고 판매한 금액 전액을 수탁자 수익으로 인식한다.
ㄹ. 할부판매의 경우 장기와 단기 구분 없이 인도시점에 재화 판매에 대한 수익을 인식한다.

17 기말재고자산평가의 원가흐름의 가정에 대해 묻고 있다. 기말재고자산평가 관련 계산뿐만 아니라 관련된 계산 원리를 파악하는 것 또한 중요하다.
② 재고자산의 매입단가가 지속적으로 상승하는 상황에서 재고자산 평가에 있어서 이동평균법과 총평균법을 비교해보면 총평균법은 상대적으로 단가가 낮은 기초가격이 많이 반영된다. 반면, 이동평균법에서는 기초가격이 거의 반영되지 않고 이후에 취득한 재고자산의 단가가 더 많이 영향을 미치기 때문에 이동평균법하에서 기말재고자산금액이 더 높게 책정된다.
① 선입선출법과 평균법은 원가흐름에 대해 가정을 하는 것으로 가정을 하는 경우는 개별법, 즉 개별자산의 원가를 개별적으로 추적할 수 없는 경우에 사용한다.
③, ④ 매입단가가 지속적으로 상승한다고 했으므로 선입선출법을 사용할 경우 먼저 들어온 단가가 낮은 것이 먼저 팔려 매출원가가 적게 인식되어 매출총이익이 커지게 된다. 반면 기말재고자산은 단가가 상대적으로 높은, 나중에 들어온 매입 재고자산으로 구성되기 때문에 재고자산이 높게 형성된다.

18 ③ 국제회계기준은 원칙중심의 회계기준으로 회계처리의 기본원칙과 방법론을 제시하는데 주력한다. 따라서 구체적인 양식이나 계정과목을 정형화하지 않고 선택가능한 대안을 제시하여 재무제표 표시 방법의 다양성을 인정하고 있다.
① 국제회계기준이 도입된 후 자산과 부채에 대한 공정가치 평가가 강화되었다.
② 국제회계기준은 말 그대로 국제적인 회계기준을 만들기 위해 여러 국가의 협업을 통해 만들어진다. 따라서 모든 나라에 적용될 수 있는 규칙을 만들 수 없기 때문에 원칙중심으로 회계기준을 제정하고 있다.
④ 국제회계기준에서는 실질을 반영하여 두 기업이 연결기준을 충족하면 법적으로는 다른 실체라고 하더라도 연결재무제표를 주 재무제표로 공시하도록 하고 있다.

19 ② 근본적 질적특성에는 충실한 표현과 목적적합성이 있으며 충실한 표현과 목적적합성은 별개의 개념으로 충실히 표현되었더라도 목적적합성을 충족하지 않을 수 있다. 목적적합성을 충족하기 위해서는 정보이용자의 의사결정에 차이가 날 수 있도록 정보에 예측가치와 확인가치가 있어야 한다.

충실한 표현
• 완전한 서술 : 필요한 기술과 설명을 포함하여 정보이용자가 서술되는 현상을 이해하는데 필요한 모든 정보를 포함하는 것 • 중립적 서술 : 재무정보의 선택이나 표시에 편의가 없어야 함 • 오류가 없음 : 현상의 기술에 오류나 누락이 없고, 보고 정보를 생산하는데 절차상 오류가 없는 것. 오류가 없다고 해서 모든 면에서 완벽하게 정확하다는 것을 의미하는 것은 아님

20 퇴직금에 대해 확정급여를 선택하고 있는 회사에서 퇴직급여를 구하는 공식에 대해 묻고 있는 문제이다. 퇴직급여를 구하는 공식은 당기근무원가와 이자원가를 합하여 구한다.
• 퇴직급여 = 당기근무원가 + 이자원가
∴ ㈜시대의 퇴직급여 = 55,000,000원 + 10,000,000원 = 65,000,000원

21 순확정급여부채에 대해 묻고 있는 문제이다. 순확정급여부채는 확정급여채무에서 사외적립자산을 차감하여 구한다. 확정급여채무와 확정급여부채의 경우 용어가 혼동될 수 있으니 용어에 대해 정확히 숙지하는 것이 필요하다.

- 기말순확정급여부채 = 기말확정급여채무 − 기말사외적립자산

∴ ㈜시대의 기말순확정급여부채 = 1,100,000,000원 − 900,000,000원 = 200,000,000원

22 회계정책의 변경과 회계추정의 변경에 대해 묻고 있는 문제이다. 회계정책의 변경과 회계추정의 변경을 비교하는 문제는 빈출되는 부분이므로 정확히 숙지하는 것이 필요하다.

무열 : 회계정책의 변경을 하는 경우 원칙은 소급적용하여 비교표시되는 재무제표를 재작성하여야 한다. 하지만 누적효과를 실무적으로 결정할 수 없는 경우에는 실무적으로 적용할 수 있는 가장 이른 날부터 새로운 회계정책을 전진적용하면 된다. 따라서 누적효과를 알 수 없어 정책의 변경을 할 수 없었다는 보기는 틀린 말이 된다.

민서 : 손실충당금의 추정에 대한 변경은 회계추정의 변경이다. 회계추정의 변경은 전진적으로 적용하면 되므로 전기의 재무제표는 수정할 필요가 없다. 따라서 회계추정의 효과가 전기에는 미치지 않으므로 전기에 비해 당기에 손실충당금을 더 크게 인식하게 된다.

유진 : 회계변경이 회계정책의 변경인지 회계추정의 변경인지 구분이 어려운 경우에는 회계추정의 변경으로 회계처리하여야 한다.

23 재고자산의 수량은 감모손실을 반영한 실사수량을 바탕으로 하므로 재고자산의 가치하락이 발생하지 않는다면 실사수량 800개를 기준으로 재고자산금액 6,400,000원으로 인식해야 한다. 단, 해당 문제에서는 재고자산의 진부화로 인한 순실현가능가치의 하락이 발생하였으므로 재고자산평가손실 100,000원을 인식하며 6,300,000원으로 재고자산을 인식해야 한다.

24 손상차손과 감가상각비 변경의 회계처리에 대해 묻고 있는 문제이다. 손상차손을 인식할 때의 회수가능액은 다음과 같이 구한다.

유형자산의 회수가능액 = Max(사용가치, 순공정가치)

또한, 감가상각방법의 변경은 추정의 변경으로 전진법을 적용한다.

- 20X3년의 기계장치의 장부가액 : (12,000,000원 − 잔존가액 0) ÷ 6년 × 3년 경과 = 6,000,000원
- 20X3년 기계장치의 회수가능액 : Max(4,000,000원, 3,000,000원) = 4,000,000원

∴ 20x4년 감가상각비(3년이 남은 시점에서 추정의 변경으로 3년의 연수합계법 적용)

$$= (4{,}000{,}000\text{원} - 0) \times \frac{3\text{년}}{3\text{년} + 2\text{년} + 1\text{년}} = 2{,}000{,}000\text{원}$$

25 금융자산의 손상에 대해 묻고 있는 문제이다. 금융자산의 손상은 기대손실모형을 적용하여 손실충당금을 측정한다.

④ 취득시점부터 신용이 손상된 경우 최초 인식 이후에 전체기간에 대한 기대신용손실의 누적변동분만을 손실충당금으로 인식한다.

① 금융자산의 손상을 측정하기 위해서는 기대신용손실을 추정하여 손실을 인식하는 기대신용손실모형을 적용한다.

②, ③ 금융자산의 기대신용위험이 유의적이지 않은 경우에는 보고기간 말 12개월 이내의 기대신용손실금액에 해당하는 금액으로 손실 충당금을 측정한다. 기대신용위험이 유의적으로 증가한 경우에는 보고기간 말 금융자산의 전체 기간에 대한 기대신용손실에 해당하는 금액으로 손실충당금을 측정한다.

26 ㈜시대가 발행한 사채는 액면금액보다 더 높은 금액으로 할증발행된 사채이다. 할증발행된 경우 초기에는 사채할증발행차금으로 높은 이자비용을 부담하지만, 만기에 가까워질수록 사채할증발행차금이 상각됨에 따라 이자비용이 점차 감소하게 된다. 따라서 초기에 높은 이자비용을 부담했다가 만기에 가까워질수록 점차 이자비용이 감소하는 그래프는 ①이라고 할 수 있다.

27 건물과 부속토지의 처분손익 = 처분금액 − 20X7년 12월 31일 시점의 건물과 부속토지의 장부가액

1. 20X7년 12월 31일의 처분 전 건물의 장부가 계산(건물의 취득가액에서 감가상각누계액을 차감)

$= 2{,}000{,}000 - (2{,}000{,}000 \times \frac{4}{10}) = 1{,}200{,}000$

2. 부속토지의 장부가를 고려하여 유형자산 처분손익 계산
   부속토지의 장부가 : 2,000,000

∴ ㈜시대의 유형자산 처분손익 = 3,100,000 − (1,200,000 + 2,000,000) = (100,000)

28 파생상품에 대한 전체적인 내용과 위험회피회계에 대한 기초를 묻는 문제이다. 위험회피회계의 경우 기초적인 개념과 위험회피에 효과적인 부분은 기타포괄손익으로, 효과적이지 않은 부분은 당기손익으로 인식한다는 것이 중요하다.

① 투자목적으로 보유하고 있는 파생상품의 장부가와 공정가치의 차이로 인한 평가손익은 당기손익으로 인식하고 포괄손익계산서에 해당 당기손익을 인식해야 한다.

② 파생상품의 경우 계약을 맺은 경우에 아직 해당 사건이나 거래가 발생하지 않았다고 하더라도 계약에 대한 공정가치를 평가하여 자산과 부채로 인식하여야 한다.

29 가중평균유통보통주식수를 계산하는 문제이다. 여기서는 자기주식으로 취득한 주식수는 차감해야 한다는 것을 기억하고 있어야 한다.

가중평균유통보통주식수 = 100,000주(기초) × 12/12 + 10,000주(유상증자) × 6/12 − 4,000주(자기주식) × 3/12
= 104,000주

30 희석당기순이익을 계산할 때 전환사채의 경우 기초에 보통주 전환된 것으로 가정하므로 전환사채 이자비용은 발생하지 않은 것으로 가정하고 계산한다.

$$\text{희석주당순이익} = \frac{\text{희석당기순이익}}{\text{가중평균유통보통주식수} + \text{잠재적보통주식수}}$$

• 희석당기순이익 = 당기순이익 1,040,000,000원 − 우선주배당금 80,000,000원 + 전환사채 이자비용 40,000,000원
= 1,000,000,000원

$$\therefore \text{희석주당순이익} = \frac{1{,}000{,}000{,}000\text{원}}{100{,}000\text{주} + 100{,}000\text{주}} = 5{,}000\text{원}$$

31 자본거래의 영향에 대해 묻고 있는 문제이다. 각각의 자본거래가 자본에 어떠한 영향을 미치는지 정확히 알고 있어야 한다.

② 주식배당의 경우 이익잉여금으로 주주들에게 주식을 제공하는 것으로 따라서 이익잉여금은 감소하고 자본금은 증가한다. 하지만 주식배당을 하더라도 회사 외부로 자원이 유출된 것이 아니기 때문에 총자본은 일정하다.

①, ③ 주식병합과 분할은 유통되고 있는 주식의 액면가액을 합치거나 나누는 방법이다. 따라서 해당 방법들은 모두 주식수에만 영향을 미칠 뿐 자본금, 이익잉여금, 총자본은 모두 불변이다.

④ 유상증자의 경우 신주를 일정 금액을 받고 발행하는 것으로 실질적으로 회사에 자원이 유입되는 거래이다. 주식을 발행하므로 자본금은 증가하며 자원이 유입되기 때문에 총자본 역시 증가한다.

32 화폐성·비화폐성 항목의 기말시점에 대한 환산에 대해 묻고 있는 문제이다. 기말시점의 외화 환산에 대한 문제인 경우 먼저 해당 항목이 화폐성인지 비화폐성인지 구분하는 것이 중요하다.
매출채권은 화폐성 항목이므로, 보고기간 말 마감환율로 해당 화폐성 항목을 환산한다.
∴ 보고기간 말 시점의 외화매출채권 = 1,200원/$ × $50,000 = 60,000,000원

33 ① 개발단계에서 발생한 지출은 개발비로 인식하기 위한 조건을 모두 충족하는 경우 무형자산으로 인식하고 그 이외의 경우 발생시점에 비용으로 인식한다.

▸ **개발비로 인식하기 위한 조건**

㉠ 무형자산을 사용 또는 판매하기 위해 그 자산을 완성시킬 수 있는 기술적 실현가능성을 제시할 수 있다.
㉡ 무형자산을 완성해 그것을 사용하거나 판매하려는 기업의 의도가 있다.
㉢ 완성된 무형자산을 사용 및 판매할 수 있는 기업의 능력을 제시할 수 있다.
㉣ 무형자산이 미래 경제적 효익을 창출하는 방법, 그 중에서도 특히 무형자산의 산출물이나 무형자산 자체를 거래하는 시장이 존재함을 제시할 수 있거나 또는 무형자산을 내부적으로 사용할 것이라면 그 유용성을 제시할 수 있다.
㉤ 무형자산의 개발을 완료하고 그것을 판매 또는 사용하는데 필요한 기술적, 재정적 자원을 충분히 확보하고 있다는 사실을 제시할 수 있다.
㉥ 개발단계에서 발생한 무형자산 관련 지출을 신뢰성 있게 구분하여 측정할 수 있다.

34 ② 피투자자로부터 배당금 수취 시 투자주식 원금의 회수로 보아 관계기업투자주식의 장부금액을 감소시킨다.
① 관계기업에 관련된 영업권은 해당 투자자산의 장부금액에 포함되므로 영업권의 상각은 허용되지 않는다. 영업권 자체에 대한 상각을 하지 않는 반면 투자주식 전체에 대해 손상이 발생했는지 확인한다.
③, ④ 피투자자의 자본 변동 중 당기손익과 관련된 것은 투자자의 당기손익으로, 피투자자의 기타포괄손익과 관련된 경우 투자자의 기타포괄손익으로 인식한다.

35 자산(매출채권)의 환율변동위험을 회피하기 위해서는 해당 자산 관련 외화를 획득함과 동시에 정해진 가격으로 외화를 파는 계약인 통화선도매도계약을 체결해야 한다.

1. 위험회피대상 항목의 가치 변동
   - 매출채권의 가치 : 매출채권을 최초로 인식한 시점의 환율은 $1당 900원이었지만, 실제 매출채권이 실현되는 시점의 환율은 $1당 800원이므로 매출채권 $1당 100원의 손실이 발생한다.

20X2년 9월 1일	20X2년 11월 30일	외환차손익
₩900 × $1,000,000 = ₩900,000,000	₩800 × $1,000,000 = ₩800,000,000	₩(100,000,000)

2. 위험회피수단 항목의 가치 변동
   - 통화선도매도계약의 가치 : $1당 850원로 매도하기로 하는 계약의 형태로 계약 종료 시점에 $1당 환율은 800원이므로 계약에 의해 $1당 50원의 통화선도거래이익을 볼 수 있다.

20X2년 9월 1일	20X2년 11월 30일	통화선도거래손익
'0'	₩(850 − 800) × $1,000,000 = ₩50,000,000	₩50,000,000

36 지분법은 투자자가 피투자자에 대해 유의적인 영향력을 행사할 수 있을 때 적용하며, 유의적인 영향력은 피투자자의 재무정책과 영업정책의 의사결정에 참여할 수 있는 능력이다. 유의적인 영향력의 유무는 다음과 같이 지분율기준 및 실질영향력기준으로 파악할 수 있다.

지분율기준	직・간접적으로 피투자자의 의결권 20% 이상을 보유한 경우
실질영향력기준	• 피투자회사의 의결권을 20% 미만 소유하더라도 실질적인 영향을 미치는 것으로 보는 경우 • 실질영향력 기준의 예 – 피투자자의 이사회나 이에 준하는 의사결정기구 참여 – 배당이나 다른 배분에 관한 의사결정에 참여하는 것을 포함하여 정책결정과정에 참여 – 투자자와 피투자자의 사이에 중요한 거래 관계가 있음 – 경영진의 상호교류 – 필수적 기술정보의 제공

따라서, ㈜미진은 지분율은 15%를 취득하여 지분율 기준을 충족하지는 못하지만 이사회 참여를 통해 실질영향력기준을 충족한다고 볼 수 있으며, ㈜무열 및 ㈜원진에 대한 투자는 20% 이상 지분 취득을 통해 지분율 기준을 충족하여 지분법으로 분류할 수 있다.

37
• 20X1년 말
– 사용가치 = 100,000원
– 순공정가치 = 매각대가 110,000원 – 처분부대원가 15,000원 = 95,000원
– 회수가능액 = Max[사용가치 100,000원, 순공정가치 95,000원] = 100,000원
– 손상차손 = 장부금액 150,000원 – 회수가능액 100,000원 = 50,000원
• 20X2년 말
– 환입한도액 = Min[회수가능액, 손상차손을 인식하지 않았을 경우 계상되었을 기말장부금액]
= Min[150,000원, 120,000원]
= 120,000원

38 해당 문제를 풀기위해서는 먼저 투자부동산으로 분류되는 유형에 대해 이해하고 있어야 하며 투자부동산의 공정가치 모형은 감가상각을 하지 않는다는 것을 기억하고 있어야 한다. 먼저 투자부동산으로 분류되는지 살펴보면 ㈜시대와 ㈜마포가 건물을 취득한 목적은 임대수익 및 시세차익을 목적으로 하므로 두 회사 모두 해당 건물을 투자부동산으로 분류해야 한다.

1. ㈜시대의 투자부동산 후속측정 : 투자부동산을 원가모형으로 인식하므로 자산에 대한 감가상각비를 인식 한다.
   • ㈜시대의 투자부동산 감가상각비 = 40억원 $\times \frac{1}{20}$ = 2억원
2. ㈜마포의 투자부동산 후속측정 : 투자부동산을 공정가치모형으로 인식하므로 감가상각을 하지 않고 자산의 공정가치 변동에 대한 평가손익을 인식한다.
   • ㈜마포의 투자부동산 공정가치 변동 : 40억원 → 36억원
   • ㈜마포의 투자부동산 평가손익 : 4억원 손실

∴ ㈜시대가 ㈜마포보다 당기이익이 2억원 더 많이 계상된다.

39 해당 문제는 직접법으로 영업활동 관련 현금흐름을 구하는 문제이다.

1. 매입 관련 비용 : 매출원가 300,000
2. 매입 관련 자산・부채의 변동
   • 재고자산(상품)의 감소 110,000 : 매입 관련 현금흐름 감소
   • 매입채무의 증가 15,000 : 매입 관련 현금흐름 감소

∴ ㈜시대의 매입 관련 현금 지출 = 300,000 – 110,000 – 15,000 = 175,000

40 1. 법인세비용차감전순이익 : 6,000,000
2. 영업활동과 관련된 자산·부채의 변동
  • 재고자산의 감소 300,000 : 영업활동현금흐름 증가
  • 매입채무의 증가 250,000 : 영업활동현금흐름 증가
3. 영업활동과 관련이 없는 수익·비용
  • 감가상각비 100,000 : 영업활동현금흐름 증가
  • 유형자산처분손실 250,000 : 영업활동현금흐름 증가

∴ 영업활동현금흐름 = 6,000,000 + 300,000 + 250,000 + 100,000 + 250,000 = 6,900,000

| 세무회계 |

41	②	42	④	43	④	44	③	45	④	46	①	47	①	48	④	49	④	50	②
51	②	52	①	53	④	54	②	55	①	56	②	57	①	58	④	59	④	60	③
61	①	62	①	63	③	64	④	65	②	66	②	67	②	68	②	69	②	70	①
71	③	72	②	73	④	74	③	75	②	76	①	77	②	78	③	79	④	80	②

41 조세의 기본개념에 대해 묻고 있는 문제이다. 조세총론은 문제로도 출제되지만 시험에 나오는 법인세, 소득세, 부가가치세 등 모든 조세 관련 법률의 기본이 되기 때문에 정확히 숙지하고 있어야 한다.

② 조세는 법률에 규정된 요건을 충족한 자에게만 부과할 수 있으며 이것을 조세법률주의라고 한다. 따라서 법률에 근거가 없는 경우 과세할 수 없다.

▸ 조세의 특성

과세 주체	국가 또는 지방자치단체
과세의 목적	경비충당을 위한 재정수입을 조달할 목적
조세법률주의	법률에 규정된 요건을 충족한 자들에게만 과세할 수 있음
일반보상성	직접적 반대급부 없이 과세요건을 충족한 모든 자에게 부과
금전급부	세금은 금전으로 납부하는 것을 원칙

42 ④ 신의성실원칙에 따라 이의를 제기하기 위한 요건으로는 납세자에게 손실이 발생하여야 한다. 납세자는 과세관청의 배신적 처분(당초의 견해표시와 다른 행정처분)으로 손실이 발생할 경우에만 이의를 제기할 수 있다.

③ 신의성실원칙을 적용하여 납세자가 이의를 제기하기 위한 요건으로는 과세관청의 당초의 견해표시에 반하는 행정처분이 적법해야 한다. 만약 적법하지 않은 행정처분이라면 신의성실원칙을 적용하는 것이 아니라 행정처분의 위법성으로 이의를 제기할 수 있다.

43 ④ 소급과세의 금지 규정은 원칙적으로 거래가 이미 성립한 경우 새로운 세법·해석·관행으로 소급하여 과세하지 않는다. 하지만, 납세자에게 유리한 소급효는 인정되는 것이 통설이다.

① 세법을 해석·적용할 때에는 납세자의 재산권이 부당하게 침해되지 않도록 해야 한다는 세법적용의 원칙이다.

③ 세무공무원의 재량의 한계에 대한 설명이다.

44 법인세의 계산순서와 이월결손금의 공제에 대해 묻고 있는 문제이다. 법인세에서 이월결손금은 당기로부터 15년 이내의 결손금(일반적으로 각 사업연도소득금액의 80% 한도)에 적용하며 과세표준은 각 사업연도소득금액에서 이월결손금, 비과세, 소득공제를 차감하여 계산한다. ㈜시대의 5기 과세표준을 구하기 위해서는 5기에 차감할 수 있는 이월결손금을 한도(각 사업연도소득금액의 80%)를 고려하여 구해야 한다.

- 1기 사업연도소득금액 : (1,000,000)원 → 차기로 이월
- 2기 사업연도소득금액 : 4,000,000원
- 2기 이월결손금 공제한도 = 4,000,000원 × 80% = 3,200,000원 (∴ 1기 이월결손금 전액 공제 가능)
- 2기 과세표준 = 4,000,000원 − 1,000,000원(1기 이월결손금) = 3,000,000원
- 3기 사업연도소득금액 : (1,000,000)원 → 차기로 이월
- 4기 사업연도소득금액 : (1,000,000)원 → 차기로 이월
- 5기 사업연도소득금액 : 4,000,000원
- 5기 이월결손금 공제한도 = 4,000,000원 × 80% = 3,200,000원 (∴ 3기, 4기 이월결손금 전액 공제 가능)

∴ 5기의 과세표준 = 4,000,000원 − 1,000,000원(3기 이월결손금) − 1,000,000원(4기 이월결손금)
= 2,000,000원

45 기업업무추진비에 해당하는 항목을 찾는 문제이다. 기업업무추진비에 해당하는 항목은 다음과 같다.

> ㉠ 사용인이 조직한 조합 또는 단체(법인)에 지출한 복리시설비
> ㉡ 약정에 의하여 매출채권을 포기한 금액
> ㉢ 기업업무추진비 VAT 매입세액 불공제액과 접대한 자산에 대한 VAT 매출세액
> ㉣ 연간 5만원 초과하여 특정인에게 기증한 광고선전물품(단, 개당 3만원 이내는 제외)

따라서 ㈜서연이 지출한 한 사람당 2만원씩 광고를 위해 지출한 경우는 법인세의 기업업무추진비 항목에서 제외된다.

46 법인세법상 감가상각비에 대해 묻는 문제이다. 해당 문제를 풀기 위해서는 먼저 법인세법상 내용연수와 감가상각방법에 대해 이해하고 있어야 하는데 기계장치의 경우 감가상각방법을 신고하지 않으면 정률법으로 상각하며 내용연수는 신고하지 않으면 기준내용연수를 적용한다.

따라서 해당 기계장치는 5년 정률법으로 상각해야 한다. 당기의 경우 기계장치를 취득한 후 1년이 지난 시점에서 시작하므로 첫해의 감가상각비에 대한 세무상 인식을 먼저 계산한 후 2기의 감가상각비에 대한 세무상 계산을 한다.

> ▸ 정률법의 감가상각범위액 계산
> = 세무상 장부가액(취득가액 − 전기감가상각누계액 + 상각부인액) × 상각률

1기의 세무조정
- 기계장치의 상각범위액 = (200,000,000원 − 0) × 0.451 = 90,200,000원
- 장부계상액 : 90,200,000원
- 세무조정 없음

2기의 세무조정
- 기계장치의 상각범위액 = (200,000,000원 − 90,200,000원) × 0.451 = 49,519,800원
- 장부계상액 : 90,200,000원

∴ 2기의 세무조정 : 손금불산입, 기계장치 감가상각비, 40,680,200원(유보)

47 ① 기업회계기준과 달리 저가법으로 재고자산의 평가방법을 저가법으로 신고한 법인의 경우에만 저가법에 의한 평가손실을 인정한다. 기업회계기준에 따라 저가법으로 평가손실을 계상했다고 하더라도 해당 항목을 손금불산입해야 한다.

▸ 법에서 정한 자산의 평가차손 항목

㉠ 저가법으로 재고자산 금액을 신고하기로 한 법인의 재고자산 평가손실
㉡ 고정자산으로서 천재지변 · 화재 등으로 파손 및 멸실(파손 · 멸실이 발생한 사업연도뿐만 아니라 확정된 사업연도에도 손금산입 가능)
㉢ 다음에 해당하는 주식으로서 발행법인의 부도 · 회생계획인가결정 · 부실징후기업 · 파산이 발생한 경우(천원 비망계정으로 제외함)
- 상장법인 발행 주식
- 비특수관계 비상장법인 발행 주식
- 창업자, 신기술사업자 발행 주식

48 근로소득세액공제를 계산하는 문제이다. 근로소득세액공제는 빈출되는 부분으로 해당 문제의 경우 근로소득세액공제 계산식이 주어졌지만 문제에서는 주어지지 않을 가능성이 있으므로 계산법을 정확히 숙지하도록 한다.

- 김시대 씨의 종합소득 과세표준 = 50,000,000원 − 15,000,000원 = 35,000,000원
- 김시대 씨의 종합소득 산출세액 = 840,000원 + (35,000,000원 − 14,000,000원) × 15% = 3,990,000원
- 김시대 씨의 근로소득에 대한 종합소득산출세액 = 3,990,000원 × (40,000,000원 ÷ 50,000,000원)
  = 3,192,000원

∴ 근로소득세액공제액 = 715,000원 + (3,192,000원 − 1,300,000원) × 30% = 1,282,600원

49 ④ 원천징수의무자는 조세를 원천징수한 경우 징수일이 속하는 달의 다음 달 10일까지 원천징수한 세액을 납부해야 한다. 예를 들어 2월 10일 조세를 원천징수한 경우 3월 10일까지 해당 세액을 납부해야 한다.
② 완납적 원천징수는 분리과세대상소득을 대상으로 하며 복권 당첨금에 따른 기타소득을 예로 들 수 있다. 예납적 원천징수는 분리과세 이외의 소득을 대상으로 하며 근로소득을 예로 들 수 있다.
③ 근로소득의 장점은 탈세의 방지, 조세수입의 조기확보, 징세비용절약, 납세의무자의 세금부담 분산 등의 효과가 있다.

50 부가가치세 소득에 대한 귀속시기에 대해 묻고 있는 문제이다. 각각의 항목이 예정신고 기간에 과세표준으로 적용되는지 살펴보도록 한다.

㈜시대의 과세표준

1. 매출액 : 30,000,000원
2. 3월 10일의 재화 매출 : 3월 10일의 재화에 대한 매출은 1년 이상의 기간 동안 5회에 걸쳐 회수되므로 장기할부로 볼 수 있다. 따라서 예정신고기간에 회수되는 200,000원에 대해서 과세표준으로 인식해야 한다.
3. 용역의 공급 : 일반적인 용역의 공급은 완료할 때를 기준으로 과세표준으로 인식한다. 해당 용역은 12월 16일 완료되었으므로 예정신고기간에 과세표준으로 인식할 수 없다.

∴ 2기 예정신고기간의 부가가치 과세표준 = 30,000,000원 + 200,000원 = 30,200,000원

51 법인의 소득처분에 대해 묻고 있는 문제이다. 뒤에 배우게 될 법인세와 연계하여 공부하는 것이 필요하다.
㉠ 기타사외유출 항목 : 기부금 한도초과액, 기업업무추진비 한도초과액, 채권자 불분명 사채이자의 손금불산입액 중 원천징수세액 상당액, 업무무관자산 등에 대한 지급이자 손금불산입, 임대보증금 간주익금의 익금산입액 등
㉡ 주주인 임원에게 법인의 소득이 유출된 경우 해당 항목은 상여로 소득처분한다.
㉣ 기타 항목은 회계상 자본과 세무상 자본의 차이를 유발하지 않는 항목이다. 유보 항목이 회계상 자본과 세무상 자본의 차이를 만든다.

52 ① 소득세법상 과세기간은 1월 1일부터 12월 31일까지로 사업소득뿐만 아니라 금융소득, 근로소득 등 여러 소득이 합쳐져 종합소득으로 신고하는 구조이다. 따라서 기중에 폐업이 발생했더라도 12월 31일까지를 기준으로 다른 소득을 합산하여 종합소득으로 신고해야 하는 것이 원칙이다.

③, ④ 납세의무자는 거주자와 비거주자로 나뉘며 거주자는 국내에 주소 및 주로 사용하는 거소를 두고 있는 개인으로 국내외 모든 원천소득에 대해 납세의무를 부담하지만 비거주자는 거주자가 아닌 개인을 의미하며 국내 원천소득에 대해서만 과세소득을 부담한다.

53 소득세법상 비과세되는 근로소득에 대해 묻고 있다. 각각의 항목이 비과세에 해당하는지 살펴보도록 한다.

- 급여 및 상여금 : 모두 일반적으로 받는 항목으로 근로소득으로 과세된다.
- 식대 : 현물식사를 대접받지 않았다는 조건으로 매월 200,000원씩 비과세가 가능하다. 따라서 2,400,000원 전액이 비과세가 될 수 있다.
- 자가운전보조금 : 매월 200,000원의 자가운전보조금은 비과세가 된다. 따라서, 3,000,000원 중 2,400,000원은 비과세되고 600,000원은 과세된다.
- 교육훈련비 : 사용자가 제공하는 업무능력 향상을 위해 받는 교육훈련비 성격의 금액은 모두 비과세된다. 따라서 2,000,000원 모두 비과세된다.

∴ 비과세되는 금액 = 2,400,000원(식대) + 2,400,000원(자가운전보조금) + 2,000,000원(교육훈련비)
= 6,800,000원

54 법인세법상 재고자산의 평가방법의 변경에 대해 묻고 있는 문제이다. 먼저 재고자산 평가방법 신고기한과 신고기한을 어겨 임의변경으로 되는 경우 어떠한 규정을 적용받는지 확인해야 한다.

변경신고	적용하고자 하는 사업연도 종료일 이전 3개월이 되는 날까지
신고 방법과 다른 임의변경 시	• 재고자산 : Max(선입선출법, 당초 신고한 방법으로 평가한 금액) • 유가증권 : Max(총평균법, 당초 신고한 방법으로 평가한 금액)

문제에서는 20X1년부터 총평균법으로 평가했지만 신고는 11월에 하였으므로 변경 신고기한을 어겨 임의변경으로 봐야 한다. 따라서 20X1년은 임의변경으로 재고자산을 평가하고 20X2년의 경우 이젠 임의변경이 아니기 때문에 신고방법인 총평균법으로 평가해야 한다.

∴ 20X1년의 재고자산 평가금액 = Max(100,000,000원, 110,000,000원) = 110,000,000원
20X2년의 재고자산 평가금액 : 총평균법으로 평가한 105,000,000원

55 법인세법상 용역의 제공의 평가시기에 대해 묻고 있는 문제이다. 일반적으로는 진행기준으로 용역수익을 인식하지만 중소기업의 경우 1년 미만의 공사에 대해 인도기준으로 수익을 인식할 수 있다.

㈜시대는 법인세 지출을 늦게 하려하고 있으므로 1년 미만 공사인 도량 공사에 대해 차기에 인도기준으로 수익을 인식할 것이다. 따라서 당기에는 1년 이상의 아파트 공사의 수익 100억원 × 25%인 25억원만 수익으로 인식해야 한다.

56 ② 수출하는 재화의 경우 선적일을 기준으로 공급시기가 정해진다.

① 일반적인 재화는 대부분 이동이 필요하며 이러한 경우 인도일을 기준으로 공급시기가 정해진다. 이동이 필요 없는 부동산, 무체물 등의 재화의 경우 이용가능한 때를 기준으로 한다.

③ 1년 이상의 장기할부의 경우 대가의 각 부분을 받기로 한 때가 공급시기가 되지만 1년 미만의 단기할부의 경우 일반적인 재화의 인도와 마찬가지로 인도일을 기준으로 공급시기가 정해진다.

57 부가가치세법상 겸용주택의 임대에 대해 묻고 있는 문제이다. 먼저 부가가치세법상 겸용주택의 면세와 과세의 구분을 살펴보는 것이 필요하다.

원 칙	• 주택 : 면세 • 사업용건물 : 과세
전부 주택으로 보고 전체 면세하는 경우	• 주택 면적 > 주택 외 건물 면적
건물분 과세하는 경우	• 주택 면적 ≤ 주택 이외의 건물 면적

그리고 부수토지 역시 과세분과 면세분으로 나누어 생각해야 한다. 건물 및 주택 부분과 부수토지로 나누어 과세분과 면세분을 구분해보도록 한다.

〈A주택〉

주택 면적(m^2)	100
기타 건물 면적(m^2)	80
부수토지(m^2)	540

주택 면적 > 기타 건물 면적 이므로 해당 주택 및 기타 건물 모두 주택으로 간주한다. 따라서 해당 부수토지도 모두 주택분으로 간주되어 A주택의 모든 주택 및 건물과 부수토지는 면세된다.

〈B주택〉

주택 면적(m^2)	80
기타 건물 면적(m^2)	100
부수토지(m^2)	540

주택 면적 < 기타 건물 면적이므로 기타 건물 면적의 과세분과 주택 면적인 면세분을 나누어 생각한다.
• 주택 및 건물 중 과세되는 부분 = 기타 건물 면적 100
• 부수토지 중 과세되는 부분 = 540 × 100 ÷ (80 + 100) = 300
※ 전체 면적 중 기타 건물 면적에 해당하는 부분만 과세된다.
∴ 과세되는 부분 : 기타 건물 면적 100, 부수토지 300

58 법인세법상 손금으로 인정되는 항목을 묻는 문제이다. 법인세법상 손금으로 불인정되는 항목은 이론 문제뿐만 아니라 계산문제에도 응용되는 부분이므로 정확히 아는 것이 중요하다.

④ 소액주주인 임원이 사용하는 사택에 대한 유지비는 손금으로 인정되는 항목이다. 법인세법상 소액주주의 범위는 지분율 1% 미만을 의미한다.
① 비상근임원에게 지급하는 보수 중 부당행위계산에 해당하는 금액은 손금불산입 항목이다.
② 과료・과태료 등은 손금불산입 항목으로 기타사외유출로 소득처분된다.
③ 법인세비용은 손금불산입 항목으로 기타사외유출로 소득처분된다.

59 연금소득에 대한 설명이다. 연금소득의 경우 계산문제보다는 이론상의 문제에 초점을 맞추고 문제를 풀어나가야 한다.

④ 공적연금은 전액이 소득공제가 가능하다. 사적연금의 경우만 일정 금액 내에서 소득공제가 가능하다.
① 연금소득은 국민연금법, 공무원연금법 등에 따라 받는 연금인 공적연금과 사적으로 납입하는 연금저축과 이연퇴직소득 및 그 운용수익 등을 연금형태로 수령한 금액인 사적연금으로 구분된다.
② 연금소득금액의 경우 연금소득 총수입금액에서 연금소득공제를 차감하여 구하고 연금소득공제는 900만원까지 한도로 공제된다.

60 법인세법과 소득세법상 사업소득의 차이점에 대해 묻는 문제이다. 둘 모두 사업과 관련된 소득을 대상으로 하고 있기 때문에 차이점을 정확히 알고 있으면 공통점은 자연스럽게 도출이 가능하다.

③ 법인세에서는 대표자 인건비를 손금으로 처리할 수 있지만 사업소득에서는 불가능하다. 즉, 법인세법상에서는 대표자 역시 법인이라는 인격체에 고용된 사람으로 보지만 사업소득에서는 개인사업자 자체가 사업을 운영하는 주체가 되므로 고용의 형태가 되지 않기 때문에 필요경비로 인정받을 수 없다.

61 법인세법상 기업업무추진비를 묻는 문제이다. 기업업무추진비의 경우 적용률까지는 모르더라도 적어도 계산하는 방식에 대해서는 숙지하고 있어야 한다.

- 기업업무추진비 한도를 먼저 계산하기 전 기업업무추진비에 포함해야 하는 항목과 손금불산입되는 항목을 먼저 찾아야 한다.
  - 약정에 의해 매출채권을 포기한 경우 해당 금액은 기업업무추진비의 성격으로 보아야 한다. 따라서 1,000,000원은 대손이 아닌 기업업무추진비로 인식한다.
  - 증빙이 없는 기업업무추진비인 2,000,000원은 증빙이 없으므로 손금불산입하고 대표자 상여로 소득처분한다. 단, 건당 20,000원 지출 15건(합계 300,000원)은 적격증빙이 없더라도 인정되는 소액기업업무추진비 기준을 적용하여 기업업무추진비로 인정된다.

    ※ 적격증빙 없는 소액기업업무추진비 기준금액

    1. 경조금의 경우 : 20만원
    2. 1 외의 경우 : 3만원

- 법인세법상 기업업무추진비 = 15,000,000원 − 2,000,000원 + 1,000,000원 = 14,000,000원

기업업무추진비의 한도 = 12,000,000원(중소기업의 경우 36,000,000원) + 일반수입금액 × 적용률 + 특정수입금액(특수관계자 관련 수입금액) × 적용률 × 10%

- ㈜시대의 기업업무추진비 한도 = 12,000,000원 + 7,000,000,000원 × 0.003 = 33,000,000원
- 기업업무추진비 한도와 세법상 기업업무추진비를 비교해 보면 한도가 더 크므로 손금불산입되는 금액은 없다.

∴ 증빙이 없어서 손금불산입되어야 하는 2,000,000원만 세무조정하여야 한다.

62 ㈜민수는 시가 10억원인 토지를 5억원에 특수관계자인 대표이사에게 5억원에 매각하였으므로, 시가 대비 매각가 차액 5억원은 부당행위부인 기준금액인 차액 5천만원을 초과한다.

Min(시가 10억원 × 5%, 3억원) = 5천만원

따라서, 5억원 만큼을 대표이사에 대한 상여로 인식해야 한다.

63 부가가치세 매출세액에 대한 문제이다. 해당 문제에서는 대손요건과 영세율 매출액에 신경을 써야 한다. 인정되는 대손사유는 파산, 강제집행, 사망, 실종, 상법 등 법상의 소멸시효가 완성되거나, 부도발생일로부터 6개월이 경과된 어음·수표의 경우 대손이 인정된다.

해당 문제에서는 ㈜부실에 판매한 대가가 11월에 부도처리되었기 때문에 6개월이 경과한 20X2년 1기에 대손세액의 공제가 가능하다. 여기서 대손세액은 확정신고기간에만 공제가능하다는 것을 유념해두어야 한다. 또한 영세율 매출은 세율만 0%일 뿐 과세표준상으로 인식되는 과세 항목이라는 것을 주의하면서 문제를 풀어야 한다.

부가가치세 매출세액은 다음과 같이 구한다.

부가가치세 매출세액 = 과세거래분 + 영세율거래분 + 예정신고누락분 ± 대손세액공제

㈜원진의 부가가치세 매출세액

- 일반매출액 = 300,000,000원 × 10% = 30,000,000원
- 신용카드매출액 = 150,000,000원 × 10% = 15,000,000원
- 영세율매출액 = 100,000,000원 × 0% = 0원
- 대손세액공제 = 22,000,000원 × 10/110 = 2,000,000원

∴ ㈜원진의 부가가치세 매출세액 = 30,000,000원 + 15,000,000원 − 2,000,000원 = 43,000,000원

64

기본공제와 추가공제에 대해 묻는 문제이다.
기본공제를 살펴보면 본인과 딸의 경우 기본공제 대상자에 포함되지만 부인과 아들에 대한 기본공제 대상 여부를 주의해야 한다. 부인의 경우 이자수입이 5,000,000원 발생했지만 원천징수되었다고 하였으므로 종합소득금액에 포함되지 않고 분리과세로 과세의무가 종료된다. 따라서 부인의 경우 기본공제에 포함된다. 또한 아들 역시 나이가 24세이지만 나이 제한을 받지 않는 장애인으로 기본공제 대상자에 역시 포함된다.
추가공제의 경우 김시대 씨의 가족에 적용 가능한 공제는 장애인공제로 기본공제 대상자 장애인 아들이 적용된다.

- 인적공제
  - 기본공제 = 150만원 × 4명 = 600만원
  - 추가공제 = 장애인공제 200만원

  ∴ 인적공제액 = 600만원 + 200만원 = 800만원

추가공제

구 분	요 건	공제금액
경로우대공제	70세 이상	100만원
장애인공제	장애인	200만원
부녀자공제	• 종합소득금액이 3,000만원 이하인 다음의 여성 – 배우자가 없는 여성으로 부양가족이 있는 세대주 – 배우자가 있는 여성	50만원
한부모공제	배우자가 없고 기본공제 대상자인 직계비속·입양자가 있는 경우	100만원

※ 부녀자공제와 한부모공제는 중복적용하지 않음

65

② 비과세소득은 발생한 해당 사업연도에만 적용가능하며, 이월할 수 없다.
④ 결손금은 회계상 순손실과는 다른 개념으로 세법상 결산손익이 순손실일 경우를 의미한다.

66

법인세법상 대손요건을 묻는 문제이다. ㈜민서는 최대한 대손을 일찍 반영한다고 하였으므로 결산조정사항 역시 요건이 충족되면 대손에 반영을 해주어야 한다. 각각 대손요건을 충족하는지 살펴보도록 한다.
㉠ ㈜서연에 대한 매출채권 100,000,000원 : 소멸시효가 완성되었으므로 대손으로 반영한다.
㉡ ㈜무열에 대한 매출채권 40,000,000원 : 폐업으로 인해 회수가 불가능하게 되었으므로 결산조정사항으로 대손으로 반영할 수 있다.
㉢ ㈜유진에 대한 매출채권 30,000,000원 : 부도발생일로부터 6개월 이상 경과되었으므로 결산조정사항으로 대손으로 반영할 수 있다.
㉣ ㈜원진에 대한 매출채권 16,000,000원 : 관계개선을 위해 약정을 맺어 매출채권을 포기하였으므로 해당 사항은 대손이 아닌 기업업무추진비로 분류하여야 한다.
∴ ㈜민서의 대손금 = 100,000,000원 + 40,000,000원 + 30,000,000원 = 170,000,000원

67

퇴직급여충당금을 간단하게 계산하는 문제이다. 퇴직급여충당금은 다음과 같이 구한다.

한도액	Min(a, b) a. 퇴직급여 지급대상이 되는 임원·사용인에게 지급한 총급여액 × 5% b. 퇴직금추계액 × 0% + 퇴직금전환금 – 세법상 퇴직급여충당금 잔액

따라서 해당 식에 ㈜시대의 퇴직급여충당금을 대입해보면
Min(a, b) = 0원
a. 1,000,000,000원 × 5% = 50,000,000원
b. 1,400,000,000원 × 0% + 0원 – (100,000,000원 – 50,000,000원) = 0원(∵ 0원 이하는 0원으로 처리)
따라서 당기에 인식할 수 있는 퇴직급여계상액은 전액 손금불산입되어야 한다.
∴ 세무조정 : 손금불산입, 퇴직급여계상액 한도초과, 20,000,000원(유보)

68 면세 항목에 대해 묻고 있는 문제이다. 면세 항목은 필수품 및 사람들의 생활에 꼭 필요한 항목으로 다음과 같다.

▸ 면세 항목

미가공식료품, 수돗물, 연탄, 여성용 위생용품 등 생활필수품, 여객 운송용역(항공기, 고속철도, 택시 등은 과세), 주택과 부수 토지 임대, 의료보건용역과 혈액(미용목적 성형수술, 수의사의 진료 등은 과세), 인·허가된 교육용역, 도서, 신문 잡지, 방송, 국가, 지방자치단체, 공익단체 등에 무상으로 공급하는 재화 또는 용역, 금융·보험용역, 토지, 법소정 인적용역, 면세사업 목적으로 국가 및 지자체에 공급하는 사회기반시설 또는 사회기반시설의 건설용역 등

따라서 성형수술에 대한 항목은 필수적으로 필요한 것이 아니기 때문에 면세 항목이 아니므로 ②이 답이다.

69 영세율에 대한 설명이다. 영세율은 소비지국과세원칙에 따라 적용되는 것으로 주로 수출되는 재화나 내국신용장에 따라 거래되는 항목에 적용된다.

무열 : 영세율은 소비지국과세원칙에 따라 0%의 세율이 적용되는 과세 방법이다.

원진 : 영세율이 0%의 세율이 부과 되는 것으로 인해 영세율이 부가가치세법상 과세사업자가 아닌 것은 아니다. 엄연히 세금계산서를 발급하는 경우가 있으며 사업자등록 및 신고의무가 존재한다.

유진 : 내국신용장에 의해 거래가 이루어질 경우 국내에 대한 거래에서도 영세율이 적용될 수 있다.

70 기부금에 대한 세무조정을 묻고 있는 문제이다. 기부금을 구하는 계산식은 다음과 같다.

1. 비지정기부금이 있는 경우 : 세무조정
2. 기준소득금액 구하기
   기준소득금액 = 차가감소득금액(특례·우리사주조합·일반기부금 한도계산을 제외한 모든 세무조정 완료 후 금액) + 특례기부금 + 우리사주조합기부금 + 일반기부금
3. 기준소득금액을 이용하여 한도 구하기
   - 특례기부금 한도 = (기준소득금액 − 이월결손금*주)) × 50%
   - 우리사주조합기부금 한도 = (기준소득금액 − 이월결손금*주) − 특례기부금 손금산입액) × 30%
   - 일반기부금 한도 = (기준소득금액 − 이월결손금*주) − 특례기부금 및 우리사주조합기부금의 손금산입액) × 10%

   *주) 이월결손금 : 기준소득금액의 80% 한도

㈜시대의 기부금에 적용해보면

1. 비지정기부금 : 육성회비 5,000,000원
   세무조정 : 손금불산입, 비지정기부금, 5,000,000원(기타사외유출)
2. ㈜시대의 기준소득금액 = 100,000,000원 + 30,000,000원(기부금 제외 세무조정 사항) + 5,000,000원(비지정기부금) + 20,000,000원(국방헌금, 특례기부금) + 10,000,000원(절에 기부한 기부금, 일반기부금) = 165,000,000원
3. 한도 구하기
   - 특례기부금 한도 = 165,000,000원 × 50% = 82,500,000원
     특례기부금으로 지출한 국방헌금 중 전기에 이월된 금액 10,000,000원을 먼저 고려한 후 당기의 20,000,000원을 고려하게 되는데 특례기부금 한도액이 전기이월분과 당기 특례기부금의 합계액보다 크므로 전기이월분과 당기 특례기부금 모두 특례기부금으로 인정된다.
   - 일반기부금 한도 = (165,000,000원 − 30,000,000원) × 10% = 13,500,000원
     일반기부금의 비용인정액은 특례기부금과 마찬가지로 전기 이월된 종교기부금 5,000,000원을 먼저 고려한 후 당기 일반기부금 10,000,000원을 고려하게 되므로 한도가 초과하게 되며 그 한도초과분은 손금불산입 후 이월한다.
     한도초과분 = 13,500,000원(한도) − 5,000,000원(전기이월) − 10,000,000원(당기기부) = 1,500,000원(초과)

   ∴ 당기에 지출된 부분에 대한 세무조정만 고려하므로 일반기부금 한도초과분 1,500,000원을 손금불산입한다.

71 수정신고, 경정청구, 기한 후 신고에 대한 문제이다. 수정신고와 경정청구는 기한 내에 적법하게 신고한 사람이 후에 수정 및 경정을 하기 위해 다시 신고하는 것이라 하면 기한 후 신고는 기한 내에 신고하지 않은 사람이 기한 후에 신고하는 것이 가장 큰 차이점이라 할 수 있다.

③ 기한 후 신고는 기한 내에 신고하지 않은 사람의 무신고가산세 부담을 덜어주기 위해 필요한 절차이다. 이에 반해 수정신고 및 경정청구의 경우 기한 내에 신고한 경우이므로 무신고가산세가 적용되지 않으며, 수정신고의 경우 처음 신고할 때 세금을 적게 신고 및 납부한 것이 되므로 과소신고가산세 등을 적용받는다.

① 수정신고의 경우 해당 국세의 과세표준과 세액이 결정 또는 경정되어 통지되기 전까지 수정신고가 가능하다.

② 경정청구의 경우 일반적인 경우는 법정신고기한 경과 후부터 5년간, 후발적 사유의 경우 안 날부터 3개월 이내에 할 수 있다.

72 부가가치세법상 겸영사업자의 공통사용재화의 공급에 대해서는 다음과 같이 구한다.

$$\text{공통사용재화 공급의 과세표준} = \text{공급가액} \times \frac{\text{직전 과세기간 과세공급가액}}{\text{직전 과세기간 총공급가액}}$$

㈜시대의 공통사용재화의 공급에 해당 식을 대입해보면

$$\therefore \text{㈜시대의 공통사용재화 공급 과세표준} = 200{,}000{,}000\text{원} \times \frac{110{,}000{,}000\text{원}}{110{,}000{,}000\text{원} + 110{,}000{,}000\text{원}} = 100{,}000{,}000\text{원}$$

73 폐업 시 잔존재화에 대한 부가가치세법상 처리를 묻고 있는 문제이다. 폐업 시 잔존재화의 경우 일반적인 폐업 시 잔존재화와 감가상각자산 2가지로 나누어 생각해야 한다.

- 제품(폐업 시 잔존재화)의 과세표준 = 시가 100,000,000원
- 건물(감가상각자산)의 과세표준 = 취득가액 × (1 − 5% × 경과된 과세기간의 수) = 300,000,000원 × (1 − 5% × 5기) = 225,000,000원
- 차량운반구(감가상각자산)의 과세표준 = 취득가액 × (1 − 25% × 경과된 과세기간의 수) = 100,000,000원 × (1 − 25% × 2기) = 50,000,000원

∴ ㈜폐업의 폐업과 관련된 과세표준 = 100,000,000원 + 225,000,000원 + 50,000,000원 = 375,000,000원

74 법인세법상 이자비용에 대해 묻고 있는 문제이다. 지급이자 중 손금불산입되는 지급이자는 다음과 같다.

적용순서	구 분	세무조정
1	채권자 불분명 사채이자	관련 원천징수된 부분 : 손금불산입(기타사외유출) 잔액 : 손금불산입(대표자 상여)
2	비실명 채권·증권이자	
3	건설자금이자	건설중인자산 : 손금불산입(유보) 완성자산 : 즉시상각의제
4	업무무관자산 등 관련 이자	손금불산입(기타사외유출)

따라서 ㈜원진의 세법상 인정되지 않는 이자비용은 채권자 불분명 사채이자 10,000,000원과 건설자금이자 3,000,000원으로 해당 이자비용은 이자비용에서 차감해주어야 한다.

∴ 당기손금으로 인정되는 이자비용 = 30,000,000원 − 10,000,000원 − 3,000,000원 = 17,000,000원

75 ② 금융소득의 경우 필요경비는 인정되지 않는다(단, 배당소득의 경우 필요경비는 인정되지 않지만 Gross-up 금액이 발생할 수는 있다).

① 10년 미만의 저축성보험의 보험차익만 이자소득으로 과세된다.

③ 의제배당 역시 법인세와 마찬가지로 배당소득으로 과세된다.

④ 무기명주식의 이익배당의 경우 실제 지급일을 배당소득의 귀속시기로 인식한다.

76 퇴직소득의 과세표준에 대해 묻고 있는 문제이다. 퇴직소득 과세표준을 계산하는 방법은 다음과 같다. 여기서 주의해야 할 점은 근속연수는 1년 미만을 1년으로 본다는 것이다. 따라서 김무열 씨는 11년 7개월이므로 12년으로 보고 계산하여야 한다.

구 분	계산방법
환산소득의 계산	$(\text{퇴직소득} - \text{근속연수공제}) \times \frac{12}{\text{근속연수}}$
퇴직소득 과세표준	환산급여 − 환산급여에 따른 차등공제액

- 김무열 씨의 근속연수공제 = 1,500만원 + 250만원 × (12년 − 10년) = 2,000만원
- 김무열 씨의 환산소득 = $(1\text{억원} - 2{,}000\text{만원}) \times \frac{12}{12} = 8{,}000\text{만원}$
- 김무열 씨의 환산급여에 따른 차등공제액 : 김무열 씨의 환산소득이 8,000만원이므로 7,000만원 초과 1억원 이하의 환산급여에 따른 차등공제액을 사용한다.
- 김무열 씨의 환산급여에 따른 차등공제액 = 4,520만원 + (8,000만원 − 7,000만원) × 55% = 5,070만원

∴ 김무열 씨의 퇴직소득 과세표준 = 8,000만원 − 5,070만원 = 2,930만원

77 법인세법상 익금 항목에 대해 묻고 있는 문제이다. 하나씩 익금에 해당하는지 살펴보도록 한다.

㉠ 자기주식처분이익 : 해당 항목은 회계상으로는 이익이 아니지만 세무상으로는 이익이 될 수 있다. 자기주식처분이익의 경우 회계와 세법이 다르게 처리하는 경우로 정확히 기억하고 있도록 하는 것이 필요하다.

㉡ 자산수증이익 중 이월결손금 보전에 충당된 금액 : 자산수증이익·채무면제이익은 원칙은 익금이지만 이월결손금 보전에 충당된 경우 익금불산입한다.

㉢ 일반적인 유형자산의 평가차익 : 임의로 하는 유형자산의 평가는 세법상 인정하지 않으므로 익금불산입 항목이다.

㉣ 특수관계인인 개인으로부터 저가로 매입한 유가증권의 시가와의 차액은 예외적으로 익금으로 인정하고 있다.

78 영세율이 적용되는 재화는 세금계산서 발급의무가 면제된다. 따라서 수출하는 재화의 경우 영세율이 적용되기 때문에 세금계산서 발급의무가 면제된다.

▸ 세금계산서 발급의무가 면제되는 업종

① 택시운송, 노점, 행상, 무인판매기를 이용한 재화의 공급
② 소매업 또는 목욕·이발·미용업
③ 자가공급·개인적공급·사업상 증여·폐업 시 잔존재화(판매목적사업장 반출은 세금계산서 발급)
④ 영세율적용대상
　㉠ 수출하는 재화
　㉡ 국외에서 제공하는 용역, 외국항행 용역
⑤ 간주임대료
⑥ 신용카드매출전표 등을 발급하는 경우

79 ④ 수출신고를 하고 선적되지 않은 경우에는 보세구역이라 할지라도 수입으로 인정되지 않는다.

① 재화의 수입의 경우 일반적인 부가가치세 거래와는 달리 사업자 여부를 따지지 않는다.

② 수출신고가 수리된 물품으로서 선적이 완료되었던 물품을 다시 반입하는 경우에는 수입으로 인정된다. 이미 선적이 완료되었기 때문에 수출된 물품으로 봐야 하고 수출된 물품이 다시 들어온 개념이므로 수입으로 인식하는 것이다.

80 종합소득으로 과세되는 기타소득금액을 계산하는 문제이다. 각각의 기타소득금액을 살펴보도록 한다.

㉠ 복권당첨소득 : 기타소득이긴 하지만 복권당첨소득은 무조건 분리과세 대상으로 종합과세대상이 아니므로 적용되지 않는다.

㉡ 고용관계 없는 대학에서 강연을 하고 받은 강연료 : 고용관계 없는 곳에서 강연을 하고 받은 강연료는 60%까지 증빙이 없더라도 필요경비가 인정된다. 따라서 강연료 10,000,000원 중 60%를 차감한 4,000,000원만 기타소득금액으로 인식한다.

㉢ 정원진 씨와 특수관계있는 법인에서 법인세법상 기타소득으로 정원진 씨에게 처분된 금액 : 기타소득으로 전액 과세된다. 따라서 30,000,000원 모두 기타소득금액으로 과세된다.

㉣ 광업권의 대여로 받은 금액 : 광업권의 대여로 받은 금액 역시 위의 강연료와 마찬가지로 증빙이 없더라도 60%까지는 필요경비로 인정해주고 있다. 따라서 5,000,000원 중 60%를 차감한 2,000,000원만 기타소득금액으로 과세한다.

㉤ 계약의 위약으로 받게 된 위약금 : 위약금은 기타소득으로 포함되며 전액이 기타소득금액으로 인정된다. 따라서 3,000,000원 모두 기타소득금액으로 과세된다.

∴ 정원진 씨의 종합소득으로 과세되는 기타소득금액 = 4,000,000원 + 30,000,000원 + 2,000,000원 + 3,000,000원
= 39,000,000원

원가관리회계

81	①	82	①	83	④	84	③	85	③	86	③	87	③	88	①	89	②	90	③
91	④	92	②	93	①	94	④	95	③	96	①	97	①	98	①	99	②	100	③
101	③	102	③	103	④	104	②	105	①	106	②	107	④	108	②	109	①	110	③
111	③	112	②	113	①	114	②	115	①	116	④	117	①	118	④	119	④	120	②

81 ① 제품 생산에 투입되는 원재료에 관련된 비용은 매출원가로 분류된다. 따라서 원재료를 매입하면서 발생하는 재료를 검사하는 비용은 제조원가로 분류될 수 있다.

③, ④ 기업본사건물이나 영업부사원에 대한 비용은 제품의 제조과정과는 관련이 없다. 따라서 해당 항목은 모두 판매 및 관리비로 분류되어야 하는 항목들이다. 만약, 기업본사건물이 아닌 공장의 감가상각비, 영업부사원이 아닌 공장장의 급여인 경우에는 제조원가(고정제조간접원가)로 분류되어야 한다.

82 • 단위당공헌이익 = 3,000 − 1,500 − 500 = 1,000
• 손익분기점의 계산 = 고정원가 ÷ 단위당 공헌이익 = (고정제조간접원가 + 3,000,000) ÷ 1,000 = 10,000
∴ 고정제조간접원가 = 7,000,000

83 ④ 투자중심점은 가장 책임의 범위가 크다. 관련된 원가와 수익뿐만 아니라 투자안의 의사결정에 대해서도 통제의 책임이 있다. 따라서 투자중심점은 장기적인 투자에만 책임을 지는 것이 아니라 원가와 수익 등 투자안 전체에 대해 책임을 지는 책임중심점이다. 투자중심점은 책임중심점 중 가장 큰 범위를 책임지므로 사업부를 독립적으로 운용할 경우 사업부의 성과평가에 유용한 방법이다.

84 개별원가계산과 종합원가계산의 비교에 대해 묻는 문제이다.

③ 종합원가계산은 재료원가와 가공원가로 발생한 원가를 구분한다. 그에 비해 개별원가계산에서는 직접원가와 간접원가로 원가를 구분하며 간접원가의 배분 문제가 중요한 사항이다.

① 종합원가계산에서는 연속적으로 생산이 이루어지기 때문에 생산이 완전히 종료될 때가 아니면 생산량을 정확히 파악할 수 없다. 따라서 기간개념을 도입하여 원가흐름의 가정을 통해 완성품환산량을 도출해내고 원가계산을 한다.

85

제품원가(Product Cost)	제조원가 중 자산화하여 판매시점까지 비용발생을 이연시키는 원가
기간원가(Period Cost)	발생한 기간에 비용으로 인식하는 원가

제품원가의 대표적인 항목은 재고자산으로 분류되었다가 판매시점에 매출원가로 분류되는 것을 들 수 있고 기간원가의 대표적인 예는 판매및관리비를 들 수 있다. 기회원가는 포기한 대안 중 최선의 대안으로 장부상 계상되지는 않으나 항상 고려해야 하는 항목을 의미한다.

86 주어진 자료를 활용하여 역산하여 표준배부율(표준원가)을 구한다.

실제 발생액	실제 조업도 × 표준배부율
30,000,000	AH × SP 6,000 × ???

소비차이 3,000,000원(불리한 차이)

30,000,000 − 6,000 × 표준배부율 = 3,000,000

∴ 변동제조간접원가의 표준배부율 : 4,500

87 전부원가계산, 변동원가계산, 초변동원가계산의 생산량에 따르는 이익의 크기 비교는 빈출되는 주제이다. 따라서 셋 사이의 생산량에 따르는 이익의 관계를 정확히 파악하고 있어야 한다.

③ 초변동원가계산에서는 재료원가를 제외한 원가는 모두 기간비용으로 인식한다. 따라서 생산량이 증가함에 따르는 직접노무원가 및 변동제조간접원가를 모두 기간비용으로 인식하기 때문에 생산량이 증가하는 경우 이익이 오히려 감소하게 된다.

초변동원가계산에서는 생산량이 증가하는 경우 오히려 이익이 감소하기 때문에 경영자들로 하여금 재고 감소의 유인으로 작용하여 불필요한 제품 생산을 최소화할 수 있게 된다. 반면 재고 최소화로 인한 추후 수요 증가에 따르는 시장 대응력이 약해지는 단점이 발생할 수 있다.

▸ **판매량 일정, 생산량 증가 시, 원가계산에 주는 영향**

1. 전부원가계산 : 이익의 증가
2. 변동원가계산 : 이익 불변
3. 초변동원가계산 : 이익의 감소

88 활동기준원가계산에 관한 계산문제이다. 이 문제에서는 먼저 염색에서 자료를 제공하고 있는 제품 수량으로 제품 1단위당 필요활동을 확인해야 한다.

• 단위당 필요부품 = 6,000개(부품) ÷ 6,000개(제품) = 1개

• 단위당 필요작업시간 = 7,200시간 ÷ 6,000개 = 1.2시간

1. 재료처리원가 중 변동원가 = 900,000원 − 300,000원 = 600,000원
   재료처리활동의 부품 1단위당 변동원가 = 600,000원 ÷ 6,000개 = 100원
   재료처리활동 관련 제품 단위당 원가 = 1(제품 1단위당 필요부품) × 100원 = 100원
2. 조립의 직접작업시간 시간당 임률 = 1,440,000원 ÷ 7,200시간 = 200원
   조립활동 관련 제품 단위당 원가 = 1.2(단위당 필요시간) × 200원 = 240원
3. 염색활동 관련 제품 단위당 원가 = 1,200,000원 ÷ 6,000개 = 200원

∴ 제품 단위당 변동원가 = 100원 + 240원 + 200원 = 540원

89 품질원가에 대한 문제이다. 품질원가에 대한 문제의 경우 품질원가의 종류에 대한 개념을 정확하게 알고 분류할 수 있어야 한다.

㉡ 평가원가는 불량품을 적발하는 것이 목적이다. 공급업체에 대한 평가는 불량품 생산 예방을 위해 필요한 절차이므로 예방원가로 분류할 수 있다.

㉣ 외부실패원가는 고객에게 인도된 후 발견되어 발생하는 원가를 의미한다. 공손품의 경우 고객에게 인도되기 전 공정 과정에서 발생하여 고객에게 인도되기 전 불량을 해소할 기회가 있기 때문에 내부실패원가로 분류해야 한다.

통제원가	㉠ 예방원가	불량품 생산 예방 목적 예 품질교육, 공정 엔지니어링, 공급업체 평가 등
	㉡ 평가원가	불량품 적발 목적 예 원재료나 제품의 검사, 검사설비 유지, 현장 및 라인 검사 등
실패원가	㉢ 내부실패원가	불량품이 고객에게 인도되기 전에 발견되면서 발생하는 원가 예 공손품, 작업폐물, 재작업, 재검사, 작업중단 등
	㉣ 외부실패원가	불량품이 고객에게 인도된 후 발견되면서 발생하는 원가 예 고객지원, 보증수리, 교환, 반품, 판매기회 상실 등

90 균형성과표에 대한 문제이다. 균형성과표의 장점 및 단점, 각각의 관점의 특징과 대표적인 지표들을 숙지해 놓는 것이 중요하다.

③ 균형성과표에는 재무적관점, 고객관점, 내부프로세스관점, 학습과 성장관점이 있으며 궁극적으로는 재무적 관점에 초점을 맞춘다. 관점에 대한 관계를 표현해보면 학습과 성장 → 내부프로세스 개선 → 고객가치 증대 → 재무적 성과로 표현할 수 있다.

①, ② 균형성과표는 재무적 관점뿐만 아니라 비재무적 관점을 단·장기에 걸쳐 동시에 고려할 수 있는 장점이 있다.

④ 비재무적 측정치 등도 고려해야 하기 때문에 정형화된 측정수단을 제공하기 어려운 단점이 있다.

91 ④ 변동제조간접원가는 생산을 하기 위해 노동을 하면서 발생하는 간접적인 비용을 의미한다. 따라서 노동시간이 비능률로 인해 기존에 설정한 표준보다 벗어나는 경우 직접노무원가뿐만 아니라 변동제조간접원가에도 능률차이가 발생하게 된다.

① 고정제조간접원가는 조업도에 영향을 받지 않기 때문에 실제 발생액과 기존에 세운 예산을 비교하여 관리한다. 예산으로 사용한 조업도와 실제 조업도로 인해 발생하는 차이는 조업도차이로 관리한다.

② 노동을 하면서 원재료를 사용하기 때문에 원재료의 품질이 달라지는 경우 노동의 능률에 영향을 미칠 수 있다.

92 직접배분법의 경우 보조부문 상호간의 용역제공은 무시하고 문제를 풀면 된다.

- 수선부문의 X부문에 대한 보조부문원가 배분 $= 200,000 \times \dfrac{30\%}{30\% + 45\%} = 80,000$
- 전력부문의 X부문에 대한 보조부문원가 배분 $= 250,000 \times \dfrac{30\%}{30\% + 50\%} = 93,750$

∴ X의 제조원가 = 500,000 + 80,000 + 93,750 = 673,750

93 재공품을 고려하지 않으므로 회사의 재고자산은 원재료 및 기말제품이 있다.

1. 기말원재료

   기말원재료 = 기초원재료 30,000 + 증가분 50,000 = 80,000

2. 기말제품

   당기제조원가 = 직접재료원가(30,000 + 200,000 − 80,000) + 직접노무원가 250,000 + 제조간접원가(250,000 × 80%) = 600,000

   기말제품 = 기초제품 60,000 + 600,000 − 매출원가 580,000 = 80,000

∴ 기말원재료 80,000 + 기말제품 80,000 = 160,000

94 수명주기원가계산의 범위에 대해 묻고 있는 문제이다. 수명주기원가계산에서는 설계단계에서 제품이 팔리고 난 후 A/S까지 제품의 수명주기 동안 발생하는 모든 원가를 집계하는 것으로 따라서 설계단계에서 A/S까지 발생한 모든 원가를 합쳐서 계산해야 한다.

- A제품의 수명주기 원가 = 1,000,000원(설계 및 시제품) + 8,000,000원(제조원가) + 4,000,000원(판매 및 유통원가) + 2,500,000원(판매 후 A/S원가) + 1,500,000원(불량품원가) = 17,000,000원

95 종합원가계산의 단위당 원가를 구하는 문제이다. 종합원가계산에 대한 문제는 책에 있는 종합원가계산의 절차에 대해 정확히 알고 있어야 한다.

1단계 물량의 흐름

- 당기완성 = 800개(기초재공품) + 10,000개(당기투입분) − 500개(기말재공품) = 10,300개

2단계 완성품환산량계산

㈜민서는 현재 평균법을 사용하여 종합원가계산을 수행하고 있으므로 기초재공품과 당기투입분을 평균하여 종합원가계산을 수행한다. 평균법에서 가공원가는 기초재공품과 당기투입분을 나눌 필요가 없으므로 당기 완성량을 사용하여 당기완성품환산량을 계산한다.

- 재료원가의 당기완성품환산량 = 800개(기초재공품) + 10,000개(당기투입분) = 10,800개
- 가공원가의 당기완성품환산량 = 10,300개(당기완성분) + 500개(기말재공품) × 80% = 10,700개

3단계 배분대상의 요약

- 재료원가 = 16,000원(기초재공품원가) + 200,000원(당기투입분원가) = 216,000원
- 가공원가 = 64,000원(기초재공품원가) + 364,000원(당기투입분원가) = 428,000원

4단계 완성품환산량 단위당원가

- 재료원가 = 216,000원 ÷ 10,800개 = 20원
- 가공원가 = 428,000원 ÷ 10,700개 = 40원

∴ ㈜민서의 가공원가 단위당 원가 : 40원

96 EVA 계산식을 이용하여 가중평균 자본비용을 도출하는 것에 대해 묻고 있는 문제이다. EVA의 계산공식은 다음과 같다.

> 경제적부가가치 = 세후영업이익 − 자본비용
> = 세후영업이익 − 투하자본 × 가중평균자본비용

여기서 투하자본은 순운전자본과 순고정자산이 합쳐진 것으로 모두 영업 관련된 것만 고려해야 하는 것을 유의하고 있어야 한다.

가중평균자본비용을 도출해보면

㈜시대의 경제적부가가치(EVA) = 12,000,000원 = 20,000,000원 − {80,000,000원(순운전자본) + 120,000,000원(순고정자산)} × 가중평균자본비용

∴ ㈜시대의 가중평균자본비용 : 4%

97 순현재가치법은 가장 일반적으로 쓰이는 장기투자의사결정 방법이다. 따라서 순현재가치법은 계산하는 방법과 순현재가치법에 대한 내용까지 정확히 숙지하고 있어야 한다.

① 순현재가치법을 통해 복수의 투자안을 비교할 수는 있다. 하지만 순현재가치법에서 복수의 투자안 중 하나를 채택하는 경우는 가장 순현재가치가 큰 투자안을 채택하는 것으로 수익률을 통해 분석하지는 않는다. 따라서 순현재가치법에서는 수익률에 대한 정보를 알 수 없다는 것을 단점으로 볼 수 있다.

※ 순현재가치법은 수익률로 비교할 수 없기 때문에 내부수익률법과 의사결정에서 차이가 발생할 수 있다.

98 고정제조간접원가의 조업도차이에 대해 묻고 있는 문제이다. 고정제조간접원가의 조업도차이는 다음과 같이 구한다.

실제 발생액	고정제조간접원가예산	고정제조간접원가배부액
7,000,000원	8,000,000원	SQ × SP*주) 500개 × 20,000원

예산차이	조업도차이

*주) 조업도 단위당 표준배부율 = 8,000,000원 ÷ 400개 = 20,000원

∴ 조업도차이 = 8,000,000원(고정제조간접원가예산) − 20,000원 × 500개 = 2,000,000원 유리한 차이

99 직접재료원가를 구입시점에서 분리하는지 사용시점에서 분리하는지에 대한 차이를 묻고 있다.

직접재료원가는 분리시점에 따라 나뉠 수 있는데 이것은 직접재료원가는 매입했다고 해서 모두 당기에 사용하는 것은 아니기 때문이다. 따라서 매입한 재료 모두를 가격차이를 통해 비교하는 방법이 있고 당기에 사용한 부분만 비교하는 방법이 있다.

1. **매입시점 분리**

실제 발생액	실제 매입량 × 표준가격
AQ × AP 200 × 40	AQ × SP 200 × 42

가격차이

매입시점에서 분리할 때의 가격차이 : 유리한 차이 400원

2. **사용시점 분리**

실제 발생액	실제 투입량 × 표준가격
AQ × AP 160 × 40	AQ × SP 160 × 42

가격차이

사용시점에서 분리할 때의 가격차이 : 유리한 차이 320원

∴ 400원 − 320원 = 80원

100 회계적이익률법의 간단한 계산법을 묻고 있는 문제이다. 회계적이익률법의 계산방법은 다음과 같다.

여기서 구한 연평균세후기대투자수익과 목표투자수익률을 비교하여 투자안에 대한 의사결정을 수행한다.

- A투자안의 회계적이익률 = 1,000,000원(연평균세후기대투자수익) ÷ 8,000,000원*주) = 12.5%

  *주) 평균투자액 = (10,000,000원 + 6,000,000원) ÷ 2 = 8,000,000원

∴ 예상되는 A투자안의 회계적이익률이 12.5%인데 목표투자수익률이 10%이므로 목표투자수익률보다 높으므로 투자안을 채택한다.

101

목표 판매량 = (고정원가 + 목표이익) ÷ 단위당 공헌이익

- 고정원가 = 공연장 대관료 10,000,000원 + 기타 고정원가 5,000,000원 + 공연 광고비 3,000,000원 = 18,000,000원
- 목표이익 : 10,000,000원
- 단위당 공헌이익 = 티켓 단가 10,000원 − 단위당 변동매출원가 1,500원 − 단위당 변동판매및관리비 1,500원 = 7,000원

∴ 목표 판매량 = (18,000,000원 + 10,000,000원) ÷ 7,000원 = 4,000명

102 ③ 원가기준으로 대체가 이루어지는 경우 공급사업부는 발생한 원가를 대체가격으로 모두 보전받기 때문에 원가를 절감할 유인이 없다. 따라서 원가절감의 동기부여가 없어 낭비가 발생할 수 있다. 이러한 문제점을 개선하기 위해 원가기준으로 대체가 이루어지는 경우 표준원가 등으로 미리 표준을 설정해 놓고 해당 설정해 놓은 원가로 대체하는 방법으로 보완하고 있다.

① 최대대체가격이 최소대체가격보다 작다고 하면 대체할 때 해당 금액 차이만큼 기업 전체의 이익이 발생한다.

④ 협상을 하는 경우 공급사업부와 수요사업부가 협상을 통해 대체가격을 설정한다. 자율성이 보장되며 최적의 의사결정이 가능하다는 장점이 있지만 시간이 오래 걸리고 협상력에 따라 대체가격이 달라져 성과평가가 달라지는 단점이 있다.

103 활동기준원가계산에 대한 단계를 묻는 문제이다. 활동기준원가계산은 다음과 같이 이루어진다.

1단계 : 활동분석
2단계 : 원가의 집계
3단계 : 활동별 원가동인의 결정
4단계 : 활동별 제조간접원가 배부율 결정
5단계 : 활동별 제조간접원가 계산

∴ 변동제조간접원가와 고정제조간접원가를 구분하는 것은 활동기준원가계산에 필요하지 않다.

104 자가제조 여부에 대한 의사결정을 묻는 문제이다. 해당 문제의 경우 증분기준으로 현금 유출・입을 고려하여 의사결정할 수 있다.

1. 자가제조 시 현금유입
   • 모터의 외부구입 원가 = 100,000원 × 2,000개 = 200,000,000원
   • 모터의 검사비용 = 5,000원 × 2,000개 = 10,000,000원
   200,000,000원 + 10,000,000원 = 210,000,000원
2. 자가제조 시 현금유출
   • 변동원가 = 80,000원 × 2,000개 = 160,000,000원
   • 발생하는 고정원가 : 10,000,000원
   160,000,000원 + 10,000,000원 = 170,000,000원

∴ 모터의 자가제조 시 증분 40,000,000원이 발생하므로 자가제조하는 경우 이득이다.

105 자가제조문제와 마찬가지로 증분기준으로 문제를 접근해야 한다.

양장본으로 판매 시 발생하는 증분비용
• 변동제조원가 = 1,000원 × 100,000부 = 100,000,000원
• 고정판매관리비 = 30,000,000원
• 증분비용의 합 = 100,000,000원 + 30,000,000원 = 130,000,000원

양장본으로 판매 시 발생하는 증분이익
• 판매가격의 증가 = 3,000원 × 100,000부 = 300,000,000원

∴ 양장본으로 판매하는 경우 170,000,000원의 추가적인 이익이 발생할 수 있다.

106 영업레버리지도에 대한 개념에 대해 묻고 있는 문제이다. 영업레버리지도에 대한 개념 및 계산식을 파악하고 있어야 한다.

② 영업레버리지도는 기업의 영업비 중 고정비가 차지하는 정도로, 설비투자가 많아 고정제조간접비가 많이 발생하는 경우, 영업비용 중 고정비가 차지하는 비중이 커져 영업레버리지도는 상승한다.

④ 영업레버리지도는 다음과 같이 계산한다.

영업레버리지도 = 영업이익변화율 ÷ 매출액변화율 = 공헌이익 ÷ 영업이익

107 CVP(원가-조업도-이익)분석의 기본가정에 대해 묻고 있는 문제이다. CVP분석의 기본가정을 정확히 숙지하고 있어야 한다. CVP분석의 기본가정은 다음과 같다.

- 모든 원가는 변동원가와 고정원가로 분류할 수 있다고 가정함
- 수익과 원가의 형태는 선형으로 가정
- 생산량과 판매량은 일정
- 복수제품으로 판매하는 경우 매출배합은 일정함
- 화폐의 시간가치는 반영하지 않음(현재가치 계산하지 않음)
- 원가에 미치는 요소는 조업도 밖에 없음을 가정

㉠ 수익과 원가의 형태는 직선으로 가정하므로, 관련범위 내에서 항상 수익과 원가의 형태는 직선으로 가정한다.
㉡ 수익과 원가의 형태는 선형으로 가정하므로, CVP분석상에서는 단위당 판매가격과 단위당 변동원가는 동일하게 발생한다. 단위당 변동원가가 동일하게 발생하지 않는 경우 원가의 형태는 선형으로 나타나지 않는다.
㉢ CVP분석에서는 화폐의 시간가치를 고려하지 않는다.
㉣ 생산량과 판매량이 일정하다고 가정하므로, 생산량이 판매량보다 더 많을 때 발생하는 제품재고자산이 발생하지 않는다.

108 제지사업부의 최소대체가격
- 최소대체가격 = 단위당 증분지출원가 + 단위당 기회원가
- 증분지출원가 = 10,000부 × 100부(신문에 필요한 종이) × 6 + 2,000,000원(추가설비지출) = 8,000,000원
- 단위당 최소대체가격 = 8,000,000원 ÷ (10,000부 × 100부) = 8

신문사업부의 최대대체가격
- 최대대체가격 = Min(단위당 지출가능원가[*주], 단위당 외부구입원가)
  *주) 단위당 지출가능원가 = 최종완제품의 판매가격 – 완제품 단위당 추가가공원가이므로 공헌이익의 개념을 사용하여 문제를 풀 수 있다.
- 1부당 지출가능원가 : 1,500원
- 1장당 지출가능원가 = 1,500원 ÷ 100장 = 15원
- 1장당 외부구입원가 : 10원
- 최대대체가격 = Min(15, 10) = 10원

∴ 최소대체가격인 8원과 최대대체가격인 10원 사이에서 가격이 결정된다면 두 사업부 모두 만족할 수 있다.

109 제품 라인·사업부의 폐쇄에 따른 의사결정을 묻고 있는 문제이다. 폐쇄에 관한 문제 역시 증분기준에 따라 문제를 풀면 된다.

A제품 폐쇄 시 증분이익
- 회수할 수 있는 고정제조간접원가 = 2,000,000원 × 80% = 1,600,000원

A제품 폐쇄 시 증분손실
- 포기해야 하는 공헌이익 = 10원 × 100,000개 = 1,000,000원
- B제품의 이익 감소 : 500,000원
- 증분손실 = 1,000,000원 + 500,000원 = 1,500,000원

∴ 폐쇄에 따른 증분 변화 = 1,600,000원(증분이익) – 1,500,000원(증분손실) = 100,000원 이익
A제품을 폐쇄하는 것이 100,000원 이익이므로 사업부를 폐쇄한다.

110 순현재가치를 구하는 문제이다. 순현재가치는 현재가치를 고려한 현금유입액과 현금유출액을 비교하여 구할 수 있다. 3년간 투자안이 지속될 것이라 했으므로 연금현가계수를 사용하여 현재가치를 구한다.
- 현재가치를 고려한 현금유입액 = 8,000,000원 × 2.48 = 19,840,000원
- 현금유출액 : 18,000,000원

∴ 순현재가치 = 19,840,000원 – 18,000,000원 = 1,840,000원

111 해당 차량운반구는 취득이 이미 완료되었고 6개월간 사용이 완료된 자산이다. 따라서, 취득가액은 관련원가로 분류될 수 없으며, 해당 차량운반구의 원래 사용처인 A 사업부문이 폐지될 경우 A 사업부문에 사용을 전제로 하는 추정잔존가치도 관련원가로 분류될 수 없다. 여기서 관련원가로 분류될 수 있는 것은 차량운반구를 당장 처분했을 때의 가액과 다른 사업부문(B)에 사용할 경우의 부가가치를 비교하여 차량운반구에 대한 의사결정을 해야 하므로 ③이 답으로 적절하다.

112 전부원가계산과 변동원가계산의 이익을 비교하는 문제이다. 먼저 전부원가계산은 일반적으로 공표하는 원가계산 방법으로 문제에서 제시한 영업이익이 곧 전부원가계산에서의 이익이다.

113 변동원가계산에서의 이익과 전부원가계산의 이익의 가장 큰 차이점은 전부원가계산은 매출원가에 고정제조간접원가를 포함되었다가 판매되었을 때 매출원가로 비용화되며 변동원가계산에서는 고정제조간접원가를 모두 당기 비용처리한다는 것이다. 따라서 당기에 비용으로 인식하지 않고 기말시점에 제품으로 재고자산화되어 있는 고정제조간접원가 100,000원을 추가적으로 비용으로 인식해주면 된다.

∴ 변동원가계산에서의 이익 = 200,000원(전부원가계산의 이익) − 100,000원(기말제품재고로 남아있는 고정제조간접원가) = 100,000원

114 안전한계율 = (매출액 − 손익분기점 매출액) ÷ 매출액

∴ ㈜시대의 안전한계율 = (50,000,000원 − 30,000,000원) ÷ 50,000,000원 = 0.4(40%)

115 현재가치법을 사용하는 장기투자의사결정을 묻고 있는 문제이다. 현재가치를 사용하지 않는 경우는 회계적이익률법과 회수기간법이다. 회수기간법은 현재가치를 사용하지 않고 회수기간 이후의 현금흐름을 무시한다는 단점이 있는 반면 유동성을 강조하여 유동성을 중시하는 회사에 적합하며 이해하기 쉽다는 장점이 있다.

116 ㈜무열은 이번에 재료 공급처의 부도로 인해 가격은 같지만 품질은 떨어지는 재료를 공급받게 되었다. 따라서 예상되는 차이는 재료 자체의 효율이 떨어져 발생하는 불리한 직접재료원가 능률차이와 떨어지는 재료를 사용하여 평소보다 더 일을 하게 되어 발생하는 불리한 직접노무원가 능률차이가 발생할 수 있다. 따라서 불리한 직접재료원가 능률차이와 불리한 직접노무원가 능률차이인 ㉣, ㉤이 답이다.

117 간단한 물량흐름을 묻고 있는 문제이다. 기말제품을 구하기 위해서는 당기 완성된 인형의 개수를 구하고 구한 완성품 수량을 바탕으로 기말제품재고자산을 구해야 한다.

- 당기 완성된 인형의 개수 = 기초에 완성되지 않은 인형 400개(기초재공품) + 당기 새로 만들기 시작한 인형 3,200개(당기 투입분) − 기말에 완성되지 않은 인형 500개(기말재공품) = 3,100개
- 기말제품재고자산 = 기초제품 + 당기 완성된 제품 − 당기 판매분

∴ 기말 인형 재고 = 기초에 완성되었지만 아직 판매되지 않은 인형 300개(기초제품) + 당기완성된 인형의 개수 3,100개(당기 완성된 제품) − 당기 판매분 3,300개 = 100개

118

- 공헌이익 = 매출액 − 변동원가
- 공헌이익률 = $\frac{\text{총공헌이익}}{\text{총매출액}} = \frac{\text{단위당 공헌이익}}{\text{단위당 판매가격}}$
- 손익분기점 매출액 = $\frac{\text{고정원가}}{\text{공헌이익률}}$
- 손익분기점 판매량 = $\frac{\text{고정원가}}{\text{단위당 공헌이익}}$

④ 변동원가는 증가하였지만 고정원가가 감소하는 경우 공헌이익과 고정원가가 모두 감소하게 된다. 따라서, 손익분기점에서의 매출액은 감소할 수도 있고 증가할 수도 있다.

① 손익분기점에서는 고정원가와 공헌이익(= 매출액 − 변동원가)이 일치한다.

② 손익분기점 이상으로 매출이 발생하는 경우 고정원가 이상으로 공헌이익이 발생한 것으로 이익이 발생한다.

119 영업레버리지도에 대해 알고 있는지에 대해 묻고 있는 문제이다. 영업레버리지도는 기업의 영업비 중 고정비가 차지하는 정도를 의미하며, 영업레버리지가 클수록 고정비는 일정한데 비해 변동되는 이익(단위당 판매가격 − 단위당 변동원가)이 커지는 것을 의미하므로 매출액의 변화에 따라 이익의 변화가 커진다. 영업레버리지도에 대한 개념 및 구하는 식은 숙지하고 있어야 한다.

영업레버리지도(DOL) = 영업이익변화율 ÷ 매출액변화율 = 공헌이익 ÷ 영업이익

- 영업레버리지도(DOL) = 5(매출액의 변동분 대비 영업이익은 5배 증가함)
- 20X2년 판매량 증가 : 10% 증가
- ㈜정민의 원가구조 및 단위당 판매가격은 일정한 것으로 가정하였고 20X1년 영업이익은 1,000,000이며, 매출액변화율(판매량 증가)는 + 10%이므로 영업레버리지도에 의해 매출액변화율이 10% 증가할 때 영업이익은 50% 증가한다.
- 영업이익변화율 ÷ 매출액변화율 10% = 5

∴ 영업이익변화율 = 50%

∴ 영업이익은 50% 증가하여 1,500,000원(= 1,000,000원 × 150%)으로 영업이익은 인식된다.

120 잔여이익에 대한 계산법을 묻고 있는 문제이다. 잔여이익은 다음과 같이 구한다.

잔여이익 = 투자중심점의 영업이익 − 투자중심점의 영업자산에 대한 부가이자
= 투자중심점의 영업이익 − (투자중심점의 영업자산 × 최저필수수익률)

A투자안의 영업이익은 130,000,000원이며 A투자안에 투입된 영업자산은 800,000,000원, ㈜정민이 원하는 최저필수수익률은 15%이므로 해당 자료를 이용하여 A투자안의 잔여이익을 구하면

∴ A투자안의 잔여이익 = 130,000,000원 − 800,000,000원 × 15% = 10,000,000원

제4회 정답 및 해설

| 재무회계 |

01	①	02	③	03	③	04	②	05	④	06	②	07	①	08	③	09	②	10	②
11	③	12	②	13	①	14	③	15	④	16	④	17	④	18	①	19	④	20	②
21	④	22	①	23	④	24	③	25	③	26	③	27	③	28	①	29	④	30	③
31	③	32	④	33	④	34	②	35	②	36	④	37	③	38	③	39	④	40	③

01 ① 재무회계는 K-IFRS, 일반기업회계기준 등 회계기준이 따로 제정되어 있지만 관리회계의 경우 회사의 필요에 따라 보고서의 양식을 작성하여 내부적으로 보고한다.

재무회계와 관리회계의 비교

구 분	재무회계	관리회계
의 의	기업의 재무상태, 경영성과, 자본변동, 현금흐름 표시 및 공시	의사결정, 경영계획 및 통제를 위한 회계
목 적	정보이용자의 경제적 의사결정에 유용한 정보의 제공(투자결정, 신용결정 등)	경영자의 관리적 의사결정에 유용한 정보의 제공
보고대상	외부이해관계자	경영자(내부관리자)
작성근거	일반적으로 인정된 회계원칙	경제 및 경영 이론 등
보고양식	재무제표	일정한 양식 없음
보고시점	1년 단위(또는 분기, 반기)	필요한 경우 수시
강제력	있 음	없 음

02 ③ 오류가 없다는 것은 현상의 기술에 오류나 누락이 없고, 보고 정보를 생산하는데 사용되는 절차의 선택과 적용 시 절차상 오류가 없음을 의미하며, 모든 면에서 완벽하게 정확하다는 것을 의미하지는 않는다.

② 한국채택국제회계기준과 개념체계에서는 계속기업의 가정이 유일한 가정이다.

④ 특정정보가 정보이용자의 의사결정에 차이를 만들 수 있는 것을 목적적합성이라 하고 통상적으로 정보이용자의 의사결정에 영향을 끼친다면 그 정보는 중요하다고 할 수 있다.

03

종업원급여에 관해서는 확정급여제도와 확정기여제도의 차이점을 정확히 이해하는 것이 중요하다.

③ 확정급여제도에 의한 퇴직급여 관련 기금의 보험수리적 위험과 투자 위험은 기업이 부담하며 종업원은 확정된 퇴직급여를 지급받는다.

① 확정급여채무의 현재가치를 산출할 때 예측단위 적립방식을 사용하여 구하며 확정급여채무에서 사외적립자산을 차감하여 확정급여부채를 산출한다.

확정기여제도와 확정급여제도의 비교

구 분	확정급여제도	확정기여제도
기여금 불입액	변동 가능	확 정
보험수리적 위험 및 투자위험	기업이 부담	종업원이 부담
기업의 추가납입의무	발생 가능	없 음
퇴직금액	확 정	변동 가능

04

주식결제형 주가차액보상권의 인식해야 하는 비용을 묻고 있는 문제이다. 이런 문제를 풀기 위해서는 필요한 정보(부여일의 주식의 공정가치, 추정권리상실비율, 의무 근무기간 등)를 확인하는 것이 중요하다.

- 부여일의 ㈜원진 주식의 공정가치 : 20,000원
- 20X1년과 20X2년의 추정권리상실비율 : 10%

3년간 의무적으로 근무해야 하는 조건을 감안하여 문제를 풀어보면

- 20X1년 주식보상비용 = 100,000개 × (100% − 10%) × 20,000원 × $\frac{1}{3}$ = 600,000,000원
- 20X2년 주식보상비용 = 100,000개 × (100% − 10%) × 20,000원 × $\frac{2}{3}$ − 600,000,000원 = 600,000,000원

05

이연법인세자산과 부채의 변동을 감안하여 법인세비용을 구할 수 있는지를 묻는 문제이다. 2회 23번에서 나오는 법인세 문제와 본질은 같은 문제이므로 문제의 표현 방식에 익숙해지도록 해야 한다.

> 법인세비용 = 당기법인세액 + 이연법인세자산·부채의 변동

- 당기법인세액 구하기 : 1,000,000원(법인세비용차감전순이익) × 10% = 100,000원
- 이연법인세자산·부채의 변동 구하기
  - 이연법인세자산의 감소 : 10,000
  - 이연법인세부채의 증가 : 30,000

∴ 당기법인세비용 = 100,000 + 10,000 + 30,000 = 140,000

06

판단, 추정치의 변경 등은 모두 회계추정의 변경이다. 회계정책의 변경과 회계추정의 변경을 구분하는 문제는 빈출되는 문제이므로 구분하는 법을 정확히 숙지하고 있어야 한다.

② 재고자산의 진부화 여부에 대한 판단추정치를 변경하는 것은 회계적 추정치의 근거 및 방법을 변경하는 것이므로 회계추정의 변경에 해당한다.

④ 회계정책의 경우 소급적용이 원칙이지만 정책 변경으로 인한 누적효과를 파악할 수 없는 경우 적용할 수 있는 가장 이른 날부터 정책의 변경을 적용한다.

07

재평가모형을 적용하는 유형자산에서 재평가손실이 발생한 경우 해당 가치 하락분만큼 당기손실로 인식한다. 이후, 재평가손실을 인식한 유형자산의 공정가치가 상승하는 경우 재평가손실을 인식한 부분만큼 당기손익으로 인식하고, 재평가손실 금액 이상으로 유형자산의 공정가치가 상승하는 경우 재평가손실을 초과하는 부분은 재평가잉여금으로 인식한다. 따라서 해당 문제에서 토지의 공정가치가 상승하면서 토지의 장부가를 9억원 올려줌과 동시에 기존에 재평가손실로 인식한 3억원만큼은 당기손익 항목으로 인식하고 재평가손실 부분을 초과하는 부분 6억원은 재평가잉여금으로 인식한다.

08 금융자산의 분류에 대해 묻고 있는 문제이다. 금융자산은 크게 채무상품(계약상 현금흐름 특성이 원금과 이자만 지급)과 지분상품(계약상 현금흐름이 원리금 이외에 존재함)으로 분류된다. 채무상품 중 계약기간에 걸쳐 원리금을 수취할 목적으로 보유하는 것은 상각후원가 측정 금융자산, 계약기간에 걸쳐 원리금을 수취하거나 매도할 목적으로 보유하는 것은 기타포괄손익-공정가치 측정 금융자산으로 분류하며, 이외에는 당기손익-공정가치 측정 금융자산으로 분류한다. 지분상품의 경우 일반적으로는 당기손익-공정가치 측정 금융자산으로 분류되지만, 단기매매 목적이 아닌 경우 기타포괄손익-공정가치 측정 금융자산으로 선택할 수 있다. 한편, 최초취득 시 거래비용은 당기손익-공정가치 측정 금융자산은 당기비용으로, 이외의 금융자산은 취득원가에 가산한다.

- 무열 : 금융자산 취득 시 당기손익-공정가치 측정 금융자산으로 분류되면 거래원가는 당기비용으로 처리하므로 해당 지분증권의 취득원가는 1,000,000원으로 인식한다.
- 서연 : 지분증권을 취득하는 경우 해당 현금흐름의 특성이 원금과 이자로만 구성된게 아니므로 상각후원가 측정 금융자산으로 분류할 수 없다. 따라서 지분증권의 경우 당기손익-공정가치 측정 금융자산으로 분류하거나 기타포괄손익-공정가치 측정 금융자산으로 분류를 선택하는 것만 가능하다.

09 회수가능액[= Max(사용가치, 순공정가치)]을 토대로 유형자산손상차손을 계산한다.

1. 기계장치 A의 손상차손
   - 회수가능액 = Max(310,000,000, 300,000,000) = 310,000,000
   - 기계장치 A의 손상금액 = 400,000,000 − 310,000,000 = 90,000,000
2. 기계장치 B의 손상차손
   - 회수가능액 = Max(30,000,000, 35,000,000) = 35,000,000
   - 기계장치 B의 손상금액 = 45,000,000 − 35,000,000 = 10,000,000

∴ 손상차손 전체금액 = 90,000,000 + 10,000,000 = 100,000,000

10 유형 및 무형자산의 교환에 관한 문제는 먼저 상업적 실질이 있는지 확인하는 것이 순서이다. 이 문제에서는 교환의 상업적 실질이 있다고 했으므로, 공정가치로 교환으로 취득한 자산의 취득원가를 인식한다. 공정가치의 차액 300,000원을 현금으로 지급했다고 했으므로, 자산의 취득원가는 3,000,000원으로 인식하는 것이 타당할 것이다.

∴ 해당 거래의 회계처리

(차)	기계장치	3,000,000	(대)	차량운반구	4,000,000
	감가상각누계액	2,000,000		현 금	300,000
				처분이익	700,000

11 ③ 자본변동표는 해당 회계연도 누적기간과 직전 회계연도의 동일기간과 비교하는 형식으로 작성한다.

재무제표별 중간재무보고서 보고기간

중간재무제표 종류	당 기	전 기
재무상태표	20X2년 6월 30일	20X1년 6월 30일
손익계산서(당분기)	20X2년 4월 1일 ~ 20X2년 6월 30일	20X1년 4월 1일 ~ 20X1년 6월 30일
손익계산서(누적)	20X2년 1월 1일 ~ 20X2년 6월 30일	20X1년 1월 1일 ~ 20X1년 6월 30일
자본변동표, 현금흐름표	20X2년 1월 1일 ~ 20X2년 6월 30일	20X1년 1월 1일 ~ 20X1년 6월 30일

12 재고자산 평가방법을 선입선출법으로 변경하기로 했으므로 남은 기말재고는 9월 8일 판매분 4,600개를 고려하면 5월 5일 구입분 400개와 11월 14일 구입한 1,500개가 남게 된다.

∴ 기말재고자산금액 = 400개(5월 5일 구입분) × 2,700원 + 1,500개(11월 14일 구입분) × 2,800원
= 5,280,000원

13 기계장치의 취득원가를 구하는 문제이다. 외우지는 않더라도 어떤 항목이 유형자산의 취득원가로 분류되는지는 구분할 수 있어야 한다.

∴ ㈜시대가 취득한 기계장치의 취득원가 = 기계장치의 취득금액 800,000,000 + 기계장치를 가동하는데 직접 관련되는 원가 9,000,000 + 취득부대원가(취득세) 26,000,000 = 835,000,000원

14 ㈜시대의 외화거래는 비품 구입에 따른 매입채무이므로 부채로 인식한다.

1. 20X1년 당기순이익에 미치는 영향 : 환율 증가에 따라 부채 증가
   ∴ (1,000원 − 1,100원) × $200 = (20,000)원
2. 20X2년 당기순이익에 미치는 영향 : 결제시점에 환율 하락에 따라 상환하는 부채 감소
   ∴ (1,100원 − 1,050원) × $200 = 10,000원

15 ④ 충당부채의 일부를 제3자가 변제할 것이 거의 확실시 되는 경우, 그 금액을 자산으로 인식하고 수익에 해당하는 금액을 충당부채의 인식에 따른 비용과 상계한다. 즉, 충당부채와 해당 변제분을 상계하는 것이 아니라 따로 자산으로 인식하고 관련된 수익만 충당부채에서 발생하는 비용을 상계한다는 의미이다. 자산으로 인식하는 금액은 관련 충당부채 금액을 초과할 수 없다.

①, ③ 충당부채는 과거사건이나 거래의 결과에 의한 현재의무로서 지출의 시기 또는 금액이 불확실하지만 그 의무를 이행하기 위하여 자원이 유출될 가능성이 높고 또한 금액을 신뢰성 있게 추정할 수 있는 의무를 말하며 현재의무와 의제의무로 나눌 수 있다.

16 ② 20X1년 말 현재 ㈜시대의 주식수 = 5,000,000,000원(자본금) ÷ 5,000원(1주당 액면가액) = 1,000,000주

③ ㈜시대는 20X1년이 1기이고 잉여금에 대한 증자 및 배당이 없으므로 20X1년 이익과 회사의 이익잉여금 금액은 동일하다. 따라서 20X1년 ㈜시대의 당기순이익이 1,500,000,000원이므로 회사의 이익잉여금은 1,500,000,000원이 된다.

④ 20X1년 말 현재 ㈜시대의 주식수 : 1,000,000주

20X1년 말 ㈜시대의 주식의 총 발행가액 = 자본금 + 주식발행초과금
= 5,000,000,000원 + 3,500,000,000원
= 8,500,000,000원

∴ ㈜시대의 1주당 주식발행가액 = 8,500,000,000원 ÷ 1,000,000주 = 8,500원

17 ④ 위탁매출은 수탁자의 제품의 통제 여부를 고려해야 한다. 수탁자가 제품에 대한 통제를 인식하는 경우 위탁자는 수탁자에게 제품을 인도할 때 수익을 인식하고 수탁자는 해당 제품을 판매할 때 해당 제품 가액을 매출로 인식한다. 수탁자가 제품에 대한 통제를 하지 않는 경우 위탁자가 수탁자가 외부의 제3자에게 판매할 때 해당 제품에 대한 매출을 인식하며 수탁자는 중개수수료만 수익으로 인식한다.

문제에서 수탁자는 중개수수료를 수익으로 인식한다고 할 수 있으므로 수탁자는 제품에 대한 통제를 하지 않고 있다고 할 수 있고 따라서 위탁자는 해당 제품을 수탁자가 외부의 제3자에게 판매할 때 매출을 인식한다.

② 기간에 걸쳐 이행하는 수행의무는 기간에 걸쳐 수익인식을 인식하고 수익을 인식할 때에는 투입법 혹은 산출법에 따라 진행률 측정하여 진행률에 따라 수익을 인식한다.

18

▸ 누적발생계약원가를 사용할 경우 공사이익 계산

$$= (\text{총계약금액} - \text{총공사예정원가}) \times \frac{\text{당기 말까지 발생한 공사원가 누적액}}{\text{당기 말 현재 추정 총 계약 원가}} - \text{기인식된 공사이익}$$

• 20X1년 공사이익 $= (170{,}000{,}000 - 150{,}000{,}000) \times \dfrac{60{,}000{,}000}{150{,}000{,}000} = 8{,}000{,}000$

• 20X2년 공사이익 $= (170{,}000{,}000 - 165{,}000{,}000) \times \dfrac{60{,}000{,}000 + 72{,}000{,}000}{165{,}000{,}000} - 8{,}000{,}000 = (4{,}000{,}000)$

∴ ㈜시대건설의 20X2년 공사손익 : 손실 4,000,000

19 ④ 공정가치위험회피 목적으로 체결한 파생상품의 평가손익은 모두 당기손익으로 분류한다.

20 ①, ② 이연법인세자산·부채는 모두 비유동 항목으로 분류한다.

③ 이연법인세부채와 달리 이연법인세자산의 경우 미래 과세이익이 발생하여 실현가능성이 있을 때에만 이연법인세자산을 인식할 수 있다.

④ 이연법인세자산·부채를 측정할 때에는 일시적 차이가 소멸될 것으로 예상되는 기간의 과세소득에 적용될 것으로 예상되는 평균세율을 사용해서 계산한다.

21 회계추정의 변경과 회계정책의 변경을 구분하는 문제이다. 모든 회계추정의 변경과 회계정책의 변경을 외울 수는 없지만 대표적인 회계추정의 변경 사례를 암기하여 두 가지를 구분할 수 있도록 하는 것이 필요하다.

감가상각방법, 내용연수, 대손상각률 등은 대표적인 회계추정의 변경 사례로 회계추정의 변경은 그 동안 사용해 오던 회계적 추정치의 근거와 방법 등을 바꾸는 것을 의미한다. 회계정책의 변경은 다른 회계정책을 적용한다는 것으로 대표적으로 원가법을 적용하던 유형자산에 재평가모형을 적용하는 것 등이 있다. 여기서 유념해야 할 것은 회계추정의 변경과 회계정책의 변경은 모두 국제회계기준에서 인정하는 방식에서 또 다른 인정하는 방식으로 변경하는 것을 의미한다는 것이다.

④ 유형자산평가모형을 변경하는 것은 한국채택국제회계기준에서 허용하는 정책에서 한국채택국제회계기준에서 인정하는 또 다른 회계정책으로 변경하는 것을 의미하며 유형자산평가모형을 원가모형에서 재평가모형으로 변경하는 것은 회계정책의 변경이다.

22 유상증자 시 공정가치 미만으로 신주가 발행되는 경우 발행되는 보통주는 공정가치 유상증자로 발행된 보통주와 무상증자로 발행된 보통주로 구분한다.

1. 보통주 귀속 당기순이익 = 당기순이익 500,000,000원 − 우선주 20,000주 × 액면가 5,000원 × 우선주 현금배당 20% = 480,000,000원

2. 가중평균유통보통주식수 = $(100{,}000\text{주} + 20{,}000\text{주} \times \frac{9}{12}) \times 1.1 = 126{,}500\text{주}$

∴ ㈜시대의 기본주당이익 = $\frac{480{,}000{,}000\text{원}}{126{,}500\text{주}} = 3{,}794\text{원}$

23 지분법으로 인한 투자자의 포괄손익계산서에 미치는 영향을 물어봤으므로 영향을 미칠 수 있는 시점을 크게 취득시점과 20X1년 기말시점 2가지로 나누어 생각해보아야 한다.

1. ㈜시대의 ㈜서울에 대한 보통주 취득 과정에서는 염가매수차익이 발생하지 않았으므로 포괄손익계산서에 영향을 미치지 않는다.
   (10,000,000 × 30% < 4,500,000)
2. 20X1년 발생한 ㈜서울의 당기순이익 중 ㈜시대의 몫을 이익으로 인식한다.
   2,000,000 × 30% = 600,000

∴ ㈜시대의 ㈜서울에 대한 투자주식으로 인한 지분법이익 : 600,000원

24 ㈜원진은 ㈜시대리스와 금융리스 계약을 체결하였으므로 금융리스부채에 대한 이자비용과 자산의 감가상각비를 비용으로 인식해야 한다. 그리고 이자비용은 금융리스부채의 장부금액에 내재이자율을 곱하여 구하는데 현재 공정가치와 리스자산 취득금액이 동일하므로 금융리스채권과 금융리스부채 및 금융리스자산의 장부가액은 동일하다고 본다.

1. 금융리스부채에 대한 이자비용 계산
   - 금융리스부채잔액 × 리스의 내재이자율 = 이자비용

   ∴ 금융리스부채의 이자비용 = 773,129,096원 × 8% = 61,850,328원
2. 금융리스자산에 대한 감가상각비
   - 리스기간 종료 후 소유권이 이전되므로 5년을 내용연수로 사용한다.

   ∴ 금융리스자산의 감가상각비 = 773,129,096원 ÷ 5년 = 154,625,819원

25 a. 화폐성 외화항목은 기중에 변동이 없더라도 환율변동으로 인한 미실현 손익이 발생한다. 해당 미실현 손익으로 인한 환율변동효과는 기초와 기말의 현금및현금성자산을 조정하기 위해 현금흐름표에 보고하며 이 금액은 영업활동, 투자활동, 재무활동현금흐름과 구분하여 표시한다.

b. 법인세의 지급은 일반적으로 영업활동현금흐름으로 분류하지만, 투자활동이나 재무활동으로 분류한 현금흐름을 유발하는 개별거래와 관련된 법인세 현금흐름은 투자활동이나 재무활동으로 분류할 수 있다.

d. 기업이 단기매매목적으로 유가증권을 보유할 경우 재고자산과 유사한 성격으로 보아 해당 자산의 취득과 판매에 따른 현금흐름은 영업활동으로 분류한다.

26 ③ 회사 외부에 있는 정보이용자는 기업의 재무보고를 통해 경영자의 수탁책임 등에 대한 정보를 제공받음으로써 정보의 비대칭으로 인한 역선택을 줄일 수 있다. 따라서 경영자의 수탁책임은 정보이용자에게 유용한 회계정보이며 따라서 정보이용자에게 필수적으로 제공되어야 하는 정보이다.

① 재무보고의 목적은 투자자 및 채권자 등 이해관계자의 합리적인 의사결정을 하는데 유용한 정보를 제공하는 것이 목표이다.

② 재무정보는 기업의 재무상태(재무상태표), 경영성과(손익계산서), 현금흐름(현금흐름표), 자본변동(자본변동표) 등의 정보를 제공한다.

② 회사의 재무정보에 대한 주된 이용자는 채권자(자금대여)와 주주(투자)가 있다.

27 ㈜시대의 당기재고자산 관련 비용이 발생된 부분은 매출원가와 기말재고자산의 순실현가능가치 하락으로 인한 재고자산평가손실이다. 기말재고자산 장부수량과 실사수량은 일치하므로 감모손실은 고려하지 않는다.

1. 매출원가
   - 매출원가 = 판매가능상품(기초재고자산 + 당기매입액) − 기말재고자산 = 450,000 − 130,000 = 320,000
2. 재고자산평가손실
   - 재고자산의 저가법 평가 = Min(장부가액, 순실현가능가치)
   - 순실현가능가치 = 예상판매가격 − 예상판매비용
   - ㈜시대 재고자산의 순실현가능가치 = 150,000 − 60,000
   - ㈜시대의 저가법 평가 = Min(130,000, 90,000) = 90,000
   - ㈜시대의 재고자산평가손실 = 130,000 − 90,000 = 40,000

∴ ㈜시대의 비용 = 320,000 + 40,000 = 360,000

28 차입원가 자본화 중 특정차입금 관련 자본비용은 일반차입금 관련 자본비용과 달리 실제 이자비용에 대한 한도의 영향을 받지 않는다. 따라서 특정차입금 관련 자본비용은 한도를 신경쓰지 않고 계산해주면 된다.

- 특정차입금 : 12,000,000(차입금 A)
- 20X1년 자본화 기간 : 20X1년 2월 1일 ~ 20X1년 12월 31일
- 특정차입금 관련 자본화할 금융비용 = $120{,}000{,}000 \times \frac{11}{12} \times 7\% = 770{,}000$

만약, 문제에서 일반차입금도 같이 있다면 적격자산 지출액을 구하고, 특정차입금 평균지출액을 빼준 다음 자본화 이자율을 곱해줘서 일반차입금 관련 자본비용도 구해주면 된다.

29 해당 유형자산의 감가상각비 : 120,000, 잔존가액 : 6,000, 내용연수 : 7

- 정액법의 매 회계기간의 감가상각비 = (취득원가 − 잔존가액) ÷ 내용연수
  120,000 = (취득원가 − 6,000) ÷ 7

∴ 취득원가 = 846,000

30 1. 개발비 : 개발비는 개발비 인식 요건을 충족한 이후부터 자산으로 인식할 수 있으며 인식 요건 충족 이전에 투입된 자금은 모두 연구단계로 비용으로 인식한다. 문제에서 10월 1일부터 개발비 인식 요건을 충족했으므로 20X7년 10월 1일에 지출한 90,000원만 개발비로 인식하고 나머지는 연구비로 당기비용으로 인식한다.

• 20X7년 12월 31일의 상각비 차감 후 개발비 장부가액

$\therefore$ 개발비의 기말장부가액 = 90,000원 − (90,000원 $\times \frac{1}{5} \times \frac{3}{12}$) = 85,500원

2. 특허권 : 자산 취득과 관련하여 직접적으로 사용한 금액은 6,000원이므로 해당 자산의 취득원가는 6,000원이다. ㈜무열은 해당 특허권을 기중인 10월 31일날 취득하였으므로 해당 자산에 대해서도 10월 31일부터 상각된 부분을 인식해줘야 한다.

$\therefore$ 특허권의 기말장부가액 = 6,000원 − (6,000원 $\times \frac{1}{5} \times \frac{2}{12}$) = 5,800원

31 투자부동산으로 분류하는 것에 대한 문제이다. 투자부동산으로 분류되는 경우와 분류되지 않는 경우를 정확히 구분할 수 있도록 투자부동산에 해당하는 조건을 정확히 숙지하고 있어야 한다.

투자부동산에 해당하는 경우의 예
㉠ 장기 시세차익을 얻기 위하여 보유하고 있는 토지
㉡ 장래 사용목적을 결정하지 못한 채로 보유하고 있는 토지
㉢ 직접 소유(또는 금융리스를 통해 보유)하고 운용리스로 제공하고 있는 건물
㉣ 리스제공자가 운용리스로 제공하기 위하여 보유하고 있는 미사용 건물
㉤ 투자부동산으로 사용하기 위하여 건설 또는 개발 중인 부동산

투자부동산에 해당하지 않는 경우의 예
㉠ 정상적인 영업과정에서 판매하기 위한 부동산이나 이를 위하여 건설 또는 개발 중인 부동산
㉡ 제3자를 위하여 건설 또는 개발 중인 부동산
㉢ 자가사용부동산
㉣ 금융리스로 제공한 부동산

32 해당 문제는 수익인식 5단계 모형을 숙지하고 있는지에 대해 묻고 있는 문제이다. 수익을 인식하기 위해서는 공통적으로 5단계 모형 모두를 충족해야 하기 때문에 수익 파트를 정확히 파악하기 위해서는 5단계를 순서대로 알고 있는 것이 중요하다.

수익인식 5단계

1단계 : 고객과의 계약 식별 ⇨ 2단계 : 별도의 수행의무 식별 ⇨ 3단계 : 거래가격의 산정 ⇨ 4단계 : 각 수행의무에 거래가격 배분 ⇨ 5단계 : 각 수행의무 충족 시 수익인식

33 (가) : 전환사채는 부채요소와 자본요소를 모두 가지고 있는 복합금융상품이다.

(나) : 전환권이 부여되지 않았다고 가정한 사채는 일반 부채와 동일하므로 해당 2,500,000원은 금융부채로 분류한다.

(다) : 전환권 가치는 확정된 사채금액을 면제받으면서 확정수량의 발행자의 보통주로 전환할 수 있는 권리를 정해진 기간 동안 보유자에게 부여하는 콜옵션의 가치이므로 해당 금액을 지분상품(자본)으로 분류한다.

발행시점의 회계처리

(차)	현금(자산의 증가)	3,000,000	(대)	전환사채(부채부분)	2,500,000
				전환권대가(자본부분)	500,000

34 제품보증충당부채에 대한 문제이다. 충당부채의 정의와 함께 가장 많이 출제되는 유형으로서 계산하는 방법을 알아놓는 것이 중요하다.

- 20X1년 매출분에 대한 추정 보증비용 = 50억원 × 5% = 2.5억원
- 실제 발생한 제품보증비용 : 2억원
- 추가로 인식해야 하는 20X1년 매출분 제품보증비용 = 2.5억원 − 2억원 = 0.5억원

∴ 20X1년 매출분에 대한 제품보증비와 제품보증충당부채를 0.5억원 인식해야 한다.

35 자기주식의 회계처리에 대해 묻고 있는 문제이다. 자기주식이란 주식을 발행한 회사가 자사발행주식을 재취득한 주식을 말하며, 상법상 자기주식취득은 주가수준 유지나 stock option과 같은 특별한 경우에 한하여 인정하고 있다.

② 자기주식을 보유하고 있는 기간동안 자기주식에 대한 평가손익은 인식하지 않는다.

36 재분류조정에 대해 묻고 있는 문제이다. 기타포괄손익 항목 중 당기손익으로 재분류하는 항목에 대해서는 파악하고 있어야 한다.

㉠ 유형자산의 재평가잉여금은 처분 시에 이익잉여금으로 대체할 수 있지만 재분류조정을 할 수는 없다.

㉡ 기타포괄손익-공정가치로 측정하는 금융자산으로 분류되는 것을 선택한 지분상품은 최초 취득 시에 기타포괄손익으로 공정가치를 측정하기로 선택한 것으로 처분 시에 이익잉여금으로 대체는 가능하지만 재분류조정되지는 않는다. 하지만 기타포괄손익-공정가치로 측정하는 금융자산 중 채무상품은 처분 시에 관련 기타포괄손익을 재분류조정하여 당기손익으로 재분류조정한다.

37 주식기준보상거래 중 주식결제형과 현금결제형의 가장 큰 차이점이 지분상품 공정가치의 변동분을 반영하는지 여부이다. 주식결제형의 경우 공정가치의 변동분을 반영하지 않지만 현금결제형의 경우 공정가치의 변동분을 반영하여 계산한다는 것을 유념하고 있어야 한다.

㉠ 종업원 및 유사용역의 제공자와 관련된 주식기준보상거래의 보상원가는 부여한 지분상품의 공정가치에 기초하여 금액을 산정하지만, 종업원이 아닌 경우에는 제공받은 재화나 용역의 공정가치를 기준으로 보상원가를 산정한다. 또한 후속 기간에 부여한 지분상품의 공정가치 혹은 재화·용역 제공일의 공정가치가 변동되는 경우에도 보상원가에 변동분을 반영하지 않는다.

㉣ 선택권이 있는 주식기준보상거래의 경우에도 해당 거래를 인식해야 한다. 만약 선택권이 거래 상대방에게 있는 경우 해당 실질은 복합금융상품을 부여한 것으로 간주하고 부채와 자본요소로 구분하여 회계처리한다. 반대로 선택권이 회사에 있는 경우 일반적으로 주식결제형으로 회계처리하며 현금상환의무가 존재하는 경우에만 현금결제형으로 분류한다.

38 주식취득일 현재 ㈜마포 주식의 공정가치와 장부금액은 동일하다. 따라서, 영업권이 없다면 순자산 장부금액과 공정가치는 동일하다.

- 20X1년 초 ㈜마포 주식에 대한 관계기업투자주식 = 10,000원 × 40% = 4,000원
- 20X1년 동안 이익잉여금이 15,000원이 증가하였고, 이익잉여금의 처분이 없다고 하였으므로 당기순이익이 15,000원만큼 증가했음을 알 수 있다. 따라서 ㈜시대는 당기순이익 15,000원 중 ㈜시대 지분 40%만큼의 지분법 이익을 인식한다.
  - 20X1년 ㈜마포 주식에 대한 지분법이익 = 15,000원 × 40% = 6,000원
- 20X1년 중 토지의 재평가이익 5,000원(기타포괄손익)이 발생하였으므로 ㈜시대는 해당 금액 중 지분(40%) 만큼의 지분법 자본변동 항목을 인식한다.
  - 20X1년 ㈜마포 주식에 대한 지분법자본변동 = 5,000원 × 40% = 2,000원

∴ 20X1년 말 ㈜시대의 ㈜마포 주식의 지분법 장부가액 = 4,000원 + 6,000원 + 2,000원 = 12,000원

39 직접법으로 매출 관련 현금흐름 구하기

1. 순매출액 = 560,000원 – 600원 = 559,400원
2. 매출 관련 자산·부채의 변동
   ① 매출채권 변동 : 10,000원 증가
   ② 선수금 변동 : 170원 증가
3. 매출 관련 비용 : 없음

∴ 매출로부터의 현금유입액 = 559,400원 – 10,000원 + 170원 = 549,570원

40 간접법으로 영업활동으로 인한 현금흐름 구하기

1. 당기순이익 : 2,500,000
2. 영업활동 관련 자산·부채의 변동
   - 선급비용의 증가(자산의 증가) 200,000
   - 재고자산의 감소(자산의 감소) 100,000
   - 매입채무의 증가(부채의 증가) 350,000

   자산·부채의 현금흐름 = (200,000) + 100,000 + 350,000 = 250,000
3. 영업활동과 관련이 없는 수익·비용
   - 유형자산처분손실 450,000
   - 감가상각비 300,000

   영업활동과 관련이 없는 수익·비용 = 450,000 + 300,000 = 750,000

∴ 간접법으로 구한 영업활동으로 인한 현금흐름 = 2,500,000 + 250,000 + 750,000 = 3,500,000

| 세무회계 |

41	③	42	③	43	①	44	③	45	②	46	③	47	③	48	①	49	①	50	④
51	①	52	③	53	①	54	④	55	①	56	③	57	①	58	④	59	②	60	②
61	④	62	③	63	①	64	③	65	③	66	②	67	③	68	④	69	②	70	①
71	②	72	③	73	③	74	④	75	②	76	①	77	③	78	③	79	②	80	③

41

③ 납세의무자의 조세부담이 담세자(조세를 실제로 부담하는 자)에게 전가되어 납세의무자와 담세자가 일치하지 않는 것을 간접세라고 한다. 간접세의 대표적인 세목은 부가가치세, 개별소비세, 주세가 있으며 부가세는 독립된 세원이 존재하지 않고 다른 조세에 부가된 조세를 일컫는 분류기준이다.

① 조세의 과세권자는 국가와 지방자치단체가 있으며 국가가 걷는 조세를 국세, 지방자치단체가 걷는 세금을 지방세로 분류한다.

② 대부분의 조세는 일반적으로 보통세이며 목적세의 경우 해당 세수가 어디에 쓰이는지 세목에 나타나 있는 것이 특징이다.

42 ③ 신의성실의 원칙이란 납세자 및 세무공무원이 그 의무를 이행할 때에는 신의에 따라 성실하게 해야 한다는 원칙으로 대상자는 납세자와 세무공무원이 모두 포함된다.

② 실질과세원칙은 실질과 다른 법형식을 통해 조세부담을 회피하는 행위를 방지하고 부담능력에 따른 과세를 실현하고자 하는 것이므로 조세평등주의를 보다 구체화한 것이다.

④ 근거과세의 원칙은 장부 등 직접적인 자료에 입각하여 납세의무를 확정한다는 원칙이다. 만약, 국세를 조사・경정할 때 장부의 기록 내용이 사실과 다르거나 장부의 기록에 누락된 것이 있는 경우 '그 부분에 대해서만' 정부가 조사한 사실에 따라 결정할 수 있다.

43 ① 과세전적부심사의 경우 납부고지서를 받기 전에만 사용할 수 있는 방법이다. 납부고지서 발송 후에는 심사청구, 심판청구, 행정소송 등의 방법을 사용할 수 있다.

④ 소멸시효의 중단과 중지에 대한 개념이 이해가 되지 않는 경우 일반적인 영상이나 음악의 재생을 생각하면 된다. 영상이나 음악을 중단한 경우 다시 들으려면 처음부터 다시 시작해야 하며 중단의 개념과 비슷하다. 이에 비해 영상이나 음악을 일시중지한 경우 다시 재생했을 때 중지한 부분부터 다시 시작하게 되며 이것은 중지의 개념과 비슷하다고 할 수 있다.

44 법인세의 사업연도에 대한 내용은 중요한 부분이다. 특히, 사업연도가 1년을 항상 초과할 수 없다는 것을 꼭 기억하고 있어야 한다.

③ 법인세의 사업연도를 변경하려고 할 때에는 직전 사업연도의 종료일로부터 3개월 이내에 신고해야 한다. 예를 들어 1월 1일부터 12월 31일까지 사업연도를 정한 법인이 20X7년부터 사업연도를 변경하려고 할 때에는 20X6년의 사업연도가 끝나는 12월 31일부터 3개월, 즉, 3월 31일까지 신고해야 변경하고자 하는 사업연도를 20X7년부터 적용받을 수 있다.

④ 신설법인의 경우 사업연도는 설립등기일부터 기산한다. 예를 들어 1월 1일부터 12월 31일까지 사업연도를 정한 법인이 7월 31일 설립등기를 했다고 하면 설립등기일인 7월 31일부터 12월 31일까지가 1기이다.

45 익금 항목의 분류에 대해 묻고 있는 문제이다. 관련 문제가 출제되었을 때 적어도 익금과 익금불산입 항목을 구분할 수 있도록 하는 것이 중요하다.

② 부가가치세 매출세액은 이론적으로 부가가치세 납세의무자의 납부만 대신해주는 것이므로 법인의 순자산을 증가시킨다고 볼 수 없기 때문에 익금으로 분류할 수 없다.

① 자본 또는 출자의 납입 등의 자본거래로 인한 법인의 순자산 증가는 익금 항목에서 제외한다.

③ 자산수증이익과 채무면제이익 중 이월결손금의 보전에 사용된 금액은 익금불산입한다.

④ 특수관계인인 개인으로부터 저가로 매입한 유가증권의 시가와의 차액은 익금에 해당한다. 특수관계인인 법인으로부터 저가로 유가증권을 매입하는 경우는 해당되지 않는다.

46 ㉠ 고정자산의 수익적 지출과 관련된 수선비는 손금 항목이다. 자본적 지출과 관련된 수선비는 손금불산입하고 추후 감가상각을 통해 손금에 산입한다.

㉡ 벌금, 과태료, 과금 등은 모두 손금불산입 항목이다.

㉢ 특정요건을 만족하는 주식으로서 발행법인의 부도, 회생계획인가, 부실징후기업, 파산 등의 사유가 발생하지 않은 일반적인 경우 주식과 관련된 자산의 평가차손을 인정하지 않는다.

㉣ 양도한 자산의 장부가액은 손금 항목이다. 양도한 자산의 처분가액은 익금으로 계상한다.

47 결산조정사항과 신고조정사항에 대해 묻고 있는 문제이다. 결산조정사항은 유・무형자산상각비, 퇴직급여충당금, 법인세법상 준비금 중 일부 항목, 재고자산・고정자산의 평가차손, 대손금 중 일부로 나머지는 모두 신고조정사항이다. 따라서 해당 문제에서 신고조정사항은 기업업무추진비이다.

48 자본금과 적립금조정명세서(을)표는 유보에 대한 세무조정을 관리하는 항목이다. 다른 소득처분과 달리 유보는 회계와 세무상 순자산의 차이를 발생시키는 항목으로 추후 관리가 필요한 항목이다. 따라서 해당 차이를 자본금과 적립금조정명세서(을)표를 통해 관리한다.

① 자본금과 적립금조정명세서(을)표에서는 유보로 소득처분된 항목만 관리한다.

② 자본금과 적립금조정명세서(을)표에서는 유보로 소득처분된 항목이 추후 추인될 때까지 관리하며 추인될 때 자본금과 적립금조정명세서(을)표에서도 잔액을 차감하여 관리를 멈추게 된다.

④ 감가상각비 한도초과의 경우 손금불산입 중 유보로 소득처분되는 사항으로 해당 항목이 자본금과 적립금조정명세서(을)표에 나타나 해당 감가상각비에 관련된 유보가 관리되어야 한다.

49 종합과세되는 금융소득에 대해 묻고 있다. 종합과세되는 금융소득은 먼저 Gross-up되는지 여부를 살펴봐야 한다. 원천징수세율이 적용되는 2,000만원 이하의 금융소득은 Gross-up 대상에서 제외되는데 항목 각각을 살펴보면서 Gross-up 대상이 되는지 살펴보도록 한다.

㉠ 은행예금에서 발생한 이자수익 10,000,000원(조건부) : Gross-up 대상

㉡ 8년 만기 저축성 보험 보험차익 1,000,000원(조건부) : Gross-up 대상
단, 10년 이상의 만기 저축성 보험의 보험차익의 경우 비과세 대상이다.

㉢ 외국의 법인으로부터 받은 배당소득 1,000,000원(무조건) : Gross-up 대상

㉣ 비실명 금융소득 5,000,000원 : 무조건 분리과세 대상(원천징수세율 45%)으로 Gross-up 대상이 아니다.

㉣ 의제배당액 5,000,000원(조건부) : Gross-up 대상이다.

이제 금융소득의 종합과세 여부를 판단해 보면

무조건 + 조건부 > 2,000만원	무조건 종합과세 + 조건부 종합과세 모두 종합과세
무조건 + 조건부 ≦ 2,000만원	무조건 종합과세는 종합과세, 조건부 종합과세는 분리과세

• 조건부 종합과세 금액 = 10,000,000원 + 1,000,000원 + 5,000,000원 = 16,000,000원
• 무조건 종합과세 금액 = 1,000,000원
• 무조건 + 조건부 = 17,000,000원으로 원천징수 해당 금융소득이 2,000만원이 되지 않아 Gross-up을 하지 않으며 조건부 종합과세는 분리과세를 하고 무조건 종합과세 금액만 종합과세한다.

∴ 따라서 종합과세되는 금융소득은 외국의 법인으로부터 받은 배당소득 1,000,000원만 종합과세한다.

50 ④ 인·허가된 학원을 통해 제공되는 교육용역은 면세 항목이다. 따라서 부가가치세법상 과세 항목에 해당하지 않는다.

① 주요자재를 전혀 부담하지 않고 가공계약에 의해 가공만 하고 인도하는 경우에는 용역에 해당한다. 자재를 부담하면서 가공하여 인도하는 경우에는 재화의 공급에 해당한다.

② 수입품의 경우 부가가치세법상 과세대상이다.

③ 토지의 매각은 면세 항목이지만 건물의 경우 과세대상이다. 따라서 토지와 건물분으로 나누어 과세 항목인 건물분에 대해서 부가가치세를 부과한다.

51 재화의 공급에 계속적 공급의 공급시기에 대해 묻는 문제이다. 해당 물음에서는 대가의 각 부분을 받기로 한 때를 주의하여 문제를 풀어야 한다. 20X1년 1기 확정신고기한은 20X1년 4월 1일부터 6월 30일까지로 대가의 각 부분을 받기로 한 때에 해당 기간은 적용되지 않는다. 따라서 20X1년 1기 확정신고기한에 인식해야 할 부가가치세법상 과세표준은 '0'이다.

52 소득세법상 사업소득에 대한 문제이다.

당기순이익에서 시작하여 각각의 항목을 살펴보면서 사업소득금액을 산출하도록 한다.

- 당기순이익 100,000,000원
- 김원진 씨에 대한 급여 50,000,000원 : 소득세법상 대표자에 대한 급여는 필요경비 불산입하므로 50,000,000원을 당기순이익에 더해준다.
- 사업과 관련된 과태료 1,000,000원 : 과태료의 경우 법인세법과 마찬가지로 필요경비 불산입해야 하므로 1,000,000원을 당기순이익에 더해준다.
- 자가인출 10,000,000원 : 법인인 경우에는 해당 항목을 가수금으로 인식해야 하지만 소득세법에서는 자가인출이 허용된다.
- 재고자산의 자가소비 3,000,000원 : 소득세법에서는 사업과 관련된 재화를 개인적으로 사용하는 경우 해당 금액을 총수입금액에 추가한다. 따라서 해당 3,000,000원을 당기순이익에 더해준다.

∴ 김원진 씨의 사업소득 = 100,000,000원 + 50,000,000원 + 1,000,000원 + 3,000,000원 = 154,000,000원

53 소득세법상 교육비세액공제에 대해 묻고 있다. 교육비세액공제는 나이의 제한을 받지 않으며 학원비는 세액공제가 되지 않는다는 것을 주의해야 한다.

- 본인의 대학원 학비 8,000,000원 : 본인의 학비는 전액 인정된다.
- 부인의 학원 수강료 1,000,000원 : 학원 수강료는 인정되지 않으므로 전액 인정되지 않는다.
- 아들의 대학교 수강료 3,000,000원 : 나이제한은 받지 않지만 교육비세액공제의 경우 소득으로 인한 제한은 받을 수 있다. 근로소득이 10,000,000원이 있기 때문에 교육비세액공제를 할 수 없다.
- 딸의 학원 수강료 3,000,000원 : 나이제한은 받지 않지만 학원 수강료이므로 해당 금액은 교육비소득공제가 되지 않는다.

∴ 김원진 씨의 세액공제가 가능한 교육비 항목은 본인의 학비 8,000,000원 밖에 인정되지 않는다.

54 ④ 면세사업자는 부가가치세법상 사업자가 부담해야 하는 의무를 부담하지 않는다. 세금계산서를 발급받더라도 제출할 수 없으며 매입세액 역시 공제 받을 수 없다.

① 과세사업자는 일반과세자와 간이과세자로 구분할 수 있으며 영세율 사업자 역시 과세사업자로 분류된다.

② 부가가치세법상 사업자의 여부는 영리성을 따지지 않는다.

55 ① 매입세액이 불공제된 재화의 경우 개인적 공급이라 하더라도 간주공급에 해당하지 않는다. 일반적으로 부가가치세법에서는 매입세액이 불공제된 경우에는 과세가 되지 않는다고 알고 있으면 된다.

③, ④ 매매계약, 가공계약, 교환계약, 경매・수용・현물출자・대물변제 등 계약 및 법률상 원인에 의해 재화를 인도・양도하는 경우는 재화의 실질적 공급에 해당한다.

56 부가가치세법상 부동산임대용역의 경우 임대료와 간주임대료를 동시에 고려해야 한다. 임대료를 선급한 경우 해당 기간에 해당하는 임대료(7월, 8월, 9월)만 수익으로 인식한다. 간주임대료는 다음과 같이 구한다.

간주임대료	과세기간 임대보증금 또는 전세금 × 정기예금이자율 × $\frac{\text{과세 대상기간의 일수}}{\text{365(윤년의 경우 366)}}$

- 2기 예정신고기간의 임대료 = 12,000,000원 × 3월/12월 = 3,000,000원
- 2기 예정신고기간의 간주임대료 = 100,000,000원 × 3% × 92/365 = 756,164원

∴ ㈜원진의 2기 예정신고기간의 과세표준 : 3,756,164원

57 종합소득금액에 포함되는 항목을 묻고 있는 문제이다. 각각의 항목이 종합소득금액에 포함하여 신고해야 하는지 살펴보도록 한다.

- 종합소득금액에 포함되어야 할 대상 : 사업소득금액 20,000,000원, 근로소득금액 30,000,000원
  - 기타소득금액 10,000,000원 : 복권에 당첨되어 받은 소득으로 무조건 분리과세 대상으로 종합소득금액에는 포함하여 신고하지 않는다.
  - 양도소득금액 3,000,000원 : 양도소득은 분류과세 대상으로 종합과세로 합산하여 신고하지 않는다.
  - 이자소득금액 10,000,000원 : 공익신탁으로부터 발생한 이자소득은 모두 비과세이므로 종합과세대상이 아니다.

∴ 종합소득금액 = 30,000,000원 + 20,000,000원 = 50,000,000원

58 ④ 해당 설명은 소득세법상 사업소득의 이월결손금에 대한 설명이다. 법인세법상에서는 부동산 임대사업에서 발생한 이월결손금을 구분하지 않는다.

① 결손금으로 그 후 사업연도에 손금으로 산입되지 않았거나 과세표준계산상 공제되지 않은 것을 이월결손금이라 하며 세무상 결손금과 회계상 결손금은 다를 수 있다.

③ 기부금의 손금산입한도는 기준소득금액(= 차가감소득금액(특례·우리사주조합·일반기부금 한도계산을 제외한 모든 세무조정 완료 후 금액) + 특례기부금 + 우리사주조합기부금 + 일반기부금)에서 이월결손금(기준소득금액의 80% 한도)을 차감하여 계산한다.

59 부가가치세 중 세금계산서 및 간이과세자 관련 부분을 묻는 문제이다. 특히 간이과세자의 경우 원칙은 세금계산서를 발급하며, 직전 연도 공급대가 합계액이 48,000,000원에 미달하는 경우나 신규사업자의 경우 영수증을 발급하는 것을 원칙으로 한다는 것을 명심해야 한다.

② 간이과세자는 세금계산서 발급을 원칙으로 하며 직전 연도 공급대가 합계 48,000,000원에 미달하는 경우나 간이과세자를 적용받는 신규사업자의 경우에만 예외적으로 영수증을 발급한다.

① 간이과세자로부터 재화를 공급받는 경우 간이과세자가 발급한 세금계산서를 통해 매입세액공제를 받을 수 있다.

③ 소매업 및 택시운송, 노점, 행상, 무인판매기, 소매업, 목욕, 이발, 미용업, 자가공급, 개인적 공급, 사업적 증여, 폐업시 잔존재화(판매목적사업장 반출은 세금계산서 발급), 영세율적용대상의 경우 세금계산서 발급의무가 면제된다.

60 ② 이자소득 및 배당소득의 경우 일반적으로 원천징수 세율은 14%이다. 하지만 비영업대금 등 일부 항목에 대해서는 25%의 원천징수의무가 부과된다.

③ 사업소득의 경우 일반적으로는 원천징수의무가 존재하지 않지만 특정사업소득의 경우 원천징수의무가 존재하며 원천징수세율은 수입금액의 3%(봉사료 5%)이다.

④ 퇴직소득금액의 경우 분류과세로 종합과세되지 않고 퇴직소득산출세액을 원천징수함으로서 납세의무는 종결된다.

61 근로소득을 구하는 문제이다. 각각의 항목을 살펴보면서 근로소득에 해당하는지 살펴보도록 한다.

- 급여 40,000,000원 및 상여금 10,000,000원 : 근로소득금액에 포함된다.
- 법인세법상 상여로 처분된 금액 20,000,000원 : 법인세법상 상여로 처분된 금액의 경우 해당 항목의 기준이 되는 근로를 제공한 날을 기준으로 근로소득의 수입시기가 결정된다.
- 식사대 2,400,000원 : 원칙은 월 200,000원까지 식대는 비과세되나 현물 식사를 제공받고 있기 때문에 식사대 전액이 근로소득으로 과세된다.
- 숙직료 500,000원 : 실비보상적인 성격이므로 과세되지 않는다.
- 판공비 1,000,000원 : 판공비는 원칙은 비과세 항목이지만 업무와의 관련성이 부족한 경우 과세가 된다. 따라서 1,000,000원의 판공비는 전액 근로소득으로 과세된다.
- 고용보험료 회사 부담분 1,000,000원 : 해당 금액은 원래 회사가 부담하는 것으로서 근로소득으로 과세되는 성격이 아니다.

∴ 김시대 씨의 근로소득 = 40,000,000원 + 10,000,000원(급여 및 상여금) + 20,000,000원(법인세법상 처분된 상여) + 2,400,000원(식대) + 1,000,000원(판공비) = 73,400,000원

62 부당행위계산부인에 대한 문제이다. 부당행위계산부인의 경우 해당 거래로 인해 특수관계자가 조세부담을 부당하게 감소시키려 하는 것으로 기억하면 된다.

이무열 : ㈜원진의 대주주이기 때문에 특수관계가 성립한다. 건물을 무상으로 임대해주는 경우 해당 거래로 인해 이무열 씨가 본 이익은 세무상 반영되지 않아 조세부담이 경감되었기 때문에 부당행위계산부인을 적용해줘야 한다.

김유진 : ㈜원진의 대표이사이기 때문에 특수관계가 성립한다. 토지를 시가보다 10% 비싸게 회사에 양도하게 되었는데 부당행위계산부인이 적용되는 양도에 관한 비정상가액의 범위는 Min(시가 × 5%, 3억원)이므로 시가보다 10% 비싸게 양도하였으므로 부당행위계산부인이 적용된다.

이서연 : ㈜원진의 대주주가 아닌 출자임원이며 소액주주 및 비출자임원이 사택을 제공받는 경우에는 부당행위계산부인이 적용되지 않는다.

김예빈 : ㈜원진의 대표이사의 가족이기 때문에 특수관계가 성립한다. 시가로 자산을 양도하였지만 해당 자산은 무수익자산이기 때문에 매입 자체로 인해 부당행위계산부인이 적용된다.

63 감가상각비의 세무조정에 대해 묻는 문제이다. 회사의 정액법으로 한 감가상각비의 회계처리와 세무상 감가상각비로 처리되어야 하는 금액을 비교해가면서 문제를 풀도록 한다.

> 정액법의 감가상각범위액 = 취득가액 × 상각률(1/내용연수)
> 정률법의 감가상각범위액 = 세무상 장부가액(취득가액 − 전기감가상각누계액 + 상각부인액) × 상각률

㉠ 회사의 2년간의 감가상각비 인식액(내용연수 5년 정액법으로 상각)
- 20X1년 감가상각비 인식액 = (10,000,000원 − 0) × 0.2 = 2,000,000원
- 20X2년 감가상각비 인식액 = (10,000,000원 − 0) × 0.2 = 2,000,000원

㉡ 회사의 2년간의 감가상각비 범위액(기준내용연수가 5년이고 무신고이므로 기준내용연수 5년 적용, 기타 자산의 경우 정률법을 사용하기 때문에 내용연수 5년 정률법으로 상각)
- 20X1년 감가상각비 범위액 = (10,000,000원 − 0) × 0.451 = 4,510,000원
  ※ 20X1년의 감가상각비 범위는 4,510,000원이지만 감가상각비는 2,000,000원만큼 인식되었고 결산조정사항이므로 20X1년도에 세무상 인식할 감가상각비는 2,000,000원이다.
- 20X2년 감가상각비 범위액 = (10,000,000원 − 2,000,000원 + 0) × 0.451 = 3,608,000원

∴ 20X2년의 감가상각비 범위는 3,608,000원이지만 감가상각비는 2,000,000원만큼 인식되었고 결산조정사항이므로 20X2년도에 세무상 인식할 감가상각비는 2,000,000원이다. 따라서 20X2년도에 발생한 세무조정 사항은 존재하지 않는다.

64 기부금에 대한 한도와 계산을 묻고 있는 문제이다. 먼저 기부금을 분류하는 것이 중요하다.
- 특례기부금 : 국방헌금 20,000,000원
- 일반기부금 : 문화단체에 대한 기부금 10,000,000원
- 비지정기부금 : 새마을금고에 대한 의제기부금 6,000,000원(토지 시가 30,000,000원 × 0.7 − 양도가액 15,000,000원)

이제 기준소득금액을 이용하여 기부금의 한도와 세무조정을 하면
- 특례기부금한도 = 60,000,000원 × 50% = 30,000,000원

※ 특례기부금 20,000,000원은 전액 한도 내에 들어오므로 세무조정 없음
- 일반기부금한도 = (60,000,000원 − 20,000,000원) × 10% = 4,000,000원

※ 일반기부금 10,000,000원 중 4,000,000원만 손금산입되므로 나머지 6,000,000원은 손금불산입된다.

∴ 손금불산입되는 금액 : 일반기부금 한도초과액 6,000,000원

65 ③ 증빙이 없는 기업업무추진비의 경우 전액 손금불산입되며 대표자 상여로 소득처분된다.

① 영수증을 수취한 기업업무추진비라 할지라도 3만원을 초과하지 않는 경우(경조금의 경우 20만원)에는 기업업무추진비 한도와 비교하여 한도를 초과하지 않는 경우에는 손금불산입되지 않는다. 3만원을 초과하는 경우에는 손금불산입되며 기타사외유출로 소득처분된다.

② 문화기업업무추진비를 지출한 경우 일정 조건이 충족되면 일반기업업무추진비 한도액에서 추가로 20%의 한도를 더 제공받을 수 있다.

문화기업업무추진비 추가한도

문화기업업무추진비	Min(a, b) a. 문화기업업무추진비 지출액 b. 일반기업업무추진비 한도액 × 20%

66 ② 연금소득은 연금계좌에 납부할 때 소득공제되며 수령할 때 과세되는 형태로 납부할 때 소득공제되지 않은 경우에는 연금소득으로 과세되지 않는다. 즉, 공제된 금액에만 과세한다고 기억하고 있으면 된다.

① 연금소득은 간이세액표에 따라 원천징수되지만 추후 다른 소득과 합산하여 종합과세된다. 해당 원천징수 세액은 기납부세액으로 종합소득 산출세액에서 차감해 준다.

③ 연금소득공제의 한도는 900만원이다.

④ 연금소득의 경우 사업소득의 결손금을 계산할 때 차감되는 대상이 된다.

67 김시대 씨의 가족이 기본공제 대상자가 되는지를 구분해보면

본인 : 본인은 항상 기본공제 대상자이다.

배우자 : 근로소득이 4,000,000원 있지만 간이세액표에 의해 근로소득금액을 구해보면 1,000,000원 이하의 근로소득이 나오기 때문에 기본공제 대상자에 해당한다.

큰아들 : 나이는 33세이지만 장애인이므로 나이의 제한을 받지 않는다. 소득금액이 없기 때문에 기본공제 대상자에 해당한다.

둘째아들 : 나이가 28세로 20세 초과이므로 기본공제 대상자가 될 수 없다.

딸 : 나이가 15세로 20세 이하이며 이자소득 1,000,000원의 경우 금융소득이 종합과세되는 금액인 20,000,000원을 초과하지 않기 때문에 분리과세되므로 종합소득금액은 없다고 봐야 한다. 따라서 딸도 기본공제 대상자에 해당한다.

∴ 기본공제 대상자 : 4명(본인, 배우자, 큰아들, 딸)

68 추가공제 요건

구 분	요 건	공제금액
경로우대공제	70세 이상	100만원
장애인공제	장애인	200만원
부녀자공제	• 종합소득금액이 3,000만원 이하인 다음의 여성 – 배우자가 없는 여성으로 부양가족이 있는 세대주 – 배우자가 있는 여성	50만원
한부모공제	배우자가 없고 기본공제 대상자인 직계비속 · 입양자가 있는 경우	100만원

※ 부녀자공제와 한부모공제는 중복적용하지 않음

• 경로우대공제(70세 이상 해당자) : 2명(본인, 배우자) × 100만원 = 200만원
• 장애인공제 : 1명(큰아들) × 200만원 = 200만원
• 부녀자공제 : 본인(종합소득금액이 3,000만원 이하인 배우자가 있는 여성) 50만원

∴ 김시대 씨의 추가공제 금액 = 200만원 + 200만원 + 50만원 = 450만원

69 대손세액공제는 해당 대손이 부가가치세법상 요건을 충족한 시기의 확정신고기간 때 인식한다. 먼저 부가가치세법상 인정되는 대손요건을 살펴보면

인정되는 대손사유
파산, 강제집행, 사망, 실종, 상법 등 법상의 소멸시효가 완성, 부도발생일로부터 6개월이 경과된 어음 · 수표

해당 어음은 상법상 소멸시효 완성으로 대손요건을 충족한다.

해당 대손요건을 충족한 것은 20X1년 2월 1일 소멸시효가 완성되어 충족되었지만 부가가치세법상 대손세액은 확정신고기간에만 공제가 가능하므로 20X1년 1기 확정신고기간에 공제가 가능하다.

70

① 준비금은 조세의 납부를 일정기간 유예하는 조세지원제도로, 준비금은 손금에 산입한 후 환입하거나 비용과 상계하기 때문에 손금에 산입하는 사업연도에는 조세부담을 경감시키고 환입하거나 상계하는 연도에는 조세부담을 증가시키게 된다. 이를 통해 조세의 이연효과가 발생하여 기간이익을 얻게 된다.
② 법인세법상 준비금으로는 보험업을 영위하는 법인에 대한 책임준비금, 비상위험준비금, 해약환급금준비금 및 비영리내국법인에 대한 고유목적사업준비금이 있다.
④ 잉여금처분에 의한 신고조정사항의 예로는 고유목적사업준비금, 비상위험준비금, 해약환급금준비금, 조세특례법상 준비금의 손금산입 등이 있다.

71

매입세액공제에 대한 문제이다. 각각의 항목의 매입세액공제액을 살펴보도록 한다.
- 차량운반구 : 세금계산서를 수취하였으므로 적격하게 매입세액으로 공제할 수 있다.
  차량운반구 관련 부가가치세 매입세액공제액 = 110,000,000원 × (10/110) = 10,000,000원
- 원재료구입 : 세금계산서를 수취하였으므로 적격하게 매입세액으로 공제할 수 있다.
  원재료 관련 부가가치세 매입세액 = 55,000,000원 × (10/110) = 5,000,000원
- 면세로 구입한 수산물 : 해당 항목은 매입세액 공제에는 해당하지 않지만 면세품목인 수산물을 구입하여 과세사업에 사용했기 때문에 의제매입세액공제에 해당한다.
  수산물 관련 의제매입세액공제액 = 102,000,000원 × (2/102) = 2,000,000원
- 소모품 구입 : 해당 소모품의 경우 적격한 증빙을 수취하지 않았기 때문에 매입세액공제를 받을 수 없다.

∴ ㈜원진의 매입세액공제액 = 10,000,000원 + 5,000,000원 + 2,000,000원 = 17,000,000원

72

부가가치세 과세표준에 대한 문제이다.

㈜원진의 과세표준
- 매출액 = 320,000,000원 − 20,000,000원(매출할인) − 1,000,000원(공급자의 과오로 인해 파손된 가액) + 20,000,000원(특수관계인에 대한 매출액과 해당 재화의 시가차이 반영) = 319,000,000원
- 대손세액공제 : 거래처 사장의 행방불명은 대손 요건을 충족하기 때문에 대손세액공제를 해주어야 한다. 하지만 과세표준 계산을 할 때에는 대손세액공제는 적용되지 않기 때문에 과세표준 계산에서는 고려하지 않는다.

∴ ㈜원진의 1기 확정신고기간의 과세표준 : 319,000,000원

73

③ 세법에 특별한 규정이 있는 경우에는 과세표준을 조사・결정할 때 납세자가 기업회계기준을 따랐더라도 세법의 규정에 따라 다르게 적용하여야 한다.
① 새로운 세법뿐만 아니라 관행 및 해석에 의해서도 소급하여 과세하지 않는다.
② 세무공무원의 재량의 한계에 대한 설명이다.
④ 납세자 재산권의 부당한 침해금지 조항이다.

74

④ 잉여금의 처분을 손비로 계산한 금액은 손금불산입 항목이다.

75

일반적인 유형자산의 평가손익은 인식하지 않는 것이 원칙이므로 임의적인 평가감인 단기매매금융자산평가손익은 인정하지 않는다. 따라서 손금불산입 유보로 처리한다.

∴ 세무조정 : 손금불산입, 20,000,000원, 단기매매금융자산평가손실(유보)

76

건물의 경우 감가상각방법을 신고하지 않는다면 정액법으로 감가상각한다. 또한 건물의 내용연수도 신고하지 않았다라고 했으므로 고정자산의 자산 및 업종별로 규정하고 있는 내용연수인 건물에 대한 기준내용연수 40년을 그대로 이용하여 40년, 정액법으로 건물에 대해 감가상각하게 된다. 만약 내용연수를 기준내용연수로 적용하고 싶지 않은 경우에는 기준내용연수에서 ±25%를 가감하여 기준내용연수의 75% ~ 125%까지 적용하도록 신고할 수 있다.

77 지급이자와 관련하여 손금불산입되는 금액을 구하는 문제이다. 지급이자 손금불산입에 대한 문제는 1순위 채권자 불분명 사채이자 → 2순위 비실명 채권・증권 이자 → 3순위 건설자금이자 → 업무무관자산 등 관련 이자 순으로 구한다. 각각의 경우 손금불산입되는 사항과 금액을 하나씩 살펴보도록 한다.

- 1순위 채권자 불분명 사채이자 : 11,000,000원(대표자 상여), 원천징수액 1,000,000원(기타사외유출)
- 2순위 비실명 채권・증권이자 : 없음
- 3순위 건설자금이자 : 4,000,000원 발생(유보)
- 4순위 업무무관자산이자

$$\text{손금불산입되는 업무무관자산이자} = \text{지급이자} \times \frac{\text{업무무관자산 적수} + \text{업무무관가지급금 적수}}{\text{차입금 적수}}$$

손금불산입되는 업무무관자산이자 = 25,000,000원 × 56,000,000,000원 / 100,000,000,000원 = 14,000,000원

∴ 지급이자와 관련하여 손금불산입되는 금액 = 12,000,000원(채권자 불분명 사채이자와 원천징수액) + 4,000,000원(건설자금이자) + 14,000,000원(업무무관자산이자) = 30,000,000원

78 법인세법상 준비금에 대한 문제이다. 준비금은 자주 빈출되는 부분은 아니지만 조세에 대한 이연효과가 있다는 것과 법인세법상 준비금과 조세특례제한법상 준비금 2가지로 나눈다는 것을 숙지하고 있어야 한다.

③ 조세특례제한법상 준비금과 법인세법상 준비금 모두 결산조정사항이다. 단, 법인세법상 고유목적사업준비금과 조세특례제한법상 준비금은 잉여금처분을 하는 경우 신고조정을 허용한다.

준비금의 종류와 특성

구 분	법인세법상 준비금	조세특례제한법상 준비금
원 칙	결산조정사항(고유목적사업준비금은 잉여금 처분으로 신고조정 허용)	결산조정사항 (잉여금 처분으로 신고조정 허용)
회계와 일치 여부	인정함	인정하지 않음
세무조정	없음(고유목적사업준비금은 잉여금 처분으로 신고조정 허용)	결산조정(잉여금 처분으로 신고조정 허용)
기간효과	일정 기간이 경과하거나 특정 사유가 발생할 경우 다시 익금 산입(조세의 납부를 일정기간 유예하여 조세의 이연효과가 발생)	

79 양도소득금액에 대해 묻고 있는 문제이다.

양도소득금액은 양도가액에서 필요경비(취득가액과 양도비용)를 차감하여 양도차익을 구하고 양도차익에서 장기보유특별공제를 차감한 후 양도소득금액을 구한다. 양도가액과 취득가액은 모두 실제거래가액을 사용해야 한다. 하지만, 해당 자산은 미등기된 자산으로 장기보유특별공제는 적용할 수 없어 양도차익을 그대로 양도소득금액으로 사용해야 한다.

∴ 김시대 씨의 건물 관련 양도차익(양도소득금액 = 1,500,000,000원 (양도가액, 실지 거래가액) − 1,000,000,000원 (취득가액, 실지거래가액) − 5,000,000원 (양도비용) = 495,000,000원

※ 참고 : 만약 김시대 씨의 건물이 조정대상지역의 다주택자로 적용될 경우에도 장기보유특별공제를 적용할 수 없다.

80 ③ 주사업장 총괄납부로 부가가치세를 신청한 경우 제조장에서 직매장으로 재화를 반출할 때에는 재화의 공급으로 보지 않는다. 주사업장 총괄납부나 사업자 단위 등록을 하지 않은 경우에는 재화의 공급에 해당한다.

①, ② 주사업장 총괄납부의 경우 여러 사업장의 부가가치세를 납부만 주사업장에서 할 수 있다. 사업자 단위로 등록한 경우에는 납부뿐만 아니라 신고도 주사업장에서 일괄하여 적용할 수 있다.

④ 부가가치세에서는 사업의 주체인 법인이나 개인이 아닌 사업장의 수만큼 사업자등록을 하는 것이 원칙이다.

| 원가관리회계 |

81	④	82	④	83	③	84	③	85	②	86	④	87	③	88	④	89	③	90	②
91	①	92	③	93	②	94	④	95	④	96	①	97	③	98	②	99	④	100	①
101	①	102	②	103	①	104	①	105	②	106	③	107	②	108	①	109	①	110	①
111	②	112	④	113	④	114	②	115	②	116	④	117	③	118	①	119	③	120	①

81 ④ 제조에 사용된 원가 중 수익획득에 사용된 부분만 수익-비용대응원칙에 따라 비용으로 재무제표에 계상된다. 아직 수익획득에 사용(매출)되지 않은 원가는 자산(재고자산)화되어 자산으로 계상되었다가 매출이 발생할 때 매출원가로 비용으로 인식된다.

① 원가대상은 원가를 측정하려는 대상으로 제품, 활동, 서비스 등이 원가대상이 될 수 있다.

③ 비정상적으로 발생한 비용이나 낭비분은 모두 기간비용으로 바로 비용으로 인식된다.

82 활동기준원가의 장・단점, 도입배경, 특징을 묻는 문제이다. 활동기준원가계산은 계산문제도 중요하지만 이러한 특징이나 도입배경 등도 중요하기 때문에 반드시 숙지하는 것이 필요하다.

④ 현대로 넘어오면서 점차 공정이 자동화됨에 따라 직접노무원가의 비중이 감소하고 제조간접원가의 비중이 증가하게 되었다. 따라서 제조간접원가의 배분 문제가 과거보다 더 중요하게 되었고 정보수집기술이 발달함에 따라 활동별로 원가를 정확히 집계할 수 있게 되어 활동기준원가가 등장하게 되었다. 따라서 직접노무원가의 비중이 감소하게 되어 활동기준원가의 중요성은 증가하게 되었다.

③ 활동기준원가에서는 원가의 활동별로 집계해야 하기 때문에 원가 동인의 파악에 비용과 시간이 많이 소요가 된다.

83 평균법에서는 기초재고와 당기투입분이 골고루 완성품과 기말재고금액으로 배분된다고 가정하므로 기초재공품원가와 당기투입원가를 합쳐서 평균을 내야 한다.

1. 물량흐름과 완성품환산량 계산
   물량흐름 : 기초재고 + 당기투입량 = 당기완성 + 기말재고

완성품환산량의 계산

구 분	재료비	가공비
당기완성	11,000개	11,000개
기말재고완성품환산량	2,000 × 100% = 2,000	2,000 × 40% = 800

2. 단가의 계산
   평균법을 가정하고 있으므로 기초재공품원가와 당기투입원가를 합친 전체 원가를 당기에 완성된 부분과 기말재고의 물량을 이용하여 단가를 계산한다.
   • 재료비 = 390,000 ÷ (11,000 + 2,000) = 30
   • 가공비 = 1,270,000 ÷ (11,000 + 800) = 107.6
3. 당기완성품원가계산
   평균법을 가정하므로 기초재고의 원가와 당기투입분의 원가를 평균하여 완성품원가를 계산한다.

∴ 당기완성품원가 = 11,000 × 30 + 11,000 × 107.6 = 1,513,600

84 ③ 표준원가계산을 사용하더라도 상황이 변화하는 경우 수시로 표준을 수정해주어야 한다.

① 미리 설정한 표준으로 계산하기 때문에 원가의 통제 측면에도 유용하며 원가 정보를 신속하게 작성할 수 있게 되어 적시성도 가질 수 있는 장점이 있다.

② 예외에 의한 관리를 하는 경우 금액적인 부분에 초점을 맞추기 때문에 질적인 부분을 고려하지 못할 한계점이 존재한다.

85 ② 생산량이 증가하는 경우 총 변동원가는 증가하면서 단위당 변동원가는 일정하다. 하지만 고정원가는 생산량이 증가하는 경우 총 고정원가는 일정하지만 고정원가가 배분되는 생산량이 증가하면서 생산량 한 단위 당 배분되는 고정원가는 감소하게 된다.

④ 준고정원가의 경우 관련 범위 내에서는 고정원가로 볼 수 있지만 전체적으로는 계단 형식으로 원가가 발생한다. 반면, 고정원가와 변동원가의 성질을 모두 가지고 있는 것을 준변동원가라고 부른다.

86 전부원가계산과 변동원가계산, 초변동원가계산의 개념에 대해 묻고 있는 문제이다. 전부원가계산과 변동원가계산, 초변동원가계산의 정확한 개념과 연관관계에 파악하는 것이 중요하다.

무열 : 전부원가계산에서도 해당 재료원가, 노무원가, 제조간접원가 산정 시 표준원가를 사용할 수 있다. 따라서 전부원가계산에서도 표준원가를 적용할 수 있다.

원진 : 전부원가계산과 변동원가계산의 당기 원가계산에 차이를 가져오는 부분은 고정제조간접원가가 기말 재고자산에 포함되어 자산으로 인식되는지 여부이다. 따라서 기말재고자산이 없다고 가정한다면 전부원가계산과 변동원가계산의 당기 비용 인식의 차이를 불러일으키는 고정제조간접원가가 모두 당기 비용으로 인식되어 전부원가계산과 변동원가계산의 차이는 발생하지 않는다. 참고로, 기말재고자산이 없이 모두 판매한다고 가정할 경우 전부원가계산, 변동원가계산, 초변동원가계산의 당기 비용은 모두 동일하게 인식된다.

유진 : 변동원가계산에서는 고정제조간접원가를 기간비용으로 인식한다.

서은 : 초변동원가계산에서는 재료원가를 제외한 모든 원가를 기간비용으로 처리함으로써, 판매량이 일정할 경우 생산량을 늘려 기말재고를 많이 보유할 때 기간 비용이 증가하여 영업이익이 낮게 계산된다. 따라서, 초변동원가계산하에서는 판매량 이상의 생산량을 줄여 기말재고를 적게 보유하고자 하는 유인이 발생할 수 있다.

87 변동원가계산, 전부원가계산, 초변동원가계산의 이익 조정에 대해 묻는 문제이다. 세 가지 원가계산 방법 사이의 이익 조정 방법에 대해서는 정확히 이해하는 것이 필요하다.

기말제품재고 = 1,000(기초) + 10,000(생산량) − 9,500(판매량) = 1,500

1. 변동원가계산 이익 구하기

초변동원가계산의 이익		1,500,000	
기말재고자산에 포함된 변동가공원가	(+)	292,500	(130 + 65) × 1,500
기초재고자산에 포함된 변동가공원가	(−)	195,000	(130 + 65) × 1,000
변동원가계산의 이익		1,597,500	

2. 전부원가계산 이익 구하기

변동원가계산의 이익		1,597,500	
기말재고자산에 포함된 고정제조간접원가	(+)	150,000	100 × 1,500
기초재고자산에 포함된 고정제조간접원가	(−)	100,000	100 × 1,000
전부원가계산의 이익		1,647,500	

만약 초변동원가계산의 이익에서 전부원가계산의 이익을 바로 구한다고 가정하면

초변동원가계산의 이익		1,500,000	
기말재고자산에 포함된 운영비용	(+)	442,500	(130 + 65 + 100) × 1,500
기초재고자산에 포함된 운영비용	(−)	295,000	(130 + 65 + 100) × 1,000
전부원가계산의 이익		1,647,500	

88 ④ 유휴생산시설이 존재하지 않는 경우 공급사업부는 외부에 판매할 수 있는 기회를 상실하게 된다. 따라서 공급사업부 입장에서는 증분지출원가뿐만 아니라 대체에 따라 외부에 판매할 기회가 없어지는 기회원가를 반영하여 최소대체가격을 산정해야 한다.

②, ③ 원가기준으로 대체가 된다면 공급사업부 입장에서는 대체에 따르는 원가로 대체가격이 설정되므로 원가를 관리해야 하는 유인이 없게 된다. 만약 원가기준으로 대체를 하는 경우 실제원가가 아닌 표준원가를 통해 성과평가를 하는 것이 바람직하다.

89 제조간접원가의 배부에 대해 묻는 문제이다.

• 111의 제조간접원가 = 80,000 × 120% = 96,000

∴ 111과 120 제조간접원가의 합 = 96,000 + 120,000 = 216,000

• 120의 직접노무원가 = 120,000 ÷ 120% = 100,000

90 ② 공장 전체에서 발생하는 원가를 대상으로 제조간접원가 배부율을 설정할 경우, 전체 원가와 공장 전체의 사용량을 대상으로 배부율을 산정하므로 보조부문의 제조간접원가의 배분방법이 배부율 산정에 영향을 미치지 않는다.

① 부문별로 제조간접원가를 배부하는 경우 보조부문의 제조간접원가를 제조부문에 배분하기 때문에 보조부문의 제조간접원가 배분방법에 의해 전체 제조간접원가 배부율은 변동된다.

③ 단계배분법에서는 보조부문의 제조간접원가 배분순서에 의해 제조간접원가 배분이 변동된다.

④ 단일배부율법은 보조부문원가를 하나의 기준에 따라 배분하는 방법으로 원가의 행태를 고려하지 않는다. 이중배분율법이 고정원가와 변동원가로 보조부문원가를 구분하여 원가의 행태를 고려하여 보조부문원가를 배분하는 방법이다.

91 111작업은 당기에 착수하였으므로 기초재고는 고려하지 않아도 된다. 111작업의 제조원가는 직접재료원가, 직접노무원가, 제조간접원가로 구성되며 제조간접원가를 구해야 한다.

1. 공장전체 제조간접원가

   제조간접원가 배부율 = 900,000 ÷ 3,000 = 300(시간당)

   111작업에 사용된 직접노동시간은 350시간이므로 공장전체제조간접원가 배부율을 사용할 경우 111에 배부되는 제조간접원가 = 300 × 350 = 105,000

   ∴ 제조원가 = 160,000 + 190,000 + 105,000 = 455,000

2. 부문별 제조간접원가

   X부문 배부율 = 300,000 ÷ 2,000 = 150

   Y부문 배부율 = 600,000 ÷ 1,000 = 600

   X부문 배부 = 150 × 200 = 30,000

   Y부문 배부 = 600 × 150 = 90,000

   ∴ 제조원가 = 160,000 + 190,000 + 120,000 = 470,000

92 당기제조원가는 직접원가와 제조간접원가의 합으로 구성되어있다. 문제에서 직접원가는 주어져 있으므로 제조간접원가를 구해야 하는 것이 필요하다.

제조간접원가는 직접노무원가를 따른다고 하고 있다. 따라서, 제조지시서 #120과 관련하여 사용한 시간이 400시간이므로 전체 노무원가 중 비율은 400 ÷ 2,000 = 20%이다.

제조지시서 #120에 배부되는 제조간접원가 = 500,000 × 20% = 100,000

∴ 당기제조원가 = 60,000 + 40,000 + 100,000 = 200,000

93 ② CVP분석(원가 · 조업도 · 이익 분석)에서는 모든 원가를 변동원가와 고정원가 형태로 단순화하고 있다.

① CVP분석에서는 생산량과 판매량은 일정하다고 가정하여 재고자산에 의한 이익의 변화를 단순화하였다.

④ CVP분석에서는 수익과 원가의 형태는 선형이고, 원가에 미치는 요소는 조업도뿐이라고 단순화하였다.

94 ④ 가장 실제원가계산과 근사치로 나오는 방법은 요소별 원가차이를 매출원가, 기말제품, 기말재공품 금액 중 해당 원가 요소의 금액 비율대로 배분하는 원가요소별비례배분법이다. 총원가비례배분법은 매출원가와 기말제품, 기말재공품의 총원가 비율대로 원가차이를 배분하는 방법이다.

95
- 원가의 흐름에 대해 묻고 있는 문제이다. 당기총제조원가는 재료원가 및 노무원가, 제조경비를 합한 금액이 되어야 한다.
  ∴ ㉠ = 18,000,000원(원재료) + 30,000,000원(노무원가) + 10,000,000원(제조경비) = 58,000,000원
- 당기제품제조원가는 기초재공품에서 당기총제조원가를 더하고 기말재공품을 차감하여 구한다.
  ∴ ㉡ = 6,000,000원(기초재공품) + 58,000,000원(당기총제조원가) − 4,000,000원(기말재공품) = 60,000,000원

96 변동원가계산의 영업이익과 제품재고를 묻고 있다. 변동원가계산에서는 고정제조원가와 고정판매관리비 모두를 당기비용으로 처리하는 것이 특징이다.

∴ 변동원가계산에서의 영업이익 = 50,000,000원 − 32,000,000원 − 4,000,000원 − 5,000,000원 − 4,000,000원 = 5,000,000원

기말재고의 경우 먼저 단위당 제조원가를 알아야 한다. 문제에서 주어진 것은 변동 매출원가이므로 변동 매출원가를 판매량으로 나누어 단위당 변동 매출원가를 구한다.

- 단위당 제조원가(매출원가) = 32,000,000원 ÷ 8,000개 = 4,000

기말재고로 남아있는 것은 10,000개의 생산량에서 판매량 8,000개를 차감한 2,000개로 단위당 제조원가와 기말재고 수량을 곱하여 기말재고자산금액을 구한다.

∴ 기말재고금액 = 2,000개 × 4,000 = 8,000,000원

97 ③ 공급사업부에서는 최소대체가격으로 부품을 생산하는 유휴설비가 존재하지 않는 경우 대체에 따른 판매 기회 상실로 기회비용을 최소대체가격에 포함시키면서 부품의 시장판매가격을 고려해야 하지만, 유휴설비가 존재할 경우 해당 부품을 제조하는데 드는 단위당 증분지출원가만 고려하면 된다.

① 구매사업부에서는 최종완제품의 판매가격에서 추가가공원가를 차감한 금액과 외부구입가격 중 낮은 가격으로 최대대체가격을 설정하게 된다.

② 유휴설비가 존재하지 않는 경우 공급사업부는 해당 대체만큼 시장판매에 대한 기회비용을 상실하게 되는 것이므로 대체가격에 반영하여 공급사업부의 성과가 왜곡되지 않도록 해야 한다.

④ 공급사업부의 최소대체가격이 구매사업부의 최대대체가격보다 적은 경우 해당 차이만큼 기업 전체의 이익이 되므로 대체를 하는 것이 기업 전체의 입장에서 이익이다.

98 수익성지수법을 계산하는 문제이다. 다수의 투자안의 경우 수익성지수가 가장 큰 투자안을 선택하며 독립적 투자안의 경우 수익성지수가 1 이상인 경우에 채택한다.

- A투자안의 수익성지수 = 1,100억원 ÷ 1,000억원 = 1.1
- B투자안의 수익성지수 = 450억원 ÷ 400억원 = 1.125

∴ 상호배타적 투자안일 경우 B투자안에 투자하고 독립적인 투자안일 경우 두 투자안에 모두 투자한다.

99 ④ 책임중심점에서는 자신이 권한을 위임받은 항목에 대해 통제권을 행사할 수 있어야 해당 책임중심점에 대한 올바른 성과평가가 가능하다. 만약 통제권을 행사할 수 없는 경우에는 자신의 통제 밖의 항목에 대해서도 책임을 져야하므로 성과가 왜곡될 수 있다.

① 예산과 실적 간에 차이가 발생한다면 책임회계에서는 자신이 통제할 수 있는 차이에 대해서만 책임을 지는 것이 바람직하다.

② 책임중심점이 통제가능한 원가와 통제불가능한 원가로 나누어야 올바른 성과평가가 가능하다.

③ 성과평가를 할 경우에는 기업 전체의 이익극대화 측면에서의 성과가 가장 우선적으로 고려되어야 한다.

100 품질원가의 경우 간단한 계산이나 개념에 대해 묻는 문제가 빈출되고 있으므로 해당 개념과 대표적인 예에 대해서는 정확히 숙지하는 것이 필요하다.
무열 : 공급업체에 대한 평가는 예방원가에 해당한다.

▸ 품질원가

통제원가	예방원가	불량품 생산 예방 목적 예 품질교육, 공정 엔지니어링, 공급업체 평가 등
	평가원가	불량품 적발 목적 예 원재료나 제품의 검사, 검사설비 유지, 현장 및 라인 검사 등
실패원가	내부실패원가	불량품이 고객에게 인도되기 전에 발견되면서 발생하는 원가 예 공손품, 작업폐물, 재작업, 재검사, 작업중단 등
	외부실패원가	불량품이 고객에게 인도된 후 발견되면서 발생하는 원가 예 고객지원, 보증수리, 교환, 반품, 판매기회 상실 등

101 기회원가와 매몰원가에 대해 구분해야 하는 문제이다. 현재 배달 대행 제의의 의사결정에 영향을 미치는 원가는 매달 지급하는 대행료 200,000원, 포장규격 변경에 따르는 비용 1,000,000원 차량운반구의 현재 판매가격 6,000,000원으로 해당 항목들로 인해 의사결정이 바뀔 수 있다. 하지만 차량운반구의 취득가격 10,000,000원은 이미 지출되었고 취소할 수 없으므로 의사결정에 영향을 미칠 수 있는 항목이 아니므로 기회비용이 될 수 없다.

102 사업부 폐지에 대한 문제이다. 해당 문제를 풀기 위해서는 증분기준으로 접근하는 것이 바람직하다.
• 폐지 시 증분수익 = 공통원가배부액 회수가능분 2억원 + 공통광고비 감소액 0.5억원 = 2.5억원
• 폐지 시 증본손실 = 의류사업부공헌이익(10억원 − 5억원) = 5억원
∴ 폐지 시 증분손익 = 2.5억원 − 5억원 = (2.5)억원(손실)

103 유휴설비가 없는 상황에서의 외부주문에 대한 문제이다. 이러한 문제의 경우 증분 기준으로 문제를 풀면서 외부주문으로 인해 포기해야 하는 현재의 외부판매에 따른 공헌이익을 고려해야 한다.
• 외부주문에 따른 증분공헌이익 = (3,000원 − 단위당 제조원가 1,500원 − 변동판매관리비 300원) × 1,000개 = 1,200,000원
• 외부주문에 따른 증분공헌손실 = (현재 단위당 판매가격 2,500원 − 단위당 제조원가 1,500원 − 변동판매관리비 100원) × 1,000개 = 900,000원
∴ 외부주문을 받는 경우 1,200,000원 − 900,000원 = 300,000원의 이익이 발생한다.

104 순현재가치법으로 문제를 풀어야 한다. 현재가치를 반영한 순현금유입과 순현금유출을 비교하여 문제를 풀어야 한다.
• 순현금유입 = 3년 세후영업이익의 순현재가치 + 감가상각비 절세효과 + 기계장치 잔존가치의 현재가치
= 800,000원 × (1 − 20%) × 2.48 + (2,000,000원 − 200,000원) ÷ 3 × 20% × 2.48 + 200,000원 × 0.75
= 2,034,800원
• 순현금유출 : 기계장치의 취득 2,000,000원
∴ 순현재가치 = 2,034,800원 − 2,000,000원 = 34,800원

105 회계적이익률법은 다음과 같이 구한다.

> 회계적이익률 = 연평균 세후기대투자수익 ÷ 최초투자액(또는 평균투자액)
> 평균투자액 = (기초투자액 + 잔존가치) ÷ 2

따라서 연평균 세후기대투자수익을 세후영업이익을 이용하여 구해보면
연평균 세후기대투자수익 = (1,500,000원 + 1,000,000원 + 0 + 500,000원) ÷ 4 = 750,000원
평균투자액 = (8,000,000원 + 0) ÷ 2 = 4,000,000원
A투자안의 회계적이익률 = 750,000원 ÷ 4,000,000원 = 18.75%
∴ A투자안의 회계적이익률이 18.75%로 목표이익률 15%보다 3.75% 높으므로 채택한다.

106 연간 예정제조간접원가배부율은 톤당 500원(= 5,000,000원 ÷ 10,000톤)으로 제조간접원가가 배부된다. 따라서, 페리선의 예정제조간접원가 배부액은 2,500,000원(= 500원 × 예상직접재료사용량 5,000톤)이 배부되으며, 실제 배부된 제조간접원가는 15,000,000원(= 500원 × 실제직접재료사용량 3,000톤)이 배부되어야 한다. 실제제조간접원가와 예정제조간접원가는 5,000,000원으로 차이는 없으므로 예정배부와 실제배부의 제조간접원가 차이는 1,000,000원(= 2,500,000원 − 1,500,000원)이다.

107 종합원가계산에서 만약 재료의 단가가 상승할 때 선입선출법의 경우 기초재공품재고에 있던 원재료의 경우 모두 완성된 제품에 배분되었다고 가정하지만, 평균법에서는 기초재고에 있던 원재료도 모두 당기 투입분과 평균하여 완성된 제품과 기말재공품 재고에 나누어 배분한다. 따라서 기초재공품재고에 있던 낮은 원재료가 모두 완성품이 되었다고 가정하는 선입선출법의 경우 상대적으로 평균법보다 낮게 완성품원가가 계산되게 된다. 반대로 기말재공품의 경우 선입선출법에서는 높은 단가의 당기 투입분만 기말재공품원가를 이룬다고 가정하기 때문에 평균법보다 상대적으로 높게 기말재공품원가가 계산되게 된다.

108 직접재료원가의 가격차이와 직접노무원가의 능률차이에 대해 묻고 있는 문제이다. 직접재료원가의 가격차이는 다음과 같다.

실제가격 × 실제 사용량(AP × AQ) 100원/kg × 1,000kg	표준가격 × 실제 사용량(SP × AQ) 95원/kg × 1,000kg
100,000원	95,000원

가격차이

∴ 직접재료원가 가격차이 : 불리한 차이 5,000원

109 표준원가 중 직접노무원가의 차이에 대해 묻고 있는 문제이다. 직접노무원가 차이는 다음과 같이 분석한다.

실제발생액 (AQ × AP)	실제투입량 × 표준임률 (AQ × SP)	표준투입량 × 표준임률 (SQ × SP)
가격차이		능률차이
	총차이	

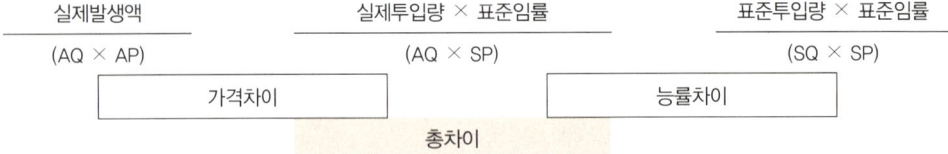

따라서, 직접노무원가 능률차이는 실제작업시간과 표준시간의 차이에 표준임률을 곱하는 ①이 적절하다.

110 ① 공헌이익 = 매출액 − 변동원가
② 공헌이익률 = 총공헌이익 ÷ 총매출액
= 단위당 공헌이익 ÷ 단위당 판매가격

111 주어진 자료를 바탕으로 역으로 제품의 판매가격을 추정해 나가는 문제이다.

단위당 가격 × 10,000개 × 0.25(공헌이익률) = 5,000,000원 + 2,500,000원 + 단위당 가격 × 10,000개 × 10%(매출액의 10%)

단위당 가격을 P라고 치환하면

P × 10,000 × 0.25 = 7,500,000원 + P × 10,000 × 0.1

2,500P = 7,500,000원 + 1,000P

∴ P = 5,000원

112 표준원가계산 후 원가차이를 배분하는 부분에 대한 문제이다. 원가차이를 배분하는 목적은 실제원가를 계산하여 외부공표용 재무제표를 작성하는데 있다. 원가차이를 배분하지 않는 비배분법에는 매출원가조정법, 기타손익법(영업외손익법)이 있으며, 원가차이를 매출원가, 기말재공품, 기말제품에 배분하는 배분법에는 총원가비례배분법, 원가요소별비례배분법이 있다.

④ 매출원가조정법은 모든 원가차이를 매출원가에서 조정하는 방법이다. 따라서, 기말재고자산의 비중이 매출원가 대비 크게 차이가 없으면 원가의 왜곡이 발생할 수 있어 매출원가의 비중이 기말재고자산의 비중보다 월등히 높은 경우에 매출원가조정법을 적용할 수 있다.

113 ④ 직접노무원가의 비중이 점차 감소하고 제조간접원가의 비중이 상대적으로 증가하게 되었으며 전통적인 방식에서는 직접노무원가를 제조간접원가의 배부기준으로 삼았지만 점차 제조간접원가와 직접노무원가 간의 인과관계가 약해져 기존의 방식대로 원가를 배부할 경우 원가왜곡이 심하게 발생하게 되므로 활동기준원가계산이 등장하게 되었다.

② 활동기준원가계산에서는 원가를 집계하여 소비한 활동별로 배분하기 때문에 전통적인 방식보다 인과관계가 강해진다.

③ 활동기준원가계산의 도입배경에는 원가를 집계하는 정보기술이 발전하여 정확하게 원가를 집계하는 것이 가능하게 된 측면도 존재한다.

114 활동기준원가계산에서 가공원가에 대해 묻고 있는 문제이다. 문제에 주어진 자료를 바탕으로 가공원가를 계산해본다. 무인설비라고 했으므로 직접노무원가는 고려하지 않는다.

- 도색 관련 활동 = 200원 × 2통 = 400원
- 조립 관련 활동 = 1,000원 × 4시간 = 4,000원
- 포장활동 : 2,000원

∴ 제품 단위당 가공원가 = 400원 + 4,000원 + 2,000원 = 6,400원

115 구매사업부의 최대대체가격을 묻고 있는 문제이다. 공급사업부에 대한 자료가 일부 주어져 있지만 해당 문제에서는 모두 무시하고 문제를 풀면 된다.

최대대체가격은 다음과 같이 구한다.

- 최대대체가격 = Min(단위당 지출가능원가*주), 단위당 외부구입원가)

  *주) 단위당 지출가능원가 = 최종완제품의 판매가격 − 완제품 단위당 추가가공원가

∴ B사업부의 최대대체가격을 구해보면

㈜시대 B사업부의 최대대체가격 = Min(7,000원 − 2,000원, 3,000원) = 3,000원

116 ④ 책임회계제도를 수행하기 위해서는 예산이 수립되어야 하며, 고정예산은 특정 조업도를 기준으로 사전에 수립되는 예산, 변동예산은 조업도 변동에 따라 조정되어 작성되는 예산이다.

▸ 책임회계제도의 장점

- 관리자의 신속한 의사결정 및 대응이 가능
- 책임중심점에 권한과 책임이 위임됨에 따라 책임중심점의 동기부여 가능
- 책임의 소재가 명확해지므로 관리자가 원가와 수익의 관리를 효율적으로 수행할 수 있으며, 성과평가가 가능해짐
- 성과차이분석을 통해 예외에 의한 관리 가능

117 균형성과표의 관점에 대해 묻고 있는 문제이다. 균형성과표의 각 관점에 대한 개념을 정확히 숙지하고 있어야 한다.

③ 내부프로세스관점은 고객가치를 창출하기 위한 내부프로세스에 초점을 두는 것으로 불량률, 반품율, 납기준수율 등이 있다. 직원만족도의 경우 직원과 관련이 있는 학습과 성장 관점으로 분류하는 것이 적절하다.

㉠ 재무적 관점
- 더 높은 이익률을 달성하기 위한 장기적 목표
- 모든 지표들은 궁극적으로 재무성과의 향상과 연계되어야 함
- 주주가치극대화와 직결
- 지표 : 총자산수익률(ROA), EPS 등 수익지표

㉡ 고객관점
- 기업들은 고객가치 극대화의 관점에서 고객 척도를 개선하기 위해 노력
- 지표 : 시장점유율, 고객유지율, 고객만족도 등

㉢ 내부프로세스관점
- 고객가치를 창출하는 프로세스의 경쟁우위확보를 위해 노력
- 지표 : 불량률, 반품율, 납기준수율 등

㉣ 학습과 성장 관점
- 프로세스 최적화를 위한 직원과 조직의 역량을 강화하기 위해 노력
- 지표 : 이직률, 직원만족도, 인당 교육시간 등

118 경제적부가가치(EVA)를 구하는 문제이다.

- 경제적부가가치(EVA) = 세후영업이익 − 투하자본 × 가중평균자본비용

㈜시대의 EVA를 구하기 위해 각각의 항목을 구해보면

- 세후영업이익 : 20,000,000원
- 투하자본 : 160,000,000원
- 가중평균자본비용 : 현재 ㈜시대의 자본구조가 5:5를 이루고 있으므로 세후타인자본비용과 자기자본비용을 동등하게 반영해준다. 따라서 ㈜시대의 가중평균자본비용 = (7% + 13%) ÷ 2 = 10%

∴ ㈜시대의 EVA = 20,000,000원 − 160,000,000원 × 10% = 4,000,000원

119 ③ 분권화될 경우 각 사업부에서 동일한 활동이 필요할 때 의사소통이나 상호협조가 원활하지 않을 경우 개별적으로 중복되어 자원으로 소모하기 때문에 자원을 낭비하게 될 위험이 있다.

① 분권화될 경우 각 사업부는 자신의 성과로 평가받기 때문에 기업 전체의 성과보다는 자기 사업부의 성과를 우선시할 수 있는 위험이 존재한다.

② 분권화될 경우 재량권이 늘어나게 되어 일선의 각 사업부의 동기부여가 가능하다는 장점이 있다.

④ 분권화될 경우 재량권이 늘어나게 되어 상황에 맞게 고객의 요구에 신속히 대응할 수 있다는 장점이 있다.

120 회수기간법의 경우 투자안에 대한 회수기간을 고려하는 것이기 때문에 가장 유동성을 많이 고려한다고 할 수 있다. 따라서 현재 ㈜부실처럼 회사의 유동성이 가장 큰 기준이라고 하면 회수기간법을 이용하여 의사결정을 하는 것이 바람직하다.

PART 3

재경관리사
3주 완성

초압축 핵심이론

제1과목 재무회계

제2과목 세무회계

제3과목 원가관리회계

미래는 자신들이 가진
꿈의 아름다움을 믿는 사람들의 것이다.

– 엘리노어 루즈벨트 –

PART 3 초압축 핵심이론

제 1 과목 재무회계

01 재무보고와 재무제표

❶ 재무보고와 국제회계기준

(1) 정보이용자에 따른 기업회계구분

① 재무회계와 관리회계

재무회계	기업외부의 정보이용자를 위한 회계
관리회계	기업내부의 정보이용자를 위한 회계

② 재무회계와 관리회계의 비교

구 분	재무회계	관리회계
의 의	기업의 재무상태, 경영성과, 자본변동, 현금흐름 표시 및 공시	의사결정, 경영계획 및 통제를 위한 회계
목 적	정보이용자의 경제적 의사결정에 유용한 정보의 제공(투자결정, 신용결정 등)	경영자의 관리적 의사결정에 유용한 정보의 제공
보고대상	외부이해관계자	경영자(내부관리자)
작성근거	일반적으로 인정된 회계원칙	경제 및 경영 이론 등
보고양식	재무제표	일정한 양식 없음
보고시점	1년 단위(또는 분기, 반기)	필요한 경우 수시
강제력	있 음	없 음

(2) 일반목적재무보고

① 일반목적재무보고의 의의

㉠ 투자자, 채권자가 기업에 관한 의사결정을 할 때 유용한 재무정보를 제공하는 것

㉡ 일반목적재무보고는 투자자 및 채권자의 정보수요에 초점을 둠

재무 세무 원가관리

② 일반목적재무보고가 제공하는 정보

구 분	내 용
경제적 자원과 청구권	보고기업의 재무적 강점과 약점을 식별하는데 도움
경제적 자원 및 청구권의 변동	• 기업의 재무성과, 채무상품 또는 지분상품의 발행과 같은 거래에서 발생 • 기업의 미래현금흐름에 대한 예상을 하는데 도움
발생주의 회계가 반영된 재무성과	• 거래 및 사건이 보고기업에 미치는 영향을 그 영향이 발생한 기간에 보여줌(발생주의) • 발생주의를 바탕으로 한 정보는 현금 수취와 지급만의 정보뿐만 아니라 기업의 과거 및 미래 성과를 예측하는데 근거를 제공
과거 현금흐름이 반영된 재무성과	보고기업이 어떻게 현금을 획득하고 사용하는지를 통해 기업의 미래 순현금유입 창출 능력을 평가하는데 도움을 줌
재무성과에 기인하지 않는 경제적 자원 및 청구권의 변동	보고기업의 경제적 자원과 청구권이 변동된 이유와 그 변동이 미래 재무성과에 주는 의미에 대한 정보이용자의 이해를 도움

(3) 한국채택국제회계기준(K-IFRS)

① K-IFRS의 필요성

㉠ 다른 국가의 회계원칙으로 재무제표를 재작성하는 비용 절감

㉡ 회계정보의 국제적 비교가능성, 신뢰성을 높일 수 있음

② K-IFRS의 특징

원칙중심의 회계기준	• 회계처리의 기본원칙과 방법론 제시 • 선택가능한 대안의 제시(재무제표 표시방법의 다양성 인정)
연결재무제표 중심의 회계기준	연결재무제표를 주 재무제표로 표시
공시의 강화	• 회계기준 적용상 최소한의 적용지침 규정 • 정보이용자의 보호를 위한 공시강화
공정가치 적용확대	자산과 부채의 공정가치 측정 및 공시원칙

❷ 재무보고를 위한 개념체계

(1) 개념체계의 의의와 목적

① 개념체계의 의의

재무제표의 작성과 표시에 있어 기초가 되는 기본 개념

② 개념체계의 목적

㉠ K-IFRS의 신규제정 및 개정을 검토하는 경우 유용성 제공

㉡ 대체적 회계처리방법의 수를 축소하기 위한 근거의 제공

㉢ K-IFRS을 적용한 재무제표 작성할 때 유용

㉣ 회계기준상의 미비한 거래에 대한 회계처리에 유용

㉤ 감사인이 의견 형성을 할 때 유용

㉥ 재무제표에 포함된 정보 해석을 할 때 유용

㉦ K-IFRS을 제정하는데 사용한 접근방법에 대한 정보를 제공

③ 개념체계와 K-IFRS의 관계

㉠ 개념체계 ≠ 회계기준

㉡ 개념체계와 한국채택국제회계기준이 서로 다를 때는 항상 K-IFRS가 우선

(2) 재무제표의 목적과 기본가정

① 재무제표의 목적

정보이용자의 경제적 의사결정에 유용한 기업의 재무상태, 성과 및 재무상태변동에 관한 정보 제공

② 재무제표의 기본가정

계속기업	• 재무제표는 일반적으로 기업이 계속기업이며, 예상 가능한 기간 동안 영업을 계속할 것이라는 가정하에 작성 • 기업이 경영활동을 청산 및 축소하는 경우 다른 기준을 적용하여 재무제표를 작성하고 이때 적용한 기준은 별도로 공시해야 함 • 역사적 원가와 수익과 비용의 기간배분의 근거 제공

(3) 재무제표의 질적특성

① 질적특성의 정의

재무제표를 통해 제공되는 정보가 이용자에게 유용하기 위해 갖춰야 할 속성

② 질적특성의 종류

근본적 질적특성	목적적합성, 충실한 표현
보강적 질적특성	비교가능성, 검증가능성, 적시성, 이해가능성(단, 특정 정보가 보강적 질적특성이 극대화된다고 하더라도 근본적 질적특성이 훼손되면 개별적으로든 집단적으로든 그 정보는 유용하지 않음)

③ 근본적 질적특성

㉠ 목적적합성 : 목적적합한 재무정보는 정보이용자의 의사결정에 차이를 줄 수 있음

〈목적적합한 정보가 되기 위해 필요한 요소〉

예측가치와 확인가치	• 예측가치 : 정보가 정보이용자들이 미래 결과를 예측하기 위해 사용(예측가치를 가지기 위해 재무정보 자체가 예측치일 필요는 없음) • 확인가치 : 재무정보가 과거평가에 대한 피드백을 제공하여 과거의 의사결정과정을 확인하거나 변경시키는 것
중요성	• 정보의 성격이나 규모에 따른 정보의 누락이나 오류에 대한 임계치 • 기업 특유의 목적적합성을 의미하므로 획일적인 계량 임계치를 정하거나 무엇이 중요한지 미리 정할 수 없음

㉡ 충실한 표현 : 서술이 완전하고, 중립적이며, 오류가 없는 경우를 충실한 표현이라 함

완전한 서술	정보이용자가 이해하는데 필요한 모든 정보를 포함하는 것
중립적 서술	재무제표 선택이나 표시에 편의가 없는 것
오류가 없음	현상의 기술에 오류나 누락이 없고 정보를 생산하는데 사용된 절차의 선택과 적용 시 절차상 오류가 없음

④ 보강적 질적특성

보강적 질적특성	의 미
비교가능성	• 정보이용자가 항목 간의 유사점이나 차이점을 식별하고 이해할 수 있게 하는 질적특성 • 기업 간 비교가능성이나 기간별 비교가능성을 모두 포함
검증가능성	• 합리적인 판단력이 있고 독립적인 다른 관찰자의 입장에서 서술이 충실한 표현이라는데 의견이 일치하는 것을 의미 • 정보가 검증가능하기 위해서 단일 점 추정치일 필요는 없음
적시성	의사결정에 영향을 미칠 수 있도록 이해관계자가 정보를 제때에 이용가능하게 하는 것
이해가능성	이용자가 정보를 쉽게 이해할 수 있도록 정보가 제공되어야 한다는 것

❸ 재무제표의 작성과 표시

(1) 재무제표의 종류

① (기말)재무상태표

② 손익계산서(포괄손익계산서)

③ 자본변동표

④ 현금흐름표

⑤ 주 석

⑥ 회계정책을 소급하여 적용하거나, 재무제표의 항목을 소급하여 재작성 또는 재분류하는 경우 가장 이른 비교기간의 기초 재무제표

(2) 일반사항

구 분	내 용
공정한 표시와 K-IFRS의 준수	• K-IFRS에 따라 작성된 재무제표는 공정하게 표시된 재무제표 • K-IFRS와 일치하지 않는 회계정책의 적용금지
계속기업	경영진은 이용가능한 모든 정보를 고려하여 재무제표 작성 시 적어도 보고기간 말부터 향후 12개월의 계속기업으로서의 존속가능성을 평가
발생기준	발생기준 회계를 사용하여 재무제표를 작성
중요성과 통합표시	• 유사한 항목은 중요성 분류에 따라 재무제표에 구분하여 표시 • 상이한 성격이나 기능을 가진 항목은 구분하여 표시 • 중요하지 않은 항목은 유사한 항목과 통합하여 표시할 수 있음 • 재무제표와 주석에 적용하는 중요성의 기준은 다를 수 있으며, 재무제표에는 중요하지 않아 구분하여 표시하지 않은 항목이라도 주석에서는 구분 표시해야 할 만큼 충분히 중요할 수 있음
상 계	• 원칙 : 자산과 부채, 그리고 수익과 비용은 상계하지 않음 • 예외 : 기준에서 요구하거나 허용한 경우 상계할 수 있음
보고빈도	전체 재무제표는 적어도 1년마다 작성하여야 함
비교정보	• 당기 재무제표에 보고되는 모든 금액에 대해 전기 비교정보를 공시 • 당기 재무제표 이해에 목적적합한 경우 서술형 정보도 비교정보로 공시 • 비교정보로 공시하기 위해 적어도 두 개의 재무상태표와 나머지 재무제표 및 관련 주석을 표시
표시의 계속성	• 원칙 : 재무제표 항목의 표시와 분류는 매기 동일하여야 함 • 예외 - 사업내용의 유의적인 변화나 다른 표시나 분류방법이 더 적절한 경우 - K-IFRS에서 표시방법의 변경을 요구하는 경우

(3) 재무상태표의 작성방법

① 재무상태표의 작성원칙

형식이나 계정과목순서에 대해서는 강제규정을 두지 않음

② 재무상태표 유동·비유동 항목의 분류 규정

일반적인 경우	유동·비유동으로 자산과 부채를 재무상태표에 표시
예외적인 경우	유동성 순서에 따른 표시방법이 신뢰성 있고 더욱 목적적합한 정보를 제공하는 경우에만 모든 자산과 부채를 유동성의 순서에 따라 표시

③ 유동과 비유동의 구분

유동자산 이외의 자산은 비유동자산으로 유동부채 이외의 부채는 비유동부채로 분류한다.

유동자산	유동부채
㉠ 기업이 정상영업주기 내에 실현될 것으로 예상되거나 정상영업주기 내에 판매하거나 소비될 의도가 있음 ㉡ 단기매매 목적 ㉢ 보고기간 후 12개월 이내에 실현될 것으로 예상 ㉣ 현금이나 현금성자산으로써 사용에 대한 제한 기간이 보고기간 후 12개월 이상이 아님	㉠ 정상영업주기 내에 결제될 것으로 예상 ㉡ 단기매매 목적 ㉢ 보고기간 후 12개월 이내에 결제될 것으로 예상 ㉣ 보고기간 후 12개월 이상 부채의 결제를 연기할 수 있는 권리를 가지고 있지 않음

④ 유동성부채의 분류 사례

㉠ 보고기간 후 12개월 이내에 결제일이 도래하는 장기금융부채의 분류

사 례	부채의 분류
보고일 현재 기준으로 12개월 이내에 결제일이 도래	유동부채*주)
보고기간 후 12개월 이상 부채를 차환 또는 연장할 것으로 기대하고, 그런 재량권이 있는 경우	비유동부채

*주) 유동부채 : 보고기간 후 지급 기일을 장기로 조정하는 약정이나 차환 계약이 체결된 경우에도 동일

㉡ 차입약정 위반 시 대여자가 즉시 상환을 요구할 수 있는 장기금융부채의 분류

사 례	부채의 분류
보고기간 말 이전에 위반한 경우	유동부채*주1)
보고기간 말 이전에 12개월 이상의 유예기간을 주고 동 기간 내에 위반사항을 해소할 수 있는 경우	비유동부채*주2)

*주1) 유동부채 : 보고기간 후 상환을 요구하지 않기로 합의한 경우에도 동일
*주2) 비유동부채 : 유예기간 중에 대여자가 상환을 요구할 수 없어야 함

(4) 포괄손익계산서

① 포괄손익의 구성

포괄손익 = 당기순손익 + 기타포괄손익

② 포괄손익계산서 작성방법

㉠ '단일 포괄손익계산서' 또는 '별개의 손익계산서와 포괄손익계산서' 중 하나의 양식을 선택하여 표시

㉡ 당기순손익과 총포괄손익은 비지배지분과 지배기업의 소유주로 구분 표시

㉢ 포괄손익은 당기손익과 기타포괄손익으로 구성

③ 당기손익 항목

성격별 분류법과 기능별 분류법 중 더 신뢰성 있고 목적적합한 정보를 제공하는 방식으로 비용의 분석내용을 표시

구 분	내 용	예 시
성격별 분류법	• 당기손익에 포함된 비용을 그 성격별로 통합하여 표시하는 방법 • 기능별로 분류할 필요가 없어 작성이 간단	감가상각비, 원재료의 구입, 광고선전비 등
기능별 분류법	• 비용을 기능별로 분류하는 방법 • 매출원가를 다른 비용과 분리하여 공시 • 성격별 분류보다 정보이용자에게 더 목적적합한 정보를 제공할 수 있음 • 자의적인 배분과 판단이 개입될 수 있는 단점 • 기능별로 분류할 때, 비용의 성격에 대한 추가정보를 공시	매출원가, 물류원가 등

④ 기타포괄손익 표시방법

㉠ 관련 법인세효과를 차감한 순액으로 표시

㉡ 법인세효과 반영 전 금액으로 표시 후, 각 항목 관련 법인세효과는 단일 금액으로 합산 표시

⑤ 기타포괄손익 항목

㉠ 기타포괄손익-공정가치 측정 금융자산 재평가손익

㉡ 해외사업장 환산손익

㉢ 현금흐름위험회피수단의 파생상품평가손익변동

㉣ 관계기업에 대한 지분법기타포괄손익변동

㉤ 종업원급여 규정에 따라 인식된 보험수리적 손익

㉥ 유・무형자산의 재평가손익

❹ 보고기간 후 사건, 특수관계자 공시, 중간재무보고

(1) 보고기간 후 사건

① 개념 및 의의

보고기간 말과 재무제표 승인일 사이 발생한 유리하거나 불리한 사건을 의미

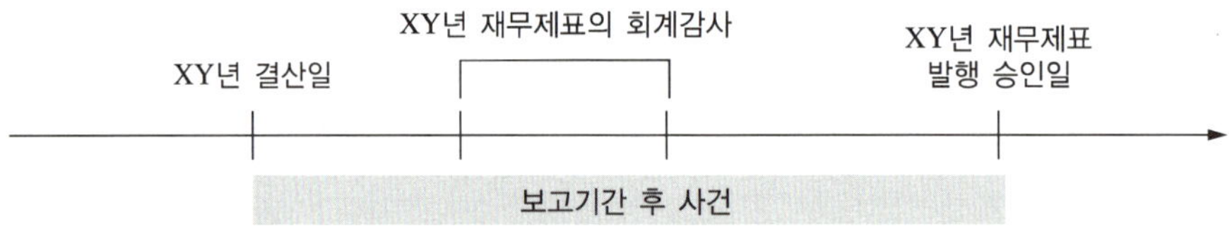

② 보고기간 후 사건의 유형

구 분	수정을 요하는 보고기간 후 사건	수정을 요하지 않는 보고기간 후 사건
정 의	보고기간 말에 존재하였던 상황에 대해 증거를 제공하는 사건	보고기간 후에 발생한 상황을 나타내는 사건

③ 보고기간 후 사건의 인식과 측정

㉠ 보고기간 후 사건의 구분 및 회계처리

수정을 요하는 보고기간 후 사건	수정을 요하지 않는 보고기간 후 사건
• 재무제표에 이미 인식한 금액을 수정 • 재무제표에 인식하지 않은 항목을 새로 인식	• 재무제표에 인식된 금액을 수정하지 않음 • 수정을 요하지 않는 보고기간 후 사건은 일정 사항을 공시

㉡ 배당금과 계속기업

배당금	보고기간 후부터 재무제표 발행 승인일 전에 배당을 선언한 경우 그 배당금을 보고기간 말의 부채로 인식하지 않음
계속기업	경영진이 보고기간 후에 계속기업의 가정이 적절하지 않다고 판단되는 경우 계속기업의 기준에 따라 재무제표를 작성하지 않고 회계처리방법을 변경

(2) 특수관계자 공시

① 특수관계자 공시의 목적

특수관계자와의 거래와 특수관계자에 대한 이해는 재무제표이용자가 기업을 평가하는데 영향

② 특수관계자의 범위

다음 중 하나에 해당하는 경우, 특수관계자로 인식

개 인	• 보고기업에 지배력 또는 공동 지배력이 있는 경우 • 보고기업에 유의적인 영향력이 있는 경우 • 보고기업 또는 그 지배기업의 주요 경영진의 일원인 경우
법 인	• 기업과 보고기업이 동일한 연결실체 내의 일원인 경우 • 한 기업이 다른 기업의 관계기업이거나 조인트벤처인 경우 • 두 기업이 동일한 제3자의 조인트벤처인 경우 • 제3자의 기업에 대해 한 기업이 조인트벤처이고 다른 기업이 관계기업인 경우 • 기업이 특수관계인 개인에 의해 지배 또는 공동 지배되는 경우 • 보고기업에 지배력 또는 공동지배력이 있는 것으로 식별된 특수관계자인 개인이 기업에 유의적인 영향력이 있거나 그 기업(또는 그 기업의 지배기업)의 주요 경영진의 일원인 경우

(3) 중간재무보고

① 중간재무보고의 의의와 보고서의 종류

중간재무보고의 용어	• 중간기간 : 한 회계연도보다 짧은 회계기간 • 중간재무보고서 : 분기 또는 반기를 대상으로 하는 재무제표
중간재무보고의 의의	회계정보의 적시성 확보
중간재무보고서의 종류	요약재무상태표, 요약포괄손익계산서, 요약자본변동표, 요약현금흐름표, 선별적 주석
공시대상	상장회사, 코스닥상장법인은 작성・공시해야 함

② 중간재무보고서가 제시되어야 하는 기간

재무제표의 종류	대상기간	비교대상
재무상태표	당해 중간보고기간 말	직전 연차보고기간 말
포괄손익계산서	당해 중간기간과 당해 회계연도 누적기간	직전 회계연도의 동일기간
현금흐름표, 자본변동표	당해 회계연도 누적기간	직전 회계연도의 동일기간

02 자 산

❶ 자 산

(1) 재고자산의 취득원가 결정

① 재고자산의 의의

- 정상적인 영업과정에서 판매를 위하여 보유 중인 자산
- 정상적인 영업과정에서 판매를 위하여 생산 중인 자산
- 생산이나 용역제공에 사용될 원재료나 소모품

② 재고자산의 취득원가 계산

상품(외부구입)	매입원가 = 매입가격 + 매입 관련 직접원가(수입관세, 제세금, 매입운임, 하역료, 직접 관련된 기타원가) − 매입할인, 리베이트
제품(자가제조)	제조원가 = 원재료의 매입원가 + 전환원가(직접노무원가 + 제조간접원가)

(2) 기말재고자산의 평가

① 수량의 결정

구 분	계속기록법	실지재고조사법
정 의	상품의 입·출고 시마다 수량을 계속적으로 기록하는 방법	정기적 실지재고조사를 통하여 재고수량을 파악하는 방법
입출고기록	상품재고장에 입고 및 출고시점에 일일이 기록	상품재고장에 입고기록만 하며 출고기록을 하지 않음
계산방식	판매가능상품(기초상품 재고수량 + 당기매입수량) − 당기판매수량 = 기말상품재고수량	판매가능상품(기초상품 재고수량 + 당기매입수량) − 기말상품재고수량(실사) = 당기판매수량

② 재고자산 원가흐름의 가정

㉠ 원 칙

원 칙	개별법
개별법의 적용상의 문제점	현실적으로 재고자산의 종류가 많고 거래가 빈번한 경우 적용하기 어려우며 관리비용이 다수 생길 수 있음

㉡ 개별법을 적용할 수 없는 경우 선입선출법, 가중평균법 사용

선입선출법	의 의	재고자산 물량의 실제 흐름과는 관계없이, 먼저 구입한 상품이 먼저 사용되거나 판매된 것으로 가정하여 단가를 산정
	장 점	기말재고자산가액이 재무상태표일 현재 공정가치와 유사한 가액으로 결정
	한 계	물가상승 시 매출원가가 과거 매입했던 원가로 인식되어 상대적으로 이익이 과대계상
가중평균법	의 의	기초재고자산과 회계기간 중에 매입 또는 생산된 재고자산의 원가를 가중평균하여 재고자산의 단위원가를 결정
	총평균법	실지재고조사법에서 적용하는 평균법으로 일정기간 단위로 품목별 총평균원가를 산출하는 방법
	이동평균법	계속기록법에서 적용하는 평균법으로 자산을 취득할 때마다 장부재고금액을 장부재고수량으로 나누어 평균단가를 산출 후 산출한 취득가액을 그 자산의 평가액으로 하는 방법

㉢ 후입선출법은 최근 현행원가 수준과 거의 관련없는 재고자산 금액으로 표시될 뿐 아니라 재고자산이 과거의 낮은 취득원가로 계상되어 있을 때 의도적으로 당해 재고자산이 매출원가로 대체되도록 함으로써 이익조정의 수단으로 활용될 수 있기에 한국채택국제회계기준에서는 후입선출법을 허용하지 않는다.

③ 회계기간 중에 재고자산의 취득단가가 계속 상승할 경우 방법별 비교

㉠ 기말재고자산의 크기	:	선입선출법 > 가중평균법 > 후입선출법
㉡ 매출원가의 크기	:	선입선출법 < 가중평균법 < 후입선출법
㉢ 당기순이익의 크기	:	선입선출법 > 가중평균법 > 후입선출법

④ 다양한 재고자산이 있는 경우 재고자산의 평가

성격과 용도가 유사한 경우	동일한 단위원가 결정방법 적용
성격과 용도면에서 차이가 있는 경우	서로 다른 단위원가 결정방법 적용

⑤ 재고자산의 추정

실제원가가 표준원가법이나 소매재고법과 유사한 경우에 표준원가법이나 소매재고법을 편의상 사용할 수 있음

(3) 저가법 평가

① 저가법 평가를 할 때의 재고자산 가액

재고자산 = Min(취득원가, 순실현가능가치*주))

*주) 순실현가능가치 = 예상 판매가격 − 예상되는 추가 부대비용 및 판매비용

② 재고자산 손실 발생 사유

㉠ 손 상

㉡ 진부화

㉢ 판매가격 하락

㉣ 원가 상승

③ 저가법의 적용

원 칙	항목별로 적용
조별로 저가법 평가	서로 유사하거나 관련있는 재고자산 항목을 통합하여 조별로 저가법 평가를 할 수 있음
총액으로 평가	모든 재고자산가액을 총액으로 저가법 평가할 수는 없음

④ 순실현가능가치의 추정

㉠ 보유목적에 따른 순실현가능가치

보유목적	재고자산 분류	순실현가능가치
판 매	상품 · 제품 · 재공품	예상판매금액 − 판매부대비용 − 추가 완성원가
제조를 위해 사용	원재료 · 기타소모품	현행대체원가
확정판매계약		계약가격

㉡ 원재료 · 기타소모품의 저가법 평가

완성될 제품이 원가 이상으로 판매될 것으로 예상	원재료 · 기타소모품은 저가법 평가하지 않음
제품의 원가 > 순실현가능가치	• 원재료를 저가법 평가 • 원재료를 저가법 평가할 때는 현행대체원가(현재시점에서 매입하거나 재생산하는데 소요되는 금액)를 순실현가능가치 대신 사용

⑤ 재고자산평가손실 환입

㉠ 기업은 매 후속기간에 재고자산의 순실현가능가치를 재평가

㉡ 재평가 시 재고자산의 순실현가능가치가 상승한 경우 : 최초의 장부금액을 초과하지 않는 범위 내에서 평가손실을 환입함

⑥ 재고자산감모손실과 재고자산평가손실

㉠ 감모손실 = 장부상 재고수량 > 실제 재고수량

㉡ 재고자산평가손실과 재고자산감모손실은 감액이나 감모가 발생한 기간에 비용으로 인식

㉢ 재고자산평가손실과 재고자산감모손실의 비용 항목 분류는 선택사항

❷ 유형자산

(1) 유형자산의 정의와 측정

유형자산의 정의	재화나 용역의 생산이나 제공, 타인에 대한 임대 또는 관리활동에 사용할 목적으로 보유하는 물리적 형태가 있는 자산으로서 한 회계기간을 초과하여 사용할 것이 예상되는 자산	
유형자산의 인식 (둘 모두 충족)	• 자산으로부터 발생하는 미래 경제적 효익이 기업에 유입될 가능성이 높음 • 자산의 원가를 신뢰성 있게 측정할 수 있음	
유형자산의 측정	최초원가	지급한 현금 또는 현금성자산이나 제공한 기타 대가의 공정가치
	후속측정	• 일상적인 수선 · 유지와 관련하여 발생하는 원가 : 발생시점에 당기비용 • 주요부품 또는 구성요소의 정기적인 대체가 필요한 경우 : 유형자산 인식기준을 충족하면 유형자산의 장부금액에 포함하고 대체되는 부분의 장부금액은 제거 예 용광로의 내화벽돌교체, 항공기의 내부설비교체 • 유형자산의 정기적인 종합검사가 필요한 경우 : 유형자산 인식기준을 충족하는 경우 유형자산의 장부금액에 포함하고 대체되는 부분의 장부금액은 제거 예 항공기의 종합검사원가

(2) 유형자산의 원가

원 칙	유형자산을 사용가능한 상태에 이르게 할 때까지 발생한 모든 지출을 포함
원가의 구성항목	① 관세 및 환급불가능한 취득 관련 세금을 가산하고 매입할인과 리베이트 등을 차감한 구입가격 ② 경영진이 의도하는 방식으로 자산을 가동하는데 필요한 장소와 상태에 이르게 하는데 직접 관련되는 원가 ③ 자산을 해체, 제거하거나 부지를 복구하는데 소요될 것으로 최초에 추정되는 원가 ④ 설치장소 준비원가 ⑤ 유형자산 취득에 수반되는 국 · 공채 매입이 있는 경우 유가증권의 취득가액과 현재가치의 차액 : 유형자산 취득원가에 가산

원가에 포함되지 않는 비용	① 새로운 시설을 개설하는데 소요되는 원가 ② 새로운 상품과 서비스를 소개하는데 소요되는 원가 ③ 새로운 지역이나 고객층을 대상으로 영업을 하는데 소요되는 원가 ④ 관리 및 기타 일반간접원가 ⑤ 유형자산이 경영진이 의도하는 방식으로 가동될 수 있는 장소와 상태에 이른 후에 발생한 원가(단, 유형자산을 경영진이 의도하는 방식으로 가동하는데 필요한 장소와 상태에 이르게 하기 위해 필요한 활동은 아니지만, 유형자산의 건설 또는 개발과 관련하여 영업활동이 이루어져 수익과 비용이 발생한 경우 : 당기손익으로 인식하고 수익과 비용을 구분하여 표시)

(3) 유형자산의 상황 및 종류별 취득원가

① 토지만 구입하는 경우

토지의 취득원가 = 구입가격 + 취득관련 직접원가

② 토지와 건물의 일괄구입

토지와 건물을 모두 사용할 목적인 경우	• 취득원가를 개별자산의 공정가치비율로 안분 • 토지 건물 중 하나의 공정가치만 확인되는 경우 : 해당 자산은 공정가치로, 나머지 자산은 원가로 인식하고 취득세 및 등록세 등 취득부대비용은 토지, 건물에 개별적으로 배분
토지만 사용할 목적인 경우	• 구입대가 모두를 토지의 취득원가로 처리 • 건물철거비용은 토지의 취득원가에 가산 • 폐자재 등의 순매각금액은 토지의 취득원가에서 차감

③ 장기연불거래 시의 원가

유형자산의 취득원가	채무의 현재가치
총지급액과 현재가치의 차이	신용기간에 걸쳐 이자비용으로 인식

④ 교환에 의하여 취득한 자산의 취득원가

상업적 실질이 있는 경우	교환으로 취득한 자산의 취득원가 = 제공한 자산의 공정가치(취득한 자산의 공정가치가 더 명백한 경우 취득한 자산의 공정가치) + 현금지급액 − 현금수령액
상업적 실질이 없는 경우	제공한 자산의 장부금액

⑤ 현물출자 · 증여 · 무상취득으로 자산취득

현물출자	발행 · 교부한 주식의 공정가치
증여 · 무상취득	취득한 자산의 공정가치

⑥ 정부보조금

정부보조금을 수령하여 자산을 취득한 경우

정부보조금은 재무상태표에 이연표시하거나 자산에서 차감표시	
이연표시(부채)로 인식한 경우 정부보조금의 후속측정	이후 별도의 수익으로 인식
자산에서 차감표시한 경우 정부보조금의 후속측정	감가상각비 등 관련 비용을 차감

재무
세무
원가관리

(4) 감가상각

① 감가상각의 의의

자산의 내용연수에 걸쳐 동 자산의 이용이나 시간의 경과 등으로 인한 효용의 감소분을 배분

② 감가상각의 요소

감가상각 요소	내 용
감가상각대상금액	• 감가상각의 기준이 되는 금액 • 감가상각대상금액 = 유형자산 취득원가 − 잔존가치
내용연수	• 자산의 경제적 수명을 의미 • 미사용한 자산이더라도 기술적 또는 상업적 진부화 및 마모나 손상 등의 요인으로 인하여 자산의 경제적 내용연수가 감소할 수 있음
감가상각방법	• 정의 : 감가상각대상금액을 내용연수 동안 체계적으로 배부하기 위한 방법 • 미래 경제적 효익의 예상 소비형태를 가장 잘 반영하는 방법을 감가상각방법으로 선택 • 자산의 예상 소비형태를 신뢰성 있게 결정할 수 없으면 정액법 사용 • 감가상각방법은 예상 소비형태가 변하지 않는 한 일관되게 적용 • 감가상각방법은 매 회계연도 말에 재검토 후 미래 경제적 효익의 예상 소비형태에 유의적인 변동이 있는 경우 감가상각방법을 변경 • 감가상각방법 변경 시 추정의 변경 적용

③ 감가상각비 계산

정액법	• 매기 일정한 금액 상각 • 정액법 감가상각비 = (취득원가 − 잔존가치) ÷ 내용연수
정률법	• 내용연수 초기에 감가상각비를 많이 계상하다가 내용연수 후기로 갈수록 감가상각비를 적게 계상(가속상각법) • 정률법 감가상각비 = (취득원가 − 감가상각누계액) × 상각률
생산량비례법	• 유형자산의 생산량에 비례하여 감가상각비를 계산 • 생산량비례법 감가상각비 = (취득원가 − 잔존가치) × $\frac{\text{당기 생산량}}{\text{추정 총생산량}}$
연수합계법	• 연수합계법 상각률 = $\frac{\text{특정연도 초의 잔존내용연수}}{\text{내용연수의 합계}}$ • 연수합계법 감가상각비 = (취득원가 − 잔존가치) × 상각률

(5) 유형자산 후속측정

① 유형자산 후속측정의 원칙

- 원칙 : 원가모형 or 재평가모형 중 선택
- 후속측정 방식을 정하고 나면 유형자산 분류별로 동일하게 선택

② 재평가모형

의 의	재평가일의 공정가치로 유형자산 금액을 수정
재평가 시기	주기적으로 재평가(매 보고기간 말마다 재평가하는 것은 아님)
재평가 범위	동일한 분류 내에는 동시에 재평가(재평가가 단기간 수행되고 계속적으로 갱신할 경우, 동일한 분류 내 순차적 재평가 가능)

③ 재평가모형과 원가모형의 장부금액

원가모형	원가모형의 유형자산 장부금액 = 취득원가 − 감가상각누계액 − 손상차손누계액
재평가모형	재평가모형의 유형자산 장부금액 = 재평가시점의 공정가치 − 재평가 이후의 감가상각누계액과 손상차손누계액

④ 재평가손익의 회계처리

구 분	내 용	
재평가이익이 발생한 경우	일반적인 경우	재평가잉여금(기타포괄손익) 인식
	재평가손실이 있는 경우	재평가손실과 우선 상계 후 기타포괄손익인식
재평가손실이 발생한 경우	일반적인 경우	재평가손실(당기손익) 인식
	재평가잉여금이 있는 경우	재평가잉여금과 우선 상계 후 당기손실로 인식
재분류조정하지 않는 경우	해당 자산을 제거하는 경우 이익잉여금으로 대체	
재평가금액으로 수정하는 방법	비례수정법	감가상각누계액과 총장부금액을 비례적으로 수정
	전액제거법	총장부금액에서 기존의 감가상각누계액 전부 제거

(6) 유형자산의 손상

① 자산이 손상되는 상황

> 자산의 장부금액 > 자산의 회수가능액

② 손상의 검토

- 매 보고기간 말마다 자산손상을 시사하는 징후가 있는지 검토
- 손상징후가 있는 경우 손상차손을 인식

③ 회수가능액의 측정

㉠ 회수가능액

> 회수가능액 = Max(순공정가치, 사용가치)

㉡ 순공정가치 : 합리적인 판단력과 거래의사가 있는 독립된 당사자 사이의 거래에서 자산의 매각으로부터 수취할 수 있는 금액에서 처분부대원가를 차감한 금액

> 순공정가치 = 자산 매각 대가 − 처분부대비용

㉢ 사용가치 : 자산의 계속적인 사용과 처분에서 기대되는 미래현금흐름을 적정한 할인율로 할인한 현재가치

④ 원가모형의 손상차손과 손상차손환입

손상의 징후가 있는 경우	• 회수가능액 < 장부금액 : 손상차손 인식 • 회수가능액 > 장부금액 : 손상차손 인식하지 않음
손상차손환입의 인식	• 회수가능액 > 장부금액인 경우 기존에 인식한 손상차손이 있으면 손상차손환입을 인식 • 환입한도 = Min(회수가능액*주), 손상차손을 인식하지 않았을 경우의 기말장부금액) *주) 회수가능액 = Max(순공정가치, 사용가치)

⑤ 재평가모형의 손상차손과 손상차손환입

손상의 징후가 있는 경우	• 회수가능액 < 장부금액 : 기존에 인식한 재평가잉여금과 우선 상계한 후 손상차손 인식 • 회수가능액 > 장부금액 : 손상차손 인식하지 않음
손상차손환입의 인식	회수가능액 > 장부금액 : 기존에 인식한 손상차손까지 당기손익으로 인식하고 초과금액을 재평가잉여금으로 인식

(7) 차입원가 자본화

① 차입원가 자본화

차입원가	자금의 차입과 관련하여 발생하는 이자 및 기타 원가
차입원가의 회계적 처리	• 적격자산의 취득, 건설 또는 생산과 관련되는 차입원가 : 자산의 원가에 포함 • 기타 차입원가 : 발생기간의 비용으로 처리
적격자산의 요건	• 의도된 용도로 사용하거나 판매가능한 상태에 이르게 하는데 상당한 기간을 필요로 하는 자산 • 적격자산의 예 : 재고자산, 유형자산, 무형자산, 투자부동산 • 금융자산 및 단기간 내 제조된 재고자산, 취득시점에 의도된 용도로 사용할 수 있거나 판매가능한 상태에 있는 자산은 적격자산이 될 수 없음
차입원가 자본화	적격자산 취득을 위해 발생한 차입금에서 발생한 이자비용을 유형자산의 취득원가로 인식

② 자본화기간

자본화의 개시	• 자본화 개시일의 조건(모두 충족해야 함) – 적격자산에 대하여 지출 – 차입원가가 발생 – 적격자산을 의도된 용도로 사용하거나 판매가능한 상태에 이르게 하는데 필요한 활동을 수행
적격자산 취득과 관련된 활동	• 적격자산을 취득하는데 필요한 활동은 해당 자산의 제작 이전 단계에서 이루어진 기술 및 관리상의 활동도 포함 예 각종 인・허가를 얻기 위한 활동 • 단순한 보유활동은 적격자산을 취득하는데 필요한 활동으로 보지 않음
자본화의 중단	• 적격자산에 대한 적극적인 개발활동을 중단한 기간에는 자본화를 중단 • 중단기간 중에도 상당한 기술 및 관리활동이 진행된다면 자본화 중단하지 않음
자본화의 종료	적격자산을 의도된 용도로 사용하거나 판매 가능한 상태에 이르게 하는데 필요한 대부분의 활동이 완료된 시점에서 차입원가의 자본화 종료

③ 자본화가능차입원가의 인식

㉠ 자본화가능차입원가의 의미 : 차입원가 중 당해 적격자산과 관련된 지출이 발생되지 않았다면 발생하지 않았을 차입원가

㉡ 자본화가능차입원가의 종류

자본화가능 차입원가 종류	내 용
특정차입금	적격자산을 취득할 목적으로 직접 차입한 차입금
일반차입금	일반 목적으로 차입한 자금 중 적격자산의 취득에 소요된 것으로 보는 차입금

㉢ 적격자산의 연평균지출액

연평균지출액의 의미	자본화기간 중 적격자산 관련 지출액을 연평균의 개념으로 환산한 금액
연평균지출액 계산	연평균지출액 = 지출액 × 지출일로부터 자본화종료시점까지의 기간 ÷ 12(월별로 계산하는 경우)

㉣ 자본화가능차입원가의 결정

1단계 : 특정목적차입금의 자본화가능 차입원가 계산(한도 적용 X)	특정목적차입금의 자본화가능차입원가 = 특정목적차입금 × 이자율 × 자본화기간 − 일시운용투자수익
2단계 : 연평균지출액 계산	연평균지출액 = 지출액 × 지출일로부터 자본화종료시점까지의 기간 ÷ 12
3단계 : 일반목적차입금의 자본화가능 차입원가 계산(한도 : 실제 발생한 일반차입금 차입원가)	• 일반목적차입금 중 자본화가능차입원가 = (적격자산 연평균지출액 − 특정목적차입금지출액) × 자본화이자율 • 자본화 이자율 = 당기 일반목적차입금 이자비용 ÷ 당기 일반목적차입금 연평균금액

(8) 유형자산의 제거

① 유형자산을 제거하는 상황

㉠ 처분하는 때

㉡ 사용이나 처분을 통하여 미래 경제적 효익이 기대되지 않을 때

② 유형자산처분손익

유형자산의 처분대가	공정가치로 인식
유형자산처분손익	유형자산 처분손익 = 순매각금액*주) − 장부금액

*주) 순매각금액 = 자산매각대가 − 처분부대비용

❸ 무형자산

(1) 무형자산의 정의와 인식

무형자산의 정의	물리적 실체는 없지만 식별 가능한 비화폐성 자산	
무형자산의 요건	㉠ 물리적 실체가 없음 ㉡ 식별가능성이 있음(둘 중에 하나에 해당하는 경우) • 분리가능함 : 기업에서 분리가 가능하며 개별적으로 계약, 매각 가능 • 계약상 권리 또는 기타 법적 권리로부터 발생 : 권리의 이전이나 분리가능 여부는 고려하지 않음 ㉢ 통제가능성이 있음 ㉣ 미래 경제적 효익이 유입될 확률이 높아야 함	
인식요건	무형자산의 정의와 인식요건을 모두 충족해야 함	
	무형자산 인식요건을 충족하지 못한 경우	해당 지출을 당기비용으로 인식

재무
세무
원가관리

(2) 무형자산의 측정

무형자산을 개별취득하는 경우의 취득원가	구입가격(매입할인과 리베이트 차감, 수입관세와 환급불가의 제세금 포함) + 자산을 의도한 목적에 사용할 수 있도록 준비하는데 직접 관련되는 원가
사업결합으로 취득	식별가능성만 충족하는 경우 항상 인식기준을 충족하는 것으로 보고 무형자산으로 인식할 수 있음 예 브랜드, 고객목록
내부적으로 창출한 영업권, 브랜드, 고객목록	무형자산으로 인식할 수 없음
내부적으로 창출한 무형자산	• 연구단계에서 발생한 지출의 회계처리 : 발생한 기간의 비용으로 인식 • 개발단계에서 발생한 지출의 회계처리 : 개발 요건을 모두 충족하는 경우에만 무형자산으로 인식하고 그 외의 경우는 기간비용으로 인식

※ 기타사항은 유형자산과 동일

(3) 무형자산의 후속측정

① 무형자산의 후속측정

원가모형이나 재평가모형 중 선택

원가모형	무형자산 장부금액	무형자산 취득원가 - 상각누계액 - 손상차손누계액
	내용연수가 유한한 무형자산의 상각	• 내용연수 = Min(경제적 내용연수, 법적 권리기간) • 잔존가치 : 잔존가치가 있다고 보는 경우를 제외하고 '0'으로 인식
재평가모형	무형자산 장부금액	재평가일의 공정가치 - 상각누계액 - 손상차손누계액
	무형자산의 상각	유형자산과 동일

② 상각방법

원 칙	• 내용연수가 유한한 무형자산의 상각방법은 자산의 경제적 효익이 소비되는 형태를 반영 • 무형자산의 경제적 효익이 소비되는 형태를 신뢰성 있게 결정할 수 없는 경우 정액법 사용
내용연수가 비한정인 무형자산	• 자산에 대한 상각을 하지 않음 • 다음 경우에 자산에 대한 손상검사 수행 - 매년 일정시기 - 무형자산의 손상을 시사하는 징후가 있을 때 • 매 회계기간마다 내용연수가 비한정이라는 평가가 정당한지 검토

③ 무형자산의 손상

일반적인 자산의 손상	매 보고기간 말마다 자산손상을 시사하는 징후가 있는지 검토하고 징후가 있는 경우에만 회수가능액을 추정하고 손상이 발생한 경우 손상을 인식	
예 외	• 내용연수가 비한정인 무형자산 • 아직 사용할 수 없는 무형자산 • 영업권	• 예외 항목의 손상검사 - 매년 손상징후가 없더라도 손상검사 수행 - 매년 같은 시기에 손상검사를 실시 - 영업권은 손상이 발생한 경우 손상차손환입은 인정하지 않음

❹ 투자부동산

(1) 투자부동산의 의의, 범위 및 분류

① 투자부동산

투자부동산	임대수익이나 시세차익 또는 두 가지 모두를 얻기 위하여 보유(소유, 금융리스)하는 부동산
투자부동산으로 분류하는 이유	기존의 유형, 재고자산과 독립적으로 현금흐름을 창출하기 때문에 별도의 회계기준을 적용하는 것이 정보이용자에게 목적적합한 정보를 제공

② 투자부동산의 범위 및 분류

투자부동산에 해당하는 경우	㉠ 장기 시세차익을 얻기 위하여 보유하고 있는 토지 ㉡ 장래 사용목적을 결정하지 못한 채로 보유하고 있는 토지 ㉢ 직접 소유(or 금융리스)하고 운용리스로 제공하고 있는 건물 ㉣ 리스제공자가 운용리스로 제공하기 위하여 보유하고 있는 미사용 건물 ㉤ 투자부동산으로 사용하기 위하여 건설 또는 개발 중인 부동산
투자부동산에 해당되지 않는 경우	㉠ 정상적인 영업과정에서 판매하기 위한 부동산이나 판매하기 위해 건설 또는 개발 중인 부동산 ㉡ 제3자를 위하여 건설 또는 개발 중인 부동산 ㉢ 자가사용부동산 ㉣ 금융리스로 제공한 부동산

③ 일부만 투자부동산의 요건을 충족·부수적인 용역을 제공

㉠ 일부만 투자부동산의 요건을 충족하는 경우

부문별로 분리 매각이 가능	각 부문을 분리하여 회계처리
부문별로 분리 매각이 불가능	사용하기 위해 보유하는 부분이 경미한 경우에만 투자부동산으로 분류

㉡ 부동산 소유자가 사용자에게 부수적인 용역을 제공

부수용역이 경미한 경우	투자부동산으로 분류 예 건물을 사용하는 리스이용자에게 보안과 관리용역 제공
부수용역이 유의적인 경우	자가사용부동산으로 분류 예 호텔을 소유하고 직접 경영하면서 투숙객에게 용역을 제공

(2) 투자부동산의 인식 및 측정

① 투자부동산의 최초 인식

투자부동산의 취득원가 = 구입금액 + 구입에 직접 관련된 지출

② 투자부동산의 후속측정

투자부동산의 후속측정	투자부동산은 최초인식 시점에 원가로 측정한 후 두 범주로 구분하여 각 범주별로 공정가치모형과 원가모형 중 하나를 선택
원가모형	유형자산과 동일
공정가치모형	• 투자부동산에 대하여 공정가치모형을 선택한 경우 최초인식 후 모든 투자부동산을 공정가치로 측정 • 투자부동산의 공정가치 변동에 따른 손익은 발생한 기간의 당기손익에 반영 • 감가상각대상자산인 경우에도 감가상각은 하지 않음 • 예외적인 경우에 해당(공정가치를 신뢰성 있게 측정할 수 없는 경우) 되어 하나의 투자부동산에 대하여 원가모형을 적용 : 그 밖의 모든 투자부동산에 대해서 공정가치모형을 적용

(3) 계정대체

① 투자부동산의 계정대체가 가능한 상황

투자부동산의 계정대체가 허용되는 상황	• 자가사용의 개시 : 투자부동산을 자가사용부동산으로 대체 • 정상적인 영업과정에서 판매하기 위한 개발의 시작 : 투자부동산을 재고자산으로 대체 • 자가사용이 종료 : 자가사용부동산을 투자부동산으로 대체 • 제3자에게 운용리스 제공 : 재고자산을 투자부동산으로 대체

② 원가모형을 적용하는 경우 자산 간 계정대체

투자부동산, 자가사용부동산, 재고자산 간 대체가 발생하는 경우 대체되는 자산의 장부금액을 승계

③ 공정가치모형을 적용하는 경우 자산 간 계정대체

투자부동산에서 자가사용부동산 또는 재고자산	• 대체시점의 공정가치로 장부금액 인식 • 대체시점 공정가치 − 장부금액은 당기손익으로 인식
자가사용부동산에서 투자부동산	• 대체시점까지 감가상각을 실시하고 손상차손 인식 • 대체시점의 공정가치로 장부금액 인식 • 대체시점 공정가치 − 장부금액은 유형자산 재평가와 동일하게 처리
재고자산에서 투자부동산	• 대체시점의 공정가치로 장부금액 인식 • 대체시점 공정가치 − 장부금액은 당기손익으로 인식
건설중인자산에서 투자부동산	• 대체시점의 공정가치로 장부금액 인식 • 대체시점의 공정가치 − 장부금액은 당기손익으로 인식

❺ 금융자산

(1) 금융상품의 의의

① 금융상품의 의의

보유자에게 금융자산을 발생시키고 동시에 상대방에게 금융부채나 지분상품을 발생시키는 모든 계약

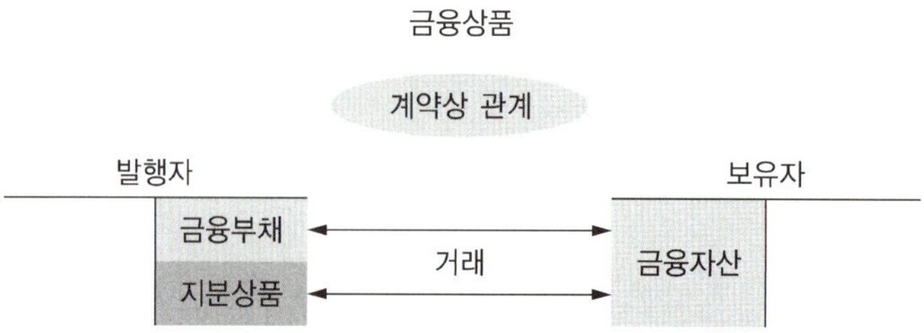

② 계약상 권리와 의무

금융자산	미래에 현금 등 금융자산을 수취할 계약상 권리
금융부채	미래에 현금 등 금융자산을 지급할 계약상 의무

③ 금융자산의 범위

현 금	지폐, 주화 이외에 타인발행당좌수표, 자기앞수표, 송금환, 우편환, 만기도래 이자표, 만기도래 어음, 일람출급어음, 당좌예금, 보통예금까지 포함
현금성자산	• 유동성이 매우 높은 단기투자자산(대략 3개월 이내) • 확정된 금액의 현금으로 전환이 쉬움 • 가치변동의 위험이 경미한 자산 • 투자나 다른 목적이 아닌 단기의 현금수요 충족을 위한 목적으로 보유
지분상품	• 지분상품은 일반적으로 현금성자산에서 제외 • 형식이 지분상품이더라도 상환일이 정해져 있고, 취득일로부터 상환일까지 기간이 단기인 우선주와 같이 실질이 현금성자산인 경우 예외

④ 은행계정조정표

구 분	항 목	회사측 반영	은행측 반영	처리방법
은행 관련 사항	미기입예금	반영(입금)	없 음	예금 잔액 가산
	미인출수표(미결제수표)	반영(출금)	없 음	예금 잔액 차감
회사 관련 사항	미통지입금(미착예금)	없 음	반영(입금)	회사 장부에 가산
	이자수익	없 음	반영(입금)	회사 장부에 가산
	부도수표(어음)	없 음	반영(출금)	회사 장부에 차감
	이자비용 · 은행수수료	없 음	반영(출금)	회사 장부에 차감

(2) 금융자산의 분류

① 금융자산 분류의 기준

분류의 원칙	금융자산의 '계약상 현금흐름의 특성'과 금융자산의 관리를 위한 '사업모형'에 근거하여 금융자산을 분류
현금흐름 특성	• 금융자산 계약에서 발생할 것으로 예상되는 현금흐름이 원금과 이자로만 구성되어 있는지 확인 • 현금흐름이 원금과 이자로만 구성되어 있지 않은 경우 당기손익-공정가치 측정 금융자산으로 분류
사업모형	• 현금흐름을 창출하기 위해 금융자산을 관리하는 방식 • 사업모형의 구분(다음 중 하나의 사업모형으로 금융자산을 분류) – 계약상 현금흐름의 수취 – 계약상 현금흐름의 수취와 매도 – 이외의 목적

② 금융자산의 분류

구 분	정 의	평가손익
당기손익-공정가치 측정 금융자산	• 상각후원가 측정 금융자산이나 기타포괄손익-공정가치 측정 금융자산으로 분류되지 않는 경우에 적용 • 당기손익-공정가치 측정의 선택 : 회계불일치 제거	공정가치로 측정하여 당기손익으로 인식
기타포괄손익-공정가치 측정 금융자산	• 사업모형 및 현금흐름이 아래와 같은 요건을 동시에 충족하는 경우 - 사업모형 : 계약상 현금흐름 수취와 매도 - 현금흐름 : 계약상 현금흐름이 원리금으로만 구성된 경우 • 단기매매 항목이 아닌 지분상품으로 최초인식시점에 선택	공정가치로 측정하여 기타포괄 손익으로 인식
상각후원가 측정 금융자산	• 사업모형 및 현금흐름이 아래와 같은 요건을 동시에 충족하는 경우 - 사업모형 : 계약상 현금흐름 수취 - 현금흐름 : 계약상 현금흐름이 원리금으로만 구성된 경우	-

③ 채무상품과 지분상품의 금융자산 분류

구 분	현금흐름 특성	사업모형	분 류
채무상품*주)	계약상 현금흐름이 원리금으로만 구성	계약상 현금흐름의 수취	상각후원가
		계약상 현금흐름의 수취 & 매도	기타포괄손익-공정가치
		그 밖의 목적	당기손익-공정가치
지분상품	계약상 현금흐름이 원리금으로만 구성되어 있지 않음	사업모형을 고려하지 않음 (지분상품의 특성상 사업모형을 고려할 필요가 없음)	원칙 : 당기손익-공정가치 측정 금융자산으로 분류
			예외 : 단기매매 항목이 아닌 경우 최초 취득시점에 기타포괄손익-공정가치 측정 금융자산으로 분류 가능
파생상품	파생상품 관련 금융자산은 당기손익-공정가치로 분류		

*주) 채무상품 : 회계불일치 해소를 위해 상각후원가 측정 금융자산 및 기타포괄손익-공정가치 측정 금융자산으로 분류되어야 하는 경우에도 당기손익-공정가치 측정 금융자산으로 선택 가능

〈금융자산 분류〉

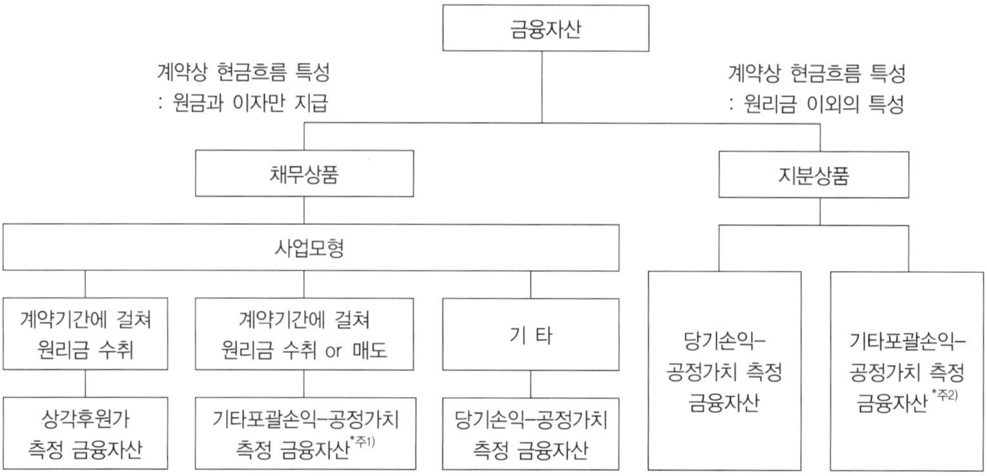

*주1) 회계불일치 해소 등의 목적으로 당기손익-공정가치 측정 금융자산으로 선택 가능
*주2) 최초 취득 시 단기매매 목적이 아닌 경우 선택 가능

(3) 금융자산의 측정

① 금융자산의 최초측정

원 칙	제공한 대가의 공정가치(거래가격)
제공한 대가 중 일부가 금융상품 이외의 대가인 경우	평가기법을 사용하여 금융상품의 공정가치 추정 예 무이자 장기대여금, 장기수취채권 등
거래비용	• 당기손익-공정가치 측정 금융자산 : 당기비용처리 • 그 외 금융자산 : 취득원가에 가산

② 후속측정

㉠ 금융자산의 후속측정 원칙 : 공정가치 적용

㉡ 자산별 측정방법

분 류		측정방법
당기손익-공정가치 측정 금융자산		• 공정가치 평가 • 장부가와 공정가치의 차액은 당기손익로 인식
기타포괄손익-공정가치 측정 금융자산	지분증권	• 공정가치 평가 • 장부가와 공정가치의 차액은 기타포괄손익로 인식 (처분 시에 기타포괄손익은 당기손익으로 환원되지 않음)
	채무증권	• 공정가치 평가 • 장부가와 공정가치의 차액은 기타포괄손익로 인식 (처분 시에 기타포괄손익은 당기손익으로 재분류조정)
상각후원가 측정 금융자산		유효이자율법을 적용하여 상각후원가로 측정

(4) 금융자산의 손상

① 금융자산의 손상차손 원칙

기대신용손실*주)모형 적용

*주) 기대신용손실 : 금융자산에서 손상이 발생하지 않더라도 기대신용손실(예상)을 추정하여 손실을 인식

② 신용이 손상되지 않은 경우

구 분	측정방법
금융상품의 신용위험이 유의적으로 증가하지 않은 경우	보고기간 말 12개월 이내의 기대신용손실금액에 해당하는 금액으로 손실충당금 측정
금융상품의 신용위험이 유의적으로 증가한 경우	보고기간 말 금융자산의 전체 기간에 대한 기대신용손실에 해당하는 금액으로 손실충당금 측정
취득시점에 신용이 손상되어 있는 금융자산	보고기간 말에 최초 인식 이후에 전체기간에 대한 기대신용손실의 누적변동분만을 손실충당금으로 인식

③ 신용이 후속적으로 손상된 경우

전체기간에 대한 기대신용손실을 손상차손으로 인식

(5) 재분류

① 금융자산 재분류 원칙

지분상품, 파생상품	금융자산 재분류 불가능
채무상품	사업모형변경 시에 가능

② 금융자산 재분류

<table>
<tr><th>재분류 전</th><th>재분류 후</th><th>재분류 회계처리</th></tr>
<tr><td rowspan="2">당기손익-공정가치 측정 금융자산</td><td>상각후원가 측정 금융자산</td><td>재평가일에 취득한 것처럼 회계처리
(재분류일의 공정가치가 새로운 금융자산 금액)</td></tr>
<tr><td>기타포괄손익-공정가치 측정 금융자산</td><td>재평가일에 취득한 것처럼 회계처리
(재분류일의 공정가치가 새로운 금융자산 금액)</td></tr>
<tr><td rowspan="2">기타포괄손익-공정가치 측정 금융자산</td><td>상각후원가 측정 금융자산</td><td>• 평가손익을 금융자산과 상계 제거
• 최초 취득시점부터 상각후원가로 측정한 것처럼 회계처리</td></tr>
<tr><td>당기손익-공정가치 측정 금융자산</td><td>평가손익을 당기손익으로 대체</td></tr>
<tr><td rowspan="2">상각후원가 측정 금융자산</td><td>당기손익-공정가치 측정 금융자산</td><td>공정가치 평가 후 평가손익을 당기손익으로 회계처리</td></tr>
<tr><td>기타포괄손익-공정가치 측정 금융자산</td><td>• 공정가치 평가 후 평가손익을 기타포괄손익으로 회계처리
• 유효이자율은 최초 취득일 것을 사용하고 조정하지 않는다.</td></tr>
</table>

(6) 금융자산 제거

① 금융자산 제거의 판단

금융자산을 제거하는 경우	• 금융자산의 현금흐름에 대한 계약상 권리가 소멸하거나 금융자산을 양도 • 금융자산을 타인에게 양도하는 경우 경제적 실질에 따라 판단
금융자산 제거의 판단기준	• 금융자산의 계약상 의무가 소멸되지 않았을 때 현금흐름의 양도여부 판단 – 양도조건 만족 : 위험과 보상의 이전 여부를 추가적으로 판단 – 양도조건 불만족 : 금융자산 계속 인식

② 금융자산의 소유에 따른 위험과 보상의 이전 여부

금융자산소유에 따른 위험과 보상	회계처리
대부분 이전한 경우	금융자산을 제거하고 권리·의무를 자산과 부채로 인식
대부분을 소유한 경우	금융자산을 계속해서 인식
보유하지도 이전하지도 않은 경우	금융자산의 통제여부를 판단

③ 금융자산 제거여부 판단에 대한 순서도

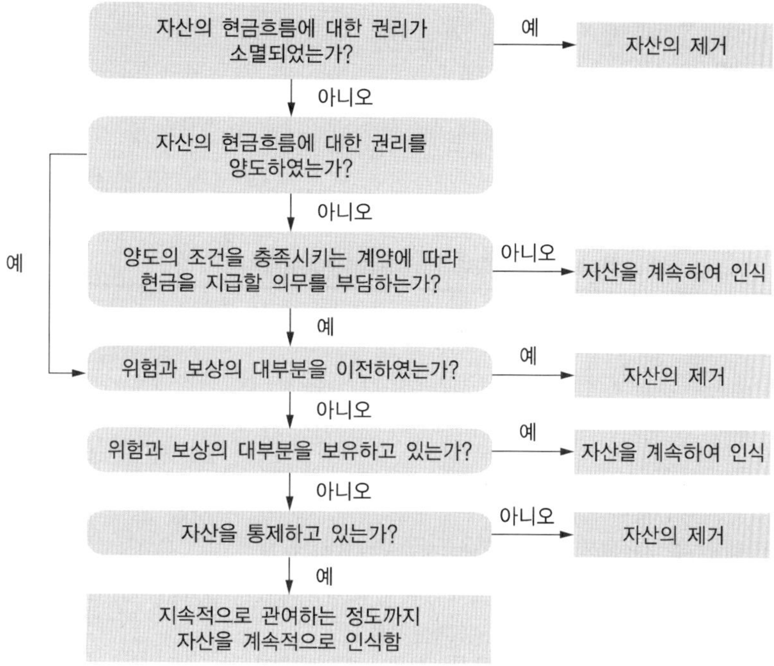

재무
세무
원가관리

03 부채와 자본

❶ 금융부채

(1) 금융부채의 분류

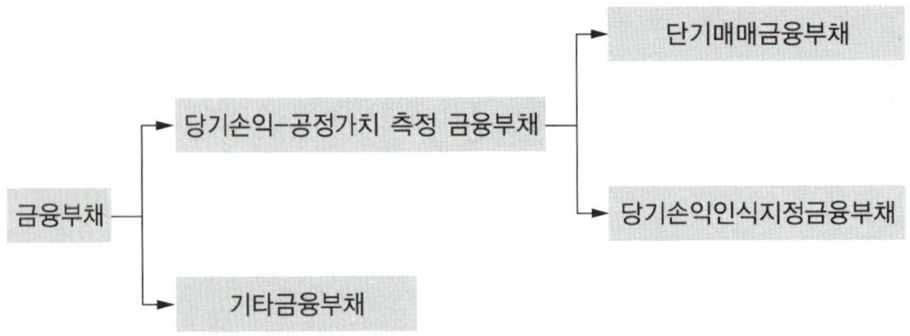

(2) 금융부채의 인식요건

① 단기매매금융부채와 당기손익인식지정금융부채의 요건

단기매매금융부채	• 주로 단기간 내에 매각하거나 재매입할 목적으로 취득하거나 부담 • 단기적 이익획득 목적 • 위험회피 목적이 아닌 파생상품부채
당기손익인식지정 금융부채	최초인식시점에 회계불일치 제거 목적이나 체계적인 관리 목적을 위해 당기손익인식항목으로 지정가능

② 기타금융부채

당기손익-공정가치 측정 금융부채로 분류되지 않은 모든 금융부채

(3) 금융부채의 최초측정 및 후속측정

구 분	당기손익-공정가치 측정 금융부채	기타금융부채
최초측정	공정가치	공정가치
거래원가	당기손익처리	최초 인식하는 원가에서 차감
후속측정	공정가치로 측정 : 공정가치 변동손익 중 시장위험으로 인한 부분은 당기손익으로 인식하고 신용위험으로 인한 부분은 기타포괄손익으로 인식(단, 회계불일치를 발생, 확대시키는 경우에는 당기손익으로 처리)하며 신용위험으로 인해 발생한 기타포괄손익은 향후 당기손익으로 재분류조정 금지	상각후원가로 측정

(4) 사채의 회계처리

① 사채의 의의

주식회사가 사채권이라는 유가증권을 발행하여 불특정 다수로부터 자금을 차입하는 정형화된 부채

② 사채의 가격결정

㉠ 사채의 발행에 영향을 미치는 요소

만기에 지급할 금액	액면금액
이 자	• 액면이자율 : 발행자가 사채의 구입자에게 지불하기로 약정한 이자율 • 시장이자율 : 현재가치 계산을 할 때 사용하는 이자율
돈 빌리는 기간	사채의 발행일부터 만기일까지

㉡ 발행금액의 결정

구 분	이자율	발행금액
할인발행	시장이자율 > 표시이자율	액면금액 > 발행금액
액면발행	시장이자율 = 표시이자율	액면금액 = 발행금액
할증발행	시장이자율 < 표시이자율	액면금액 < 발행금액

㉢ 사채발행비

사채발행비의 정의		사채를 발행하는데 직접적으로 발생한 발행수수료 및 기타 지출비용을 의미하며 사채발행금액에서 차감 예 사채인쇄비용, 법률수수료, 공고비용 등
사채발행비가 포함된	할인발행의 경우	사채발행가 감소, 사채할인발행차금 증가
	할증발행의 경우	사채발행가 감소, 사채할증발행차금 감소

㉣ 사채의 계산

이자비용 계산	사채 기초장부금액 × 유효이자율
사채 기말장부금액	사채 기초장부금액 + (유효이자 − 표시이자)

③ 사채의 상환

조기상환	상환일 시장이자율 > 발행일 시장이자율	사채상환이익
	상환일 시장이자율 < 발행일 시장이자율	사채상환손실

(5) 상환우선주

상환우선주의 정의와 금융부채로 분류되는 상환우선주의 요건

상환우선주의 정의	특정기간 동안 우선주의 성격을 가지고 있다가 기간이 만료되면 발행회사가 되사가도록 계약된 주식
상환우선주가 금융부채가 되는 경우	• 발행자가 의무적으로 상환하기로 되어 있음 • 보유자가 상환을 청구할 수 있는 권리를 보유하고 있음

(6) 복합금융상품

① 복합금융상품의 의의

부채요소와 자본요소를 모두 가지고 있는 금융상품

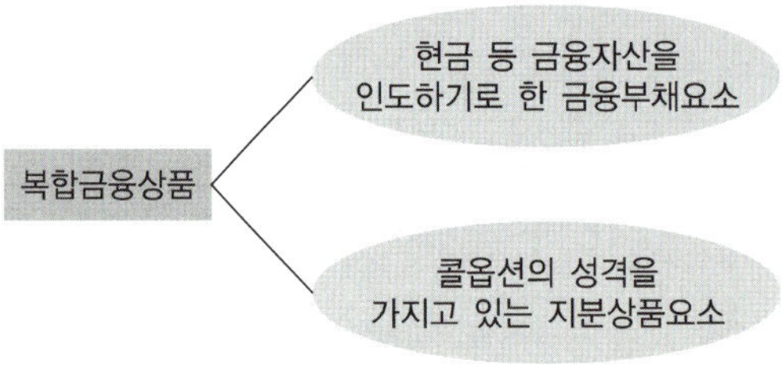

② 복합금융상품의 예

종 류	내 용
전환사채	유가증권의 소유자가 일정한 조건하에 전환권을 행사할 수 있는 사채로서, 전환권을 행사하면 보통주로 전환되는 사채
신주인수권부사채	유가증권의 소유자가 일정한 조건하에 신주인수권을 행사하여 보통주 발행을 청구할 수 있는 권리가 부여된 사채
전환우선주	유가증권의 소유자가 일정한 조건하에 전환권을 행사할 수 있는 우선주로서, 전환권을 행사하면 보통주로 전환되는 우선주
교환사채	유가증권의 소유자가 사채발행자가 보유하고 있는 유가증권과 교환을 청구할 수 있는 권리가 부여된 사채

③ 복합금융상품 회계처리 원칙

원 칙	금융부채 부분과 지분상품 부분을 분리하여 인식
금융부채 부분	일반사채처럼 유효이자율법으로 최초의 장부가로 인식
지분상품 부분	복합금융상품의 발행금액에서 금융부채 부분을 차감한 잔액

④ 전환사채

사채소유자가 일정한 조건하에 보통주로 전환될 수 있는 전환권을 행사할 수 있는 사채

⑤ 전환사채용어

상환할증금지급조건	주식으로 전환되지 못할 경우에 대비하여 투자자에게 보상차원에서 추가금을 지급하는 조건으로 발행
전환권대가	• 전환사채의 발행금액 중 일반사채에 해당하는 부채부분을 제외한 자본에 해당하는 자본부분의 가치 • 전환권대가 = 전환사채의 발행금액 − 일반사채일 경우 발행금액
전환권조정	전환권가치 + 사채상환할증금

⑥ 전환권이 행사된 경우

실제 권리가 행사된 날을 기준으로 사채의 장부금액을 결정하여 주식의 발행금액으로 함

- 전환사채 주식의 발행금액 = 전환사채의 장부금액 + 전환권대가
- 전환사채의 장부금액 = 액면금액 + 사채상환할증금 − 전환권조정 미상각잔액 − 사채할인발행차금

⑦ 전환사채의 조기상환, 재매입

조기상환, 재매입을 위해 지급한 대가와 거래원가	거래의 발생시점의 부채요소와 자본요소에 배분
대가를 배분한 결과로 발생되는 손익	• 부채요소에 관련 : 당기손익으로 인식 • 자본요소에 관련 : 자본으로 인식

⑧ 신주인수권부사채

신주인수권부사채의 의의	유가증권의 소유자가 사전에 약정된 가격으로 보통주의 발행을 청구할 수 있는 권리가 부여된 사채
신주인수권부사채의 종류	• 분리형 : 신주인수권이 사채와 분리되어 거래될 수 있음 • 비분리형 : 신주인수권이 사채와 분리되어 거래될 수 없음

❷ 충당부채, 우발부채 및 우발자산

(1) 충당부채, 우발부채 및 우발자산의 개념

① 충당부채

㉠ 지출의 시기나 금액이 불확실한 부채

㉡ 과거사건에 의해서 발생한 현재의무(법적의무 또는 의제의무*주))로서 지출의 시기나 금액이 불확실한 부채

㉢ 재무상태표에 부채로 인식

*주) 의제의무 : 기업이 특정책임을 부담하겠다는 것을 공표하여 기업이 책임을 이행할 것이라는 정당한 기대를 상대방이 가짐으로써 발생하는 의무

② 우발부채

㉠ 과거사건에 의해 발생했으나, 기업이 전적으로 통제할 수 없는 하나 이상의 불확실한 미래사건의 발생여부에 의하여서만 그 존재가 확인되는 잠재적 의무

㉡ 과거사건에 의해 발생한 현재의무이지만, 그 의무를 이행하기 위하여 경제적 효익을 갖는 자원이 유출될 가능성이 높지가 않거나, 그 가능성은 높으나 당해 의무를 이행하여야 할 금액을 신뢰성 있게 측정할 수 없는 경우

㉢ 우발부채는 주석에 공시

③ 우발자산

㉠ 과거사건에 의해 발생하였으나 기업이 전적으로 통제할 수는 없으나 하나 이상의 불확실한 미래사건의 발생여부에 의하여서만 그 존재가 확인되는 잠재적 자산

㉡ 경제적 효익의 유입가능성이 높은 경우만 주석으로 공시

(2) 충당부채, 우발부채 및 우발자산의 인식

① 충당부채, 우발부채의 인식

금액추정가능성 / 자원유출가능성	신뢰성 있게 추정가능	추정불가능
가능성이 높음	충당부채 인식	우발부채로 주석 공시
가능성이 어느 정도 있음	우발부채로 주석 공시	
가능성이 아주 낮음	공시하지 않음	공시하지 않음

② 우발자산의 인식

금액추정가능성 / 경제적 효익 유입가능성	신뢰성 있게 추정가능	추정불가능
가능성이 높음	우발자산으로 주석 공시	우발자산으로 주석 공시
가능성이 어느 정도 있음	공시하지 않음	공시하지 않음

(3) 충당부채의 측정

① 최선의 추정치

충당부채 측정 원칙	최선의 추정치
최선의 추정치 관련 고려사항	• 현재의무의 이행에 소요되는 지출에 대한 보고기간 종료일 현재 최선의 추정치 • 최선의 추정치는 관련 사건과 상황에 대한 불확실성을 고려 • 다수 항목과 관련되는 경우 모든 가능한 결과와 그 확률을 가중평균하여 추정

② 충당부채에서의 현재가치

충당부채에서의 현재가치 계산	충당부채의 명목금액과 현재가치의 차이가 중요한 경우 의무이행을 위해 예상되는 지출액의 현재가치로 평가
충당부채에서 현재가치를 계산하기 위한 방법	현재가치평가에 사용하는 할인율은 그 부채의 특유한 위험과 화폐의 시간가치에 대한 현행시장의 평가를 반영한 세전 이자율 사용

(4) 특수한 상황

① 특수한 상황에서 충당부채의 인식 여부

미래의 예상 영업손실	충당부채로 인식하지 않음
손실부담계약	• 계약상의 의무에 따라 발생하는 회피불가능한 원가가 당해 계약으로 인해 받았을 것으로 기대되는 경제적 효익을 초과하는 계약 • 충당부채로 인식
구조조정	구조조정과 관련된 의제의무가 충당부채 인식요건을 충족한 경우 충당부채로 인식
제품보증	충당부채로 인식

❸ 자 본

(1) 자본의 의의

㉠ 주주지분

㉡ 자본 = 자산 − 부채

㉢ 자산과 부채의 평가결과에 따라 종속적으로 산출되는 잔존지분의 성격

㉣ 특정자산에 대한 청구권이 아닌 총자산 중 일부에 대한 청구권

㉤ 금액도 일정액으로 고정되어 있는 것이 아니라 기업의 수익성에 따라 변함

(2) 자본의 분류

자본금	보통주자본금, 우선주자본금
자본잉여금	주식발행초과금, 자기주식처분이익 등
자본조정	주식할인발행차금, 자기주식, 자기주식처분손실 등
기타포괄손익	매도가능금융자산평가손익 등
이익잉여금	법정적립금, 임의적립금, 미처분이익잉여금 등

(3) 자본거래

① 주식의 발행

보통의 주식발행	회사설립 시 불입하거나 주식을 유상증자하는 경우 발행
현물출자	• 금전 이외의 자산을 출자하여 주식을 배정받는 것 • 취득한 자산의 공정가치로 취득원가 결정
주식배당	• 현금이 부족한 경우 회사자금을 사내에 유보하려는 경우의 배당정책 • 주주 입장에서 주가가 액면금액을 초과할 경우 금전배당보다 유리
무상증자	• 자본잉여금이나 이익잉여금 중 배당이 불가능한 법정적립금을 자본전입하여 자본금을 증가시키는 것 • 자본구성 내용에 변동을 가져올 뿐, 순자산액에는 증감이 없음 • 주주 입장에서도 주식수는 증가하나 지분율 변동은 없음

② 자본잉여금

주식발행초과금	• 의의 : 주식발행가액 중 액면금액을 초과하는 금액 • 처분 : 회사자본에 전입하거나, 결손금 보전목적으로 처분가능
감자차익	• 의의 : 주식회사의 자본을 감소시킬 때 감소된 자본금액이 주식을 환급한 금액 또는 결손의 보전을 한 금액을 초과하는 금액 • 종류 : 유상감자(실질자본 감소), 무상감자(회사 순자산은 불변, 형식상의 감자)
자기주식처분이익	자기주식을 처분할 때 재발행가격 > 자기주식 매입가격인 경우 처분이익

③ 자본조정

주식할인발행차금	• 주식발행 시 주식발행가액이 액면금액에 미달하는 경우 그 미달하는 금액
자기주식	• 개념 : 회사가 기존에 발행된 주식을 재취득한 것 • 목적 : 주가하락방지, 안정된 주가유지, Stock Option • 자본환급과 동일한 결과가 나타나므로 상법상 제약이 있음

• 회계처리

– 자기주식 취득 : 자본의 차감계정으로 회계처리

(차)	자기주식	xxx	(대)	현 금	xxx

– 자기주식 처분 : 취득원가 < 처분가액

(차)	현 금	xxx	(대)	자기주식	xxx
				자기주식처분이익	xxx

– 자기주식 처분 : 취득원가 > 처분가액

(차)	현 금	xxx	(대)	자기주식	xxx
	자기주식처분손실	xxx			

– 자기주식 소각 : 취득원가 < 액면금액

(차)	자본금	xxx	(대)	자기주식	xxx
				감자차익	xxx

– 자기주식 소각 : 취득원가 > 액면금액

(차)	자본금	xxx	(대)	자기주식	xxx
	감자차손	xxx			

(4) 손익거래

① 이익잉여금의 의의

회사의 정상적인 영업활동, 비유동자산의 처분 및 기타 일시적인 손익거래로 발생하는 이익을 원천으로 한 이익 중 사내에 유보된 금액

② 이익잉여금 항목

항 목	내 용
법정적립금	상법의 규정에 의해 적립된 금액
기타 법정적립금	상법 이외의 규정에 의해 적립된 금액 예 재무구조개선적립금 등
임의적립금	정관규정 또는 주주총회 결의로 적립된 금액 예 결손보전적립금, 사업확장적립금 등
미처분이익잉여금	이익잉여금의 처분이 이루어지지 않은 이익잉여금

③ 이익잉여금처분계산서(결손금처리계산서)

이익잉여금처분 계산서의 의의	• 회사가 벌어들인 이익이 어떠한 용도로 처분되며 처분 후 남아있는 이익의 잔액이 얼마인지 알려주기 위해 작성하는 보고서 • 이익잉여금처분계산서는 재무제표가 아니며 상법에서 작성을 요구하는 경우 주석 공시사항
이익잉여금의 처분	• 배당의 형식으로 주주에게 분배되거나 사내에 유보시킨 후 결손보전, 사업확장 등의 목적으로 사용 • 이익잉여금처분 세부항목 – 이익준비금 적립액 – 기타 법정적립금 적립액 – 이익잉여금처분에 의한 상각 – 현금배당, 주식배당
미처리결손금의 보전	• 이익잉여금과 주주와의 거래로 인한 잉여금을 이입하여 처분 • 미처리결손금 보전을 위한 잉여금 처분순위 – 임의적립금이입액 – 법정적립금이입액 – 주주와의 거래로 인한 잉여금의 이입액

04 수익과 비용

❶ 수 익

(1) 수익의 의의

① 수익의 의의와 범위

수익의 의의	• 정상적인 경영활동에서 발생하는 경제적 효익의 총유입 • 자산의 증가, 부채의 감소
수익의 범위	• 차익까지 포함하는 광의의 수익을 의미 • 수익 = 영업과정에서의 수익 + 차익 • 주주의 지분참여로 인한 자본 증가는 수익에 불포함 • 원천징수나 대리관계에서 받는 금액과 같은 사업영역에 있는 기업 간의 비화폐성 교환은 수익에 불포함 예 정유사끼리 서로 유류 교환

(2) 수익인식 5단계 모형

1단계 고객과의 계약 식별
⇩
2단계 별도의 수행의무 식별
→ (1~2단계) 수익인식의 대상 식별
⇩
3단계 거래가격의 산정
⇩
4단계 각 수행의무에 거래가격 배분
→ (3~4단계) 수익의 측정
⇩
5단계 각 수행의무 충족 시 수익인식
→ 수익의 인식

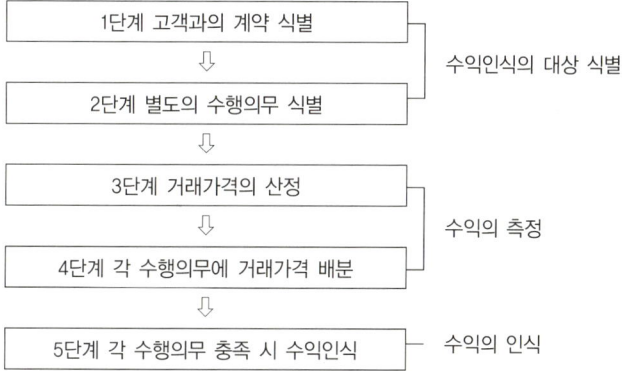

① 1단계 고객과의 계약을 식별

㉠ 고객과 계약 기준(모두 충족해야 함)

- 계약 당사자들이 계약을 승인하고 각자의 의무를 수행하기로 확약
- 이전할 재화나 용역과 관련된 각 당사자의 권리를 식별
- 이전할 재화나 용역의 지급조건을 식별
- 계약에 상업적 실질 있음(계약의 결과로 기업의 미래현금흐름의 위험, 시기, 금액이 변동될 것으로 예상)
- 재화나 용역에 대한 대가의 회수 가능성 높음

㉡ 판단기준을 충족하지 못했으나 대가를 수령한 경우

원 칙	부채로 인식
수익인식 가능 시점	• 고객에게 재화나 용역을 이전해야 하는 의무가 남아있지 않고 약속한 대가의 대부분을 받았으며 환불되지 않는 경우 • 계약이 종료되었고 고객으로 받은 대가가 환불되지 않은 경우

② 2단계 수행의무 식별

수행의무 식별 (각 하나의 수행의무로 식별하는 경우)	• 구별되는 재화나 용역을 고객에게 제공 • 실질적으로 서로 같고 고객에게 이전하는 방식도 같은 '일련의 구별되는 재화나 용역'을 고객에게 이전
재화나 용역이 별도로 구별되기 위한 요건 (모두 충족 시 별도로 구별)	• 고객이 재화나 용역 그 자체에서 효익을 얻거나 고객이 쉽게 구할 수 있는 다른 자원과 함께하여 그 재화나 용역에서 효익을 얻을 수 있음 • 고객에게 재화나 용역을 이전하기로 하는 약속을 계약 내의 다른 약속과 별도로 식별 가능

③ 3단계 거래가격의 산정

㉠ 거래가격의 정의 : 고객에게 재화나 용역을 이전하고 이에 대한 대가로 판매자가 받을 것으로 예상하는 금액

㉡ 거래가격 산정에 반영하는 사항

변동대가	• 고객으로부터 받을 대가에 할인, 리베이트, 환불, 장려금 등이 포함되어 있는 경우 대가가 변동 • 판매자가 받을 대가가 미래 사건의 발생여부에 달려 있는 경우 대가가 변동
계약에 있는 유의적 금융요소	• 고객과의 계약에 따라 지급시기로 인해 유의적인 금융효익이 고객에게 제공되는 경우 화폐의 시간가치를 반영하여 거래가격 조정 ※ **금융요소가 없다고 보는 경우** – 고객이 대가를 선급, 재화의 이전시점은 고객의 재량 – 대가가 변동될 수 있고 금액과 시기를 판매자 및 구매자가 통제 불가 – 대가와 현금판매가격과의 차이가 금융요소 이외의 이유로 생기는 경우
고객에게 지급할 대가	판매자가 고객에게 대가를 지급하는 경우 해당 금액은 수익에서 차감
재화나 용역 간의 교환	성격과 가치가 유사한 것의 교환인 경우 거래로 보지 않고 성격과 가치가 상이한 교환의 경우 수취한 재화의 공정가치(측정할 수 없는 경우 제공한 재화 등의 공정가치)로 수익인식

④ 4단계 거래가격의 배분

계약 개시시점에 각 수행의무 대상인 재화나 용역의 개별판매가격을 산정하고 상대적 개별판매 가격에 비례하여 거래가격 배부

⑤ 5단계 수익의 인식

원 칙	고객에게 약속한 재화나 용역을 이전하여 수행의무를 이행할 때(고객이 자산을 통제할 때) 수익을 인식
한 시점에 이행하는 수행의무	고객이 자산을 통제하고 기업이 의무를 이행하는 시점에 수익인식
기간에 걸쳐 이행하는 수행의무	• 기간에 걸쳐 수익을 인식 • 기간에 걸쳐 수익인식 시 투입법 혹은 산출법에 따라 진행률 측정 – 산출법 : 약속한 재화나 용역의 가치와 비교하여 고객에게 이전한 재화나 용역의 가치에 비례하여 측정 – 투입법 : 수행의무 이행에 예상되는 총 투입물 대비 실제 투입물에 비례하여 측정 • 진행률 합리적으로 추정할 수 없는 경우 : 산출물을 합리적으로 추정할 수 있을 때까지 발생원가 범위 내에서 수익인식

(3) 비용의 인식

① 비용의 의의

제품의 판매나 생산, 용역제공 및 회사의 영업활동을 구성하는 활동으로부터 일정기간 동안 발생한 자산의 유출이나 사용 또는 부채의 발생액

② 비용의 인식기준

수익 · 비용 대응의 원칙	수익이 인식된 시점에서 수익과 관련하여 비용을 인식

③ 계약체결 증분원가

계약체결 증분원가	• 고객과 계약을 체결하지 않았다면 발생하지 않을 원가
계약체결 증분원가 회계처리	• 해당 원가가 회수될 것으로 예상 : 이를 자산으로 인식하고 관련 수익을 인식하며 상각 • 계약체결여부와 무관하게 발생하는 원가, 고객에게 원가 청구할 수 없는 경우 : 발생시점에 비용으로 인식

(4) 수익인식의 사례

위탁매출	• 수탁자가 제품을 통제 : 수탁자가 위탁자로부터 제품을 구입하여 고객에게 직접 판매, 고객에게 판매한 금액 전액을 수탁자 수익으로 인식 • 수탁자가 제품을 통제하지 않음 : 수탁자는 중개용역만 제공, 중개수수료만 수탁자 수익으로 인식
반품조건부 판매	• 반품으로 기업이 권리를 갖지 못할 것으로 예상되는 부분이 있는 경우 : 해당 부분은 환불부채로 인식, 반품으로 회수할 자산은 회수 비용을 차감한 금액으로 반품자산으로 인식 • 반품액을 합리적으로 예상할 수 없는 경우 : 반품권이 소멸되는 때에 수익인식
할부판매	• 장기와 단기 구분 없이 인도시점에 재화 판매에 대한 수익인식 • 장기할부판매의 경우 매출이익과 이자수익을 구분하여 매출이익은 재화가 인도되는 시점에, 이자수익은 대가를 회수하는 기간 동안 수익으로 인식
상품권	• 상품권 판매시점 : 할인액을 반영한 순현금유입액을 선수금(부채)으로 인식 • 상품판매, 용역제공 시점 : 회수된 상품권의 순발행금액 ± 추가현금수령액(지급액)을 수익인식
설치 조건부 판매	• 원칙 : 설치용역이 유의적으로 재화와 별도 구분되는 수행의무인지 구분하여 회계처리 • 설치용역이 별도 수행의무로 식별되는 경우 : 각각을 별도 수행의무로 보아 수익인식 • 별도로 분리하는 경우 – 유의적 통합용역을 제공하지 않음 예 기계장치 인도 후 설치하기로 계약 – 설치용역이 장비를 유의적으로 고객 맞춤화하거나 유의적으로 변형하지 않음 – 설치용역이 장비에 유의적으로 영향을 미치지 않음 • 설치용역이 별도 수행의무로 식별되지 않는 경우 : 설치와 재화의 판매를 하나의 수행의무로 보아 재화의 통제가 이전되는 시점에 수익인식
시용판매	고객이 매입의사를 표시한 시점에서 수익인식
고객의 인수 (검수조건부 판매)	• 재화나 용역이 규약에 부합하는지 객관적으로 판단 가능 : 형식적인 고객 인수 절차와 관계없이 수익인식 • 재화나 용역이 규약에 부합하는지 객관적으로 판단 불가능 : 고객이 인수하는 시점에 수익인식 • 설치수수료는 진행률에 따라 수익으로 인식

(5) 고객충성제도

① 고객충성제도의 의의와 구분

고객충성제도의 의의	재화나 용역을 구매하는 고객에게 인센티브를 제공
고객충성제도의 구분	• 기업이 직접 고객충성제도 운영 • 제3자가 운영하는 고객충성제도에 참여

② 고객충성제도의 회계처리

구 분		수익인식	수익금액
판매기업이 직접 보상		보상 제공시점	이연수익 총액
제3자가 보상제공	자기의 계산으로 회수	보상의무 이행시점	이연수익 총액
	제3자를 대신하여 회수	제3자가 보상에 대한 대가를 받을 권리를 가지는 시점	수수료 순액

❷ 건설계약

(1) 건설계약의 분류

구 분	내 용
정액계약	계약금액을 정액으로 하거나 산출물 단위당 가격을 정액으로 하는 계약
원가보상계약	원가의 일정비율이나 정액의 수수료를 원가에 가산하여 보상받는 계약

(2) 계약수익 · 계약원가

① 계약수익의 진행률 측정

㉠ 산출법 : 지금까지 이전된 재화나 용역이 고객에게 주는 가치를 직접 측정하여 수익인식

㉡ 투입법 : 수행의무를 이행하기 위해 예상되는 총 투입물 대비 실제 투입된 기업의 노력 또는 투입물에 기초하여 수익인식

예 원가기준, 노동시간기준, 투입물량기준 등

② 계약원가의 구성항목

계약원가의 구성항목	• 계약직접원가 : 특정계약에 직접 관련된 원가 • 계약공통원가 : 계약활동 전반에 귀속될 수 있는 공통원가로 특정계약에 배분할 수 있는 원가 • 발주자에게 청구 가능한 기타 원가
건설계약의 원가에서 제외되는 항목	• 계약에 보상이 명시되어 있지 않은 일반관리원가 • 판매원가 • 계약에 보상이 명시되어 있지 않은 연구개발원가 • 특정계약에 사용하지 않는 유휴생산설비나 건설장비의 감가상각비
계약 체결 전 발생비용	고객에게 명백히 청구할 수 있는 경우에만 자산으로 인식하여 관련 수익이 인식되는 기간 동안 상각, 청구하지 못하는 경우 발생할 때 비용으로 인식
하자보수비	• 예상되는 하자보수원가를 추정하여 하자보수비(비용)로 인식하고 상대계정으로 하자보수충당부채를 인식 • 하자보수가 예상되는 회계연도부터 진행률에 따라 미성공사로 대체하면서 계약원가로 대체

(3) 진행률의 측정

① 진행률 측정 방법

원 칙	계약의 성격에 따라 다양한 방법으로 측정가능
진행률 측정 방법의 예	• 누적발생계약원가 기준 • 수행한 공사의 측량 • 계약 공사의 물리적 완성비율

② 누적발생계약원가기준 사용하는 경우 진행률

$$\text{누적공사진행률} = \frac{\text{당기 말까지 발생된 계약원가 누적액}}{\text{당기 말 현재 추정 총계약원가}}$$

(4) 계약수익과 계약원가의 인식

① 계약수익

당기 계약수익 = 전체 계약금액 × 누적공사진행률 − 전기까지 인식된 누적계약수익금액

② 계약원가

당기 계약원가 = 전체 계약원가 × 누적공사진행률 − 전기까지 인식된 누적계약원가금액

③ 건설계약의 회계

미청구공사 (미성공사 > 진행청구액)	자산으로 인식
초과청구공사 (미성공사 < 진행청구액)	부채로 인식
미성공사	• 미완성공사(수행한 공사)를 의미 • 제조기업의 재공품과 동일한 성격 • 미성공사 = 누적발생계약원가 + 누적이익인식 − 누적손실인식
진행청구액	계약대금의 누적청구액

(5) 손실이 예상되는 경우 수익인식

발생하는 경우	총 건설계약기간에 대하여 '총계약원가 > 총계약수익'인 경우 발생
회계처리	예상되는 손실액(총계약원가 − 총계약수익)은 당기에 즉시 비용으로 인식

재무
세무
원가관리

❸ 종업원급여

(1) 종업원급여의 정의와 종류

종업원급여	근무기간 동안 근로를 제공한 보상으로 기업이 종업원에게 지급하는 것
종업원급여의 종류	단기종업원급여, 퇴직급여, 기타장기종업원급여 및 해고급여로 구분

(2) 단기종업원급여

① 단기종업원급여의 범위

관련 근무용역을 제공하는 기간 이후 12개월 이전에 전부 결제될 것으로 예상되는 종업원급여

② 단기종업원급여의 인식과 측정

㉠ 단기종업원급여는 할인되지 않은 금액으로 인식하며, 자산의 원가에 포함하는 경우를 제외하고는 비용으로 인식

㉡ 보험수리적 방법으로 인식하지 않음

③ 단기유급휴가

단기유급휴가의 종류	내 용	회계처리
누적유급휴가	차기로 이월 가능	가득여부에 관계없이 부채로 인식
비누적유급휴가	당기에 사용하지 않으면 소멸	사용하기 전에는 부채나 비용으로 인식 불가

(3) 퇴직급여

① 퇴직급여의 종류와 특징

구 분	확정급여제도(DB형)	확정기여제도(DC형)
공통점	근속기간 중 금융기관에 기여(불입)하고 퇴직 시 종업원에게 금융기관이 퇴직금 지급	
불입액	변동가능	확 정
퇴직금 지급액	확 정	변동가능
고용주의 추가의무	추가의무 존재 가능	추가의무 없음

② 확정기여제도

확정기여제도의 의의	기업이 기금에 출연하기로 약정한 금액을 납부하고 기금의 책임하에 종업원에게 급여를 지급하는 제도
확정기여제도의 특성	• 기업이 부담하는 채무는 해당 기간의 기여금으로 결정 • 보험수리적 가정이 필요 없으며 기대수익과 실제수익의 차이가 없음 • 당기에 기금에 납부하는 퇴직급여는 당기비용으로 인식

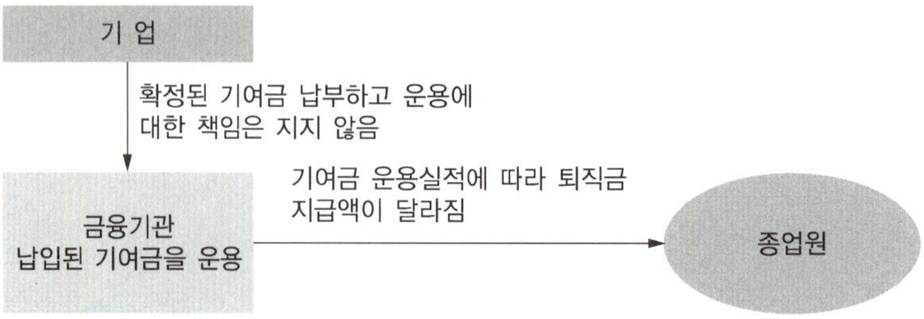

③ 확정급여제도

확정급여제도의 의의	보험수리적 평가기법에 의하여 퇴직 후 예상급여를 확정시키고 퇴직급여의 지급을 기업이 보증하는 제도
확정급여제도의 특성	• 기업이 기금에 미리 기여금을 납부하고, 기금에서 종업원이 제공한 근무용역 관련 급여를 퇴직 후 지급 • 기업의 의무는 약정한 급여를 전·현직종업원에게 지급 • 기업이 보험수리적위험과 투자위험을 실질적으로 부담

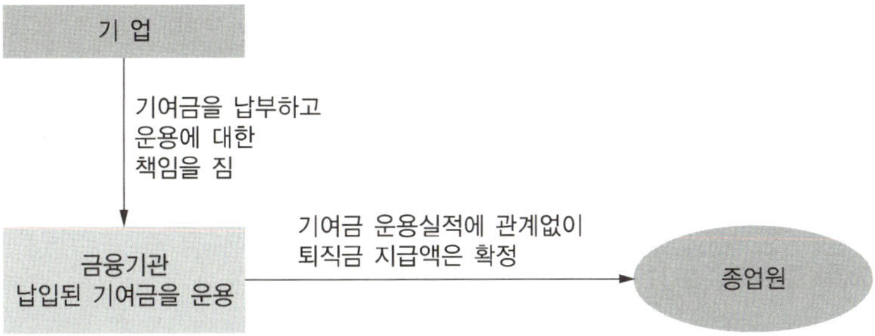

④ 확정급여제도의 표시

	확정급여채무
(−)	사외적립자산
(=)	순확정급여부채

⑤ 확정급여채무의 현재가치

확정급여채무의 의미	종업원이 당기와 과거기간에 근무용역을 제공하여 발생한 급여채무를 기업이 결제하는데 필요한 예상 미래지급액	
확정급여채무의 특징	장기성 채무이므로 항상 현재가치로 측정해야 하며, 현재가치 산정방식으로 예측단위적립방식을 사용	
매 보고기간 말 당기비용으로 인식하는 확정급여채무 증가분 종류 퇴직급여 = 당기근무원가 + 이자비용	당기근무원가	해당 회계기간에 종업원의 용역 증가에 따른 보상원가
	이자원가	기초확정급여채무의 미지급에 따른 이자보상원가

⑥ 사외적립자산의 공정가치

사외적립자산의 의미	퇴직급여의 지급을 위하여 사외에 적립된 기금
운용수익	퇴직급여를 산정할 때 투자수익을 차감

⑦ 확정급여채무와 사외적립자산의 재측정요소

구 분	재측정	차이인식 항목
확정급여채무	보험수리적 효과 반영	기타포괄손익
사외적립자산	실제 투자수익 반영	

⑧ 과거근무원가

과거근무원가의 의의	퇴직급여제도 개정이나 축소로 인해 종업원의 과거기간 근무용역에 대한 확정급여채무 현재가치가 변동하는 경우 그 변동액
과거근무원가의 효과	확정급여채무의 증가

❹ 주식기준보상

(1) 주식기준보상거래

① 주식기준보상거래의 의의

회사가 재화나 용역을 제공받는 대가로 회사의 지분상품을 부여하거나 회사의 주식이나 다른 지분상품의 가치에 기초하여 현금이나 기타자산으로 결제하는 거래

② 주식기준보상거래의 종류

주식기준보상거래의 종류	내 용
주식결제형 주식기준보상거래	회사의 지분상품을 부여
현금결제형 주식기준보상거래	현금이나 기타자산으로 결제
선택형 주식기준보상거래	현금이나 지분상품 발행 중 선택

(2) 주식결제형 주식기준보상거래

① 주식결제형 주식기준보상거래의 의의와 인식

주식결제형 주식기준보상거래	기업이 재화나 용역을 제공받는 대가로 자신의 지분상품을 부여하는 거래
주식결제형 주식기준보상거래의 인식	• 공정가치로 재화나 용역의 대가인 보상원가를 인식 • 동시에 자본의 증가를 인식

② 보상원가

보상원가	기업이 주식기준보상거래를 통해 거래상대방에게서 제공받는 재화나 용역의 원가
종업원 및 유사용역 제공자로부터 제공받음	지분상품의 공정가치
종업원이 아닌 자로부터 제공받음	제공받은 재화나 용역의 공정가치
보상수량의 산정	가득될 것으로 예상되는 지분상품의 수량에 대한 최선의 추정치(기대가득수량)
보상원가 계산	부여일의 공정가치(불변) × 가득될 지분상품의 수량예측치(변동)
매기 인식해야 하는 보상원가	부여일의 공정가치 × 가득될 지분상품의 수량예측치 − 전기까지 인식한 보상원가

③ 보상원가의 가득기간

보상원가가 부여 즉시 가득되는 경우	부여일에 보상원가 즉시 인식
보상원가가 특정기간 용역제공 후 가득되는 경우	• 미래 용역제공기간에 보상원가 인식 • 지분상품의 공정가치를 용역제공기간에 걸쳐 배분하여 인식

(3) 현금결제형 주식기준보상거래

① 현금결제형 주식기준보상거래의 보상원가 산정

보상원가의 인식	제공받는 재화나 용역과 그 대가로 부담하는 부채를 부채의 공정가치로 측정
공정가치의 재측정	• 부채가 결제될 때까지 매 보고기간 말과 결제일에 부채의 공정가치 재측정 • 공정가치의 변동액은 당기손익으로 회계처리
보상수량의 산정	가득될 것으로 예상되는 지분상품의 수량에 대한 최선의 추정치(기대가득수량)
보상원가 계산	보고기간 말 공정가치(변동) × 가득될 지분상품의 수량예측치(변동)
매기 인식해야 하는 보상원가	보고기간 말 공정가치 × 가득될 지분상품의 수량예측치 – 전기까지 인식한 보상원가

❺ 법인세회계

(1) 법인세회계의 의의와 용어 정리

① 법인세회계의 의의

한 회계기간의 포괄손익계산서에 나타날 법인세비용과 재무상태표에 나타날 법인세 관련 자산과 부채를 확정하는 과정

② 법인세 용어 정의

회계이익(회계손실)	법인세비용 차감 전 회계기간의 손익
과세소득(세무상결손금)	법인세 산출 대상 회계기간의 이익
세무기준액	세무회계상의 자산과 부채의 가액
일시적 차이	• 재무상태표상 장부금액과 세무회계상의 세무기준액과의 차이 • 가산할 일시적 차이(세무상 △유보와 유사) – 미래 기간의 과세소득을 증가시키는 효과를 가지는 일시적 차이 – 이연법인세부채를 발생 • 차감할 일시적 차이(세무상 유보와 유사) – 미래 기간의 과세소득을 감소시키는 효과를 가지는 일시적 차이 – 이연법인세자산을 발생

(2) 이연법인세자산 · 부채

① 이연법인세자산

이연법인세자산의 의의	차감할 일시적 차이로 인하여 발생하고 미래 법인세 부담을 감소시킴
이연법인세자산의 인식	이연법인세자산의 인식 : 차감할 일시적 차이가 사용될 수 있는 과세소득의 발생가능성이 높은 경우에만 이연법인세자산을 인식
이연법인세자산의 측정	실현가능한 차감할 일시적 차이 × 소멸되는 회계연도의 평균세율
이연법인세자산의 검토	매 보고기간 말에 이연법인세자산의 자산성 검토
미사용결손금, 미사용세액공제	이연법인세자산으로 인식

② 이연법인세부채

이연법인세부채의 의의	• 가산할 일시적 차이가 발생하면 미래과세소득 증가 • 미래과세소득 증가로 미래 법인세가 증가하여 이연법인세부채 계상
이연법인세부채의 인식	실현가능성을 검토하지 않고 바로 부채로 인식
이연법인세부채의 측정	가산할 일시적 차이 × 소멸되는 회계연도의 평균세율

③ 이연법인세자산·부채의 당기변동액 계산

당기변동액 = 당기 말 이연법인세자산(부채) – 전기 말 이연법인세자산(부채)

(3) 기타고려사항

① 법인세비용 계산

법인세비용 = 당기법인세 ± 이연법인세자산(부채)의 변동액

② 현재가치 평가

이연법인세자산·부채는 현재가치로 평가하지 않음(현재가치 평가 배제)

③ 재무제표의 표시와 공시

유동·비유동의 구분	이연법인세자산(부채)은 재무상태표에 비유동 항목으로 분류
자산과 부채의 상계표시	• 일정 요건을 충족하는 경우 상계 가능 • 당기법인세자산·부채의 상계 요건 – 상계할 수 있는 권리가 있음 – 순액으로 결제할 의도가 있음 • 이연법인세자산·부채의 상계 요건 – 상계할 수 있는 권리가 있음 – 동일한 과세당국이 동일한 과세대상기업에 법인세를 부과하는 경우

05 기타사항

❶ 회계변경과 오류수정

(1) 회계변경

회계변경의 유형은 회계정책의 변경과 회계추정의 변경으로 구분

(2) 회계변경의 유형

① 회계정책의 변경과 회계추정의 변경

구 분	내 용	회계처리방법
회계정책의 변경	• 원칙 : 임의로 변경 불가 • 예외적인 경우 – 회계기준에서 회계정책의 변경을 요구하는 경우 – 회계정책의 변경을 반영한 재무제표가 정보이용자들에게 신뢰성 있고 더 목적적합한 정보를 제공하는 경우 • Gaap → Gaap 예 – 유형자산의 측정기준을 원가모형 → 재평가모형 – 재고자산의 평가방법을 이동평균법 → 선입선출법	• 원칙 : 소급적용 • 예외 : 누적효과를 실무적으로 결정할 수 없는 경우 실무적으로 적용할 수 있는 가장 이른 날부터 새로운 회계정책 전진적용
회계추정의 변경	• 추정변경 상황이 발생하는 경우에 한하여 적용 • Gaap → Gaap 예 – 감가상각비 방법의 변경 – 수취채권의 대손상각률 변경 – 유형자산의 내용연수 변경	전진적용

② 소급적용과 전진적용

구 분	내 용
소급적용	• 새로운 회계정책을 처음부터 사용한 것처럼 거래, 상황 등에 적용(과거 재무제표 수정) • 비교가능성 높음, 신뢰성 떨어짐
전진적용	• 회계변경으로 인한 누적효과를 무시하고 당기와 미래기간에만 변경된 회계처리 방법 적용 • 비교가능성 낮음, 신뢰성 높음

(3) 오류수정

① 오류의 의의

전기 또는 그 이전의 재무제표에서 발생한 오류를 당기에 발견하여 수정

② 오류의 종류

구 분	내 용
회계기준 적용의 오류	회계기준 위배
추정의 오류	추정이 합리적이지 못함으로써 발생하는 오류
계정분류의 오류	고의나 과실로 재무상태표, 포괄손익계산서의 계정과목을 잘못 분류하는 것
산술적 계산오류	계산 실수
사실의 간과 및 부정	발생하지 않은 비용이나 수익의 발생을 기록하거나 발생한 비용이나 수익의 누락, 다음 기로 이연시키는 경우 등에 발생

③ 오류의 유형

구 분	내 용
재무상태표에만 영향을 미치는 오류	자산, 부채, 자본계정의 분류상 오류이며 계정 재분류 실시
손익계산서에만 영향을 미치는 오류	• 손익계산서계정의 분류상 오류이며 계정 재분류 실시 • 장부마감 전에 발견 : 재분류 분개를 통해 수정 • 장부마감 후에 발견 : 분개 불필요
재무상태표, 손익계산서 모두에 영향을 미치는 오류	• 당기순이익에 영향 • 자동조정오류와 비자동조정오류로 구분 – 자동조정오류 : 두 회계기간을 통하여 오류의 영향이 자동적으로 조정 예 재고자산의 과소계상 – 비자동조정오류 : 두 회계기간을 통하여 오류의 영향이 자동적으로 조정되지 않음 예 유형자산의 자본적·수익적 지출 오류

④ 오류수정의 회계처리

구 분	내 용	회계처리
오류수정	non Gaap → Gaap	• 원칙 : 소급적용 • 오류가 발생한 과거기간의 재무제표가 비교표시 : 해당 재무제표 재작성 • 오류가 비교표시되는 가장 이른 과거기간 이전에 발생 : 비교표시되는 가장 이른 과거기간의 자산, 부채 및 자본의 기초금액 재작성 • 예외 : 누적효과를 실무적으로 결정할 수 없는 경우 실무적으로 적용할 수 있는 가장 이른 날부터 새로운 회계정책 전진적용 • 당기 중에 발견한 당기의 오류는 재무제표 발생승인일 이전에 수정

❷ 주당이익

(1) 주당이익(EPS : Earnings Per Share)의 개념

① 주당이익의 의의

㉠ 주식 1주당 이익(또는 손실)이 얼마인가를 나타내는 수치

㉡ 주식 1주당 귀속되는 이익(또는 손실)

② 주당이익의 유용성

㉠ 특정기업의 경영성과를 기간별로 비교 가능

㉡ 특정기업의 주당순이익을 주당배당금 지급액과 비교함으로써 당기순이익 중 사내유보분과 사외유출분의 상대적 비중을 알 수 있음

㉢ 주가수익률(PER : Price Earning Ratio)의 계산 기초자료

(2) 기본주당이익

① 기본주당계속영업이익 구하기

$$\text{기본주당계속영업이익(손실)} = \frac{\text{보통주계속영업이익(손실)}}{\text{가중평균유통보통주식수}}$$

② 기본주당순이익 구하기

$$기본주당순이익(손실) = \frac{보통주당기순이익(손실)}{가중평균유통보통주식수}$$

③ 가중평균유통보통주식수(분모 부분)

구 분	주식수 기산일*주)	고려사항
우선주	고려하지 않음	총주식수에서 우선주식수를 공제하여 가중평균유통보통주식수를 계산
자기주식(보통주)	고려하지 않음	자기주식 취득부터 매각할 때까지 제외
무상증자, 주식배당, 주식분할, 주식병합	기초부터 포함	기중 유상증자가 있는 경우 해당 유상증자분은 유상신주의 납입일에 실시된 것으로 간주
유상증자	납입일	공정가치 미만으로 유상증자를 실시한 경우 발행된 보통주는 공정가치 유상증자 주식분과 무상증자 주식분으로 구분
전환금융상품	실제 전환일	보통주로 전환되어야 하는 전환금융상품은 계약체결시점부터 보통주식수에 포함함

*주) 주식수 기산일 : 주식발행의 대가를 받을 권리가 발생하는 시점으로 주로 주식발행일

④ 보통주당기순이익과 보통주계속영업이익(분자 부분)

보통주당기순이익	당기순이익에서 우선주 배당금 차감
보통주계속영업이익	계속영업이익에서 우선주 배당금 차감
우선주배당금	배당선언 여부와 관계없이 배당금 차감

(3) 희석주당이익

① 희석주당이익의 개념

㉠ 실제 발행된 보통주뿐만 아니라 보통주로 전환될 수 있는 잠재적 보통주까지 감안

㉡ 희석주당이익은 희석주당계속영업이익과 희석주당순이익으로 구분

② 희석주당계속영업이익 구하기

$$희석주당계속영업이익(손실) = \frac{희석계속영업이익(손실)}{가중평균유통보통주식수 + 잠재적\ 보통주식수}$$

③ 희석주당순이익 구하기

$$희석주당순이익(손실) = \frac{희석당기순이익(손실)}{가중평균유통보통주식수 + 잠재적\ 보통주식수}$$

④ 잠재적 보통주(분모 부분)

구 분	내 용
전환가정법	• 전환사채, 전환우선주 등에 적용 • 희석성 잠재적 보통주는 기초에 전환 또는 행사된 것으로 봄 • 잠재적주식수 = 발행될 보통주식수
자기주식법	• 옵션과 주식매입권 등에 적용 • 옵션과 주식매입권 등의 행사가로 자기주식을 취득해서 주식을 지급했다고 가정 • 잠재적 주식수 = 발행될 보통주식수 − 취득가능 자기주식(평균시장가격으로 취득했다고 가정)

(4) 가중평균유통보통주식수와 잠재적 보통주식수 정리

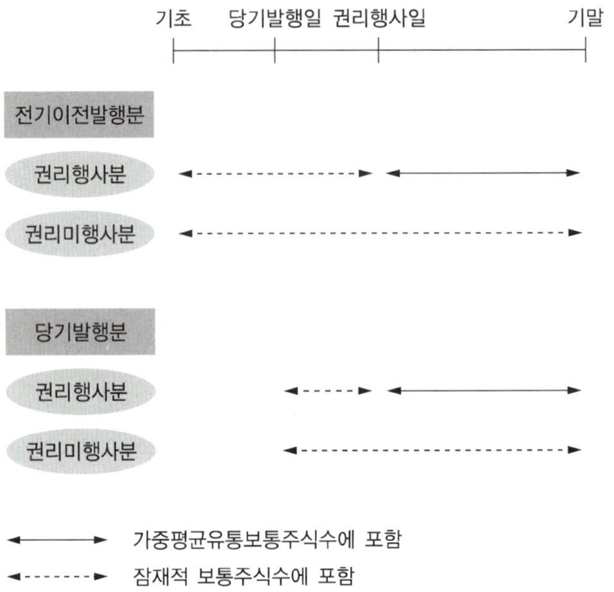

❸ 관계기업

(1) 지분법 회계

① 지분법적용대상

투자자가 피투자자에 대하여 유의적인 영향력을 행사할 수 있을 때 적용

② 유의적인 영향력

- 투자자가 피투자자의 재무정책과 영업정책에 관한 의사결정에 참여할 수 있는 능력
- 지분율기준 또는 실질영향력기준을 만족하는 경우 유의적인 영향력이 있음
  - 지분율기준 : 직간접적으로 피투자자의 의결권의 20% 이상을 소유하는 경우
  - 실질영향력기준 : 피투자회사 의결권의 20% 미만을 소유하여도 실질적으로 영향을 미치는 경우
- 실질영향력기준의 예
  - 피투자자의 이사회나 이에 준하는 의사결정기구 참여
  - 배당이나 다른 배분에 관한 의사결정에 참여하는 것을 포함하여 정책결정과정에 참여
  - 투자자와 피투자자의 사이에 중요한 거래 관계가 있음
  - 경영진의 상호교류
  - 필수적 기술정보의 제공

(2) 지분법 회계처리

① 지분법 회계처리 최초 적용시점

㉠ 지분법 최초 적용시점 계산 방법

취득대가

↓ ← ± 투자차액 : 영업권 또는 염가매수차익

순자산공정가치 × 지분율

↓ ← ± 순자산 공정가치와 장부금액의 차이

순자산장부금액 × 지분율

㉡ 지분법 회계 최초 적용시점 차이 항목 정리

영업권	상각하지 않고 해당 투자자산의 장부금액에 포함
염가매수차익	취득시점의 지분법 이익에 포함
순자산공정가치와 장부금액의 차이	해당 자산, 부채의 피투자자의 처리방법에 따라 상각 또는 환입

② 지분법적용 이후 지분변동액에 대한 회계처리 방법

㉠ 후속기간의 지분법 회계 계산방법

최초의 원가

± = 지분법 장부금액

취득일 이후 지분 변동액 중 투자자지분

㉡ 지분변동이 발생하는 항목

구 분	적용방식
피투자자의 당기순이익(손실)발생	당기순손익으로 계상(지분법 손익)
투자회사의 배당금 수령	투자주식의 원본의 회수로 보아 배당금 결의시점에 수령할 배당금액을 관계기업 투자주식에서 차감
투자회사의 기타포괄손익의 증감으로 인한 변동	투자주식의 기타포괄손익누계액의 변동으로 인식

③ 관계기업투자주식금액이 '영(0)' 이하가 될 경우

구 분	내 용
원 칙	투자주식 금액이 '0' 이하가 될 경우 지분법 변동 인식 중지
예 외	피투자자에 대한 우선주, 장기수취채권, 장기대여금 등 투자성격의 자산을 보유하는 경우 그런 자산의 장부금액이 '0'이 될 때까지 손실 계속 반영
지분법 적용 중지 후 당기이익 발생	인식하지 않았던 손실 누적분 등을 상계 후 지분법 적용

❹ 환율변동효과

(1) 기능통화, 표시통화 및 외화거래

기능통화	영업활동이 이루어지는 주된 경제환경의 통화
표시통화	• 재무제표를 표시할 때 사용하는 통화로써 어떤 통화든지 사용가능 • 기능통화와 표시통화가 다른 경우 기능통화를 표시통화로 환산하여 재무제표에 보고

(2) 외화거래의 보고기간 말 환산

구 분	정 의	보고기간 말 회계처리
화폐성 항목	확정되었거나 결정 가능할 수 있는 화폐단위의 수량으로 받을 권리나 지급할 의무	• 마감환율로 환산 • 외환차이를 당기손익으로 인식
비화폐성 항목	확정되었거나 결정가능할 수 있는 화폐단위의 수량으로 받을 권리나 지급할 의무	• 역사적 원가로 측정 – 거래일의 환율 – 외환차이가 발생하지 않음 • 공정가치로 측정 – 공정가치가 결정된 날의 환율 – 공정가치평가손익이 당기손익 → 외환차이도 당기손익으로 인식 – 공정가치평가손익이 기타포괄손익 → 외환차이도 기타포괄손익으로 인식

(3) 외화거래의 결제시점

구 분	외환차이 계산 및 회계처리
화폐성 항목	• 회계처리 : 외환차이가 발생하는 회계기간의 손익으로 인식 • 외환차이 계산 – 한 회계기간 중에 발생 외화금액 × (결제일 환율 – 거래일 환율) – 발생하고 난 다음 회계기간 이후에 결제 외화금액 × (결제일 환율 – 직전 보고기간 말 외화환산 시 적용한 환율)
비화폐성 항목	• 비화폐성 항목에서 생긴 손익을 기타포괄손익으로 인식 : 환율변동효과도 기타포괄손익으로 인식 • 비화폐성 항목에서 생긴 손익을 당기손익으로 인식 : 환율변동효과도 당기손익으로 인식

(4) 기능통화가 아닌 표시통화의 사용

① 원 칙

표시통화와 기능통화가 일치하지 않는 경우 기능통화로 표시된 재무제표를 표시통화로 환산

② 경영성과와 재무상태의 기능통화와 표시통화로의 환산방법

환산대상	적용환율
재무상태표의 자산과 부채	해당 보고기간 말의 마감환율
포괄손익계산서의 수익과 비용	• 해당 거래일의 환율 • 유의적으로 차이나지 않는 경우 해당 기간의 평균환율 사용 가능
위 두 가지 환산에서 생기는 외환차이	기타포괄손익으로 인식(해외사업장환산차익)

③ 해외사업장환산차익(기타포괄손익누계액)

해외사업장의 처분손익을 인식하는 시점에 자본에서 당기손익으로 재분류(재분류조정)

❺ 파생상품

(1) 파생상품의 개념과 계약형태

① 파생상품의 개념

이자율, 주가, 상품가격, 환율, 지수 등과 같은 특정대상(기초자산)의 가치변동에 의해 결정되는 금융계약

② 파생상품 계약형태

구 분	내 용
선도거래	• 미래 일정시점에 약정된 가격에 의해 계약상의 특정 대상을 사거나 팔기로 계약당사자 간에 합의한 거래 • 계약의 표준화가 되어있지 않으므로 시장에서 계약을 찾기 어려움 • 선도계약이 불이행될 위험 부담
선물거래	• 수량, 규격, 품질 등이 표준화되어 있는 특정 대상에 대하여 현재 시점에서 결정된 가격에 의해 미래 일정시점에 인도, 인수할 것을 약정한 계약으로서 조직화된 시장에서 정해진 방법으로 거래되는 것 • 증거금(담보적 성격으로 계약당 반드시 예치해야 하는 금액), 일일정산 제도를 수행하여 선도거래의 계약이 불이행될 위험부담 완화
스 왑	특정기간 동안에 발생하는 일정한 현금흐름을 다른 현금흐름과 교환하는 연속된 선도거래
옵 션	• 계약당사자 간에 정하는 바에 따라 일정한 기간 내에 미리 정해진 가격으로 외화나 유가증권 등을 사거나 팔 수 있는 권리에 대한 계약 • 권리의 유형 – 콜옵션 : 미래의 특정 날짜에 특정 자산을 미리 정한 가격으로 살 수 있는 권리 – 풋옵션 : 미래의 특정 날짜에 특정 자산을 미리 정한 가격으로 팔 수 있는 권리 • 행사시점 – 미국형 : 만기일 이전 언제라도 권리 행사 가능 – 유럽형 : 만기일에만 권리 행사 가능

③ 파생상품의 경제적 기능

구 분	내 용
가격변동 위험을 전가	• 위험회피자 : 금융자산의 가격변동위험을 회피하는 기회 제공 • 투기자 : 위험을 부담하여 이익을 얻을 기회를 제공
미래시장가격 예측치 제공	파생상품의 가격은 실물자산(기초자산)의 미래가격을 예시하는 기능
자금흐름의 탄력성을 증대	금리, 만기, 현금흐름 등을 조정하여 자금을 탄력적으로 관리
금융비용을 절감	상대적으로 적은 계약금액으로 계약을 체결하여 신용위험이 감소
금융시장의 효율성을 제고	다수의 참여로 인하여 정보가 시장가격에 효율적으로 반영

④ 파생상품의 요건

㉠ 기초변수가 존재

㉡ 최초로 계약할 때 순투자금액이 필요하지 않거나 다른 유형의 거래보다 적게 필요

㉢ 미래에 결제

(2) 파생상품 회계처리

① 파생상품의 용어 정의

위험회피대상 항목	• 공정가치나 미래현금흐름의 변동위험에 노출 • 대상 : 위험회피대상으로 지정된 자산, 부채, 확정계약, 발생가능성이 매우 높은 예상거래 또는 해외사업장에 대한 순투자
위험회피수단	위험회피대상 항목의 공정가치나 현금흐름의 변동을 상쇄하기 위해 지정한 파생상품 또는 비파생 금융자산
내재파생상품	계약상의 조건이 현금흐름이나 공정가치에 파생상품과 유사한 영향을 미치는 경우 해당 조건

② 파생상품의 일반원칙

거래목적	파생상품 등 평가기준	회계처리	비 고
매매목적	공정가치	당기손익처리	–
공정가치위험회피		당기손익처리	–
현금흐름위험회피		당기손익처리	위험회피에 효과적이지 못한 부분
		기타포괄손익누계액	위험회피에 효과적인 부분
해외사업장순투자 위험회피		당기손익처리	위험회피에 효과적이지 못한 부분
		기타포괄손익누계액	위험회피에 효과적인 부분

③ 위험회피회계

구 분	항 목	회계처리	효 과
공정가치위험 회피회계	자산, 부채, 확정계약 예 재고자산매입 확정계약	위험회피수단에 대한 손익 : 당기손익	위험회피수단과 위험회피대상 항목이 서로 반대손익을 인식하여 공정가치 변동 위험 상계
현금흐름위험 회피회계	미래에 예상되는 거래 예 유형자산의 미래예상매입에 따른 취득가액변동	• 위험회피에 효과적 – 기타포괄손익으로 인식 – 처분시점에 당기손익으로 재분류조정 • 위험회피에 효과적이지 않음 : 해당 회계연도에 당기손익 인식	해당 거래에 따른 미래현금흐름변동을 상쇄

❻ 리 스

(1) 리스의 개념

① 리 스

㉠ 리스이용자가 일정한 대가(리스료)를 지급하고 리스제공자로부터 합의된 기간 동안 특정 자산의 사용·통제권을 이전받는 계약

㉡ 경제적 실질과 구체적인 법률관계에서 일반적인 임대차 계약과는 차이가 있음(실질적으로 물적 금융의 성격)

② 자산의 사용 통제권의 이전(모두 충족해야 함)

㉠ 식별되는 자산의 사용으로 생기는 경제적 효익의 대부분을 얻을 권리

㉡ 식별되는 자산의 사용을 지시할 권리

③ 리스계약의 구조

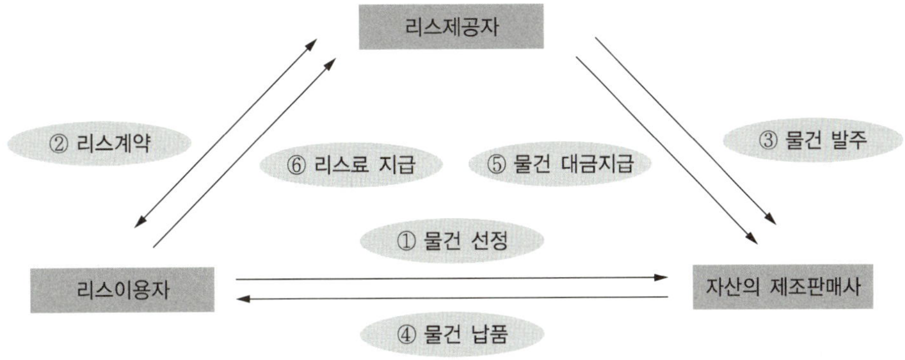

④ 리스의 장점

㉠ 자산취득자금의 차입효과

㉡ 진부화 위험의 회피

㉢ 편리한 자금관리

㉣ 부외금융효과

⑤ 리스요소와 비리스요소의 분리

㉠ 리스이거나 리스를 포함하는 계약인 경우 해당 계약에서 리스요소와 리스가 아닌 요소로 분리하여 회계처리

㉡ 여러 리스요소 혹은 비리스요소를 포함하는 계약의 경우 리스이용자는 리스요소의 상대적 개별가격과 비리스요소의 통합 개별가격에 기초하여 계약대가를 각 리스요소에 배분

⑥ 기초자산 사용권이 별도 리스요소로 분리되기 위한 조건(모두 충족해야 함)

㉠ 리스이용자가 기초자산 그 자체를 사용하여 효익을 얻거나 리스이용자가 쉽게 구할 수 있는 다른 자원을 함께 사용하여 효익을 얻을 수 있음

㉡ 해당 기초자산은 그 계약의 다른 기초자산에 대한 의존도나 다른 기초자산과의 상호관련성이 매우 높지는 않음

⑦ 리스의 기본용어

리스약정일	• 리스계약일과 리스의 주요 조건에 대하여 계약 당사자들의 합의일 중 이른 날 • 리스약정일을 기준으로 운용리스나 금융리스로 분류
리스기간개시일	• 리스이용자가 기초자산의 사용권을 행사할 수 있게 된 날 • 리스의 회계상 최초 인식일
리스기간	• 리스이용자가 기초자산 사용권을 갖는 해지불능기간 • 리스이용자가 리스 연장선택권을 행사할 것이 상당히 확실한 경우, 그 선택권의 대상기간 포함 • 리스이용자가 리스 종료권을 행사하지 않을 것이 상당히 확실한 경우, 그 선택권의 대상기간 해당 추가시간 포함
리스료	• 기초자산 사용권과 관련하여 리스기간에 리스이용자가 리스제공자에게 지급하는 금액 • 조정리스료와 리스제공자가 지급하고 리스이용자에게 청구할 수 있는 용역원가와 세금 등은 제외 • 리스이용자와 리스제공자의 리스료 리스료 = 고정리스료*주1) + 변동리스료*주2) + 매수선택권의 행사가격*주3) + 종료선택권*주4) + 잔존가치보증에 따라 지급이 예상되는 금액 – 리스이용자 : 잔존가치보증에 따라 리스이용자가 리스제공자에게 지급할 것으로 예상되는 금액 포함 – 리스제공자 : 잔존가치보증에 따라 리스이용자, 리스이용자의 특수관계자, 리스제공자와 특수관계에 있지 않은 제3자의 잔존가치보증을 포함 *주1) 고정리스료 : 리스기간의 기초자산 사용권에 대하여 리스이용자가 리스제공자에게 지급하는 금액에서 변동리스료를 뺀 금액. 실질적인 고정리스료를 포함하고, 리스 인센티브는 차감함 *주2) 변동리스료 : 시간의 경과가 아닌 리스개시일 이후 사실이나 상황의 변화 때문에 리스료가 달라지는 리스 금액 *주3) 매수선택권의 행사가격 : 리스이용자가 매수선택권을 행사할 것이 상당히 확실한 경우 해당 매수선택권의 행사가격 *주4) 종료선택권 : 리스기간이 리스이용자의 종료선택권 행사를 반영하는 경우 그 리스를 종료하기 위해 부담하는 금액
잔존가치보증	리스제공자와 특수관계에 있지 않은 당사자가 리스제공자에게 제공한 리스종료일 기초자산의 가치가 적어도 특정금액 이상이 될 것이라는 보증
무보증잔존가치	리스제공자가 실현할 수 있을지 확실하지 않거나 리스제공자의 특수관계자만이 보증한 기초자산의 잔존가치 부분
리스총투자	리스료 + 무보증잔존가치(금융리스에서 발생)
리스순투자	• 리스총투자를 리스의 내재이자율로 할인한 현재가치 • 리스료의 현재가치 + 무보증잔존가치의 현재가치
미실현 금융수익	리스총투자 – 리스순투자
내재이자율	• 리스료 및 무보증잔존가치의 현재가치 합계액을 기초자산의 공정가치와 리스제공자의 리스개설직접원가의 합계액과 동일하게 하는 할인율 • 리스제공자 입장에서 리스투자에 대한 수익률
리스개설직접원가	• 리스를 체결하지 않았다면 부담하지 않았을 리스체결의 증분원가 • 금융리스와 관련하여 제조자나 판매자인 리스제공자가 부담하는 원가는 제외
증분차입이자율	• 리스이용자가 사용권자산과 가치가 비슷한 자산 획득에 필요한 자금을 차입한다면 지급해야 하는 이자율 • 리스이용자 입장에서 리스제공자의 내재이자율을 사용하기 어려운 경우 증분차입이자율 사용

선택권리스료	리스를 연장하거나 종료하는 선택권에 의해 리스이용자가 리스제공자에게 지급하는 리스료
리스 인센티브	리스와 관련하여 리스제공자가 리스이용자에게 지급하는 금액이나 리스의 원가를 리스제공자가 보상하거나 부담하는 금액
단기리스	• 리스개시일에 리스기간이 12개월 이하인 리스 • 매수선택권이 있는 리스는 단기리스에 해당하지 않음

(2) 리스의 분류

리스는 위험과 보상의 이전 여부에 따라 금융리스와 운용리스로 분류

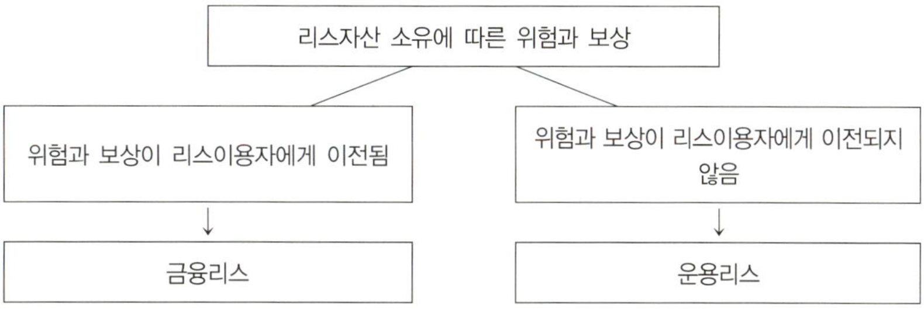

① 금융리스의 정의

리스자산 소유에 따른 위험과 보상이 리스이용자에게 이전된 리스계약

② 금융리스 분류 예

구 분	내 용
소유권이전약정기준	리스기간 종료시점 이전에 기초자산의 소유권이 리스이용자에게 이전되는 리스
염가매수선택권약정기준	리스이용자가 선택권을 행사할 수 있는 시점의 공정가치보다 충분히 낮을 것으로 예상되는 가격으로 기초자산을 매수할 수 있는 선택권을 가지고 있으며, 그 선택권을 행사할 것이 리스약정일 현재 거의 확실
리스기간기준	기초자산의 소유권이 이전되지는 않더라도 리스기간이 기초자산의 경제적 내용 연수의 상당 부분을 차지하는 경우
공정가치회수기준	리스약정일 현재 리스료의 현재가치가 적어도 기초자산 공정가치의 대부분에 해당하는 경우
범용성 없는 자산	기초자산이 특수하여 해당 리스이용자만이 주요한 변경 없이 사용할 수 있는 경우

③ 금융리스로 분류될 수 있는 상황

- 리스이용자가 리스를 해지하는 경우 리스이용자가 해지에 관련되는 리스제공자의 손실을 부담
- 잔존자산의 공정가치 변동에서 생기는 손익이 리스이용자에게 귀속
- 리스이용자가 시장리스료보다 현저하게 낮은 리스료로 다음 리스기간에 리스를 계속할 능력이 있는 경우

※ 해당 사항에 해당하더라도 리스자산의 소유에 따른 위험과 보상의 대부분을 이전하지 않는다는 사실이 분명하다면 그 리스는 운용리스로 분류

(3) 리스의 회계처리

① 운용리스

리스제공자	• 수익의 인식 : 리스료가 매기 정액으로 수취되지 않더라도 리스기간에 걸쳐 정액기준으로 인식 • 비용의 인식 : 감가상각비 등의 비용이 매기 발생하며 자산의 손상여부를 검토하여 손상이 발생한 경우 손상 인식
리스이용자	• 단기리스와 소액기초자산리스를 제외하고 금융리스로 회계처리 • 리스이용자의 효익의 기간적 형태를 더 잘 나타내는 체계적인 인식기준이 없다면 매기 정액기준으로 지급되지 않더라도 매기 정액기준으로 비용 인식

② 금융리스

구 분	리스개시	수익과 비용의 인식
리스제공자	• 리스개시일에 금융리스에 따라 보유하는 자산을 리스순투자와 동일한 금액의 수취채권으로 계상 리스채권 = 리스순투자 = 기초자산의 공정가치 + 리스개설 직접원가 = (리스료 + 무보증잔존가치)를 내재이자율로 할인한 현재가치 • 리스채권은 유효이자율법으로 상각	채권의 원금회수와 이자수익의 인식 : 리스료는 리스채권의 원금회수액과 이자수익으로 구분하여 회계처리
리스이용자	• 리스기간개시일에 사용권자산과 리스부채를 인식 • 리스자산 리스자산 = 리스부채 최초 측정금액 ± 리스개시일이나 그 전에 지급하거나 받은 리스료(지급한 리스료 가산) + 리스이용자가 부담하는 리스개설직접원가 + 리스조건상 리스자산 복구충당부채 • 리스부채 – 무보증잔존가치는 지급의무가 없으므로 리스료에 포함되지 않음 – 리스료의 현재가치를 계산할 때 적용해야 할 할인율은 리스제공자의 내재이자율이며, 이를 알 수 없는 경우 리스이용자의 증분차입이자율을 적용 – 리스개시일 현재 지급되지 않은 리스료의 현재가치로 측정 금융리스부채 = 리스료를 내재이자율로 할인한 현재가치 ※ 내재이자율을 쉽게 산정할 수 없다면 리스이용자의 증분차입이자율로 할인 • 리스부채는 사용권자산에서 차감하는 형식으로 표시하지 않음	• 금융원가, 리스부채의 안분 : 매기 지급하는 리스료는 금융원가(이자비용)와 리스부채 상환액으로 구분하여 회계처리 • 리스자산에 대한 감가상각비 발생 : 자산의 소유권을 획득할 것이 불확실한 경우 리스기간과 자산의 내용연수 중 짧은 기간에 걸쳐 감가상각하며, 리스이용자가 소유한 다른 감가상각대상자산의 감가상각정책과 일관되어야 함 • 리스자산 감가상각비 소유권 이전 조건 리스자산 감가상각비 = (사용권자산 취득원가 − 잔존가치) ÷ 내용연수 반환조건 리스자산 감가상각비 = 사용권자산 취득원가 ÷ Min(자산의 내용연수, 리스기간)

③ 기타의 리스거래

<table>
<tr><th>구 분</th><th>내 용</th></tr>
<tr><td>제조자나
판매자인
리스제공자의
금융리스</td><td>• 리스제공자에게 일반판매에 대한 회계정책에 따라 매출손익과 리스기간 동안의 이자수익이 발생
• 리스제공자의 회계처리

매출액 = Min(기초자산의 공정가치, 리스료의 현재가치*주1))
매출원가 = 기초자산의 원가*주2) − 무보증잔존가치의 현재가치

*주1) 리스료의 현재가치 : 시장이자율로 할인
*주2) 원가와 장부가가 다른 경우 장부가 적용
• 리스제공자가 시장이자율보다 낮은 이자율 제시하는 경우, 시장이자율을 적용하였을 경우의 금액을 한도로 매출이익 인식</td></tr>
<tr><td>판매후리스거래</td><td>판매자인 리스이용자가 구매자인 리스제공자에게 자산을 이전하고 그 자산을 다시 리스하여 사용
<table>
<tr><th>구 분</th><th>자산 이전이 판매인 경우</th><th>자산 이전이 판매가 아닌 경우</th></tr>
<tr><td>리스이용자</td><td>계속 보유하는 사용권에 관련되는 자산의 종전 장부금액에 비례하여 판매후리스에서 생기는 사용권자산을 측정</td><td>이전한 자산을 계속 인식하고, 이전 금액에 해당하는 금액으로 금융부채 인식</td></tr>
<tr><td>리스제공자</td><td>자산의 매입 회계처리와 리스제공자 회계처리 수행</td><td>이전된 자산을 계속 인식하지 않고, 이전 금액과 동일한 금액으로 금융자산 인식</td></tr>
</table></td></tr>
</table>

06 현금흐름표

❶ 현금흐름표의 의의

(1) 현금흐름표의 의의와 형식

① 현금흐름표의 의의

기업의 현금흐름을 나타내는 표로서 현금의 변동내역을 명확히 보고하기 위하여 당해 회계기간에 속하는 현금의 유입 · 유출 내용을 표시하는 재무제표

② 현금흐름표의 유용성과 한계

구 분	내 용
유용성	• 현금흐름표로 알 수 있는 정보 – 영업활동현금흐름과 당기순이익 간의 차이에 관한 정보 – 투자활동에 관한 정보 – 재무활동에 관한 정보 – 미래현금흐름에 관한 정보 – 부채상환능력과 배당금지급능력에 관한 정보
한 계	• 기간 간의 관계를 보여주지 않아 장기현금흐름에 대한 불완전한 정보 제공 • 재무상태표, 포괄손익계산서보다 절대적으로 나은 정보를 제공하는 것이 아니라 재무상태표, 포괄손익계산서가 제공하지 못하는 정보를 추가적으로 제공함으로써 보완적인 기능을 수행

(2) 현금흐름표의 형식과 현금및현금성자산의 정의

① 현금흐름표의 형식

현금흐름표는 현금흐름을 영업활동, 투자활동 및 재무활동으로 구분하여 표시

② 현금및현금성자산의 정의

현금및현금성자산	• 현금 : 보유현금과 요구불예금 • 현금성자산 : 유동성이 높은 단기투자자산으로 확정된 현금으로 전환이 용이하고 가치 변동의 위험이 경미한 자산

※ 은행차입은 일반적으로 재무활동으로 간주

※ 당좌차월은 기업의 현금및현금성자산의 구성요소에 포함

❷ 현금흐름 유형의 구분

(1) 현금흐름의 종류

구 분	정 의	예 시
영업활동	• 주로 기업의 주요 수익창출활동에서 발생 • 일반적으로 당기순손익의 결정에 영향을 미치는 거래나 그 밖의 사건의 결과로 발생	재화의 판매와 용역의 제공에 따른 현금 유입, 로열티, 수수료, 중개료, 법인세의 납부 및 환급
투자활동	• 장기성자산 및 현금성자산에 속하지 않는 기타 투자자산의 취득과 처분에 관련된 활동 • 미래수익과 미래현금흐름을 창출할 자원을 확보하기 위해 지출된 정도를 나타내기 때문에 현금흐름을 별도로 구분공시	유형·무형자산 및 기타 장기성자산의 취득에 따른 현금유출과 처분, 다른 기업의 지분상품, 채무상품의 취득과 처분에 따른 현금 유출입 등
재무활동	• 기업의 납입자본과 차입금의 크기 및 구성내용에 변동을 가져오는 활동 • 미래현금흐름에 대한 자본 제공자의 청구권을 예측하는데 유용하므로 현금흐름을 별도로 구분공시	주식이나 기타 지분상품의 발행에 따른 현금 유입, 주식의 취득이나 상환에 따른 소유주에 대한 현금유출, 차입금의 상환에 따른 현금유출 등

① 별도로 공시되는 현금흐름

구 분	일반적으로 분류되는 활동
이자의 수취 및 지급	영업활동
배당금의 수취	영업활동
배당금의 지급	재무활동
법인세	영업활동

② 비현금거래와 외화현금흐름

구 분	내 용
비현금거래	당기에 현금흐름을 수반하지 않으므로 현금흐름표에서 제외 예 채무의 지분전환, 주식발행으로 인한 합병
외화현금흐름	• 환율변동에 따른 미실현손익은 현금흐름표에 보고 • 영업, 투자 및 재무활동현금흐름과 구분하여 별도로 현금흐름표에 표시

❸ 현금흐름표의 작성

(1) 영업활동현금흐름

① 직접법

㉠ 재화의 판매, 용역의 제공 등 영업활동 거래의 원천별로 유입된 현금의 흐름에서 영업활동 거래로 유출된 현금흐름을 차감하여 구하는 방법

㉡ 총현금유입과 총현금유출을 주요 항목별로 구분하여 표시

㉢ 직접법은 다양한 원천별 현금의 흐름내역을 제시함에 따라 미래현금흐름을 추정하는데 보다 유용한 정보를 제공

② 간접법

㉠ 법인세비용차감전순손익에서 시작하여 현금의 유・출입이 없는 비용과 수익계정을 가감하고 영업활동 관련 자산부채변동을 가감하여 영업현금흐름 산출

㉡ 재무상태표, 포괄손익계산서와의 유용한 연관성을 제시

㉢ 투자활동, 재무활동에 대한 정보 제공

㉣ 간접법으로 영업활동현금흐름을 작성하더라도 이자 및 배당금 수취, 이자지급 및 법인세 납부는 직접법을 적용한 것처럼 별도로 표시

직접법에 의한 현금흐름표

	(단위 : 원)
영업활동현금흐름	
고객으로부터의 유입된 현금	250
공급자와 종업원에 대한 현금유출	(150)
영업에서 창출된 현금	100
이자지급	(20)
법인세의 납부	(15)
영업활동순현금흐름	65

간접법에 의한 현금흐름표

	(단위 : 원)
영업활동현금흐름	
법인세비용차감전순이익	85
가 감	
감가상각비	10
외화환산손실	15
유형자산처분이익	(40)
이자비용	20
매출채권 및 기타채권의 증가	(20)
재고자산의 감소	20
선수금의 증가	10
영업에서 창출된 현금	100
이자지급	(20)
법인세의 납부	(15)
영업활동순현금흐름	65

(2) 투자활동 및 재무활동현금흐름

① 해당 거래로 인하여 유입・유출될 현금을 현금흐름표에 각각 구분하여 표시(직접법과 유사)

② 재무상태표 계정의 당기 증가 및 감소거래 중 현금이 개입된 거래는 현금흐름표에 표시

③ 현금 유입액과 유출액은 상계하지 않고 각각 총액으로 현금흐름에 표시

PART 3 초압축 핵심이론

제 2 과목 세무회계

01 조세총론

❶ 조세총론

(1) 조세의 개념

① 조세의 정의

국가 또는 지방자치단체가 경비충당을 위한 재정수입을 조달할 목적으로 법률에 규정된 과세요건을 충족한 모든 자에게 직접적 반대급부 없이 부과하는 금전급부

② 조세의 특성

과세 주체	국가 또는 지방자치단체
과세의 목적	과세 주체의 경비충당을 위한 재정수입을 조달할 목적으로 부과
조세법률주의	법률에 규정된 요건을 충족한 자들에게만 과세할 수 있음
일반보상성	직접적 반대급부 없이 과세요건을 충족한 모든 자에게 부과
금전급부	세금은 금전으로 납부하는 것을 원칙으로 함

③ 조세의 분류

구 분		분류기준	예 시
과세권자	국 세	국가가 부과·징수	법인세, 소득세, 부가가치세 등
	지방세	지방자치단체가 부과·징수	취득세, 주민세, 등록면허세 등
사용용도	보통세	세수의 용도가 특정되지 않음	일반적인 조세
	목적세	세수의 용도가 특정됨	교육세, 농어촌특별세 등
조세부담의 전가	직접세	납세의무자 = 담세자*주)	법인세, 소득세 등
	간접세	납세의무자 ≠ 담세자*주)	부가가치세, 개별소비세, 주세 등
인적사항의 고려	인 세	납세의무자의 인적사항이 반영	소득세, 법인세 등
	물 세	과세물건(세금부과의 대상)에 초점	부가가치세, 재산세, 주세
독립된 세원 유무	독립세	독립된 세원에 대해 부과	법인세, 소득세 등
	부가세	다른 조세에 부가(다른 조세를 부담하기 때문에 조세를 부담함)	교육세, 농어촌특별세 등

*주) 담세자 : 세금을 실제로 부담하는 자

02 국세기본법

❶ 국세기본법

(1) 기간과 기한

① 기간과 기한의 정의

기 간	어느 일정시점에서 다른 일정시점까지의 계속된 시간
기 한	일정한 시점의 도래로 인하여 법률효과가 발생·소멸하거나 또는 일정한 시점까지 의무를 이행해야 하는 경우 그 시점

② 기간과 기한의 특성

구 분	내 용
기간의 계산	• 원칙 : 민법 • 예외 : 국세기본법 또는 그 세법에 특별한 규정이 있는 경우
기산점	기간의 초일은 기간 계산 시 산입하지 않음(**초일불산입 원칙**)
만료점	기간 말일의 종료로 기간이 만료
신고서 신고기한의 원칙	우편으로 과세표준신고서 등과 관련된 서류를 제출하는 경우 우편날짜도장이 찍힌 날 발신된 것으로 봄(**발신주의**)
기한의 특례	신고·신청·청구·서류 제출·통지·납부 또는 징수에 관한 기한이 공휴일 및 대체공휴일, 토요일 및 일요일, 근로자의 날일 때에는 그 다음 날을 기한으로 함
전자신고 기한	해당 신고서 등이 국세청장에게 전송된 때에 신고되거나 청구된 것으로 간주

(2) 서류의 송달

① 서류의 송달의 정의

국세기본법 또는 세법에 의한 행정처분의 내용을 대상자 또는 이해관계자에게 알리기 위해 처분의 내용을 기록한 서류를 법에 정한 절차에 따라 전달하는 것

② 서류 송달의 내용

구 분	내 용
송달장소	명의인의 주소·거소·영업소 또는 사무소(전자송달*주)은 명의인의 전자우편주소)에 송달하는 것을 원칙으로 함
송달방법	• 원칙 : 서류는 교부, 우편 또는 전자송달에 의하여 송달해야 함 • 예외 : 주소불명 등의 사유로 서류를 송달할 수 없는 경우 공시송달
송달의 효력발생 시기	• 우편 또는 교부송달 : **도달주의** • 전자송달 : 송달받을 자가 지정한 전자우편주소에 입력된 때 • 공시송달 : 서류의 주요 내용을 공고한 날부터 **14일**이 경과한 때

*주) 전자송달 : 전자송달은 정보통신망(인터넷)을 이용한 송달로 서류를 받아야 할 자가 신청한 경우에만 적용함

(3) 특수관계인

① 특수관계인의 정의

㉠ 납세의무자 본인과 특수관계인의 범위 중 어느 하나에 해당하는 관계에 있는 자

㉡ 본인도 상대방의 특수관계 : 쌍방관계를 각각 특수관계인으로 하는 것으로 어느 일방을 기준으로 특수관계인에 해당하는 경우 이들 상호 간에는 특수관계가 존재

② 특수관계인의 범위

구 분	범 위
친족관계(개인인 경우만 해당)	4촌 이내의 혈족, 3촌 이내의 인척, 배우자(사실혼자 포함), 친생자로서 다른 사람에게 친양자 입양된 자 및 그 배우자와 직계비속, 혼외 출생자의 생부·생모
임원·사용인 등의 경제적 이해관계	• 임원, 기타 사용인과 그 친족 • 본인의 금전 및 재산으로 생계를 유지하는 자와 그 친족
주주·출자자 등의 경영지배관계	본인이 직접 또는 친족관계나 경제적 이해관계에 속하는 특수관계인을 통하여 법인의 경영에 지배적인 영향력을 행사하고 있는 경우 그 법인

(4) 국세부과의 원칙

① 국세부과원칙의 정의

납세의무를 납세의무자에게 확정하여 당해 조세를 조세당국이 납세자에게 청구 혹은 납세자 스스로 확정된 납세의무를 세무당국에 신고하는 것

② 국세부과원칙의 내용

구 분	내 용
실질과세의 원칙	• 정의 : 법적 형식이나 외관에 관계없이 실질에 따라 세법을 해석하고 과세요건사실을 인정해야 한다는 원칙 • 실질과 다른 법형식을 통해 조세부담을 회피하는 행위를 방지하고 부담능력에 따른 과세를 실현하고자 하는 것이므로 조세평등주의를 구체화한 것 예 등록명의자와 실제 사업자가 상이한 경우, 명의신탁자에 대한 과세, 우회거래 등
신의성실의 원칙	• 정의 : **납세자** 및 **세무공무원**이 그 의무를 이행할 때에는 신의에 따라 성실하게 하여야 한다는 원칙 • 적용요건 – 납세자의 신뢰의 대상이 되는 과세관청의 공적 견해표시가 있어야 함 – 납세자가 과세관청의 견해표시를 신뢰하고 그 신뢰에 납세자의 귀책사유가 없어야 함 – 납세자가 과세관청의 견해표시에 대한 신뢰를 기초로 어떤 행위를 하여야 함 – 과세관청의 당초 견해표시에 반하는 적법한 행정처분이 있어야 함 – 과세관청의 배신적 처분으로 납세자가 불이익을 받아야 함
근거과세의 원칙	• 정의 : 장부 등 직접적인 자료에 입각하여 납세의무를 확정해야 한다는 원칙 • 국세를 조사·결정할 때 장부의 기록 내용이 사실과 다르거나 장부의 기록에 누락이 있는 경우 '그 부분에 대해서만' 정부가 조사한 사실에 따라 결정할 수 있음 • 그 조사한 사실과 결정의 근거를 결정서에 적어야 함
조세감면의 사후관리	• 조세감면 : 정부가 국세를 감면한 경우 그 감면의 취지를 성취하거나 국가정책을 수행하기 위해 필요하다고 인정되면 세법에서 정하는 바에 따라 감면한 세액에 상당하는 자금 또는 자산의 운용범위를 정할 수 있음 • 불이행할 경우 : 운용범위를 벗어난 자금 또는 자산에 해당하는 감면세액은 세법에서 정하는 바에 따라 감면을 취소하고 징수할 수 있음

(5) 세법적용의 원칙

① 세법적용원칙의 의의

세법상의 법률효과 발생을 목적으로 한 법의 해석·적용 과정에서 지켜야 할 원칙

② 세법적용원칙의 내용

구 분	내 용
납세자 재산권의 부당한 침해금지	세법을 해석·적용할 때 '과세의 형평'과 '해당 조항의 합목적성'에 비추어 납세자의 재산권이 부당하게 침해되지 않도록 하여야 함
소급과세의 금지	• 정의 : 조세법률관계에 있어서 행정법규의 효력발생 전에 완결된 사실에 대해 새로 제정된 법을 적용하지 않는다는 원칙 • 새로운 세법에 관한 소급과세의 금지 : 거래가 성립한 후에는 새로운 세법에 따라 소급하여 과세하지 않음 • 새로운 해석 또는 관행에 의한 소급과세의 금지 : 새로운 해석이나 관행에 의하여 소급하여 과세하지 않음 • 예외 : 유리한 소급효는 인정함
세무공무원의 재량의 한계	세무공무원이 재량으로 직무를 수행할 때에는 과세의 형평과 해당 세법의 목적에 비추어 적당하다고 인정되는 한계를 엄수해야 함
기업회계의 존중	세법에 특별한 규정이 있는 경우를 제외하고 과세표준을 조사·결정할 때 적용되는 기업회계의 기준이나 관행으로서 일반적으로 공정·타당하다고 인정되는 것은 존중해야 함

(6) 과세요건

① 과세요건의 의의

납세의무의 성립에 필요한 법률상의 요건

② 과세요건의 내용

구 분	내 용
납세의무자	세법에 의하여 국세를 납부할 의무가 있는 자
과세물건	조세부과의 목표가 되거나 과세의 원인이 되는 소득, 수익, 재산, 사실 행위
과세표준	직접적으로 세액산출의 기초가 되는 과세대상의 수량 또는 가액
세 율	과세의 한 단위에 대하여 징수하는 조세의 비율

(7) 과세와 환급

① 수정신고

구 분	내 용	
대상자	**법정신고기한까지 과세표준신고서를 제출한 자, 기한 후 신고한 자**	
상 황	신고한 과세표준과 세액이 신고하여야 할 과세표준과 세액에 미달하여 당초 신고한 과세표준과 세액을 납세의무자가 스스로 고쳐 정당한 과세표준과 세액을 신고	
기 한	**당해 국세의 과세표준과 세액이 결정 또는 경정되어 통지되기 전까지 가능**	
수정신고 사유	당초에 과소신고한 경우	• 당초 신고한 과세표준과 세액이 과소신고된 경우 • 당초 신고한 결손금액 또는 환급세액이 신고하여야 할 결손금액이나 환급세액보다 더 많은 경우
	불완전 신고한 경우	세무조정과정에서의 누락 등의 사유로 불완전 신고한 경우
수정신고의 효력	• 당초 신고에 따라 확정된 과세표준과 세액을 증액하여 확정 • 당초 신고에 따라 확정된 세액에 관한 권리·의무관계는 불변	

② 경정청구

구 분	내 용
경정청구의 의의	**이미 신고·결정·경정된 과세표준 및 세액** 등이 세법에 의하여 신고하여야 할 과세표준 및 세액에 비해 과대한 경우(결손금액 또는 환급세액의 경우는 과소) 과세관청으로 하여금 이를 정정하여 결정 또는 경정하도록 촉구하는 납세의무자의 청구
대상자	**법정신고기한까지 과세표준신고서를 제출한 자, 기한 후 신고한 자**
기 한	• 일반적인 경우 : 법정신고기한 경과 후부터 5년 이내 • 후발적 사유가 발생한 경우 : 후발적 사유가 발생한 것을 안 날부터 3개월 이내
통지기간	청구를 받은 날로부터 2개월 이내

③ 기한 후 신고

구 분	내 용
대상자	**법정신고기한 내에 과세표준신고서를 제출하지 아니한 자**
신고·청구기한	세무서장이 결정하여 통지하기 전까지
통지기간	신고일로부터 3개월 이내
기한 후 신고의 효과	가산세 부담의 완화

(8) 국세의 환급

① 국세환급금 및 국세환급가산금의 정의와 소멸시효

구 분	내 용
국세환급금의 정의	납세자로부터 국가가 수납한 세입금 중에서 오납·초과납부·이중납부 등의 사유로 납세자에게 반환하는 환급세액
국세환급가산금의 정의	국세환급금을 충당 또는 지급하는 경우 그 국세환급금에 가산되는 법정이자 상당액
국세환급금과 국세환급가산금의 소멸시효	권리를 행사할 수 있는 날로부터 5년

② 국세환급금의 처리순서

결정 : 국세환급금의 결정 → 충당 : 다른 세금과 상계 → 지 급

(9) 납세자의 권리구제

① 납세자권리구제의 의의

납세자가 위법 또는 부당한 국세처분을 받을 경우, 이에 대한 권리구제제도

② 납세자권리구제의 종류

구 분	명 칭	담당기관	기 한
납부고지 전	과세전적부심사	세무서, 지방국세청	세무조사결과통지서 또는 과세예고통지서를 받은 날로부터 30일 이내
납부고지 후	이의신청	세무서, 지방국세청	납부고지서를 받은 날로부터 90일 이내
	심사청구	국세청	납부고지서를 받은 날 또는 이의신청의 결정통지를 받은 날로부터 90일 이내
	심판청구	조세심판원	
	행정소송	행정법원	심사청구·심판청구 결과통지를 받은 날로부터 90일 이내

(10) 소멸시효의 중단과 정지

① 소멸시효의 중단

구 분	내 용
소멸시효의 중단	• 시효의 진행 중 권리의 행사로 볼 수 있는 사유가 발생하면 그때까지 진행되어 온 시효기간의 효력을 잃어버리게 되는 것 • 소멸시효의 중단사유 이후부터 새로 시효를 기산하여 시효완성을 판단
소멸시효의 중단사유	• 납부고지 • 독 촉 • 교부청구 • 압 류

② 소멸시효의 정지

구 분	내 용
소멸시효의 정지	• 시효의 진행 중에 권리자가 권리를 행사할 수 없는 사유가 발생하면 그 기간만큼 시효의 완성을 유예하는 것 • 시효의 정지 사유가 종료한 후 시효의 남은 기간 동안 진행될 경우 시효는 완성
소멸시효의 정지사유	• 세법에 따른 분납기간 • 납부고지의 유예, 지정납부기한 독촉장에서 정한 기한의 연장, 징수유예기간 • 압류·매각의 유예기간 • 연부연납기간 • 세무공무원의 소송제기로 그 소송이 진행 중인 기간 • 체납자가 국외에 6개월 이상 계속 체류하는 경우 해당 국외 체류기간

03 법인세법

❶ 총 설

(1) 법인세의 의의

① 법인의 정의

법인은 자연인 이외에 법률에 의하여 권리능력이 인정되어 있는 법적 인격자이며 법률상 권리・의무의 주체

② 법인의 유형

법인의 분류	목적에 따른 분류	영리법인	영리 추구가 목적인 법인
		비영리법인	영리 추구가 목적이 아닌 법인
	위치에 따른 분류	내국법인	법인의 본점, 주사무소 또는 사업의 실질적 관리장소가 국내에 있는 법인
		외국법인	법인의 본점, 주사무소 또는 실질적 관리장소가 국내에 소재하지 않는 법인

③ 법인세의 의의 및 납세의무자

법인세의 의의	법인이 얻은 소득에 대하여 부과하는 조세
법인세의 납세의무자	법 인

(2) 과세소득의 범위

① 과세소득의 분류

각 사업연도 소득	매기마다 반복적으로 발생하는 소득(일반적인 법인세를 의미)
청산소득	영리내국법인이 해산하는 경우 발생하는 소득
토지 등 양도소득	비사업용토지에 대한 양도소득은 별도의 규정에 따라 납세의무를 부담
미환류소득 (투자・상생협력촉진세제)	일정 법인이 기업소득 중 일정금액 이상을 투자, 임금 증가, 상생협력출연금 등으로 사회에 환류하지 않는 소득

(3) 법인세 납세의무자

〈법인 종류별 납세의무의 범위〉

법인유형		각 사업연도 소득	청산소득	토지 등 양도소득	미환류소득
내 국	영리법인	국내외원천소득	과 세	과 세	과 세
	비영리법인	국내외원천소득 중 수익사업소득	비과세	과 세	비과세
외 국	영리법인	국내원천소득	비과세	과 세	비과세
	비영리법인	국내원천소득 중 수익사업소득	비과세	과 세	비과세

(4) 사업연도

〈사업연도의 의의와 특성〉

구 분		내 용
사업연도의 의의		소득을 구분하는 일정기간
사업연도의 특성	사업연도의 기간	• 기간은 1년을 초과할 수 없음 • 법령 또는 정관 등에서 정함이 있는 경우 그 기간 • 법령 또는 정관에 사업연도의 기간이 기재되지 않은 경우 신고를 통해 지정할 수 있으며 무신고의 경우 매년 1월 1일부터 12월 31일까지 적용
	신설법인의 최초 사업연도 개시일	설립등기일
	사업연도의 변경	직전 사업연도의 종료일로부터 3개월 이내에 신고 예 1월 1일부터 12월 31일까지가 1기간인 법인이 20X2년부터 새로운 사업연도를 적용받기 위해서는 20X1년 12월 31일 이후 3개월인 3월 31일까지 신고해야 20X2년에 새로운 사업연도의 적용이 가능함

❷ 각 사업연도의 소득에 대한 법인세

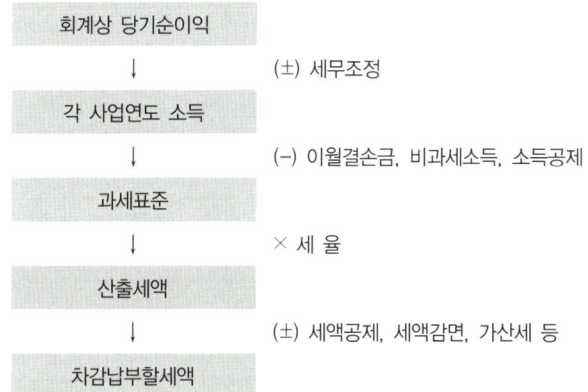

(1) 법인세의 계산구조

회계상 당기순이익
↓ (±) 세무조정
각 사업연도 소득
↓ (−) 이월결손금, 비과세소득, 소득공제
과세표준
↓ × 세 율
산출세액
↓ (±) 세액공제, 세액감면, 가산세 등
차감납부할세액

(2) 법인세율

〈과세표준을 기준으로 누진세율 적용〉

과세표준	세 율
2억원 이하	과세표준금액의 9%
2억원 초과 ~ 200억원 이하	1,800만원 + 2억원 초과분 × 19%
200억원 초과 ~ 3,000억원 이하	37억 8천만원 + 200억원 초과분 × 21%
3,000억원 초과	625억 8천만원 + 3,000억원 초과분 × 24%

(3) 결산조정사항과 신고조정사항

구 분	결산조정사항	신고조정사항
의 의	결산서에 비용으로 계상해야만 손금으로 인정되는 항목	결산서 계상 여부에 상관없이 신고서에 계상되어야 하는 항목
대 상	현금지출이 수반되지 않는 비용으로 법에서 정하는 일정 항목*주)	결산조정사항 이외의 모든 항목
세무조정 여부	불가능	가능(누락된 경우 반드시 해야 함)
손금귀속시기	결산서에 반영한 연도	법정 귀속시기
손금귀속시기 선택가능 여부	가 능	불가능

*주) 결산조정사항 : 유·무형자산상각비, 퇴직급여충당금, 법인세법상 준비금 중 일부 항목, 재고자산·고정자산의 평가차손, 대손금 중 일부

(4) 소득처분

① 소득처분의 의의

세무조정사항의 소득의 귀속자를 확인하는 절차

② 소득처분

<table>
<tr><th>구 분</th><th>세무조정</th><th colspan="2">소득처분 종류</th><th>효 과</th></tr>
<tr><td rowspan="6">(+) 조정</td><td rowspan="6">익금산입, 손금불산입</td><td rowspan="4">사외유출</td><td>배 당</td><td rowspan="3">소득귀속자에게 과세</td></tr>
<tr><td>상 여</td></tr>
<tr><td>기타소득</td></tr>
<tr><td>기타사외유출</td><td>사후관리 불필요</td></tr>
<tr><td colspan="2">유 보</td><td>세무상 순자산 증가</td></tr>
<tr><td colspan="2">기타(잉여금)</td><td>사후관리 불필요</td></tr>
<tr><td rowspan="2">(−) 조정</td><td rowspan="2">익금불산입, 손금산입</td><td colspan="2">△유 보</td><td>세무상 순자산 감소</td></tr>
<tr><td colspan="2">기타(△잉여금)</td><td>사후관리 불필요</td></tr>
</table>

③ 소득처분의 종류

㉠ 사외유출 : 익금산입 및 손금불산입의 세무조정으로 인한 소득이 법인의 외부로 유출된 경우

종 류	귀속자	사후관리
배 당	주주(임원인 주주 제외)	귀속자의 배당소득으로 과세
상 여	임원(주주인 임원 포함) 및 직원	귀속자의 근로소득으로 과세
기타사외유출	법인 또는 사업자	없 음
기타소득	위 외의 자	귀속자의 기타소득으로 과세

㉡ 유보(△유보) : 세무상 소득이 법인 내부에 남아 세무상 순자산을 구성하는 경우

<table>
<tr><th>구 분</th><th>유 보</th><th>△유 보</th></tr>
<tr><td>정 의</td><td>세무상 순자산을 증가시키는 소득처분</td><td>세무상 순자산을 감소시키는 소득처분</td></tr>
<tr><td>특 성</td><td colspan="2">차기 사업연도 이후 반대의 세무조정인 △유보(또는 유보)에 의해 상쇄되어 없어짐</td></tr>
<tr><td>사후관리</td><td colspan="2">자본금과 적립금조정명세서(을) 표</td></tr>
</table>

㉢ 기타(잉여금 또는 △잉여금)

구 분	내 용
정 의	세무조정의 효과가 법인 내에 남아 있지만 회계상 순자산가액과 세무상 순자산가액의 차이를 만들지 않는 경우에 행하는 소득처분
예	자기주식처분이익, 매도가능증권평가이익 등

❸ 익 금

(1) 익금의 의의

자본 또는 출자의 납입 및 익금불산입 항목으로 규정된 것을 제외하고 법인의 순자산을 증가시키는 항목

(2) 익금 항목

① 사업수익금액

② 자산의 양도금액

③ 자산의 임대료

④ 자산수증이익, 채무면제이익

⑤ 특수관계인인 개인으로부터 저가로 매입한 유가증권의 시가와의 차액

⑥ 간접외국납부세액

⑦ 간주임대료

⑧ 의제배당

㉠ 잉여금의 자본전입으로 인한 의제배당(해당 법인이 주주로서 투자하고 있는 법인이 이익잉여금 및 자본잉여금의 일부를 자본전입하여 증가된 지분을 배당으로 의제)

㉡ 자본 감소・해산・합병 및 분할 등으로 인한 의제배당(받는 재산가액에서 주식 취득가액을 제외한 나머지를 배당으로 의제)

⑨ 기타 자본 또는 출자의 납입을 제외하고 법인의 순자산을 증가시키는 거래

(3) 익금불산입 항목

① 주식발행초과금

② 감자차익, 합병차익 및 분할차익

③ 자산수증이익・채무면제이익 중 이월결손금 보전에 충당된 금액

④ 이월익금(이전에 이미 익금으로 인식된 금액으로 이중계상의 문제로 익금불산입)

⑤ 법인세환급금(법인세 역시 손금으로 인정되지 않음)

⑥ 지주회사 및 일반법인의 수입배당금액 중 일정금액

⑦ 부가가치세 매출세액

⑧ 자산의 평가차익(예외 : 보험업법 등 기타 법률의 규정에 따른 유형자산과 무형자산의 평가차익은 익금)

❹ 손 금

(1) 손금의 의의

자본 또는 지분의 환급 및 잉여금의 처분 및 법에서 규정하는 것을 제외하고 법인의 순자산을 감소시키는 항목

(2) 손금 항목

① 판매한 상품 또는 제품에 대한 재료비와 부대비용(매출원가)
② 양도한 자산의 양도 당시
③ 인건비(일부 항목 제외)
④ 유형자산의 수선비(수익적 지출 부분만)
⑤ 유형자산 및 무형자산에 대한 감가상각비 중 한도 내의 금액
⑥ 자산의 임차료
⑦ 차입금이자
⑧ 대손금
⑨ 제세공과금(법에서 규정한 벌과금 등의 손금불산입 항목 제외)
⑩ 영업자가 조직한 단체로서 법인이거나 주무관청에 등록된 조합・협회에 지급한 회비
⑪ 우리사주조합기부금
⑫ 자산의 평가차손 중 법소정 항목
  ㉠ 저가법으로 재고자산 금액을 신고하기로 한 법인의 재고자산평가손실
  ㉡ 고정자산으로서 천재지변・화재 등으로 파손 및 멸실(파손・멸실이 발생한 사업연도뿐만 아니라 확정된 사업연도에도 손금산입 가능)
  ㉢ 다음에 해당하는 주식으로서 발행법인의 부도・회생계획인가결정・부실징후기업・파산이 발생한 경우(1,000원 비망계정으로 제외)
    • 상장법인 발행주식
    • 비특수관계 비상장법인 발행주식
    • 창업자, 신기술사업자 발행주식

(3) 손금불산입 항목

① 주식할인발행차금
② 잉여금의 처분을 손금 항목으로 계상한 금액
③ 벌금・과료・과태료, 가산금과 강제징수비, 기타 법령에 따른 의무 불이행 또는 금지 등의 위반에 대한 제재로 부과되는 공과금(기타사외유출)
④ 법에서 정한 항목을 제외한 임의의 평가손실
⑤ 업무무관경비(업무무관부동산 및 자산의 취득・관리에 따른 비용・유지・수선비, 소액주주가 아닌 출자자나 출연자인 임원 또는 그 친족이 사용하는 사택 유지비 등)
⑥ 손금불산입되는 지급이자(채권자 불분명 사채이자, 비실명채권・증권 이자, 건설자금에 충당한 차입금의 이자, 업무무관자산 등 관련 이자)

⑦ 특례기부금 및 일반기부금 한도초과금액

⑧ 기업업무추진비 한도초과액

⑨ 감가상각비 한도초과액

⑩ 인건비 항목 중 일부 손금불산입 항목

급여 및 보수 중 손금불산입	㉠ 합명·합자회사의 노무출자사원에 대한 보수 ㉡ 비상근임원에 지급하는 보수 중 부당행위계산부인에 해당하는 것 ㉢ 지배주주와 그 특수관계에 있는 임직원에 대한 초과 지급 인건비
상여금 중 손금불산입	정관 또는 급여지급기준에 의한 상여금을 초과하여 지급하는 금액
퇴직금 중 손금불산입	㉠ 임원 퇴직금지급규정을 초과하여 지급한 금액 ㉡ 임원 퇴직금지급규정이 없는 경우 : 퇴직 전 1년간 총급여액 × 1/10 × 근속연수를 초과하는 금액

⑪ 업무용승용차 관련 비용 중 업무미사용금액(운행기록부 미작성 시 업무용승용차 비용인정한도액 : 1천 5백만원 이하 100%, 1천 5백만원 초과 시 1천 5백만원을 업무용승용차 관련 비용으로 나눈 비율로 비용 인정, 사업연도 중 취득·처분한 경우 보유기간에 따라 월할 조정)

재무

세무

원가관리

❺ 손익의 귀속

(1) 세법상 손익의 귀속시기

① 권리의무확정주의에 따라 사업연도에 익금과 손금을 인식

② 세법상 규정이 없는 경우 회계상의 손익 귀속시기를 따름

(2) 거래유형별 손익의 귀속시기

① 매출 및 자산의 판매손익의 귀속시기

일반적인 원칙	회계상 손익 귀속시기와 동일
상품·제품의 매출손익 귀속시기	인도일
매출 이외의 판매손익 귀속시기	해당 자산의 대금청산일·소유권이전등기일·인도일 또는 사용수익일 중 빠른 날
위탁판매손익의 귀속시기	수탁자의 판매시점

② 장기할부판매 손익의 귀속시기

원 칙	인도일
인 정	해당 사업연도에 회수하였거나 회수할 금액과 이에 대응하는 비용을 각각 수익과 비용으로 장부에 계상한 경우(결산조정)
예 외	중소기업인 법인이 장기할부조건으로 판매하고 인도조건으로 회계처리한 경우, 각 사업연도에 회수하거나 회수할 금액과 이에 대응하는 비용을 신고조정을 통해 익금과 손금에 반영할 수 있음

③ 용역제공 등에 의한 손익의 귀속사업연도

원 칙	진행률에 따라 인식함
예 외	중소기업인 법인이 수행하는 계약기간이 1년 미만의 건설 등의 제공으로 인한 익금과 손금은 인도기준 가능

④ 이자수익 및 이자비용의 손익 귀속시기

	적용회사	실제 수입된 날
이자수익	금융회사 등 이외의 법인	소득세법상 수입시기(단, 회사가 회계기준에 따라 기간경과분을 미수수익으로 인식한 경우 익금불산입함)
이자비용	실제로 지급한 날 또는 지급하기로 한 날(단, 회계기준에 따라 기간경과분을 미지급비용으로 계상한 경우 손금인정)	

⑤ 자산임대손익 귀속시기

임대료의 지급일이 정해져 있는 경우	그 지급일
임대료의 지급일이 정해지지 않은 경우	실제 지급일
결산 시 기간경과분을 미수수익으로 인식한 경우	기간경과에 대응하는 수익과 비용을 익금과 손금으로 인식함
임대료 지급기간이 1년을 초과하는 경우	

(3) 자산의 취득가액

① 자산별 취득가액의 인식

매입자산	매입가액 + 부대비용
자가건설자산	원재료비 등 제조원가
그 외의 자산	취득 당시의 시가

(4) 재고자산과 유가증권의 평가

① 재고자산의 평가

일반적	원가법 적용(개별법, 선입선출법, 후입선출법, 총평균법, 이동평균법, 매출가격환원법 중 선택)
저가법으로 재고자산 평가방법을 신고한 경우	저가법 적용 [Min(시가, 취득원가)]

② 재고자산의 평가손실

㉠ 저가법 신고 시 : 평가한 결과 평가손실이 발생한 경우 인정

㉡ 일반적인 경우 : 평가손실을 인정하지 않음

㉢ 예외 : 파손·부패 등의 사유로 평가손실을 한 경우 인정

③ 유가증권의 평가방법

㉠ 채권 : 개별법, 총평균법, 이동평균법

㉡ 채권 외의 유가증권 : 총평균법, 이동평균법

④ 재고자산과 유가증권의 평가방법신고와 변경신고

최초신고	법인의 설립일이 속하는 사업연도과세표준 신고기한 내에 신고
변경신고	적용하고자 하는 사업연도 종료일 이전 3개월이 되는 날까지
무신고 시	• 재고자산 : 선입선출법 • 유가증권 : 총평균법
신고 방법과 다른 임의변경 시	• 재고자산 : Max(선입선출법으로 평가한 금액, 당초 신고한 방법으로 평가한 금액) • 유가증권 : Max(총평균법으로 평가한 금액, 당초 신고한 방법으로 평가한 금액)

❻ 한도가 있는 손금 항목

(1) 감가상각비

① 감가상각비의 특징

구 분	세법상 감가상각비
잔존가액	'0'(단, 정률법 계산 시에는 5%)
내용연수	법으로 정함
감가상각방법	정액법, 정률법, 생산량비례법
감가상각제도	㉠ 임의상각제도 한도 내에서 손금인정(과대계상은 손금불산입, 과소계상은 계상 가능) ㉡ 결산조정사항

② 감가삼각범위액의 결정요소

㉠ 자산의 취득가액

원 칙	취득가액 + 부대비용	
수선비의 지출	자본적 지출	수익적 지출
	• 내용연수 증가 등 가치를 상승시키기 위한 수선비 • 취득원가에 가산	• 원상회복, 현상회복을 위한 수선비 • 지출 사업연도에 손금산입
	자본적 지출을 비용처리한 경우 취득원가에 포함시키고 해당 수선비가 전액 감가상각된 것으로 보아 한도계산(즉시상각의제)	

※ 자본적 지출의 예외 : 600만원 미만 수선비, 자산가액의 5% 미만 수선비, 3년 미만 주기의 수선비는 소액수선비로 즉시 비용인정

㉡ 내용연수

기준내용연수	고정자산의 자산 및 업종을 고려하여 법적으로 규정하고 있는 내용연수
신고내용연수	기준내용연수 ±25%를 한 범위 내에서 법인이 신고한 내용연수

※ 내용연수는 자산을 취득한 날이 속하는 사업연도의 법인세 과세표준신고기한까지 관한 세무서장에게 신고하여야 한다. 신고하지 않은 경우에는 기준내용연수를 적용하며, 이를 이후 사업연도에도 계속 적용해야 한다.

③ 자산별 감가상각방법

㉠ 유형자산

구 분	선택 가능 상각방법	무신고 시 상각방법
건축물	정액법	정액법
광업용 자산	정액법, 정률법, 생산량비례법	생산량비례법
기타 유형자산	정액법, 정률법	정률법

㉡ 무형자산

구 분	선택 가능 상각방법	무신고 시 상각방법
개발비	정액법(20년 이내)	정액법(5년)
사용수익기부자산가액	정액법(사용수익기간)	정액법(사용수익기간)
광업권	정액법 · 생산량비례법	생산량비례법
기타 무형자산	정액법	정액법

④ 감가상각방법의 신고

신설법인	영업개시일이 속하는 사업연도의 과세표준신고기한까지
신규취득	취득일이 속하는 사업연도의 과세표준신고기한까지

⑤ 감가상각범위액의 계산

㉠ 정액법과 정률법에 따른 감가상각범위액

정액법	상각범위액 = 세무상 취득가액[*주1)] × 상각률[*주2)]
정률법	상각범위액 = 세무상 미상각잔액[*주3)] × 상각률

*주1) 세무상 취득가액 = 취득가액 + 즉시상각의제누계액

*주2) 정액법 상각률 = 1/내용연수

*주3) 세무상 미상각잔액 = 취득가액 − 전기감가상각누계 + 상각부인액누계 + 당기즉시상각의제액

㉡ 계산 시 주의사항

- 신규취득 : 사용한 월부터 월할계산
- 기중양도 : 감가상각 계상 불필요
- 자본적 지출 : 장부가액과 합산(월수는 고려하지 않음)
- 리스이용자에 대한 기업회계기준변경과 상관없이 종전 감가상각방식 유지
  - 금융리스 : 리스이용자의 감가상각자산으로 처리
  - 운용리스 : 리스제공자의 감가상각자산으로 처리

㉢ 감가상각비의 시부인계산

구 분	내 용	처 분
상각부인액	감가상각비 계상액 > 상각범위액	초과분 손금불산입(유보)
시인부족액	감가상각비 계상액 < 상각범위액	세무조정 없음(전기 상각부인액이 있는 경우 추인)

(2) 기부금

① 기부금의 범위

본래의 기부금	특수관계가 없는 자에게 사업과 직접 관련없이 무상으로 지출하는 증여가액
의제기부금	특수관계가 없는 자에게 정당한 사유없이 자산을 정상가액보다 낮은 가액(시가의 70%)으로 양도, 높은 가액(시가의 130%)으로 매입하는 경우

② 기부금의 종류

구 분	내 용
특례기부금	국가・지방자치단체에 무상으로 기증하는 금품의 가액, 국방헌금과 국군장병 위문금품의 가액, 천재지변으로 인한 이재민을 위한 구호금품 등
우리사주조합기부금	법인 주주 등이 우리사주조합에 지출하는 기부금
일반기부금	세법에서 일반기부금 단체로 분류된 사회복지・문화・예술・교육・종교・자선・학술 등의 공익사업영위단체에 기부한 기부금
비지정기부금	동창회, 육성회비 등 특례・우리사주조합・일반기부금 이외의 단체에 기부한 기부금

③ 기부금의 손금산입한도

구 분	손금산입한도
특례기부금	(기준소득금액*주1) − 이월결손금*주2)) × 50%
우리사주조합기부금*주3)	(기준소득금액*주1) − 이월결손금*주2) − 특례기부금 손금산입액) × 30%
일반기부금	(기준소득금액*주1) − 이월결손금*주2) − 특례 · 우리사주조합기부금 손금산입액) × 10%*주4)
비지정기부금	전액 손금불산입(기타사외유출로 세무조정)

*주1) 기준소득금액 = 차가감소득금액 + 특례기부금 + 우리사주조합기부금 + 일반기부금
*주2) 이월결손금 : 기준소득금액의 80% 한도(단, 중소기업 등의 경우 100% 한도)
*주3) 법인이 우리사주조합에 출연하는 자사주의 장부가액 또는 금액인 경우 전액 손금으로 인정
*주4) 사회적기업육성법에 따른 사회적기업인 경우 20% 적용

④ 기부금 기타사항

㉠ 기부금의 인식시기는 현금주의로 처리함(실제 지출할 때 기부금 인식함)

㉡ 이월공제 허용 : 10년(이월된 기부금을 우선공제하고 남은 기부금 공제한도 내에서 각 사업연도에 지출한 기부금 공제)

㉢ 현물기부금의 평가방법

<table>
<tr><th colspan="2">구 분</th><th>현물기부금 평가</th></tr>
<tr><td colspan="2">특례기부금</td><td rowspan="2">장부가액</td></tr>
<tr><td rowspan="2">일반기부금</td><td>특수관계인 외의 자에게 기부한 경우</td></tr>
<tr><td>특수관계인에게 기부한 경우</td><td rowspan="2">Max(시가, 장부가액)</td></tr>
<tr><td colspan="2">비지정기부금</td></tr>
</table>

(3) 기업업무추진비

① 세법상 기업업무추진비로 보는 금액

㉠ 직원이 조직한 조합 또는 단체(법인)에 지출한 복리시설비

㉡ 약정에 의하여 매출채권을 포기한 금액

㉢ 기업업무추진비 관련 VAT 매입세액 불공제액과 접대한 자산에 대한 VAT 매출세액

㉣ 연간 5만원을 초과하여 특정인에게 기증한 광고선전물품(단, 개당 3만원 이하의 물품은 5만원 한도 미적용)

② 기업업무추진비와 기타비용의 구분

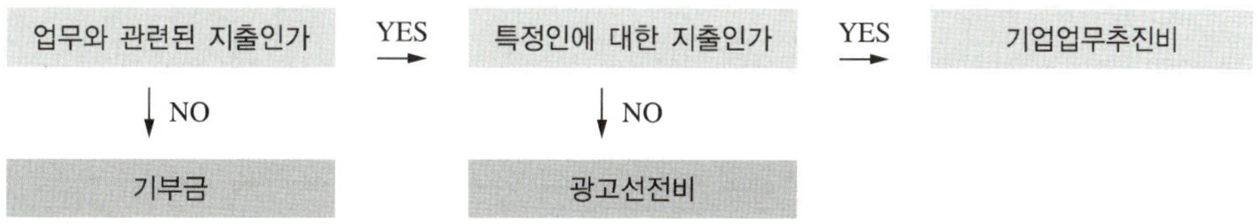

③ 기업업무추진비 시부인계산 구조

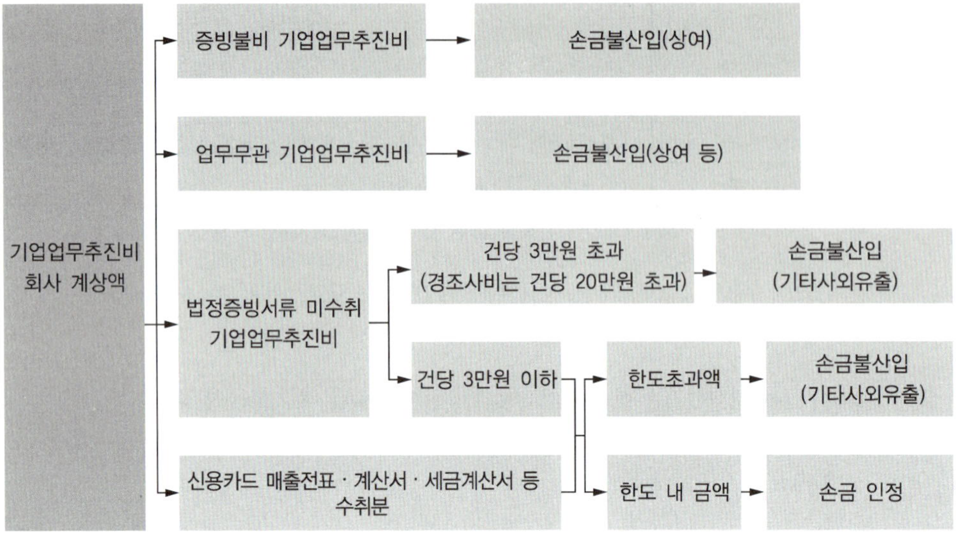

④ 기업업무추진비 한도액 계산

기업업무추진비 한도액 = 일반기업업무추진비 한도액 + 문화기업업무추진비 한도액 + 전통시장기업업무추진비 한도액

구 분	내 용
일반기업업무추진비 한도액	㉠ + ㉡ ㉠ 12,000,000원(중소기업 36,000,000원) × (사업연도 월수/12) ㉡ 일반수입금액 × 적용률*주) + 특정수입금액 × 적용률*주) × 10%
문화기업업무추진비 한도액	Min[㉢, ㉣] ㉢ 문화기업업무추진비 지출액 ㉣ 일반기업업무추진비 한도액 × 20%
전통시장기업업무추진비 한도액	Min[㉤, ㉥] ㉤ 전통시장기업업무추진비 지출액 ㉥ 일반기업업무추진비 한도액 × 10%

*주) 적용률(수입금액기준한도)

수입금액	비 율
100억원 이하	3/1,000
100억원 초과 ~ 500억원 이하	2/1,000
500억원 초과	0.3/1,000

⑤ 기업업무추진비 세무조정 및 기타사항

㉠ 기업업무추진비 한도초과액은 손금불산입하고 기타사외유출로 소득처분

㉡ 기업업무추진비는 발생주의를 기준으로 귀속시기 인식

㉢ 현물기업업무추진비는 시가와 장부가 중 큰 금액을 기준으로 함

㉣ 광고 · 선전 목적의 특정인 대상 연간 5만원(개당 3만원) 초과 물품 구입비용은 기업업무추진비로 분류

(4) 지급이자

① 손금불산입되는 지급이자

적용순서	구 분	세무조정
1	채권자 불분명 사채이자	• 관련 원천징수된 부분 : 손금불산입(기타사외유출) • 잔액 : 손금불산입(대표자 상여)
2	비실명 채권 · 증권이자	
3	건설자금이자	• 건설중인자산 : 손금불산입(유보) • 완성자산 : 즉시상각의제
4	업무무관자산 등 관련 이자	손금불산입(기타사외유출)

② 지급이자 손금불산입 관련 고려사항

㉠ 건설자금이자의 차입금의 범위 : 특정차입금은 강제사항, 일반차입금은 선택사항

㉡ 업무무관자산의 범위 : 부동산, 골동품, 서화 등 업무무관자산과 특수관계인에 대한 업무무관가지급금

㉢ 업무무관자산 관련 이자 손금불산입액 = 지급이자 × (업무무관자산적수 + 업무무관가지급금적수)/차입금적수

(5) 충당금의 손급산입

① 퇴직급여충당금의 한도액과 세무조정

퇴직급여충당금 : 결산조정사항		
한도액	Min(㉠, ㉡) ㉠ 퇴직급여 지급대상이 되는 임원 · 직원에게 지급한 총급여액 × 5% ㉡ 퇴직금추계액 × 0% + 퇴직금전환금 − 세법상 퇴직급여충당금 잔액	
세무조정	구 분	세무조정
	퇴직급여충당금 전입액 > 한도액	한도초과액 손금불산입(유보)
	퇴직급여충당금 전입액 < 한도액	세무조정 없음(결산조정사항)

② 퇴직금 지급 시 처리방법

㉠ 퇴직금 지급 시 세무상 인식

현실적 퇴직인 경우	퇴직급여충당금에서 먼저 지급
비현실적 퇴직인 경우	업무무관가지급금으로 처리

㉡ 현실적 퇴직

현실적 퇴직인 경우	현실적 퇴직이 아닌 경우
• 직원이 임원으로 취임한 경우 • 법인의 조직변경 · 합병 · 분할 또는 사업양도에 의한 퇴직한 경우 • 근로자퇴직급여보장법에 따라 퇴직급여를 중간정산하여 지급한 경우 • 정관 또는 퇴직급여지급규정에 따른 사유로 퇴직급여를 중간정산하여 임원에게 지급한 경우	• 임원이 연임된 경우 • 대주주 변동 등의 사유로 전 사용인에게 퇴직급여를 지급하는 경우 • 정부투자기관 등이 민영화됨에 따라 전 종업원의 사표를 일단 수리한 후 재채용한 경우 • 근로자퇴직급여보장법에 따라 중간정산하였으나 실제로 지급하지 않은 경우

③ 퇴직연금충당금

㉠ 퇴직연금충당금 종류별 세무처리

확정기여형	전액 손금산입
확정급여형	한도 내에서 손금산입

㉡ 확정급여형 퇴직연금충당금의 손금산입 한도액과 세무조정

<table>
<tr><th colspan="3">퇴직연금충당금 : 신고조정사항</th></tr>
<tr><td>손금산입
한도액</td><td colspan="2">Min(a, b) − 세법상 퇴직연금충당금 이월잔액
a. 퇴직급여추계액 − 세무상 퇴직급여충당금 기말잔액
b. 퇴직연금운용자산 당기 말 잔액</td></tr>
<tr><td rowspan="3">세무조정</td><td>구 분</td><td>세무조정</td></tr>
<tr><td>퇴직연금충당금 계상액 > 손금산입 한도액</td><td>한도초과액 손금불산입(유보)</td></tr>
<tr><td>퇴직연금충당금 계상액 < 손금산입 한도액</td><td>손금산입(△유보, 신고조정사항)</td></tr>
</table>

(6) 대손금과 대손충당금

① 대손금

회수불능채권으로 법인의 순자산을 감소시키는 손금

② 대손불가능 채권

㉠ 대여시점의 특수관계인에 대한 업무무관가지급금

㉡ 보증채무 대위변제로 인한 구상채권

㉢ 대손세액공제를 받은 부가가치세 매출세액 미수금

③ 대손사유에 따른 구분

신고조정사항	결산조정사항
㉠ 소멸시효 완성채권 ㉡ 회생계획인가 · 면책채권 ㉢ 민사집행법의 규정에 의하여 채무자의 재산에 대한 경매가 취소된 압류채권	㉠ 채무자 파산 · 강제집행 · 형의 집행 · 사업 폐지 · 사망 등으로 인한 회수불능채권 ㉡ 부도발생일로부터 6개월 이상 경과 수표 · 어음(1,000원 비망계정으로 제외함) ㉢ 회수기일 6개월 이상 경과한 채권 중 30만원 이하인 소액채권 ㉣ 조기 회수를 위해 포기한 채권 ㉤ 재판상 화해 및 화해권고결정에 따라 회수불능으로 확정된 채권 ㉥ 중소기업 외상매출금으로서 회수기일로부터 2년이 경과한 외상매출금 및 미수금 ㉦ 물품의 수출 또는 외국에서의 용역제공으로 발생한 채권으로 한국무역보험공사로부터 회수불능이 확인된 채권

④ 대손충당금의 한도 계산

한도액	대손충당금 설정대상채권 장부가액 × 설정률
설정률	Max(㉠, ㉡) ㉠ 1% ㉡ 대손실적률 = $\frac{\text{당해 사업연도 중 대손금}}{\text{직전 사업연도 말 대손충당금 설정대상 채권 장부가액}}$

⑤ 세무조정

대손충당금 : 결산조정사항	
세무조정	㉠ 대손충당금 기말잔액 > 한도액 : 초과분 손금불산입(유보) ㉡ 대손충당금 기말잔액 < 한도액 : 세무조정 없음(결산조정사항)
전기 한도초과액	전액 손금산입(△유보)

❼ 준비금

(1) 준비금 손금산입의 목적과 효과

준비금 손금산입의 목적	조세정책적 목적에서 조세의 납부를 일정기간 유예하는 조세지원제도
세무상 효과	조세의 이연효과 발생(기간 이익)

(2) 준비금의 종류

① 법인세법상 준비금

종 류	설정대상법인
책임준비금	보험업을 영위하는 법인
비상위험준비금	보험업을 영위하는 법인
고유목적사업준비금	비영리 내국법인

② 조세특례제한법상 준비금

신용회복목적회사의 손실보전준비금 등

(3) 준비금의 세무조정

구 분	법인세법상 준비금	조세특례제한법상 준비금
원 칙	결산조정사항(고유목적사업준비금은 잉여금 처분으로 신고조정 허용)	결산조정사항 (잉여금 처분으로 신고조정 허용)
회계와 일치 여부	인정함	인정하지 않음
세무조정	없음(고유목적사업준비금은 잉여금 처분으로 신고조정 허용)	결산조정(잉여금 처분으로 신고조정 허용)
기간효과	일정기간이 경과하거나 특정 사유가 발생할 경우 다시 익금산입	

❽ 부당행위계산부인

(1) 부당행위계산부인의 의의

특수관계인과 거래하여 법인의 소득에 대한 조세부담을 부당히 감소시켰다고 인정될 경우 이를 부인하고 그 법인의 각 사업연도의 소득금액을 계산

(2) 부당행위계산부인의 적용요건(두 가지 모두 충족)

① 특수관계인과의 거래

② 법인이 해당 거래로 조세부담이 감소되었다고 인정

(3) 특수관계인의 범위

① 경영에 사실상 영향력을 행사하는 자와 그 친족

② 대주주와 그 친족

③ 임원・직원 또는 주주 등의 직원과 그 친족

④ ① ~ ③에 해당하는 자가 30% 이상을 출자하고 있는 다른 법인

(4) 조세부담을 부당하게 감소시키는 거래 [비정상거래 시가 범위 : Min(시가 × 5%, 3억원)]

① 자산을 시가보다 높게 매입 또는 현물출자를 받았거나 그 자산을 과대상각한 경우

② 무수익자산을 매입 또는 현물출자하거나 그 비용을 부담한 경우

③ 자산을 무상 또는 시가보다 낮게 양도 또는 현물출자한 경우

④ 불량자산을 차환 혹은 불량채권을 양수한 경우

⑤ 금전, 기타 자산 또는 용역을 무상 또는 시가보다 낮은 이율이나 임대료로 제공한 경우

㉠ 주주가 아닌 임원(소액주주인 임원 포함) 및 직원에게 사택을 제공하는 경우는 제외

㉡ 연결납세방식을 적용받는 연결법인 간에 연결법인세액의 변동이 없는 등 일정 요건을 충족하는 용역을 제공하는 경우는 제외

⑥ 금전, 기타 자산 또는 용역을 시가보다 높은 이율의 임차료로 차용한 경우

(5) 부당행위계산부인의 유형별 세무조정

① 고가매입

구 분	세무조정
고가매입 자산 감액	(매입가 − 시가) 손금산입(△유보)
귀속자에 따른 소득처분	(매입가 − 시가) 손금불산입(상여, 배당 등)
고가매입분 감가상각비 부인	손금불산입(유보)

② 저가양도

구 분	세무조정
귀속자에 따른 소득처분	(시가 − 매입가) 익금산입(상여, 배당 등)

③ 가지급금인정이자

가지급금인정이자의 의의	법인이 특수관계인에게 금전을 무상 또는 낮은 이율로 대여한 경우 법인세법상 적정이자율로 계산한 이자상당액과의 차액을 부당행위계산부인으로 인식
인정이자 계산	가지급금적수 × 적정이자율 × 1/365(366) − 실제 이자수령액
적정이자율	가중평균차입이자율(원칙), 불가피할 경우 당좌대출이자율
세무조정	익금산입(상여, 배당 등)
가지급금에서 제외되는 항목	• 미지급소득에 대한 법인세 대납액 • 우리사주조합 또는 조합원에 당해 법인 주식취득자금 대여액 • 경조사·학자금 대여액 • 일시적 급료의 가불금 • 귀속 불분명 소득에 대한 대표자 상여 처분의 소득세 대납액 • 중소기업의 근로자에 대한 주택구입·전세자금 대여금

❾ 과세표준과 세액의 계산 및 신고 납부

(1) 과세표준

① 과세표준 계산과정

		당기순이익
세무조정	(+)	익금산입, 손금불산입
	(−)	익금불산입, 손금산입
		각 사업연도 소득금액
	(−)	이월결손금
	(−)	비과세소득
	(−)	소득공제
		과세표준

② 이월결손금

결손금	세법상 결산손익이 순손실인 경우
이월결손금	다음 사업연도로 이월된 결손금
결손금 공제조건	㉠ 당기로부터 15년 이내의 결손금 ㉡ 당기 이전까지 과세표준 계산 시 차감되지 않은 이월결손금 ㉢ 공제한도는 각 사업연도 소득금액의 80%(중소기업 등은 100% 공제 가능)

③ 비과세소득

㉠ 공익신탁의 신탁재산에서 생기는 소득

㉡ 해당 사업연도에만 적용가능함

④ 소득공제

일정한 요건을 만족하는 경우 법인의 소득금액에서 일정액을 공제

재무
세무
원가관리

(2) 차감납부할세액

① 차감납부할세액의 계산

	과세표준
×	세 율
	산출세액
(−)	세액공제
(−)	세액감면
(+)	가산세
(+)	감면분추가납부세액
	총부담세액
(−)	기납부세액
	차감납부할세액

② 세액공제

법인세 산출세액 계산 시 일정금액을 공제

외국납부세액공제	• 외국납부세액을 일정한도로 세액공제하여 국외원천소득 이중과세 해결을 목적 • 외국납부세액공제액 = Min(외국납부세액, 법인세산출세액 × 과세표준 중 국외원천소득/과세표준)
재해손실세액공제	천재·지변 등으로 사업용 자산가액의 20% 이상을 상실하여 법인세 납부가 곤란한 경우 일정 금액 공제

③ 세액감면

특정한 소득에 대해 법인세를 감면해 주는 제도

④ 최저한세

특정법인에 대해 과도한 조세감면을 막아 과세형평 및 조세수입 유지를 위해 감면이 적용되더라도 일정한도의 세액은 납부하도록 하는 제도

⑤ 가산세

국세기본법상 가산세	무신고가산세, 과소신고·초과환급신고가산세, 납부불성실·환급불성실가산세, 원천징수 납부 등 불성실가산세, 현금영수증 등 허위수취가산세
법인세법상 가산세	무기장가산세, 명세서 제출 불성실가산세, 적격증명서류 불성실가산세, 기부금영수증발급 불성실가산세

⑥ 기납부세액

종 류	설 명
중간예납	각 사업연도 기간이 6개월을 초과하는 법인으로서 사업연도 개시일로부터 6개월간의 기간을 중간예납기간으로 하여 중간예납기간이 지난 날부터 2개월 이내에 그 기간에 대한 법인세를 신고 납부
원천징수	이자소득과 일부 투자신탁의 이익 등을 지급받을 때 지급하는 자가 미리 세금을 원천징수하여 납부
수시부과	조세포탈 우려 등이 있는 경우 조세관청이 부과

(3) 법인세의 신고와 납부

① 법인세의 신고

신고기한	사업연도 종료일이 속하는 달의 말일부터 3개월 이내에 신고
소득금액이 '0'이거나 결손금 발생 시	신고해야 함
예 외	외부감사대상법인이 신고기한 연장을 신청한 경우 1개월까지 연장(일정액의 이자부담)

② 법인세의 납부

납부시기	신고기한 내 납부
분 납	납부할 세액이 1천만원 초과 시 1개월(중소기업은 2개월) 이내 분납 가능

04 소득세법

❶ 소득세 총설

(1) 소득세의 의의와 특징

소득세의 의의	개인의 소득을 과세대상으로 하여 부과하는 조세
소득세의 특징	㉠ 열거주의 과세방법(금융소득은 유형별 포괄주의) ㉡ 개인단위과세제도 ㉢ 부담능력에 따른 과세제도 ㉣ 납세자와 담세자(세금부담하는 자)가 같은 직접세 ㉤ 누진세율 적용

(2) 납세의무자

구 분	정 의	과세범위
거주자	국내에 주소를 두거나 1 과세기간 중 183일 이상 거소를 둔 개인	국내외 원천소득에 과세
비거주자	거주자가 아닌 개인	국내 원천소득만 과세

(3) 과세대상소득

과세대상소득의 원칙	열거주의(열거되지 않은 항목은 소득이 아님)
소득의 정의	개인이 1년 동안 벌어들인 이익
예 외	금융소득(유형별 포괄주의)

※ 신탁재산의 경우 원칙은 수익자가 신탁소득에 대한 납세의무를 부담. 단, 수익자가 특정되지 않거나 존재하지 않는 경우 위탁자가 신탁재산을 실질적으로 통제하는 경우 원본의 이익은 위탁자가 부담

(4) 과세기간과 납세지

① 과세기간

일반적인 경우	1월 1일 ~ 12월 31일
거주자가 사망한 경우	1월 1일 ~ 사망한 날
출국으로 비거주자가 되는 경우	1월 1일 ~ 출국한 날

② 납세지

납세지의 의의	개인이 소득세를 납부하는 장소(관할 세무서)
거주자	주소지, 거소지
비거주자	주된 국내사업장 소재지(단, 해당 소재지가 없으면 국내원천소득 발생장소로 함)

(5) 소득세의 계산구조

① 소득세의 계산방법

종합과세	1년 동안 개인이 벌어들인 모든 소득을 합산하여 여기에 세율을 곱하여 납부할 세금을 구함(이자소득, 배당소득, 사업소득, 근로소득, 연금소득, 기타소득 등 포함)
분류과세	소득을 합산하지 않고 원천에 따른 소득의 종류별로 각각 세율을 곱하여 과세(양도소득, 퇴직소득)
분리과세	종합소득에 속하는 소득 중 일정 소득에 대해 종합소득에서 분리하여 과세하는 소득(일부 금융소득 등)

② 소득세의 계산구조(종합소득, 양도소득, 퇴직소득 모두 동일한 방식으로 각각 계산)

	소득금액
(−)	소득공제
	과세표준
(×)	세 율
	산출세액
(−)	공제·감면세액
	결정세액
(+)	가산세
(−)	기납부세액
	차감납부할세액

재무

세무

원가관리

❷ 종합소득

(1) 이자소득

① 이자소득의 범위

㉠ 은행 등 예금, 채권 또는 증권의 이자와 채권 또는 증권의 할인액

㉡ 채권 또는 채권에 준하는 증권의 환매조건부 매매거래(RP) 보상액

㉢ 보험기간이 10년 미만인 저축성보험의 보험차익

㉣ 비영업대금의 이익

㉤ 직장공제회 초과반환금

㉥ 유사 이자소득(상업어음할인료, 채권 대차거래의 이자 등)

② 비과세 이자소득

㉠ 공익신탁의 이익

㉡ 장기주택마련저축의 이자소득

㉢ 청년우대형 주택청약종합저축

㉣ 장병내일준비적금

③ 이자소득금액 계산

㉠ 필요경비가 인정되지 않음

㉡ 이자소득금액 = 이자소득총수입금액(비과세, 분리과세 이자소득 제외)

④ 이자소득 수입시기

구 분	수입시기
채권이자	• 무기명채권이자 : 실제 지급일 • 기명채권이자 : 약정일
보통예금, 정기예금, 적금, 부금이자	실제 지급일
채권 · 증권의 환매조건부 매매차익	• 약정에 따른 해당 채권 또는 증권의 환매수일 혹은 환매도일 • 기일 전 환매수 · 환매도의 경우에는 환매수 · 환매도하는 날
저축성 보험의 보험차익	보험금 또는 환급금 지급일 또는 중도해지일
직장공제회 초과반환금	약정에 따른 반환금 지급일
비영업대금의 이익	• 약정에 따른 이자지급일 • 약정이 없거나 약정일 이전에 이자를 지급받은 경우에는 이자지급일

(2) 배당소득

① 배당소득의 범위

㉠ 일반적인 이익배당

㉡ 의제배당

㉢ 인정배당(법인세법에 의해 배당으로 소득 처분된 금액)

㉣ 집합투자기구로부터의 이익

㉤ 출자공동사업자 배당(공동사업에서 발생한 소득금액 중 출자공동사업자에 대한 손익분배비율에 상당하는 금액)

㉥ 법인과세 신탁재산으로부터 받는 배당금 · 분배금

㉦ 주식(채권에 준하는 증권 제외) 환매조건부 매매거래(RP) 보상액

㉧ 조각투자상품에 해당하는 비금전신탁수익증권 및 투자계약증권으로부터의 이익(2025년 7월 1일 이후 지급받는 분부터 적용)

㉨ 유사 배당소득(「자본시장법과 금융투자업에 대한 법률」에 따른 파생결합증권, ELW는 제외)

② 배당소득금액 계산

㉠ 이자소득과 마찬가지로 필요경비가 인정되지 않음

㉡ 배당소득금액 = 배당소득 총수입금액(비과세, 분리과세 배당소득 제외) + Gross-up 금액

③ 배당소득 수입시기

구 분	수입시기
실지배당	• 무기명주식의 이익배당 : 실제 지급일 • 기명주식의 이익배당 : 잉여금처분결의일
의제배당	• 감자 등 : 감자결의일, 퇴사 · 탈퇴일 • 해산 : 잔여재산가액 확정일 • 합병 : 합병등기일 • 분할 : 분할등기일(또는 분할합병등기일) • 잉여금 자본전입 : 자본금 전입 결정일
인정배당	해당 사업연도의 결산확정일
집합투자기구로부터의 이익	수령일(원본전입하는 경우 원본전입일)
출자공동사업자 배당	과세기간 종료일

(3) 금융소득(이자소득 + 배당소득) 과세방법

① 금융소득의 과세유형 구분

과세유형	대상 금융소득
㉠ 무조건 분리과세	• 직장공제회 초과반환금(기본세율) • 비실명금융소득(45%, 90%) • 법원보등금 등의 이자(14%)
㉡ 무조건 종합과세	• 국외금융소득(단, 국내 대리인이 원천징수한 것은 제외) • 국내금융소득 중 원천징수하지 않은 금융소득 • 출자공동사업자의 배당소득
㉢ 조건부 종합과세	㉠과 ㉡ 외의 일반적인 금융소득(원천징수 대상 금융소득)

② 금융소득 종합과세여부 판단

㉡ 무조건 + ㉢ 조건부 > 2,000만원	㉡ 무조건 종합과세 + ㉢ 조건부 종합과세 모두 종합과세
㉡ 무조건 + ㉢ 조건부 ≦ 2,000만원	㉡ 무조건 종합과세는 종합과세, ㉢ 조건부 종합과세는 분리과세

③ 종합과세되는 금융소득금액의 Gross-up(배당소득 중 종합과세 대상의 이자분) 가산

종합과세 되는 금융소득 금액 = 이자소득 + Gross-up 제외 배당소득 + Gross-up 대상 배당소득 × 10%(단, 원천징수세율이 적용되는 2,000만원 이하는 Gross-up 대상에서 제외)

(4) 사업소득

① 사업소득금액의 계산

사업소득금액 = 총수입금액(비과세소득 제외) - 필요경비 = 당기순이익 ± 세무조정

② 사업소득(소득세)과 각 사업연도 소득(법인세) 차이

구 분	법인세	소득세
과세소득	포괄주의(모든 소득에 과세)	열거주의(경상적 · 계속적인 것만 과세)
과세방법	소득의 종류를 나누지 않음	이자, 배당, 기타 등 8개로 나누어서 과세
비용처리의 차이	• 대표자 인건비를 손금으로 인정 • 출자자의 자금인출 불가능 • 재고자산의 자가소비 규정 없음 • 모든 임직원 퇴직급여충당금 설정가능	• 대표자 인건비는 필요경비에 불포함 • 출자자의 자금인출 가능 • 재고자산의 자가소비는 총수입금액에 산입 • 개인사업 대표자 퇴직급여충당금 설정불가

※ 지역권 · 지상권의 설정 · 대여 소득과 복식부기의무자의 유형자산 처분손익(양도소득으로 과세되는 부동산 제외)은 사업소득으로 과세

③ 부동산 임대소득

임대소득	사업소득에 포함하여 과세
선세금 수령	선세금의 수입금액산입액 = (선세금/계약기간의 월수) × 해당 과세기간의 월수
간주임대료	보증금이 있는 경우 간주임대료 = (임대보증금적수 - 건설비상당액적수) × 정기예금이자율 × 1/365(366) - 임대사업금융수익
공공요금과 관리비	• 공공요금 실제 발생분 : 총수입금액불산입 • 관리비 : 총수입금액 산입

(5) 근로소득

① 근로소득의 범위

㉠ 근로의 제공으로 인하여 받는 봉급·급료·보수·세비·임금·상여·수당 등의 급여

㉡ 법인의 주주총회 등의 결의에 따라 상여로 받는 소득

㉢ 업무를 위해 사용된 것이 분명하지 않은 기밀비·판공비·교제비

㉣ 종업원에게 지급하는 공로금·위로금·학자금·장학금

㉤ 각종 수당 및 휴가비·여비

㉥ 퇴직함으로써 받는 소득으로서 퇴직소득에 속하지 아니하는 소득

㉦ 종교인소득에 대하여 근로소득으로 원천징수하거나 과세표준확정신고한 경우(종교인 소득)

② 근로소득으로 보지 아니하는 소득 및 비과세소득

㉠ 종업원이 출·퇴근을 위하여 차량을 제공받는 경우의 운임

㉡ 사내근로복지기금으로부터 근로자 또는 근로자의 자녀가 받는 장학금(학자금)과 무주택 근로자가 받는 주택보조금

㉢ 사회적으로 타당한 것으로 인정하는 경조금

㉣ 사용자가 근로자의 업무능력 향상 등을 위하여 연수를 받게하는 경우 근로자가 받는 교육훈련비

㉤ 복리후생적 급여

- 주주가 아닌 임원, 임원이 아닌 종업원 등이 받는 사택제공 이익(소액주주임원 포함)
- 중소기업 종업원의 주택 구입·임차 자금 저리대여 이익
- 단체순수보장성 보험 및 단체 환급부보장성 보험의 보험료 중 연 70만원 이하

③ 비과세소득

구 분	항 목
실비변상적 성질의 급여	• 일직·숙직료 또는 여비로 실비보상 성격의 지급액 • 월 20만원 이내의 자가운전보조금 • 근로기준법, 산재보험법에 의한 요양·휴업·장해·유족급여 등 • 20만원 이내 취재·벽지수당 • 천재·지변·기타 재해로 받는 급여 • 근로자 또는 그 배우자의 출산이나 자녀의 보육과 관련하여 사용자로부터 지급받는 다음의 급여 – 출산지원금 : 자녀의 출생일 이후 2년 이내에 사용자로부터 최대 두 차례에 걸쳐 지급받는 급여 전액 – 보육지원금 : 과세기간 개시일 기준 6세 이하 자녀의 보육과 관련하여 사용자로부터 받는 급여로서 월 20만원 이내의 금액 • 배우자 출산휴가급여(사립학교 직원이 받는 육아휴직수당 월 150만원 한도) • 「영유아보육법 시행령」에 따른 사업자가 부담하는 보육비용
국외근로소득	국외에서 근로를 제공하고 받는 급여 중 월 100만원 이내(원양어업·국외항행 500만원 이내, 건설현장, 감리업무, 설계업무 등 500만원 이내)
특정근로소득	월정액급여가 210만원 이하이고 총급여액이 직전 과세기간 3,000만원 이하인 특정 생산직 근로자가 받는 초과근로수당(연간 240만원 한도)
식사대 등	• 근로자가 사내급식이나 이와 유사한 방법으로 제공받은 식사 및 기타 음식물 • 식사 및 기타 음식물을 제공받지 않는 경우 근로자가 받는 월 20만원 이하의 식사대
기 타	• 실업급여 • 특정요건을 만족하는 근로자 본인의 학자금 • 관련 법에 의해 국가·지방자치단체 또는 사용자가 부담하는 부담금 • 근로장학금 • 근로의 제공으로 인한 부상·질병·사망과 관련하여 유가족이 받는 연금과 위자료의 성질의 급여 • 종업원 할인혜택

④ 근로소득의 계산

㉠ 근로소득금액 = 총급여액 − 근로소득공제액(공제한도 : 2,000만원)

㉡ 근로소득공제액은 총급여액에 따라 정해져 있음

㉢ 일용근로자는 정액으로 일 15만원을 근로소득공제함

⑤ 근로소득 수입시기

구 분	근로제공일
잉여금처분에 의한 상여	잉여금처분 결의일
인정상여	근로제공일이 속하는 사업연도
임원 퇴직소득 한도초과액	지급받거나 지급받기로 한 날
1 ~ 11월 중 급여액을 12월 말까지 미지급	12월 31일
12월 분 급여를 2월 말까지 미지급	2월 말일

(6) 연금소득

① 연금소득의 범위

구 분	연금소득 범위
공적연금소득	국민연금법, 공무원연금법 등에 따라 받는 연금
사적연금소득	연금저축과 이연퇴직소득 및 그 운용수익 등을 연금형태로 수령한 금액

② 연금소득의 과세구조

연금 납부 시	납부한 금액을 소득공제(공적연금 전액, 사적연금은 일정한도 내)
수령하는 경우	연금소득을 다음과 같이 구분하여 과세(납부 시 소득공제 되지 않은 부분은 비과세) • 공적연금 : 무조건 종합과세 • 사적연금 : 분리과세와 종합과세 중 선택 가능 − 사적연금 분리과세 시 원천징수세율 : 1,500만원 이하 3% ~ 5%, 1,500만원 초과 15%
효 과	연금수령시점까지 과세 이연

③ 연금소득금액의 계산

연금소득금액 = 총연금액(비과세 및 분리과세소득 제외) − 연금소득공제(한도 900만원)

(7) 기타소득

① 기타소득의 범위

다른 소득에 포함되지 않은 소득으로서 소득세법에서 열거하고 있는 소득

※ 기타소득 예시

- 상금, 현상금, 포상금
- 복권이나 경품권, 추첨권에 당첨되어 받는 금품
- 카지노 및 기타 사행행위에 참가하여 얻은 이익
- 광업권, 어업권, 산업재산권 등을 양도・대여하고 받은 금품(지역권, 지상권 사업소득으로 과세)
- 계약의 위약 또는 해약으로 인하여 받는 위약금과 배상금
- 법인세법상 기타소득으로 처분된 소득
- 원작자가 받는 원고료, 고용관계 없이 다수에게 강연을 하고 받는 강연료
- 저작권자 이외의 저작권 사용료
- 종교 관련 종사자가 종교의식을 집행하는 등 종교 관련 종사자로서의 활동과 관련하여 종교단체로부터 받은 소득(종교인소득*주))

*주) 종교인소득 중 학자금, 식대, 실비변상적 성질의 지급액, 사택제공의 이익 등은 비과세 소득으로 한다.

② 기타소득금액의 계산

㉠ 기타소득금액의 계산 = 기타소득 총수입금액 − 필요경비

㉡ 필요경비

원 칙	적정한 증빙을 갖추어야만 적정비용으로 인정
예 외 (증빙이 없더라도 60% ~ 90%까지 필요경비 인정)	• 공익법인이 시상하는 상금 및 다수가 순위경쟁하는 대회에서 입상자가 받는 상금(80%) • 주택입주 지체상금(80%) • 종교 관련 종사자가 받은 금액이 2천만원 이하인 경우 80%(금액이 커질수록 필요경비 인정비율 누진적으로 감소) • 일시적인 문예창작소득(원고료 및 인세, 60%) • 공익사업과 관련된 지상권 등의 설정・대여소득(60%) • 일시적인 강연료, 자문료 등(60%) • 광업권・산업재산권 등의 권리의 양도 및 대여 소득(60%) • 일시적인 대여 중 통신판매중개업자를 통해 대여하는 일정규모(연 수입금액 500만원) 이하(60%) • 서화・골동품 양도소득(1억원 이하분 90%, 1억원 초과분 80%(단, 보유기간이 10년 이상인 경우 90%))

③ 기타소득 과세방법

원 칙		종합과세
예 외	선택적 분리과세	• 기타소득금액 합계 300만원 이하 • 계약금이 대체된 위약금, 배상금 • 종업원이 근로와 관계없거나 퇴직 후 지급받는 직무발명보상금
	무조건 분리과세	복권당첨소득 등

❸ 종합소득금액, 과세표준 및 세액의 계산

(1) 종합소득금액의 계산

① 결손금의 공제

사업소득의 결손금	• 근로 → 연금 → 기타 → 이자 → 배당 순서대로 공제 • 공제 후 남은 결손금은 다음 연도로 이월
부동산임대업의 결손금	다른 소득금액에서 공제하지 않고 이월

② 이월결손금의 공제

공제방법	발생연도 종료일로부터 15년 내에 종료하는 과세연도 소득에서 공제
사업소득의 이월결손금	사업 → 근로 → 연금 → 기타 → 이자 → 배당 순서대로 공제
부동산임대업의 이월결손금	부동산임대소득에서 공제

(2) 종합소득과세표준 및 세액의 계산

① 종합소득과세표준

종합소득과세표준 = 종합소득금액 − 종합소득공제

② 종합소득공제

종합소득공제 = 인적공제 + 특별공제 + 연금보험료 공제

③ 인적공제

인적공제 = 기본공제 + 추가공제

㉠ 기본공제 금액 : 1인당 150만원

㉡ 기본공제 요건

구 분		종합소득공제 요건
본 인		요건 없음
배우자		소득금액 100만원 이하
생계를 같이하는 부양가족	직계존속	60세 이상, 소득금액 100만원 이하
	직계비속과 입양자	20세 이하, 소득금액 100만원 이하
	형제, 자매	20세 이하 또는 60세 이상, 소득금액 100만원 이하

㉢ 기본공제 고려사항

소득금액	• 종합소득, 양도소득, 퇴직소득을 합산한 금액을 기준 • 근로소득만 있는 경우 총급여 500만원 이하 공제 가능	
장애인	부양가족이 장애인인 경우 나이의 제한을 받지 않음	
공제대상자의 판정기한	• 12월 31일 현재의 상황 • 사망한 자 또는 장애가 치유된 자는 사망일 전일 또는 장애가 치유되기 전일의 상황에 의함 • 나이제한의 경우 그 연령에 해당하는 날이 있는 경우 공제대상자로 함	
공제대상자의 판정기준	생계를 같이하는 부양가족	• 원칙 : 주민등록표상 동거가족 • 예외 : 배우자 및 직계비속, 일시퇴거자, 주거의 형편에 따라 별거하고 있는 직계존속

㉣ 추가공제

• 대상자 : 기본공제 대상자 중 일정한 사유를 충족하는 자

• 추가공제 요건 및 공제금액

구 분	요 건	공제금액
경로우대공제	70세 이상	100만원
장애인공제	장애인	200만원
부녀자공제	• 종합소득금액이 3,000만원 이하인 다음의 여성 – 배우자가 없는 여성으로 부양가족이 있는 세대주 – 배우자가 있는 여성	50만원
한부모공제	배우자가 없고 기본공제 대상자인 직계비속·입양자가 있는 경우	100만원

※ 부녀자공제와 한부모공제는 중복적용하지 않음

④ 연금보험료공제

대 상	공적연금(국민연금법, 공무원연금법, 군인연금법 등에 따라 납부)
공제금액	전 액

⑤ 특별소득공제

구 분	대 상	공제금액	
보험료공제	국민건강보험료, 고용보험료, 노인장기요양보험료	전 액	
주택자금공제	장기 주택저당차입금 이자상환액	연 600만원 ~ 연 2,000만원	
	주택청약에 납입한 금액	납입액의 40%	합계 연 400만원 한도
	주택임차자금의 원리금 상환액	상환액의 40%	

⑥ 조세특례법상의 공제

㉠ 신용카드 등 사용금액에 대한 소득공제 : 근로소득자가 사용한 신용카드 등의 연간 합계액이 총급여의 25%를 초과하는 경우 다음의 금액을 근로소득금액에서 공제한다.

구 분	내 용
신용카드 등의 구분	ⓐ 현금영수증, 직불카드·선불카드 사용분 ⓑ 전통시장·대중교통 사용분 ⓒ 도서·신문·공연비·박물관·미술관·영화관람료·수영장 및 체육시설 이용료 사용분 (총급여액 7천만원 이하인 경우에만 해당) ⓓ 위 항목들은 제외한 신용카드 등 사용분
소득공제액	ⓐ × 30% + ⓑ × 40% + ⓒ × 30% + ⓓ × 15% – 차감금액(㉮ or ㉯ or ㉰)
차감금액	다음의 어느 하나에 해당하는 금액 ㉮ [ⓓ ≧ 최저사용금액*주)]인 경우 : 최저사용금액 × 15% ㉯ [ⓓ < 최저사용금액]이고, [ⓐ + ⓒ + ⓓ ≧ 최저사용금액]인 경우 : ⓓ × 15% + (최저사용금액 – ⓓ) × 30% ㉰ [ⓓ < 최저사용금액]이고, [ⓐ + ⓒ + ⓓ < 최저사용금액]인 경우 : ⓓ × 15% + (ⓐ + ⓒ) × 30% + (최저사용금액 – ⓐ – ⓒ – ⓓ) × 40%
공제한도	• 총급여액이 7천만원 이하인 경우 : 300만원 • 총급여액이 7천만원 초과인 경우 : 250만원
추가공제	한도초과금액이 있는 경우 다음의 금액만큼 추가로 공제한다. • 총급여액이 7천만원 이하인 경우 : Min[한도초과액, Min(300만원, ⓑ × 40% + ⓒ × 30%)] • 총급여액이 7천만원 초과인 경우 : Min[한도초과액, Min(200만원, ⓑ × 40%)]

*주) 최저사용금액 = 총급여액의 25%

※ 수영장 및 체육시설 이용료 사용분은 2025년 7월 1일 이후 지출분부터 적용

⑦ 종합소득세액의 계산

	종합소득과세표준
×	세율*주)
	종합소득산출세액
(−)	세액감면·공제
	종합소득결정세액
(+)	가산세
(−)	기납부세액
	차감납부할 세액

*주) 세율

과세표준	세 율
1,400만원 이하	6%
1,400만원 초과 ~ 5,000만원 이하	84만원 + 1,400만원의 초과분의 15%
5,000만원 초과 ~ 8,800만원 이하	624만원 + 5,000만원의 초과분의 24%
8,800만원 초과 ~ 15,000만원 이하	1,536만원 + 8,800만원의 초과분의 35%
15,000만원 초과 ~ 30,000만원 이하	3,706만원 + 15,000만원의 초과분의 38%
30,000만원 초과 ~ 50,000만원 이하	9,406만원 + 30,000만원의 초과분의 40%
50,000만원 초과 ~ 100,000만원 이하	17,406만원 + 50,000만원의 초과분의 42%
100,000만원 초과	38,406만원 + 100,000만원의 초과분의 45%

⑧ 종합소득과세표준에 금융소득이 포함된 경우

구 분	발생하는 경우	종합소득세액 계산
금융소득이 2천만원을 초과하는 경우	무조건 종합과세 금융소득 + 조건부종합과세 금융소득 > 2천만원	Max (a, b) a. (과세표준 − 2천만원) × 기본세율 + 2천만원 × 14% b. (과세표준 − 금융소득합계액) × 기본세율 + 금융소득합계액 × 원천징수세율
금융소득이 2천만원을 초과하지 않는 경우	무조건 종합과세 금융소득이 존재	(과세표준 − 금융소득합계액) × 기본세율 + 금융소득합계액 × 원천징수세율

⑨ 세액공제

㉠ 자녀세액공제

- 종합소득이 있는 거주자의 기본공제 대상 자녀 중 8세 이상의 자녀 및 손자녀

구 분	자녀수	공제금액
일반공제	1명	25만원
	2명	55만원
	3명 이상	55만원 + (자녀수 − 2명) × 40만원
추가공제	해당 과세기간 출산·입양	첫째 30만원, 둘째 50만원, 셋째 이상 70만원

㉡ 월세세액공제

- 무주택자 중 총 급여액 8,000만원(종합소득금액 7,000만원) 이하 근로자 등

월세세액공제 = Min(1,000만원, 지급한 월세액) × 15%(17%*주))

*주) 총급여 5,500만원(종합소득금액 4,500만원) 이하인 경우 17%

㉢ 연금계좌세액공제

- 종합소득이 있는 거주자가 연금계좌에 납입한 금액의 12%(종합소득금액이 4,500만원[근로소득만 있는 경우 총급여액 5,500만원] 이하인 경우 15%)에 해당하는 금액을 세액공제한다.
- 연금계좌 중 연금저축계좌의 세액공제 대상 납입한도는 연 600만원이지만, 퇴직연금납입액이 있는 경우에는 연금계좌납입액 중 600만원 이내의 금액과 퇴직연금납입액을 합한 금액에 대해 900만원 한도로 한다.

총급여액(종합소득금액)	세액공제 대상 납입한도(연금저축계좌 납입한도)	세액공제율
5,500만원(4,500만원) 이하	900만원(600만원)	15%
5,500만원(4,500만원) 초과		12%

⑩ 특별세액공제

㉠ 표준세액공제

구 분		공제금액
근로소득 있는 거주자 (ⓐ 또는 ⓑ 선택)		ⓐ 표준세액공제 13만원 ⓑ 특별소득·특별세액·월세세액공제
근로소득 없는 거주자	소득세법상 성실사업자	표준세액공제 12만원 + 기부금세액공제
	조세특례제한법상 성실사업자 (ⓐ 또는 ⓑ 선택)	ⓐ 표준세액공제 12만원 + 기부금세액공제 ⓑ 의료비·교육비·기부금세액공제
	성실신고확인대상사업자	표준세액공제 7만원 + 의료비·교육비·기부금세액공제
	기 타	표준세액공제 7만원 + 기부금세액공제

㉡ 보험료세액공제

구 분	공제금액
세액공제 금액	지출액의 12%(장애인 전용 보장성 보험료의 경우 15%)
일반 보장성보험료 한도 (주택 임차보증금 반환 보증보험료 가능, 저축성 보험료는 제외)	연 100만원
장애인 전용 보장성 보험료 한도	연 100만원

㉢ 의료비세액공제

- 대상자 : 기본공제 대상자
- 기본공제 대상자의 나이·소득의 제한을 받지 않음
- 의료비세액공제금액

구 분	한 도	공제금액	계 산
본인, 6세 이하 부양가족, 65세 이상인 기본공제 대상자, 장애인, 난임시술비, 미숙아·선천성이상아 의료비	한도 없음	공제대상액의 15% (난임시술비 30%, 미숙아·선천성이상아 의료비 20%)	해당 대상자의 의료비 × 15%(20%, 30%) + Min(ⓐ, ⓑ) × 15% ⓐ 기타 기본공제 대상자 의료비 − 총급여액 × 3%(음수도 가능) ⓑ 700만원
기타 기본공제 대상자 관련 의료비	700만원		

※ 산후조리원비용은 200만원 한도로 세액공제

㉣ 교육비세액공제

- 대상자 : 기본공제 대상자
- 기본공제 대상자의 나이에 제한을 받지 않음
- 교육비세액공제금액

구 분	한 도	공제금액
대학원(본인만 해당)	한도 없음	공제 대상액의 15%
대학생	1인당 연 900만원	
초·중·고등학생	1인당 연 300만원	
유치원·영유아·취학전 아동		

㉤ 기부금세액공제

- 대상자 : 기본공제 대상자
- 기본공제 대상자의 나이 제한 받지 않음

구 분	한도액		세액공제율
특례기부금	기준소득금액 × 100%		• 1천만원 이하 : 15% • 1천만원 초과 : 30%
우리사주조합기부금	(기준소득금액 − 특례기부금 공제액) × 30%		
일반기부금	종교단체기부금 있는 경우	[(기준소득금액 − 특례·우리사주조합 기부금 공제액) × 10%] + Min[종교단체 외 일반기부금, (기준소득금액 − 특례·우리사주조합기부금 공제액) × 20%]	
	종교단체기부금 없는 경우	(기준소득금액 − 특례·우리사주조합 기부금 공제액) × 30%	

㉥ 근로소득 세액공제

- 근로소득이 있는 모든 거주자
- 공제금액

근로소득에 대한 종합소득산출세액	공제금액
130만원 이하	산출세액의 55%
130만원 초과	71만 5천원 + 130만원을 초과하는 금액의 30%

㉦ 배당세액공제

- 의의 : 이중과세 방지를 위해 종합소득에 가산시킨 Gross-up 금액 세액공제
- 공제금액 : 종합소득에 포함된 Gross-up 금액

㉧ 외국납부세액공제

- 의의 : 외국납부세액의 이중과세 조정
- 공제한도 = 종합소득산출세액 $\times \dfrac{\text{국외원천소득}}{\text{종합소득금액}}$

㉨ 혼인세액공제

- 거주자가 혼인신고를 한 경우 1회에 한정하여 혼인신고를 한 날이 속하는 과세기간의 종합소득 산출세액에서 50만원 공제

❹ 퇴직소득세 · 양도소득세

(1) 퇴직소득

① 퇴직소득의 계산구조

	(퇴직소득금액 − 근속연수공제)
(×)	$\frac{12}{\text{근속연수}}$
	환산급여
(−)	환산급여에 따른 차등공제액
	퇴직소득과세표준
(×)	기본세율
(×)	$\frac{\text{근속연수}}{12}$
	퇴직소득산출세액

② 퇴직소득의 계산식

$$\text{환산급여} = (\text{퇴직소득금액} - \text{근속연수공제}) \times \frac{12}{\text{근속연수}}$$

$$\text{퇴직소득과세표준} = \text{환산급여} - \text{환산급여에 따른 차등공제액}$$

$$\text{퇴직소득산출세액} = \text{퇴직소득과세표준} \times \text{기본세율} \times \frac{\text{근속연수}}{12}$$

(2) 양도소득

① 양도의 범위

자산에 대한 등기 · 등록에 관계없이 매도 · 교환 · 법인에 대한 현물출자 등으로 그 자산이 유상으로 사실상 이전되는 것

② 양도소득세 과세대상 자산

구 분	과세대상
부동산	토지 · 건물
부동산에 관한 권리	지상권 · 전세권 · 등기된 부동산임차권, 부동산을 취득할 수 있는 권리
기타 자산	특정주식, 특정시설물이용권, 토지 · 건물 · 부동산상의 권리와 함께 양도되는 영업권
주식 또는 출자지분	• 비상장주식 • 상장주식 중 장외 거래분과 대주주*주) 거래분
신 탁	• 신탁수익권 양도 • 신탁재산 양도(위탁자를 양도자로 보아 과세) • 위탁자의 지배를 벗어나는 경우 신탁 설정 시 양도소득세 과세

*주) 대주주란 해당 법인의 주식을 시가총액 50억원 이상 보유하거나 해당 법인 주식합계액의 1%(코스닥 2%, 코넥스 4%) 이상을 보유한 주주를 말한다.

③ 비과세되는 양도

㉠ 파산선고의 처분으로 인한 소득

㉡ 농지의 교환 · 분합에 의한 소득

㉢ 1세대 1주택(고가주택 제외)과 그 부수토지의 양도소득

㉣ 소액주주의 상장 주식 장외 거래 중 주식매수청구권 행사에 따른 양도소득

④ 양도소득세 과세표준 계산

	양도가액(총수입금액)
(−)	취득가액(실지거래금액)
(−)	기타필요경비(설비비, 개량비, 양도 비용, 자본적 지출 등)
	양도차익
(−)	장기보유특별공제
	양도소득금액
(−)	양도소득 기본공제 (자산 종류별로 250만원)
	양도소득 과세표준
(×)	세율 *주)
	양도소득 산출세액

※ 미등기양도자산을 양도할 경우 장기보유특별공제와 기본공제는 적용할 수 없으며 조정대상지역 다주택자의 경우 장기보유특별공제 적용불가

*주) 분양권을 1년 미만 보유한 경우 70%, 1년 이상 보유한 경우 60%를 적용하며, 조정대상지역 내 1세대 2주택에 해당하는 주택의 경우 기본세율 + 20%p, 조정대상지역 내 1세대 3주택 이상에 해당하는 주택의 경우 기본세율 + 30%p를 적용한다.

❺ 원천징수와 연말정산 · 신고납부 및 결정과 징수

(1) 원천징수와 연말정산

① 원천징수의 의의와 기한

원천징수의 의의	원천징수의무자가 소득 또는 수입금액을 지급할 때 납세의무자가 내야 할 세금을 미리 징수하여 납부
원천징수의무자	원천징수를 해야 하는 소득 또는 수입의 지급자
납세의무자	실제 세금을 부담하는 자
원천징수의 장점	탈세의 방지, 조세수입의 조기확보, 징세비용절약, 납세의무자의 세금부담 분산
원천징수 기한	징수일이 속하는 달의 다음 달 10일까지 납부

② 원천징수의 종류

구 분	완납적 원천징수	예납적 원천징수
납세의무	원천징수로 의무종결	원천징수로 종결 안 됨
확정신고의무	안 함	있 음
대상소득	분리과세대상 소득	분리과세 이외의 소득
조세부담	원천징수세액	확정신고를 할 때 다시 정산 (기납부세액으로 계산)

③ 원천징수 대상 및 세율

구 분		원천징수의무	원천징수 세율
소득세	이 자	있 음	14%(비영업대금 25%)
	배 당	있 음	14%
	사 업	없 음	–
	특정사업소득	있 음	수입금액의 3%(봉사료는 5%)
	근 로	있 음	간이세액표
	연 금	있 음	간이세액표
	기 타	있 음	20%(복권당첨소득은 3억원 초과분 30%, 종교인소득에 대해서는 종교인 소득 간이세액표 적용)
	퇴 직	있 음	기본세율
	양 도	없 음	–
법인세		이자소득 등을 지급할 때	14%

④ 연말정산

연말정산의 의의	근로소득을 지급하는 자가 다음 해 2월분 급여를 지급하는 때에 1년간의 총급여액에 대한 근로소득세액을 세법에 따라 계산 후 이미 원천징수납부한 세액과 비교하는 절차
연말정산의 효과	• 실제 부담할 근로소득세액 > 원천징수세액 : 징수 • 실제 부담할 근로소득세액 < 원천징수세액 : 환급
연말정산의 시기	사업연도 다음 해 2월분 급여를 지급할 때 사업연도 연간 총급여액에 대해 연말정산

(2) 신고납부 및 결정과 징수

① 신고 · 납부

신고 · 납부기한	과세기간 다음 해 5월(5월 1일 ~ 5월 31일)
신고 · 납부방법	• 자진 신고 · 납부(확정신고) • 납부할 세액이 1천만원을 초과하는 경우 분납 가능
확정신고의 예외 (예시)	• 근로소득만 있는 경우 : 연말정산으로 종결 • 퇴직소득만 있는 경우 : 원천징수로 종결 • 근로 · 퇴직소득만 있는 경우 : 연말정산과 원천징수로 종결 • 분리과세 대상인 이자소득, 배당소득, 연금소득, 기타소득만 있는 경우

② 중간예납

대상자	종합소득이 있는 거주자 중 사업소득이 있는 자(복식부기의무자가 아닌 사업자 제외)
중간예납 대상기간	1월 1일 ~ 6월 30일
중간예납 납부기간	11월 16일 ~ 11월 30일
과세 방법	직전 과세기간 납부세액의 1/2을 중간예납세액으로 고지

③ 결정과 경정

결 정	확정신고를 하여야 할 자가 신고를 하지 않은 경우 관할 세무서장이 과세표준과 세액을 정함
경 정	확정신고 또는 결정이 잘못된 경우 고침

05 부가가치세법

❶ 부가가치세의 의의와 계산구조

(1) 부가가치세의 의의

① 부가가치세의 개념

부가가치세의 개념	부가가치에 대해 과세되는 소비세
과세대상	공급하는 재화, 공급하는 용역, 재화의 수입
세 율	10%(비례 단일세율)

② 전단계 세액공제법

전단계 세액공제법	우리나라에서 현재 시행하고 있는 부가가치세 제도
계산방법	부가가치세 = 매출세액 − 매입세액

③ 우리나라 부가가치세의 특징과 과세방법

㉠ 국 세

㉡ 일반소비세

㉢ 간접세(납부의무자 ≠ 담세자)

㉣ 다단계과세(전단계 세액공제법)

㉤ 소비지국과세원칙

(2) 부가가치세의 계산구조

	과세표준
×	세 율
	매출세액
(−)	매입세액
	납부(환급)세액
(−)	공제세액
(+)	가산세
	차가감납부세액

❷ 납세의무자, 과세기간, 납세지

(1) 납세의무자

① 사업자의 개념

사업자의 개념	영리목적의 유무에 상관없이, 사업상 독립적으로 재화 또는 용역을 공급하는 자	
사업자의 범위	개인과 법인(국가·지방자치단체·지방자치단체조합 포함) 및 법인격 없는 사단·재단 등 포함	
사업자의 분류	과세사업자	일반과세자
		간이과세자(사업구조가 영세한 개인사업자)
	면세사업자(부가가치세가 면세되는 재화 또는 용역을 공급)	

② 납세의무자

㉠ 납세의무자 : 사업자 중 과세사업자(일반과세자와 간이과세자)

㉡ 재화를 수입하는 경우에는 사업자인지 여부에 관계없이 모두 납세의무가 있음

③ 사업자등록

사업자등록 대상	신규로 사업을 개시하는 자
신 청	사업장마다 사업개시일로부터 20일 내(신규 사업 개시인 경우 사업개시일 전이라도 등록 가능)
사업자등록 불이행	• 매입세액불공제 : 원칙은 사업자등록을 하지 않은 경우 매입세액 불공제. 단, 공급시기가 속하는 과세기간이 지난 후 20일 이내에 등록신청한 경우 과세기간 개시일(1월 1일 또는 7월 1일)까지 역산한 기간 이내 매입세액은 공제 • 미등록가산세 • 조세범처벌법에 따른 징역 또는 벌금

(2) 과세기간

① 과세기간의 원칙

구 분	기 간
일반원칙(계속사업자)	• 제1기 : 1월 1일 ~ 6월 30일 • 제2기 : 7월 1일 ~ 12월 31일
신규사업을 하는 경우	• 원칙 : 사업개시일 ~ 개시일이 속하는 과세기간의 종료일 • 개시일 전 등록 : 등록일 ~ 등록일이 속하는 과세기간의 종료일
폐업하는 경우	폐업일이 속하는 과세기간 개시일 ~ 폐업일

② 신고・납부기한

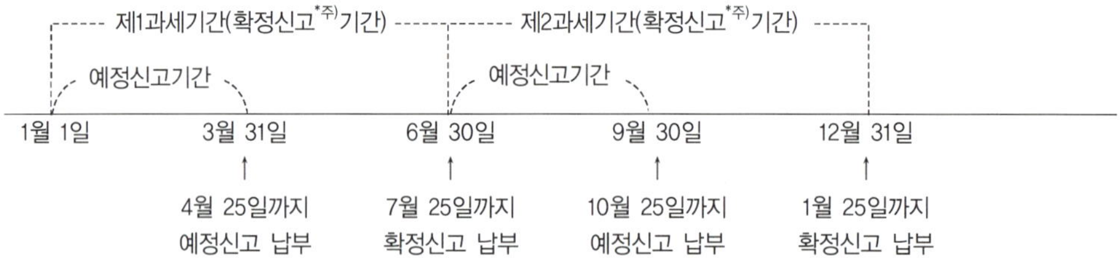

*주) 확정신고를 할 때에는 예정신고분은 제외하고 예정신고분 이후분과 예정신고 누락분만 확정신고한다.

(3) 납세지

원 칙	사업장별로 사업자등록하고 부가가치세 신고・납부
직매장	별개의 사업장(제조장에서 직매장으로 재화 반출하는 경우 재화의 공급)
하치장	사업장 아님
임시사업장	기존 사업장에 포함
주사업장 총괄납부	• 사업자가 신청하여 적용 • 영향 : 주된 사업장에서 다른 사업장의 부가가치세를 총괄하여 납부(납부만 총괄, 신고는 사업장별로) • 제조장에서 직매장으로 재화를 반출하더라도 재화의 공급에 해당하지 않음
사업자단위과세	사업자의 본점 또는 주사무소에서 총괄하여 부가가치세 신고・납부

❸ 과세대상거래와 공급시기

(1) 재화의 공급

① 실질적 공급

실질적 공급	매매계약, 가공계약, 교환계약, 경매 · 수용 · 현물출자 · 대물변제 등 계약 및 법률상 원인에 의해 재화를 인도 · 양도

② 간주공급(재화공급의 특례)

㉠ 간주공급 : 실질적인 재화의 공급이 아님에도 불구하고 과세목적상 재화의 공급으로 의제

㉡ 간주공급의 사례

간주공급의 사례	설 명
자가공급	사업자가 자기사업과 관련하여 생산하거나 취득한 재화(매입세액이 공제된 재화 및 수출에 해당하여 영세율로 매입한 재화)를 자기의 사업을 위해 직접 사용 · 소비하는 것
개인적 공급	• 사업과 관련하여 생산 또는 취득한 재화(매입세액이 공제된 재화 및 수출에 해당하여 영세율로 매입한 재화)를 본인 · 사용인이 개인적으로 사용하는 것 • 개인적 공급이 아닌 것 : 매입세액불공제 재화 예 작업복 · 작업모 · 직장체육비 · 직장연예비 · 1인당 연간 10만원 이내의 경조사와 관련된 재화
사업상 증여	• 사업자가 자기사업과 관련하여 생산하거나 취득한 재화(매입세액이 공제된 재화 및 수출에 해당하여 영세율로 매입한 재화)를 고객이나 불특정 다수인에게 증여하는 것 • 사업적 증여가 아닌 것 – 주된 거래에 증여되는 재화의 대가가 포함 – 견본품(무상인 경우) – 매입세액불공제 재화
폐업 시 잔존재화	폐업할 때 남은 재화

㉢ 간주공급의 공급시기

자가공급, 개인적 공급, 사업적 증여	사용 또는 소비되는 때
폐업 시 잔존재화	폐업일

㉣ 간주공급의 과세표준

자가공급, 개인적 공급, 사업상 증여, 폐업 시 잔존재화	당해 재화의 시가
직매장 등 반출	취득가액

(2) 용역의 공급

용역의 공급	계약상 또는 법률상의 모든 원인에 의하여 역무를 제공하거나 재화 · 시설물 또는 권리를 사용하게 하는 것
용역의 공급 사례	• 건설업에 있어 건설업자가 건설자재의 전부 또는 일부를 부담 • 제조가공업자가 주요 자재를 전혀 부담하지 않고 단순 가공만 하여 주는 경우 • 산업상 · 상업상 또는 과학상의 지식, 경험 또는 숙련에 관한 정보를 제공하는 것

(3) 재화의 수입

재화의 수입의 의의	• 외국으로부터 우리나라에 들어온 물품 • 수출신고가 수리된 물품으로서 선적이 완료되었던 물품 • 수출신고를 하고 선적되지 않은 것을 보세구역에서 반입하는 것은 수입이 아님
부가가치세 징수	세관장이 징수

(4) 재화의 공급시기

구 분	내 용	공급시기
일반적	재화 이동이 필요	인도일(일반적 상품, 제품)
	재화 이동이 불필요	이용가능일(부동산, 무체물)
	기 타	공급확정일
현금판매・외상판매	재화의 인도일 or 이용가능일	
장기할부판매	• 할부 : 대가를 2회 이상 분할하여 지급하는 것 • 장기할부의 기준 : 인도일 다음 날부터 최종 지급일까지 1년 초과인 경우	대가의 각 부분을 받기로 한 때(받은 때 아님)
완성도기준지급	재화의 완성비율에 따라 대금을 지급	대가의 각 부분을 받기로 한 때(단, 재화의 인도나 이용 가능하게 되는 날이 빠른 경우 그 날)
중간지급 조건부 판매	재화 인도 전에 대가를 분할 지급(계약금 지급일 ~ 잔금 지급일이 6개월 이상)	
계속적 공급	전력・가스 등을 계속적으로 공급하는 경우	
수출하는 재화	선적일	
내국신용장에 의해 공급	인도일	

(5) 용역의 공급시기

구 분	내 용	공급시기
일반적		역무가 제공되거나, 재화, 시설물 또는 권리가 사용되는 때
통상적 용역 공급		역무의 제공이 완료되는 때
완성도기준지급 조건부, 중간지급 조건부, 장기할부 또는 기타 조건부 용역공급		대가의 각 부분을 받기로 한 때(단, 완성도기준지급 조건부, 중간지급 조건부의 경우 완료일 이후 받기로 한 대가의 부분은 완료일)
부동산 임대용역	단일과세기간	용역 제공 종료일
	2 이상 과세기간	예정신고기간 또는 과세기간 종료일
	간주임대료	예정신고기간 또는 과세기간 종료일
기타의 경우		역무 제공이 완료되고 공급가액이 확정되는 때

(6) 세금계산서 발급과 공급시기

① 공급 전 세금계산서 발급

구 분	공급시기
공급시기 도래 전 대가를 받고 세금계산서 발급	발급일
공급시기 도래 전 세금계산서를 발급하고 과세기간 이내에 대가를 받는 경우	발급일

② 공급 후 세금계산서 발급

구 분	공급하는 경우	공급받는 경우
공급·작성일자가 같은 과세기간	가산세	• 매입세액공제 가능 • 가산세 있음
공급·작성일자가 다른 과세기간		• 매입세액공제 불가 • 가산세 없음

❹ 영세율과 면세

(1) 영세율과 면세의 정의

구 분	영세율	면 세
정 의	재화와 용역의 공급에 대해 '0'의 세율 적용	부가가치세 납세의무가 면제
의 의	소비지국과세원칙에 따른 이중과세의 금지	국민생활 안정 및 조세부담의 역진성 완화
납세의무	과세사업자에 해당	부가가치세 납세의무 없음
등록, 신고 의무	사업자등록, 신고 등의 의무 있음	사업자등록, 신고 등의 의무 없음

(2) 영세율

영세율 적용대상 사업자	• 부가가치세 과세사업자 • 면세사업자의 경우 면세 포기를 통해 영세율 적용대상 사업자 가능
영세율 적용대상 거래	• 수출재화(내국신용장에 의한 공급 포함) • 국외제공용역 • 선박·항공기의 외국항행용역 • 국가 및 지방자치단체 등에게 직접 공급하는 도시철도건설용역 • 기타 외화획득 사업
세금계산서	• 수출 : 발급 • 직수출, 국외제공용역, 외국항행용역, 기타 외화획득 사업 : 발급의무 면제

(3) 면 세

① 면세 대상

미가공식료품, 수돗물, 연탄, 여성용 위생용품 등 생활필수품, 여객 운송용역(항공기, 고속철도, 택시 등은 과세), 주택과 부수 토지 임대, 의료보건용역과 혈액(미용목적 성형수술, 수의사의 진료 등은 과세), 인·허가된 교육용역, 도서, 신문·잡지, 방송, 국가, 지방자치단체, 공익단체 등에 무상으로 공급하는 재화 또는 용역, 금융·보험용역, 토지, 법소정 인적용역 면세사업 목적으로 국가 및 지자체에 공급하는 사회기반시설 또는 사회기반시설의 건설용역, 공동주택 어린이집의 임대용역 등

② 면세포기

면세포기대상	• 영세율 적용대상 • 공익단체 중 학술연구, 기술연구단체가 공급하는 재화 또는 용역
면세의 재적용	면세포기를 신고한 사업자는 신고한 날부터 3년간 면세 재적용 불가

❺ 과세표준과 매출세액의 계산

(1) 과세표준의 범위

① 원칙 : 공급가액(부가가치세는 제외, 일반적으로 × 100/110을 통해 계산)

② 상황에 따른 과세표준

구 분	과세표준
금전으로 대가를 받은 경우	그 대가
금전 이외의 대가를 받은 경우	제공한 재화·용역의 시가
특수관계인에게 부당하게 낮은 대가 받음·받지 않은 경우	자기가 공급한 재화 또는 용역의 시가
폐업 시 잔존재화	폐업 시 남아있는 재화의 시가

(2) 과세표준에 포함되지 않는 것

① 매출에누리와 매출환입, 매출할인

② 공급자의 부주의로 인한 파손, 훼손 또는 멸실된 재화의 가액

③ 재화·용역의 공급과 직접 관련되지 않은 국고보조금, 공공보조금

④ 공급대가의 지급이 지연되어 받는 연체이자

⑤ 재화·용역을 공급한 후 그 공급가액에 대한 할인액

(3) 과세표준에서 공제하지 않는 금액

① 대손금

② 판매장려금

③ 하자보증금

(4) 재화의 수입에 대한 과세표준

수입재화의 과세표준
= 관세의 과세가격 + 관세 + 개별소비세 + 교통·에너지·환경세 + 주세 + 교육세 + 농어촌특별세

(5) 과세표준계산의 특례

① 간주공급

자가공급·개인적 공급·사업상 증여·폐업 시 잔존재화		시 가
직매장 반출		취득가액
감가상각자산	건물·구축물	취득가액 × (1 − 5% × 경과 과세기간의 수)
	기타 감가상각자산	취득가액 × (1 − 25% × 경과 과세기간의 수)

② 부동산 임대용역

임대료	선불 또는 후불로 받는 임대료 $\times \dfrac{\text{과세대상기간의 월수}}{\text{계약기간의 월수}}$
관리비	과세표준에 포함(공공요금을 별도로 구분하여 징수한 경우 과세표준에 포함하지 않음)
간주임대료	과세기간 임대보증금 또는 전세금 × 정기예금이자율 $\times \dfrac{\text{과세대상기간의 일수}}{\text{365(윤년의 경우 366)}}$

③ 토지와 건물의 일괄 공급

원 칙		• 토지의 공급 : 부가가치세 면세 • 건물 및 기타 구축물의 공급 : 부가가치세 과세 • 일괄 양도하는 경우 건물 등의 공급가액은 실지거래가액에 의함
토지와 건물의 가액이 불분명한 경우	**감정가액 있음**	감정가액에 비례 안분
	감정가액 없음	• 기준시가로 안분(1차 안분계산) • 기준시가가 없는 경우 장부가액으로 안분 후 기준시가가 있는 자산에 대해서는 합계액을 다시 기준시가로 안분(2차 안분계산)
납세자가 실지거래가액으로 구분한 가액이 기준시가에 따른 안분가액과 30% 이상 차이가 나는 경우		

④ 겸용주택임대용역을 제공하는 경우

원 칙	• 주택 : 면세 • 사업용건물 : 과세
전부 주택으로 보고 전체 면세하는 경우	주택면적 > 주택 외 건물 면적
건물분 과세하는 경우	주택면적 ≤ 주택 이외의 건물 면적

⑤ 공통사용재화 공급

공통사용재화 공급의 의의	과세·면세사업에 공통적으로 사용하던 재화 양도
공통사용재화 공급의 과세표준	과세표준 = 공급가액 $\times \dfrac{\text{직전 과세기간 과세공급가액}}{\text{직전 과세기간 총 공급가액}}$

⑥ 대손세액공제

대손세액공제의 의의	매출채권 또는 미수금이 대손되어 거래징수하지 못한 금액에 대한 부가가치세 납부의무 완화
인정되는 대손사유	파산, 강제집행, 사망, 실종, 상법 등 법상의 소멸시효가 완성, 부도발생일로부터 6개월이 경과된 어음·수표, 회생계획인가결정에 따라 채권을 출자전환하는 경우
대손세액공제금액	대손세액 = 대손금액(부가가치세 포함) $\times \dfrac{10}{110}$
대손확정기한	공급일로부터 10년이 경과된 날이 속하는 과세기간 확정신고기한까지 공제요건이 확정된 것에 한함
절 차	부가가치세 확정신고를 할 때 대손세액공제 적용(예정신고 때는 할 수 없음)

❻ 매입세액의 계산

(1) 매입세액공제액 계산

① 매입세액공제액 공제액 계산구조

	세금계산서 수취분 매입세액
(+)	기타 공제매입세액
(−)	공제받지 못할 매입세액
	매입세액 공제액

② 매입세액공제액 계산 원칙

세금계산서 수령분	• 일반적인 세금계산서와 수입세금계산서 모두 포함 • 공제받지 못하는 매입세금계산서도 포함
신용카드매출전표상의 매입세액	일반과세자 및 간이과세자(단, 신규사업자 및 직전 연도 공급대가 합계액이 4,800만 원 미만인 사업자 제외)로부터 재화 또는 용역을 공급받고 부가가치세액이 별도로 구분 가능한 신용카드매출전표 등을 발급받은 경우
매입자발행세금계산서	공급자가 거래시기에 세금계산서를 발급하지 않는 경우 공급받는 자가 세금계산서 발행

③ 매입세액의 공제시기

원칙 : 해당 재화 또는 용역을 공급받은 거래시기가 속하는 과세기간

④ 불공제되는 매입세액

㉠ 매입처별세금계산서합계표 미제출 또는 부실·허위기재

㉡ 세금계산서 미수령 또는 부실·허위기재

㉢ 사업과 직접 관련이 없는 지출

㉣ 비영업용 소형승용차의 구입과 유지 및 임차

㉤ 기업업무추진비

㉥ 면세사업 및 토지관련 매입세액

㉦ 사업자등록 전 매입세액

⑤ 예외적 공제 허용

㉠ 공급시기 이후 해당 공급시기가 속하는 과세기간의 확정신고기한까지 세금계산서를 발급

㉡ 필요적 기재사항 중 일부가 착오로 사실과 다르게 적혔으나, 거래사실이 확인

㉢ 공급시기 이후 세금계산서를 발급받았으나, 실제 공급시기가 속하는 과세기간의 확정신고기한 다음 날부터 1년 이내에 발급받은 것으로서 수정신고·경정청구하거나, 거래사실을 확인하여 결정·경정

㉣ 공급시기 이전 세금계산서를 발급받았으나, 실제 공급시기가 30일 이내에 도래하고 거래사실을 확인하여 결정·경정

⑥ 의제매입세액공제

<table>
<tr><td>해당되는 경우</td><td>부가가치세 일반과세사업자가 면세되는 농・축・수・임산물을 구입하여 제조・가공한 재화・용역이 부가가치세 과세대상에 해당</td></tr>
<tr><td>의 의</td><td>면세의 중복효과 해소</td></tr>
<tr><td>계 산</td><td>면세로 구입한 매입가액 × 일정비율*주)
*주) 일정비율
<table>
<tr><th colspan="3">구 분</th><th>공제율</th></tr>
<tr><td rowspan="3">음식점업</td><td rowspan="2">개인사업자</td><td>과세표준 2억원 이하</td><td>9/109</td></tr>
<tr><td>과세표준 2억원 초과</td><td>8/108</td></tr>
<tr><td colspan="2">법인사업자</td><td>6/106</td></tr>
<tr><td colspan="3">과세유흥업</td><td>2/102</td></tr>
<tr><td colspan="3">제조업(개인, 중소기업)</td><td>4/104</td></tr>
<tr><td colspan="3">기 타</td><td>2/102</td></tr>
</table>
</td></tr>
<tr><td>적용되는 한도</td><td>• 법인사업자 : 50%
• 개인사업자 중 음식업 : 60% ~ 75%
• 개인사업자 중 음식점 이외 업종 : 55% ~ 65%</td></tr>
</table>

⑦ 공통매입세액의 안분계산

적용되는 경우	과세사업과 면세사업을 겸영하는 사업자의 매입세액을 계산하는 경우
계 산	면세사업 관련 매입세액 = 공통매입세액 × 당해 과세기간 면세공급가액/총공급가액

❼ 세금계산서

(1) 세금계산서의 정의

사업자가 재화・용역을 공급하는 경우 부가가치세를 징수하였음을 증명하기 위해 발급하는 것

(2) 세금계산서의 발급과 기재사항

① 세금계산서의 발급

세금계산서 발급대상	• 일반과세자로 등록한 사업자, 직전 연도의 공급대가 합계액이 4,800만원 이상인 간이과세자 • 미등록자는 발급할 수 없음
발급시기	원칙 : 재화와 용역의 공급시기
발급시기의 예외 (세금계산서를 발급한 시점을 발급시기로 봄)	• 선교부 – 대가를 먼저 받고 공급시기가 되기 전의 다른 과세기간에 세금계산서를 발급받는 경우 – 공급 전 세금계산서를 발급하고 7일 이내 대가를 지급받은 경우 – 공급 전 세금계산서를 발급하고 7일 경과 후 대가를 지급받을 때 일정한 요건을 충족한 경우 – 세금계산서 발급 후 동일 과세기간 이내에 대가를 받는*주) 경우 *주) 단, 조기환급을 받기 위해서는 세금계산서 발급일로부터 30일 이내에 대가를 지급받아야 함 • 후교부 – 일정 요건을 충족하고 다음 달 10일까지 세금계산서를 발행한 경우

② 발급 방법

전자세금계산서	법인사업자와 직전 연도 사업장별 공급가액 합계액이 8천만원*주) 이상인 개인사업자가 전자적 방법으로 세금계산서 발급(전자세금계산서 의무발급대상자가 아닌 경우에도 사업자가 원하는 경우 발급 가능)
매입자발행세금계산서	공급자가 세금계산서를 발급하지 않아 공급받는 자가 세금계산서를 발급

*주) 종전에는 직전 연도 공급가액의 합계액이 2억원 이상인 개인사업자이었으나, 2023년 7월 1일부터는 1억원 이상, 2024년 7월 1일부터는 8천만원 이상인 개인사업자로 확대

③ 세금계산서의 기재사항

구 분	필요적 기재사항	임의적 기재사항
기재사항	• 공급자 등록번호, 성명 또는 명칭 • 공급받는 자의 등록번호 • 공급가액과 부가가치세액 • 작성연월일	• 공급하는 자의 주소 • 공급받는 자의 상호, 성명, 주소 • 공급품목, 단가와 수량 • 인도연월일 • 거래의 종류
미기재 시 영향	세금계산서 불인정	영향 없음

(3) 수정세금계산서

① 수정세금계산서 발급 : 세금계산서를 발급한 후 그 기재사항에 착오 또는 정정사유가 발생

② 수정세금계산서 발급 사유

㉠ 기재 사항에 착오 또는 정정사유가 발생

㉡ 당초 계약의 해지 등에 따라 공급가액에 증감되는 금액 발생

㉢ 일반과세자에서 간이과세자로 과세유형 전환

③ 세금계산서를 애초에 발급하지 않은 경우 수정세금계산서를 발급할 수 없음

(4) 세금계산서 발급특례

위탁판매	수탁자가 위탁자를 공급하는 자로 하여 발급
리스자산	공급자 또는 세관장이 직접 세금계산서 발행
공동매입	전력·가스의 명의자와 소비자가 다른 경우 전기사업자가 명의자에게, 명의자는 소비자에게 세금계산서를 발행
세금계산서 분실	• 공급자 보관용 분실 : 사본 작성 • 공급받는 자 보관용 : 공급자가 확인한 사본을 발급받아 보관

(5) 세금계산서 발급의무가 면제되는 공급

① 택시운송, 노점, 행상, 무인판매기를 이용한 재화의 공급

② 소매업 또는 목욕·이발·미용업

③ 자가공급·개인적공급·사업상 증여·폐업 시 잔존재화(판매목적사업장 반출은 세금계산서 발급)

④ 영세율적용대상

㉠ 수출하는 재화

㉡ 국외에서 제공하는 용역, 외국항행 용역

⑤ 간주임대료

⑥ 신용카드매출전표 등을 발급하는 경우

(6) 영수증

영수증에 포함되는 범위	금전등록기계산서, 신용카드매출전표, 승차권, 가스요금 영수증
영수증 발급의무자	• 간이과세자 중 신규사업자 및 직전 연도 공급대가 합계액이 4,800만원 미만인 자 • 일반과세자 중 소매업, 음식점업, 숙박업, 전문적 인적용역 공급(공급받는 자가 요구하는 경우 세금계산서 발급 가능) • 일반과세자 중 목욕, 이발, 미용업, 여객운송업(공급받는 자가 요구하는 경우에도 세금계산서 발급 불가)

(7) 세금계산서합계표의 제출

과세사업자	매출·매입처별 세금계산서합계표를 신고와 함께 제출	
납세의무가 없는 자	세관장	매출처별 세금계산서합계표 제출
	국가, 지방자치단체 등	매입처별 세금계산서합계표 제출

❽ 부가가치세의 신고·납부

(1) 예정신고와 확정신고

구 분	예정신고	확정신고
신고내용	예정신고기간 과세표준과 납부세액	해당 과세기간 과세표준과 납부세액
대손세액공제, 가산세	불포함	포 함
신고기한	각 예정신고기간 또는 과세기간이 끝난 후 25일	
제출서류	부가가치세신고서와 첨부서류 제출	

(2) 가산세

① 국세기본법상 가산세

무신고 가산세, 과소신고 가산세, 초과환급신고 가산세, 납부·환급불성실 가산세

② 부가가치세법상 가산세

미등록 가산세	부가가치세 과세사업자가 사업개시일로부터 20일 이내에 사업자등록을 신청하지 않은 경우
세금계산서 불성실가산세	• 부실기재 등 : 필요적 기재사항이 착오·과실로 적혀있지 않거나 사실과 다른 경우 • 세금계산서 미발급, 허위발급, 지연수취·공급시기 오류기재
매출처별 세금계산서합계표 제출불성실 가산세	• 매출처별 세금계산서합계표 미제출 및 부실기재 • 지연제출 : 예정신고 시 제출하지 않고 확정신고 시 제출
매입처별 세금계산서합계표 제출불성실 가산세	• 공급시기까지 세금계산서를 발급하지 않았으나 공급시기가 속하는 과세기간의 확정신고기한까지 발급 • 공급과액 과다기재 • 미제출 또는 부실기재로 경정 시 세금계산서에 의해 매입세액을 공제

❾ 간이과세

(1) 간이과세자

① 간이과세의 의의와 범위

간이과세의 의의	영세사업자의 납세편의와 세부담 경감
간이과세의 범위	개인사업자로 직전 연도의 공급대가(부가가치세 포함)가 10,400만원에 미달하는 경우
간이과세의 배제	• 사업자가 간이과세가 적용되지 않는 다른 사업장을 보유(간이과세배제사업 폐지 시 간이과세로 전환) • 광업, 제조업, 도매업, 부동산매매업, 특정 부동산임대업 등의 업종 • 소득세법상 복식부기의무자 • 둘 이상의 사업장이 있는 경우, 두 사업장의 공급대가 합계액이 10,400만원 이상 • 직전 연도 공급대가 합계액이 4,800만원 이상인 부동산임대업 및 과세유흥장소
신규사업자의 간이과세 적용	사업개시일이 속하는 연도의 공급대가의 합계액이 10,400만원에 미달될 것으로 예상되는 경우

② 간이과세 계산구조

	납부세액	공급대가(부가가치세 포함) × 업종별 부가가치율 × 10%
(−)	공제세액	매입세금계산서 세액공제, 신용카드매출전표 세액공제, 전자세금계산서 발급세액공제
(+)	가산세	미등록 가산세, 신고불성실 가산세
	차가감납부세액	

③ 신고와 납부

과세기간	1월 1일 ~ 12월 31일
신고 · 납부기한	과세표준과 납부세액을 과세기간이 끝난 후 25일(폐업하는 경우 익월 25일) 이내 신고
1월 1일 ~ 6월 30일	관할 세무서장은 직전 과세기간 납부세액의 1/2를 부과

④ 간이과세의 포기

간이과세 포기의 효과	일반과세자로 전환
신고서 제출기한	적용을 받고자 하는 달의 전달 마지막 날
간이과세의 재적용	원칙적으로 간이과세를 포기한 자는 3년간 간이과세 적용이 불가하나, 2024년 7월 1일부터는 직전연도 공급대가의 합계액이 4,800만원 이상으로 간이과세자 규정을 적용받아도 세금계산서 발급이 가능한 개인사업자는 간이과세자 적용을 포기한 후 3년 이내라도 다시 적용 가능

제 3 과목

PART 3 초압축 핵심이론

원가관리회계

01 원가관리회계의 기초

❶ 원가관리회계의 기초

(1) 회계의 체계와 원가회계

① 회계의 체계(정보이용자에 따른 분류)

구 분	재무회계	관리회계
이용자	외부정보이용자	내부정보이용자
목 적	외부정보이용자에게 유용한 정보제공	내부정보이용자에게 유용한 정보제공
보고수단	일반목적 재무제표	• 특수목적 재무제표 • 특수보고서
준거기준	기업회계기준 등 일정한 기준	경제 및 경영 이론 등
정보내용과 속성	• 과거정보 위주 • 객관성 강조	• 미래정보 포함 • 목적적합성 강조

② 원가관리회계의 의의(원가관리회계의 체계)

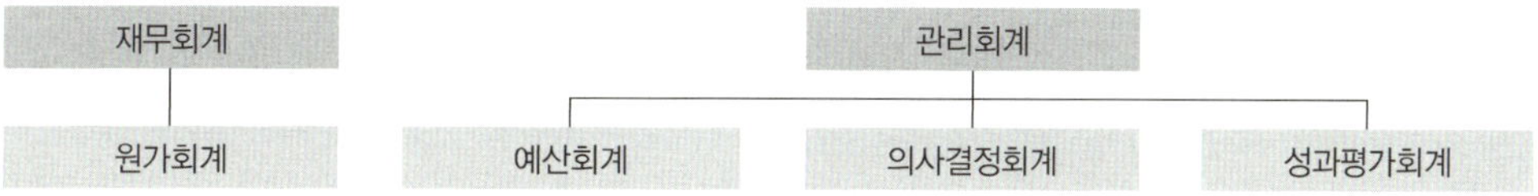

❷ 원가의 의의

(1) 원가의 의의

특정한 목적의 달성을 위해 정상적 경제활동에서의 경제적 자원의 희생을 화폐단위로 측정한 것

(2) 원가관리회계와 관련된 기본개념

구 분	내 용
원가대상(Cost Objective)	• 원가대상의 의의 – 원가를 측정하려는 대상 • 원가대상의 예 – 전통적 관점의 원가대상 : 제품, 부문 등 – 최근의 원가대상 : 활동, 작업, 서비스, 프로젝트, 프로그램, 공장전체 등

<table>
<tr><td>원가집합(Cost Pool)</td><td>• 원가대상에 직접적으로 추적할 수 없는 원가를 모아놓은 것
• 원가대상에 배분되어야 할 공통원가</td></tr>
<tr><td>원가배분(Cost Allocation)</td><td>원가집합에 집계된 간접원가를 일정한 기준에 따라 원가대상에 배분하는 것</td></tr>
<tr><td>원가행태(Cost Behavior)</td><td>조업도가 변동함에 따른 원가발생액의 변동양상(패턴)</td></tr>
<tr><td>원가동인(Cost Driver)</td><td>• 원가대상의 총원가의 변화를 유발하는 다양한 요인
• 원가동인의 예
<table>
<tr><th>원가대상</th><th>원가동인</th></tr>
<tr><td>제 품</td><td>생산량, 작업시간, 작업준비횟수, 부품의 수 등</td></tr>
<tr><td>구매부서</td><td>구매주문서의 수, 공급자의 수, 운송시간 등</td></tr>
</table></td></tr>
<tr><td>조업도(Volume)</td><td>기업이 보유한 자원의 활용 정도</td></tr>
<tr><td>관련범위(Relevant Range)</td><td>원가와 조업도 간의 일정한 관계가 유지되는 조업도</td></tr>
</table>

(3) 원가의 분류

① 원가행태에 따른 분류

<table>
<tr><th>구 분</th><th>변동원가(Variable Cost)</th><th>고정원가(Fixed Cost)</th></tr>
<tr><td>정 의</td><td>조업도가 변동하면 총원가가 비례적으로 변동</td><td>조업도의 변동과 무관하게 총원가가 일정</td></tr>
<tr><td rowspan="2">종 류</td><td>• 순수변동원가 : 조업도가 변동하면 총원가가 정비례하여 변동
예 직접재료원가, 직접노무원가
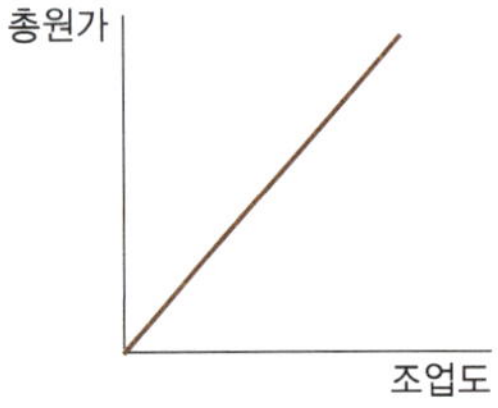
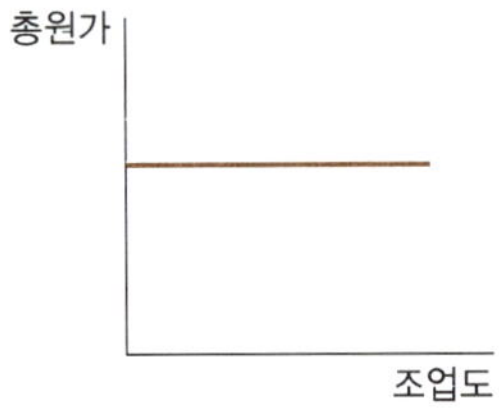</td><td>• 순수고정원가 : 조업도가 변동해도 총원가가 변동하지 않음
예 감가상각비, 임차료
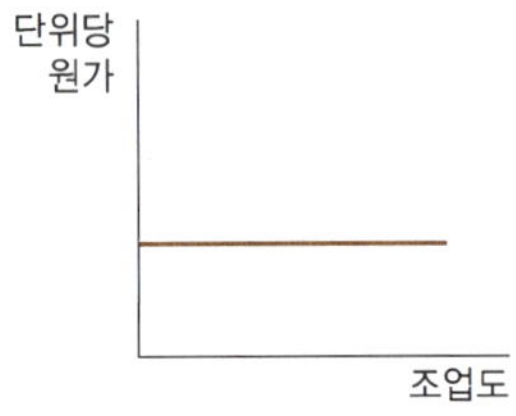
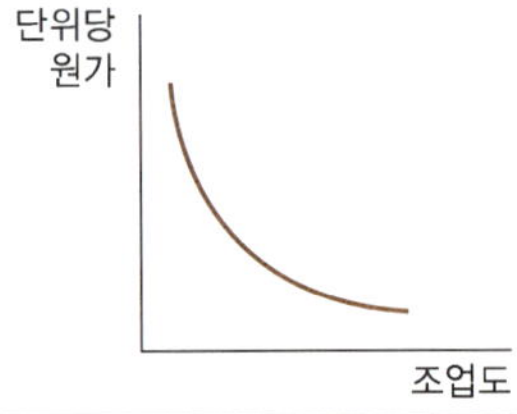</td></tr>
<tr><td>• 준변동원가(Semi-Variable Cost) : 고정원가와 순수변동원가가 모두 포함된 원가
예 전력비
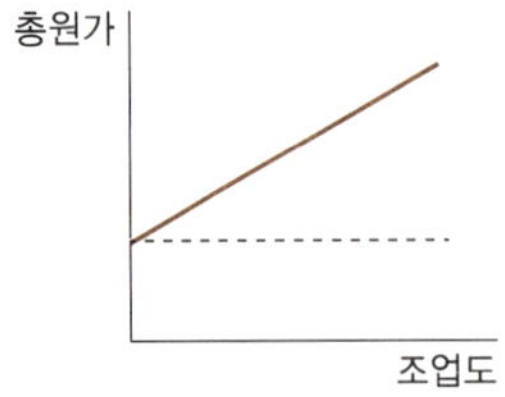</td><td>• 준고정원가(Semi-Fixed Cost)
– 특정 조업도 범위 내에서는 총원가가 일정
– 해당 범위를 벗어나면 일정액이 증가 또는 감소
예 생산라인 감독자 급여
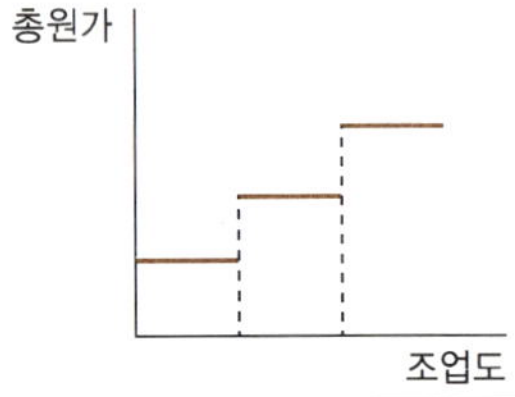</td></tr>
</table>

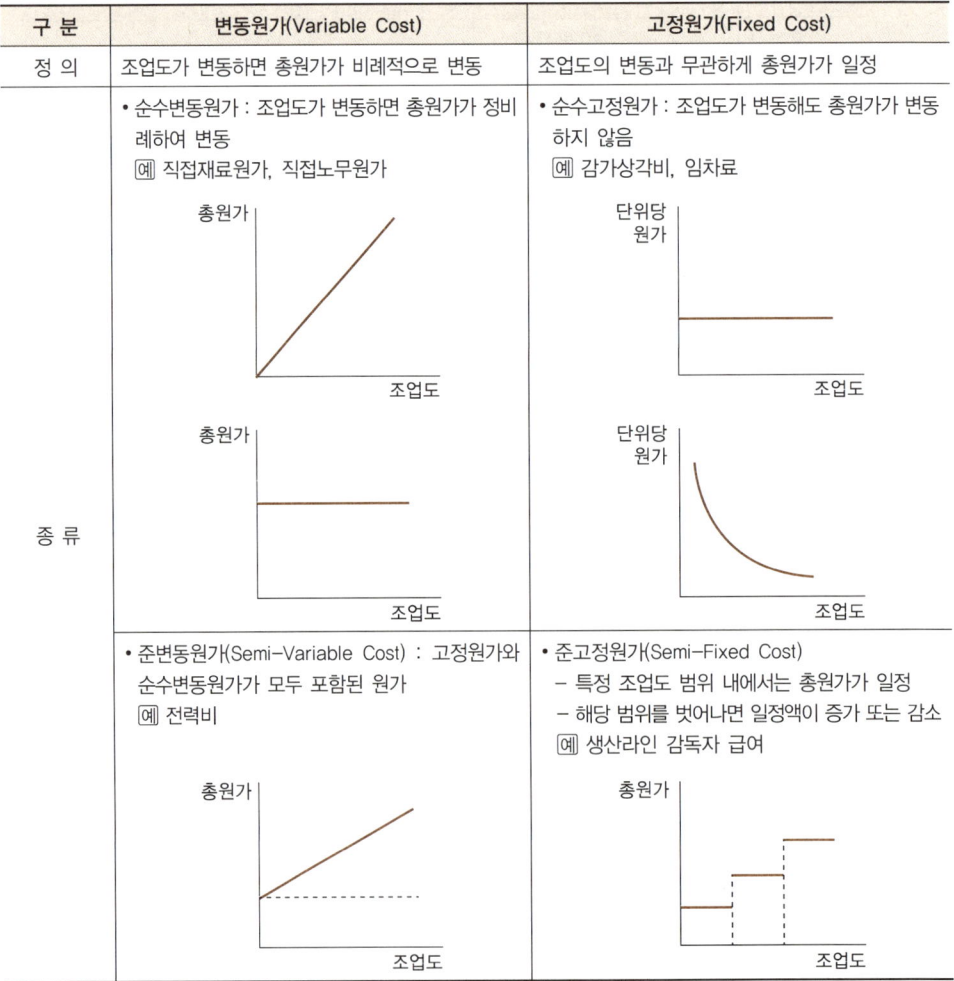

② 추적가능성에 따른 분류

구 분	내 용
직접원가(Direct Cost)	특정 원가대상에 직접 추적할 수 있는 원가 예 직접재료원가, 직접노무원가
간접원가(Indirect Cost)	특정 원가대상에 직접 추적할 수 없는 원가 예 제조간접원가

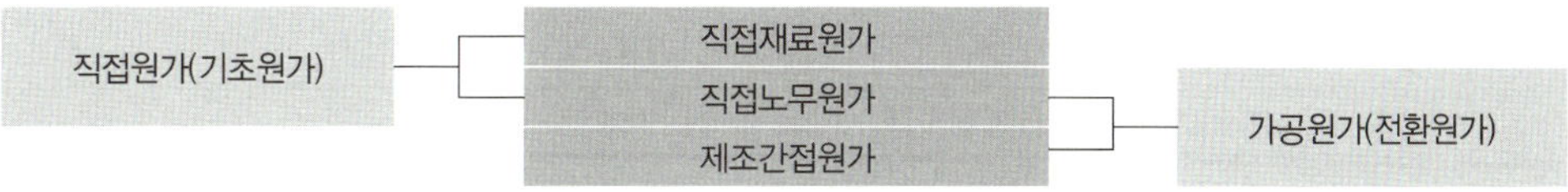

③ 제조활동과의 연관성에 따른 분류

구 분	내 용
제조원가(Manufacturing Cost)	제품 제조과정에서 발생한 원가 예 직접재료원가, 직접노무원가
비제조원가(Non Manufacturing Cost)	제품 제조 이외의 과정에서 발생한 원가 예 판매비와 관리비

④ 수익과의 대응관계(방법)에 따른 분류

구 분	내 용
제품원가(Product Cost)	제조원가 중 자산화하여 판매시점까지 비용발생을 이연시키는 원가
기간원가(Period Cost)	발생한 기간에 비용으로 인식하는 원가

⑤ 의사결정과의 관련성에 따른 분류

분류기준	구 분	내 용
의사결정에 영향	관련원가	• 의사결정 대안 간에 차이가 나는 원가 • 의사결정에 영향을 미침
	매몰원가	• 과거의 의사결정으로 인해 이미 발생한 원가 • 의사결정에 영향을 미치지 않음
회피가능성	회피가능원가	• 특정 대안을 선택하지 않음으로써 절약되는 원가 • 의사결정에 따라 변동
	회피불능원가	특정 대안을 선택하지 않아도 계속 발생하는 원가
실제 현금지출여부	기회원가	• 포기한 대안 중 최선의 대안으로부터 달성 가능했던 최대이익(또는 최소비용) • 의사결정에는 고려되어야 하나 장부상 계상되지는 않음
	현금지출원가	실제 현금지출을 수반하는 원가

⑥ 자산과의 관련성에 따른 분류

구 분	내 용
미소멸원가	• 제조원가 중 자산화하여 판매시점에 비용으로 인식 • 미래에 경제적 효익을 제공할 수 있음
소멸원가	• 발생한 기간에 비용으로 인식 • 미래에 경제적 효익을 기대할 수 없음

⑦ 통제가능성에 따른 분류

구 분	내 용
통제가능원가	경영자가 발생수준에 영향을 미칠 수 있는 원가
통제불능원가	경영자가 발생수준에 영향을 미칠 수 없는 원가

⑧ 시점에 따른 분류

구 분	내 용
역사적원가	의사결정 이전 시점에 이미 발생한 원가
예정(미래)원가	의사결정 이후 시점에 발생할 원가

❸ 원가관리회계의 흐름

(1) 제조원가의 흐름

직접재료원가

기초재고	당기사용분 ↘ (재공품 직접재료원가로)
매입 → 당기매입분	기말재고

재공품

기초재공품	당기제품제조원가 ↘ (제품 당기제품제조원가로)
직접재료원가	기말재공품
직접노무원가	
제조간접원가	

제 품

기초제품	매출원가
당기제품제조원가	기말제품

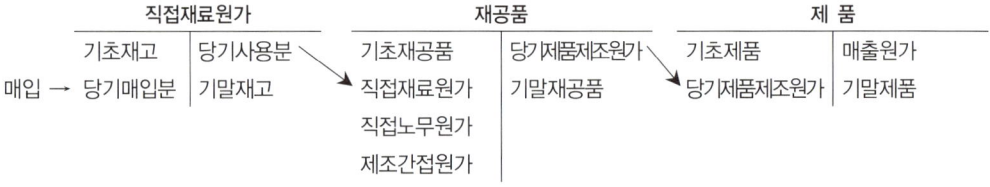

(2) (제조)원가의 3요소

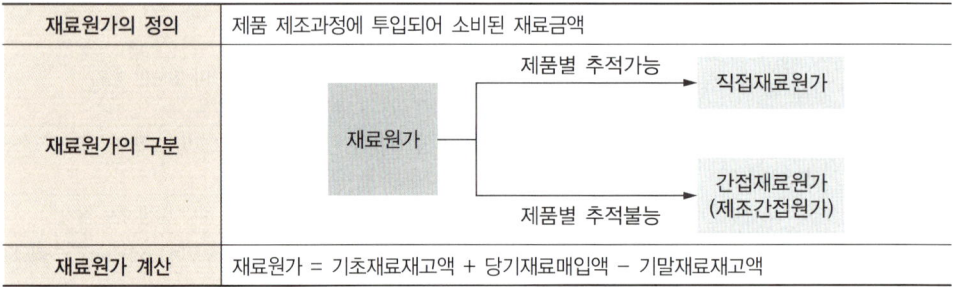

① 직접재료원가

재료원가의 정의	제품 제조과정에 투입되어 소비된 재료금액
재료원가의 구분	재료원가 → 제품별 추적가능 → 직접재료원가 재료원가 → 제품별 추적불능 → 간접재료원가(제조간접원가)
재료원가 계산	재료원가 = 기초재료재고액 + 당기재료매입액 − 기말재료재고액

② 직접노무원가

노무원가의 정의	종업원이 제조활동에 제공한 노동력의 대가인 인건비
노무원가의 구분	노무원가 → 제품별 추적가능 → 직접노무원가 노무원가 → 제품별 추적불능 → 간접노무원가(제조간접원가)

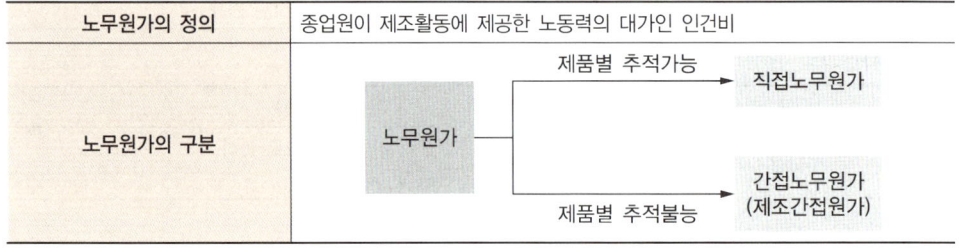

③ 제조간접원가

제조간접원가의 개념	직접원가 이외의 모든 제조원가
제조간접원가의 예	• 간접재료원가 • 간접노무원가 • 감가상각비 등 기타제조원가

(3) 제조원가의 계산

① 제조업의 재고자산

구 분	내 용
원재료	생산과정에 미투입된 재고자산
재공품	제조공정에 투입되었지만 미완성된 재고자산
제 품	제조공정이 완료된 재고자산

② 당기총제조원가

구 분	내 용
당기총제조원가의 의의	당기에 제조과정에서 발생한 모든 제조원가
당기총제조원가의 계산	당기총제조원가 = 직접재료원가 + 직접노무원가 + 제조간접원가 = 재료원가 + 노무원가 + 기타제조원가

③ 당기제품제조원가

구 분	내 용
당기제품제조원가의 의의	당기에 완성된 제품의 제조원가
당기제품제조원가의 계산	당기제품제조원가 = 기초재공품재고액 + 당기총제조원가 − 기말재공품재고액

④ 매출원가

구 분	내 용
매출원가의 의의	당기에 판매된 제품의 제조원가
매출원가의 계산	매출원가 = 기초제품재고액 + 당기제품제조원가 − 기말제품재고액

❹ 원가배분

(1) 원가배분의 개요

① 원가배분

원가배분	공통원가를 일정한 배분기준에 따라 복수의 원가대상에 합리적으로 대응시키는 과정
원가배분의 예	• 보조부문원가의 부문별 배분 • 제조간접원가의 제품별 배분 • 감가상각비의 기간별 배분
원가배분의 목적	• 외부보고를 위한 재고자산 금액의 확정 및 이익의 측정 • 최적의 자원배분을 위한 경제적 의사결정의 수행(제품가격의 결정 포함) • 경영자와 종업원의 동기부여 및 성과평가의 실시

② 원가배분과정

원가(배분)대상 결정 → 배분대상 원가의 집계 → 합리적 배분기준에 의한 원가배분

③ (합리적) 원가배분기준

배분기준	내 용
인과관계기준	• 원가배분대상에 제공된 서비스나 활동량에 비례하여 공통원가를 배분 • 가장 이상적인 배분기준 예 작업준비원가의 작업준비횟수 비례배분
수혜기준	• 원가대상이 공통원가로부터 제공받은 경제적 효익의 정도에 따라 배분 • 수익자부담원칙에 충실한 배분기준 • 물량기준법에 의한 결합원가의 배분
부담능력기준	• 원가대상의 원가부담능력에 비례하여 공통원가를 배분하는 것 • 상대적 판매가치법에 의한 결합원가의 배분
공정성과 공평성 기준	• 공정성과 공평성에 의해 공통원가를 원가대상에 배분하는 것 • 정부와의 계약에서 주로 사용함

(2) 보조부문 원가배분

① 보조부문 배분의 의의

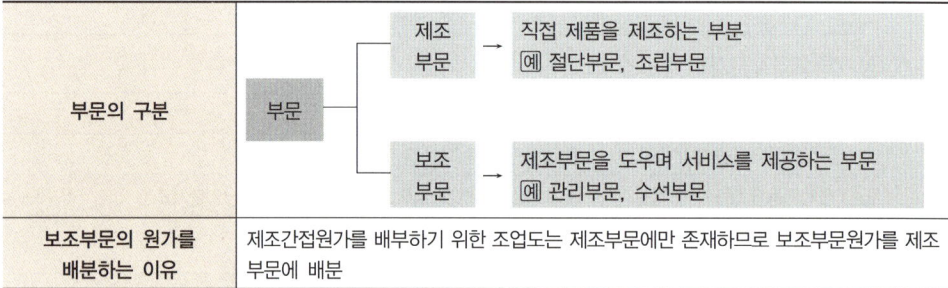

부문의 구분	부문 ─ 제조부문 → 직접 제품을 제조하는 부분 예 절단부문, 조립부문 부문 ─ 보조부문 → 제조부문을 도우며 서비스를 제공하는 부문 예 관리부문, 수선부문
보조부문의 원가를 배분하는 이유	제조간접원가를 배부하기 위한 조업도는 제조부문에만 존재하므로 보조부문원가를 제조부문에 배분

② 보조부문 상호 간의 용역수수에 의한 배분방법

구 분	정 의
직접배분법	• 보조부문 상호 간의 용역수수관계를 완전히 무시하는 방법 • 보조부문은 제조부문만을 위해 용역을 제공함을 가정
단계배분법	정해진 배분순서에 따라 보조부문원가를 후순위의 보조부문과 제조부문에 배분하는 방법
상호배분법	• 보조부문 상호 간의 관련성을 모두 고려해서 보조부문원가를 배분하는 방법 • 배분할 총원가 = 자기부문의 발생원가 + 다른 부문으로부터 배분된 원가

③ 보조부문원가의 원가행태에 의한 배분방법

구 분	정 의
단일배분율법	• 보조부문원가를 하나의 기준에 따라 배분하는 방법 • 원가의 행태를 고려하지 않는 방법 • 원가배분의 합리성이 떨어짐 • 모든 원가를 실제(예정) 용역사용량을 기준으로 배분
이중배분율법	• 보조부문원가를 고정원가와 변동원가로 구분하여 별도기준에 의해 보조부문원가를 배분하는 방법 • 고정원가 : 최대용역사용가능량을 기준으로 배분 • 변동원가 : 실제(예정) 용역사용량을 기준으로 배분

02 생산형태에 따른 원가계산방법

❶ 개별원가계산

(1) 개별원가계산의 의의

① 개별원가계산

개별원가계산	종류를 달리하는 제품 또는 프로젝트를 개별적으로 생산하거나 제작하는 형태에 적용하는 원가계산 기법
개별원가계산의 특징	• 다품종 소량생산하는 제품 또는 프로젝트 형태에 적합 • 수요자의 요구에 따라 제품을 생산
적용사업의 예	조선업, 기계제작업

② 종합원가계산과의 비교

구 분	개별원가계산	종합원가계산
생산형태	주문형생산형태	시장생산형태
생산특징	제품별 명확한 구분	동일제품의 연속생산
원가계산단위	작업, 제품 또는 프로젝트	공 정
원가계산표	작업원가표	제조원가보고서(생산보고서)
기말재공품	미완성작업에 집계된 원가	완성품환산량에 의한 추정

③ 개별원가계산의 장・단점

장 점	단 점
• 제품별 정확한 원가계산 가능 • 제품별 정확한 손익분석 가능 • 제품별 효율성 통제 및 예측용이	• 시간과 비용이 많이 소요됨 • 복잡함

(2) 개별원가계산의 절차

① 개별원가계산의 과정

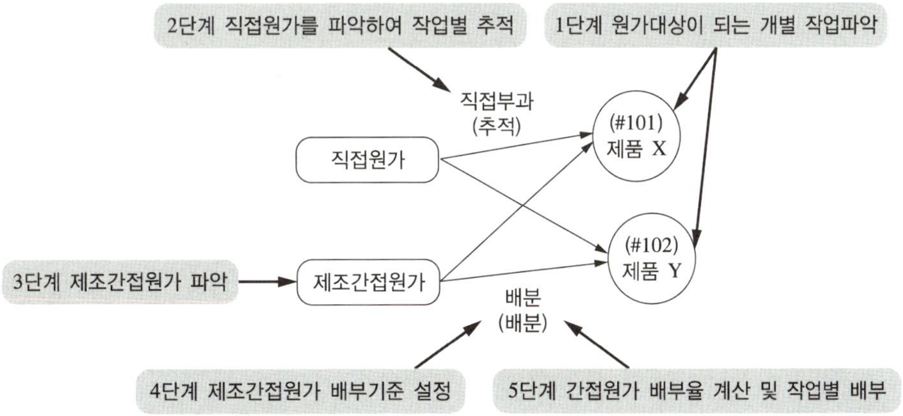

② 직접원가의 집계

추적가능원가	관련 서류
직접재료원가	재료출고요청서
직접노무원가	작업시간표

❷ 종합원가계산

(1) 종합원가계산의 의의

① 종합원가계산

종합원가계산	단일종류의 제품을 연속적으로 대량 생산하는 업종에 적합한 원가계산방법
종합원가계산의 특징	• 특정 기간 동안 특정 공정에서 생산된 제품은 원가측면에서 동일하다고 가정 • 원가집계는 공정별로 이루어져 작업지시서가 필요하지 않음 • 원가통제와 성과평가는 개별작업이 아닌 공정별로 이루어짐
종합원가계산의 예	식료품, 화학업, 제지업 등

② 종합원가계산의 장・단점

장 점	단 점
• 시간 및 비용이 절약 • 공정별로 성과평가가 이루어지므로 책임대상이 명확	• 상세한 원가정보가 도출되지 않음 • 원가계산기간의 종료시점까지 제품원가를 알 수 없음 • 기말재공품의 완성도 측정에 주관이 개입됨 • 원가계산의 결과가 부정확함

(2) 종합원가계산의 절차

① 종합원가계산의 절차(5단계법)

단 계	내 용
1단계 : 물량흐름의 파악	• 물량 : 최종산출물 기준의 수량 • 공정의 완성도를 고려할 필요가 없음 • 물량을 파악하는 방법 : 기초재공품수량 + 당기투입량 = 당기완성품수량 + 기말재공품수량
2단계 : 완성품환산량의 계산	• 완성품환산량 : 일정 기간 동안 투입된 재료와 가공의 노력을 제품생산에 투입했더라면 생산 가능했던 수량 • 완성품환산량의 계산 – 완성품환산량 = 물량 × 완성도
3단계 : 배분대상원가 요약	원가흐름의 가정에 따라 배분대상원가를 요약
4단계 : 단가의 계산	$\text{완성품환산량단위당원가} = \frac{\text{요약된 배분대상원가}}{\text{완성품환산량}}$
5단계 : 원가의 계산	원가흐름의 가정에 따라 완성품원가와 기말재공품원가를 계산

(3) 종합원가계산의 방법

① 선입선출법

<table>
<tr><td>선입선출법의 개념</td><td>• 기초재공품을 먼저 가공해서 완성시키고 당기착수량을 가공한다는 가정
• 실제 물량흐름에 보다 충실한 원가계산방법</td></tr>
<tr><td>선입선출법의 물량흐름</td><td>• 기초재공품을 먼저 가공하여 완성한다고 가정
• 당기착수물량은 당기완성품과 기말재공품에 배분
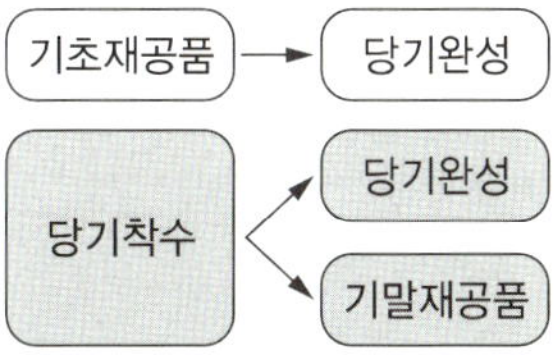
</td></tr>
<tr><td>선입선출법의 원가흐름</td><td>• 기초재공품은 제품원가로 배분
• 당기투입원가는 완성품환산량에 따라 당기완성품과 기말재공품에 배분
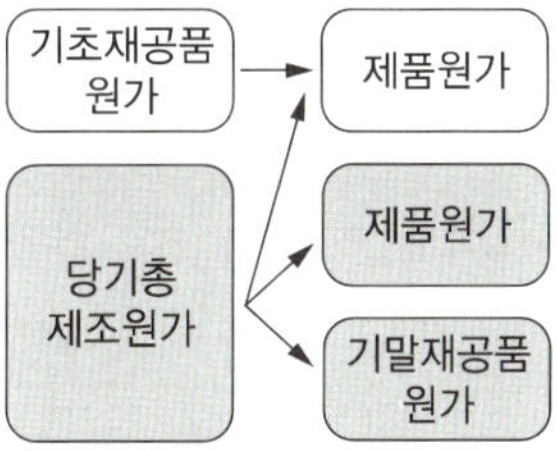
</td></tr>
</table>

② 평균법

<table>
<tr><td>평균법의 개념</td><td>• 기초재공품원가와 당기발생원가를 구분하지 않고 가중평균하여 제품원가와 기말재공품원가를 계산
• 기초재공품의 제조가 당기 중 새로 착수되었다고 가정</td></tr>
<tr><td>평균법의 물량흐름</td><td>기초재공품과 당기투입량을 구분하지 않고 당기완성품과 기말재공품에 배분
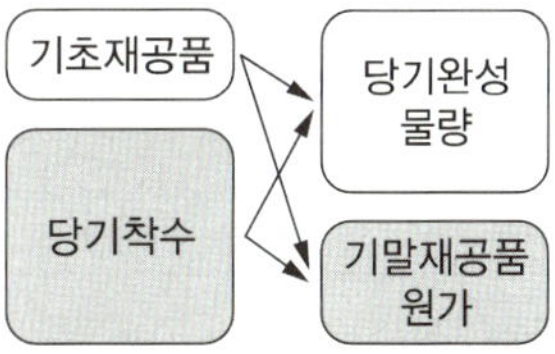
</td></tr>
<tr><td>평균법의 원가흐름</td><td>기초재공품원가와 당기투입원가를 구분하지 않고 완성품환산량에 따라 제품원가와 기말재공품원가에 배분
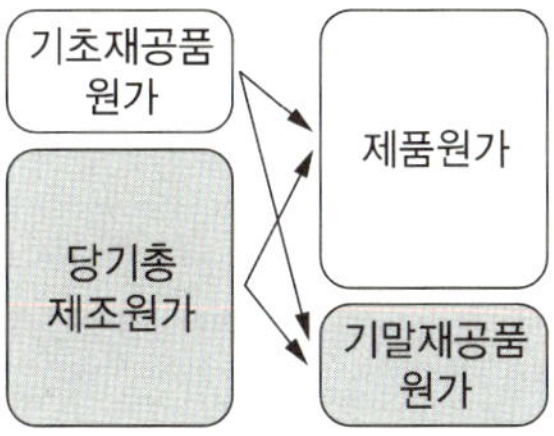
</td></tr>
</table>

③ 평균법과 선입선출법의 비교

구 분	평균법	선입선출법
1단계	완성품물량을 구분하지 않음	완성품물량을 구분
2단계	전기부터의 총작업량 반영	당기 중의 작업량만 반영
3단계	기초재공품원가와 당기투입원가가 원가의 배분대상	당기투입원가만 원가의 배분대상
4단계	전기단가와 당기투입원가를 가중평균	당기투입원가 만으로 단가산정
5단계	기초재공품원가는 완성품원가와 기말재공품원가에 배분	기초재공품원가는 완성품에만 가산

03 표준원가

❶ 표준원가계산의 기초

(1) 표준원가계산의 의의

① 표준원가의 의의

㉠ 과학적 방법과 통계적 방법에 의해 원가요소별로 표준이 되는 원가를 미리 산정

㉡ 가격표준과 수량표준을 사용하여 산정

㉢ 표준원가와 실제발생원가의 차이를 분석하여 원가통제에 활용

② 실제원가계산과의 비교

구 분	실제원가계산	표준원가계산
목 적	결산 및 재고평가	관리적 목적
원가생성시점	실적 발생 후(사후원가계산)	실적 발생 전(사전원가계산)
금액평가시점	실제원가 마감 시 가능	실시간 평가가능
관리노력	적 음	많 음

③ 표준원가계산의 목적(장점)

구 분	내 용
원가관리와 통제	• 표준원가와 실제원가 간의 차이분석을 통해 원가능률을 향상시킬 수 있음 • 예외에 의한 관리가 가능 – 예외에 의한 관리 : 용인할 수 있는 예외의 범위를 설정한 후 범위를 넘어서는 중요한 차이에 대해서만 집중적으로 관리하는 기법
예산편성	사전에 설정한 표준원가가 예산 설정에 이용
재무제표 작성	재무제표상의 재고자산과 매출원가를 산정하는 원가정보로 이용
원가보고의 신속성	• 적시성 있는 원가정보가 제공 • 원가흐름의 가정이 불필요
제품단위당 원가의 일정함	기준조업도에 의해 제품단위당 고정제조간접원가가 산정되므로 생산량에 따라 제품단위당 원가가 변동하지 않아 분석에 혼란을 초래하지 않음

④ 표준원가계산의 한계

㉠ 합리적인 표준원가를 설정하기 어려움

㉡ 적정원가 산정에 시간과 비용이 많이 소요

㉢ 정기적인 표준원가 업데이트 필요

㉣ 비계량적인 정보를 무시할 가능성 존재

㉤ 예외에 의한 관리 시 예외의 한계점 : 예외 설정에 주관 개입

㉥ 직원이 유리한 차이만 강조할 경우 역효과가 발생

(2) 표준원가의 종류와 내용

구 분	내 용
이상적 표준	• 최선의 조건하에서만 달성할 수 있는 원가 • 정상적 기계고장, 정상감손, 근로자의 휴식시간 등을 전혀 반영하지 않음 • 현실적 표준을 설정하기 위한 출발점 • 차이분석 시 언제나 불리한 차이가 발생하여 동기부여에 역효과 발생 • 실제원가와 큰 차이가 나타나 외부결산목적으로 부적합함
정상적 표준	• 정상 조업수준이나 능률을 반영해서 설정한 표준 • 경제상황이 안정된 경우 현실적 표준과 흡사해짐
현실적 표준	• 실제 제조활동에서 노력할 경우 달성 가능한 표준원가 • 예상되는 기계고장, 휴식시간 등을 반영한 표준 • 원가계산 및 관리회계 목적으로 가장 유용한 표준

(3) 표준원가의 설정

구 분	내 용
표준직접재료원가	(제품단위당)표준직접재료원가 = (제품단위당)표준직접재료수량 × (재료단위당)표준재료가격 ↓ ↓ ↓ 예 20/개 2kg/개 10kg/개
표준직접노무원가	(제품단위당)표준직접노무원가 = (제품단위당)표준작업시간 × (시간당)표준임률 ↓ ↓ ↓ 예 21/개 3hr/개 7/hr
표준제조간접원가	(제품 단위당)표준제조간접원가 = (조업도 단위당)표준배부율*주) × (제품 단위당)표준조업도

*주) (조업도 단위당)표준배부율 $= \dfrac{\text{제조간접원가예산}}{\text{기준조업도}}$

❷ 표준원가계산과 원가차이분석

(1) 차이분석의 기초

① 예산과 성과보고서

예 산	기업의 경영계획을 화폐로 계량화한 것
고정예산	조업도 수준을 고정한 채로 편성한 예산
변동예산	• 조업도 수준을 변경시켜서 편성한 예산 • 실제 조업도를 이용할 경우 원가중심점의 성과평가에 유용함

② 유리한 차이와 불리한 차이

실제원가 – 표준원가 = (–) : 유리한 차이 / (+) : 불리한 차이

③ 가격차이와 능률차이

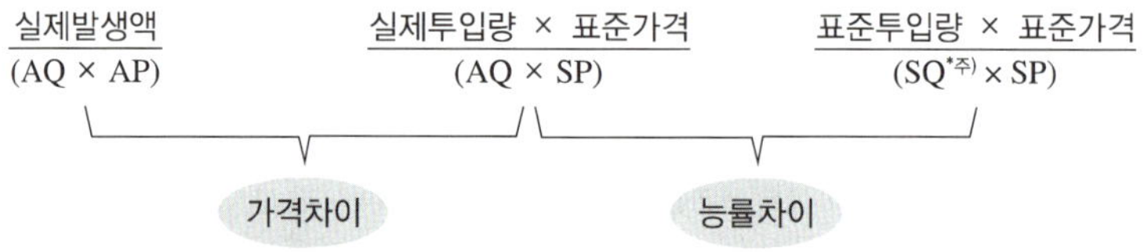

*주) SQ : 실제 생산량에 허용된 표준투입량

(2) 원가요소별 차이분석

① 직접재료원가차이

㉠ 차이분석

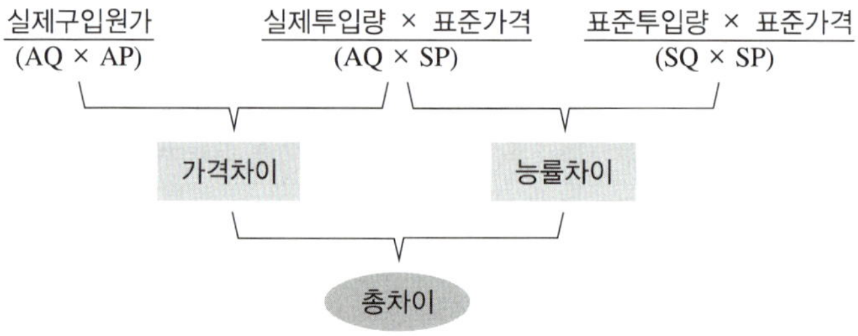

㉡ 차이의 원인

차 이	내 용
가격차이	• 시장의 수요와 공급원리 • 구매담당자의 능력 : 일반적으로 구매담당자의 책임 • 표준설정시와 다른 품질의 원재료 구입
능률차이	• 재료의 효율적 사용여부 : 일반적으로 생산담당자의 책임 • 표준설정 시와 다른 품질의 원재료 사용 • 점진적인 기술혁신

㉢ 가격차이 분리시점에 따른 장·단점

구 분	사용시점 분리	구입시점 분리
장 점	적용이 간편	직접재료계정이 표준원가로 기록 가격차이가 적시에 관리
단 점	직접재료계정이 실제원가로 기록 가격차이가 적시에 관리되지 않음	적용이 불편함

② 직접노무원가차이

㉠ 차이분석

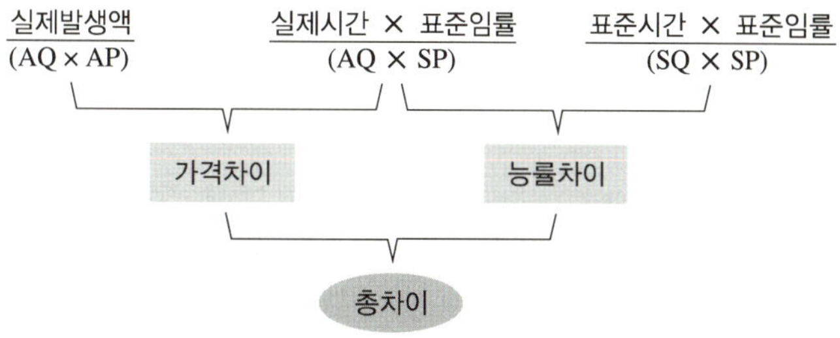

㉡ 차이의 원인

차 이	내 용
가격차이	• 표준대비 실제 투입된 노동자의 능력의 차이 • 임금상승 : 일반적으로 인사담당자의 책임 • 초과근무수당의 지급
능률차이	• 노동의 능률적 사용여부 : 일반적으로 생산담당자의 책임 • 생산감독자의 관리소홀이나 일정변경 • 원재료의 품질

③ 변동제조간접원가차이

㉠ 차이분석

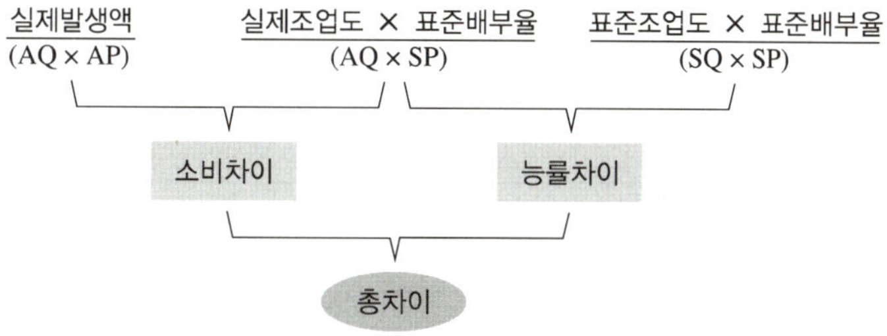

㉡ 차이의 원인

차 이	내 용
소비차이	• 각 구성 항목의 실제 가격차이와 능률차이 • 표준배부율의 잘못된 설정
능률차이	• 노동의 능률적 사용여부 • 생산감독자의 관리소홀 • 원재료의 품질

④ 고정제조간접원가차이

㉠ 차이분석

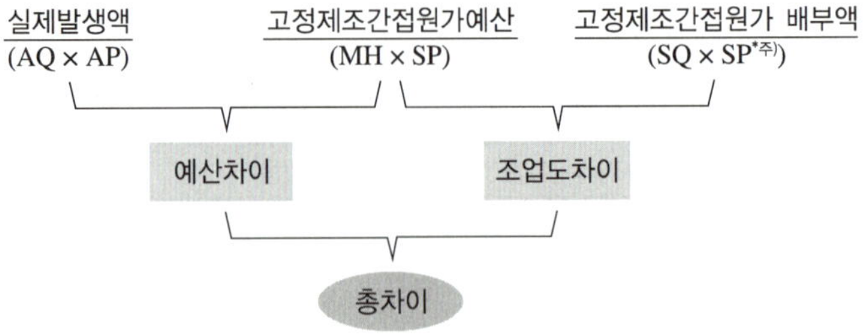

*주) (조업도단위당) 표준배부율 = $\dfrac{\text{제조간접원가예산}}{\text{기준조업도}}$

㉡ 차이의 원인

차 이	내 용
예산차이	• 실제 제조간접원가 발생액과 예산액과의 차이 • 가격차이와 능률차이 분리 불가
조업도차이	• 기준조업도와 실제조업도의 차이에 따라 발생 • 고정제조간접원가 예산과 배부액 차이

(3) 원가차이의 배분

① 원가차이 배분의 목적

완전 또는 불완전 전환을 통해 실제원가를 계산하여 외부공표용 재무제표의 작성

② 차이배분방법

비배분법	매출원가조정법	• 모든 원가차이를 매출원가에서 조정 • 매출원가의 비중이 기말재고자산의 비중보다 월등히 높은 경우 사용
	기타손익법(영업외손익법)	모든 원가차이를 기타손익(영업외손익)에서 조정하는 방법
비례배분법	총원가비례배분법	매출원가와 기말재공품, 기말제품의 총원가 비율대로 원가차이를 배분
	원가요소별비례배분법	• 요소별 원가차이를 매출원가, 기말제품, 기말재공품 금액 중 해당 원가요소의 금액 비율대로 배분 • 가장 실제원가계산의 근사치로 조정

04 원가계산의 범위

❶ 전부원가계산, 변동원가계산과 초변동원가계산

(1) 전부원가계산, 변동원가계산과 초변동원가계산

① 전부원가계산

전부원가계산의 특징	• 모든 제조원가를 제품원가로 보는 원가계산방법(고정제조간접원가도 포함) • 원가부착개념에 근거 • 전통적인 손익계산서 방식
전부원가계산의 손익계산서	매출액 (−) 매출원가 → 모든 제조원가(당기판매분만 비용) 매출총이익 (−) 판매비 및 관리비 영업이익

② 변동원가계산(직접원가계산)

변동원가계산의 특징	• 변동제조원가만 제품원가에 포함시키고 고정원가는 기간원가(비용)로 처리하는 원가계산 방법 • 원가회피개념에 근거 • 공헌이익손익계산서 · 변동원가손익계산서를 이용해 손익계산서 작성
변동원가계산의 손익계산서	매출액 (−) (변동)매출원가 → 제조공헌이익 (−) 변동판매비 및 관리비 → (모든 변동원가(당기판매분만 비용)) 공헌이익 (−) 고정원가 → 고정제조간접원가 및 고정판매비 및 관리비(당기발생분 모두 비용) 영업이익

③ 초변동원가계산(재료처리량 원가계산)

초변동원가계산의 특징	• 직접재료원가 등 제품단위수준 변동원가만 제품원가에 포함시키는 원가계산 • 가공원가는 기간원가(비용)로 처리
초변동원가계산의 손익계산서	매출액 (−) (제품단위수준)변동원가 → 직접재료원가(당기판매분만 비용) 현금창출공헌이익 (−) 운영비용 → 가공원가 + 판매비와관리비(당기발생분 모두 비용) 영업이익

(2) 원가시스템의 요약

<table>
<tr><th>구 분</th><th>전부원가계산</th><th>변동원가계산</th><th>초변동원가계산</th></tr>
<tr><td>직접재료원가</td><td rowspan="4">제품원가</td><td rowspan="3">제품원가</td><td>제품원가</td></tr>
<tr><td>직접노무원가</td><td rowspan="3">기간원가</td></tr>
<tr><td>변동제조간접원가</td></tr>
<tr><td>고정제조간접원가</td><td>기간원가</td></tr>
</table>

❷ 각 원가계산의 방법과 차이점 및 한계

(1) 각 원가계산의 방법과 이익의 조정

① 재고자산의 변화가 영업이익에 미치는 영향

재고자산의 변화	영업이익 크기의 비교
기초재고량 = 기말재고량 (생산량 = 판매량)	전부원가계산 = 변동원가계산 = 초변동원가계산
기초재고량 < 기말재고량 (생산량 > 판매량)	전부원가계산 > 변동원가계산 > 초변동원가계산
기초재고량 > 기말재고량 (생산량 < 판매량)	전부원가계산 < 변동원가계산 < 초변동원가계산

② 원가계산방법 간 영업이익의 전환

<table>
<tr><td rowspan="5">변동원가계산 영업이익
→ 전부원가계산 영업이익</td><td colspan="2">〈차이 원인 : 고정제조간접원가〉</td></tr>
<tr><td></td><td>변동원가계산에 의한 이익</td></tr>
<tr><td>(+)</td><td>기말재고자산에 포함된 고정제조간접원가</td></tr>
<tr><td>(−)</td><td>기초재고자산에 포함된 고정제조간접원가</td></tr>
<tr><td></td><td>전부원가계산에 의한 이익</td></tr>
<tr><td rowspan="5">초변동원가계산 영업이익
→ 변동원가계산 영업이익</td><td colspan="2">〈차이 원인 : 변동가공원가〉</td></tr>
<tr><td></td><td>초변동원가계산에 의한 이익</td></tr>
<tr><td>(+)</td><td>기말재고자산에 포함된 변동가공원가</td></tr>
<tr><td>(−)</td><td>기초재고자산에 포함된 변동가공원가</td></tr>
<tr><td></td><td>변동원가계산에 의한 이익</td></tr>
<tr><td rowspan="5">초변동원가계산 영업이익
→ 전부원가계산 영업이익</td><td colspan="2">〈차이 원인 : 가공원가〉</td></tr>
<tr><td></td><td>초변동원가계산에 의한 이익</td></tr>
<tr><td>(+)</td><td>기말재고자산에 포함된 가공원가</td></tr>
<tr><td>(−)</td><td>기초재고자산에 포함된 가공원가</td></tr>
<tr><td></td><td>전부원가계산에 의한 이익</td></tr>
</table>

(2) 유용성과 한계

① 변동원가계산의 유용성 및 한계

유용성	한 계
• 이익이 판매량에 의해서만 결정 • CVP분석에 유용한 자료를 얻을 수 있음 • 이익은 오로지 판매량에 의해서만 영향 • 원가통제, 성과평가에 유용 • (단기적)의사결정에 유용 • 성과평가에 유용 • 과잉재고 보유의도를 제거 • 고정제조간접원가의 이익에 대한 영향을 알 수 있음	• 장기적 관점에서 고정원가의 중요성을 간과 • 외부보고에 이용할 수 없음 • 변동원가와 고정원가의 구분에 주관이 개입 • 결합제품을 생산하는 경우 개별 제품별로 변동원가계산을 할 수 없음

② 초변동원가계산의 유용성과 한계

유용성	한 계
• 재고자산의 보유 최소화 유도 • 원가의 구분이 객관적	• 장기적 관점의 의사결정에는 불합리함 • 적정재고의 미보유로 시장변화에 대한 대응능력의 저하

재무

세무

원가관리

05 계획과 통제

❶ 원가 · 조업도 · 이익분석(CVP분석)

(1) 원가 · 조업도 · 이익분석

① 원가 · 조업도 · 이익분석의 의의

조업도와 원가의 변화와 이에 따른 이익에 어떠한 영향을 미치는지 분석하는 기법

② 원가 · 조업도 · 이익분석

구 분	내 용
공헌이익	공헌이익 = 매출액 − 총변동원가 = 단위당 공헌이익[*주)] × 수량 *주) 단위당 공헌이익 = 단위당 판매가격 − 단위당 변동원가
공헌이익률	공헌이익률 = 공헌이익 ÷ 매출액 = 단위당 공헌이익 ÷ 단위당 판매가격
손익분기점 분석	• 이익을 0으로 만드는 매출액 • 손익분기점 < 수익 : 이익 • 손익분기점 > 수익 : 손실 • 손익분기점 판매량 = 고정원가 ÷ 단위당 공헌이익 • 손익분기점 매출액 = 고정원가 ÷ 공헌이익률
목표이익	• 특정 목표이익을 달성하기 위한 필요 매출액 계산 • 목표 판매량 = (고정원가 + 목표이익) ÷ 단위당 공헌이익 • 목표 매출액 = (고정원가 + 목표이익) ÷ 공헌이익률

안전한계	• 손익분기점 매출액을 초과하는 금액 • 손실을 발생시키지 않으면서 포기할 수 있는 최대 매출액 • 안전한계 = 매출액 – 손익분기점 매출액 • 안전한계율 = (매출액 – 손익분기점 매출액) ÷ 매출액
영업레버리지	• 기업의 영업비 중 고정비가 차지하는 정도 • 영업레버리지가 클수록 매출액의 변화에 따라 이익의 변화가 커짐 • 영업레버리지도 = 영업이익변화율 ÷ 매출액변화율 = 공헌이익 ÷ 영업이익

③ 원가 · 조업도 · 이익분석의 가정

㉠ 모든 원가는 변동원가와 고정원가로 분류할 수 있다고 가정

㉡ 수익과 원가의 형태는 선형이라고 가정

㉢ 생산량과 판매량은 일정함

㉣ 복수제품으로 판매하는 경우 매출배합은 일정함

㉤ 화폐의 시간가치는 반영하지 않음(현재가치 계산하지 않음)

㉥ 원가에 미치는 요소는 조업도밖에 없다고 가정

❷ 활동기준원가계산

(1) 활동기준원가계산의 의의와 계산방법

① 활동기준원가계산의 의의와 도입배경

활동기준원가계산의 의의	투입자원이 제품이나 서비스로 변환되면서 소비되는 과정을 밝혀 소비한 활동별로 원가를 계산하는 방법
활동기준원가계산의 도입배경	• 제조간접원가의 증가에 따른 전통적 배부기준의 원가왜곡 • 정보수집기술의 발달로 원가의 정확한 집계가능 • 원가개념의 확대 : 수명주기원가, 기타원가 등의 중요성 증대

② 활동기준원가계산방법

1단계 : 활동분석	• 기업의 기능을 활동별로 분석 • 기업의 기능 : 단위수준, 배치수준, 제품수준, 설비수준으로 구분 가능
2단계 : 원가의 집계	각 활동별로 소비되는 원가를 집계
3단계 : 활동별 원가동인의 결정	활동별 배부기준 결정
4단계 : 활동별 제조간접원가 배부율 결정	집계한 활동별 제조간접원가 ÷ 활동별 배부기준
5단계 : 활동별 제조간접원가계산	소비된 활동 수 × 활동별 배부율

③ 활동기준원가계산의 장 · 단점

장 점	단 점
• 활동별로 집계하기 때문에 제조간접원가도 추적 가능한원가로 계산되어 원가계산이 정확하게 되며 활동별로 성과평가가 가능 • 전통적인 제조간접원가 배부방식은 원가정보만 제공하였지만 활동기준원가계산에서는 관리회계목적의 정보도 제공 • 비부가가치활동을 추적하여 제거하거나 감소가능	• 원가 동인 파악에 비용과 시간이 많이 소요 • 모든 활동들을 명확하게 구분하기는 어려움

❸ 기타 관리 및 통제 기법

(1) 활동기준경영관리

① 활동기준경영관리의 의의와 목표

활동기준경영관리의 의의	기업의 경영활동을 활동별로 원가동인을 분석하여 비부가가치활동을 파악
활동기준경영관리의 목표	품질과 서비스 향상 등으로 고객가치를 통한 기업의 이익 증대

② 활동기준경영관리의 실행

전략분석	수익성 높은 활동을 분석
가치분석	공정개선과 원가절감을 통해 비부가가치활동을 제거
원가분석	원가절감기회 식별 및 성과개선을 위한 노력
활동기준예산	활동기준으로 예산수립절차를 수행

(2) 수명주기원가계산

① 수명주기원가계산의 의의와 적용기간

수명주기원가계산의 의의	제품의 수명주기 동안 발생하는 모든 원가를 집계
범 위	연구개발부터 판매 후 서비스, 폐기까지의 기간

② 수명주기원가계산의 유용성

㉠ 수명주기의 단계별로 수익성에 대한 집계가 가능하여 프로젝트 전체에 대한 이해가 향상

㉡ 제조 이전단계에서 대부분의 제품원가가 결정되므로, 연구개발단계와 설계단계에서부터 원가절감을 위한 노력을 강조

㉢ 원가발생의 상호관계 파악 가능

㉣ 단계별로 원가의 발생 정도를 파악 가능

(3) 품질원가관리

① 품질원가관리의 의의

품질관리와 관련된 원가를 체계적으로 집계하고 분석하여 품질원가를 감소

② 품질원가의 종류

통제원가	예방원가	불량품 생산 예방 목적 예 품질교육, 공정 엔지니어링, 공급업체 평가 등
	평가원가	불량품 적발 목적 예 원재료나 제품의 검사, 검사설비 유지 , 현장 및 라인 검사 등
실패원가	내부실패원가	불량품이 고객에게 인도되기 전에 발견되면서 발생하는 원가 예 공손품, 작업폐물, 재작업, 재검사, 작업중단 등
	외부실패원가	불량품이 고객에게 인도된 후 발견되면서 발생하는 원가 예 고객지원, 보증수리, 교환, 반품, 판매기회 상실 등

06 의사결정을 위한 원가정보의 활용

❶ 단기의사결정

(1) 의사결정을 위한 기초개념

① 의사결정의 관련 용어

고려 대상	기회원가(비용)	선택 가능한 여러 대안 중 하나를 선택하면서 포기하게 되는 가치 중 가장 큰 것
	관련원가	여러 대체안 사이에 차이가 있는 원가
고려 제외 대상	매몰원가	과거의 의사결정으로 이미 발생한 원가
	비관련원가	대체안에 대한 의사결정을 통해 차이가 발생하지 않는 원가

② 의사결정을 위한 기본 원칙

㉠ 대체안으로 인한 증분수익 > 증분원가 및 기회비용 : 수락

㉡ 대체안으로 인한 증분수익 < 증분원가 및 기회비용 : 기각 품질관리와 관련된 원가를 체계적으로 집계하고 분석하여 품질원가를 감소

(2) 단기의사결정의 유형

유 형	경 우
특별주문의 수락 또는 거부	• 특별주문을 수락하는 경우 – 유휴설비가 있음 : 특별주문가 > 증분수익 – 증분원가 – 유휴설비가 없음 : 특별주문가 > 증분원가 + 추가설비원가 + 기존판매 감소 공헌이익
제품라인의 유지 또는 폐지	• 제품라인을 유지하는 경우 증분 공헌이익 – 회피가능고정원가 + 기회원가 > 0
부품의 자가제조 또는 외부구입	• 외부구입하는 경우 – 기존설비대체가능 : 외부구입원가 < 변동원가 + 회피가능고정원가 + 기회원가 – 기존설비대체불가능 : 외부구입원가 < 변동원가 + 회피가능고정원가
결합제품의 즉시판매 또는 추가가공	• 즉시판매하는 경우 (추가가공 후 판매가격 – 추가가공원가) < 분리점에서의 판매가격 • 추가가공하는 경우 (추가가공 후 판매가격 – 추가가공원가) > 분리점에서의 판매가격

❷ 대체가격 결정

(1) 대체가격의 의미와 고려기준

① 대체가격의 의미와 사업부의 입장

대체가격의 의미	사업부나 기업 내부에서 서로 주고받는 재화나 용역의 이전거래에서 재화나 용역에 부여되는 가격
공급사업부	• 대체가격을 최소한 관련 원가 이상 인식해야 함 • 최소대체가격 = 단위당 증분지출원가 + 단위당 기회원가
구매사업부	• 대체가격이 시장에서 대체할 수 있는 외부구입 원가보다는 작아야 함 • 최대대체가격 = Min(단위당 지출가능원가*주), 단위당 외부구입원가) *주) 단위당 지출가능원가 = 최종완제품의 판매가격 − 완제품 단위당 추가가공원가

② 대체가격을 결정할 때 고려할 기준

목표일치성 기준	일부 사업부의 의사결정이 전체 기업의 목표와 일치해야 함
성과평가기준	각 사업부의 성과를 공정하게 평가할 수 있도록 대체가격을 결정해야 함
자율성 기준	대체가격을 결정할 때에는 각 사업부 책임자가 자율적으로 의사결정해야 함

(2) 대체가격의 결정방법과 기업 전체의 이익

① 대체가격의 가격결정방법

기 준	내 용
시장가격기준	• 재화나 용역의 시장가격을 대체가격으로 결정 • 객관적이므로 공정함
원가기준	• 제품원가를 대체가격으로 결정 • 이해하기 쉽고 간편 • 준최적화발생(사업부와 전체기업 목표의 불일치) • 공급사업부의 원가통제에 대한 동기가 없음 • 원가통제에 대한 동기부여를 위해 표준원가를 기초로 대체가격을 설정
협상가격기준	• 공급사업부와 수요사업부가 협의를 통해 결정 • 최적의 의사결정가능이 가능하며 갈등 완화 • 협상에 많은 시간이 소요 • 협상결과에 따라 성과가 좌우되어 성과평가가 왜곡될 수 있음

② 기업 전체의 이익에 미치는 효과

구매사업부의 최대대체가격 > 공급사업부의 최소대체가격	• 두 사업부 모두 허용 가능한 범위 • 기업 전체 증분이익 = 최대대체가격 − 최소대체가격
구매사업부의 최대대체가격 < 공급사업부의 최소대체가격	• 두 사업부 중 적어도 한쪽은 손실 • 기업 전체 증분손실 = 최소대체가격 − 최대대체가격

③ 최적대체가격 결정 구간

❸ 자본예산(장기의사결정)

(1) 순현금흐름의 계산

① 순현금흐름의 계산과 투자안을 채택하는 경우

순현금흐름의 계산	순현금흐름 = 투자안의 총 현금 유입 – 투자안의 총 현금 유출
투자안의 채택	순현금흐름 > 0

② 현금흐름추정의 기본원칙

증분기준	관련 수익과 관련 원가만 고려
감가상각비	• 감가상각비는 비현금유출이므로 고려하지 않음 • 감가상각비 절세효과만 고려
세후기준	관련 세금을 차감
이자비용	자금조달 관련 금융비용의 이자비용은 고려하지 않음
인플레이션	• 명목현금흐름 : 명목할인율로 할인 • 실질현금흐름 : 실질할인율로 할인

(2) 예산자본모형

순현재가치법(NPV)	• 투자안의 순현재가치를 이용하여 투자안의 채택 여부 결정 • 순현재가치 = (현재가치를 고려한) 현금유입 – (현재가치를 고려한) 현금유출 • 투자안의 채택 – 독립적 투자안 : 순현재가치 > 0 – 상호배타적 투자안 : 순현재가치가 가장 큰 투자안 채택 • 장 점 – 화폐의 시간가치 고려 – 가치가산의 원칙이 성립 – 자의적 판단이 개입되지 않음 – 기업가치 극대화에 부합 • 단 점 – 정확한 투자안의 자본비용 측정이 어려움
내부수익률법(IRR)	• 투자안의 내부수익률(순현재가치가 0이 되도록 하는 수익률)을 요구수익률과 비교 • 투자안의 채택 – 독립적 투자안 : 내부수익률 > 자본비용 – 상호배타적 투자안 : 투자안의 내부수익률이 가장 큰 투자안 채택 • 장 점 – 화폐의 시간가치 고려 – 자의적 판단이 개입되지 않음 • 단 점 – 내부수익률의 계산이 복잡 – 특수한 경우 내부수익률이 복수로 존재 – 투자규모를 고려하지 않음

회수기간법	• 투자액을 영업활동으로부터 회수하는데 걸리는 기간을 계산 • 투자안의 채택 – 독립적 투자안 : ‘투자안의 회수기간 < 목표회수기간’인 경우 채택 – 상호배타적 투자안 : 가장 회수기간이 짧은 투자안 채택 • 장 점 – 간단하고 이해하기 쉬움 – 유동성과 관련된 의사결정에 유용 • 단 점 – 회수기간 이후의 현금흐름 무시 – 화폐의 시간가치 무시 – 목표회수기간 선정에 주관이 개입
회계적이익률법	• 회계이익을 통하여 투자안의 채택여부 결정 • 연평균 세후기대투자수익 ÷ 최초투자액(또는 평균투자액) – 평균투자액 = (기초투자액 + 잔존가치) / 2 • 투자안의 채택 – 독립적 투자안 : 회계적이익률이 목표이익률보다 크면 채택 – 상호배타적 투자안 : 회계적이익률이 가장 높은 투자안 선택 • 장 점 – 계산이 간단하고 이해하기 쉬움 – 자료확보가 용이 • 단 점 – 현금흐름이 아닌 회계적이익에 기초 – 화폐의 시간가치 무시 – 목표이익률 선정에 주관이 개입
수익성지수법	• 최저필수수익률을 초과하는 투자안 중 우선순위 결정 방법 • 수익성지수 = 현금유입 ÷ 현금유출 • 투자안의 채택 – 독립적 투자안 : ‘수익성지수 > 1’인 경우 채택 – 상호배타적 투자안 : 수익성지수가 가장 큰 투자안 선택 • 장 점 – 순현재가치법에서는 고려되지 않았던 수익성이 고려됨 • 단 점 – 투자규모를 고려하지 않음

07 성과평가

❶ 책임회계제도와 성과평가

(1) 책임회계제도

① 책임회계제도의 의의

책임중심점별로 계획과 실적을 추정, 통제하고 책임중심점에 대한 성과 평가와 조직의 영업성과 향상을 목적으로 하는 회계

② 책임중심점의 종류

종 류	내 용
원가중심점	• 통제가능한 원가에 대해서만 책임 • 주로 제조부문이 대상
수익중심점	• 매출액에 대해서만 책임 • 주로 영업 및 판매부문이 대상
이익중심점	• 원가와 수익 모두에 대해서 책임 • 주로 조직 전체나 각 부서가 그 대상
투자중심점	• 원가, 수익 및 투자의사결정에 대해서 책임 • 주로 기업의 제품이나 사업부가 그 대상

③ 책임회계제도의 전제조건

책임회계제도의 전제조건
• 원가 발생에 대한 책임소재가 명확 • 권한을 위임받은 항목에 대해 책임중심점은 통제권을 행사할 수 있어야 함 • 예산 자료가 존재해야 함

④ 책임회계제도의 장점

책임회계제도의 장점
• 관리자의 신속한 의사결정 및 대응이 가능해짐 • 책임중심점에 권한과 책임이 위임됨에 따라 책임중심점의 동기부여 가능 • 관리기법을 적용하여 성과평가가 가능해짐 • 책임의 소재가 명확해지므로 관리자가 원가와 수익의 관리를 효율적으로 수행 • 성과차이분석을 통해 예외에 의한 관리가 가능

⑤ 고정예산과 변동예산

고정예산	특정 조업도를 기준으로 사전에 수립되는 예산
변동예산	일정 범위의 조업도 변동에 따라 조정되어 작성되는 예산

❷ 분권화와 성과평가

(1) 분권화

① 분권화의 의의

의사결정권한이 조직 전반에 걸쳐 위임되어 있는 상태

② 분권화의 장점과 단점

분권화의 장점	분권화의 단점
• 고객, 공급업체 등의 요구에 신속한 대응 및 의사결정 가능 • 의사결정권한이 위임됨에 따라 동기부여 • 종업원에 대한 경영자로서의 능력 배양 • 최고경영자는 조직전체와 관련한 의사결정 및 전략 계획 수립에 집중할 수 있음	• 준최적화 현상 발생(기업 전체의 목표와 각 사업부의 목표의 불일치 현상) • 사업부마다 동일한 활동을 하여 낭비가 발생할 수 있음 • 사업부의 분리로 사업부 간 의사소통의 부재 문제가 발생할 수 있음

(2) 성과평가

① 성과평가 시 고려해야할 사항

사 항	내 용
목표일치성	책임중심점의 성과 극대화를 위한 활동이 기업 전체의 목표와 일치해야 함
적시성	성과평가가 필요할 때에 제공되어야 함

② 사업부별 성과평가

구 분	내 용
사업부 경영자의 공헌이익	• 사업부 경영자의 공헌이익 = 공헌이익 − 통제가능고정원가 • 스스로 통제가능한 원가에 대해 책임지므로 성과평가에 적합
공통고정원가	• 모든 사업부에서 사용되는 고정원가로 사업부별로 추적이 어려움 • 총액으로 관리

(3) 투자중심점의 성과평가

① 투자수익률(Return On Investment)

투자수익률의 계산	투자수익률 = 영업이익 ÷ 투자중심점의 영업자산 = (영업이익/매출액) ÷ (매출액/투자중심점의 영업자산) = 매출액이익률 × 자산회전율
투자수익률의 장점	• 이익뿐만 아니라 투자액도 고려하여 성과평가 • 동일산업 내 다른 기업과 성과평가 비교 가능
투자수익률의 단점	• 준최적화 현상 발생할 수 있음(책임중심점의 기존 ROI보다 낮은 투자안을 기업 전체의 목표수익률보다 높더라도 책임중심점의 성과를 위해 기각할 수 있음) • 회계이익을 기준으로 평가하므로 회계기준 적용에 영향을 받을 수 있음 • 화폐의 시간가치를 고려하지 못함 • 단기적인 성과만 강조함

② 잔여이익(Residual Income)

잔여이익의 의의	투자중심점의 영업자산으로부터 확보해야할 최소필수수익을 초과하는 영업이익
잔여이익의 계산	잔여이익 = 투자중심점의 영업이익 − 투자중심점의 영업자산에 대한 부가이자 = 투자중심점의 영업이익 − (투자중심점의 영업자산 × 최저필수수익률)
잔여이익의 장점	• 기업 전체의 목표와 책임중심점의 목표가 일치(투자중심점과 회사전체의 잔여이익이 동시에 극대화, 준최적화 현상이 발생하지 않음) • 잔여이익 극대화를 위한 동기부여가 강조됨
잔여이익의 단점	투자규모가 다른 사업부의 성과를 서로 비교하면 성과가 왜곡

③ 균형성과표

균형성과표의 의의	재무적 · 비재무적, 과거부터 미래의 성과까지 동시에 고려하여 전략과 성과를 균형적으로 관리하는 기법
균형성과표의 4가지 관점	• 재무적 관점 − 더 높은 이익률을 달성하기 위한 장기적 목표 − 모든 지표들은 궁극적으로 재무성과의 향상과 연계되어야 함 − 주주가치극대화와 직결 − 지표 : 총자산수익률(ROA), EPS 등 수익지표 • 고객관점 − 기업들은 고객가치 극대화의 관점에서 고객 척도를 개선하기 위해 노력 − 지표 : 시장점유율, 고객유지율, 고객만족도 등 • 내부프로세스관점 − 고객가치를 창출하는 프로세스의 경쟁우위확보를 위해 노력 − 지표 : 불량률, 반품율, 납기준수율 등 • 학습과 성장관점 − 프로세스 최적화를 위한 직원과 조직의 역량을 강화하기 위해 노력 − 지표 : 이직률, 직원만족도, 인당 교육시간 등
균형성과표의 장점	• 재무적 · 비재무적 요소를 동시에 성과평가 가능 • 장기 · 단기적 성과를 동시에 고려 • 기업의 내부와 외부 측정지표 간의 균형 가능 • 과거거래에 대한 지표와 미래의 성과동인 간의 균형이 가능
균형성과표의 단점	• 비재무적 측정치를 정확하게 측정하기가 어려움 • 정형화된 측정 수단을 제공하지 못함

(4) 경제적부가가치(EVA) 분석

경제적부가가치의 의의	• 사업부 수익성과 부채상환능력을 고려하여 가치창출 여부를 판단할 수 있는 종합지표 • 투하자본에서 부채의 금융비용뿐만 아니라 자기자본의 자기자본비용을 동시에 고려 • 당기순이익이 아닌 기업 본연의 활동에서 발생하는 영업이익 사용 • 주주가치 극대화라는 기업 전체의 목표와 일치
경제적부가가치의 계산	• 경제적부가가치 = 세후영업이익 − 자본비용 = 세후영업이익 − 투하자본 × 가중평균자본비용
투하자본의 계산	• 투하자본 = 순운전자본 + 순고정자산 • 순운전자본 = 유동자산 − 비영업 관련 유동자산 − 영업 관련 유동부채(단기차입금 등) • 순고정자산 = 영업 관련 투자자산 + 영업 관련 유형자산 + 영업 관련 무형자산
가중평균자본비용	가중평균자본비용 = 타인자본비용 × (타인자본/총자본) + 자기자본비용 × (자기자본/총자본)

PART 4

재경관리사
3주 완성

Final Check
시험 직전 OX 마무리

제1과목 재무회계

제2과목 세무회계

제3과목 원가관리회계

우리 인생의 가장 큰 영광은

절대 넘어지지 않는 데 있는 것이 아니라

넘어질 때마다 일어서는 데 있다.

– 넬슨 만델라 –

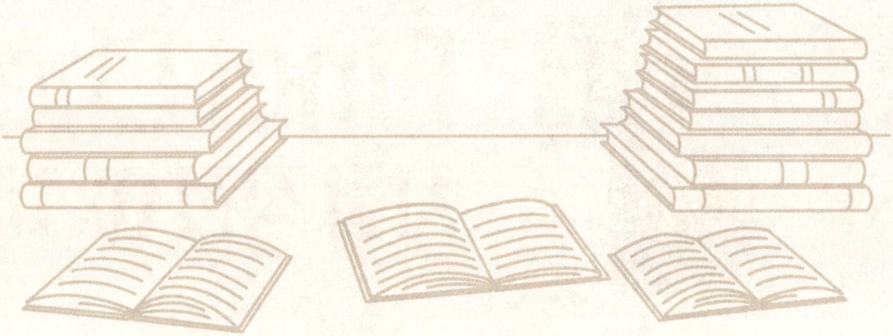

Final Check 시험 직전 OX 마무리

제1과목 재무회계

01 재무회계와 관리회계는 모두 일정한 보고양식이 존재한다. ○ | ×

해설

재무회계는 기업 외부의 정보이용자를 위한 회계로 다수의 이해관계자에게 보고하기 위해 통일된 단일의 보고양식이 필요하며 재무제표라는 보고양식을 통해 정보이용자에게 보고한다. 하지만, 관리회계의 경우 기업 내부의 정보이용자를 위한 회계로 각각 기업의 필요에 맞게 보고양식을 만들면 되며 일정한 보고양식은 존재하지 않는다.

02 일반목적 재무보고는 발생주의 회계가 반영되어 기업의 거래 및 사건이 발생할 때 해당 영향을 보여주며, 발생주의를 바탕으로 한 정보는 기업의 과거 및 미래성과를 예측하는데 근거를 제공한다. ○ | ×

해설

일반목적 재무보고의 기본 전제는 발생주의로 거래 및 사건이 발생할 때 해당 영향을 재무제표에 표시하며, 재무제표를 발생주의로 표시할 경우 현금주의로 기록하는 것과 달리 현금수취와 지급의 정보뿐만 아니라 기업의 과거 및 미래성과를 예측하는데 더 나은 근거를 제공할 수 있다.

03 한국채택국제회계기준은 연결재무제표를 주 재무제표로 표시하고 있으며 신뢰성을 강화하기 위해 역사적 원가로 자산과 부채를 측정하는 것을 원칙으로 하고 있다. ○ | ×

해설

한국채택국제회계기준은 연결재무제표를 주 재무제표로 표시*하고 있으며 목적적합성을 강화하기 위해 공정가치로 자산과 부채를 측정하는 것을 원칙으로 하고 있다.

*개별 기업의 별도재무제표 및 기업 집단 전체의 연결재무제표를 동시에 표시하되 주 재무제표는 연결재무제표로 한다.

04 개념체계는 회계기준이며 K-IFRS와 상충할 경우 항상 K-IFRS가 우선한다. ○ | ×

해설

개념체계가 회계기준은 아니다. 따라서 개념체계와 K-IFRS가 상충할 경우 항상 회계기준인 K-IFRS가 우선한다.

정답 01 × 02 ○ 03 × 04 ×

05 계속기업의 가정은 재무제표의 기본가정이며 역사적 원가와 수익과 비용의 기간배분 회계의 근거를 제공하는 가정이다. O | X

해설

재무제표의 기본가정은 계속기업의 가정이며 해당 가정을 전제로 하기 때문에 역사적 원가로 자산과 부채를 기록하며 수익과 비용을 기간에 맞게 배분한다.
만약 계속기업의 가정이 지켜지지 않는 청산상의 상황이나 사업의 축소 등이 발생하는 경우 정보이용자에게 필요한 가치는 청산 및 사업 축소 시의 현금흐름이 중요하므로 청산가치로 재무제표를 작성한다.

06 재무제표의 질적특성의 종류에는 근본적 질적특성과 보강적 질적특성이 있으며 보강적 질적특성이 극대화된다고 하더라도 근본적 질적특성이 훼손되면 개별적으로든 집단적으로든 그 정보는 유용하지 않다. O | X

해설

재무제표의 질적특성에는 근본적 질적특성과 보강적 질적특성이 있으며, 보강적 질적특성은 가능한 극대화되어야 하겠지만 그 정보가 목적적합성을 잃어버리거나 충실하게 표현된 것이 아니라면(근본적 질적특성이 훼손된다면) 개별적으로든 집단적으로든 그 정보는 유용하지 않다.

07 충실한 표현은 완전한 서술이거나 중립적 서술이며 오류가 없는 경우 충실한 표현이 되었다고 한다. O | X

해설

충실한 표현은 서술이 완전하고 중립적이며 오류가 없는 경우 충실한 표현이 되었다고 하며 이 3가지 중 한 가지라도 훼손된 경우 충실한 표현으로 볼 수 없다.

08 재무제표와 주석에 사용하는 중요성의 기준은 동일하며 재무제표에는 중요하지 않아 구분하여 표시하지 않는 경우 주석에도 구분 표시할 수 없다. O | X

해설

재무제표와 주석에 사용하는 중요성의 기준은 다를 수 있으며, 재무제표에는 중요성 기준으로 중요하지 않아 구분하여 표시하지 않은 항목도 주석에서는 구분 표시할 만큼 중요할 수 있다.

정답 05 ○ 06 ○ 07 × 08 ×

09 K-IFRS에서는 재무제표의 작성원칙은 형식이나 계정과목 순서에 대해서는 강제규정을 두고 있지 않지만 일반적으로 유동 항목과 비유동 항목으로 분류하여 표기한다. 단, 유동성 순서에 따른 표시방법이 신뢰성 있고 더욱 목적적합한 정보를 제공하는 경우에만 모든 자산과 부채를 유동성의 순서에 따라 표시한다. ○ ×

해설

K-IFRS는 원칙 중심의 회계이므로 형식이나 계정과목 순서에 대해서 강제규정을 두지 않고 있다. 자산과 부채의 구분에는 유동성・비유동성 구분법과 유동성 순서에 따른 표시방법 모두를 인정하고 있지만 유동성 순서에 따른 표시방법이 더 신뢰성 있고 목적적합한 정보를 제공하는 경우, 모든 자산과 부채를 유동성의 순서에 따라 표시하도록 하고 있다.

10 보고일 현재 기준으로 12개월 이내에 결제일이 도래하는 부채의 경우 유동부채로 분류하며 보고기간 후 지급기일을 장기로 조정하는 약정을 맺은 경우 비유동부채로 분류한다. ○ ×

해설

보고기간 후 해당 유동부채의 결제일을 12개월이 초과하는 장기로 조정하는 약정을 맺더라도 해당 부채를 장기로 조정하는 재량권이 없는 경우 보고일 현재 기준으로는 해당 부채를 장기로 조정할 것으로 기대할 수 없기 때문에 유동부채로 분류한다.

11 자본변동표는 납입자본, 자본잉여금, 이익잉여금, 기타포괄손익 등의 자본 항목별로 포괄손익, 자본거래 등에 따른 변동액을 표시한다. ○ ×

해설

자본변동표는 일정기간 동안 발생한 자본의 변동에 대한 정보를 제공하는 재무제표로, 납입자본(자본금, 주식발행초과금 등) 및 자본잉여금, 이익잉여금, 기타포괄손익 등의 자본 항목별로 포괄손익, 자본거래 등에 따른 변동액을 표시한다. 자본변동표는 일정기간 동안 발생한 기업실체와 소유주 간의 자본거래 내용을 이해하고 소유주 귀속이익 및 배당가능이익을 파악하는데 유용하다.

12 보고기간 후 사건은 보고기간 말과 재무제표 승인일 사이에 발생한 사건을 의미하며 회사가 보고기간 후부터 재무제표 발행 승인일 전에 배당을 선언한 경우 배당금을 보고 기간 말의 부채로 인식해야 한다. ○ ×

해설

보고기간 후 사건은 보고기간 말과 재무제표 승인일 사이에 발생한 사건을 의미하며 보고기간 후에 배당을 선언한 경우 해당 배당은 보고기간 말에 존재했다고 할 수 없으므로 부채로 인식할 수 없다.

정답 09 ○ 10 × 11 ○ 12 ×

13 실지재고조사법으로 당기 판매된 재고자산의 수량을 파악하는 경우 판매가능상품에서 실사로 구한 기말재고수량을 차감하여 당기판매수량을 구한다. ○ ×

해설

기말재고자산을 구하는 방법은 실지재고조사법과 계속기록법이 있으며 실지재고조사법의 경우 기중에는 제품의 입고기록만 하고 출고기록은 하지 않는다. 그리고 기말시점을 기준으로 기말재고자산수량을 실사로 파악하여 판매가능상품수량[기초상품재고수량(전기 기말재고 실사로 파악) + 입고 기록상 기록된 당기매입수량]에서 실사로 구한 기말상품재고수량을 차감하여 당기판매수량을 구한다.

14 재고자산의 원가흐름은 개별법, 선입선출법, 후입선출법, 가중평균법 중 재고자산의 원가흐름에 부합하는 방식을 선택하여 적용한다. ○ ×

해설

재고자산의 원가흐름은 먼저 개별법을 적용할 수 있는지 파악한다. 개별법은 실제원가흐름을 보여주지만 재고자산의 종류가 많고 거래가 빈번한 경우 관리비용이 많이 발생하여 비효율이 발생할 수 있다. 개별법을 적용하는 것이 비효율적인 경우 선입선출법과 가중평균법 중 하나를 선택하여 재고자산의 원가흐름을 가정하며 후입선출법은 원가흐름의 가정 방법으로 적용할 수 없다.

15 재고자산의 저가법은 취득원가와 순실현가능가치를 비교하며 상품, 제품, 재공품, 원재료 등의 재고자산의 순실현가능가치는 모두 예상판매금액에서 판매부대비용 및 추가 예상원가를 차감하여 계산한다. ○ ×

해설

재고자산의 저가법은 취득원가와 순실현가능가치를 비교하여 둘 중 적은 금액을 재고자산의 취득원가로 인식하는 방식이다. 순실현가능가치는 원칙적으로 예상판매가격에서 추가될 것으로 예상되는 원가(추가 예상원가) 및 판매부대비용을 차감하여 계산하지만 원재료 및 기타소모품의 경우 현행대체원가를 순실현가능가치에 대한 최선의 이용가능한 측정치로 사용할 수 있다.

※ 참고 : 확정판매계약의 경우 계약가격으로 순실현가능가치를 적용한다.

16 유형자산의 원가는 유형자산을 사용가능한 상태에 이르게 할 때까지 발생한 모든 지출을 포함하며 관세 및 설치장소준비원가, 새로운 지역이나 고객층을 대상으로 영업을 하는데 소요되는 원가 등으로 구성된다. ○ ×

해설

유형자산의 원가는 유형자산을 사용가능한 상태에 이르게 할 때까지 발생한 모든 지출을 포함한다. 관세 및 환급불가능한 취득 관련 세금(매입할인과 리베이트 등은 차감), 설치장소준비원가 등은 유형자산의 원가를 구성하지만 새로운 지역이나 고객층을 대상으로 영업을 하는데 소요되는 원가는 유형자산의 원가에 포함되지 않는다.

정답 13 ○ 14 × 15 × 16 ×

17 토지와 건물을 일괄구매하고 그 중 토지부분만 계속 사용할 목적이라면 구입대가 모두를 토지의 취득원가로 인식한다. O X

해설

토지와 건물을 일괄구매할 경우 원칙은 취득원가를 개별자산의 공정가치비율로 안분하는 것이 타당하지만 토지부분만 계속 사용할 목적이라면 구입대가 모두를 토지의 취득원가로 인식한다. 그리고 건물의 철거에 따른 건물철거비용은 토지의 취득원가에 가산하며 폐자재 등의 순매각금액은 토지의 취득원가에서 차감한다.

18 유형자산의 감가상각비를 계산하는 방법으로는 정액법, 정률법, 생산량비례법, 연수합계법 등이 있으며 감가상각대상금액은 모두 유형자산의 취득원가에서 잔존가치를 차감하는 방법으로 계산하여 어떤 방법을 사용하든 감가상각대상금액은 동일하다. O X

해설

유형자산의 감가상각은 유형자산의 미래 경제적 효익의 예상 소비형태를 가장 잘 반영하는 방법을 감가상각방법으로 선택한다. 감가상각방법 중 정액법, 생산량비례법, 연수합계법은 취득원가에서 잔존가치를 차감하여 감가상각대상금액을 계산하지만 정률법은 미상각잔액(취득원가 − 감가상각누계액)을 감가상각대상금액으로 인식한다.

19 유형자산은 원가모형과 재평가모형 중 하나의 방법을 선택하여 후속측정을 하며 재평가모형을 선택한 유형자산을 제거할 경우 해당 유형자산의 잔존 재평가잉여금은 이익잉여금으로 대체할 수 있다. O X

해설

유형자산의 후속측정은 원가모형과 재평가모형 중 하나를 선택하여 분류별로 동일하게 적용한다. 재평가모형을 유형자산 후속측정 방법으로 적용한 경우 해당 유형자산을 제거할 때 잔존 재평가잉여금은 이익잉여금으로 대체할 수 있다. 즉, 재평가잉여금은 기타포괄손익이 당기손익으로 재분류되는 재분류조정 대상이 아니다.

20 유형자산은 손상징후가 있는 경우 손상검사를 수행하며 유형자산의 회수가능액을 기준으로 손상여부를 측정한다. 회수가능액은 순공정가치와 사용가치 중 작은 금액을 기준으로 계산한다. O X

해설

유형자산의 손상은 매 보고기간 말마다 자산손상을 시사하는 징후가 있는 경우 손상검사를 수행하여 인식한다. 손상여부 판단 시 회수가능액 기준으로 손상여부를 판단하며 회수가능액은 순공정가치(매각할 때의 공정가치)와 사용가치(사용할 때의 가치) 중 큰 금액을 기준으로 계산한다.

정답 17 O 18 × 19 O 20 ×

21 차입원가 자본화 도중 적격자산에 대한 적극적인 개발활동을 중단한 기간에는 상당한 기술 및 관리활동이 진행된다고 해도 차입원가 자본화를 중단해야 한다. | O | X |

해설

차입원가 자본화 도중 적격자산에 대한 적극적인 개발활동을 중단한 경우에는 차입원가 자본화를 중단한다. 하지만 중단기간 도중에도 상당한 기술 및 관리 활동이 진행된다면 차입원가 자본화를 중단하지 않는다.

22 차입원가 자본화를 수행할 때 적격자산의 연평균지출액을 월별로 계산하는 경우에는 해당 적격자산에 대한 지출액에 지출일로부터 자본화종료시점까지의 기간에 12를 나누어 구한다. | O | X |

해설

차입원가 자본화의 연평균지출액을 월별로 계산하는 경우 계산 방법은 다음과 같다.

연평균지출액 = 지출액 × 지출일로부터 자본화종료시점까지의 기간 ÷ 12

23 무형자산은 물리적 실체가 없으며 식별가능성이 있어야 한다. 여기서 식별가능성은 개별적으로 계약 및 매각이 가능한 분리가 가능할 때 식별가능하다고 하거나 계약상 권리 또는 기타 법적 권리로부터 발생한다. | O | X |

해설

무형자산의 인식 요건은 다음과 같다.

① 물리적 실체가 없음
② 식별가능성이 있음
　㉠ 분리가능함 : 기업에서 분리가 가능하며 개별적으로 계약, 매각이 가능
　㉡ 계약상 권리 또는 기타 법적 권리로부터 발생
③ 통제가능성이 있음
④ 해당 자산으로부터 미래 경제적 효익이 유입될 확률이 높음

24 내부적으로 창출한 영업권, 브랜드, 고객목록 등은 무형자산으로 인식할 수 없다. | O | X |

해설

사업결합으로 취득한 브랜드, 고객목록 등의 무형자산은 자산으로 인식할 수 있지만 내부적으로 창출한 영업권, 브랜드, 고객목록 등은 무형자산으로 인식할 수 없다.

정답 21 × 22 ○ 23 ○ 24 ○

25 투자부동산은 임대수익이나 시세차익 또는 두 가지 모두를 동시에 얻기 위해서 보유하는 부동산으로 장래 사용목적을 아직 결정하지 못한 채로 보유하고 있는 토지도 투자부동산으로 분류한다. ○ | ×

해설

투자부동산은 임대수익이나 시세차익 또는 두 가지 모두를 얻기 위해서 보유(금융리스로 보유하는 경우도 포함)하는 부동산을 의미한다. 장래 사용목적을 결정하지 못한 채로 보유하고 있는 토지 및 투자부동산으로 사용하기 위해 건설 또는 개발 중인 부동산 모두 투자부동산에 포함된다.

26 유형자산을 공정가치모형을 적용하는 투자부동산으로 분류를 변경할 경우 변경시점의 공정가치가 기존의 유형자산의 장부가보다 큰 경우 해당 차액은 당기손익에 반영한다. ○ | ×

해설

유형자산을 공정가치모형을 적용하는 투자부동산으로 분류를 변경할 경우, 변경시점의 공정가치와 기존 유형자산 장부가액과의 차액은 유형자산재평가와 동일하게 처리한다. 즉, 변경시점의 공정가치가 기존의 유형자산의 장부가보다 큰 경우 해당 차액은 기타포괄손익으로 인식한다.

27 기업이 확정금액의 현금 등 금융자산을 대가로 확정수량의 자기지분상품을 수취하거나 인도하여 결제하는 계약은 지분상품이다. ○ | ×

해설

확정수량의 자기지분상품을 확정금액의 수취대가로 교환하여 결제하는 경우 지분상품으로 분류하며, 수취대가가 확정금액이 아니거나 자기지분상품이 확정수량이 아닌 경우에는 금융부채로 분류한다.

28 금융자산의 분류는 당기손익-공정가치 측정 금융자산, 기타포괄손익-공정가치 측정 금융자산, 상각후원가 측정 금융자산으로 분류할 수 있으며 이 중 상각후원가 측정 금융자산은 해당 금융자산의 현금흐름이 원리금으로만 구성되고 계약상 현금흐름의 수취만 목적으로 하는 경우 분류할 수 있다. ○ | ×

해설

금융자산의 분류는 당기손익-공정가치 측정 금융자산, 기타포괄손익-공정가치 측정 금융자산, 상각후원가측정 금융자산으로 분류한다. 금융자산의 분류는 현금흐름 특성과 사업모형을 기준으로 분류하며 금융자산의 현금흐름이 원리금으로만 구성되어 있고, 계약상 현금흐름만 수취할 목적인 경우 상각후원가 측정 금융자산으로 분류한다. 또한 일반적으로 금융자산의 현금흐름이 원리금으로만 구성되어 있고, 계약상 현금흐름의 수취 및 매도할 목적인 경우 기타포괄손익-공정가치 측정 금융자산으로 분류하며 이외의 경우 일반적으로 당기손익-공정가치 측정 금융자산으로 분류한다.

정답 25 ○ 26 × 27 ○ 28 ○

29 기타포괄손익-공정가치 측정 금융자산은 공정가치 평가를 하여 장부가와 공정가치의 차액은 기타포괄손익으로 인식하며 지분증권으로 구성된 금융자산 및 채무증권으로 구성된 금융자산 모두 해당 기타포괄손익-공정가치 측정 금융자산을 처분할 경우 해당 기타포괄손익을 당기손익으로 재분류한다. ○ ×

해설 기타포괄손익-공정가치 측정 금융자산은 해당 금융자산의 공정가치 평가를 하여 공정가치와 장부가의 차액을 기타포괄손익으로 인식한다. 발생한 기타포괄손익은 해당 기타포괄손익-공정가치 측정 금융자산이 채무증권으로 구성된 경우 재분류조정을 수행하여 당기손익에 반영하지만 지분증권으로 구성된 경우 재분류조정을 하지 않아 당기손익에 반영할 수 없다.

30 금융자산의 손상은 기대신용손실을 추정하여 인식하며 신용 위험이 유의적으로 증가하지 않은 경우 보고기간 말 금융자산의 전체 기간에 대한 기대신용손실에 해당하는 금액으로 손실충당금을 측정한다. ○ ×

해설 금융자산의 손상은 기대신용손실을 추정하여 손실충당금을 인식하며 금융상품의 신용위험이 유의적으로 증가하지 않은 경우에는 보고기간 말 12개월 이내의 기대신용손실금액에 해당하는 금액으로 손실충당금을 측정한다. 금융상품의 신용위험이 유의적으로 증가한 경우에 금융자산의 전체 기간에 대한 기대신용손실을 추정한다.

31 사채 발행시점에 시장이자율이 사채의 표시이자율(액면이자율)보다 큰 경우 해당 발행을 할인발행이라 한다. ○ ×

해설 사채 발행시점에 시장이자율과 사채의 표시이자율을 비교하여 시장이자율이 더 큰 경우 할인발행(발행금액을 할인하여 사채를 발행), 시장이자율과 표시이자율이 동일한 경우 액면발행(액면가액으로 사채를 발행), 표시이자율이 더 큰 경우 할증발행(발행금액을 액면가액보다 할증하여 사채를 발행)한다.

32 복합금융상품은 자본요소와 부채요소를 동시에 지니고 있는 금융상품으로 발행시점의 금융부채와 지분상품 부분의 공정가치를 측정하여 공정가치 비율에 따라 금융상품을 분리한다. ○ ×

해설 복합금융상품은 자본요소와 부채요소를 동시에 지니고 있는 금융상품으로 발행시점에 금융부채 부분과 지분상품 부분을 분리한다. 금융부채 부분은 일반사채처럼 유효이자율법으로 최초의 장부가를 인식하고 지분상품 부분은 금융상품의 발행가액에서 부채 부분을 차감하여 인식한다.

정답 29 × 30 × 31 ○ 32 ×

33 전환사채를 조기상환할 때 지급한 대가는 조기상환 시점의 부채요소와 자본요소에 배분하며 대가를 배분한 결과 부채요소에서 발생하는 손익은 당기손익으로 인식한다. | O | X |

해설

전환사채의 조기상환 및 재매입의 경우 지급한 대가 및 거래원가는 거래의 발생시점에 부채요소와 자본요소에 배분하며, 배분에 따라 발생하는 손익은 부채요소에서 발생하는 손익은 당기손익에 반영하고 자본요소에서 발생하는 손익은 자본으로 인식한다.

34 충당부채는 해당 부채로 인해 자원의 유출가능성이 아주 낮은 경우에만 충당부채로 인식한다. | O | X |

해설

충당부채는 현재 의무가 존재하며 해당 의무로 인한 지출의 시기나 금액이 불확실하지만 지출의 시기 및 금액을 신뢰성 있게 추정이 가능하며 해당 현재 의무로 인해 자원의 유출가능성이 높은 경우에 충당부채로 인식한다. 따라서 자원의 유출가능성이 아주 낮은 경우에만 충당부채로 인식하는 것이 아니라 자원의 유출가능성이 높고 이외의 충당부채의 요건을 충족하는 경우 충당부채로 인식한다.

35 충당부채를 추정할 때 원칙은 해당 충당부채의 의무의 이행에 소요되는 지출에 대한 보고기간 종료일 현재의 최선의 추정치를 사용하는 것이며 다수 항목과 관련되는 경우 모든 가능한 결과와 확률을 가중평균한다. | O | X |

해설

충당부채 추정 원칙은 해당 충당부채의 의무의 이행에 소요되는 지출에 대한 보고기간 종료일 현재의 최선의 추정치를 사용하는 것이며 다수 항목과 관련되는 경우 모든 가능한 결과와 확률을 가중평균하여 추정한다.

36 주식배당이 발생한 경우 자본의 총액이 증가한다. | O | X |

해설

주식배당의 경우 회사가 인식하고 있던 미처분이익잉여금으로 주식을 발행하여 기존의 주주들에게 주식을 배당하는 것으로 이익잉여금의 자본금 전입의 성격을 지닌다. 따라서 주식배당이 발생할 경우 미처분이익잉여금에서 자본금으로 자본의 분류만 변경될 뿐 자본의 총액에는 변함이 없다.

37 이익잉여금처분계산서는 재무제표가 아니며 상법에서 작성을 요구하는 경우 주석에 공시할 수 있다. | O | X |

해설

한국채택국제회계기준상의 재무제표는 재무상태표, 포괄손익계산서, 자본변동표, 현금흐름표, 주석이며 이익잉여금처분계산서는 재무제표에 포함되지 않는다.

정답 33 O 34 X 35 O 36 X 37 O

38 고객과의 계약이 식별되지 않은 상태로 대가를 수령한 경우 수령한 대가는 부채로 인식하고 고객에게 재화나 용역을 이전해야 하는 용역을 이전할 의무가 존재하지 않거나 계약이 종료되고 더 이상 해당 대가가 환불되지 않을 때 수익으로 인식한다. | O | X |

해설

수익을 인식하기 위해서는 우선 고객과의 계약을 식별할 수 있어야 한다. 고객과의 계약에 대한 식별 가능성을 충족하지 못한 상태에서 대가를 수령한 경우 해당 대가는 부채로 인식하고 고객에게 재화나 용역을 이전해야 하는 의무가 더 이상 존재하지 않고 대가의 대부분을 받았으며 환불되지 않거나 계약이 종료되었고 대가가 환불되지 않을 때 해당 부채를 수익으로 인식한다.

39 K-IFRS에서 수익은 5단계 모형을 통해 인식하며 5단계 수익인식 요건을 모두 고려하여 수익을 인식해야 한다. | O | X |

해설

K-IFRS에서 수익은 5단계 모형을 통해 인식한다. 해당 5단계는 다음과 같다.

1단계 : 고객과의 계약 식별
2단계 : 별도의 수행의무 식별
3단계 : 거래가격의 산정
4단계 : 각 수행의무에 거래가격 배분
5단계 : 각 수행의무 충족 시 수익인식

40 설치 및 검사조건부 판매에서는 설치용역에 따른 대가를 재화의 판매에 따른 수익에 가산하여 인식한다. | O | X |

해설

설치 및 검사조건부 판매에서 원칙은 설치용역이 재화와 구분되어 별도의 수행의무로 식별가능한 경우 구분하여 회계처리한다. 다만 용역제공에 따른 별도 수행의무가 식별되지 않는 경우 설치와 재화의 판매를 하나의 수행의무로 보아 재화의 통제가 이전되는 시점에 수익을 인식한다.

41 건설계약에 따른 누적발생계약원가에 누적발생손익을 가감한 금액과 건설계약에 따른 계약대금의 누적청구액을 비교하여 누적청구액이 작은 경우 자산으로 인식한다. | O | X |

해설

해당 설명은 건설계약에 따른 미성공사(누적발생계약원가 ± 건설계약으로 인식한 누적 손익)와 진행청구액(계약대금의 누적청구액)을 비교하는 것으로 미성공사가 더 큰 경우 추가적으로 청구할 계약대금이 남아 있는 것으로 볼 수 있으므로 자산으로 인식한다(미청구공사). 반대로 미성공사가 진행청구액보다 작은 경우 계약 조건에 따라 청구해야 할 계약 대금보다 추가로 더 청구한 것이므로 부채로 인식한다(초과청구공사).

정답 38 ○ 39 ○ 40 × 41 ○

42 건설계약에서 총계약원가가 총계약수익보다 더 크게 예상되는 경우에도 당기에 발생한 손실만 손실로 인식한다. O | X

해설

건설계약에서 총계약원가가 총계약수익보다 더 크게 예상되어 전체 건설계약이 손실이 예상되는 경우에는 예상되는 손실액 총액(총계약원가 – 총계약수익)을 즉시 비용으로 인식한다.

43 퇴직급여의 종류에는 확정급여제도와 확정기여제도가 있으며 확정기여제도의 경우 불입액은 변동가능하지만 종업원의 퇴직 시 지급되는 퇴직금 지급액은 확정된다. O | X

해설

퇴직급여의 종류에는 확정급여제도와 확정기여제도가 있다. 두 가지의 공통점은 근속기간 중 금융기관에 불입하고 퇴직 시 종업원에게 금융기관이 퇴직금을 지급한다는 것이다. 확정급여제도는 금융기관에 불입하는 불입액이 변동가능하지만 종업원에게 퇴직 시 지급하는 퇴직금 지급액은 확정되어 있고 확정기여제도에서는 금융기관에 불입하는 불입액은 확정되었지만 종업원의 퇴직 시 지급되는 퇴직금은 변동 가능하다.

44 확정급여제도에서 확정급여채무는 보험수리적 가정을 이용하여 보험수리적 효과를 반영하여 재측정하고 기존의 확정급여채무와 재측정된 채무의 차이는 기타포괄손익으로 반영한다. O | X

해설

확정급여제도에서 확정급여채무는 보험수리적 가정을 통해 채무를 재측정하고 기존 채무의 장부가와 재측정된 채무의 차이는 기타포괄손익으로 반영한다. 또한 사외적립자산의 경우 실제 투자수익을 반영하여 재측정하고 자산의 공정가치와 기존의 장부가액의 차이는 기타포괄손익으로 반영한다.

45 주식기준보상거래는 주식결제형 및 현금결제형이 있으며, 주식결제형 및 현금결제형 모두 매기 인식해야 하는 보상원가를 계산할 때 부여일의 공정가치를 사용한다. O | X

해설

주식기준보상거래는 주식결제형 및 현금결제형이 있으며 매기 인식해야 하는 보상원가를 계산할 때 계산식은 다음과 같다.

주식결제형	부여일의 공정가치(불변) × 가득될 지분상품의 수량예측치(변동) – 전기까지 인식한 보상원가
현금결제형	보고기간 말 공정가치(변동) × 가득될 지분상품의 수량예측치(변동) – 전기까지 인식한 보상원가

따라서 주식결제형의 경우 부여일의 공정가치를 사용하지만 현금결제형의 경우 보고기간 말의 공정가치를 사용한다.

정답 42 × 43 × 44 O 45 ×

46 이연법인세자산은 차감할 일시적 차이로 인해 발생하며, 차감할 일시적 차이가 사용될 수 있는 과세소득의 발생가능성이 높은 경우에만 이연법인세자산으로 인식될 수 있다. ○ | ×

해설

이연법인세자산은 차감할 일시적 차이로 인해 발생하며, 해당 '차감할(미래에서 차감할)' 일시적 차이로 인해 미래 법인세 부담을 감소시킨다. 하지만 자산의 요건에는 미래 경제적 효익 요건이 있으므로 해당 차감할 일시적 차이를 적용할 수 있는 과세소득의 발생가능성이 높은 경우에만 이연법인세자산으로 인식할 수 있다.

47 이연법인세자산과 이연법인세부채는 법인세 항목으로 통합해서 표시되므로 일반적으로 상계표시할 수 있다. ○ | ×

해설

이연법인세자산과 이연법인세부채는 상계할 수 있는 권리가 있고 동일한 과세당국이 동일한 과세대상기업에 법인세를 부과하는 경우에만 상계표시할 수 있다.

48 감가상각방법을 변경하는 경우 회계정책을 변경하는 것이므로 소급하여 과거 재무제표를 수정한다. ○ | ×

해설

감가상각방법을 변경하는 경우 회계추정을 변경하는 것으로 보고 당기와 미래기간에만 변경된 회계처리 방법을 적용하는 전진법을 적용한다.

49 유형자산을 단순 수리한 수익적 지출을 자본적 지출로 분류표시한 경우 해당 오류는 자동조정오류로 오류의 영향이 자동적으로 조정된다. ○ | ×

해설

유형자산을 단순 수리한 경우 해당 지출은 수익적 지출이며 해당 지출을 자본적 지출로 분류표시한 경우 오류수정에 해당한다. 해당 오류는 비자동조정오류로 두 회계기간 이상을 통하여 오류의 영향이 자동적으로 조정되지 않으므로 오류수정을 통해 조정해주어야 한다.

50 주당이익은 보통주당기순이익(손실)에서 가중평균유통보통주식수를 나누어 구하며 주식 1주당 이익(또는 손실)이 얼마인가를 나타내는 수치이다. ○ | ×

해설

주당이익은 주식 1주당 이익(또는 손실)이 얼마인가를 나타내는 수치로 1주당 귀속되는 손익을 의미한다. 주당이익의 계산방법은 보통주당기순이익(손실)에서 가중평균유통보통주식수로 나누어 구한다.

정답 46 ○ 47 × 48 × 49 × 50 ○

51 희석주당이익을 구할 때 전환사채는 기초에 전환 또는 행사된 것으로 보고 희석 효과를 고려하여 잠재적 보통주로 적용한다. O X

해설

희석주당이익을 구할 때는 분모에 가중평균유통보통주식수와 잠재적 보통주식수를 더하여 적용하며 잠재적 보통주식수를 계산할 때는 전환가정법이나 자기주식법을 적용한다. 전환가정법에서 희석성 잠재적 보통주는 기초에 전환 또는 행사된 것으로 보고 잠재적 보통주를 계산하며 전환사채, 전환우선주 등에 적용한다. 자기주식법은 옵션과 주식매입권 등에 적용하며 행사가로 자기주식을 취득해서 주식을 지급했다고 가정한다.

52 투자자가 피투자자의 재무정책과 영업정책에 관한 의사결정에 참여할 수 있는 능력이 있는 경우 일반적으로 유의적인 영향력이 있다고 보며 피투자자에 대해 지분법 회계를 적용한다. O X

해설

투자자가 피투자자의 재무정책과 영업정책에 관한 의사결정에 참여할 수 있는 능력이 있는 경우 유의적인 영향력이 있다고 보며 피투자자에 대한 지분법 회계를 적용한다. 영향력 기준은 지분율 기준(직간접적으로 피투자자의 의결권의 20% 이상을 소유)과 실질영향력 기준(예 피투자자의 이사회나 이에 준하는 의사결정기구에 참여, 경영진의 상호교류, 필수적 기술정보의 제공)을 통해 판단한다.

53 관계기업의 손실이 누적되는 경우 관계기업투자주식 손실로 인식하며 예외적인 경우를 제외하고 자산에 (−)금액으로 표시한다. O X

해설

관계기업의 손실이 누적되어 투자주식 금액이 '0' 이하가 될 경우 지분법 변동 인식을 중지한다. 예외적으로 피투자자에 대한 우선주, 장기수취채권, 장기대여금 등 투자성격의 자산을 보유하는 경우 해당 자산의 장부금액이 '0'이 될 때까지는 지분법 손실을 계속 반영한다.

54 화폐성 항목은 보고기간 말에 마감환율로 환산하며 외환차이를 당기손익으로 인식한다. O X

해설

외화거래에서 화폐성 항목은 확정되었거나 결정 가능할 수 있는 화폐 단위의 수량으로 받을 권리나 지급할 의무가 있는 경우 화폐성 항목으로 표시하며 화폐성 항목은 보고기간 말에 마감환율로 환산하고 기존의 장부금액과 기말환율로 환산한 기말평가금액의 외환차이를 당기손익으로 환산한다.

정답 51 O 52 O 53 X 54 O

55 보고기간 말에 기능통화로 환산 시, 유형자산은 거래일의 환율로 환산하기 때문에 외환차이가 발생하지 않는다. (O | X)

해설

비화폐성 항목은 미래에 확정되었거나 결정가능한 화폐단위의 수량으로 받을 권리나 지급할 의무가 없는 자산과 부채를 말하며, 그 대표적 예로는 재화와 용역에 대한 선급금, 영업권, 무형자산, 재고자산, 유형자산, 사용권자산 등이 있다. 유형자산은 역사적 원가로 측정하는 비화폐성 항목으로 거래일의 환율로 환산하기 때문에 외환차이가 발생하지 않는다.

56 파생상품으로 인식되기 위한 요건은 기초변수가 존재하고 순투자금액이 필요하지 않거나 다른 유형의 거래보다 적게 발생하며 미래에 결제되는 것이다. (O | X)

해설

파생상품으로 인식되기 위한 요건은 기초변수가 존재하며 최초로 계약할 때 순투자금액이 필요하지 않거나 다른 유형의 거래보다 적게 필요하며 미래에 결제되는 것을 조건으로 한다.

57 리스료는 리스기간 동안 리스이용자가 리스제공자에게 지급해야 하는 금액으로 리스료에는 무보증잔존가치까지 포함된다. (O | X)

해설

리스료의 정의는 리스기간 동안 리스이용자가 리스제공자에게 지급해야 하는 금액을 의미하며 리스료는 다음과 같이 구한다.

리스료 = 고정리스료 + 변동리스료 + 매수선택권의 행사가격 + 종료선택권 + 잔존가치보증에 따라 지급이 예상되는 금액

무보증잔존가치의 경우 리스이용자가 지급을 보증하지 않는 부분으로 리스제공자에게 지급해야 하는 금액인 리스료에는 포함되지 않는다.

58 단기리스에 해당하는 운용리스의 이용자는 매 회계기간마다 실제로 지급하는 리스료를 비용으로 인식한다. (O | X)

해설

단기리스 및 기초자산이 소액인 운용리스의 경우 기존의 운용리스 회계처리처럼 리스이용자는 지급하기로 약정된 금액만 비용으로 인식하는 회계처리를 수행한다. 이때, 리스료가 매기 정액으로 지급되지 않더라도 리스기간 동안 인식해야 하는 총 비용을 리스기간에 걸쳐 정액기준으로 비용으로 인식해야 한다. 한편, 일반적인 운용리스의 경우 리스이용자는 해당 리스계약으로 인해 지급해야 하는 리스료에 대한 부채와 해당 리스사용권에 대한 리스자산을 인식하는 회계처리를 수행하고 매기 리스로 인해 발생하는 감가상각비 및 이자비용을 당기손익에 반영해야 한다.

정답 55 ○ 56 ○ 57 × 58 ×

59 영업활동현금흐름은 직접법과 간접법으로 표시할 수 있으며 간접법으로 계산하는 경우에도 이자 및 배당금 수취, 이자지급 및 법인세 납부는 직접법을 적용한 것처럼 별도로 표시한다. O | X

해설

영업활동현금흐름의 표시방법은 직접법과 간접법이 있다. 직접법은 다양한 원천별 현금의 흐름내역을 제시함에 따라 미래현금흐름을 추정하는데 보다 유용한 정보를 제공할 수 있고 간접법은 재무상태표, 포괄손익계산서와의 유용한 연관성을 제시할 수 있는 특성이 있다. 간접법으로 영업활동현금흐름을 작성하더라도 이자 및 배당금 수취, 이자지급 및 법인세납부는 직접법을 적용한 것처럼 별도로 표시해야 한다.

60 외화로 표시된 현금및현금성자산의 환율변동효과는 영업, 투자 및 재무활동현금흐름과 구분하여 별도로 현금흐름표에 표시해야 한다. O | X

해설

환율변동으로 인한 미실현손익은 현금흐름이 아니다. 그러나 외화로 표시된 현금및현금성자산의 환율변동효과는 기초와 기말의 현금및현금성자산을 조정하기 위해 현금흐름표에 보고한다. 이 금액은 영업활동, 투자활동 및 재무활동현금흐름과 구분하여 별도로 표시한다.

61 현물출자로 유형자산을 취득하는 경우 현금의 유출입이 없는 거래이므로 재무제표에 표시하지 않는다. O | X

해설

현물출자로 인한 유형자산의 취득, 유형자산의 연불구입, 무상증자, 주식배당 등 현금의 유출입이 없는 거래라 할지라도 유의적인 거래인 경우 주석에 기재한다.

62 운용리스 이용자는 리스계약에 대해 사용권자산과 사용권부채를 인식하는 경우 사용권자산과 사용권부채의 금액은 일치한다. O | X

해설

운용리스 이용자가 리스계약에 대해 사용권자산과 사용권부채를 인식하는 경우 사용권자산과 사용권부채의 인식방법은 다음과 같다.

사용권자산 = 리스부채의 최소측정금액 ± 리스개시일이나 그 전에 지급하거나 받은 리스료(지급한 리스료를 가산) + 리스이용자가 부담하는 리스개설 직접원가 + 리스조건상 리스자산 복구충당부채

따라서 리스개설직접원가, 복구충당부채 등 기타지출 및 관련 부채 등도 사용권자산 금액을 구성하므로 해당 사항이 있는 경우 사용권자산과 사용권부채는 차이가 발생한다.

정답 59 ○ 60 ○ 61 × 62 ×

63 소액리스나 단기리스가 아닌 운용리스로 사무실 임차계약을 한 경우, 리스제공자와 리스이용자는 동시에 감가상각비를 인식한다. ㅣ O ㅣ × ㅣ

해설

리스제공자 입장에선 해당 자산은 수익창출을 위해 임차해 준 사무실로서 제공자 입장에서 해당 투자부동산에 대한 감가상각을 수행한다. 리스이용자 입장에서는 해당 리스계약으로 인해 인식한 사용권자산에서 감가상각비를 인식한다.

64 자기주식은 자본의 차감계정으로 자본잉여금으로 분류된다. ㅣ O ㅣ × ㅣ

해설

자기주식은 자본의 차감계정으로 자본조정 항목으로 분류된다. 단, 자기주식을 처분하여 발생하는 자기주식처분이익의 경우 자본잉여금으로 분류된다.

65 당기손익–공정가치 측정 금융자산을 상각후원가 측정 금융자산으로 재분류하는 경우 재평가일에 취득한 것처럼 회계처리한다. ㅣ O ㅣ × ㅣ

해설

당기손익–공정가치 측정 금융자산을 상각후원가 측정 금융자산이나 기타포괄손익–공정가치 측정 금융자산으로 재분류하는 경우 재분류일의 공정가치를 금융자산 금액으로 인식하여 재평가일에 해당 자산을 취득한 것처럼 회계처리한다.

66 지분법을 적용하기 위한 유의적인 영향력을 행사하기 위해서는 지분율기준 및 실질영향력기준 모두를 충족시켜야 한다. ㅣ O ㅣ × ㅣ

해설

지분법을 적용하기 위한 요건인 유의적인 영향력을 얻기 위해서는 지분율기준(직간접적으로 피투자자의 의결권의 20% 보유) 또는 실질영향력기준(실질적으로 피투자자 회사의 재무정책과 영업정책에 관한 의사결정에 참여할 수 있는 경우)을 충족하여야 한다. 둘 중에 하나만 보유하고 있더라도 지분법을 적용할 수 있다.

정답 63 ○ 64 × 65 ○ 66 ×

67 주식배당의 경우 현금의 유·출입과 관련이 없지만 중요한 항목이므로 주석에 공시하여야 한다. ○ ×

해설

현금흐름표상 현금의 유출입과 관련된 사항이 아니더라도, 중요한 항목의 경우 주석에 공시하여야 한다. 현금의 유입 및 유출이 없는 거래지만 주석 공시사항은 다음과 같다.

- 현물출자로 인한 유형자산의 취득
- 유형자산의 연불구입
- 무상증자
- 주식배당
- 전환사채의 전환

제2과목 세무회계

01 조세는 국가 또는 지방자치단체가 경비충당을 위한 재정수입을 조달할 목적으로 법률에 규정된 과세요건을 충족한 모든 자에게 직접적 반대급부 없이 부과하는 금전급부이다. ○ ×

해설

조세의 정의는 국가 또는 지방자치단체가 경비충당을 위한 재정수입을 조달할 목적으로 법률에 규정된 과세요건을 충족한 모든 자에게 직접적 반대급부 없이 부과하는 금전급부이다.

02 과세를 분류하면서 세수의 용도가 특정되지 않은 조세를 보통세, 세수의 용도가 특정된 조세를 직접세라고 한다. ○ ×

해설

과세를 분류하면서 세수의 용도가 특정되지 않은 조세를 보통세, 세수의 용도가 특정된 조세는 목적세라고 한다. 일반적인 조세의 대부분이 보통세이며 목적세에는 교육세, 농어촌특별세 등이 포함된다. 직접세는 납세의무자와 담세자(세금을 실제 부담하는 자)가 일치하는 것을 직접세라고 하며 법인세, 소득세 등의 조세가 직접세에 포함된다.

03 국세기본법상 기간계산을 할 때 기간의 초일은 기간계산 시 산입하지 않는다. ○ ×

해설

국세기본법상 기간계산의 원칙은 민법에 기초를 두고 있으며 예외적으로 국세기본법 또는 그 세법에 특별한 규정이 있는 경우 예외를 따른다. 기간계산 시 기산점은 기간의 초일은 기간계산 시 산입하지 않으며(초일불산입) 기간의 만료는 기간 말일의 종료로 기간이 만료되는 것으로 보고 있다.

예 기간이 3월 1일 ~ 12월 31일인 경우 기간계산 시 3월 1일은 포함하지 않으며 12월 31일은 포함하여 계산

정답 67 ○ / 01 ○ 02 × 03 ○

04 국세기본법상 행정처분의 내용을 당사자 또는 이해관계자에게 알리기 위해 처분의 내용을 기록한 서류를 전달하는 송달을 고려할 때 우편 또는 교부 시에는 도달주의에 따라 송달의 효력 발생여부를 판단한다. ○ ×

해설 송달의 정의는 국세기본법 또는 세법에 의한 행정처분의 내용을 대상자 또는 이해관계자에게 알리기 위해 처분의 내용을 기록한 서류를 법에 정한 절차에 따라 전달하는 것을 의미한다. 송달의 효력 발생 시기는 우편 또는 교부송달의 경우 도달주의를, 전자송달은 송달받을 자가 지정한 전자우편주소에 입력한 때를, 공시송달은 서류의 주요 내용을 공고한 날부터 14일이 경과한 때를 효력이 발생한 것으로 본다.

05 국세부과를 조사·결정할 때 장부의 기록 내용이 사실과 다르거나 장부의 기록에 누락이 있는 경우 오류의 가능성이 있으므로 조사 및 결정하는 전체 국세에 대해 정부가 조사한 사실에 따라 결정할 수 있다. ○ ×

해설 국세부과는 장부 등 직접적인 자료에 입각하여 납세의무를 확정해야 하며(근거과세의 원칙) 국세를 조사·결정할 때 장부의 기록 내용이 사실과 다르거나 장부의 기록에 누락이 있는 경우 '그 부분에 대해서만' 정부가 조사한 사실에 따라 결정할 수 있다.

06 거래가 성립한 후에는 새롭게 제정된 세법에 따라 소급하여 과세하지 않는다. ○ ×

해설 행정법규의 효력발생 전에 완결된 사실에 대해서 새로 제정된 법을 적용하지 않는다는 원칙은 '소급과세의 금지'의 세법적용의 원칙이다. 소급과세의 금지원칙은 새로운 세법의 소급과세 금지(거래가 성립한 후에는 새로운 세법에 따라 소급하여 과세하지 않음)와 새로운 해석 또는 관행에 의한 소급과세의 금지(새로운 해석이나 관행에 의하여 소급하여 과세하지 않음)가 있으며 유리한 소급효는 인정한다.

07 국세기본법상 수정신고는 해당 국세의 과세표준과 세액이 결정 또는 경정되어 통지되기 전까지 하면 된다. ○ ×

해설 국세기본법상 수정신고는 신고한 과세표준과 세액이 신고하여야 할 과세표준과 세액에 미달하여 당초 신고한 과세표준과 세액을 납세의무자가 스스로 고쳐 신고하여야 할 과세표준과 세액을 신고하는 것으로 기한은 해당 국세의 과세표준과 세액이 결정 또는 경정되어 통지되기 전까지 하면 된다. 수정신고의 효력은 당초 신고에 따라 확정된 과세표준과 세액을 증액하여 확정하는 효력이 있으며 당초 신고에 따라 확정된 세액에 관한 권리·의무관계는 불변이다.

정답 04 ○ 05 × 06 ○ 07 ○

08 기한 후 신고는 법정신고기한 내에 과세표준신고서를 제출하지 않거나 신고한 과세표준과 세액을 수정신고 및 경정청구 기한이 지난 후에 수정 및 경정하는 경우를 의미한다. O ×

해설

기한 후 신고는 법정신고기한 내에 과세표준신고서를 제출하지 않은 경우에 적용하며 수정신고 및 경정청구의 경우 이미 과세표준 및 세액을 신고한 후에 수정신고 및 경정청구를 하는 것이기 때문에 적용되지 않는다.

09 법인유형이 영리내국법인인 경우 각 사업연도 소득, 청산소득, 토지 등 양도소득, 미환류소득에 대한 조세 납부의무가 부여된다. O ×

해설

법인유형이 영리내국법인인 경우 부담하는 납세의무는 국내외원천소득에 대한 각 사업연도 소득, 청산 시 발생하는 청산소득, 토지 등의 양도소득, 미환류소득에 대한 납세의무가 존재한다.

10 감가상각비는 결산조정사항이므로 결산서에 비용으로 계상해야만 손금으로 인정되는 항목이지만, 비용의 세무상 귀속시기는 임의로 정할 수 없다. O ×

해설

결산조정사항은 결산서에 비용으로 계상해야만 손금으로 인정되는 항목이며 현금지출이 수반되지 않는 비용으로 법에서 일정 항목을 정하고 있다. 대표적으로 감가상각비, 무형자산의 상각비, 법인세법상 준비금, 재고자산과 고정자산의 평가차손 대손금 중 일부 항목 등이 있다. 결산조정사항은 결산서에 비용으로 계상한 항목에 대해 세법으로 정한 한도를 초과하여 발생하는 한도초과분에 대한 손금불산입을 제외하고 세무조정이 불가능하고 결산서에 비용으로 계상하는 경우 비용으로 인정되기 때문에 결산서에 법인이 손금으로 반영한 연도에 손금으로 반영된다. 따라서 신고조정사항은 손금의 귀속시기가 세무상 인식되어야 하는 귀속시기와 다른 경우 세무조정을 통해 조정하지만 결산조정사항은 세무조정을 거치지 않으므로 장부에 계상하는 방법을 통해 손금(비용)의 귀속시기를 임의로 적용할 수 있다.

11 주주인 임원에 대해 법인의 자원이 유출된 경우 해당 사외유출 항목은 배당으로 소득처분한다. O ×

해설

법인의 자원이 외부로 유출된 경우를 사외유출이라 하고 종류는 귀속자에 따라 배당(귀속자 : 주주), 상여(귀속자 : 임원), 기타사외유출(법인 또는 사업자 등), 기타로 분류한다. 임원이 동시에 주주인 경우 해당 임원에게 사외유출이 발생한 경우 상여로 소득처분하고 해당 임원의 근로소득을 구성한다.

정답 08 × 09 O 10 × 11 ×

12 특수관계인인 개인으로부터 저가로 유가증권을 매입한 경우 해당 유가증권의 시가와 매입가의 차액은 익금으로 포함한다. ○ | ×

해설

익금은 자본 또는 출자의 납입 및 익금불산입 항목으로 규정된 항목을 제외하고 법인의 순자산을 증가시키는 항목으로 특수관계인인 개인으로부터 저가로 유가증권을 매입한 경우 해당 시가와 매입가의 차액은 익금에 포함한다.

13 손금의 정의는 자본의 환급 등 손금불산입 항목을 제외하고 법인의 순자산을 감소시키는 모든 항목이다. ○ | ×

해설

손금의 정의는 자본 도는 지분의 환급 및 잉여금의 처분 및 법에서 규정하는 것(손금불산입 항목)을 제외하고 법인의 순자산을 감소시키는 모든 항목이다.

14 임원이 퇴직할 때 퇴직금 지급규정이 없는 경우 퇴직금 전액을 손금으로 산입할 수 있다. ○ | ×

해설

임원이 퇴직할 때 퇴직금 지급규정까지 지급하는 경우 손금으로 인정한다. 퇴직금 지급규정이 있으며 그 퇴직금 지급규정을 초과하여 지급한 금액이 있는 경우 초과분에 대해 손금불산입하며, 퇴직금 지급규정이 없는 경우에는 [퇴직 전 1년간 총급여액 × 1/10 × 근속연수를 초과하는 금액]을 손금불산입하고 상여로 소득처분한다.

15 세법상 손익의 귀속시기는 권리의무확정주의에 따라 확정하므로 회계상 손익 인식시기와 다를 수 있다. ○ | ×

해설

세법상 손익의 귀속시기는 권리의무확정주의에 따라 사업연도 별로 익금과 손금을 인식한다. 세법상 규정이 없는 경우에는 회계상의 손익 귀속시기를 따르지만 세법상 권리의무확정주의에 따른 귀속시기가 회계와 다른 경우 권리의무확정주의에 따른 귀속시기를 따른다.

정답 12 ○ 13 ○ 14 × 15 ○

16 매출 이외의 판매손익의 귀속시기도 매출의 손익 귀속시기와 동일하게 인도일을 기준으로 수익을 인식한다. O | X

해설

매출 및 자산의 판매 손익의 귀속시기는 기본적으로 회계상 손익 귀속시기와 동일하다. 따라서 상품과 제품의 매출 손익 귀속시기는 원칙적으로 인도일을 기준으로 한다. 하지만 매출 이외의 판매손익은 해당 자산의 대금청산일, 소유권 이전 등기일, 인도일 또는 사용수익일 중 빠른 날을 기준으로 한다.

17 용역제공 등에 의한 손익의 귀속사업연도는 진행률에 따라 수익을 인식하는 것이 원칙이지만, 해당 기업이 중소기업인 경우 장·단기 건설 공사에 따른 익금과 손금은 인도기준을 사용할 수 있다. O | X

해설

용역제공 등에 의한 손익의 귀속시기는 원칙적으로 진행률을 따른다. 하지만 예외적으로 중소기업인 법인이 수행하는 계약기간 1년 미만의 건설 등의 제공으로 인한 익금과 손금은 예외적으로 인도기준을 사용할 수 있다. 이 문제의 문장에서는 장·단기 건설 공사 모두에 대해 인도기준을 적용할 수 있다고 하였으므로 틀린 문장이다.

18 재고자산은 회계의 평가방법과 동일하게 저가법을 사용하여 장부가액을 평가한다. O | X

해설

세무회계상 재고자산의 장부가액은 원칙적으로 원가법을 적용하여 평가한다. 원가흐름의 가정으로는 개별법, 선입선출법, 후입선출법, 총평균법, 이동평균법, 매출가격환원법 등을 적용하여 재고자산의 단가를 구할 수 있다. 재고자산의 저가법 평가는 저가법으로 재고자산 평가방법을 신고한 경우에만 적용한다.

19 재고자산을 후입선출법으로 평가하기로 신고한 기업이 임의로 회사의 사정에 의해 총평균법을 적용하여 평가한 경우 임의 변경된 신고는 인정하지 않고 후입선출법으로 평가한 재고자산을 세무상으로 적용한다. O | X

해설

재고자산을 신고방법과 다른 방법으로 임의로 변경하여 평가한 경우 세무상으로 선입선출법과 당초 신고한 방법으로 평가한 금액 중 큰 금액을 세무상 재고자산으로 적용한다. 여기서는 후입선출법과 선입선출법을 비교하여 둘 중 큰 금액으로 재고자산을 평가한다.

※ 참고 : 유가증권의 경우 신고방법과 다른 방법으로 임의변경하여 평가한 경우 총평균법과 당초 신고한 방법으로 평가한 금액 중 큰 금액으로 유가증권의 세무상 장부가액을 평가한다.

정답 16 × 17 × 18 × 19 ×

20 세무상 감가상각비를 적용할 때 내용연수는 회계상으로 적용한 내용연수와는 별개로 기준내용연수를 적용해야만 한다. ○ | ×

해설

세무상 감가상각비를 적용하는 경우 고정자산의 자산 및 업종을 고려하여 법적으로 규정하고 있는 내용연수인 기준내용연수에서 ±25%를 가감한 범위 내에서 신고내용연수를 법인이 선택 및 신고하여 적용할 수 있다. 무신고 시에는 기준내용연수를 따른다.

21 감가상각비계상액이 100원, 감가상각범위액이 120원이고 회계상 적용해야 하는 감가상각비와 감가상각범위액이 같은 경우 기업회계기준과 일치하도록 감가상각비계상액과 감가상각범위액의 차액 20원을 손금산입한다. ○ | ×

해설

감가상각비는 결산조정사항(대표적으로 감가상각비, 일부 대손금, 퇴직급여충당금, 법인세법상 준비금, 고정자산 및 재고자산의 평가차손 등이 있음)이다. 따라서 장부상 비용으로 인식한 금액이 세무상의 범위액보다 작게 인식하더라도 추가적인 세무조정은 하지 않는다. 다만, 전기에 상각부인액으로 손금불산입된 금액이 있는 경우 추인의 세무조정을 한다. 따라서 이 문장에서는 감가상각범위액보다 미달하여 장부상 인식하였으므로 추가적인 세무조정은 하지 않는다.

22 특수관계가 없는 자에게 정당한 사유 없이 자산을 시가보다 50% 낮은 가격으로 양도하는 경우 의제기부금을 적용한다. ○ | ×

해설

특수관계가 없는 자에게 정당한 사유 없이 자산을 정상가액보다 낮은 가액으로 양도하거나 높은 가액으로 매입하는 경우 의제기부금이 발생한 것으로 본다. 여기서 정상가액은 양도하는 경우 시가의 70%, 매입하는 경우 시가의 130%를 적용하며 정상가액보다 초과하거나 미달하는 부분을 의제기부금으로 적용한다. 여기서는 정상가액인 시가의 70%보다 20% 낮게 자산을 양도하였으므로 정상가액과의 차액 20%를 의제기부금으로 적용한다.

23 기부금의 손금산입한도는 기준소득금액에서 이월결손금을 공제하여 계산한다. ○ | ×

해설

기부금의 한도를 계산할 때는 기부금 한도계산을 제외한 모든 세무조정을 완료한 금액인 차가감소득금액(비지정기부금 세무조정 완료)에서 특례기부금 지출금액, 우리사주조합기부금 지출금액, 일반기부금 지출금액을 더한 기준소득금액을 구한 후 이월결손금(기준소득금액의 80% 한도) 부분을 공제하여 계산하며, [특례기부금 = (기준소득금액 − 이월결손금) × 50%], [우리사주조합기부금 = (기준소득금액 − 이월결손금 − 특례기부금 손금산입액) × 30%], [일반기부금 = (기준소득금액 − 이월결손금 − 특례기부금 손금산입액 − 우리사주조합기부금 손금산입액) × 10%]를 한도로 계산한다. 단, 이월된 기부금이 있는 경우 이월된 기부금을 우선 공제하고 남은 기부금 공제한도 내에서 각 사업연도에 지출한 기부금을 공제한다.

정답 20 × 21 × 22 ○ 23 ○

24 3기인 중소기업이 아닌 법인(사업연도 : 1월 1일 ~ 12월 31일)의 기업업무추진비 한도계산 시 기본금액은 12,000,000원이다. ○ ×

해설

기업업무추진비계산 시 기본금액은 [12,000,000원(중소기업 36,000,000원) × 사업연도 월수/12]를 적용한다. 중소기업이 아닌 법인의 3기이므로 사업연도를 1년으로 적용하면 기본금액은 12,000,000원이다.

25 채권자 불분명 사채이자와 비실명 채권 · 증권이자는 대표자 상여로 손금불산입되며 관련 원천징수된 부분도 대표자 상여로 소득처분된다. ○ ×

해설

채권자 불분명 사채이자 및 비실명 채권 · 증권 이자는 대표자 상여로 소득처분하고 손금불산입의 세무조정을 수행한다. 하지만 해당 이자와 관련하여 원천징수된 부분은 기타사외유출로 소득처분하고 손금불산입의 세무조정을 수행한다.

26 퇴직연금충당금의 한도금액은 퇴직급여추계액에서 세무상 퇴직급여충당금 이월잔액을 차감한 금액과 퇴직연금운용자산 당기 말 잔액 중 작은 금액에서 세법상 퇴직연금충당금 이월잔액을 차감한 금액으로 계산한다. ○ ×

해설

퇴직연금충당금의 한도금액은 먼저 퇴직급여추계액에서 세무상 퇴직급여충당금 이월잔액을 차감한 금액과 퇴직연금운용자산 당기 말 잔액 중 작은 금액을 구한다. 해당 금액에서 세법상 퇴직연금충당금 이월잔액을 차감하여 한도액을 계산한다.

27 소멸시효가 완성된 채권은 신고조정사항으로 신고를 하지 않더라도 세무조정을 통해 손금에 반영한다. ○ ×

해설

회수불능채권은 대손사유에 따라 아래와 같이 신고조정사항과 결산조정사항으로 나눌 수 있으며, 신고조정사항의 경우 신고를 하지 않더라도 세무조정을 통해 손금에 반영한다.

신고조정사항	결산조정사항
㉠ 소멸시효 완성채권 ㉡ 회생계획인가 · 면책채권 ㉢ 수출대금채권으로 채권회수 의무를 면제받은 경우	㉠ 채무자 파산 · 강제집행 · 형의 집행 · 사업 폐지 · 사망 등으로 인한 회수불능채권 ㉡ 부도발생일로부터 6개월 이상 경과 수표 · 어음(1,000원 비망계정으로 제외함) ㉢ 회수기일 6개월 이상 경과한 채권 중 30만원 이하인 소액채권 ㉣ 조기 회수를 위해 포기한 채권 ㉤ 재판상 화해 및 화해권고결정에 따라 회수불능으로 확정된 채권 ㉥ 중소기업 외상매출금으로서 회수기일로부터 2년이 경과한 외상매출금 및 미수금 ㉦ 신용회복지원협약에 따라 면책으로 확정된 채권

정답 24 ○ 25 × 26 ○ 27 ○

28 대손충당금 한도계산 시 설정률은 1%를 넘을 수 없다. O X

해설

대손충당금 한도는 [대손충당금 설정대상채권 × 설정률]로 구한다. 여기서 설정률은 대손실적률(해당 사업연도 중 대손금 ÷ 직전 사업연도 말 대손충당금 설정대상 채권)과 1%를 비교하여 큰 비율로 설정률을 적용한다.

29 법인세법상 준비금은 대부분 신고조정사항이다. O X

해설

법인세법상 준비금은 결산조정사항이 원칙이다.
예외 외부감사받는 비영리법인의 고유목적사업준비금, IFRS적용 보험회사의 비상위험준비금은 잉여금처분에 의한 신고조정 가능

30 특수관계인과의 거래는 모두 부당행위계산부인으로 적용된다. O X

해설

부당행위계산부인은 특수관계인과 거래하여 법인의 소득에 대한 조세부담을 부당히 감소시켰다고 인정될 경우 기존의 계산을 부인하고 그 법인의 각 사업연도의 소득금액을 계산하는 것이다. 따라서 부당행위계산부인의 적용요건은 특수관계인과의 거래 중에서 해당 거래로 인해 조세부담이 감소되었다고 인정되는 경우에만 적용한다.

31 가지급금 인정이자를 계산할 때 적정이자율로 당좌대출이자율을 적용하는 것이 원칙이다. O X

해설

법인이 특수관계인에게 금전을 무상 또는 낮은 이율로 대여한 경우 법인세법상적정이자율로 계산한 이자상당액과의 차액을 가지급금 인정이자로 부당행위계산부인을 적용하여 인식한다. 인정이자 계산은 [가지급금 적수 × 적정이자율 × 1/365(366) − 실제 이자수령액]으로 계산하며 여기서 적정이자율은 법인의 가중평균차입이자율을 적용하는 것이 원칙이다. 예외적인 경우 당좌대출이자율을 사용할 수 있다.

정답 28 × 29 × 30 × 31 ×

32 당기로부터 15년 이내의 결손금은 이월결손금으로 과세표준계산 시 각 사업연도소득금액에서 차감한다.

O | X

해설

결손금은 세법상 결산손익이 순손실인 경우 발생한다. 이월결손금이 존재하는 경우 당기로부터 15년 이내의 이월결손금은 과세표준을 구하는 과정에서 각 사업연도소득금액에서 차감한다.

※ 참고 : 과세표준을 구할 때에는 각 사업연도소득금액에서 이월결손금, 비과세소득, 소득공제를 차감하여 계산한다.

33 외국납부세액공제의 목적은 국외원천소득이 이중과세되는 문제를 해결하기 위한 목적이다.

O | X

해설

국내영리기업인 경우 국내외원천소득에 대해 납부의무를 부담한다. 이 경우 국외원천소득이 해외에서 소득이 발생함에 따라 과세되고 국내에서도 납부의무에 따라 과세되어 이중과세되는 문제가 발생하므로 외국납부세액을 일정한도로 세액공제하여 국외원천소득의 이중과세를 해결하기 위한 목적으로 외국납부세액공제를 적용한다. 외국납부세액은 외국납부세액공제 방식을 적용하여 계산하면 외국납부법인세와 [법인세산출세액 × 과세표준 중 국외원천소득/과세표준]을 계산하여 산출된 금액 중 작은 금액으로 외국납부세액공제를 적용한다.

34 소득세법상에도 과세기간은 법인세법과 마찬가지로 개인이 신고를 통해 정할 수 있다.

O | X

해설

소득세법상 과세기간은 사망 및 출국 등의 경우를 제외하고 일반적인 경우 1월 1일부터 12월 31일까지로 적용한다. 반면 법인세법의 경우 과세기간은 1년을 초과하지 않는 범위 내에서 법률 또는 정관에 정함이 있는 경우 해당 기간, 법률 또는 정관에 정함이 없는 경우 법인이 신고하여 적용할 수 있으며 무신고의 경우 1월 1일부터 12월 31일까지로 적용한다.

35 소득세의 계산방법은 크게 종합과세, 분류과세, 분리과세가 있다.

O | X

해설

소득세의 계산방법은 크게 종합과세, 분류과세, 분리과세가 있다. 종합과세는 이자소득, 배당소득, 사업소득, 근로소득, 연금소득, 기타소득 중 대부분이 포함되며 1년 동안 개인이 벌어들인 모든 종합과세를 합산하고 거기에 세율을 곱해 세금을 구한다. 분류과세는 소득을 합산하지 않고 원천에 따라 소득의 종류별로 각각 세율을 곱하여 과세하는 것으로 양도소득 및 퇴직소득이 포함된다. 분리과세는 종합과세되는 소득 중에서 일부 항목에 대해 종합소득에서 분리하여 과세하는 소득이다.

정답 32 O 33 O 34 × 35 O

36 보통예금, 정기예금, 적금 등의 소득세법상 이자소득의 수입시기는 회계와 마찬가지로 발생주의를 따른다. ○ ×

해설

소득세법상 이자소득의 수입시기를 고려할 때 보통예금, 정기예금, 적금, 부금이자 등은 실제 지급일을 기준으로 이자수익을 인식한다.

37 직장공제회 초과반환금 5백만원, 일반이자소득(원천징수됨)이 1,600만원인 경우 금융소득을 종합과세한다. ○ ×

해설

무조건 종합과세 대상 금융소득(원천징수되지 않는 금융소득)과 조건부 종합과세 대상 금융소득의 합계가 2천만원 이상인 경우 해당 금융소득 모두가 종합과세 대상이 된다. 하지만 분리과세 대상 금융소득의 경우 종합소득에서 분리되어 과세되는 소득이므로 금융소득 종합과세 여부 판단 시 배제한다. 따라서 해당 문제의 경우 무조건 분리과세 대상 금융소득(직장공제회 초과반환금)이 5백만원, 조건부 종합과세 대상 금융소득(일반이자소득)이 1,600만원이므로 종합과세 여부 판단 시 필요한 2천만원이 되지 않고 따라서 일반이자소득은 조건부 종합과세 대상 금융소득으로 해당 조건부 종합과세 대상 금융소득 1,600만원과 무조건 분리과세 대상 금융소득 5백만원 모두를 분리과세한다.

38 사업소득은 법인세법상 소득과 달리 세법상 열거한 것만 과세할 수 있다. ○ ×

해설

사업소득과 법인세의 각 사업연도 소득은 모두 기업의 운영과정에서 발생하는 이익이라는 공통점이 있지만 법인세의 경우 모든 소득에 대해 과세되는 포괄주의이지만 소득세의 경우 경상적·계속적으로 발생하는 항목만 법으로 열거하여 해당 항목만 과세소득으로 과세하는 열거주의를 따르고 있는 점에서 차이가 있다.

39 자녀가 1명인 경우 35만원의 자녀세액공제를 적용받을 수 있다. ○ ×

해설

자녀가 1명인 경우 25만원의 자녀세액공제를 적용받을 수 있으며, 2명인 경우 55만원의 자녀세액공제를 적용받을 수 있다.

정답 36 × 37 × 38 ○ 39 ×

40 연금소득은 연금 납부 시 납부한 금액을 소득공제함으로써 납부한 금액만큼의 조세 감면효과가 있다. ○ ×

해설

연금소득은 납부할 때 납부한 금액을 소득공제하며(공적연금 전액, 사적연금 일정한도 내) 수령할 때 연금소득으로 과세하며 납부 시 소득공제되지 않는 부분은 비과세를 적용한다. 따라서 해당 연금소득의 공제효과는 조세감면의 효과가 아닌 과세 이연의 효과가 있다.

41 일시적인 문예창작소득의 경우 기타소득금액의 60%까지 기타소득에서 필요경비로 공제되지만 증빙이 없는 경우 필요경비는 적용할 수 없다. ○ ×

해설

기타소득금액 중 일부 항목은 증빙이 없더라도 60% ~ 90%까지 필요경비로 인정해주며 문예창작소득의 경우 필요경비의 60%까지 증빙이 없더라도 필요경비로 인정한다.

※ 참고 : 공익법인이 시상하는 상금 및 다수가 순위경쟁하는 대회에서 입상자가 받는 상금, 주택입주 지체상금, 소득금액을 충족하는 종교인 관련 기타소득은 80%, 일시적인 문예창작소득, 공익사업과 관련된 지상권 등의 설정·대여소득, 일시적인 강연료, 자문료, 광업권·산업재산권 등의 권리와 양도 및 대여에 따른 기타소득, 일시적인 대여 중 통신판매중개업자를 통해 대여하는 일정규모(연 수입금액 500만원) 이하의 기타소득은 60%까지 증빙이 없더라도 필요경비로 인정되며, 서화·골동품에 대한 양도소득의 경우 양도가액 1억원 이하분는 90%, 1억원 초과분은 80%(단, 보유기간 10년 이상인 경우 90%)까지 증빙이 없더라도 필요경비로 인정된다.

42 부동산임대업에서 결손이 발생한 경우 다른 종합소득금액에서 공제하지 않고 이월하여 추후 부동산임대업에서 이익이 발생한 경우 해당 이익에서 공제한다. ○ ×

해설

부동산임대업에서 결손이 발생한 경우 다른 종합소득에서 공제하지 않고 이월하여 추후 부동산임대소득에서 해당 결손금을 공제한다. 해당 이월결손금은 발생연도 종료일로부터 15년 이내에 종료하는 과세연도 소득에서 공제할 수 있다.

※ 참고 : 임대업이 아닌 일반 사업소득은 [근로 → 연금 → 기타 → 이자 → 배당]의 순서대로 종합소득금액에서 결손금을 공제할 수 있으며 공제 후 남은 결손금은 다음 연도로 이월하여 [사업 → 근로 → 연금 → 기타 → 이자 → 배당]의 순서대로 해당 이월결손금을 공제한다.

43 장애인인 24살 아들의 경우 나이로 인해 기본공제 대상자가 될 수 없다. ○ ×

해설

기본공제 대상자가 되기 위해서는 생계를 부양하는 부양가족으로서 직계비속의 경우 20세 이하, 소득금액 백만원 이하일 때 원칙적으로 기본공제 대상자가 될 수 있다. 하지만 기본공제 대상자를 고려할 때 대상자가 장애인인 경우 나이의 제한을 받지 않기 때문에 24살의 장애인 아들의 경우에도 기본공제 대상자로 적용된다.

정답 40 × 41 × 42 ○ 43 ×

44 종합소득공제를 고려할 때 국민건강보험료, 고용보험료, 노인장기요양보험료 등의 보험료는 전액이 공제된다. [O | X]

해설

종합소득공제는 인적공제와 특별소득공제 및 연금보험료공제로 구성되며 국민건강보험료, 고용보험료, 노인장기요양보험료 등은 특별소득공제 항목인 보험료 공제로서 보험료 전액이 종합소득공제된다.

45 교육비세액공제는 기본공제 대상자 중 나이의 제한을 받지 않으므로 20세가 넘은 직계비속의 대학교 교육비도 공제받을 수 있다. [O | X]

해설

교육비세액공제는 기본공제 대상자를 판정하는 기준인 나이를 고려하지 않는다. 따라서 이외의 기본공제요건을 충족하는 20세 이상의 대학생의 대학교 교육비도 연간 900만원까지 공제를 받을 수 있다.

46 퇴직소득과세표준은 퇴직소득금액에서 퇴직소득공제를 차감하여 계산한다. [O | X]

해설

퇴직소득과세표준을 계산할 때에는 퇴직소득금액에서 퇴직소득공제(환산급여공제, 근속연수공제)를 차감하여 계산한다. 좀 더 구체적으로 퇴직소득과세표준을 구하기 위해서는 [(퇴직소득 – 근속연수공제) × 12/근속연수]의 식을 계산하여 환산급여를 구하고, 구한 환산급여에서 환산급여에 따른 차등공제액을 차감하여 퇴직소득과세표준을 계산한다.

47 양도소득에서 양도의 범위는 자산에 대한 등기 · 등록과 관계없이 매도 · 교환 · 법인에 대한 현물출자 등으로 그 자산이 실제로 이전된 경우 모두를 대상으로 한다. [O | X]

해설

양도소득에서 양도의 범위는 자산에 대한 등기 · 등록과 관계없이 그 자산이 실제로 이전된 경우 모두를 대상으로 한다.

48 상장주식을 매도하는 경우에는 어떠한 경우에도 양도소득세가 과세되지 않는다. [O | X]

해설

상장주식을 매도하더라도 거래소 이외에서 거래되거나 대주주가 양도한 경우 양도소득세가 과세된다. 또한 비상장주식을 매도하더라도 양도소득세가 과세된다.

※ 대주주 : 해당 법인의 주식을 시가총액 50억원 이상 보유하거나 해당 법인 주식합계액의 1%(코스닥 2%, 코넥스 4%) 이상을 보유한 주주

정답 44 ○ 45 ○ 46 ○ 47 ○ 48 ×

49 우리나라의 부가가치세는 간접세이다. ○ ×

해설

납세의무자와 담세자가 같지 않은 경우 간접세라고 하며 납세의무자와 담세자가 같은 경우 직접세라고 한다. 부가가치세는 사업자가 소비자로부터 부가가치세를 추가로 판매가에 추가하여 수령한 후 해당 부가가치세를 국가에 납부하기 때문에 납세의무자(사업자)와 담세자(소비자)가 다른 대표적인 간접세이다.

50 사업자의 개념은 영리를 목적으로 사업상 재화 또는 용역을 공급하는 자이다. ○ ×

해설

부가가치세에서 사업자의 개념은 영리목적의 유무에 상관없이, 사업상 독립적으로 재화 또는 용역을 공급하는 자로 개인과 법인(국가・지방자치단체・지방자치단체조합 포함) 및 법인격 없는 사단・재단 등을 포함한다.

51 견본품을 무상으로 제공하는 경우 사업적 증여이므로 간주공급으로 간주한다. ○ ×

해설

매매계약, 가공계약, 교환계약, 경매 등 계약 및 법률상 원인에 의해 재화를 인도・양도하는 것을 실질적 공급이라 한다. 또한 실질적인 재화의 공급이 아님에도 불구하고 과세목적상 재화의 공급으로 과세하는 경우가 있으며 해당 거래에는 자가공급, 개인적 공급, 사업적 증여, 폐업 시 잔존재화 등이 있다. 사업적 증여는 원칙은 자기사업 관련 생산 또는 취득한 재화를 고객이나 불특정 다수인에게 증여하는 경우 적용되지만 무상으로 제공되는 견본품 및 주된 거래에 증여되는 재화의 대가가 포함되어 있거나 매입세액불공제 재화는 간주공급에서 제외된다.

52 계약조건이 완성도에 따라 계약금액의 일정 비율을 지급하기로 한 경우 대가의 각 부분을 받기로 한 때 공급시기를 인식한다. ○ ×

해설

일반적으로 재화의 공급시기는 재화의 이동이 필요한 경우 인도일, 재화의 이동이 불필요한 경우 이용가능일을 따른다. 하지만 완성도기준지급(완성비율에 따라 대금을 지급), 중간지급조건부(재화 인도 전에 대가를 분할지급하고 계약금 지급일로부터 잔금 지급일까지의 기간이 6개월 이상), 계속적 공급(전력・가스 등을 계속적으로 공급)인 경우 대가의 각 부분을 받기로 한 때 공급시기를 인식한다. 단, 인도일이나 이용 가능일이 더 빠른 경우 해당 일을 공급시기로 인식한다.

정답 49 ○ 50 × 51 × 52 ○

53 영세율을 적용받는 사업과 면세를 적용받는 사업자는 모두 부가가치세를 납부하지 않으므로 납세의무가 존재하지 않는다. O X

해설

영세율은 재화와 용역의 공급에 대해 '0%'의 세율을 적용받는 사업자이며 면세사업자는 부가가치세 납세의무가 면제되는 사업자이다. 따라서 영세율은 명목상 '0%'라도 납세의무를 부담하는 과세사업자에 해당하지만 면세사업자는 부가가치세 납세의무가 존재하지 않는다.

54 특수관계인에게 재화를 공급하고 부당하게 낮은 대가를 받는 경우 공급한 재화의 시가로 부가가치세 과세표준을 계산한다. O X

해설

재화 및 용역을 공급하고 특수관계인에게 부당하게 낮은 대가를 받거나 대가를 받지 않는 경우 자기가 공급한 재화 또는 용역의 시가를 부가가치세법상 과세표준으로 인식한다.

55 건물을 간주공급으로 과세표준을 계산하는 경우 매년 5%씩 과세기간 경과에 따라 취득가액을 감소시켜 부가가치세법상 과세표준으로 인식한다. O X

해설

건물 및 구축물을 간주공급으로 부가가치세법상 납세의무가 발생한 경우 [당해 재화의 취득가액 × (1 − 5% × 경과된 과세의 기간 수)]를 계산하여 부가가치세법상 과세표준을 인식한다. 기타 감가상각자산이 간주공급으로 부가가치세법상 납세의무가 발생한 경우에는 [당해 재화의 취득가액 × (1 − 25% × 경과된 과세기간의 수)]로 과세표준을 계산한다.

56 대손세액공제는 예정신고기한과 확정신고기한 모두 공급일로부터 10년이 경과하면 신고할 수 있다. O X

해설

대손세액공제의 대손확정기한은 공급일로부터 10년이 경과된 날이 속하는 과세기간 확정신고기한까지 공제요건이 확정된 것에 한한다. 부가가치세 확정신고 시 해당 대손세액공제를 적용하며 따라서 예정신고기한에는 대손세액공제를 적용할 수 없다.

정답 53 × 54 ○ 55 ○ 56 ×

57 의제매입세액공제는 부가가치세 과세사업자가 면세되는 농・축・수・임산물을 구입하여 제조・가공한 재화 및 용역이 부가가치세법상 과세대상인 경우 적용한다. ○ ×

해설

의제매입세액공제는 면세의 중복효과(과세사업자가 면세인 제품 및 상품을 구매하여 가공 등을 하여 부가가치세가 과세되는 재화 및 용역을 공급하여 해당 면세품에 대한 매입세액공제를 받을 수 없음)를 완화하기 위해 적용하는 것이다. 따라서 부가가치세 과세사업자가 면세되는 농・축・수・임산물을 구입하여 제조・가공하여 재화 및 용역을 생산한 경우 의제매입세액공제를 적용한다.

58 세금계산서의 필요적 기재사항에는 공급하는 공급품목 및 단가와 수량이 포함된다. ○ ×

해설

세금계산서의 필요적 기재사항에는 공급자 등록번호, 성명 또는 명칭, 공급받는 자의 등록번호, 공급가액과 부가가치세액, 작성연월일이 포함되며 해당 사항을 미기재한 경우 해당 세금계산서는 인정되지 않는다.

59 일반과세자 중 목욕업을 하는 경우 공급받는 자가 요구할 때에는 세금계산서 발급이 가능하다. ○ ×

해설

일반과세자 중 소매업, 음식점업, 숙박업, 전문적 인적용역을 공급하는 경우에는 공급받는 자가 요구하는 경우에는 세금계산서 발급이 가능하다. 하지만 일반과세자 중 목욕, 이발, 미용업, 여객운송업의 경우에는 공급받는 자가 요구하는 경우에도 세금계산서를 발행할 수 없다.

60 개인사업자로 직전 연도의 공급대가가 10,400만원에 미달하는 경우 간이과세를 적용한다. ○ ×

해설

간이과세는 영세사업자의 납세편의와 세부담 경감을 위해 적용한다. 간이과세를 적용받기 위해서는 개인사업자로 직전 연도의 공급대가(부가가치세 포함된 금액)가 10,400만원에 미달하는 경우 간이과세를 적용받을 수 있다(단, 부동산임대업 및 과세유흥장소의 사업자인 경우 4,800만원에 미달하는 경우 간이과세를 적용받을 수 있다). 신규사업자의 경우 사업개시일이 속하는 연도의 공급대가의 합계액이 10,400만원에 미달할 것으로 예상되는 경우 간이과세를 적용할 수 있다.

정답 57 ○ 58 × 59 × 60 ○

61 총급여액 7천만원 이하인 개인이 도서, 신문, 공연, 박물관, 미술관 등에 지출이 있는 경우 신용카드등소득공제를 추가로 받을 수 있다. [O | X]

해설

총급여액 7천만원 이하인 개인이 도서, 신문, 공연, 박물관, 미술관 등에 지출이 있는 경우 해당 지출에 대해 100만원을 한도로 추가 공제받을 수 있다.

62 법인인 보유하고 있는 회수기일이 6개월 이상 경과한 채권 중 채권가액이 25만원인 경우 대손금으로 손금산입할 수 있다. [O | X]

해설

법인세에서 채권에 대한 대손사유가 되는 건 중 결산조정사항으로 회수기일이 6개월 이상 경과한 채권 중 채권가액 30만원 이하인 소액채권 항목이 존재하므로 해당 건에 대해 손금산입을 할 수 있다.

63 법인과 개인 구분 없이 음식점업을 하는 경우 의제매입세액 공제율은 동일하다. [O | X]

해설

음식점업을 영위하더라도 법인사업자와 개인사업자 간의 의제매입세액 공제율은 다르다. 법인사업자는 6/106으로 의제매입세액 공제율이 적용되며, 개인사업자의 경우 4억원 이하분 9/109, 4억원 초과분 8/108로 의제매입세액 공제율이 적용된다.

64 법인의 감가상각자산 중 300만원의 자본적 지출 관련 수선이 발생하였다. 해당 수선비를 법인은 수선비로 일시에 비용으로 인식하는 경우 추가적인 세무조정은 발생하지 않는다. [O | X]

해설

법인세법상 수선비로 발생한 자본적 지출의 경우 취득원가에 가산하고 감가상각을 수행하여야 한다. 단, 600만원 미만의 소액 수선비의 경우 즉시 비용으로 인정할 수 있다. 따라서 해당 수선비를 비용으로 일시에 인식하여도 추가적인 세무조정은 발생하지 않는다.

65 근로소득이 발생하는 직장인이 올해 추가로 기타소득 100만원이 발생하는 경우, 종합과세소득신고를 해야 한다. [O | X]

해설

근로소득만 있는 경우 원천징수를 통해 소득세를 납부하고 연말정산을 통해 원천징수세액을 정산하면 납세의 의무는 종결된다. 또한, 기타소득이 300만원 이하로 발생하는 경우 소액으로 보아 분리과세를 할 수 있기 때문에, 기타소득을 분리과세하는 경우 추가적인 종합과세소득신고를 할 필요가 없다.

정답 61 O 62 O 63 X 64 O 65 X

66 법인세법상 소득금액이 '0'으로 발생하는 경우 납세의무가 없으므로 신고하지 않아도 된다. ○ ×

해설

법인세법상 소득금액이 '0', 혹은 결손이 발생하더라도, 법인세의 신고의무는 존재한다. 따라서 사업연도 종료일이 속하는 달의 말일부터 3개월 이내에 소득금액이 '0' 혹은 결손이더라도 신고하여야 한다.

67 원천징수의무자가 원천징수를 한 경우 납세의무자는 원천징수의무자가 된다. ○ ×

해설

원천징수의무자는 원천징수를 해야 하는 소득 또는 수입의 지급자로, 원천징수를 하는 경우 납세의무자의 소득 중 원천징수분을 미리 징수하여 납부하는 것일 뿐, 납세의무자가 되는 것은 아니다.

제3과목 원가관리회계

01 원가행태는 조업도가 변동함에 따른 원가발생액의 변동양상을 의미한다. ○ ×

해설

원가형태는 조업도가 변동함에 따른 원가발생액의 변동양상을 의미한다.
예 고정원가는 조업도가 변동하여도 원가발생액이 변함이 없는 원가행태를 가지고 있다.

02 고정원가의 단위당 고정원가는 조업도가 증가함에 따라 불변이다. ○ ×

해설

고정원가는 조업도가 변동하여도 원가발생액이 변함이 없다. 따라서 조업도가 증가하여도 총 고정원가는 불변이므로 조업도 1단위당 배분되는 단위당 고정원가는 감소한다.

03 원가는 추적가능성에 따라 직접원가와 간접원가로 구분할 수 있다. 따라서 재료원가의 경우 특정 원가대상에 직접 추적할 수 있기 때문에 모두 직접원가로 분류된다. ○ ×

해설

원가는 추적가능성에 따라 직접원가와 간접원가로 구분할 수 있다. 직접원가는 특정 원가대상(제품, 부문 등)에 직접 추적할 수 있는 원가로 원가대상별로 추적이 가능한 재료원가 및 노무원가는 직접원가로 분류하여 직접재료원가, 직접노무원가로 분류한다. 하지만 재료원가 중에서도 특정 원가대상에 직접 추적할 수 없는 재료원가가 있으며 해당 원가는 간접원가로 분류한다.

정답 66 × 67 × / 01 ○ 02 × 03 ×

04 매몰원가의 경우에도 일부 예외적인 경우 의사결정에 영향을 미칠 수 있다. ○ | ×

해설

매몰원가는 과거의 의사결정으로 인해 이미 발생한 원가이며 매몰원가로 인해 추후 차이가 발생하게 할 수 없다. 따라서 해당 매몰원가는 의사결정 과정에서 배제하고 의사결정해야 한다.

05 전기 이전부터 계속 영업을 지속하고 있는 기업의 당기제품제조원가는 기초재공품과 직접재료원가, 직접노무원가, 제조간접원가로 구성되어 있다. ○ | ×

해설

전기 이전부터 계속 영업을 하는 경우 기초재공품이 기초재고로 존재한다. 기초재공품이 존재하는 상황에서 당기에 발생한 직접재료원가, 직접노무원가, 제조간접원가가 재공품 계정에 집계되고 집계된 원가를 당기에 완성된 제품의 경우 당기제품제조원가로 제품 계정에 집계하고 아직 완성이 되지 않은 재공품의 경우 기말재공품으로 분류한다.

06 당기에 발생한 재료원가를 계산하는 경우 재료원가는 기초재료재고액과 당기재료매입액의 합계이다. ○ | ×

해설

당기에 발생한 재료원가를 계산하는 경우 기초재료재고액에 당기재료매입액을 더하고 기말재료재고액을 차감하여 계산한다. 문제의 경우 기말재료재고액을 고려하지 않아 틀린 문장이다.

07 매출원가는 당기에 판매된 제품의 제조원가를 의미하며 기초제품재고액에서 당기제품제조원가를 더하고 기말제품재고액을 차감하여 계산한다. ○ | ×

해설

매출원가는 당기에 판매된 제품의 제조원가를 의미하며 기초제품재고액에 재공품계정에 집계된 당기제품제조원가를 더하여 판매가능제품을 계산한다. 매출원가는 당기에 판매된 제품의 제조원가를 의미하므로 판매가능제품에서 당기에 판매가 되지 않은 기말제품재고액을 차감하여 매출원가를 계산한다.

08 실제원가를 기준으로 제품원가계산을 하게 되면, 원가흐름의 가정없이 재고자산의 수량만을 파악하면 원가계산을 할 수 있어 적시에 유용한 정보를 얻을 수 있다. ○ | ×

해설

표준원가 기준으로 제품원가계산을 하게 되면, 원가흐름의 가정없이 재고자산의 수량만을 파악하면 원가계산을 할 수 있어 적시에 유용한 정보를 얻을 수 있다. 실제원가 기준일 경우, 제조간접원가의 실제발생액과 배부기준이 확정되는 기말에 제조간접원가 배부가 이루어져 제품원가계산이 지연된다.

정답 04 × 05 ○ 06 × 07 ○ 08 ×

09 가장 이상적인 공통원가의 원가배분기준은 인과관계기준으로 원가대상의 원가부담능력에 비례하여 공통원가를 배분한다. O X

해설

가장 이상적인 공통원가의 원가배분기준은 인과관계기준으로 공통원가 배분대상에 제공된 서비스나 활동량에 비례하여 공통원가를 배분한다. 원가대상의 원가부담능력에 비례하여 공통원가를 배분하는 것은 부담능력기준으로 상대적 판매가치법으로 결합원가를 배분한다.

10 보조부문상호 간에 용역을 수수한 경우 직접배분법, 단계배분법, 상호배분법 등을 이용하여 해당 용역에 대한 원가를 배분하며 이 중 보조부문은 제조부문만을 위해 용역을 제공한다고 가정하는 것은 직접배분법이다. O X

해설

제조간접원가를 배부하기 위한 조업도는 제조부문에서만 존재하므로 보조부문원가를 제조부문에 제조하는 것이 필요하다. 만약, 보조부문 상호 간에 용역을 수수한 경우 직접배분법, 단계배분법, 상호배분법을 이용하여 보조부문 상호 간에 제공된 용역의 원가를 배분한다. 이 중 직접배분법은 보조부문 상호 간에 용역수수관계를 완전히 무시하고 오로지 보조부문은 제조부문만을 위해 용역을 제공한다고 가정하고 제조부문이 해당 용역을 사용한 비율에 따라 제조부문에 직접 배분하는 방식이다.

11 보조부문원가 중 변동원가와 고정원가가 모두 존재하는 경우 이중배분율법을 이용하여 보조부문원가를 배분하는 것이 보다 합리적이다. O X

해설

보조부문원가를 원가행태별로 배분하는 경우, 하나의 기준에 따라 배분하는 단일배분율법, 보조부문원가를 고정원가와 변동원가로 구분하여 별도 기준에 의해 고정원가는 최대용역사용가능량을 기준으로, 변동원가는 실제(예정) 용역사용량을 기준으로 배분하는 이중배분율법이 있다. 해당 문제에서 변동원가와 고정원가가 모두 존재한다고 했으므로 이중배분율법을 사용하는 것이 보다 합리적이다.

12 개별원가계산은 동일제품을 연속 생산할 때 적용한다. O X

해설

생산형태에 따라 개별원가계산, 종합원가계산을 이용하여 원가계산을 할 수 있다. 개별원가계산은 제품별로 명확한 구분이 있는 경우 적용하는 것이 적합하며 원가계산을 작업, 제품, 프로젝트별로 계산한다. 동일제품을 연속 생산하는 경우 종합원가계산을 적용하며 종합원가계산은 공정별로 계산한다.

정답 09 × 10 ○ 11 ○ 12 ×

13 개별원가를 계산할 때는 원가대상이 되는 개별작업을 파악하는 작업이 선행되어야 한다. ○ ×

해설

개별원가를 계산하는 과정은 크게 5단계로 구분할 수 있다. 1단계는 원가대상이 되는 개별작업을 파악하고, 2단계는 직접원가를 파악하여 작업별로 직접원가를 추적하며, 3단계는 제조간접원가를 파악하고, 4단계는 제조간접원가 배부기준을 설정하고 5단계는 간접원가 배부율을 계산하고 작업별로 배부한다. 따라서 개별원가를 계산할 때는 원가대상이 되는 개별작업을 파악해야 한다.

14 종합원가계산을 적용하는 경우 공정별로 성과평가가 이루어지므로 책임대상이 명확한 장점이 있다. ○ ×

해설

종합원가계산의 장점은 시간과 비용이 절약되고 공정별로 성과평가가 이루어지므로 책임대상이 명확하다는 점이고 단점으로는 상세한 원가정보가 도출되지 않으며 원가계산기간의 종료시점까지 제품원가를 알 수 없고, 기말재공품 완성도 측정에 주관이 개입될 수 있으며 원가계산의 결과가 부정확하다는 점이다.

15 종합원가를 계산하기 위해 물량흐름을 파악할 때 공정의 완성도를 고려해야 한다. ○ ×

해설

종합원가는 크게 5단계를 통해 계산하며 첫 번째 단계로 물량의 흐름을 파악해야 한다. 물량은 최종산출물 기준의 수량을 의미하며 최종산출물 기준이기 때문에 공정의 완성도를 고려할 필요가 없다.

16 종합원가계산 중 선입선출법을 적용하는 경우 기초재공품이 먼저 당기에 완성된다고 가정한다. ○ ×

해설

종합원가계산을 위해서는 물량흐름의 가정이 필요하며 선입선출법과 평균법을 가정에 적용한다. 선입선출법은 말 그대로 먼저 들어온 것이 먼저 나간다고 가정하는 것으로 먼저 들어온 기초재공품이 당기에 완성되어 제품계정으로 나간다고 가정한다.

17 종합원가계산을 적용할 때 평균법으로 물량흐름을 가정하는 경우 기초재공품원가가 기말재공품원가에 포함될 수 있다. ○ ×

해설

종합원가계산을 위해서는 물량의 흐름에 대한 가정이 필요하고 물량흐름을 가정하는 방법은 선입선출법과 평균법이 있다. 평균법은 기초재공품원가와 당기발생원가를 구분하지 않고 가중평균하는 방법으로 가중평균하는 과정에서 기초재공품원가가 기말재공품원가에 포함될 수 있다.

정답 13 ○ 14 ○ 15 × 16 ○ 17 ○

18 종합원가계산을 적용할 때 평균법은 전기부터의 총작업량을 가정하지만, 선입선출법은 당기의 작업량만 반영한다. O | X

해설

종합원가계산을 적용하기 위한 방법에는 평균법과 선입선출법이 있으며 평균법은 전기부터의 총작업량을 반영하여 평균하여 계산하지만, 선입선출법의 경우 당기 중의 작업량(당기 중에 실제 작업한 부분)만 반영하여 원가를 계산한다.

19 종합원가계산하에서 기초재공품이 없는 경우 선입선출법과 평균법은 동일하다. O | X

해설

종합원가계산하에서 선입선출법과평균법의 차이가 발생하는 곳은 기초재공품으로 인해 차이가 발생한다. 선입선출법의 경우 당기의 작업량이 반영된 당기착수분만 원가계산에 반영하지만 평균법의 경우 전기의 작업량이 반영되어 있는 기초재공품과 당기의 작업량이 반영되어 있는 당기착수물량을 평균하여 반영한다. 따라서 차이가 발생하는 기초재공품이 존재하지 않는 경우 평균법과 선입선출법 사이에 차이가 발생하지 않는다.

20 표준원가를 적용하는 경우 실제 원가통제에 유용하다. O | X

해설

표준원가를 적용하는 경우 원가요소별로 표준이 되는 원가를 미리 산정하고 표준원가를 실제발생원가의 차이를 분석할 수 있으므로 원가통제에 유용할 수 있다.

21 표준원가계산은 원가흐름의 가정이 불필요한 장점이 있지만 단점은 적시성 있는 정보를 제공하기가 어렵다는 점이 있다. O | X

해설

표준원가계산은 미리 표준을 설정하여 원가를 계산하므로 단가를 구하기 위해 원가흐름의 가정을 할 필요가 없다. 또한 사전에 표준이 설정되기 때문에 실제발생원가가 집계되기 전에 표준원가가 산출되기 때문에 적시성 있는 정보를 제공할 수 있다.

22 표준원가는 예외에 의한 관리를 하므로 예외를 설정할 때 주관이 개입될 수 있는 단점이 있다. O | X

해설

표준원가는 용인할 수 있는 예외의 범위를 설정한 후 예외의 범위를 넘어서는 중요한 차이에 대해서만 관리하는 기법이다. 예외에 의한 관리는 예외를 넘어서는 부분만 관리하면 되므로 원가통제에는 유용하지만 예외를 설정하는 과정에서 주관이 개입될 수 있는 단점이 있다.

정답 18 O 19 O 20 O 21 × 22 O

23 외부결산목적을 위해 표준원가의 기준을 선정할 때에는 이상적 기준으로 기준을 설정하는 것이 합리적이다. O X

해설

표준원가의 기준은 이상적 기준과 정상적 기준, 현실적 표준으로 나눌 수 있다. 이상적 기준은 최선의 조건하에서만 달성할 수 있는 원가로 현실적인 표준을 적용하기 위한 목표가 될 수는 있지만 차이분석 시 항상 불리한 차이가 발생하므로 동기부여에 역효과를 줄 수 있다. 최선의 조건하에서 달성할 수 있는 기준이므로 실제 상황에서 발생한 실제원가와 차이가 크게 나타나 외부결산목적으로 사용하기에는 부적합하다.

24 표준원가계산에서 변동예산에 실제조업도를 적용할 경우 원가중심점의 성과평가에 유용하다. O X

해설

기업은 경영계획을 화폐로 계량화하기 위해 예산이라는 제도를 사용한다. 예산에는 고정예산과 변동예산이 있으며 고정예산은 조업도 수준을 고정한 채로 편성한 예산이며 변동예산은 조업도 수준을 고정한 채로 편성한 예산이다. 변동예산에 실제조업도를 적용할 경우 실제발생원가와 표준원가를 조업도를 고려하지 않고 비교할 수 있으므로 원가중심점의 성과평가에 유용하다.

25 직접재료원가에서 능률차이가 발생한 경우 발생원인은 모두 생산담당자가 책임질 부분으로 구매담당자가 책임질 부분은 없다. O X

해설

직접재료원가에서 능률차이가 발생한 경우 일반적인 경우에는 생산담당자의 책임이다. 하지만 능률차이가 생산공정에서 비효율이 발생하거나 점진적인 기술혁신이 발생한 경우에는 생산담당자에게 책임이 있다고 할 수 있지만 구매담당자가 표준설정 시와 다른 품질의 원재료를 구매하여 능률차이가 발생하는 경우도 있다.

26 표준원가상에서 재료원가 가격차이를 구입시점에 분리하는 경우 직접재료원가가 실제원가로 기록되는 장점이 있다. O X

해설

재료원가는 노무원가와 달리 구매시점과 사용시점이 차이가 발생한다. 따라서 가격차이를 사용시점에서 분리하거나 구입시점에서 분리할 수 있으며 사용시점에서 분리하는 경우 적용이 간편하지만 직접재료계정이 실제원가로 기록되어 직접재료원가를 표준원가로 관리할 수 없는 단점이 존재한다. 하지만 구입시점에 직접재료원가의 가격차이를 분리하는 경우 직접재료계정이 표준원가로 기록되고 가격차이가 적시에 관리된다는 장점이 있지만 적용이 어렵다는 단점이 있다.

정답 23 × 24 ○ 25 × 26 ×

27 표준원가상에서 직접노무원가의 실제발생액과 표준원가와 표준시간을 적용한 원가 사이의 모든 차이를 총차이로 집계할 수 있다. | O | × |

해설

직접노무원가의 실제발생액은 시간당 임률과 노동시간을 통해 집계된다. 표준원가로 기록한 표준임율과 해당 조업에서 예상되는 노동시간(표준시간)을 곱한 원가와 실제발생원가와의 차이를 총차이로 분류한다.

28 변동제조간접원가를 표준원가를 적용하여 소비차이를 분석할 때에는 표준배부율이 잘못 설정되었는지 확인해보아야 한다. | O | × |

해설

변동제조간접원가는 직접원가처럼 원가대상별로 추적할 수 없으므로 표준원가를 적용할 때에는 표준배부율을 설정하여 표준변동제조간접원가를 계산한다. 따라서 만약 소비차이(실제발생액과 실제조업도에 표준배부율을 적용한 원가의 차이)가 발생하는 경우 표준배부율을 잘못 선정한 것인지 확인해보는 것이 필요하다.

29 고정제조간접원가의 표준배부율은 예산으로 정한 제조간접원가예산에서 기준조업도를 나누어 계산한다. | O | × |

해설

고정제조간접원가의 표준배부율은 최초에 예산으로 설정한 제조간접원가예산에서 예산을 설정하는 과정에서 설정한 기준조업도로 나누어 계산한다.

30 고정제조간접원가에서 고정제조간접원가예산과 고정제조간접원가 배부액의 차이가 발생하는 경우 해당 차이를 능률차이로 분류한다. | O | × |

해설

고정제조간접원가를 계산할 때 고정제조간접원가예산은 실제사용시간에 시간당 표준원가를 적용하여 계산한다. 여기서 고정제조간접원가예산과 고정제조간접원가 배부액의 차이가 발생하는 경우 해당 차이는 능률차이가 아닌 조업도의 차이로 인해 발생하는 조업도 차이로 분류한다.

31 표준원가의 차이가 발생한 경우 매출원가조정법을 적용하면 모든 원가차이가 가장 실제원가계산의 근사치로 조정된다. | O | × |

해설

외부공표용 재무제표를 작성하기 위해 원가차이를 배분해야 한다. 매출원가조정법은 원가차이를 배부하는 과정에서 매출원가에서 일괄적으로 차이를 조정하므로 매출원가의 비중이 기말재고자산의 비중보다 월등히 높은 경우에만 적용하는 것이 합리적이다. 매출원가에서 일괄적으로 차이를 조정하므로 실제원가계산의 근사치로 볼 수 없다. 기말실제원가계산의 근사치로 조정되는 것은 요소별 원가차이를 매출원가, 기말제품, 기말재공품 금액 중 해당 원가요소의 금액 비율대로 배분하는 원가요소별비례배분법이다.

정답 27 ○ 28 ○ 29 ○ 30 × 31 ×

32 전부원가계산은 원가부착개념을 기반으로 한다. ○ | ×

해설

전부원가계산은 모든 제조원가를 제품원가로 보는 원가계산방법으로 원가가 제품에 부착된다는 원가부착개념에 근거하고 있다.

33 기초재공품과 기말재공품이 존재하지 않는 경우 전부원가계산과 변동원가계산에서의 결과는 동일하다. ○ | ×

해설

전부원가계산과 변동원가계산은 고정원가(고정제조간접원가 및 고정관리비)를 변동원가에서는 당기비용으로 처리하고 전부원가계산에서는 제품의 원가로 구분하므로 차이가 발생한다. 결과적으로 전부원가계산상 기초재공품재고 및 기말재공품 중에는 제품 단위별로 추적할 수 없는 고정제조간접원가가 포함되어 있지만 변동원가계산하에서는 해당 고정원가를 모두 당기에 비용으로 처리하므로 차이가 발생한다. 따라서 기초재공품과 기말재공품이 존재하지 않는 경우 전부원가계산과 변동원가계산에서의 결과는 동일하다.

34 초변동원가계산에서 가공원가는 기간비용으로 처리한다. ○ | ×

해설

초변동원가계산에서 직접재료원가만 제품원가에 포함되며 나머지 노무원가 등의 가공원가는 기간비용으로 처리한다.

35 제품 단위당 직접재료원가와 직접노무원가, 제조간접원가가 일정하다고 가정할 때 기초재고량이 기말재고량보다 적은 경우 영업이익은 전부원가계산, 변동원가계산, 초변동원가계산 중 전부원가계산으로 계산할 때 가장 크다. ○ | ×

해설

기초재고량이 기말재고량보다 적은 경우 전부원가계산에서는 전기에서 기초재고로 이월되었다가 당기에 비용으로 처리되는 고정제조간접원가보다 당기에서 차기로 이월되는 고정제조간접원가가 더 많다고 할 수 있다. 따라서 전부원가계산에서 고정제조간접원가가 비용으로 인식되지 않고 재고자산으로 이월되는 분이 가장 많으므로 전부원가계산상에서 이익이 가장 크다.

정답 32 ○ 33 ○ 34 ○ 35 ○

36 변동원가계산은 장기적 관점에서 사용하기에 적합한 원가계산 방식이다. O | X

해설

변동원가계산에서는 변동원가만 제품의 원가로 인식하고 고정원가는 기간비용으로 인식한다. 변동원가계산은 변동원가만 매출원가로 인식하고, 이익이 판매량에 의해서만 결정되므로 단기적인 수익성 분석에서는 유리하다. 그러나 장기적인 관점에서 대규모 설비투자 등의 원가를 제품의 수익성에 고려할 수 없기 때문에 고정원가의 중요성을 간과한다는 단점이 존재한다.

37 초변동원가계산을 적용하여 재고를 관리하는 경우 수요가 증가하였을 때 시장변화에 대한 대응을 하는 것이 어렵다. O | X

해설

초변동원가계산을 적용하여 재고를 관리하면 직접재료원가 등 제품 단위수준에서 발생하는 변동원가만 제품원가에 포함시키기 때문에 재고를 적게 유지하면 할수록 초변동원가계산에서의 이익이 커져 재고를 적게 유지하려는 유인이 생기게 된다. 따라서 초변동원가계산을 적용하여 재고를 관리하는 경우 재고를 적게 유지하려는 유인으로 인해 수요가 증가했을 때의 시장변화에 대응을 하기 어렵다.

38 안전한계가 높을수록 기업의 재무적 안정성이 높다고 할 수 있다. O | X

해설

안전한계는 손익분기점 매출액을 초과하는 매출액을 말한다. 즉, 안전한계는 손실을 발생시키지 않으면서 허용할 수 있는 매출액의 최대 감소액을 의미하므로, 안전한계가 높을수록 기업의 안전성이 높다고 할 수 있다. 경영자가 더 높은 안전한계 수준을 원한다면 손익분기점을 낮추거나 회사의 전반적인 매출액을 증가시켜야 한다.

안전한계 = 매출액 − 손익분기점 매출액

39 기업의 영업비 중 고정비가 차지하는 비중이 클수록 매출액의 변화에 따라 이익의 변화가 작아진다. O | X

해설

영업레버리지가 클수록 매출액의 변화에 따른 이익의 변화가 커진다. 고정비의 비중이 클수록 변동원가의 비중이 작아 매출액이 증가하더라도 변동원가가 상대적으로 적게 발생하기 때문이다. 반면 매출액이 감소한다고 해서 고정원가가 변하는 것은 아니기 때문에 이익의 감소폭은 더 커지게 된다.

정답 36 × 37 ○ 38 ○ 39 ×

40 원가 · 조업도 · 이익분석에서는 생산량과 판매량이 일정하다고 가정한다. ○ | ×

해설

원가 · 조업도 · 이익분석에서는 생산량과 판매량이 일정하다고 가정하여 재고의 효과로 이익이 변동하는 것을 방지한다.

41 원가 · 조업도 · 이익분석에서는 모든 원가는 변동원가와 고정원가로 분류할 수 있다고 가정한다. ○ | ×

해설

원가 · 조업도 · 이익분석에서는 모든 원가는 변동원가와 고정원가로 분류할 수 있다고 가정하여 원가 구성을 단순하게 하여 분석을 용이하게 한다.

42 제조과정에서 제조간접원가의 비중이 증가함에 따라 활동기준원가계산이 도입되었다. ○ | ×

해설

제조과정이 점차 자동화됨에 따라 제조간접원가의 비중이 커져 직접노무원가 등의 전통적 배부기준으로 원가를 배부하는 경우 원가왜곡이 발생하게 되어 활동기준원가계산이 도입되었다.

43 활동기준원가계산을 적용하는 경우 원가동인 파악이 쉽고 간편하다는 장점이 있다. ○ | ×

해설

활동기준원가계산을 적용하는 경우 원가동인 파악에 비용과 시간이 많이 소요되고 모든 활동들을 명확하게 구분하기는 어렵다는 단점이 있다.

44 수명주기원가계산에서는 제품의 공정투입 시작단계부터 발생하는 모든 원가를 포함한다. ○ | ×

해설

수명주기원가계산에서는 제품의 수명주기 동안 발생하는 모든 원가를 집계하며, 제품의 수명주기는 연구개발부터 판매 후 서비스, 폐기까지의 기간을 모두 포함한다.

정답 40 ○ 41 ○ 42 ○ 43 × 44 ×

45 수명주기원가계산을 적용하는 경우 제조 이전 단계에서 결정되는 원가절감이 가능해진다. ○ ×

해설

일반적인 경우 제조 이전의 설계단계에서 대부분의 제품원가가 결정된다. 따라서 수명주기원가계산을 적용하는 경우 제조 이전 단계에서부터 원가를 고려하기 때문에 제조 이전 단계에서 결정되는 설계 과정에서 결정되는 제조원가를 고려할 수 있다.

46 공급업체를 평가하는 것은 통제원가 중 평가원가에 해당한다. ○ ×

해설

품질원가는 품질관리와 관련된 원가를 체계적으로 집계하고 분석하여 품질원가를 감소시키기 위해 집계하며 통제원가와 실패원가로 나눌 수 있다. 통제원가는 다시 예방원가와 평가원가로 나눌 수 있고 공급업체를 평가하는 것은 불량품 생산 예방 목적인 예방원가와 관련이 있다.

47 외부실패원가에는 판매기회 상실 등 잠재적인 비용도 포함된다. ○ ×

해설

외부실패원가는 불량품이 고객에게 인도된 후 발견되면서 발생하는 원가이다. 외부실패원가에는 보증수리, 교환 등의 실제로 발생하는 원가뿐만 아니라 판매기회 상실 등의 잠재적인 비용도 포함된다.

48 특별주문의 수락 또는 거부를 결정할 때 유휴설비가 충분한 경우 기존 판매분은 고려할 필요가 없다. ○ ×

해설

특별주문의 수락 또는 거부를 결정할 때 유휴설비가 충분한 경우 증분수익만 고려하여 특별주문의 수락 또는 거부 여부를 결정하면 되고 기존판매 분의 감소 공헌이익은 고려하지 않아도 된다.

49 대체가격을 결정할 때 원가기준으로 대체가격을 결정하면 공급사업부는 원가 통제의 유인이 존재하지 않는다. ○ ×

해설

대체가격은 사업부나 기업 내부에서 서로 주고받는 재화나 용역의 이전가격에서 재화나 용역에 부여되는 가격이다. 공급사업부의 경우 대체가격을 최소한 관련 원가 이상으로 인식해야 손실이 발생하지 않는다. 원가기준으로 대체가격을 결정하는 경우 해당 원가가 모두 대체가격으로 인정되기 때문에 원가를 통제할 유인이 없게 된다.

정답 45 ○ 46 × 47 ○ 48 ○ 49 ○

50 대체가격을 결정할 때 협상가격기준으로 대체가격을 결정할 경우 성과평가가 왜곡되지 않는 장점이 있다. | O | X |

해설

대체가격을 결정할 때 협상가격기준으로 대체가격을 결정할 경우 최적의 의사결정이 가능하고 갈등이 완화될 수도 있지만 협상에 많은 시간이 소요되며 협상 결과에 따라 성과가 좌우되어 성과평가가 왜곡될 수 있는 단점이 있다.

51 구매사업부의 최대대체가격이 공급사업부의 최소대체가격보다 큰 경우 기업 전체의 증분이익이 발생한다. | O | X |

해설

구매사업부의 최대대체가격(구매사업부에서 최대한 책정할 수 있는 원가)가 공급사업부의 최소대체가격(공급사업부에서 최소한 책정되어야 하는 원가)보다 크다면 두 사업부 모두 허용 가능한 범위 내에 있으며 최대대체가격에서 최소대체가격의 차이만큼 기업전체 증분이익이 발생한다.

52 자본예산을 설정할 때 감가상각비는 비현금유출이므로 절세효과 발생분도 고려할 필요가 없다. | O | X |

해설

감가상각비는 현금흐름을 추정하는데 있어 비현금유출이므로 원칙적으로 고려하지 않는다. 하지만 감가상각비로 인해 비용으로 인식되는 부분이 절세효과가 발생하므로 감가상각비의 절세효과는 고려되어야 한다.

53 순현재가치법은 화폐의 시간가치를 고려한다는 장점이 있다. | O | X |

해설

순현재가치법은 투자안의 순현재가치를 이용하여 투자안의 채택 여부를 결정하는 것으로 화폐의 시간가치를 고려한다는 장점이 있다.

54 내부수익률을 이용하여 자본예산을 설정하는 경우 투자규모를 고려할 수 있다. | O | X |

해설

내부수익률법을 적용하는 경우 화폐의 시간가치를 고려할 수 있고 자의적인 판단이 개입되지 않는다는 장점이 있지만 내부수익률의 계산이 복잡하고, 특수한 경우 내부수익률이 복수로 존재할 수도 있으며 투자규모를 고려하지 못한다는 단점이 있다.

정답 50 × 51 ○ 52 × 53 ○ 54 ×

55 회수기간법은 적용이 간단하고 이해하기 쉽지만 회수기간 이후의 현금흐름을 고려하지 못한다는 단점이 있다. [O | ×]

해설

회수기간법에서는 투자비용을 영업활동으로부터 회수하는데 걸리는 기간을 계산하여 투자여부를 결정한다. 회수기간법은 간단하고 이해하기 쉬워 유동성과 관련된 의사결정을 하는데 유용하다는 장점이 있다. 반면, 회수기간 이후의 현금흐름을 무시하고 화폐의 시간가치를 고려하지 않으며 목표회수기간 설정에 주관이 개입된다는 단점이 있다.

56 책임중심점 중 이익중심점은 원가와 수익 모두에 대해서 책임을 진다. [O | ×]

해설

책임중심점별로 계획과 실적을 추정, 통제하고 책임중심점에 대한 성과평가와 조직의 영업성과 향상을 목표로하는 것이 책임회계제도이다. 책임중심점에는 원가중심점, 수익중심점, 이익중심점, 투자중심점이 있으며, 이익중심점은 원가와 수익 모두에 대해 책임을 지며 주로 조직 전체나 각 부서가 그 대상이다.

57 책임회계제도를 적용하는 경우 책임중심점의 동기부여가 가능해진다. [O | ×]

해설

책임회계제도를 적용하는 경우 책임중심점에 권한과 책임이 위임됨에 따라 책임중심점의 동기부여가 가능해지는 장점이 있다.

58 분권화를 하는 경우 준최적화 현상이 발생할 수 있다. [O | ×]

해설

분권화를 하는 경우 의사결정권한을 위임하기 때문에 기업 전체의 목표와 각 사업부의 목표가 불일치될 수 있는 준최적화 현상이 발생할 수 있다.

59 균형성과표에는 재무적관점, 고객관점, 내부프로세스관점, 영업관점의 4가지 관점이 있다. [O | ×]

해설

균형성과표는 재무적·비재무적, 과거부터 미래의 성과까지 동시에 고려하여 전략과 성과를 균형적으로 관리하는 기법으로 재무적관점, 고객관점, 내부프로세스관점, 학습과 성장관점으로 나눌 수 있다.

정답 55 ○ 56 ○ 57 ○ 58 ○ 59 ×

60 재무구조상 타인자본 비중을 축소하고 자기자본 비중을 증가시키면 경제적부가가치는 증가한다. ○ | ×

해설

경제적부가가치는 사업부 수익성과 부채상환능력을 동시에 고려하여 가치창출 여부를 판단할 수 있는 종합지표이다. 계산은 [경제적부가가치 = 세후영업이익 − 투하자본 × 가중평균자본비용]인데 가중평균자본비용을 구할 때 부채의 금융비용뿐만 아니라 자기자본의 자기자본비용도 동시에 고려된다. 따라서 타인자본 비중을 축소하고 자기자본 비중을 증가시키더라도 자기자본비용이 고려되므로 경제적부가가치는 감소할 수 있다.

61 기본료와 사용량에 따라 사용료를 납부하는 형태인 통신요금 등은 준변동원가로 분류할 수 있다. ○ | ×

해설

준변동원가는 고정원가와 순수변동원가가 모두 포함된 개념으로 기본료(고정원가)와 순수변동원가(사용료)로 나타낼 수 있는 통신료, 전력비 등이 준변동원가로 분류할 수 있다.

62 비제조원가는 제조간접원가로서 특정 원가대상에 직접 추적할 수 없는 원가이다. ○ | ×

해설

특정 원가대상에 직접 추적할 수 없는 제조간접원가는 제조원가의 구성 항목이다. 비제조원가는 제품 제조 이외의 과정에서 발생하는 원가로 판매비와 관리비 등이 있다.

63 재공품이 존재하는 경우 아직 완성된 제품이 아니므로 종합원가계산 시 완성품환산량에서 제외한다. ○ | ×

해설

재고자산은 원재료와 재공품, 제품으로 구분할 수 있다. 종합원가계산을 하는 경우 물량흐름 파악 후 완성품환산량을 계산하게 되는데 재공품의 경우 완성도를 감안하여 완성품환산량에 반영한다.

64 전부원가계산에서는 표준원가를 적용할 수 없다. ○ | ×

해설

전부원가계산에서도 표준원가를 적용할 수 있다. 표준원가는 원가를 통제하기 위해 원가를 미리 산정하는 것이므로 관리 목적으로 미리 실적발생 전 손익을 예측하기 위해 전부원가계산을 적용할 때 필요한 원가에 표준원가를 적용하여 계산할 수 있다.

정답 60 × 61 ○ 62 × 63 × 64 ×

65 수명주기원가계산의 대부분은 제조 이전단계에서 확정되므로, 제조 이전단계에서부터 원가절감을 위한 노력을 기울여야 한다고 강조한다. O X

해설

수명주기원가계산은 제품의 수명주기 동안 발생하는 모든 원가를 집계하는 것으로 수명주기 단계별로 수익성에 대한 집계가 가능하여 프로젝트 전체에 대한 이해가 향상된다. 제조 이전단계에서 대부분의 제품원가가 결정되므로 연구개발단계와 설계단계에서부터 원가절감을 위한 노력을 기울여야 한다고 강조한다.

66 수익성지수법은 순현재가치법(NPV)에서는 고려되지 않던 수익성이 고려되는 장점이 있다. O X

해설

수익성지수법은 최저필수수익률을 초과하는 투자안 중 우선순위를 결정하는 방법으로 독립적 투자안인 경우 현금유입 ÷ 현금유출을 한 수익성지수가 1 이상인 경우 채택한다. 상호배타적 투자안인 경우에는 수익성지수가 가장 큰 투자안을 채택하며 수익성으로 의사결정을 하기 때문에 순현재가치법(NPV)에서는 고려되지 않는 수익성이 고려되지만 투자규모를 고려하지 않는 단점이 존재한다.

정답 65 O 66 O

기출유형이 완벽 적용된 재경관리사 3주 완성

개정17판1쇄 발행	2026년 01월 05일 (인쇄 2025년 10월 23일)
초 판 발 행	2017년 11월 05일 (인쇄 2017년 09월 29일)
발 행 인	박영일
책 임 편 집	이해욱
편 저	김경동
편 집 진 행	김준일 · 백한강 · 권민협
표지디자인	김도연
편집디자인	김휘주 · 최미림
발 행 처	(주)시대고시기획
출 판 등 록	제10-1521호
주 소	서울시 마포구 큰우물로 75 [도화동 538 성지 B/D] 9F
전 화	1600-3600
팩 스	02-701-8823
홈 페 이 지	www.sdedu.co.kr

I S B N	979-11-434-0289-9 (13320)
정 가	29,000원

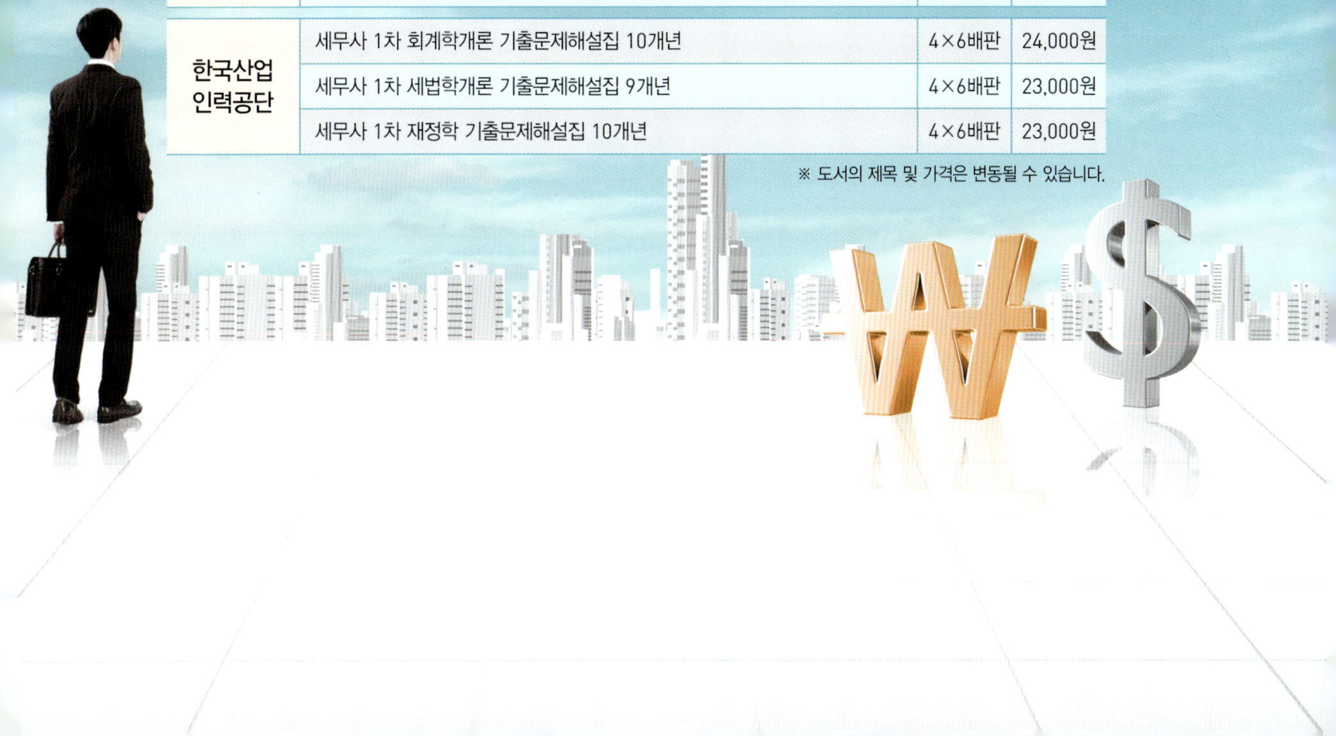

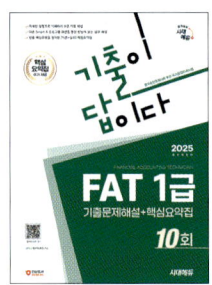

성공의 NEXT STEP
시대에듀와 함께라면 문제없습니다.

Step. 3 회계의 기본을 이해한 당신을 위한 도서

★★★☆☆
회계 중급자

단원별 기출 1,400제 +
모의고사 3회 +
최신기출 6회
**hoa 세무회계 2·3급
한권으로 끝내기**

핵심이론 + 적중문제 +
기출문제로 합격하는
**hoa 회계관리 1급
한권으로 끝내기**

기출 트렌드를
분석하여 정리한
**hoa 기업회계 2·3급
한권으로 끝내기**

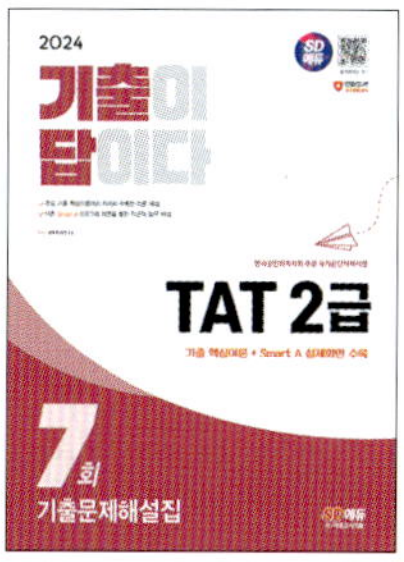

동영상 강의 없이
혼자서도 쉽게 합격하는
**[기출이 답이다]
TAT 2급**

Step. 4 회계의 전반을 이해한 당신을 위한 도서

★★★★★
회계 상급자

기출유형이 완벽 적용된
**hoa 재경관리사
3주 완성**

합격으로 가는 최단코스
**hoa 재경관리사
한권으로 끝내기**

※ 도서의 이미지 및 세부사항은 변경될 수 있습니다.